20世纪
欧洲社会史

A History in Fragments: Europe in the Twentieth Century

[英国] 理查德·韦南(Richard Vinen) 著

张敏 冯韵文 臧韵 译

海南出版社
HAINAN PUBLISHING HOUSE

出版说明

　　作者是西方历史学家，书中对欧洲历史的评述仅代表作者本人的观点，请读者阅读时注意。

海南出版社

一个中产阶级家庭的私人会客厅，用于起居并接待
密友和亲属

内部装饰比较随意的中产阶级家庭，布置有许多的小饰品

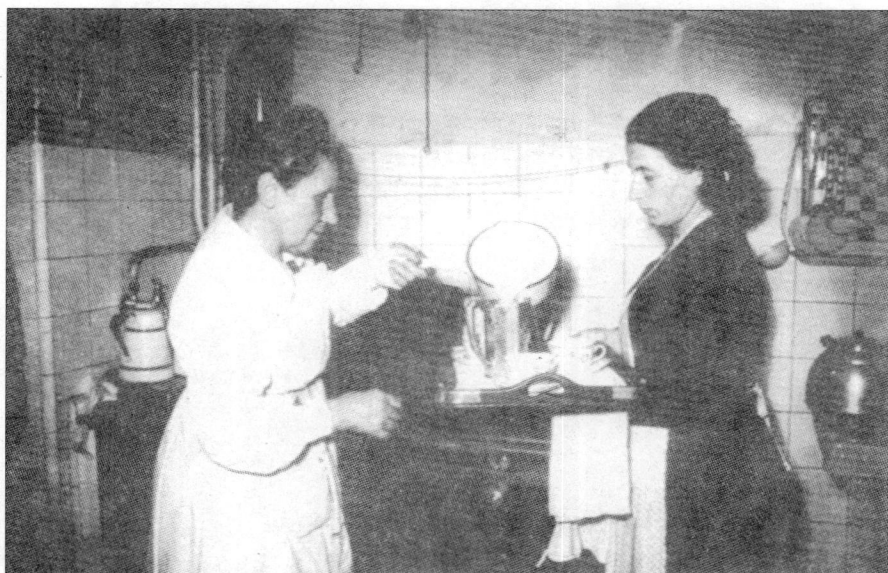

中产阶级家庭中的厨师和女仆

一个四世同堂的家庭。维多利亚主义的上流社会理想支
配着人们的思想与行为

1908年，一个追求美国梦的意大利移民家庭

一个缺少父亲的神秘的家庭合影。往事都挂在墙上：这
些是死去的人的照片，还是旧日欢乐的痕迹？这些忧伤
沉静的目光都注视着谁？注视着什么？照片中唯一的笑
容是墙上贴着的从杂志上剪下来的两张笑脸

一个工人（可能是农场工人）和他的家人在自家门口

1955年一个城市工人阶级家庭的住房。卧室的床虽然挤在一起，但是所有的东西都很干净整洁。床头上方挂着夫妇两人的结婚照片

工作与家庭融为一体：这个酿酒商决定在自己的工
作场所拍一张全家福

在家里工作的缝纫女工。旁边摆放着煤油灯、瓶子、杯子，还有剩饭

1956年公共喷水池还在普遍使用。如果家里没有自
来水，这里就是洗涤衣服的最佳地点

马赛。在贫穷的社区里，每个人都认识其他的人

收音机的历史时代

电视一出现，就引起人们的极大兴趣

居民常常光顾的酒吧，也是男人们社交生活的中心

性的放纵与政治上的好战。克里斯托弗大街街景，一个
同性恋者经常聚会的地方

从这些同性恋游行者看来，时代变化了

目　　录

第一部分
美好时光和灾难

第二部分
从一次大战到另一次大战

第三部分
战后的欧洲

第四部分
谁赢了冷战

第五部分
世界新秩序中的欧洲

表格目录

地图目录

致　　谢

　　安德鲁·戈登是一位出色的编辑，他在遇到困难时仍不放弃这个项目。我也十分感谢文字编辑安德鲁·韦尔和图片研究员菲奥纳·格林韦。

　　戴维·史蒂文森读了本书的初稿，并不厌其烦地帮助我更加准确地表明我的论点，即使他常常不同意这些论点。戴维·贝克以一种特有的既严格又灵活的方式审读了终稿。安妮·勒·莫尔毫不留情的怀疑使我不得不重新考虑我的许多观点，她的无穷热情使我相信这样做是值得的。苏珊·米歇尔为本书花费了大量时间，付出了她的智慧和学识。她对本书和我的历史观点的影响无论怎么说都不为过。

　　劳伦斯·布洛克、罗伯特·弗罗斯特、丹尼尔·格林斯坦、菲利普·汉森、帕特里克·希金斯、朱利安·杰克森、乔纳森·莫里斯、凯文·帕斯莫尔、乔·韦南和杰姆·沃尔弗赖斯对本书全文或部分文字提出了宝贵意见。卡特林·赫特在玛格南摄影社的工作促使我用新的眼光来看20世纪。米歇尔·勒费弗尔和他在《世界报》的同事们甚至帮我找到一张模糊不清的照片。米哈埃拉·普哈尔科娃费劲地教我学捷克语，但收效甚微，不过我确实希望从她和我的交谈中对中欧和共产主义制度下的生活有所了解。

　　我也从皇家学院研究欧洲历史的学生那里学到不少东西。本书结尾的乐观口气在一定程度上是因为我相信，我的学生和他们的同时代人将能比他们的前辈更好地管理欧洲。

　　我的女儿埃玛出生于1998年8月，正是我完成《20世纪欧洲社会史》第一稿的时候。我不能说她曾对我的写作进度很感兴趣，但是我要感谢她和她的母亲艾莉森·亨伍德，因为她们给我的生活带来了好的变化。至少对我来说，20世纪有了令人高兴的结局。

理查德·韦南
于伦敦
2000 年，元旦

引　言

　　由于没有掌握好时间，我在这段历史终结的一年开始了我的研究或历史学家生涯。正当我结结巴巴地讲述第一次世界大战和俄国革命的起因时，这些事件所产生的政治结构瓦解了。当然，1989 年并非真正的"历史终结"。从某些方面来看，历史显得栩栩如生，就像博物馆陈列柜里的一块化石，但是从某种意义上来说，不可预测的突发事件所引起的欧洲剧变确实标志着一段历史的终结——这种剧变使得用一定之规的方式来编写和讲授欧洲史变得更加困难。这可能有助于说明我所说的"社会史"的含义，我将扼要说明一度影响我的研究方法的几种臆断，并说明这些臆断在过去几年里如何受到挑战。

　　影响历史编写的第一种臆断是，过去和现在之间有一条明确的界线，像许多传统的或保守的臆断一样，这种臆断确实很新。麦考利和马克·布洛克将研究遥远的过去和研究当代事件混在一起。只有在当代，研究现代史才被看成是智力平庸的表现。在某种程度上，历史和现实分开是由于历史和那些与现实有关的学科——政治学和社会学——的专业化造成的。

　　"历史"和现实分开还多少是由于世纪的特殊性。对于这个时期的史学家来说，"历史"往往意味着这个世纪的一个特殊组成部分：从第一次世界大战的始末到第二次世界大战结束。1914～1945 年是暴力和剧变的年代，史学家们被他们所描述的事件迷住。例如，1921 年出生在波兰维尔纽斯（名义上在立陶宛中部）的莫什·莱文的经历——1939 年，他所在的城市被苏联军队占领，并入立陶宛；两年后被德国侵占。作为犹太人的莫什仓皇逃命。他被一群撤退的苏军士兵搭救，后者不顾长官的命令把他拉上汽车。后来，莫什便在苏联工厂工作，在红军服役，战争结束后来到以色列，成了一名农民和士兵。最后他移居巴黎，开始了他对斯大林主义的历史研究。他曾经是四个国家的公民，两国军队的士兵。当时他 35 岁。[①]

1945 年以后成长起来的史学家们缺少像莱文这样的亲身经历，但他们还是坚持把他们的研究集中在两次世界大战和两次大战之间的历史时段上。这有一种切合实际的解释：纳粹德国的失败提供了新的原始资料，因为这个高度官僚化的政权档案已被缴获。德国的失败有时也有助于研究其他国家。罗伯特·帕克斯顿关于维希政府时期的法国的书就是根据详细记载与贝当政府的交往的德国档案写成的。[②] 大批学者研究了苏联共产党斯摩棱斯克区的档案，这些档案在德国入侵俄罗斯时被抢去，后来又被盟军拿走。[③] 西欧各大学在 20 世纪 60 年代的迅速扩大，以及后来从 20 世纪 70 年代起大学教职员的缩减，使战后几年发展起来的历史观停滞不前。许多战时或战后不久出生的史学家认为，历史停止在他们的生命开始时是理所当然的。

1914 年和 1945 年之间的戏剧性事件给许多相关的著作带来一种特殊的格调。如果问题如此浮浅的话，以前史学家们的创意和革新似乎多余。例如，每一位聪明的史学家都知道，要理解 16 世纪的磨坊主的世界观，需要利用与众不同的原始资料，需要想象一种陌生的心理状态。但奇怪的是，许多聪明的史学家仍然认为，一位波兰的斯大林主义者在 1946 年的行为可以仅仅参照直言不讳的政治声明来解释。如果主题如此严肃，用玩笑话来描述早期某些处理问题的方式似乎并不合适。西蒙·谢马在解释他不喜欢 20 世纪的历史时说："俾斯麦死后气候变冷。"

意识形态之间和大国之间的冲突影响着 20 世纪历史的编写，至少影响着欧洲历史的编写。罗马尼亚出生的史学家莉莉·马尔库的经历就说明了这一点。她那强调大国和国际组织之间的关系以及注意年表的准确性的研究方法，对于那些受早期现代主义的时髦方法熏陶的学生来说也

---

① 《莫什·莱文》，见亨利·阿贝洛夫、贝齐·布莱克默、彼得·迪莫克和乔纳森·施内尔编辑的《历史的幻觉》（纽约，1984），第 279~308 页。

② 罗伯特·帕克斯顿：《维希政府时期的法国：老卫兵和新秩序，1940~1994 年》（1972 年和 1982 年）。

③ 默尔·费森：《苏联统治下的斯摩棱斯克》（1958 年和 1989 年）。

许太过时了。她的自传说明了她的兴趣的理由。她出生在布加勒斯特的一个犹太人家庭，斯大林格勒战役时她 7 岁。她完全理解这次战役的后果：如果斯大林赢了，她就可以活下来；如果希特勒赢了，她肯定会死。① 对她来说，大国之间的关系被认为与平民百姓无关的想法无法理解。

把重点放在 1914 年到 1945 年这个时段使围绕着这两个时期的历史显得特别清楚。20 世纪欧洲的大部分重大事件都始于 1914、1917 年和 1945 年。有些史学家近来开始谈论"短暂的 20 世纪"，仿佛凡尔赛和约的一份秘密议定书已经将 20 世纪交给了维多利亚时代。从政治上来说，"短暂的 20 世纪"与这样的臆断有关：这个世纪的全部历史可以被看成是共产主义与其敌人之间的一次战役，这种臆断在 1989 年以后来看很成问题，1991 年以后更是如此，从国家的分界线来说，变化同样剧烈。第一次世界大战的结果是产生了三个在 20 世纪 90 年代初不复存在的国家——捷克斯洛伐克、南斯拉夫和苏联。

最重要的是，始于 1914 年的重大事件往往基于欧洲社会的某些观点。20 世纪的第一个 10 年被说成是一个贸易自由、仆人便宜和钱值钱的资产阶级世外桃源，这个世外桃源被战时的通货膨胀和失去俄国的投资所破坏。如果仔细考察 1914 年以来的这个时期，而不是把它看成是"短暂的 20 世纪"的背景，那么许多臆断都是成问题的。资产阶级的世外桃源只有极少数人居住。

关心从 1914 年到 1945 年之间的这些年，有助于详细解释 1945 年以后的这些年。史学家往往用既乐观又厌烦的态度来看待战后的时期，把自己看成是在战争、革命和镇压之间穿行的引航人。现在可以依靠政治学家航行在意见一致、繁荣并且风平浪静的大洋上。许多叙事仅仅到第二次世界大战结束时为止。另一些叙事则提到 1945 年到 1975 年的"黄金时代"，尽管任何以同等程度关心 1945 年以前和 1945 年以后时期的史学家都会对这个概念深表怀疑。1945 年居住在被战火损毁的房子里或难民营里的德国人在被告知他们将生活在黄金时代时，会大吃一惊。甚至

---

① 莉莉·马尔库：《斯大林时代的童年》(1982)。

在经济发展的时候，某些群体——例如农业季节工人，所经历的动乱也像机遇一样多。实际上，有些英国学究式史学家是以深刻的怀旧心情来回顾 20 世纪 50 年代和 60 年代的，因为他们属于受益于经济变革而无须做出任何牺牲的少数群体之一。与大多数欧洲人不同，他们不需要背井离乡适应新的工作，却能从繁荣中获得极大的好处。英国学者的薪金在 1958 年到 1968 年之间增加了 28%。

如果说天真的乐观主义标志着对 1945 年后的 30 年的态度，那么悲观的心情——或者至少是某种充满怨恨的不理解，往往笼罩着任何关于 1973 年石油危机之后时期的研究。由研究两次世界大战之间的时期培养出来的史学家以惊恐的心情看待通货膨胀、衰退和政治权利的恢复。这种反应在蒂姗·梅森的身上达到了又悲又喜的程度。梅森是纳粹德国的一位杰出史学家，他认为玛格丽特·撒切尔是英国的冯·马本——把阿道夫·希特勒推上台的保守派政治家。梅森在晚年曾劝告茫然不知所措的工人阶级领袖应该在逮捕开始前"转入地下"。[①] 他的分析和那些不太极端的同时代人的分析都忽视了 20 世纪 70 年代和 80 年代的现实。在这个时期经济增长从来没有停止，经济不像 20 世纪 30 年代那样萎缩。欧洲大多数国家的政治制度非但没有变得两极化，反而倾向于中间化，而且葡萄牙和希腊也接受了民主政体。

1989 年和 1991 年之间，苏联解体东欧剧变为史学家们提供了新的年代坐标来确定历史和现在之间的分界线。然而，欧洲政权统治的变更不像纳粹主义的终结那样一目了然：它是曲折的，而不是一刀两断的。纳粹主义是在它的激进运动达到顶峰时垮台的，与它关系最密切的那个独一无二的计划——灭绝欧洲犹太人，在纳粹统治的晚期加速进行。第三帝国存在一时，接着便消失了。1945 年 4 月，记账员从党卫军的薪金中扣除了养老保险金，一个月后，他们的账本就落到了美国人的手中，不久便被史学家们所利用。

相反，东欧的剧变是可以追溯到 20 世纪 50 年代的长期衰落和改革

---

① 帕特里克·弗里登森、卢茨·尼撒姆和路易莎·帕瑟里尼：《国际回响：记住拉斐尔》，载于《历史研究会》杂志，1998 年秋季号，第 250～260 页。

的结果。匈牙利和波兰实际在 20 世纪 80 年代晚期就已经不再是共产主义国家，而在罗马尼亚、塞尔维亚和保加利亚，共产党的官员甚至在共产党的统治名义上结束之后还在掌权。那些滔滔不绝地批评过共产党统治或者在最后几年试图改造共产党统治的人，往往就是从前行为过火的人。史学家们应该敏锐地意识到共产主义发展成后共产主义的方式，因为我们这一行的许多杰出成员——爱德华·汤普森、英里斯·阿居龙、弗朗索瓦·菲雷——都曾是共产党员。前共产党史学家安妮·克里格尔总结了她的信仰崩溃后的明确判断，把她的回忆录题名为《我曾以为理解的东西》。

东欧剧变提供了关于东欧的新视角。实际上这种统治在某种程度上使"东欧"这个概念受到怀疑。华沙条约组织的存在将协调一致强加给欧洲共产主义国家，甚至那些不是成员国的国家。东欧剧变使人们清楚地看到，被捆绑在一起的国家很少有共同之处，被贴上"东欧"或"中欧"标签的国家的某些居民曾愤愤不平地拒绝这种称谓。

有些国家的信息来之不易，只有东德是完全透明的。有些政府竟然销毁大量文件，而其他政府则忙于其他事务而不是将历史资料编目或公布。学术活动在许多东欧国家停止，因为教授们和档案管理员们要忙于谋生。某些最令人关心的真相，是由新闻工作者和社会学家或者反共的持不同政见者的自传性著作，而不是史学家揭露的。此外，关于东欧剧变研究涉及一种远离纯政治史的方式。史学家们从一系列与主要政策有关的文件来研究 20 世纪的前几次动乱——两次世界大战和纳粹主义，并且利用这些文件来解释各种政治决策，只是几年之后学者们才把他们的注意力转向这些事件的社会历史。后共产主义国家并不热衷于公开它们的档案，但是研究人员常常与私人打交道。苏联的一个改革征兆是纯理论社会学的发展，越来越关心的是社会而不是国家。因此，我们的了解虽广泛但不完整。例如我们可以知道很多关于莫斯科这个名称的来历的故事，但是对于集权政治却仍然很模糊。

无论如何，苏联解体并不属于纯政治史。从来没有哪一个人决定要使这个政权倒台，所有掌权的人都认为他们是在用行动保卫这个政权。

整个共产主义世界的改革者和持不同政见者都在谈论"公民社会"甚至
"反传统政治"。正是在斯大林去世后的东方集团中,公开强调国家的作
用和思想工作上的动员伴随私下里强调人际关系、家庭和孩子。共产主
义国家的许多居民离开了公共生活,进入了根特·格拉斯所说的"小社
会"。当然,私生活和爱国从来都是不能完全分开的。诸如高堕胎率和父
母对孩子的暴力行为等私事至少在某种程度上必须参照政府的政策来解
释,但是国家从来不会给以一个完整的说法,而且东欧的史学家们比他
们西方同行更会用"私人领域"来解释这些事情。[①]

　　本书试图提供一份关于整个 20 世纪的报告,既重视 90 年代的事件,
也重视 30 年代的事件。

　　由于抛开对 1914 年至 1945 年这个时期的暴力冲突的关注也意味着
抛开对显然是政治领域的历史的关注,所以对社会和文化的变迁应给予
极大的关注。我并不试图贬低政治,或者主张"撇开政治"来写历史。
所有的历史都是政治史,因为所有的历史都是关于权力的历史;所有的
历史都是社会史,因为所有的历史都是关于生活在群体中的人的历史;
所有的历史都是文化史,因为所有的人类经历都是通过各种不同的表现
来传播的。

　　把重点放在整个世纪和政治以外的经历并不意味着在提供 20 世纪欧
洲的"全部"历史。正相反,20 年前也许能围绕着一种仅仅强调保卫民
主或对俄国革命的反应的叙事来描述 20 世纪的历史。现在一切都变得更
加复杂了。没有单一的欧洲历史,只有彼此重叠和缠结的复式历史。一
种全面描述只有通过添加许多关于需要考察什么的决定才有意义。实际
上,读者应该意识到本书的人为结构,仔细琢磨和质疑本书的结构可能
是理解本书论点的最有效方法。

　　最人为和随意的选择与历史时期的划分有关。本书有五个部分:两
次世界大战、20 世纪 70 年代中期的经济放缓和 1989 ~ 1991 年的东欧剧
变。这并不意味着,这些时期中的任何一个时期都是欧洲历史的明显

---

　　① 关于对小社会解释的评论见查尔斯·梅尔:《共产主义的危机和东德的终结》(普林斯
顿,1997),第 36、43 页。

"转折点"。俄国人也许对英国人和法国人重视 1918 年 11 月 11 日感到困惑不解。同样，1945 年 5 月 8 日并没有将战争和镇压同"战后重建"分割开，对于许多欧洲人来说，第二次世界大战结束后的几年是 20 世纪最糟糕的几年。本书后一半的划分甚至更加随意，实际上许多分析，特别是关于资本主义利弊性价值的分析，都超越了年代的划分。本书在每一个按年代划分的部分中，都采用了一种专题处理方法，希望这种方法能使 20 世纪的变化速度得到认可，同时避免一种单纯叙事的做法。也许会遭到反对的是，忽视叙事就不能完成 A. J. P. 泰勒所说的史学家的首要任务："回答极简单的问题——后来怎么啦？"我希望我的方法在某种程度上有助于回答另一个极简单的问题："这有什么关系，我为什么要关心？"这个问题在我的经历中更为常见。

　　另一种随意选择涉及平衡对不同国家的覆盖度。我曾经简单地用地理名词把欧洲定义为由大西洋、博斯普鲁斯海峡、乌拉尔山脉和地中海围绕着的地区（实际上，这些有形地标的位置可能只是欧洲的一个方面，在 1900～2000 年之间没有发生过变化）。然而，显而易见的是，如果只提到欧洲，欧洲的历史就毫无意义。英国和法国以及葡萄牙的领导人把自己的国家看成是世界强国，至少在 20 世纪的前 50 年是如此。苏联既是欧洲国家又是亚洲国家。在 20 世纪初，不提到埃利斯岛就不能理解波兰的农民；在 20 世纪末，不提到华尔街就不能理解欧洲的资产阶级。在欧洲的范围内，我曾试图注意所有的国家，尤其避免编写一本大国的历史。然而，我对欧洲的了解并不均衡，我的普遍原则是大量利用我最熟悉的那些国家。毫无疑问，其结果会使那些研究各国历史的专家感到可笑或恼火，但是，如果只有那些详细了解欧洲各国的人才能尝试写出一部欧洲通史来，那么这种著作就永远写不出来。此外，本书并不打算取代以前的各种著作，理由是，其他作者已经把许多注意力集中在我知之较少的地区（例如德国、波兰和巴尔干半岛各国）。

　　受到与其人口不成比例的关注的国家是英国。这并不一定使本书"以英格兰为中心"，没有比那些认为英国的历史如此特殊以致不应该包括在欧洲史中的著作更"以英格兰为中心"了。因为本书作者是英国人，所以可能有许多读者认为比较详细地描述英国的历史而偏离欧洲大陆的历史是合情合理的。把英国放在叙事的中心有时暴露出现在影响着历史论述的关于欧洲——甚至涉及欧洲大陆的臆断何以确实起源于英国的经历。"两次世界大战之间的欧洲"这种说法（适用于 1919 年至 1939 年这 20 年）对于西班牙人来说听起来可能有点怪（西班牙在两次大战中都是中立的，但从 1936 年到 1939 年却是一场内战的战场）。相似的是，关心"在前线作战的一代人"的经历在英国是有意义的（英国平民的预期寿命在 1914 年到 1918 年之间增加了），但是在塞尔维亚却没有什么意义（在塞尔维亚，第一次世界大战导致的死亡人数超过了应征入伍的士兵的总数）。

本书的最后一个特点是没有参照历史理论。我试图使人认识到，历史理论的知识与编写历史书有关，昆斯伯里规则的知识会与拳击有关，两者是相同的，以此来证明我没有参照历史理论是有理由的。显而易见，我的著作是基于那些未言明的臆断和通过阅读其他史学家的著作无意识地汲取的理论思考的结果。不过，我认为关心这些问题的读者会发现，为自己挑选理论要比容忍我所尝试的解释更值得。

一般著作的一般引言必定包含许多声明。上文的某些评论听上去好像看不起别人的著作，或者自以为我的研究方法天生就比我同事们的方法好。最后我也许应该说，我不能肯定本书所涉及的问题有哪一个是我首先提出或最后下结论的。我承认，有朝一日会有人把本书当成说明一个特殊的人在一个特殊的时候的臆断的历史创作来读。在此之前，我希望本书会引起争论，向他人提供某些他们所不同意的东西，有助于其他人系统地阐述他们自己对历史的解释。

第一部分

美好时光和灾难

1900 年的欧洲

大西洋

北　海

斯堪的纳维亚

挪威⑦

斯德哥尔摩

瑞典

哥本哈根

丹麦

汉堡

旧

波罗的海

但泽

圣彼得堡

莫斯科

爱沙尼亚

里加

拉脱维亚

立陶宛

维尔纳（现称维尔纽斯）

俄

沙

乌

克

兰

基辅

华沙

波

兰

克拉科夫

加利西亚

比萨拉比亚

帝

国

罗马尼亚

布加勒斯特

奥匈帝国

布达佩斯

④

黑

海

君士坦丁堡

土麦那（现称伊兹密尔）
（Izmir）

塞浦路斯

曼

帝

国

托

保加利亚

索非亚

⑤

奥

②

③

亚得里亚海

雅典

希

腊

中

地

英国

爱丁堡

格拉斯哥

贝尔法斯特

都柏林

曼彻斯特

伯明翰

伦敦

荷兰

海牙

比利时

布鲁塞尔

德

柏林

意

尼

黑

布尔诺

日内瓦

⑦

维也纳①

布拉格

奥

德

国

大

利

罗马

那不勒斯

科西嘉岛
（法）

撒丁岛
（意）

中

地

法国

里昂

马赛

巴黎

波尔多

巴塞罗那

马德里

西班牙

里斯本

直布罗陀

摩洛哥

阿尔及利亚（法）

突尼斯（法）

公里
0 100 200 300

①布拉迪斯拉发 ②黑山 ③波斯尼亚 ④贝尔格莱德 ⑤塞尔维亚 ⑥克里斯蒂安尼亚（奥斯陆） ⑥东普鲁士 ⑦克里斯蒂安尼亚（奥斯陆）

关于 20 世纪欧洲的许多著作都以痛苦地怀念 1914 年以前的时期为标志。例如 E. M. 福斯特的《霍华德庄园》（1910 年出版）。故事围绕着有闲、有教养和富有的施莱格尔姐妹展开，人物的原型是弗吉尼亚·伍尔夫（娘家姓斯蒂芬）和她的妹妹瓦内萨。我们也通过弗吉尼亚自己的著作以及她丈夫伦纳德的纪念碑式的自传（他单单为 1911～1918 年就写了整整一卷）、他们那个社会圈子里的其他成员（包括画家邓肯·格兰特、传记作家利顿·斯特雷奇、哲学家伯特兰·罗素和经济学家约翰·梅纳德·凯恩斯）的著作和关于他们的著作知道了施莱格尔/斯蒂芬姐妹。大多数受过教育的欧洲人或北美洲人可能更了解 20 世纪头 20 年住在布卢姆斯伯里区戈登广场周围的 20 几个人，而不太了解同一时期塞尔维亚的全体人民。

福斯特的视野很窄，只看到经济上有特权的人。施莱格尔姐妹在通货膨胀率不高的时候有着丰厚的收入，不必工作，也不用为了保证她们的投资有回报而去冒风险。弗吉尼亚·伍尔夫的丈夫谈过“资产阶级的经济乐园”，回忆过去他的妻子属于“维多利亚时代有专业的中上阶层，这个阶层（几乎）像英格兰银行那样不可动摇”。[①] 在福斯特的熟人中，甚至那些勤奋的人也做出过使他们有高度安全感和大量空闲时间的工作——大学教师或高级公务员。这种平静的生活甚至不是典型的英国资产阶级生活。《霍华德庄园》中的另一个主要家庭——威尔科克斯家族是富有的，但是不像施莱格尔家族，他们必须干活挣钱，因此没有时间去写书来叙述他们的生活和看法。在施莱格尔家族和威尔科克斯家族以

---

① 伦纳德·伍尔夫：《重新开始：1911～1918 年的自传》（1964），第 54、90 页。

下的是伦纳德·巴斯特，他是一位办事员，既没有钱也没有闲暇；在巴斯特以下的是绝大多数英国人，正如福斯特所说的，小说家对他们不感兴趣，只能"由统计学家"来处理。与 1914 年以前的欧洲联系在一起的稳定和文化建立在那些交给统计学的人的劳动上。资产阶的生活依赖仆人。想一想凯恩斯的著名论述："伦敦的居民可以在床上喝着茶，通过电话定购全世界的各种产品。"① 对于大多数欧洲人来说，在第二次世界大战以前，电话是一种不能接受的外来物，所以有人想当然地认为，那些打电话的人想起这种生活时比那些沏茶的还后悔。

离开英国到欧洲大陆去甚至更加明显地说明靠股息生活的资产阶级何以不能代表全体选民。法国有大量吃利息的人，就像其他一些欧洲城市（维也纳、米兰、布拉格）的人一样，但是在其他国家只有少数人靠 19 世纪积累的财富过着奢侈的生活。

在 1914 年以前，大多数欧洲人的生活完全不同于英国资产阶级的生活。对于中欧和地中海沿岸的欧洲居民来说，生活是艰难和没有保障的，受霍乱、疟疾和饥饿的影响，而不是受书本和音乐的影响。大多数欧洲人是在准备收割的繁重劳动中度过 1914 年夏季的。那些认为 1914 年以前的世界令人遗憾的人应该向自己问一个第一章中提出的问题：为什么这么多欧洲人希望离开？

怀念 1914 年以前的欧洲与第一次世界大战的结果所造成的恐慌有着密切的关系。在布卢姆斯伯里的群体中，几乎每一个男人和女人都反对战争。伦纳德·伍尔夫认为，战争的爆发停止了向文明的进步，开始了"凡尔登和奥斯维辛"的时代。更确切地说，战争带来了通货膨胀，由此也带来了食利者的末日，仆人不容易雇到了。

最后一点，对稳定和进步的强调改变了我们对 1914 年以前的欧洲的看法。作家们的评述往往把他们的世界遭到毁灭说得好像完全是外力的结果，好像 20 世纪欧洲的暴力行为和动乱与他们自己完全无关。事实上，动摇欧洲的力量在某种程度上来自自由主义知识分子的内部。凯恩斯对 1914 年以前某些形式的稳定感到遗憾，但是他的经济学原理暗示了

① 约翰·梅纳德·凯恩斯：《和平的经济后果》（纽约，1919）第 11 页。

"食利者的安乐死"。伦纳德·伍尔夫谴责了纳粹主义和法西斯主义，但是为俄国革命进行了辩护。弗吉尼亚·伍尔夫——她自己的同父异母妹妹曾经被关在疯人院里——在 1915 年的日记里写道："在河岸的纤道上，我们遇见并不得不超过一长串弱智者……其中的每一个人都是可怜地拖着脚走路的白痴，没有前额，或者没有下颌，带着一种弱智者的傻笑，或者怒目而视。这太可怕了。他们肯定会被杀掉。"①

---

① 转引自埃尔奥纳·李：《弗吉尼亚·伍尔夫》(1997)，第 104 页。

1 芸芸众生

给我送来

渴望呼吸自由的疲倦、贫穷、蜷缩的众生，

在你们拥挤的土地上可怜的他们已被抛弃，

给我送来无家的、受风浪颠簸的人们。

　　　　　埃玛·拉扎勒斯为自由女神像所写的诗

　　1900 年欧洲最引人注目的特点是，那么多居民希望离开；在 1900 年以前的 25 年里，仅美国就接受了 2500 万欧洲人。这些移民没有引起欧洲史学家的很多关注。他们并不适用于强调进步和权力的叙事，而且往往属于把自己看成是被统治种族的群体，例如波兰人、爱尔兰人或南意大利人。此外，他们往往来自显然很少受到工业化影响的地方。1885 年以前，移民通常来自北欧和西欧；此后，绝大多数移民来自南部和东部的不发达地区（尤其是南意大利和波兰）。在 1914 年以前的 20 年里，350 万波兰人离开家乡去了美国，而在 1898 年到 1914 年，每年有 15 万至 75 万意大利人移居国外，其中大多数是南方人。

　　为什么要移居国外？部分是出于政治上的原因。接受移民的国家往往把自己看成是自由的避难所，希望把外来的移民说成是出于"渴望呼吸自由的空气"。对于英国、法国、尤其是美国来说确实是这样（但对于德国来说并非如此，德国把外来移民仅仅当做"进口的劳动力"来对待）。相应地，有些国家竭力否认那些移居国外的人受到过迫害：罗马尼亚当局强迫那些离去的犹太人签署一份他们离去完全是出于经济原因的声明。移民们则喜欢把他们的离去看做与政治有关。英国政府在 1905 年通过的《外侨法》试图鼓励经济移民而不鼓励政治移民。

　　欧洲的犹太人大概是最可能出于政治原因而离开的群体。罗马尼亚的犹太人受到了残酷的迫害，有 30% 的犹太人在 1871～1914 年移民美国，而那些离开沙俄帝国的人中，大部分也是犹太人。沙皇政府把大多数犹太人限制在立陶宛和波兰的一个狭长地区（犹太人居住区）内，地方当局往往与集体迫害犹太人的组织沆瀣一气。果尔达·梅厄——出生于俄罗斯，成长在美国密尔沃基，后来成为以色列总理——回忆起她父亲给他在基辅的作坊的窗户钉上木板，以防集体迫害。甚至来自中欧的犹太人也不总是有政治动机。许多犹太人来自并不以排犹著称的奥匈帝国，而那些来自沙俄帝国的犹太人则是被极端贫困和迫害所驱使（1900年，波兰的每一个省只有不到 1/8 的人口得到救济）。此外，在波兰生活可能导致悠闲恐惧症。世俗的年轻人大批离开是不是希望躲避哥萨克骑士或执行教规的拉比，这一点并不总是很清楚的。

表 1①　10 年中移民到美国的人数

1880～1889	1890～1899	1990～1809	1910～1919	
英国	810900	328759	469578	371878
爱尔兰	674061	405710	344940	166445
斯堪的纳维亚	671783	390729	488208	238275
法国	48193	35616	67735	60335
德意志帝国	1445181	579072	328727	174227
波兰	42，910	107，793	没有分开申报	
奥匈帝国	314787	534059	2001376	1154727
俄罗斯	182698	450101	1501301	1106998
罗马尼亚	5842	6808	57322	13566
希腊	1807	12732	145402	198108
意大利	267660	603761	1930475	1229916

资料来源：艾伦·克劳特：《芸芸众生：美国社会的外来移民，1880～1921 年》，第 20 页。

其他移民设法离开欧洲可能也有政治原因——许多人来自感到受本

①　迈克尔·马勒斯：《多余的人：20 世纪的欧洲难民》（中津，1985），第 30～39 页。

国权势人物排挤的群体——但是政治与背井离乡之间的关系却不甚了了。在意大利，移民的增加与男子享有普选权同时发生。移民们往往打算回到他们的故乡去，官员和雇主对待他们的态度使他们没有什么理由把美国看成"自由的国家"。单纯的物质利益鼓励许多人离开。移民原来所在的地区通常是贫穷的，受到自然灾害的折磨，西北欧的居民把这种灾害看成是非洲或亚洲的特点。1908 年的墨西哥地震使万人丧生，而疟疾在波兰的沼泽地区和南意大利是司空见惯的——据估计，1898 年有 100 万意大利人患上疟疾。[1] 日益繁荣、改进的技术和现代医学使控制这些灾难比较容易，但是这些好处向欧洲不发达地区的扩展比较缓慢。更加繁荣往往导致人口增加和食品价格下跌，因为从欧洲以外进口食品变得更加容易——对那些靠土地为生的人来说这消息忧喜参半。[2]

移民们既受到新机遇的拉动，也受到他们祖国的压力的推动。铁路和轮船使旅行更方便，而总部在汉堡、不来梅和利物浦的几条航线之间的竞争在 20 世纪初使去美国的票价大大降低。横渡大西洋的移民成了一宗大买卖。截至 1914 年，差不多有 600 万东欧人通过波罗的海各港口去了美国。截至 1913 年，经营从汉堡出发的哈帕克航线的艾伯特·巴林建立了一支拥有 175 艘轮船的船队；汉堡—美国运输公司甚至建立了自己的村落，有基督教堂和犹太教堂，给中转的移民提供了方便。[3] 这些轮船公司仅在南意大利就雇用了 560 名代理商兜揽生意。阿根廷、巴西和加拿大等国政府积极地寻找外来劳动力，并与私人企业合作来达到目的——1899 年到 1906 年间，北大西洋贸易公司将 7 万名移民引进加拿大，获得 367245 美元回报。[4] 欧洲各国政府做出了某种努力来阻止移民，尤其是阻止适合服兵役的青年人，但是，在使用护照的年代以前，政府不大可能阻止公民离开。个人和家庭的联系也给移民提供了方便。一个人写信

---

① 马丁·克拉克：《现代意大利，1871~1982》(1984)，第 162 页。
② 农产品价格的下降有时甚至迫使那些原本富裕的人移居国外。卡尔洛·布罗季拉·迪·卡萨尔博戈内伯爵的独生子死于 1896 年，当时他在巴西当矿工。安东尼·卡多萨：《资产阶级意大利的贵族：皮埃蒙特的贵族阶层，1861~1930》(剑桥，1997)，第 199 页。
③ 艾伦·克劳特：《芸芸众生：美国社会的外来移民，1880~1921》(1982)，第 48 页。
④ 唐纳德·埃弗里：《不情愿的东道主：加拿大对外来劳工的回应，1896~1994》(多伦多，1995)，第 25 页。

回来描述他的新生活，也许甚至寄来船票费，鼓励他的亲属和朋友到他那里去，而亲属网和互惠制往往使筹集旅途所需的费用成为可能，例如在南意大利的孔森蒂诺区就是这样。① 国际犹太人组织也帮助犹太人离开东欧到美国去，这种行动部分地是出于施舍，部分地是出于英国、法国和德国已被同化的富裕犹太人担心自己的地位可能受到损害，如果说意弟绪语（yiddish‐speaking）的贫困移民聚居在西欧城市里的话。②

移民们并不总是走得很远。有些移民只是到邻近的城市或越过国界去找工作。俄罗斯的有些移民到西伯利亚去：实际上，1901～1910年间，向东去的俄国人要比到美国去的多。然而，最激动人心和最受人关注的移民方式是漂洋过海，特别是到美国去。大约有85%的波兰移民去了美国，而1910年大约有40%的纽约居民是出生在国外的。③

移民们难得受到热烈的欢迎。对他们的接待受到流行的退化思想的影响，有些美国人担心外来移民会带来贫困、疾病和低智商。福特委员会在1889年报告，纽约市每年要为供养贫困或精神失常的外来移民花费2000万美元。1892年在曼哈顿附近的埃利斯岛建立了检查站，检查新来的移民是否有病，是否"白痴"和文盲（从1917年起）。检查人员让移民们爬陡峭的梯子，看他们是不是跛子；设计出一些难题来测试不会说英语的人的智商；掀开眼皮来检查是否有沙眼。在到达埃利斯岛的1200万人中，有25万人被遣返。遣返往往意味着家庭离散并回到贫困和受迫害的境地，而且不得不再忍受一段轮船下等舱的可怕生活。大约有3000人在埃利斯岛上自杀身亡。对被要求遣返的某些移民的威胁迫使轮船公司在大西洋彼岸建立了自己的检查站，4万名移民在欧洲各码头上经医生检查后就被遣返。④

哪些移民被认为是受欢迎的，各国不尽相同。法国的雇主们距离向

---

① 皮诺·阿拉基：《黑手党、农民和大庄园：传统的卡拉布里亚区的社会》（剑桥，1983），第58页。

② 马勒斯：《多余的人》，第39页。

③ 休·麦克劳德：《虔诚和贫困——柏林的工人阶级宗教：伦敦和纽约，1870～1914》（1996），第52页。

④ 克劳特：《芸芸众生》，第47页。

外移民的国家近，可以准确地区分并从政治上平静的地区寻找雇员。美国政府和加拿大政府只做大体上的区分：北欧人和西欧人是"受欢迎的"，那里曾经提供过他们国家的第一流公民，来自南欧和东欧的移民是"不受欢迎的"，尽管雇主们在这种事情上并不总是同意他们政府的偏向。有雇主承认，来自相对不发达国家的人有期望值低和劳工组织的传统有限等好处。加拿大移民局局长克利福德·西夫顿写过："我想，一位身穿羊皮外套、生来就和泥土打交道、十代祖先都是农民、有一个肥胖的妻子和半打孩子的壮实的农民是好样的。"①

移民们可能受到严酷的对待。1913 年，加拿大铁路用有武装警卫看守的闷罐车运送俄国劳工。② 不懂他们的新国家的语言和风俗习惯的移民们是脆弱的，他们的受雇往往由类似蒙特利尔的安东尼奥·科尔达斯科这样的代理人来安排，后者声称有权提供食宿从而剥削他所提供的劳工。1900 年，据说纽约有半数意大利劳工受包工头的控制。③ 有时神父们把移民劳工组织起来：在宾夕法尼亚州的约翰斯敦，波兰神父充当了劳工代理人，通过他的办公室每两周从每个受雇工人的工资中扣除 1 美元。④ 甚至不信教的移民也可能发现自己投入了教会的怀抱，因为需要找到一个能和当局联系的代理机构。

移民可以改变自己的人生。伯纳德·贝伦森出生在立陶宛的犹太人居住区，从小就说意弟绪语。他家移居美国使他能够在波士顿大学和哈佛大学接受教育，死在佛罗伦萨时，他已是世界知名的专门研究意大利文艺复兴时期艺术作品的专家。大多数移民没有什么雄心壮志。他们在自己的祖国通常一直当农业工人，其中许多人希望移居国外能够获得一块自己的土地。当美国的边疆地区关闭时，这种定居变得越来越不可能，

---

① 埃弗里：《不情愿的东道主》，第 24 页。
② 同注①，第 39 页。
③ 克劳特：《芸芸众生》，第 91 页。
④ 爱娃·莫拉夫斯卡：《"这里有希望"：波兰移民在宾夕法尼亚州约翰斯敦，1890～1930》，载于法兰克·伦凯维奇编辑的《波兰人在加拿大和美国》（安大略，1982），第 29～45 页。

移民们往往不得不去从事工业劳动并生活在城市里。①

天主教和农民出身把波兰人、意大利人和爱尔兰人团结在一起，尽管后者有语言融合和居留期较长的优势。爱尔兰人看不起"次要的"天主教徒，至少和美国新教徒看不起爱尔兰人一样。1878年建立在曼哈顿第五街的圣帕特里克大教堂体现了爱尔兰人对美国天主教的霸权地位。自1850年担任大主教的约翰·休斯以来，纽约的每一位大主教都是爱尔兰裔美国人。②

爱尔兰裔神父是天主教移民和当局之间的一条纽带；爱尔兰裔警察则是另一条。埃利斯岛上的许多检查员都是爱尔兰裔美国人，这就导致了经常有人篡改中欧人的名字。在纽约和芝加哥这样的城市里，整个政治体制都建立在爱尔兰裔选民的动员上，他们为民主党的势力提供了基础。

移民到新世界有时对欧洲自身有着引人注目的影响，由此形成的种种联系产生了稀奇古怪的政治希望。20世纪30年代，波兰外交部的官员们异想天开，认为从他们国家去的移民可以在拉丁美洲建立一个殖民地；③ 而在1945年，有些西西里人提出他们的岛可以成为美国的一部分。更为严重的是助长了中欧的民族主义。第一次世界大战期间，在美国的外来移民中招募了一支波兰志愿军，而移民对东欧政治的影响在整个20世纪都存在。1990年，据说弗拉尼奥·图季曼在竞选总统时从移居国外的支持者那里筹集到大约500万美元。④ 同年，在加拿大发了财的斯坦尼斯拉夫·蒂明斯基回到波兰竞选总统。

移民对部分欧洲的影响并不显著。它增加了识字的人，因为各个家庭需要通过信件来保持联系。它也因为青年男子的离去而造成性别和年龄的不平衡：1906～1915年间，有486万意大利男子移民国外，但是和

①　克劳斯·J.巴德：《19世纪晚期和20世纪德国移民美国和大陆移民德国》，载于《中欧史》第13期（1980），第348～377页。1900年，51%的德裔美国人生活在城市里，有2.5万多名常住居民，而只有35%的德国人生活在城市里，有2万多名常住居民。

②　麦克劳特：《虔诚和贫困》，第57页。

③　马辛·库拉：《波兰向拉丁美洲移民》，载于伦凯维奇编辑的《波兰人在加拿大和美国》，第63～78页。

④　米沙·格伦尼：《历史的再生：民主时代的东欧》（1993），第127页。

他们一起离开的女人只有 114 万。20 世纪初，卡拉布里亚区每 3 个女人只有 2 个男人。① 性别的不平衡可能形成一个自我繁殖的圈子。卡洛·利瓦伊指出，婚外性关系在意大利南方司空见惯，因为没有足够的男人使所有的女人都有丈夫。② 私生子又特别倾向于移民国外——在一个村子里有 3/4 的私生子移民国外。③

移民增加了家乡的财富，因为移民们寄钱回来，或者回国购买所珍爱的小块土地。移民的经济影响在意大利特别大，因为移民和他们的出生地之间的联系一直很密切。据说，1897～1902 年间，意大利从回国的移民那里获得 1 亿美元。④ 1913 年的一项调查表明，从美国回来的意大利人购买了 200 万公顷土地（尽管他们在美国一直从事工业劳动这个事实意味着他们不是十分胜任的农民）。⑤

移民往往与政治上的保守主义联系在一起。总的来说，20 世纪初把移民送出国去的地区，在 20 世纪的其余时间里仍是政治上的右派。有 12 万人移民国外的芬兰奥斯特罗博特尼亚省在 1918 年的内战中为白党作战，而意大利南方在 1945 年以后则支持基督教民主党。保守主义可能一直是移民的原因而不是移民的结果，导致移民的社会结构也助长保守主义。移民们通常离开只有少量工业的农村地区，而且往往受到把希望寄托在个人进取心的文化的鼓励——移民国外的费用是由牢固的家族系统提供的，而移民的动机往往是渴望购买土地。相比之下，大庄园地区的无地劳工太穷，无力支持许多移民而倾向于把希望寄托在采取集体行动来争取增加工资，而不是把希望寄托在购买土地上。

然而，尽管移民往往来自已经倾向于保守主义的地区，但是有三个原因加强了这种倾向。第一，年轻人的离开使得与革命政治关系最密切的群体消失。第二，国外来的汇款减轻了社会的不满，促进了财产的拥有。第三，由于美国变成了反共情绪的核心，所以美国的移民社团被有

① 克拉克：《现代意大利》，第 166 页。
② 卡洛·利瓦伊：《基督逗留在埃博利》（1982），第 102 页。
③ R. 博斯沃思：《意大利和更广阔的世界，1860～1960》（1996），第 133 页。
④ 克劳特：《芸芸众生》，第 10 页。
⑤ 阿拉基：《黑手党、农民和大庄园》，第 65 页。

意识地动员起来，鼓动家乡的亲属们支持政治上的右派。

农民转为城市居民

那些移居城市或其他国家的人所经历的变化如此引人注目，以致有时使人想当然地认为，那些留在农村的人——他们仍占欧洲人口的大多数——是一个没有差别和没有变化的群体。实际上并非如此，欧洲农村人口的生活有过很大的变化。比较富裕的地区——英国、法国、西德和斯堪的纳维亚，完全不同于西班牙、南意大利和东欧，在这些地区，饥饿一直是大多依靠农业为生的人的主要经历。欧洲也根据土地所有权来划分。大庄园地区不同于收益分成佃农、地租佃农和小农经营的地区。一般说来，大庄园都在南意大利、南西班牙、东德和匈牙利，而地租佃农在英国最为发达，英国也是欧洲唯一实际上没有小农的国家。

尽管如此，移民并不直接影响欧洲的大部分常住居民。那么留下来的欧洲农民又如何呢？尤金·韦伯在一本名为《农民成了法国人》的有影响的书里部分地回答了这个问题。他在书中证明，1870～1914年间在法国农民中发生了一种变化。[①] 他指出，在此之前大多数农民游离于城市文化之外。他们贫困、住房简陋、讲方言或土语，而且不关心政治。度量衡单位在巴黎已经标准化100年之后各地还是各不相同。韦伯指出，农民的游离是由于四种力量促成：交通通信工具（公路、铁路和电报）、教育、服兵役和政治。

这些力量在多大程度上影响欧洲的其他地方？最重要的是服兵役。军队是掌握强制手段的国家机器，没有哪一个民间机构可以与之相比。军队使一批批年轻人离开村庄，要求他们服从共同的纪律，强迫他们学习国语。19世纪晚期，服兵役在整个欧洲变得越来越普遍，英国以外的每一个国家都强制征兵，由于这种机制，富人可以出钱免服兵役的情况越来越少见。在实践中，服兵役的直接影响是有限的。征召不健康、身材矮小或没有受过基础教育的人入伍完全不值得，所以最与世隔绝和落

---

① 尤金·韦伯：《农民成为法国人：以农业为主的法国的现代化，1870～1914》（1977）。

后的群体服兵役的可能性极小。此外,并非所有的国家都有能力装备和训练所有的年轻人。在法国,以体弱多病闻名的马塞尔·普鲁斯特服过兵役;① 在西班牙,以身强力壮闻名的帕夫洛·毕加索用他的叔父萨尔瓦多给他的 1200 比塞塔就使自己免服兵役。② 在 1914 年,法国男子被征召入伍的可能性是奥匈帝国男子的 3 倍。

甚至服过兵役的农民也不一定由于这种经历而融入本国的文化。他们中的许多人都把军队看成是与一个陌生世界的一次短暂而不愉快的邂逅。奥匈帝国军队中的语言如此多样,以致在第一次世界大战时一个团队不得不用英语来指挥。③

在俄罗斯,对军队的敌意特别强烈,应征的士兵在出发前被村里当做死者来哀悼或者用伏特加灌醉,被长者抬进军营。俄罗斯军队没有钱来适当地训练或装备士兵,1881 年以后还放弃了教会士兵读和写的尝试。许多精力用在简单的谋生上,军团不得不生产或挣得他们所需的一切:1907 年,据估计有 1/8 的士兵把他们的大部分时间用于缝制或修补制服。士兵们往往被雇出去当劳工。军官和士兵之间的关系很糟糕,纪律很严酷。对于那些不幸被征召的俄国农民来说,应征入伍不是进入一个更广阔的世界,而是倒退到被殴打、受羞辱和被强迫劳动的封建主义制度。④ 俄罗斯军队在 1905 年和 1917 年有过两次哗变。在欧洲其他地方,通常可以依靠退伍士兵来维持秩序,但是在俄罗斯,退伍士兵很可能带领农民闹事。

学校是融合国家的另一大力量。从理论上来说,截至 1914 年,欧洲的每一个国家都有某种普及教育的制度,而在某些情况下,这种制度可以提供一种特殊的社会流动手段。一个有支持他的父母(通常是母亲)、一位好老师和许多机遇的聪明男孩完全可以脱离他的社会阶层。意大利

---

① 乔治·佩因特:《马塞尔·普鲁斯特传》(1966) 第 1 卷,第 72 页。
② 约翰·理查森:《毕加索的一生》(第 1 卷,1881~1906) (1992),第 249 页。
③ 诺曼·斯通:《哈布斯堡王朝的军队和社会,1900~1914》,载于《过去和现在》,第 33 期 (1966),第 95~111 页。
④ 约翰·布什内尔:《穿制服的农民:沙皇军队是一个农民社会》,载于本·埃克洛夫和史蒂芬·弗兰克:《俄罗斯农民的世界:解放以后的文化和社会》(1990),第 101~114 页。

共产党领袖安东尼亚·葛兰西出生于 1891 年，作为撒丁岛的一位被解职的书记员的儿子在贫困中长大，后来在都灵大学获得了一份奖学金。不过这种情况很少见，而且往往要使那些有关的人付出沉重的代价（后来葛兰西谈到一种"心灵上的泰勒制"）。比较常见的是一种经历几代人的社会流动：农民的儿子可以成为小学教师，小学教师的儿子可以受到大学教育。

社会流动经历三代人的情况在法国特别常见。马塞尔·帕尼奥尔出生于 1896 年，他的祖父是石匠，父亲是小学教师。帕尼奥尔本人获得了马赛一所公立中学的二等奖学金，学校给他提供书籍、食物和每天一杯红葡萄酒，后来他在蒙彼利埃获得了学位，成为一名公立中学教师。法国历史学家莫里斯·阿居龙出生于 1926 年，祖父母是农民，父母是小学教师（先后出生于 1899 年和 1901 年）。他通过考试先后进入里昂花园公立中学和巴黎高等师范学校学习，最后通过教师资格考试和国家博士学位考试成为法国的学术精英。阿居龙写道："没有什么比这种结局更典型了。这种结局是从普通平民的祖父到小学教师的父母再到高级公务员或学者。"[1] 父母是小学教师和祖父母是农民的高等师范学校学生在 20 世纪的法国司空见惯。出生于 1911 年并从 1969 年到 1974 年一直担任共和国总统的乔治·蓬皮杜就是这个群体最著名的代表。让－弗朗索瓦·西里内利关于两次大战之间法国精英教育的论著透露，1927 ~ 1933 年间，1/4 以上的师范生是教师的儿子，而其中的一半是小学教师。劳动者的儿子不到 1/40。西里内利本人也是一位师范生，而且是一位师范生的儿子。他的书是献给"我的祖父母和外祖父母（小学教师）的"。[2]

休·西顿－沃森指出，在东欧也存在类似的三代社会流动：

富裕农民的儿子在小城市里接受高等教育，回到村子里当教师或神父。中小学校长、东正教神父、加尔文主义信徒和路德教牧师的孩子们

---

① 莫里斯·阿居龙：《内幕揭秘》，载于皮埃尔·诺编辑的《个人经历随笔》（1987），第 9 ~ 59 页，第 16 页。

② 让－弗朗索瓦·西里内利：《有知识的一代人：两次大战之间的高等师范学校文科预备班学生和师范学校毕业生》（1988），第 169 页。

可以从优于其他农民孩子的地位起步。如果有能力，他们可以上大学，这是提升社会地位的最重要一步。在东欧，出身贫寒的大学生的主要目标是进入行政机关。①

大多数小学对学生的生活影响比较有限——法国和德国有欧洲大陆最全面的学校系统和最多的有读写能力的人口，俄罗斯、西班牙和奥匈帝国的许多部分则落在后面。第三共和国的法国政府有意识地利用学校来普及民族文化和国语。由于法国已经有了比较同源的民族文化（甚至不讲法语的农民也能够理解这一点），教育制度又非常集中化，所以学校的任务比较容易完成。在其他地方情况就不同了。西班牙政府在 1902 年颁布一道法令，不准用加泰罗尼亚语教学，但是学校系统还没有全面铺开或没有足够的资金来排斥各种方言。② 在东欧，语言是一件有争议的事，所以学校往往成为争论的中心。在约瑟夫·斯大林学习的格鲁吉亚神学院，一名民族主义学生在 1886 年谋杀了神学院院长。教育和语言之间的联系意味着，东欧的男人往往年纪轻轻就进入政界。克罗地亚的农民领袖斯特凡·拉迪奇在 15 岁时就通过焚烧匈牙利国旗涉足政治。加弗里洛·普林齐普在萨拉热窝开枪射击时才 19 岁。

学校的功效有其他局限性。读写能力可以强行灌输进小学生的头脑里，但是书页上的字符和口头说出来的言词之间的关系往往是一种机械的技巧，对那些获得这种技巧的人的心灵没有更大的影响。③ 有些农民认为，阅读和计算的用处主要是保护自己免受商人或地主的欺骗，但是他们并不把这些技巧与接受城市的价值观念联系起来。许多小学教师的工资过低，受过的教育不多，在他们被派去的社区里声望不高。

学校教育往往引起不能平息的不满。在 20 世纪初数量迅速增加的俄国小学里，读过书的孩子们渴望逃离艰苦的农村环境——一项调查表明，学校里只有 2% 的农村孩子希望继承父母的职业。④ 俄罗斯社会的性质意

---

① 休·西顿－沃森：《两次大战之间的东欧，1918～1941 年》（剑桥，1946），第 126 页。
② 阿德里安·舒伯特：《现代西班牙的社会史》（1992），第 183 页。
③ 关于读写能力可能产生的影响的讨论，见本·埃克洛夫：《俄罗斯的农民学校：官僚主义、村落文化和普及教育，1861～1914 年》（加利福尼亚州伯克利，1986），第 1～16 页。
④ 奥兰多·菲格斯：《人民的悲剧：俄国革命，1891～1924 年》（1996），第 109 页。

味着，只有少数孩子有机会逃离农村，进入某种办事员的行列，甚至那些留在农村的孩子也可能有机会从他们的读写能力中获益，哪怕仅仅是读读报纸。

交通运输系统和通信系统把欧洲农民与更广阔的世界联系在一起。铁路系统和电报系统在 19 世纪和 20 世纪初得到发展，带来了激动人心的影响。政客们可以定期访问他们的选民，全国性的报纸可以在出版的当天在全国发行。甚至时间观念也改变了：在 19 世纪的很长时间内，欧洲各国曾有过不同的时区；铁路时间表的出现可能是使时间同步的最重要力量。这些发展对有火车站和电报局的小城镇的影响可能大于对农村本身的影响，但是道路的改善也使农村更好地连接起来，道路的使用更方便，因为自行车变得更加普及。环法自行车赛成为国家统一的标志也就不令人感到意外了。

交通运输网络创造了大量稳固的工作岗位：1914 年，普鲁士铁路系统有 56 万名员工，是欧洲的最大雇主。[1] 这种工作吸引了农民的儿子，他们认为，上小学读几年书就可以终身摆脱肮脏和辛苦的劳动。国营单位的工作特别适合那些在服兵役时获得了服从和发布命令的经历的人。退伍军人也引起国家行政部门的注意，这些部门希望有政治上可靠的工作人员：普鲁士警察部门专门等待那些在军队里生活过 6~9 年的人。帕尼奥尔感到遗憾的是，服兵役和国营单位的工作加在一起使普罗旺斯的农村十室九空："自从令人遗憾地发明了义务兵役制，他们（农民）从兵营里解放出来的儿子就一直是城镇的囚徒，他们在那里建立了十字路口的警卫、养路工和邮递员的王朝。"[2] 不过，他自己关于他的农民朋友莉莉的劳动的描述使人清楚地看到为什么一个聪明的男孩子会希望逃离这种生活。

公路和铁路也有助于把市场经济带到农村地区。远处城市的工业经济可以向农民提供必需的工具，或者他们被说服去购买越来越多的奢侈

① 阿拉斯泰尔·汤普木森：《不平等的荣誉：德意志帝国的勋章、国家和资产阶级社会》，载于《过去和现在》，第 144 期（1994），第 171~204 页。

② 马塞尔·帕尼奥尔：《保守神秘的时代》（1960），第 84 页。

品。其结果并不总是符合对于"现代化"的期望。部分农村地区变成更加单一的农业地区，因为农业的工业由于大规模的工业竞争而崩溃。农民们有时承受极大的艰难，不是因为他们不能生产足够的粮食，而是因为他们希望尽可能多地出售他们的产品，以便获得现金和土地。在德国农村地区，牛奶的产量尽管在增加，消费却在减少：一个家庭每两个月生产牛奶 190 升，但只喝掉 3.5 升。[1] 布列塔尼半岛的农村居民据说从来没有尝过他们送往城市的牡蛎。在第二次世界大战期间，许多农村地区的死亡率下降，因为合法市场停止运转，促使农民更多地食用他们自己的产品。

相当多的农民在市场经济中挺过来并从中获利。在德国和奥地利，信用合作社使农民能购买新的农具和肥料，而销售合作社则使农民更容易出售他们的产品。在下奥地利，第一个信用合作社在 1887 年成立，到 1910 年便有了 300 个。有时，正是那些谴责资本主义邪恶的领导人被证明最擅长对付它的挑战。实际上，"传统的"生活方式本身可能就是市场经济的产物：在奥地利的某些地方，只有富裕的农民才有资格被称为"农民"。

农村地区的政治

有两件事把政治带到了农村地区。第一件是到 1914 年，大多数欧洲国家都实行了接近于成年男性普选权的制度，因此每一个农业工人的选票突然之间也和他们地主的选票一样被计算了。第二件是工业化、城市化和有组织的劳动意味着有产阶级需要同盟军来对付左派，而他们往往可以在农民中找到。农民现在被说成是城市工人阶级的对立面，与"蜕化的"和发育不良的无产阶级相比是强壮和健康的；农民是惯于服从的和保守的，而他们的城市对手则是罪恶的和革命的。

---

① 吉塞拉·格里彭特罗格："农民、贫困和人口：马格德堡地区劳动农民的家庭结构中的经济和政治因素，1900~1939 年"，第 205~223 页，载于 R. 埃文斯和 W. 李合编的《德国农民：19~20 世纪农业社会的冲突和社区》（1986），第 212 页。

关于城市和农村的臆断可能给 20 世纪欧洲的政治史蒙上阴影。诸如法国参议院等团体被设计来提供一道农村闸门以抵挡可能来自城市的危险思想。保守分子们力图把农民组织成如德国农民联盟这样的协会。德国农民联盟成立于 1893 年，得到德国国会 142 名代表的支持。

实际上，农村和城市之间的区别从来没有双方想象的那样明确。在迅速工业化的地区，许多工人出身于农民，有时与他们原来的农场还保持着密切的联系。工人们在城市里待了几年后又回到农村，或者经常到城郊的小农场工作，而来自爱尔兰或波兰特定农业地区的整个社区可能生活在英国和德国的城市工人阶级中。有些农村受到它们与工业劳动的关系的影响：例如，布列塔尼半岛的北滨海省投票支持左派，因为它和工业化的圣但尼有联系。20 世纪的工厂罢工有时与农村的农民骚动有关，而不是与社会主义空想的有纪律的有关。

骚乱在农村本身也没有停止，暴力冲突在俄罗斯最为明显，1883 ～ 1903 年间为了恢复秩序出动军队 1500 次；[①] 1908 年是比较平静的一年，但还是有 1800 名官员被杀。[②] 1907 年，种植葡萄并酿制葡萄酒的法国农民起来造反，抗议价格下降。[③] 同年，罗马尼亚农民支持动乱，造成数千人死亡。

农民的政治绝不是大自然决定的，而是由社会地位决定的。农民与其他群体的关系千差万别。有土地的农民——例如西德或大部分法国的农民——不愿意接受包含消灭私有财产的政治。在德国的政治中，经济问题使农民与右派结成联盟。在下奥地利，农民既敌视城市也敌视大地主，因为封建义务的担子一直十分沉重，所以政治的标志不是作为他们德国同行的特点的贵族当家：下奥地利的 59 名基督教社会党代表中有 32 名是农民或农村的商人。[④] 在法国，政治在很大程度上仍然受到大革命的

---

① 菲格斯：《人民的悲剧》，第 57 页。
② 希拉·菲茨帕特里克：《俄国革命》（牛津，1994），第 35 页。
③ I. 哈维·史密斯：《1907 年农业工人和法国种植葡萄并酿制葡萄酒的农民的造反》，载于《过去和现在》，第 79 期（1978），第 101 ～ 125 页。
④ 加文·刘易斯：《农民、农村的变化和保守的土地改革：世纪之交的下奥地利》，载于《过去和现在》，第 81 期（1978），第 119 ～ 143 页。

影响。许多农民认为正是大革命使他们获得了土地，因此联合起来支持左派以保卫他们从前的财产。农民政治也受到土地安排方式的影响。分散的农场——例如在布列塔尼半岛常见的那些农场——使组织集体行动十分困难，而且使个体农民很容易受到来自知名人物的压力，然而法国南方的葡萄种植者住在小城镇而不是住在农村，而且依靠集体行动来维修合作的酒窖和设备。在这些社区里，社交活动很容易和社会主义混为一谈。在法国南方的某些地区，法国马克思主义工人党在 20 世纪初差不多有一半党员是农民。[①]

在土地由收益分成佃农、地租佃农和无地农业工人来耕种的地方，那些居住在农村的人没有什么理由来支持已经建立的秩序。实际上，匈牙利、普鲁士、西班牙和南意大利部分地区的无地农业工人分成令人疲惫不堪的辛勤劳动和长期失业两部分，他们所失去的不如有稳定工作、社会保险和友好社会的成员资格的工厂工人所失去的多。

土地、农民和政治之间的关系在俄国有过特殊的含义。1861 年的农奴解放使农民摆脱了对地主老爷的封建义务，有了自己的土地，但是农民仍需交纳地产赎买费。村公社负责管理赎买费的交纳，因此行使极大的权力，包括有权制止农民离开村子和分配土地。没有哪一个农民能够确保他终身保住一块特定的土地，更不用说传给他的子女，因此没有什么理由会去改良这块土地。俄国农民和他们的西欧同行之间不同之处反映在人口和信誉上。由于土地往往根据能够耕种土地的人手数来分配，所以俄国农民有多生孩子的动机，这就说明了俄罗斯的高出生率。在法国则相反，土地在继承人之间分配提供了少生孩子的契机。同样，土地可以保留并一代代传下去的期望促使德国和奥地利的农民投资于农机、肥料和改良土地。俄国农民没有投资于他们的地产的动机。余下的钱用于喝酒或出借。许多俄国农民都不是债务人而是债权人（富农）。

1906 ~ 1911 年任俄罗斯首相的彼得·斯托雷平希望形成一个像西欧的农民阶层，或者至少像他在波兰所见的农民阶层，他曾在波兰担任过

---

① 托尼·朱迪：《普罗旺斯的社会主义，1871 ~ 1914 年：现代法国左派起源的研究》（剑桥，1979），第 297 页。

省督。他鼓励农民脱离公社，建立可以父子相传的高效率的私人农场。为此，他在1906年提出了一项法律，赋予农民把他们的土地合并和圈起来的权利。他在解释这项措施时说："政府已经把赌注压在有实力的人身上，而不是压在穷人和醉汉身上。"

斯托雷平的计划失败了。离开公社的农民威胁了他们邻居的利益，尤其是村里长者的利益，后者的权力是建立在现存秩序上的。这不是一个可以依靠法律来解决这种威胁的社会。派去视察土地合并情况的巡视员要带着武装警卫视察，而希望利用这种新办法的农民则需要勇敢地面对故意破坏、挨打甚至被杀害的威胁。在1915年提出的600万份土地合并申请中，有2/3以上后来被撤回，有1/3不得不在当局不顾公社反对的支持下完成合并。[①] 土地合并也遭到许多上层人士的反对，他们对自己的土地被拿走的前景感到愤懑。最主要的是，斯托雷平的改革失败是由于改革根据这样的臆断：可以通过政府法令自上而下地产生有实力的农民，而不必改变社会秩序的其他方面。在法国，农民的富足一直是靠剥夺教会和贵族的土地，而这一点在俄国是不可能做到的。在德国，参与市场经济意味着农民可以以工具和化肥的形式分享工业化的成果；此外，民主的政治制度使德国农民可以从普选制和有产阶级中寻找同盟军来对付城市工人阶级的需求中获益。斯托雷平曾经认为，经济改革替代而不是伴随政治改革。

农民的政治也取决于寻求支持的政党的态度。法国的社会党人往往带领农民造反；纳博讷市的社会党人市长就支持过1907年葡萄种植者的造反。[②] 但是其他地方的马克思主义左派却忽视了农村地区。最强大的欧洲社会主义政党德国社会民主党尤其如此，它的文化被设计来吸引城市工人，对他们来说，对党表示支持符合工会会员身份、邻里社交生活和工厂工作。此外，德国社会党在1895年的布雷斯劳会议上决定拒绝改变它面向有小宗地产的人以便吸引农民的政策——尽管党的领导人在巴伐

---

① 菲格斯：《人民的悲剧》，第237页。
② I. 哈维·史密斯：《1907年农业工人和法国种植葡萄并酿制葡萄酒的农民的造反》。

利亚农村地区似乎已经比较谨慎地向这个方向迈进。①

欧洲左派的不关心和来自右派的压力结合在一起形成了农民政治。保守分子把自己说成是农民的天生保护人，而且往往有办法对农民施加影响。地租佃农、收益分成佃农和农业工人都容易受到地主的恫吓，这种恫吓往往抵消了没有地产可能促使他们投票支持左派的兴趣。"显要人物"影响农民的最简单形式是依靠控制私人财产，例如赶走不听话的佃农或给唯命是从的佃农送礼物的权力。20 世纪初的国家发展可能使私人权力受到威胁，一是实际上国家往往补充这种权力。显要人物在地方政府有影响，因此通过公共财产的分配来扩大他们自己的慷慨赠与。在南意大利，用提供公务员工作来换取选票；在西班牙，保证免服兵役的能力为农村有钱有势的人提供了许多权力。

保守主义和农民的关系如此紧密，以致有时"农民"成了政治上的右派的同义词，而且和那些生活在农村的人毫无关系。1945 年，小农党赢得了布达佩斯市议会的选举。1951 年，一位名叫雅克·伊索尼的律师作为农民党的代表在法国国会代表巴黎西郊的高等住宅区。

小　　结

欧洲农村在 1914 年以前的 30 年里比以前变化得更快——铁路、大规模移民、学校、选举权的放宽和服兵役都有过引人注目的影响。但是农村社会不仅仅是外表上的改观，引起改变的力量有过这样的影响是因为农民选择了利用这些力量，这就产生了一些有趣的，关于 20 世纪初的进步的含义问题。最常使用"进步"这个词的是受过教育的资产阶级自由主义分子。他们如果还有什么宗教信仰，那他们就是新教徒。不过，从某种程度上来看，更能代表新工业世界的是离家时把全部财产包在一块手帕里、带着一张单程票和可能为他在芝加哥牲畜饲养场找到一份工作的远房亲戚的姓名的目不识丁的波兰农民，而不是热衷于在《曼彻斯

---

① 威廉·哈维·梅克尔：《1890～1895 年德国社会民主党的农民政策的再思考》，载于《中欧史》，第 13 期（1980），第 121～157 页。

特卫报》或《图卢兹快报》上谈论"进步"的自由主义分子。

城市化和移民甚至可能强化在欧洲资产阶级被看成过时的倾向。纽约的宗教活动要比大多数欧洲城市偏激，往往采取看得见的形式，例如意大利人对圣徒的膜拜，被柏林坚定的新教自由主义分子看成是最糟糕的迷信等。城市知识分子的"现代性"和移民农民的现代性之间的差别可以参阅卡洛·列瓦伊的《基督逗留在埃博利》一书。列瓦伊是一位来自米兰的医生、艺术家和作家，他在20世纪20年代被法西斯政府流放到意大利南部的一个小村庄（加格利亚诺）。新的环境使他感到震惊。他认为这种环境非常"原始"，但是他也承认，他的邻居们所受到的最重要的社会影响来自他们中的许多人通过移民与美国的接触。当村民们抬着他们的主保圣徒的塑像游行时，列瓦伊注意到他们把美钞钉在这个"落后的"图腾上。

城市和农村的新接触形式使受过教育的人形成了对农民"问题"的新认识，因为城市居民越来越可能与农民接触。美国的外来移民产生了大量研究报告，例如《波兰农民在欧洲和美洲》。①

正像城市和农村的互动有时改变了城市一样，这种互动有时也使农村停滞不前，或至少使城市居民对农村的看法冻结。在民歌、舞蹈或传统习俗中，有一种新的自我意识，而在录制和讨论的过程中，农民的活动变得定型化。美国与这种定型化关系密切：在芝加哥或底特律的社区里，人们不再从父母那里学会如何成为爱尔兰农民，而是通过参加教堂大厅里的文化协会会议找到成为爱尔兰人的办法，而波兰人聚居区的文化则在埃萨克·巴歇维斯在波兰犹太人被消灭后很久为纽约的意弟绪语报纸所写的故事里得到描述。有文化和城市观察者的兴趣意味着，民间传说越来越可能被记录下来，而留声机和照相的普及意味着，音乐和服饰可以被录制下来并最终在人种学的研究中被分类。也许20世纪初真正新的东西不是那么多，所以农民社区就像任何人都预计他们不会那样做的那样发生了变化。

---

① 威廉·托马斯和弗洛里安·兹纳涅茨基：《波兰农民在欧洲和美洲》（纽约，1927，两卷）。

2 社会主义和工人阶级

"向前再向前，向上再向上"，后来担任英国工党领袖的拉姆齐·麦克唐纳这样写道。这是一句说得很多的关于 20 世纪头 10 年欧洲社会党人的态度的话。产业工人阶级的规模、工会的会员和社会党人所获得的选票都在扩大和增加，社会主义运动比以前更加统一。无政府主义对法国、西班牙和意大利的工人运动仍然有某种影响，许多英国工人领袖仍然是坚定的实用主义者，但是总的来说，马克思主义给欧洲社会主义提供了一种统一的意识形态。第二国际在 1889 年成立，将欧洲各国的党聚合在一起，而在各国内部，社会党人越来越可能组合在一个党内。比利时工人党成立于 1885 年；奥地利和瑞士的社会党成立于 1888 年；一个意大利社会党成立于 1892 年；而法国的几个社会党则在 1905 年统一在工人国际法国支部里。在德国，社会民主党最终有了 100 万名党员，吸引了 400 万张选票，在德国国会里拥有 110 个席位，是最大的议会党团。但是国际社会主义的失败在 1914 年显露出来，它没有阻止大多数欧洲国家的大多数工人和他们的压迫联合起来进行一场反对其他国家工人的战争。

对于欧洲的社会党人来说，首要的问题是，他们的政治分析所依据的经济分析并不符合 20 世纪初的欧洲现实。许多马克思主义者预计利润率会下降，因为投资的机会已经用尽，促使资本家通过更加残酷地剥削他们的工人来攫取财富。资本可能变得更加集中，直到一小撮富豪面对除了枷锁再没有任何东西可以失去的无产阶级。但是这种情况并没有发生。在大多数国家，工人阶级的生活水平自 19 世纪中期以来一直在提高，尽管提高的幅度各国不尽相同。在英国，工人阶级的生活水平是最高的，19 世纪繁荣的结果意味着增加的工资可以用来购买从欧洲以外进口的廉价可可、茶叶和食品（例如咸牛肉）。工作时间减少了，闲暇时间集中在周末，而不再以工间休息的形式分散在工作日中。工人的生活越来越以家、家庭、居民点，尤其是酒吧为中心，而不再以工作场所为中心。乔治·奥威尔写道，在英国，革命已经因为"鱼肉、油炸薯条和浓茶"而得以避免。

在欧洲大陆，工人不大可能被非政治化的消费文化所同化。住房拥挤在某种程度上是迅速工业化的结果，这不利于家庭生活。1905 年，几乎有 1/8 的家庭接纳房客。① 在重工业区，工人阶级的文化是粗鲁、酗酒和众多的男人：在波鸿的鲁尔镇，18 ~ 20 岁的男人是同龄女人的 3 倍。欧洲大陆的酒吧完全不是安静的居民区酒吧，往往坐落在工厂附近，往往是左翼组织的活动中心——在汉堡，有 4 名秘密警察把他们的所有时间都用来报告社会党人在工人阶级酒吧里所进行的煽动。② 然而，这个事实使人想到对工人阶级的剥削是有限度的。工人们至少负担得起某种非必需的消费，而与酒吧老板的交往意味着他们的领导人往往来自工人阶级以外的群体：在法国的鲁贝，市政务会的 36 位社会党委员中有 22 位经营酒的生意。③ 此外，某些机构为了使工人们的生活好些来减少劳工们的好斗性，诸如施耐德等公司为它们的雇员提供住房、医疗保险和学校。在德国，社会民主党和工会自己创造了一种工人阶级文化，减轻了工人阶级的不满。社会党的机构组织了合唱团、足球队和青年俱乐部，到 1910 年，社会党的体育组织已经有了 30 万名成员。④ 到 1914 年，社民党控制了共有 150 万份发行量的 90 家报纸。产生于这些机构的文化往往与该党表面上希望推翻的资产阶级秩序有着奇特的相似之处，而且特别强调教育和改进。到 1911 年，社会民主党已经建立了 244 个地方教育委员会，同年，莱比锡工人图书馆已经有了差不多 1.5 万名会员。⑤

---

① V. R. 伯格哈恩：《现代德国：20 世纪的社会、经济和政治》（剑桥，1987），第 9 页。
② 理查德·埃文思：《无产阶级和政治：第一次世界大战以前德国的社会主义、抗议和工人阶级》（1990），第 124 ~ 191 页。
③ 罗伯特·斯图尔特：《马克思主义在起作用：第三共和国时期的意识形态、阶级和法国社会主义》（剑桥，1992），第 371 页。
④ 伯格哈恩：《现代德国》，第 25 页。
⑤ 斯特兰·伯杰：《英国工党和德国社会民主党，1900 ~ 1931 年》（牛津，1994），第 148 ~ 149 页。

　　大产业主和工人阶级之间的冲突由于中间群体而得到缓和，其中最重要的是中下层阶级。许多人认为，中下层阶级是一个历史上的异常现象，会由于生产和销售集中在大单位而消失。然而，在 20 世纪开始时，中下层阶级的规模实际上一直在扩大。财富的增加意味着对零售业的需求增加：在 19 世纪的最后几年，巴黎的咖啡馆增加了 4 倍。群众政治的到来也使中下层阶级具有了一种新的重要性，因为政府变得有兴趣利用与中产阶级结成同盟来对付工人阶级的党。大多数大陆国家的多党制都有过特殊的好处，赋予那些"随风倒"的政党——法国激进党或德国中间党——极大的影响，这些党既能和右派结盟又能和左派结盟，而且往往吸引大批中下层阶级的选择，从而起到杠杆的作用。这种政治影响的结果是，做出特殊的让步来保护和安抚中下层阶级。法国降低了对小店主的征税额，而比利时则在 1899 年成立了"中产阶级事务局"。①

　　另外两件事使中下层阶级得到壮大，第一件事是生产和销售分开，这件事使小店主从手工艺人中分离出来；第二件事是大公司和政府机关的办事员工作增加，这件事改变了办事员工作的性质和等级。在 19 世纪的大部分时间里，当办事员一直是社会活动的一种手段，作为进入高级管理层的学徒期。例如在英国的劳埃德银行，包括总经理在内的所有员工都是在 16 岁离开学校后作为办事员被录用的，② 但是，由于低级办事员工作的基础扩大，高级职位不对那些没有受过高等教育的人开放，所以当办事员就成了一种终身职业。1914 年，英国的一位银行办事员写道："我是专业人员的儿子，上过中学，但是没有工资以外的收入。我可能不能指望结婚，只好孤身一人在寄宿宿舍里穷困潦倒一生。"③ 这种人可以用两种方式来做出反应。他们可以接受他们的社会地位，通过加入工会来设法改善他们的经济状况：英国的银行办事员协会在 1906 年成

---

① 吉内特·库根·范亨顿里克：《一个被遗忘的阶级：比利时的小资产阶级，1850～1914年》，载于 G. 克罗西克和 H. G. 豪普特合编的《19 世纪欧洲的小店主和手工艺师傅》（1984），第 120～132 页。

② 迈克尔·萨维奇：《职业流动和阶级形成：英国银行工作人员和中下层阶级》，载于安德鲁·迈尔斯和戴维·文森特合编的《建设欧洲社会：欧洲的职业变化和社会流动，1840～1940 年》（曼彻斯特，1993），第 196～216 页。

③ 同注②。

立，到 1922 年有了 3 万名会员。如其不然，他们可以突出文化上的区别来设法弥补他们所缺少的物质上富足的机会，这种文化上的区别把他们和下层的工人阶级分开而和上层的资产阶级联系起来。许多中下层阶级的人处于空想的抱负和日常生活单调乏味的现实之间，似乎乐意在 1914 年的战争中得到解脱。

中下层阶级注定成为 20 世纪的反面角色之一。同时代的人嘲笑它是没有文化修养和滑稽可笑的虚荣陈列室。乔治和威登·格罗史密斯的《一个无名小卒的日记》中所描绘的办事员普特是一个可笑的人物，而 E. M. 福斯特的《霍华德庄园》中的办事员伦纳德·巴斯特则不在他渴望进入的有教养的圈子里。后来的史学家们会为了反动的政治，特别是为了法西斯主义的兴起而责怪中下层阶级，但是这种分析忽视了这个群众中存在的价值观念和财富的巨大差异。巴斯特和一个不是他妻子的女人住在潮湿的地下室里；普特体面地结了婚后住在霍洛韦的一所房子里，还雇了一个仆人。小店主和他们的顾客有一种天然的利益一致，而且往往与他们所住的居民区有着相同的政治观点，所以巴黎第一区的奢侈服务提供者倾向右翼，而他们在工人阶级居住的贝勒维尔区的同行则倾向左翼。① 左翼小店主可能在工人罢工时允许赊欠，或者加入工人阶级的示威游行。

新的办事员中下层阶级和旧的小店主及手工艺人中下层阶级之间有某种区别。前者往往是国家雇员，而后者往往感到赋税过重；前者往往有稳当的职业和养老金，而后者可能在任何时候会遭到破产的打击。办事员和小店主的利益甚至可能发生直接冲突：在米兰周围，铁路办事员组织了他们自己的消费合作社，排挤了当地的零售商。② 有时候，社会党人成功地把新的办事员组织起来，但是往往像农民一样，这个有潜在力量的群体受到了右派的关注。

甚至工人阶级本身也包含了许多变数。社会党人往往忽视了这个事

---

① 乔纳森·莫里斯：《米兰的店务管理政治经济学，1886~1922 年》（剑桥，1993），第 88 页。
② 同注①，第 146 页。

实：大型工业集中在特定的地区，例如米兰—热那亚—都灵三角洲，一半以上雇用 10 人以上的意大利企业会坐落在那里。他们也忽视了这个事实：特定种类的工业引起特定种类的交战。关于资本主义的表面上最一致的分析实际上是根据一个没有代表性的地区做出的。在英国，马克思主义社会民主联盟在兰开夏伯恩利区的小型棉纺织工业中有它的根据地；[1] 法国马克思主义工人党的大部分支持来自那些在鲁贝市北城的棉纺织工业中工作的人。工业发展对工人阶级政治组织的影响是复杂的。公司城镇给了雇主许多权力，而高度多样化的小工厂地区——例如伯明翰——形成了破坏社会党组织的阶级关系。现代大型工厂——例如那些化学和冶金工业的工厂——需要新的劳动手段。有时，负债购买昂贵设备的实业家不能赞同罢工，因此表示愿意和工会妥协。有时，新的工业导致不太熟练的工人阶级——往往由来自农村或外国的工人组成——与以手工艺人为基础的工会传统决裂。一家工厂可以是几种不同的工人阶级文化——生产线上的不熟练工人在工头的监督下完成任务，工头们自己也是工人阶级中分离出来的一个群体，而反抗和自治的老传统则在修理车间的手工艺人中保留下来。

　　其他一些区别妨碍了劳工组织。种族、民族和宗教影响到工人阶级。有些社会党人——例如出生在普鲁士统治下的波兰部分的罗莎·卢森堡——把民族主义看成是一个枝节问题，希望除了阶级以外的身份会由于工人更加意识到他们的地位而消失。这种情况并未发生。民族问题在奥匈帝国引起了一些特殊的问题，奥地利社会党几乎专门从讲德语的工人中吸收党员。[2] 奥地利皇帝感到更多地受到了民族分裂的威胁而不是社会分裂的威胁，采取了男性普选制，希望"帝国社会主义"可以显示出统一的力量。许多讲德语的社会党人支持了这个帝国，其中有一位名叫卡尔·伦纳的设计了一个巧妙方案，允许人们不论住在帝国的什么地方都可以讲他们自己的语言，有他们自己的学校，但是这个统一的倡议失败了，捷克社会党人和他们的德国同志分裂了。在另一些国家，外来

---

① 罗斯·麦基宾：《阶级的意识形态：英国的社会关系》（牛津，1990），第 7 页。
② 迪克·吉尔里：《欧洲的劳工抗议，1848～1939 年》（1981），第 97 页。

移民给工人阶级的领袖们带来了一些特殊的问题。1910 年，在莱茵兰和威斯特伐利亚有 25 万以上讲波兰语的人。工会和社会党都不信任外国工人。

宗教的分歧和种族的分歧交织在一起。在大陆欧洲，社会主义和基督通常被认为是敌对的：1874 年，德国社会党人倍倍尔说过，它们是"水火不相容"的。在德国，没有哪一位天主教神父支持过社会民主党人，而三位支持过的新教牧师则被逐出教门。① 像工人阶级的进步人士一样，社会党人认为宗教会随着经济的进步而衰落，但是他们错了。诸如西班牙南部或法国西南部等一些不发达地区往往是非基督教化，而比利时是欧洲工业化程度最高的国家之一，也是信奉宗教最虔诚的国家之一。拒绝自由市场自由主义和表明善于集体行动的天主教往往很好地适应了工业社会。在德国，基督教联盟在 1914 年已经有 34.3 万名成员。② 有时，天主教会为不受世俗工人组织欢迎的意大利、波兰或爱尔兰工人提供一个可供选择的忠诚对象。

社会主义面临了其他一些问题。它的许多领袖都是资产阶级出身。比利时的埃米尔·王德威尔得是一位律师的儿子，法国的让·饶勒斯则是一位商人受过高等教育的儿子。托洛茨基（确切地说他本人不是无产阶级）嘲弄说，一个人需要一个博士学位才能成为奥地利社会党的领袖。这些人往往与他们的工人阶级选民有着紧张的关系：当饶勒斯的追随者莱昂·布鲁姆成了法国社会党领袖时，他那在社会党报刊上写文章谈论他的朋友马塞尔·普鲁斯特的习性引起了许多不愉快。

工人阶级在不同欧洲国家的处境引起了不同的政治动员。社会党可能是改良主义的（即承诺在现行制度的框架内活动），就像英国的工党。德国社会民主党拒绝这种态度。在 1891 年的爱尔福特大会上，德国社会民主党接受了卡尔·考茨基的观点：革命应该是党的目的。爱德华·伯恩斯坦的比较有限的"修正主义"主张遭到了拒绝，尽管德国社会民主党的实践与其理论相反，往往是改良主义的。法国的社会党人分裂了：

① 伯杰：《英国工党和德国社会民主党》，第 196 页。
② 吉尔里：《欧洲的劳工抗议》，第 101 页。

"可能主义者"亚历山大·米勒兰在 1899 年接受了部长的职位，而采取强硬路线的马克思主义者（例如朱尔·盖德的法国工人党里的马克思主义者）则反对与资产阶级政党合作。在法国，工会里一股举足轻重的工联主义思潮完全反对政党政治，主张通过总罢工来摧毁资本主义秩序。

关于改良主义的争论和关于国家角色的争论联系在一起。马克思主义的理论使人想到，国家是一种有害的势力。有些工人运动——尤其是那些有着牢固的自立自助的工人运动——不信任国家的介入，认为工人应该通过罢工来保护自己对抗雇主，通过保险基金来对付诸如疾病等不幸。国家的资助应该只用于被排除或不得不被排除在劳动之外的群众——妇女、儿童或老人。另一些社会党人认为，国家的行动作为团结和鼓励工人阶级的一种手段可能是有用的（法国工人党的立场），或者其本身就是一件好事（饶勒斯的立场）。社会党越来越表明自己愿意在工人阶级生活的某些方面接受国家的介入。1894 年，巴伐利亚的社会党人投票支持国家预算；在黑森，社会党人支持工厂督察员的工作。

并非所有的工人运动都面对相同类型的国家。所有的政府都求助于某种程度的镇压，军队经常被招来对付工人（1898 年，米兰有 200 人在这种冲突中被杀害），但是对镇压的偏爱各国不尽相同。英国有一小支常备军，但是司法机关站在雇主一边明目张胆地干预劳资纠纷的情况比较少见。许多工人领袖意识到，法律机制可能是一件有用的武器：在社会党国际的一次伦敦会议上，英国的组织者威胁要叫警察来驱赶无政府主义者。在德国，尤其是在普鲁士，情况就不同了。一支主要由退伍军人组成的精干警察部队强制执行令人生畏的刑法；在柏林，甚至女帽饰针的长度也要由法律来规定。在俄罗斯，工会是非法的，每次罢工都是潜在的革命行动，工人们得不到法律带来的任何好处，工会组织往往说服他们去和地下社会党组织联系。在西欧的许多地方，有技术的熟练工是最可能对他们的命运感到满足的群体，而在俄罗斯，他们是最激进的群体。

改良主义由每个国家工人运动的状况和工人阶级是选民的状况来决定。有钱、有建筑物和大量成员的组织有许多东西可以失去，如果允许它们增加这些有利条件的制度突然瓦解的话。德国的社会党官员享受资产阶级的生活方式，因为他们是由一个工人党雇用的。在 1912 年的立法选举中，55 名德国社民党的候选人都是党报的记者，[①] 而党的一般工作人员的收入是 3000 马克，两倍于一般工人的收入。[②]

　　社会主义的理论和实践之间的关系有时越来越使人感到奇怪。尽管所有的社会党人都希望摧毁资本主义，但是他们对如何做到这一点却意见不一致。武装革命的拥护者和那些赞成比较和平的渐进过程的人站在一起，究竟罢工或参与选举政治来摧毁资本主义，还是在资本主义继续存在时关注改善工人命运，运用何种手段，这一点往往不明确。许多社会党人不关心学说上的争论，革命的理论和改良主义的活动同时存在，这就使事情复杂了。完全信任马克思主义的预言助长了模棱两可，而相信革命的不可避免往往使社会党人变成实用的保守分子。他们在知道资本主义注定要垮台的情况时，心里感到踏实，但忽视了革命的机制，而把注意力集中在日常的组织工作上，这实际上使得革命不大可能实现。

小　　结

　　对战争的态度最令人尴尬地展示了革命哲学和改良主义实践之间的矛盾。按照马克思主义的理论，所有国家的工人有着共同的利益，而且社会党国际的"事务局"在 1900 年成立似乎表明，欧洲社会党人在认真对待他们共同关心的问题。然而，不清楚的是，社会党人或社会党在万一爆发战争时该做什么。有人主张举行总罢工。这种建议很容易在社会主义运动脆弱而且工人阶级弱小的国家提出来，而国家镇压的不可避免，社会党的领袖往往被流放或关进了监狱。在德国则相反，一次罢工会产生引人注目的影响，因为这么多工人加入了工会，也会对社会党的领袖产生很大的影响，因为他们一定会失去比较舒适的职位。法国的社会党

　　① 亚历克斯·霍尔：《文字战：威廉敏娜时代的德国的反社会主义攻势和反宣传，1890～1914 年》，载于《当代史》杂志第 11 期（1976），第 11～42 页。
　　② 埃文斯：《无产阶级和政治》，第 124～191 页，第 139 页。

人比德国的社会党人更加热衷于罢工，但是他们也不会让自己卷入其中。

　　甚至反对战争的社会党人也面临一些实际问题，如果他们希望避免战争的话。总罢工是很难组织起来的，而且在战时会给罢工组织者带来严厉的惩罚。社会党人缺乏与两个重要群体的联系。第一个重要群体是农民——大多数欧洲军队里最大的单一组成部分。有证据表明，许多农民在 1914 年 8 月都是反对战争的，但是在农村很难组织集体行动或进行反战宣传，而且社会主义运动在 1914 年以前的几十年里很少关心农民。第二个重要群体是由政府雇员构成的。铁路职工、政府办事员和报务员，但是社会党组织在这个群体里通常是最弱的。在普鲁士，1907 年公有部门的工人占工人总数的 5.2%，他们的工资高于私营部门的同行，[1] 被禁止参加德国社民党，而许多关键岗位被退伍的职业军人所占有，他们的忠诚是可以信赖的。工人被征召入伍进一步打乱了已经建立的组织——正在服役的人缺乏与工人运动的联系，而留在工厂里的人则缺少武器，随着战争的继续，鸿沟在扩大。

　　只有在俄罗斯和塞尔维亚，大多数社会党领袖才反对 1914 年的战争。其他国家的社会党都分裂了，尽管大多数社会党国会议员起先支持过这场战争。比利时社会党人卡米耶·于伊斯芒斯把第二国际的总部从德国占领的布鲁塞尔迁到了中立的荷兰，而且召开了几次来自交战国的社会党领袖的会议（值得注意的是 1915 年在瑞士齐默瓦尔德召开的那一次）。于伊斯芒斯受到过比利时社会党许多党员的攻击，这个党在比利时遭到入侵后成了极端民族主义的党。在德国，"独立社会党人"于 1915 年 12 月脱离了德国社民党，而曾经坚决反对与资产阶级进行一切合作的马塞尔·桑巴和朱尔·盖德于 1914 年加入了法国政府，一直留到 1916 年 12 月，当时差不多有一半法国社会党人反对战争。在英国，有些工党政客于 1915 年和 1916 年加入了政府而另一些则反对战争。工党领袖可以从参加战争得到好处——工会从亟须确保经济平稳运行的雇主和政府那里获得新的承认。

---

　　① 阿拉斯泰尔·汤普森：《不平等的荣誉：德意志帝国的勋章、国家和资产阶级社会》，载于《过去和现在》，第 144 期（1994），第 171～204 页。

战争加剧了工人阶级的分裂。有技术的熟练工人——尤其是那些参与军火生产的熟练工人——表现得很好。不过,他们在工厂里有大量妇女、外国人(尤其是在法国和德国)、战俘和青年人参加进来。已站住脚的熟练工人往往忠实于现有的社会党,而妇女和外国人则可能一直"对政治不感兴趣"(即满足于任何党都不认可的抗议形式)。刚进厂的年轻人最容易接受革命的社会主义。

正是在最工业化的欧洲国家——英国、德国和比利时,改良主义的社会主义最强大。德国的情况尤其重要,因为德国的党是欧洲最强大的党,而且在 1914 年以前曾强烈地反对过改良主义的理论。德国的工人领袖受到他们在战时经济中所得到的承认以及 1918 年以后社民党和国家结成联盟的结果的影响,当时社会民主党组成了一届政府。社会民主党在 1927 年以前并没有正式放弃革命的原则,但是实践上的放弃已经体现在格勒—艾伯特协定中,根据这个协定,一位普鲁士将军同意帮助社民党总理镇压极左派的造反。

德国的工人领袖与俄国的社会主义领袖差别悬殊。在沙皇俄国,工业化的水平很低,工人阶级很弱小,工人组织是非法的。在这种条件下,没有人能够想象革命会自然发生,社会党领袖不会被管理一个庞大组织的日常事务分散了注意力。他们把他们的信心放在毅力和行动上,而不是放在耐心、组织和从理论上探讨将来可能发生的某种革命上,俄国的布尔什维克党是在 1903 年的流放中组成的,当时西欧的社会党人正在赢得国会的席位并开始讨论获得部长职位的可能性。布尔什维克的存在是俄国社会民主工党内那些希望有一个大批党员的人——孟什维克——和那些强调需要守纪律的革命精英的人分裂的结果。布尔什维克的领袖列宁是一位马克思主义者,但是他也受到俄罗斯传统的影响,强调革命的毅力、纪律和勇气。[1]

第一次世界大战扩大了俄罗斯工人阶级的队伍,不过它是在与西方十分不同的条件下做到这一点的。工厂里全是刚从农村来的工人,没有组织和谈判或服从工会等级制度的传统。当他们感到不满时——莫斯科

---

[1] 奥兰多·菲格斯:《人民的悲剧:俄国革命 1891~1924 年》(1996),第 131~133 页。

和彼得格勒的条件引起了许多不满，他们便求助于 1917 年 2 月推翻沙皇政府的罢工和暴乱。此外，已经站住脚跟的熟练工人没有像他们的某些西方同行那样卷入战争。在西方，工人、雇主和国家之间重要纽带——工会在俄国却是十分弱小的。甚至国防工业委员会里的"工人"群体（最支持战争的工人领袖）在 1916 年 12 月也坚决主张："无产阶级……将坚决反对一切军事恫吓，争取所有国家的工人都能接受的和平。"①

布尔什维主义并没有取代沙皇政府，因为后者在工人中有着深厚的根基。布尔什维克党在 1917 年夏已经有了大批党员，但是这些党员入党不久，还不太理解布尔什维主义的主张。党的领袖们当然不把自己看成是党员的民主代表。布尔什维克党的领袖们不受组织传统或无所不包的理论的约束，能够采取灵活的策略，这对于革命的成功来说是至关重要的，更重要的是，对于反革命的失败来说也是至关重要的。他们和西欧社会党人所排斥的群体（农民和士兵）结成了联盟，并会在西欧理论家们认为是不成熟的时机对各种事件做出反应和夺取政权。西欧社会主义的决定论在俄罗斯毫无意义。布尔什维克党人知道他们必须创造条件而不是等待条件出现。

---

① 转引自戴维·曼德尔：《彼得格勒的工人和旧政权的垮台：从 1917 年的二月革命到七月危机》（1983），第 20 页。

3　世界大战

对于英国人和法国人来说，第一次世界大战是有时间和地点的。它始于 1914 年 8 月，终于 1918 年 11 月 11 日上午 11 时。它发生在佛兰德斯和法国东部（比较特殊的是，英国人的记忆受到索姆战役的影响，而法国人的记忆则受到凡尔登战役的影响）。这场战争耗资数百万英镑，付出了几百万条生命，但是并没有给平民造成许多肉体上的痛苦。实际上，这次西线大战的新奇之处在于它局限于一个很小的地区，伤亡几乎完全是由武器（主要是大炮）造成的，而不是饥饿和疾病造成的。这可以用相当冷酷的老生常谈"炮火杀人"来概括。

对于其他欧洲国家来说，事情就不那么清楚。西班牙、瑞典、荷兰、挪威、丹麦和瑞士都没有参战。意大利、葡萄牙和希腊在 1915 年到 1917 年之间参战。罗马尼亚在 1916 年 8 月进入战争，1917 年 12 月与德国的停战，1918 年 11 月又再次宣战。俄国的布尔什维克政府试验了托洛茨基所说的"不战不和"，最终在 1918 年 3 月接受了《布列斯特 - 立托夫斯克条约》的羞辱条款。对于俄罗斯来说，就像对于许多中欧国家来说一样，战争的正式结束并不意味着战斗的结束。内战、叛乱和镇压一直持续到 20 世纪 20 年代。

战争的性质及其日程不同于西线。首先是没有一个单一的"东线"。奥地利军队在阿尔卑斯山脉和意大利人作战，俄罗斯人则在加利西亚作战。土耳其人在加利波利半岛的海滩上与英国和澳大利亚的军队对峙，并在土耳其东部和俄罗斯军队作战。俄罗斯、奥地利和德国的军队往往进行运动战，大批平民不得不逃避入侵的军队（例如在塞尔维亚），或者被屠杀（例如在土耳其）。在这里，战争并不仅仅意味着"炮火杀人"。疾病和饥饿蹂躏了平民百姓。战争的破坏不是局限在战线上，而是蔓延开来直到导致推翻一个君主政体（在德国）、一个帝国（在奥匈帝国）和整个社会秩序（在俄罗斯）。仔细研究战争为什么在东方和西方采取截然不同的形式，不仅有助于解释谁赢得了战争，而且有助于解释战争给 1918 年以后的欧洲留下了什么后遗症。

战争的起因

战争结束 10 年后，法国史学家埃利·阿莱维在牛津告诉广大读者，"决定德国准备一场终于爆发的欧洲战争的是一次危机，这次危机不是在高度工业化的资本主义西方酝酿，而是在东南欧的最落后的地区中酝酿的。战争从东方来到西方：战争是东方强加给西方的"。[①]

这是一种骗人的解释。英国、法国和德国都是工业化的国家，有着受过良好教育的人民和不同程度的男性普选制。这些国家完全可以合理地计算它们的利益，为什么要发动带来如此破坏的战争呢？工业化国家之间的商业纽带显然使它们的利益不可分开。在一本 1909 年出版的著名著作中，诺曼·安杰尔曾经指出，认为任何工业化强国都可以从战争中获益是一种"十足的幻想"。[②] 劳合·乔治的一位资助人告诉帝国国防委员会，如果皇家海军击沉一艘德国轮船，他会感到不得不做出赔偿。[③]

战争始于一个名叫加夫里洛·普林齐普的波斯尼亚塞尔维亚人暗杀了奥地利的大公弗朗茨·斐迪南，随后奥地利试图将一些屈辱的条件强加给塞尔维亚，作为对暗杀的惩罚，普林齐普来自欧洲经济上最落后的地区之一。塞尔维亚是一个狂热和暴力的国家（前国王在 1903 年可怕地被民族主义军官谋杀）。在 1914 年以前的几年，奥地利的军官们已经越来越担心民族主义者的不满，有些军官开始感到战争也许可以提供一种手段来控制似乎在威胁帝国的斯拉夫人，恢复军队的权威。

不过，"东南欧最落后的地区"在 1914 年引起欧洲战争的说法是不公平的。普林齐普本人在 1916 年曾告诉一位监狱精神科医生，他的行为

---

① 埃利·阿莱维：《解释 1914～1918 年的世界危机》（牛津，1930），第 28 页。
② 诺曼·安杰尔：《十足的幻想》（1909）。
③ 引自保罗·肯尼迪：《战略和外交手腕》（伦敦，1984），第 96 页。

的结果使自己感到恐惧。他和他的同谋是受到对波斯尼亚—黑塞哥维那在1908年被哈布斯堡王朝吞并后的地位以及他们家乡农村的贫困的不满和某些俄罗斯无政府主义者的榜样的激发，普林齐普自己也对1913年战争时的塞尔维亚军队不接受他服役感到不满（他还太小）。更重要的是，他似乎希望像一位英雄那样去死。结果，他是他这一代少数没有死于战争的欧洲男人之一。

普林齐普和他的同伙曾经得到塞尔维亚军人中的一些谋反者的支持，但是塞尔维亚政府却不希望发生一场会使国家遭到破坏的战争。国王彼得完全不是狂热的民族主义者，他钦佩约翰·斯图尔特·穆勒，而且在瑞士度过了他的大半生。塞尔维亚尽最大的努力抚慰奥地利人，只有当他们坚持在塞尔维亚的领土上为所欲为时才进行抵抗。

事实上，不参照西方列强的行动是无法解释塞尔维亚、奥匈帝国和俄罗斯的行动的。即使战争"来自东方"，那也是得到了西方的支持。如果德国没有同意给予支持（在7月5～6日），奥匈帝国绝不会采取行动。如果俄罗斯没有和10年中曾给它的军队提供过许多资源的法国结盟，它也不会进行动员。最重要的是，塞尔维亚、奥匈帝国和俄罗斯发动的不是"世界大战"，战争的极端破坏性来自这样的事实：战争是高度工业化的强国在打的。1898年，俄罗斯银行家伊凡·布洛克写了一本用英文出版的书，书名是《战争现在不可能打起来吗?》，他在书中指出，现代战争如此具有破坏性，所以没有哪一个国家能够承受，饥饿和经济崩溃会使战争结束。布洛克在很大程度上是对的，东欧国家和中欧国家不可能从现代战争中挺过来。唯一由于其德国盟友的压力坚持战斗到1918年停战的是奥匈帝国。在中欧和东欧，失败意味着经济和社会总崩溃，而不仅仅是军队在战场上的破坏。然而，布洛克在谈到西方列强时是错误的。英国、法国和德国（1918年以前的）能够承受一场破坏空前巨大的战争，部分是因为大多数战斗局限于一个很小的地区，也因为痛苦集中在少数人（年轻人）身上。此外，西方列强得益于高水平的工业化、组织和教育。它们可以制造大批军火运往前线。它们可以依靠通过教育和义务兵役灌输给人民纪律。正是西欧的资产阶级在第一次世界大战期间以最无理性的方式做出反应，继续服从命令，即使这种服从肯定会给他们带来死亡。正是东欧的"落后"农民最有理性地做出反应——他们开小差、让自己被关进监狱或者哗变。战争变得如此漫长和如此具有破坏性这个事实是西欧社会的"先进性"的结果，而不是东欧社会的"落后性"的结果。

战争的性质

在西线，世界大战意味着堑壕阵地。德国人从通过比利时向法国迅速挺进开始，而战争以另一次冲击告终。在斡旋期间，双方掘壕对峙，彼此相距近得可以将手榴弹从一方投向另一方。铁丝网、机关枪和自动步枪的速射火力对防御方有利。

西线的情况可能比较危险和恶劣：一位心理学家描述了一个人被炮弹炸掉了双脚，成了一具分解的尸体，他的嘴里塞满了发出恶臭的内脏。[1] 然而，没有人能够始终忍受这种惨状。在两次攻击之间有一段长时间的平静，而在下级军官看起来如此可怕的战壕状况，对于那些忍受过贫困和体力劳动的人来说似乎并不那么令人憎恶。

在某些方面，西线的情况看上去甚至可以说是良好的。在以前的战争中，尤其是在那些有西方军队在远离医院的不熟悉的气候区参战的战争中，士兵们更可能死于疾病而不是死于受伤：在 1911～1912 年意大利人在利比亚的战役中，有 1432 名士兵死于敌军的行动，而有 1948 名士兵死于疾病。[2] 在西线，训练有素的士兵离良好的医疗设施很近，他们往往比在家时更健康。在德国军队中，不到 1/10 的死亡是由于疾病。[3] 军队的口粮是充足的：英国的新兵因为经常吃到腌牛肉而增加了身高，而

① 埃里克·利德：《无人地带：第一次世界大战的战斗和特色》（剑桥，1979），第 19 页。
② 约翰·惠滕：《意大利军队的政治，1861～1918 年》（1977），第 178 页。
③ 罗伯特·惠伦：《难忘的伤痛：世界大战中的德国受害者，1914～1939 年》（伊萨卡，1984），第 42 页。

1914 年以前很少吃肉的法国农民现在每天有半公斤肉。①

东线的战争不同于西线的战争。东线的战争是运动战。一场始于俄国入侵德国的战争以德国占领俄罗斯帝国的大片领土告终，所占领的领土超过了希特勒在第二次世界大战时所占领的领土。东线的战壕从来没有像西线那样发达。战线更长而且更难防守。俄罗斯军队并不采用有效的堑壕战战术，它的战壕往往积满了水，或者坍塌。防御者不像在西线那样占优势：俄罗斯人在 1915 年后撤了 100 英里。骑兵部队的作用说明了东线和西线的区别。在西线，骑兵部队最后几乎毫无用处，尽管这并不妨碍骑兵们在那些让步兵们去送死的将军们的心目中的重要地位。② 在东线，以及后来俄罗斯和波兰的几次战斗中，骑兵起过重要的作用。这可能是波兰人在 1939 年过高估计这种力量的原因。俄罗斯军队的装备十分可怜（有些士兵甚至没有枪，不得不等待从死去的伙伴那里捡一支）。情况比法国还要糟糕。食物腐烂、疾病、饥饿和子弹要了俄罗斯、奥地利和意大利士兵的命。在喀尔巴阡山脉，仅仅一个晚上就冻死了克罗地亚骑兵团的 1800 名士兵。③

军　队

士兵们为什么容忍？在西线，士兵们常常嘲弄他们的上级，谨慎地违背命令，但是他们很少公然造反。在 1917 年的一次流血进攻后，有一部分法国军队哗变，但实际上更像一次罢工，而不是一次革命尝试。士兵们并不掉转枪口对准高级军官或者和平民联络，总的说来他们也不离开他们的岗位。许多士兵明确表示，如果德国人进攻，他们会保卫他们的阵地。1917 年在埃塔普尔，英国军队中最严重的违反纪律实际上更加

---

① 皮埃尔·巴拉尔：《后方的法国农民》，载于让－雅克·贝克尔和斯特凡娜·奥杜安－鲁佐编辑的《欧洲的社会和 1914～1918 年的战争》(1990)，第 237～243 页。
② 道格拉斯·黑格特别看重骑兵部队的将军——艾伦比、高夫、卡瓦纳和宾都属于这一类。见蒂姆·特拉弗斯：《看不见的军队：1900～1918 年英国军官团的结构问题》，载于《当代史》杂志第 17 卷第 3 期 (1982)，第 523～544 页。
③ 诺曼·斯通：《东线，1914～1917 年》(1975)，第 314 页。

局限于它的目的：反对一项不受欢迎的训练计划。哗变在战争结束、士兵即将复员时比较常见，哗变者大都是没有什么战斗经历的水兵，而不是面对危险堑壕战的士兵。

在某种程度上，士兵在前线受到严酷的纪律约束。英国军队在战争期间枪毙了几百名开小差的士兵，家属被告知他们"在行动中丧生"。法国在 1917 年的哗变后枪毙了 55 名士兵。在意大利军队中，士兵们常常因执勤时吸烟这样的小过错被处死：意大利军事法庭在 1915～1918 年间判处了 4000 名士兵死刑（其中 750 名被执行）。[①] 堑壕战的性质使执行纪律更加容易。士兵们被固定在一个地方使他们比较容易受控制。如果他们朝一个方向推进，他们会被敌人射杀，而如果他们试图后退，他们便可能遭到后备部队的惩处。在任何军队中，一旦士兵们复员并离开战壕，纪律便会松弛（这对战败后复员的国家具有毁灭性的影响）。然而，仅仅是害怕受到惩罚不能说明一切。德国军队一直纪律严明，尽管惩罚比较轻，而野蛮的惩罚在意大利军队中并没有阻止士兵不断地开小差。

在西方，士兵和平民分开对维持纪律十分重要。士兵们不参加工人的罢工确实可以减少叛乱。士兵主要来自农民或中下层阶级，而工人往往不参加战争，以便保证军需品的生产。毫不奇怪，士兵们怨恨那些置身于战争之外的人。来自法国伊塞尔的报告暴露了平民和士兵之间的关系。这两个群体都反对战争，但是从来没有一致行动。相反，抱怨战争的休假士兵引起了平民的敌意，而煽动士兵反对战争的平民则可能招来一顿毒打。[②]

军人也被一些不太明显的力量团结在一起。前线的士兵没有什么理由敌视他们的顶头上司，因为下级军官甚至可能比他们更冒风险。对那些离得远远的参谋们的普遍敌意可能有助于把战场上的士兵团结在一起，减少哗变的危险。在想象前线的士兵时，爱国主义不起什么作用。被截

---

① 麦格雷戈·诺克斯：《意大利和德国独裁政权的扩张主义狂热、战斗力和持久力》，载于理查德·贝塞尔编辑的《法西斯德国和纳粹德国：比较和差别》（剑桥，1996），第 113～133 页、第 128 页。

② 引自 P. J. 弗勒德：《1914～1918 年的法国：舆论和战争努力》（1990），第 169 页。

获的法国士兵的信件所表达的都是无可奈何的情绪而不是热情，是期待和平而不是期待胜利。然而，士兵们往往感到需要保卫领土，这种感觉在战斗在自己国土上的士兵身上特别强烈。这种感觉说明了凡尔登保卫战和贝当所说的"他们绝不是通过"这句话的反响。重要的是，在意大利和东线服役的法国士兵的士气低于在法国服役的法国士兵。除了在1914年的短时间内，德国士兵在本国领土上作战，他们似乎感到防御比进攻更合法；德国士兵更倾向于记住他们在索姆进行的防御战，而不是他们在凡尔登发动的进攻战。①

在西线以外的地方，军队的纪律松弛。奥地利、意大利和俄罗斯军队的许多士兵并不觉得他们是在打一场防御战。奥匈帝国的士兵与他们的长官相反，把帝国看成是一个抽象的概念，和他们自己的生活没有多大关系。俄国的农民也同样不关心。斯拉夫民族主义是城市知识分子的事，他们并不相信德国军队在威胁他们远离战线几百英里的村庄。

军士是军队纪律的关键。英国军队禁止士兵在没有军士在场时接近军官。军士保持他们的权威的程度部分地取决于军队的传统，但是也取决于士兵来自什么社会。大多数西欧国家有大量手工业者、工头、小职员和有需要雇用外来工人的大农庄的农民，德国军队的军士有40%是手工业者。由于这些人有一些下命令和与社会地位高于他们的人合作的经验，所以他们比较容易成为下士和中士。而俄罗斯只有少量这样的人。它的士兵大多数是农民，其中只有3%是工人。② 俄罗斯军队的军士从总数上来说只有德国军队的1/3。③ 这种短缺足以说明俄罗斯军队的纪律在1917年松弛得一塌糊涂。

战争在俄罗斯、中欧和意大利的流动性意味着更难控制开小差和不服从命令。在卡波雷托战役失败后，有35万多名逃兵和难民在农村地区

---

① 安尼克·科歇：《法国士兵》，载于贝克尔和奥杜安－鲁佐编辑的《欧洲社会和1914～1918年的战争》，第357～366页。帕特里克·法松：《被遣返的士兵：东线和意大利，1915～1918年》，载于同上书第385～392页。热尔德·克鲁梅奇：《在索姆的德国士兵》，载于同上书，第367～374页。

② 斯通：《东线》，第167页。

③ 理查德·勒基特：《极端保守的将军们》（1971），第8页。

游荡。① 在奥匈帝国，成千上万名士兵开了小差（仅在 1918 年头三个月就抓住了 4.4 万名）。② 俄罗斯士兵非但不是在严密的监管下坚守一个地方，而且经常在战线附近流动，最终便离开了战线，因为抢劫和纪律松弛变成了开小差或哗变。③

运动战意味着抓获大批俘虏，这就促成了开小差和士气低落。奥匈帝国军队被俘的人数（220 万）是英国军队被俘人数（170389）的 12 倍，法国军队被俘人数（50 万）的 4 倍。④ 被俘的人数不到英国军队伤亡人数的 1/10，约为奥匈帝国军队伤亡人数的 1/3，俄罗斯军队伤亡人数的一半多；奥匈帝国或俄罗斯抓获的俘虏受到虐待，因为俘虏他们的人已经缺少粮食。此外，有些军队的指挥官怀疑他们被俘的士兵（投降的俄罗斯人有时遭到自己人的炮击）。⑤ 意大利政府拒绝为它的被俘人员提供足够的红十字包裹（60 万名被俘人员中有 10 万名死在奥地利的俘虏营）。⑥ 回国的俘虏充满怨恨，这给有 50 万名俘虏在 1918 年 3 月布列斯特 - 立托夫斯克和约签订后回国的奥匈帝国带来了一些特殊的问题。这些俘虏受到过布尔什维克宣传的影响，奥地利当局对他们持怀疑的态度，其中有许多是逃兵。⑦

捷克斯洛伐克军团的情况说明了东线的混乱。这个军团由 1914 年在俄罗斯的士兵组成，他们决定和俄罗斯人并肩作战，以期把自己从哈布斯堡王朝的统治下解放出来。由于战俘的加入，他们的队伍在 1918 年 3 月扩大到 4 万人。5 月，这个军团在等待被遣送回国时与匈牙利战俘发生了争执。苏联当局试图解除捷克人的武装，后者进行了还击。结果，

①　霍尔格·H. 赫维希：《第一次世界大战：德国和奥匈帝国，1914～1918 年》（1997），第 344 页。

②　同注①，第 363 页。

③　阿伦·怀尔德曼：《俄罗斯帝国军队的结局：旧军队和士兵叛乱（1917 年 3～4 月）》（普林斯顿，1980），第 94 页。

④　尼尔·弗格森：《战争的遗憾》，第 369 页。

⑤　斯通：《东线》，第 169 页。

⑥　保罗·科纳和焦万娜·普罗卡奇：《意大利的"总"动员经验，1915～1920 年》，载于约翰·霍恩编辑的《第一次世界大战期间欧洲的国家、社会和动员》（剑桥，1997），第 223～240 页，第 231 页。

⑦　马克·康沃尔：《奥匈帝国军队的士气和爱国主义，1914～1918 年》，载于约翰·霍恩编辑的《第一次世界大战期间欧洲的国家、社会和动员》（剑桥，1997 年），第 173～192 页。

原来只希望逃离俄罗斯的捷克士兵在俄罗斯内战中成了一支反布尔什维克的重要力量。

政　治

1914 年以前，军人在大多数欧洲国家行使很大的权力——国防部长往往是军人——而且这种影响的程度在战争初期达到了新的高度。法国有几个月实际上处于军事管制下。在法国，军人立法一直是根据军队会进入敌国领土的臆断来制订的，而当时德国人已经进入法国的大部分地区，并将这些地区规定为"军事占领区"，用一种为被征服的敌人设计的方式来管理，当文官政府逃到波尔多以躲避入侵的德国人时，军人的权力得到了加强。① 在英国，基钦纳将军从 1914 年到 1916 年担任陆军大臣。然而，在英国和法国，争夺战争控制权的斗争最终都是文官得胜。在法国，在战争的头三年里一直尖刻地批判军事战术的乔治·克列孟梭在 1917 年成为总理兼国防部长。他是一个精力充沛的人，决心迫使将军们承认他的权威，而作为德雷福斯的支持者，他从来没有得到过将军们的尊重。在英国，戴维·劳合·乔治扮演了同样的角色，他在 1916 年 12 月成为首相。像克列孟梭一样，劳合·乔治有极大的自信和激进的名声，这使他怀疑将军们赢得这场战争的能力（尽管不怀疑他们赢得这场战争的愿望）。在德国，文官控制的效果不大——军人由于皇帝的影响得到国会的庇护。而克列孟梭和劳合·乔治是统治集团以外的活跃人物，1917 年 7 月取代贝特曼·霍尔韦格担任宰相的格奥尔格·米夏埃利斯是一位无党派的文职官员。从一个德国战俘集中营的角度来看问题的夏尔·戴高乐得出结论说，需要文职政治家来控制军人是德国战败的最重要教训。

关于战争的争论超出了内阁的范围。在英国和法国，全民政治对诸如劳合·乔治和克列孟梭等引人瞩目的民主政治家有利。在德国，事情更加复杂。德国社民党越来越怀疑这场战争，终于有一群社会党人分离

---

① J. C. 金：《将军和政客：法国最高领导班子、国会和政府之间的冲突，1914~1918 年》（康涅狄克州韦斯特波特，1971），第 24~35 页。

出来要求和平。与此同时，军事机构本身涉及了全民政治。官方散发了大量宣传品，1917 年海军上将冯·提尔皮茨创建了祖国党，不久便有了125 万名党员，超过了自由民主党成为最大的党。在俄罗斯和奥匈帝国，全民政治更有威胁性，因为大多数人民都不同情这场战争。

全民政治招来了民族主义的幽灵。英国和法国受此困扰很小。布列塔尼人忠诚地为一个他们甚至不懂其语言的国家战斗——有一个布列塔尼人因为不能说清他为什么不上前线而被他自己的同胞枪杀。说威尔士语的人在劳合·乔治成为军火大臣后纷纷加入英国军队，并说服非国教徒们放弃反对战争的立场。在爱尔兰或澳大利亚从来没有实行过征兵制，澳大利亚人口的大多数是爱尔兰裔。在 1916 年的复活节，德国人曾在都柏林支持过一次不成功的起义。

在东欧，情况就不同了，奥地利参战在一定程度上是由于害怕民族主义，有些少数民族领袖意识到，战争给他们带来了推翻外国统治的机会：托马斯·马萨里克为了建立一个新的捷克人国家向英国和美国寻求支持，而在芬兰，卡尔·古斯塔夫·曼纳海姆——一位在俄罗斯接受过训练的军官——则和俄罗斯人并肩作战。波兰人有过令人尴尬的选择，因为他们有些人住在沙皇帝国，而另一些人则住在奥匈帝国。约瑟夫·毕苏斯基——另一位前俄罗斯军官——则和奥匈帝国军队并肩作战，因为他相信这样做对波兰人有利，但是波兰民族民主主义者支持俄罗斯反对同盟国。德国和奥匈帝国在 1916 年 11 月宣布支持一个独立的波兰人国家。1918 年夏，协约国要求建立一个更大的国家，包括俄罗斯、德国和奥匈帝国各一部分。俄罗斯——一个多民族的帝国的失败，和美国——一个人口大部分由来自中欧各帝国的少数民族构成的国家的参战，意味着英国和法国越来越倾向于把他们的战争说成是民族解放战争。①

---

① 克列孟梭写道："各种事件的力量把我们的卫国战争变成了民族解放战争。"引自艾蒂安·芒图：《迦太基式的和平或同凯恩斯先生的经济后果》（伦敦，1946），第 36 页。

经济管理

最初以为战争不会拖得太长，经济不会过分影响战争的结局。但是战争的延长和动用物资的规模推翻了这种臆断，而经济管理的变化是战争影响欧洲最引人注目的方式之一。

战时生产意味着与战前的自由放任传统决裂。国家成了许多公司最重要的客户，这就意味着国家本身经历了引人注目的变化。在法国，政府雇员的总人数从 1914 年的 80 万人增加到了 1926 年的 125 万人。[①]

和国家打交道促使商人们发展新型的组织。在法国，巴黎的钢铁和机械生产商们在 1917 年形成了一个团体，属于协会的军火公司差不多雇用了 20 万名工人。在德国，一共雇用了 3.3 万人的 200 个军火协会已在 1918 年组成。[②] 各公司购买各协会的股票，然后各协会再将稀缺的资源分配给它们的会员。在没有一个强大的国家时，商业可以获得很大的权力。在战争初期，法国的钢铁生产者协会被赋予独家销售钢铁的权利。[③]在被占领的比利时，法国兴业银行如此强大，所以有效地发行了它自己的货币。

工商企业并非总是随心所欲。随着战争的进行，各国的国家官僚机构变得更加强大，工会也可以禁止各种活动。这种情况在英国最为明显：工程师工会规定了严格的条件，战争期间新的工程要符合这些条件才能得到批准。在法国和德国，随着战争的进行，工会对官方机构的影响比以前更大了。在德国，雇主们赞助的"黄色"工会在 1915～1916 年间越来越为人们所接受，但是此后独立的工会以更快的速度增加了它们的会员。1916 年根据后备役法建立了工厂委员会，工会代表经过无记名投票

---

① 约翰·戈弗雷:《战时的资本主义:法国的工业政策和官僚,1914～1918 年》,(利明顿矿泉疗养地,1987),第 296 页。

② 于尔根·科卡:《面对总体战:1914～1918 年的德国社会》(1984),第 29 页。

③ 格尔德·哈达奇:《1914～1918 年的工业动员:生产、制定计划和意识形态》,载于帕特里克·弗里登森编辑的《1914～1918 年法国的大后方》(牛津,1992),第 57～88 页,第 76 页。

进入委员会。①

某些工会领袖、国家官员和工业集团的领导人开始具有如此类似的观点，所以他们似乎已经融入了新的工业统治阶级，拥护并不符合政府、工人和工业家的正常目标的政策。诸如法国的部长阿尔贝·托马或德国从工业家转为公务员的瓦尔特·拉特瑙这样的人，则向望一种新的基于协调和合作的工业秩序。

一般说来，战时经营得好的公司是大公司，这在一定程度上是因为战时经济所需要的工业不得不大规模地经营，还因为可以从有组织的经济中建立各种关系、获得各种经验和人员。有些从战争中获利的公司引人注目地扩大——雷诺成了法国最大的公司，而各种合并又使一些公司进入更大的联合企业，例如 1916 年形成的德国化工联合企业后来变成了法本化学工业公司。法国立法的放宽使企业更加容易联合起来。② 相反的，小企业经营得不好，因为它们往往生产那些被认为可有可无的消费品，而且没有疏通可以得到保护的手段。50 万名手工艺人被征召入伍，1/3 的手工业企业倒闭。③

既没有广泛的工业基础又没有组织传统的国家往往发现，经济动员带来了政治上的不稳定。不能适应恢复自由主义的意大利在 20 世纪 20 年代初支持法西斯主义。在俄罗斯，二月革命以后建立起来的临时政府第一任首脑李沃夫亲王曾经是中央军火工业委员会委员。

平　民

不同参战国和不同社会群体的平民生活水平各不相同。英国和法国的生活水平一直是最高的。法国可能是欧洲农业最发达的国家，尽管它最肥沃的土地有一部分已经成了战场，而英国在大多数时候都能进口粮食。英国平民几乎完全没有直接受到敌军的冲击，而法国平民的战斗是

① 科卡：《面对总体战》，第 71 页和第 72 页。
② 罗伯特·帕克斯顿：《1915～1926 年法国的电石案和工业协议的合法化》，载于弗里登森编辑的《法国的大后方》，第 153～180 页。
③ 科卡：《面对总体战》，第 102 页。

静态的，局限于有限的地区：他们并不面对战争初期传播疾病和征用粮食的军队。在英国，平民的预期寿命有所增加，而法国平民的预期寿命则保持在战前的水平。①

其他地方平民的经历就不太幸运了，1917 年，整个欧洲的许多罢工和混乱是粮食短缺引起的。在奥地利，据说几乎有 3/4 的罢工是由于饥饿。② 不关心农业资源、1916 年的歉收和英国对同盟国的封锁都减少了粮食的供应。俄罗斯遇到困难是因为，它的铁路系统过分地负担了军队的各种需求，不能把足够的粮食运往城市，而比利时则面临一个本身缺少资源的强国的入侵和占领。一名靠官方配给生活的德国人在 1916 年 11 月～1917 年 3 月间体重减轻了 1/5。③ 在此期间，几乎没有德国人饿死，但是饥饿加剧了其他问题。平民们要花好几个小时去排队或进行复杂的黑市交易，给他们的日常食物中加上萝卜等并不受欢迎的东西，这使他们更容易受到传染（1918 年有 20 多万德国人死于流感）。④

中欧和东欧各国受害最严重。战争不是局限于一些小的地区，对平民的直接影响巨大。在塞尔维亚，疾病、饥荒和难民的流动导致可怕的灾难：1/10 的塞尔维亚人死于一次斑疹伤寒的流行。50 多万塞尔维亚人为了逃避奥地利人的进军向亚得里亚海沿岸长途跋涉，几乎有一半人死在途中。⑤ 在保加利亚，德国和奥地利军队在 1916 年的征粮引起了饥荒，⑥ 而在波兰有 4 万人死于斑疹伤寒。⑦

最严重的平民灾难都发生在土耳其。亚美尼亚人——当局认为他们同情俄罗斯人——受到越来越多的迫害。土耳其军队和俄罗斯军队两军对垒，土耳其东部的亚美尼亚人夹在中间，大约有 20 万人不得不到俄罗

① 杰伊·温特：《第一次世界大战的某些怪事》，载于杰伊·温特和理查德·沃尔编辑的《战争的动乱：1914～1918 年的家庭、工作和福利》（剑桥，1988），第 9～42 页。

② 莱因哈德·西德：《大后方：战时维也纳的工人阶级家庭生活》，载于杰伊·温特和理查德·沃尔编辑的《战争的动乱：1914～1918 年的家庭、工作和福利》（剑桥，1988），第 109～138 页，第 125 页。

③ 阿芙娜·奥弗：《第一次世界大战：一种农业的解释》（牛津，1991），第 33 页。

④ 同注③，第 34 页。

⑤ 迈克尔·马鲁斯：《不受欢迎的人：20 世纪的欧洲难民》（牛津，1985），第 49 页。

⑥ R. J. 克兰普顿：《现代保加利亚简史》（剑桥，1987），第 68 页。

⑦ 盖伊·哈特卡普：《发明创造的战争：1914～1918 年的科学发展》（1988），第 173 页。

斯寻求避难。其余的人则被残杀或者不得不没吃没喝地逃难。外国观察家估计，到 1916 年末，人口在 180 万至 210 万的亚美尼亚人中大约只有 60 万人存活下来。①

在战争初期，工人像其他经济资源那样不受重视。整个欧洲的工厂都因为征兵而人力短缺。渐渐地，这种情况有所改变。在法国，1915 年底有 50 万名工人从前线回来；② 1916 年 1 月，法国冶金工业所雇用的人数已与战前相当。雇主们需要在劳动力如此短缺的时候留住他们的员工并激发其积极性，有些工人便由此得益。在法国，军火工人的工资增长得比通货膨胀快，而其他工人的工资则增长得比较慢。

在大多数欧洲国家，农民是最大的单个群体，他们的经历是混杂的。大陆国家的将军们把农民看成是最好的士兵，尽管许多农民都是反对战争的。保守分子认为农民是爱国的，因为他们很少受到社会主义宣传的影响，但是他们往往也不受民族主义宣传的影响，而 1914 年以前民族主义宣传在城市里是非常普遍的。许多农民把国家看成是一个异己的实体，只是在征税或征召他们的儿子去当兵时才与国家接触。1914 年爆发的战争特别受到憎恨，因为这场战争就在收割前来到。③

大多数证据表明，农民对战争缺乏热情，即使不反对。比利时史学家皮雷纳这样描写他的国家："几乎所有的志愿者都属于城市人口。农村在这次行动中只占一小部分。战争所引起的精神上的混乱不可能像知识分子和工人那样动摇战争行动，知识分子和工人更加敏感、更加提心吊胆、更加容易受到爱国思想的影响，而且更加明显地受到工作中断的直接影响、更加紧密地与国家的生活联系在一起。"④ 法国乡村教师的报告表明，许多农民惊恐不安地去打仗。在保加利亚，带头反对参战的是农

① 热拉尔·夏利昂和伊夫·泰农：《1915 年，世纪的回忆：亚美尼亚人的种族灭绝》(1984)，第 12 页。

② 哈达克：《1914～1918 年的工业动员》。

③ 罗伯特·莫勒：《世界大战中社会冲突的严重程度：来自德国农村的印象》，载于《中欧史》，第 2 卷第 14 期 (1981 年)，第 75～92 页，第 85 页。

④ 引自让·斯滕格：《比利时》，载于贝克尔和奥杜安－鲁佐编辑的《欧洲的社会和 1914～1918 年的战争》，第 75～92 页，第 85 页。

民领袖亚历山大·斯坦鲍利斯基。[①]

在西欧和中欧，反对战争很少转变为农民支持革命。这有一个经济上的原因。由于进口减少和军队需要喂饱大批士兵，所以粮食价格急剧上涨，农民在清偿债务时往往从通货膨胀中获益：在法国，1914年欠下的100～200亿法郎的农业债务在1918年偿清了大部分。[②] 德国和奥地利的农民特别受益于战时的通货膨胀，因为他们多半是在战前借钱购买新农具的：130亿马克的农业债务在始于第一次世界大战并在20世纪20年代初达到顶峰的通货膨胀中清偿完毕。[③] 意大利的收益分成佃农和地租佃农获益是因为他们通常在旺季购买种子和化肥，在淡季偿还欠款，[④] 他们利用战时的兴旺购买土地——有土地的农民从1911年的225万增加到1921年的40多万。[⑤]

俄罗斯农民的命运则完全不同。给城市运送粮食的铁路系统的崩溃和中间商的贪婪使农民不能从粮价的上涨中获益。实际上，他们出售粮食的价格跟不上工具和其他商品上涨的价格。城市工业的崩溃也伤害了农民。此外，俄罗斯农民在1914年以前很少借债，因为公社制度使他们没有改善土地的动机，所以在通货膨胀中受到损失的农民往往完全退出市场经济而依靠自给自足。这就加剧了城市的粮食危机，促使1917年的革命爆发。在西欧和中欧，从战争中至少得到某些经济利益的农民为反革命作战；在俄罗斯，农民则保持冷漠或支持布尔什维克。

失　　败

在俄罗斯，失败和革命同时发生。失败引起了士兵哗变，哗变又使

①　克兰普顿：《现代保加利亚简史》，第66页。

②　巴拉尔：《后方的法国农民》，第242页。

③　古斯塔沃·科尼：《希特勒和农民：第三帝国的农业政策，1930～1939年》（牛津，1990），第5页。

④　弗兰克·斯诺登：《托斯卡纳的法西斯革命，1919～1922年》（剑桥，1989），第36页。

⑤　皮埃罗·梅洛格拉尼：《1917年意大利的士兵和平民》，载于贝克尔和奥杜安－鲁佐编辑的《欧洲的社会和1914～1918年的战争》，第333～339页，第335页。

失败更加可能。几次主要的哗变始于 1916 年秋天，第二年 2 月，士兵们加入了他们被派去镇压的暴乱和罢工。将军们说服沙皇退位，希望由此能使战争更容易打下去。几乎所有主要政界领袖都同意战争必须继续下去，李沃夫亲王领导的临时政府执行了这种政策。

实际上，临时政府控制不了军队，许多士兵拒绝承认他们的军官的权威。声称代表首都工人的彼得格勒苏维埃成了政府的对手。它的"第一号命令"要求成立士兵委员会，并宣称政府的命令只有得到苏维埃的批准才有效。德国人利用了当时这种混乱，把最激进的布尔什维克党中最激进的领导人列宁从瑞士送回俄罗斯。列宁的到来并没有平息事态。尽管有"第一号命令"，但是彼得格勒苏维埃的大多数成员并不希望取代临时政府。然而，在 6 月和 7 月，国防部长亚历山大·克伦斯基（7 月 25 日改任总理）命令在加利亚发起攻势。过去一年里没有打过多少仗的俄罗斯军队遭到惨败，伤亡 20 万人。哗变的士兵和水手于 7 月拥进首都，科尔尼洛夫将军于 8 月派兵进城试图恢复秩序，但未成功。军队的纪律崩溃。亚历克塞耶夫将军承认："老实说……我们没有军队。"[1] 1917 年 10 月，列宁和布尔什维克推翻了临时政府，并保证取得和平。俄罗斯人和德国人签订了停战协定，1918 年 12 月又根据布列斯特－立托夫斯克条约割让了大片领土。

德国的失败不像俄国的失败那样引人注目。这是消耗战的结果。有效的组织不能掩盖这样的事实：德国的资源不如它的对手多，尤其是在美国加入了协约国之后。1918 年，德国明显地无力对抗。它的反应是在 1918 年 3 月试图用进攻来摆脱堑壕战。过去四年里影响战斗的许多军事臆断被放弃。有一段时间双方都在试验新的进攻方法：不再用大量受沉重装备拖累的常规部队，而是用少量经过训练使用诸如自动步枪等轻武器、行动迅速的士兵。1916 年德国人组建了许多"冲锋队"来实施这种战术，1918 年在更加广泛的范围内使用进攻战术。100 个师被分派负责防御，大约有 70 个更强大的师被分派去进攻，配备了炮兵和毒气，而且动用了空军。

---

[1] 希拉·菲茨帕特里克：《俄国革命》（牛津，1994），第 60 页。

　　新的战术取得了显著的效果。协约国的防线被迫后退了 30 英里，德国人一度似乎像在 1914 年那样直逼巴黎。但是德国人成了自己成功的牺牲品。步兵部队得不到掩护，因为大炮和机枪跟不上他们；德国军队离他们的铁道卸载点 90 英里。此外，德国人遇到了曾经使他们如此渴望避开长期消耗战的短缺问题。他们没有足够的士兵，许多士兵被牵制在东方守卫德国在布列斯特－立托夫斯克得到的大片领土。饥饿和疲劳消耗了德国军队的精力，大流感使 50 万名士兵失去战斗力。曾经是西线静态战争标志的严格纪律开始崩溃，因为士兵们推进得如此之快，以致往往失去与军官们的联系。

　　德国人也成了他们指挥官幼稚战略的牺牲品。鲁登道夫将军希望快速推进，但是不知道如何是好。他在将英国军队赶回英吉利海峡或设法拿下巴黎之间犹豫不决，最终选择了后者。7 月，法国指挥官福煦发起反攻。他也采取了比较机动的战术。一种德国人从来没有使用过的武器——坦克和飞机投入了使用，刚来的美国军队投入了战斗。德国人伤亡 34 万人。他们仓皇退却，而重要的是士兵开始大批开小差。[①] 8 月中旬，德国领导人确信战争已经失败；10 月，奥匈帝国崩溃，因为臣服的人民宣布了独立；11 月 11 日，停战协定结束了西线的战斗。

小　结

　　在第一次世界大战结束后进行的谈判中，美国、英国、法国、比利时、意大利、罗马尼亚、塞尔维亚、葡萄牙和希腊被认为是胜利者；德国、奥匈帝国、奥托曼帝国和保加利亚则是失败者。俄罗斯没有参加战后的谈判，只归还它在布列斯特－立托夫斯克失去的广阔领土的一部分，单纯从领土方面来看，最大的赢家是罗马尼亚，而且还产生了几个 1914 年还不存在的国家——波兰、捷克斯洛伐克和南斯拉夫。然而，在许多方面，战后的讨论强调领土问题是一种转移注意力的做法。影响力增加得最多的国家——美国根本没有得到领土，英国没有在欧洲得到领土，

---

　　① 　赫维希：《第一次世界大战》，第 392～428 页。

法国得到一块较小的领土（阿尔萨斯和洛林）。

真正的问题涉及欧洲各国的国内秩序，而这些问题的答案超出了国界。有些工人、农民和大实业家从战争中得到了好处，而手工艺人和食利者则有损失。然而，在每一种情况下，战争本身造成的物质损失（就农民而言）或战后的政治不稳定，抵消了从战争中得到的好处。

表 2　第一次世界大战军人死亡数

法国	1 398 000	比利时	38 000
意大利	578 000	葡萄牙	7 000
英国	723 000	罗马尼亚	250 000
塞尔维亚	278 000	希腊	26 000
俄罗斯	1 811 000	保加利亚	88 000
德国	2 037 000	奥匈帝国	1 100 000
土耳其	804 000		

资料来源：尼尔·弗格森：《战争的遗憾》，第 295 页。本表包括军人因病和作战死亡的人数，但不包括平民的死亡人数。

如果将国家利益和国内秩序放在一起考虑，那么第一次世界大战的赢家和输家就要重新定义。就土地而论，罗马尼亚可能是最大的赢家，但是很难说它在 1919 年以后赢得了繁荣和政治稳定。意大利也不稳定，不仅因为它从战争中得到的好处少于其领导人的期望，而且因为战争带来了诸多社会和经济上的紧张。奥匈帝国经历了帝国的崩溃和社会动荡，这又导致了布尔什维克在布达佩斯的短暂革命。德国的经历比较复杂。从某些方面来看，德国社会的凝聚力非常出众：士兵们在 1918 年 11 月以前没有哗变，工人们没有造反。德国的经济组织很完善。但是，德国没有能力支撑一场持久的消耗战，这反映为通货膨胀和饥荒。失败和遣散军队带来了前四年所保持的秩序的崩溃，反映了装备的损失。1918 ～ 1919 年间，德国损失了 189.5 万支步枪、8542 挺机枪和 4000 门迫击炮。[1]

---

① 利德：《无人地带》，第 198 页。

然而，在德国，旧秩序的颠覆主要是政治上的——皇帝的废黜。这不像俄罗斯那样涉及所有的阶级。德国战争努力的许多基础（例如大企业、有组织的劳工和军队之间的妥协）一直存在到1993年，或许更久。

战争的动乱并非总是以停战告终。在俄罗斯，180万人死于和同盟国的战斗，却有500多万人死于1921～1922年的饥荒。① 持续的协约国封锁使德国平民在1918年11月和1919年缔结和约之间的痛苦比战争期间还要大。战时开支的长期影响往往反映为战后的通货膨胀，尤其是在1923年折磨德国的通货膨胀。

从所承受的破坏来看，英国和法国比较轻松地摆脱了第一次世界大战：没有革命，没有极度通货膨胀，没有饿死人，也没有瘟疫。英国和法国可能比其欧洲参战国少受一点痛苦，但是它们在1914～1918年间所损失的人要多于历史上的任何一次战争（分别占人口的1.6%和3.4%）。② 许多法国人得出结论：法德战争的迅速失败不像第一次世界大战的缓慢胜利那样悲壮，这种看法很说明他们在1940年6月的行为。

鉴于英国和德国在20世纪20年代和30年代公开表示对世界大战感到非常遗憾，所以关于这两个国家在战争中损失最少的说法似乎有点奇怪。在某种程度上，这种遗憾产生于这种感觉：战争脱离了"正常生活"。士兵从前对受到的痛苦感到十分愤懑，这种痛苦与相对平静的平民生活的对比如此强烈。对俄罗斯人来说，战争仅仅是一个至少从1905年持续到1953年的动乱时期的一个组成部门。在英国，相比之下，战争似乎像一个可以避免的插曲。

对英国人来说，这场战争基本上是防御性的。战争是为了维持现状而设计的。因为他们不需要赢得什么东西，所以最终甚至把胜利与衰落的开始联系起来。从海外帝国的角度来看尤其如此。英国在1919年以后甚至比1914年以前控制更大的地区，但是战争削弱了它保持这种地位的经济实力。

从社会的角度来看，英国和法国的资产阶级有特别的理由为战争感

---

① 埃文·莫兹利：《俄罗斯内战》（1987），第287页。
② 让－雅克·贝克尔：《世界大战和法国人》，（利明顿矿泉疗养地，1985），第6页。

到后悔，因为战争破坏了他们中的许多人——那些最可能用文字记录他们的经历的人——在 1914 年以前享有过的那种可以安全投资稳定的世界。在东欧和中欧，相比之下，第一次世界大战中的喜剧性场面意味着，人们不大可能恋恋不舍地去回顾 1914 年以前的世界。战争已经带来了一个新世界，旧世界现在已经难以想象。战争的结束没有使"正常"恢复，因为"正常状态"已被破坏。德国挺进队的一名领导人写道，他的同志们"走向战后世界的战场，就像曾在西线参加战斗一样"。[1] 一位匈牙利政客在讨论他的国家的反犹主义可能引起国际上的反对时指出："如果我们会被指责为没有人性或反革命，这些口号就再也不会感动我们。匈牙利的最大价值已在世界冲突的大火中被焚毁。"[2] 在新建立的国家，法西斯分子、布尔什维克党人、纳粹分子和民族主义者都在战争中受到损失，但是他们知道，他们所支持的制度、运动和国家已经走出战争。英国人梦到一首神话般的战前田园诗，在诗里，时针停在 2 点 50 分。对于大多数欧洲人来说，时针从来不可能停止，唯一的出路是进入新的暴力，而新的暴力往往可能使 1914～1918 年的暴力相形见绌。

---

① 引自利德：《无人地带》，第 213 页。
② 玛丽娅·M. 科瓦奇：《自由的职业和不自由的政治：匈牙利从哈布斯王朝到大屠杀》（牛津，1994），第 57 页。

第二部分

从一次大战
到另一次大战

1925 年的欧洲

大西洋

北海

英国
伦敦
⑥都柏林

挪威
奥斯陆

瑞典
斯德哥尔摩
哥本哈根

丹麦

荷兰
海牙
比利时
布鲁塞尔
萨尔

法国
巴黎
波尔多

西班牙
马德里

里斯本

古婆罗陀

摩洛哥

阿尔及利亚(法)

突尼斯(法)

地中海

科西嘉岛(法)
撒丁岛(意)

马赛

意大利
罗马

德国
柏林
伯尔尼
瑞士
维也纳
奥地利

②东普鲁士
波罗的海
①
立陶宛
②
罗兹

波兰
华沙
克拉科夫

③
布拉格
④
匈牙利
布达佩斯

南斯拉夫
贝尔格莱德

亚得里亚海

⑤

希腊
雅典

罗马尼亚
布加勒斯特

保加利亚
索非亚

黑海

芬兰
赫尔辛基

爱沙尼亚
里加
拉脱维亚
维尔纳

列宁格勒

斯摩棱斯克

莫斯科

库尔斯克

基辅

苏

联

土耳其

伊斯坦布尔
土麦那(现称伊兹密尔)

黑海

中海

公里
0 100 200 300

①考那斯 ②东普鲁士 ③捷克斯洛伐克 ④布拉迪斯拉发 ⑤阿尔巴尼亚 ⑥爱尔兰自治邦

1940 年夏末，欧洲处于平静状态。希特勒在波兰、斯堪的纳维亚和低地国家的胜利是决定性的。1870 年以后一直笼罩着欧洲的法德争端的解决特别重要，而结束法国抵抗的停战使人回想起 21 年前德国的羞辱。由最著名的军人（包括被打败的军队的总司令）领导的法国新政府接受了战败的结果，并且真心实意地希望与德国合作。只有以古怪出名的少壮派将军夏尔·戴高乐不同意。

　　德国在它所控制的一部分法国和西欧的占领政策足以避免引起反抗。它在波兰的占领政策足以无情地表明任何反抗都是不能容忍的。争吵不休的东欧各国现在受到一个能够居中调停的强国的庇护，而自巴黎和谈以来一直困扰着欧洲的少数民族问题则通过大批驱逐出境得到解决：异族的德国人被送到扩大了的德意志帝国的边远地区；波兰人被赶到东部；犹太人被送到波兰东部，然后也许被送到马达加斯加。成千上万人死于这种行动，但是没有人提出更好的解决办法（实际上，大规模驱逐出境在 1945 年也被获胜的同盟国所采纳）。显然，通过和苏联打仗，德国便可以保证它的胜利，不过，假定它对诸如波兰和法国的胜利来得容易，那么打败布尔什维克似乎也不难。眼下，欧洲的唯一冲突是英国和德国之间的一场小战。正像普里莫·利瓦伊所指出的，这仅仅反映了这样的事实：英国的统治阶级太愚蠢，不知道战争已经打败。不管怎样，这场战争几乎完全是在空中打的，造成伤亡很小。

　　当然，对于那些知道 1941 年以后发生了什么的人来说，上面的一段话似乎令人震惊，但是 1940 年欧洲处于和平状态的想法不比史学家们所说的欧洲在"两次世界大战之间的时期处于和平状态"的看法更加荒诞。从 1919 年到 1939 年，欧洲各国之间有过几次战争（希腊和土耳其打仗，波兰和立陶宛打仗），也有过一国军队不经宣战便进入另一个国家的情况（法国和比利时入侵德国的鲁尔区，罗马尼亚干预匈牙利的革命政府），而且至少有过三次全面内战（在俄罗斯、芬兰和西班牙）。对于英国人来说，战争在 1918 年 11 月结束，在 1939 年 9 月再次开始，但是在俄罗斯、波兰、德国、匈牙利、罗马尼亚和西班牙，大部分间歇时期都在打仗。在中欧，第一次世界大战的动乱并没有随着停战而结束。同样，1939 年并不一定标志着世界大战的开始。对于西班牙人来说，这是战争结束的一年，而对于捷克人来说，这一年仅仅标志着希特勒兵不血刃和无人竞争地接管他们国家的最后阶段。俄罗斯人记得 1941～1945 年的战争；法国的保守分子记得 1939～1940 年的战争。

我们对"两次世界大战之间的"欧洲的印象受到结束这个时期的一些事件的影响。20 世纪死于暴力的欧洲人有一半以上死于 1941～1945 年的战争。德国和苏联之间的决定性对抗以及纳粹分子试图消灭欧洲的犹太人特别引人注目。并不令人吃惊的是，史学家们把精力集中在探讨这两件大事的原因上，这就意味着特别强调希特勒和斯大林的权力。20 世纪 20 年代和 30 年代往往被当做"欧洲的内战"来议论，好像一种独特形式的冲突超越了所有其他分界线。

然而，"两次世界大战之间"时期引人注目的特征是，欧洲人发现彼此仇恨的理由很多。例如，细想一下匈牙利史学家弗朗索瓦·费伊特的经历。仅仅是匈牙利人这个事实就足以使许多 1914 年以前在匈牙利的统治下受过苦的人讨厌他，而费伊特为与捷克人和解而工作的事实使匈牙利民族主义者讨厌他。费伊特和共产党的短暂调情使他在霍尔蒂国王的监狱里蹲了一年，他后来的脱党使他受到全欧洲共产党人的憎恨，至少在 1956 年以前毁了他的生活。费伊特的犹太人血统使他被排斥在布达佩斯最优秀的高等学府之外，但是正式放弃他从来没有赞成过的信仰使他受到首席拉比的蔑视。费伊特又是幸运的，他被迫离开他的祖国使他避免了大多数匈牙利犹太人（包括他的父亲和几个兄弟）的命运，他们都被纳粹分子杀害。他从来没有在莫斯科寻求避难，使他避免了贝拉·库恩和其他许多匈牙利人的命运，他们在 20 世纪 30 年代晚期的大清洗中被杀害。他的身份证件齐全，使他避免了他的同胞阿瑟·凯斯特勒的命运——被法国人关进了监狱。①

　　甚至那些认为他们的大陆是被一次大冲突分裂的欧洲人也对这次冲突的性质有不同的看法。首先，共产党人贬低了民族差异的重要性而强调无产阶级和资产阶级之间分裂的重要性，但是后来他们离开了这种立场而强调需要联合起来组成广泛的人民阵线运动来反对法西斯主义，这种运动往往由于特别强调民族传统而容易实现。保守派否认阶级差异的真实性而强调民族差异。意大利的法西斯分子谈论区分"真正的男人"和老年人及女人的性和代的区别，尽管实际上他们心目中的冲突使年轻人带着特殊的感性彼此争斗。德国的纳粹分子把种族区分看得比任何其他区分都重要。

　　为什么分裂欧洲人的各种冲突如此剧烈？一种解释在于第一次世界大战的动乱。战争本身并不一定在停战后导致冲突，来自英国、法国和很大程度上来自德国的士兵在 1918 年以后似乎已经回到家乡成为爱好和平的公民，但是在大多数国家，战争已经影响了平民百姓并引起了一直持续到遣散军队之后的社会和经济混乱。在 20 世纪 20 年代和 30 年代，最热衷于参与冲突的不是经历过战争的老兵，而是比他们年轻的青春期受到过战争摧残的人。

　　使战争正式结束的巴黎和谈经常使事情变得更糟。正如史学家雅克·班维尔所说的，德国和战胜的协约国之间的凡尔赛和约就其严厉而言过于宽大。赔款和关于"战争罪"的条款加深了德国人的仇恨，而严格不够难以防止他们盘算军事报复。然而，最严重的问题不是德国和西方列强的关系，而是中欧和东欧各国彼此间的关系。德国从来没有接受它的东部边界线，而明确规定匈牙利、保加利亚和奥地利是战败国的条约国（特里阿农条约、纳伊条约和圣日耳曼条约）从一开始就遭到强烈的不满。伍德罗·威尔逊的"自决"概念引起了各种新的冲突，发现被排除在自己的国家（按照政治和法律来定义）之外的匈牙利人和德国人倾向于依靠他们的民族（按照文化或语言来定义）或他们的种族（按照

---

　　① 弗朗索瓦·费伊特：《回忆录：从布达佩斯到巴黎》（1986）。

生物学来定义）。犹太人是欧洲最大的种族群体，却没有自己的国家，处于一种尴尬的境地。和平协议并没有使他们的灭绝不可避免，但也未必会使他们过上好日子。比较容忍犹太人的奥匈帝国被分裂，而欧洲最反对犹太人的罗马尼亚获得了大部分领土。新的国家在不是以容忍犹太人出名的地区建立起来（约翰·梅纳德·凯恩斯嘲弄说，波兰唯一可能独立发展的行当也许是"迫害犹太人"[1]）。

巴黎和平协议引起的争端助长了各国内部的冲突。当保加利亚的民族主义者在 1923 年抓住了农民领袖斯坦鲍利斯基后，他们所做的第一件事就是砍掉那只签署纳伊条约的手。

经济也使政治冲突更加严重。这个时期的许多报告都强调 1929 年 11 月的华尔街股市行情暴跌，这次暴跌被说成是把 20 世纪 20 年代的玩世不恭与 20 世纪 30 年代的心情忧郁和政治上过激分开的一次经济大萧条的开始。法国作家罗贝尔·布拉西拉什谈到大萧条对法国的影响引起了从"战后"到"战前"的转变。夜总会关门，舞蹈教师停止教授查尔斯顿舞而开始教授华尔兹舞。[2]

但是这种区分是人为的。经济大萧条不是始于华尔街股市行情暴跌，而是始于 20 世纪 20 年代的农产品价格下降。严重依赖农业的东欧各国在 1929 年以前就已经陷入绝境。尽管英国和法国的中产阶级大谈特谈 1929 年以后的"危机"，但是他们中的许多人在这个时期还是过着相当富足的生活。价格下降对于那些有固定收入的人来说是好消息，布拉西拉什本人也从拉丁区房租下降得益。

比华尔街股市行情暴跌所引起的特殊问题更重要的，是战争本身的经济后遗症所引起的一般问题：混乱的公共财政和初级商品的生产过剩。在 20 世纪 20 年代和 30 年代，经济比 20 世纪其他任何年代更是一种"零和游戏"。资源有限，一个群体只有牺牲另一个群体才能增加自己财富。一度可以在美国寻找财富的意大利农民在 1919 年占有了土地。匈牙利的工程师们试图把犹太人排除在教育系统之外来增加他们有限的就业

---

[1] 约翰·梅纳德·凯恩斯：《和平的经济后果》（纽约，1919），第 291 页。
[2] 罗贝尔·布拉西拉什：《我们的战前》（巴黎，1992；1941 年第 1 版），第 136 页。

机会。英国的矿主削减了工资。德国的战争经济以制度化的掠夺为基础。

就暴力冲突的多样性而言，纯粹从政治对抗的角度来看"两次世界大战之间的"时期在某些方面是容易上当的。某些最重要的分歧超越了传统的政治界限。20 世纪 20 年代，对主义的热情在很大程度上都归因于年轻人的叛逆。20 世纪 30 年代，他们对家庭和性道德都表示出相似的观点，反映为禁止堕胎和同性恋。

在某些国家，许多人似乎并不关心现在历史书经常谈到的政治危机含义。对于许多英国人、法国人或瑞典人来说，20 世纪 30 年代后期是一段好时光，甚至第二次世界大战也并不总是扰乱"正常状态"。许多法国自传作者留恋地回忆纳粹占领法国时的童年。① 许多知识分子都希望与法西斯主义和反对者之间的长期斗争无关，哲学家西蒙娜·韦伊用绝食身亡来表明她和法国被占领地区受苦受难的人民生死与共，但是她的弟弟安德烈却宣称，研究纯粹数学比战争更重要，并从法国军队开小差，去普林斯顿大学进修了 5 年。

在德国、俄罗斯和东欧，大多数人发现很难忽视政治上的大变动。实际上，从许多方面来看，这个时期最引人注目的新鲜事是"公共"生活侵入了"私人"事务：沙皇尼古拉二世更加感到震惊的是不允许他教养自己的孩子，而不是废除俄罗斯的君主制。② 但是，甚至在镇压最严厉的政权下和动乱最剧烈的时期，也不是人人都认为他们的生活会受到政治的支配。阿妮塔·格罗斯曼引用一名在 1945 年被一名俄罗斯士兵强奸过的柏林妇女的话："在此之前，我和我的丈夫和孩子生活得很幸福。"这个证词令人吃惊，从格罗斯曼的观点来看是十分令人震惊的。一方面是 1945 年以前的几年——奥斯维辛和斯大林格勒时代，竟然可以被认为是幸福的和正常的。③

---

① 雅克-阿兰·德·塞杜伊：《1940～1945 年被占领期值得思考的童年》（1998）。
② 希拉·菲茨帕特里克：《俄国革命》（牛津，1994），第 45 页。
③ 阿妮塔·格罗斯曼：《一个保密的问题：德国妇女遭到占领军的强奸》，载于罗伯特·莫勒编辑的《建设中的西德：阿登纳时代的政治、社会和文化》（密歇根州安阿伯，1997），第 33～52 页。

1　世界大战的后遗症

　　"埃尔西·贝内特的学校在停战日举行了一次感恩祈祷。当国歌奏响时，埃尔西拒绝起立。校长问为什么。'所有别的男孩子和女孩子的爸爸现在都会回家，但是她的爸爸再也不会回家了。'她有权不服从。"①

　　在东欧和中欧的许多地方，谈论"战争后遗症"没有多大意义，因为这种后遗症往往与民族的存在交织在一起（例如在波兰、捷克斯洛伐克或南斯拉夫），或者因为战后时期比战前有更多暴力（例如在俄罗斯）。讨论战争最多的是德国和意大利，尤其是法国和英国，奇怪的是这些国家受战争的直接影响最小。然而，甚至西欧，各国的战争后遗症也各不相同。

　　就英国和法国而言，战争本身一直是有序的和受到控制的——战斗一直局限于一个很小的地区，受难的只是一部分人口。1919 年以后，战争的纪念仪式强化了战争与和平之间、士兵与平民之间的区别。在西战线牺牲的士兵每次都被集中安葬在照料得很好的公墓里，而在其他战线上，没有埋葬的尸体还躺在周围的战场上。纪念仪式规定在一个特定的日子——11 月 11 日举行，表现为平静的仪式，最引人注目的是两分钟的默哀。

　　英国、法国和德国纪念这次大战的方式促成了这样的神话：战争的毁灭性影响仅仅局限于西线。实际上，最使人想起第一次世界大战的很可能是埃里克·玛丽亚·雷马克的小说《西线无战事》（1929 年出版）。英国人感兴趣的战争遗址几乎完全局限于比利时和法国北部，不仅因为有这么多英国士兵战死在那里，而且因为这些地区比加利波利、巴勒斯坦或意大利更容易去。法国人的回忆更有意识地集中在凡尔登，在那里，

---

　　①　杰伊·温特：《纪念的地方，哀悼的地方：欧洲文化史中的世界大战》（剑桥，1995），第 47 页。

一个 1932 年建成的巨大骨灰存放所成了民族神话和士兵遗骸的存放处。
凡尔登甚至被选定为 1984 年弗朗索瓦·密特朗和赫尔穆特·科尔高度象
征性的会面的地方。

更加令人毛骨悚然的干净利落和井然有序变成了西欧各国政府处理
战争牺牲者的方式的特征，例如起用技术专家来安排生还者的生活，专
家们估量各种假肢的优缺点。在英国，医生们发现，他们可以将一次介
子气攻击后失去大部分皮肤的骑兵塞缪尔·罗尔夫放在温水浴缸里来维
持他的生命。罗尔夫确实到 1925 年 1 月才死去。

庞大的行政管理机构把寡妇、孤儿和伤残退役军人做出统计数字。
英国支付了 300 万英镑战争抚恤金，威廉·贝弗里奇抱怨说，"社会福利
部实际上是战争抚恤部"。[1] 在德国，仅 1920 年就雇用了 4.5 万人来进行
抚恤金的申请发放工作，到 1928 年，德国政府一共给 761294 名伤残退
伍军人、359560 寡妇、731781 名没有父亲的儿童、56623 名孤儿和
147230 名失去儿子的父母发放了抚恤金，几乎用去了中央政府全部经费
的 1/5。[2] 在法国，抚恤金的负担特别沉重，因为就在感到 20 世纪 30 年
代初的经济萧条的影响之前实行了一般国家的战争抚恤制，所以到第二
次世界大战前夕，支付第一次世界大战的抚恤金和债务就用去了法国政
府全部开支的一半。在法国，抚恤金制度符合某种社会和政治结构。这
种制度确保资金从交纳大部分税款的工业经济转移到有数量不成比例的
退伍军人的农业部门。保证战争抚恤金成了一个至关重要的政治问题。
退伍军人不喜欢皮埃尔·赖伐尔，因为他在 1935 年削减了抚恤金；相
反，出生在凡尔登战役期间的弗朗索瓦·密特朗曾夸口说，作为退伍军人
部部长，他一直在提高战争抚恤金。意味深长的是，夏尔·戴高乐在 1958
年重新掌权后使法国现代化的第一批动作之一是废除普遍战争抚恤金。

生还者有时很难适应战后的社会。对于某些人来说，战争提供了暂
时的社会流动机会。在军队里，晋升一向是很慢的，军官们要在单调乏

---

① 戴维·英格兰德：《第一次世界大战和第二次世界大战的士兵和社会改革》，载于《历
史研究》，第 67 期（1994），第 318 ~ 326 页。

② 理查德·贝塞尔：《第一次世界大战后的德国》（牛津，1993），第 275 ~ 276 页。

味的驻地等待好几年才能轮到，但是由于高伤亡率、军队扩编和需要有能力的人，这种情况有所改变。然而，那些当过指挥官并受到尊敬的人现在不得不适应作为下级文职雇员甚至大学生的生活。晋升往往是"代理"或暂时的，当和平来到时便撤销：巴兹尔·利德尔·哈特声称，他的一位同事在停战后从代理准将降为中尉。[①] 对于那些在战时从普通士兵提升上来或来自通常不会产生"军官人才"的阶级的人来说，情况甚至更加糟糕。这些人现在被赶回平民生活，而且被严厉警告不要抱有超过他们地位的想法。在第一次世界大战期间，大约有一半现役英国军官既不是来自传统的军官阶级，也不是来自中产阶级，有许多人原来是办事员。这些人的地位在战前就已经不确定，他们的受尊敬程度和他们的财产或职业前景往往有冲突。现在，有抱负的办事员可以拥有军官军衔的事实使他们的怨恨格外强烈。[②] 在德国，1 万名曾经被提升并有临时委任状的普通士兵在战后建立了自己的协会。[③] 在 1943～1944 年镇压过法国抵抗运动的民兵领导人约瑟夫·达尔南从来没有忘记，他在 1918 年没有被认为适合于一项永久的委任。

从战争中崭露头角的政治领导人和高级军官往往受到保守分子的欢迎。后来成为波兰独裁者的毕苏斯基就属于这个范畴，就像法国的菲利普·贝当、德国的保罗·冯·兴登堡（后来成为总统）和埃里希·冯·鲁登道夫（1923 年帮助希特勒策划啤酒店暴动）。

下级军官或军士——包括希特勒、墨索里尼、德格雷尔、德阿和莫斯利——往往采取比较激进的立场并转向法西斯主义，但是民主的政治家在第一次世界大战中也有过上战场的经历。在英国，克莱门特·艾德礼（1945～1951 年任首相）、安东尼·艾登（1955～1957 年任首相）和哈罗德·麦克米伦（1957～1963 年任首相）都当过下级军官。

① 巴兹尔·利德尔·哈特：《回忆录》第 1 卷（1965），第 50 页。

② 马丁·彼得：《世界大战结束后的"临时绅士"们：军衔、地位和退伍军官问题》，载于《历史》杂志第 37 卷第 1 期（1994），第 127～152 页。

③ 詹姆斯·迪尔：《德国：受三面旗帜保护的退伍军人政策》，载于斯蒂芬·沃德编辑的《战争的一代：第一次世界大战的退伍军人》（1975），第 135～186 页。

　　所有这些人都通过求助于战争的一代和可能是产生于战壕情谊的价值观来证明他们后来的立场是正确的。这种说服力有时意味着有一种独特的第一次世界大战的战斗经历，可以团结所有的退伍军人的思想。这甚至使人想到超越国界的共同经历：有人尝试建立一个国际退伍军人协会。实际上，前线的经历并不产生任何单一形式的政治思考，而且，战争一结束，各种退伍军人群体往往发生冲突。在意大利，墨索里尼的法西斯分子就遇到了曾经特别反对法西斯主义的左翼退伍军人群体。

　　第一次世界大战的政治影响部分地取决于战争的回忆与其他事件交织在一起的方式。在英国，提到战争一直是一件有教养的事。这部分地归因于自觉的控制。1918 年 10 月给战时内阁的一份报告警告说："在过激分子中有一种决心笼络退伍军人联合会的企图，应该特别注意关于增加津贴的要求，因为如果他们成功地争取到士兵和支持他们的妻子，他们就会成为一个人数众多和危险的团体。"① 1921 年建立的皇家军团是占主导地位的退伍军人组织；它的领导人是陆军元帅黑格勋爵，它的后台是威尔士亲王。这个军团避免卷入纷争。

　　政治上利用战争回忆在英国也受到当时的军人爱国主义文化的影响。英国是一个没有征兵传统的国家，阶级制度在军队中起作用。公学、大学和贵族家庭都保持了对死者的崇拜。例如，出生在一个拥有土地的绅士家庭的爱德华·霍纳是雷蒙德·阿斯奎斯（"迷惘的一代"的另一位杰出成员）的妹夫，曾在伊登和克赖斯特彻奇接受教育，是一位出庭律师，在一个装束整齐的骑兵团服役时阵亡。战后，他这个阶级的所有财力都被用来保持名望：他的母亲写了一本纪念册（由伯肯黑德做序），②埃德温·勒琴斯爵士在他的教区教堂里为他举行了一次追悼仪式，艾尔弗雷德·芒宁斯为他雕塑了一尊有底座的骑在马上的骑兵军官像。

　　当英国人在谈到佛兰德地区阵亡的"迷惘的一代"的杰出领袖时，

---

　　① 引自斯蒂芬·沃德：《大不列颠：适合于英雄们失败的地方》，载于斯蒂芬·沃德编辑的《战争的一代：第一次世界大战的退伍军人》（1975），第 10～37 页。
　　② 弗朗西斯·霍纳：《没有忘记的时光》（1933）。

他们的意思是指"英国国教会的托利党党员的子孙"。①

作家们，甚至和那些自认为反对传统的军人爱国主义的作家们，促成了一场军官战争的形象。鲁珀特·布鲁克、西格弗里德·沙逊、威尔弗雷德·欧文、罗伯特·格雷夫斯和盖伊·查普曼都当过下级军官。

个人的经历说明了英国上层阶级如何利用了第一次世界大战。曾在索姆负过伤的哈罗德·麦克米伦后来充分利用了他的战时经历，尤其是在他的长期退休期间。他甚至曾提醒玛格丽特·撒切尔政府，罢工的约克郡矿工是"打败德国皇帝的人"。然而，麦克米伦关于第一次世界大战的描述与 20 世纪 80 年代的英国政治有关，犹如与 1916 年西线的形势有关一样。回忆战争突出了麦克米伦和接替他领导保守党的年轻新贵们的不同之处，这种不同使他与深受传统价值观影响的有教养的人物，而不是与像他那样的中产阶级神经质者形成对照。

像麦克米伦一样，奥斯瓦尔德·莫斯利也当过下级军官。他说战争使他看清了工人阶级的社会地位，越来越不满意传统的政治，尤其是在 20 世纪 30 年代不能解决失业问题。但是他的例子表明，类似的经历可以导致不同的方向是多么明显。当麦克米伦成为保守党的资深国务活动家时，莫斯利却建立了英国法西斯主义者同盟。他从来没有放弃过谈论战争或对比他这一代人的英勇和后来者的懦弱的机会，② 所有这一切都符合他作为精力充沛和大胆法西斯领袖的形象。实际上，莫斯利很少见过第一次世界大战的作战行动，他唯一的一次受伤是他自己造成的：他在驾着飞机向他的母亲炫耀时堕地。他和他的儿子关系不好，他儿子是一位说话结巴的知识分子，1944 年获得军功十字章。

在法国则截然不同，对战争的回忆集中在普通士兵身上，而不是集中在军官身上。20 世纪 30 年代，约有 300 万会员（占选民的 1/4）的几个退伍军人协会③比英国的退伍军人协会更分散、更明显地政治化。有的

---

① 巴里·多伊尔：《城市的自由主义和"迷惘的一代"：政治和诺里奇的中产阶级文化，1900～1935 年》，载于《历史》杂志第 38 卷第 3 期（1995），第 617～634 页。

② 奥斯瓦尔德·莫斯利：《我的一生》（1969），第 49 页。

③ 安托万·普罗斯特：《在战后：退伍军人和法国社会，1914～1939 年》（伯格和牛津，1992），第 44 页。

协会卷入了政治活动——尤其是 1934 年的反国会暴乱——而一个名为"火十字"的退伍军人协会最终使自身转化为一个政党。然而，法国的退伍军人协会对已确立的秩序只提出有限的挑战。许多协会更愿意有一位比较坚定的执行官，但是少数协会反对民主，没有哪一个协会反对第三共和国。此外，法国的战争努力符合民族的神话。战争被看成是"人民军队"进行的自卫战，因此是可以追溯到历史革命战争传统的组成部分。

第一次世界大战有助于给法国带来两种形式的和解。第一，天主教在 1906 年的政教分离后又回到国家生活。第二，有些法国犹太人和一部分法国右派在德雷福斯事件的分歧之后至少又暂时走到一起。① 阿尔弗雷德·德雷福斯本人在战争期间回到军队，他的许多亲属在战斗中阵亡。由于法国右派在 20 世纪 30 年代变得更加排犹，所以他们往往改写第一次世界大战的历史来排斥犹太人，但是这种分裂从来不是全面的，甚至维希政府也在它的反犹立法中特别豁免参加过第一次世界大战的犹太人。

对战争的回忆与后来的政治形势联系在一起的方式在法国也引人注目。最有意识的战争回忆不是在战争一结束就开始的，而是从 20 世纪 30 年代初至 50 年代晚期开始。对胜利和团结的回忆在失败和分裂时最为重要。在 20 世纪 30 年代的退伍军人协会的活动中涉及战争，而在 1940 ~ 1944 年维希政府的统治下再次涉及战争。这个时期的国家首脑贝当曾明显地求助于退伍军人，维希政府力求将他们组成一个单一的协会——法兰西军团。

政治上利用对第一次世界大战的回忆在意大利完全不同于在法国。在意大利没有"神圣同盟"。战争向来是一种导致分裂的经历：许多意大利人反对参战，而许多被征入伍的士兵只是因为严酷的纪律而不能开小差。因此没有关于在前线作战的普通士兵的神话。相反，最有组织和最活跃的老兵是所谓的"突击部队"，他们的神话强调他们如何不同于其他意大利军队。

在德国，政治上回忆第一次世界大战受到结束这场战争的方式的影

① 戴维·温伯格：《1933 ~ 1939 年的巴黎犹太人》（1974），第 106 页。

响。战败意味着遣散军队比在英国或法国更混乱，减少了当局控制退伍军人运动的机会。此外，魏玛共和国的出现被普遍认为是战败的结果，所以在帝国的旗帜下回忆一场战争给魏玛共和国的合法性带来了挑战。德国的退伍军人受到三件事的影响。首先，凡尔赛和约导致的大量削减军队，意味着退伍军人的数量要比通常情况下多得多。尤其是，这意味着许多在 1914 年以前不觉得需要组织起来的退伍军官现在需要保卫自己的利益了。其次，持续不断的平民暴力行为以及与波兰人和布尔什维克的小冲突，意味着退伍军人往往直接进入各种准军事组织——例如自由军团。甚至在公开的暴力行为时期结束以后，许多职业军官依然认为，退伍军人运动可以被用来规避凡尔赛和约强加给魏玛军队的限制，因此，德国的退伍军人协会仍比其他国家的退伍军人协会更加军事化。最后而且荒唐的是，魏玛在战争抚恤金和其他补助方面比较慷慨，使退伍军人不必像其他国家的退伍军人那样要为衣食奔走。

从长远来看，德国人对第一次世界大战的回忆是希特勒在 1933 年夺取政权引起的，希特勒大量利用了他自己在前线作战的经验，但是，一朝权在手，纳粹主义便期待在未来的战争中取胜，而不是回顾过去的失败。这个政权对年轻一代的颂扬越来越导致颂扬第一次世界大战后成长起来的一代，而大多数纳粹分子在 1918 年以前还太年轻，不能服兵役。[1] 最重要的是，纳粹主义根据生物学而不是根据军事经历来定义民族：一个从 1914 年到 1918 年享受过安宁中立的雅利安日耳曼人比一个在西线打了 4 年仗的犹太人更是"德国人"。在第二次世界大战期间的明斯克，一个德国警察殴打一个犹太人，他忘记了他们都在第一次世界大战期间得过铁十字勋章。[2] 一个德国家庭在报纸上登了一条广告，对一位在世界大战时得过勋章的亲戚的"神秘死亡"深表痛惜，因为这个家庭可能知道这位亲戚是纳粹安乐死运动的牺牲品。[3] 1941 年，明斯特的主教在布道时提醒人们注意，纳粹迷恋于生物学上的合格优先于对军功的尊重的

[1] 贝塞尔：《第一次世界大战后的德国》，第 259 页。
[2] 劳尔·希尔伯格：《欧洲犹太人的消灭》（1973），第 278 页。
[3] 迈克尔·伯利和沃尔夫冈·威珀曼：《种族主义的国家：1933～1945 年的德国》（剑桥，1991），第 150 页。

方式:"用秘密法令来规定治疗精神疾患的方法应该推广到……严重伤残的士兵。"①

退伍军人不是唯一承受战争后果的人。战争在整个欧洲造成了几百万名寡妇和孤儿。仅仅在德国,战争就留下了差不多 200 万名孤儿和 50 多万名寡妇,而在法国,"国家的孩子"——在他们的父亲作战阵亡后由国家抚养,成了一个羞怯而吵吵嚷嚷的群体。还有不太明显的牺牲者。上层社会的母亲有时会写下失去儿子的悲痛,但是没有文化的农民的悲痛想必同样强烈。西欧的中产阶级更痛苦,因为他们在 1914 年以前已经有了小家庭,期望所有的孩子都能活到成年。失去儿子可能有社会、经济和感情方面的影响:上层家庭失去了他们的姓氏能延续下去的可能性,而农民则失去了一个家庭农场存在下去所必不可少的劳动力。许多省吃俭用把唯一的儿子送进学校,以便能在政府部门或铁路系统找到一份稳定工作的家庭,失去了有人养老送终的希望。

第一次世界大战的结果涉及最隐秘的私生活领域,而且改变了关于人类本性的看法。精神失常和精神正常之间的区别在 1919 年似乎不像在 1914 年那样清楚。以"疯子杰克"闻名的西格弗德·沙逊因为表现出无畏的英雄主义而获得了一枚军功十字章,但是由于发表了一篇周详合理的宣言要求停止战争,而被送进了精神病院。关于战斗疲劳症的研究促使《柳叶刀》杂志在 1916 年发表了一篇文章谈到"精神正常和精神错乱之间的一个无人地带"。战斗疲劳症特别强烈地挑战了各种臆断,因为它质疑了关于性别和阶级的传统观念。自我控制被认为是男子气概的内在组成部分,而且与上流社会男子的优秀品质联系在一起,② 但是暴露自我控制局限性的战斗疲劳症是一种男性专有的痛苦,这种痛苦对军官的

---

① 戴维·温伯格:《1933~1939 年的巴黎犹太人》,第 153 页。

② 一位医生在回答一次战后调查时表达了乐观的看法:"任何下士以上的军人似乎都有太强的自尊心,所以不会变得歇斯底里里。"引自特德·博加奇:《1914~1922 年英国的战争恐惧症和文化变革:国防部调查委员会对"战斗疲劳症"的调查》,载于《当代史》杂志第 24 卷第 2 期(1989),第 227~256 页。

影响可能要比对普通士兵的影响大 4 倍。①

就这两种信仰之间的差异而言，可能也有一个更广义的原因。新教往往与某种自由主义的理性联系在一起，而在 20 世纪初，天主教往往被当做一种只适合妇女和儿童的荒唐而且过时的迷信——天主教的领袖们自己也认为 19 世纪最后几年对圣母玛利亚的狂热崇拜让人担忧。天主教从来没有在同样程度上像新教教会那样成功地摆脱这种迷信，这个事实可能使新教教会在战时和战后不那么脆弱。有人指出，天主教会为死者祈祷的传统意味着它的信徒不太倾向于通过招魂术来寻求安慰，招魂术在新教的英国似乎最流行。⑥ 也许在索姆遇到过莫名其妙而骇人听闻的事件的军人开始感到，一种以非理性为依据的信仰更适用于现实世界。值得注意的是，在 19 世纪末和 20 世纪初，每一种传说的宗教幻想都归因于妇女或儿童，除了据说马背上的天使曾陪伴士兵们在蒙斯打仗的幻想。

宗教信仰也受到战争的影响。传统的宗教似乎不足以对付痛苦和损失，于是人们便对招魂术重新产生兴趣，因为悲痛欲狂的亲属试图与死在战场上的人取得联系。② 奇怪的是，天主教比新教更能从战争中挺过来。在法国、德国和意大利，国家和教会的部分和解在最大层面上表明了这一点。军人的个人感觉在比较个别的层面上反映了这一点。罗伯特·格罗夫斯在战时意外地遇到一群法国修道士后写道："天主教不再使我反感。"③ 反教权主义的法国人认为，宗教界利用他们对医疗机构的控制得到伤残军人的感激，④ 而在英国，天主教神甫得到尊敬是因为他们被鼓励去前线访问，而不像他们的英国国教会同行。⑤

---

① 伊莱恩·肖沃尔特：《里弗斯和沙逊：关于男性焦虑症的铭文》，载于玛格丽特·伦道夫·希戈内特、简·詹森和玛格丽特·柯林斯编辑的《大后方：性别和两次世界大战》（康涅狄克格州纽黑文，1987），第 61～69 页。

② 温特：《回忆的地方，哀悼的地方》，第 55～77 页。

③ 罗伯特·格雷夫斯：《向一切告别》（1957，1927 年第 1 版），第 253 页。

④ 阿兰：《战争的回忆》（1937），第 170 页。

⑤ 罗伯特·格雷夫斯：《向一切告别》，第 189 页。盖伊·查普曼：《一种幸存者》（1975），第 68 页。迈克尔·莫尼尼汉认为，格罗夫斯是不公平的，而且没有考虑到 1918 年以后英国国教会牧师被允许访问前线。迈克尔·莫尼尼汉编辑的《上帝害我们一边：英国牧师在第一次世界大战》（1983），第 12 页。莫尼尼汉本人引用的伤亡数字表明，英国国教会牧师比天主教神甫更有机会幸免于死。

⑥ 温特：《回忆的地方，哀悼的地方》，第 63 页。

小　结

"后遗症"这个词意味着某种从一代人转给下一代人的东西。这是一个适用于世界大战的词，因为战争的影响往往曾被1918年以后出生的人感受到。然而，后遗症并非总是有一种固定的确切含义（世界大战以后的通货膨胀是一个特别明显的事实）。到处提到战争有时能使我们以为，战争有过一种超越欧洲所有不同文化的独特含义。实际情况是，战争有许多不同的、有时是相互矛盾的含义。直接的物质影响（反映为伤亡人数）、间接的物质影响（反映为出生率）和经济影响（反映为国民收入）都是不同的东西，都不容易衡量。战争的文化和政治含义甚至更难确定。20世纪20年代和30年代的新世界都是世界大战的产物，是欧洲人用来回顾战争的透镜。

2 青少年时代

总是发生在几代人之间的战斗在世界大战结束时格外激烈，这部分地归因于战争本身，部分地是俄国革命的结果，但是一种智力上的斗争无论如何应该在这个日子前后结束。

乔治·奥威乐，1940①

直到 10 年前，以任何一般方式谈论"年轻的一代"还是毫无意义的。年轻人和老年人在一种平和而连续的逐渐变化中融合有一起……但是在战争引起的社会消沉下，一种双重的分裂出现在欧洲的生活中，将社会分成三个不同的阶层，其中只有表面上最协调的才能永远存在：①愁眉苦脸的一代在战前就已成熟并有了自己的主张，而且年龄太大不能服兵役；②发育不良和四肢不全的一代；③年轻的战斗一代。

伊夫林·沃，1929②

在我们的孩子中，今天很容易区别战时的一代和战后的一代，主要根据年龄。

马克·布洛克，1942 年③

1918 年和 1941 年之间南斯拉夫的统治者包括一部分 1914 年以前的一代，他们是诚实和民主的公民，真诚地关心人民的

---

① 乔治·奥威尔：《散文、新闻报道和书信集》（第 1 卷：这样的年龄，1920～1940 年）（1970），第 553 页。
② 伊夫林·沃：《战争和年轻的一代》，载于《旁观者》，1929 年 4 月 29 日。
③ 引自 D. 纳索：《从焦虑到革命》，载于《当代史》杂志，第 11 卷第 2～3 期，（1976），第 149～172 页。

利益，但是年龄太大，不理解现代的需要；还包括一部分战时
的一代，他们曾受到灾难的伤害，只关心弥补富人给他们带来
的痛苦，不惜一切代价取得权力。老年的一代失去了和人民的
联系。中年的一代丝毫不把人民放在心上。年轻的一代忽视老
年的一代，而且狂热地反对中年的一代。

休·西顿－沃森，1945①

　　上述引文表明，在整个欧洲，世界大战被看成是几代人之间的新分
歧的开始。当然，伊夫林·沃说几代人之间的冲突完全是新的，这是错
误的，而奥威尔指出这种分歧始终存在，这是正确的。在 1914 年以前的
德国，各种青年运动曾有过 4.5 万名成员。在 1913 年的法国，两位作家
发表了一份著名的关于"今天的年轻人"（高等学府里的年轻人）的调
查。英国人庆祝青春时期——尤其是上层阶级男孩子的"美好青春时
期"的习俗始于 1914 年以前，而且说明了许多围绕着第一次世界大战的
"迷惘的一代"的神话。J. M. 巴里的《彼得·潘》体现了这种庆祝。巴
里本人受到过世界大战的英雄们的吸引，世界大战使少数男孩子有机会
尽情玩乐而多数男孩子没有机会发育成长。

　　尽管代际差异始终存在，但是这种差异在世界大战以后更加明显。
对于代的概念重新感兴趣可以在德国的卡尔·曼海姆或西班牙的何塞·
奥尔特加—加塞特的著作中看到，而在法国，弗朗索瓦·芒特雷谈论过
"社会上的几代人"，让·吕歇尔（1901 年出生）创办了一份新的杂志——
《我们的时代：新一代人》杂志。②

　　在这个时期谈论"年轻一代"的那些人所指的几乎总是年轻人。直
接卷入战争和政治暴力主要是男性的经历，而教育机构培养出来的青年
精英全是男性。"青年"和男子气概往往被形容成同义词。两者都是就
举止、魄力和风度而言。弗洛伊德的"恋母情结"观念与青年叛逆和男

---

　　① 休·西顿－沃森：《两次世界大战之间的东欧，1918～1941 年》（剑桥，1946），第 230
页。
　　② 《关于代的着迷在两次战争之间欧洲》，见罗伯特·沃尔：《1914 年的一代》（1980）。

性性征联系在一起，这时开始广泛流行。

然而，一种独特的代沟并非总是以相同方式在整个欧洲起作用。伊夫林·沃这一代的牛津大学生读起艾略特的著作来就像心不在焉地进行八渠划船比赛，而他们在贝尔格莱德的同时代人却密谋向统治秩序提出更为严重的挑战。几代人之间的关系从来不是固定的。一批又一批的人自称是"年轻的一代"，但是每一批人又受到比他们年轻的人的挑战。在两次大战之间的大陆欧洲，代际叛逆可能变成一个周而复始的过程：年轻人的叛逆导致政治上的不稳定，而政治上的不稳定又产生确定新的"年轻一代"的事件。例如，米洛万·吉拉斯出生于 1911 年，第一次世界大战后 10 年才上贝尔格莱德大学求学，但是对他来说，明确的政治事件是 1929 年王室独裁制度："独裁制度产生了全新的一代人，尤其是在贝尔格莱德大学的知识分子中，这一代人完全不同于上一代人。"① 即使政治上的戏剧性场面并不介入，每个年轻的一代也注定要受到他们子女的嘲笑。

对代际差异的全神贯注首先来自世界大战的退伍军人。那些打过仗的人对老年人怀有敌意，其中有些人把战争说成是以孩子为牺牲品。威尔弗雷德·欧文描述过老年人"一个一个地杀死他的儿子和欧洲的半数子孙"，而约瑟夫·拉迪亚德·吉卜林，他的儿子在 1915 年阵亡，则写道："如果我们为什么死有什么问题，告诉他们，因为我们的父辈撒了谎。"斯托姆·詹姆森是一位阵亡军人的姐姐，也是军人的妻子，她的小说《连队接受检阅》（1934）中的人物之一说："总是年轻人死于战争，这就暂时形成了一个有着过时经验的世界，这个世界散发出陈旧的气息。"

回来的军人并不尊重教育机构的纪律。在法国的圣西尔军事学院，活下来的军校学员——约占 1914 年开赴前线的军校学生的一半被要求继续学习，好像什么事也没有发生过，他们中的 3/4 现在有了上尉军衔。② 一位"25 岁的独臂准将"在牛津圣约翰学院带头造反，抗议大学生的伙

① 米洛万·吉拉斯：《一个革命者的回忆》（1973），第 12 页。
② 雅克·诺贝古：《军队的政治史：从贝当到贝当》（1967），第 51 页。

食质量。① 在意大利，退伍的军人对大学的影响更大，特殊的规定允许军官们仍然穿着制服上课并领取薪金。到 1919 年夏季，有 2.3 万名军官利用了这个方案。② 某些军官学生的叛逆情绪在法西斯主义中找到了出路，这种支持对法西斯运动来说如此重要，所以波洛尼亚法西斯党在大学开学后才开始它的活动。青年和战争的一代对法西斯主义的神话来说至关重要，而且开始时两者几乎是同义词。1924 年，几乎有 1/4 的法西斯国会议员不到 30 岁。

那些打过仗的人往往把几代人之间的斗争定义为使年轻的前线军人反对年老的平民或将军的斗争，但是那些太年轻而不能去打仗的人则很快就把代际分歧看成将他们和退伍军人区别开来的斗争。伊夫林·沃关于几代人的分析是基于他自己的经历。"愁眉苦脸的一代"是他父亲的一代；战争的一代是他在兰辛公学上学时的男舍监 J. F. 罗克斯伯勒的一代；而年轻的一代则是他自己的一代。男舍监们——他们的年龄和体弱多病使他们不适合去打仗，他们常常为以前的学生的命运担忧，试图管好那些知道自己可能在离校几个月内死去的男孩子。安东尼娅·怀特的父亲是圣约翰公学的舍监，她在自传体小说《迷惘的旅行者》中写道："他（教师）对高年级学生的态度变得越来越谦和。1916 年，他以前的学生阵亡足以使他在每一次有少尉来告别时感到不寒而栗。"战后，曾经由于在法国的经历而成为虚无主义者的教师回国使情况变得更加糟糕。伊夫林·沃认为，他这一代中小学生"本来应该挨鞭子和学希腊文词形变化"，却"被安排辩论避孕和国有化"。③

乔治·奥威尔（像伊夫林·沃一样出生在 1903 年）曾写下第一次世界大战期间在伊登公学流行的悲观情绪。奥威尔也说年轻人是反抗战争的一代："我常常一想到招募新兵的招贴：爸爸，您为世界大战做了什么？一个孩子用这样的问题问他感到羞愧的父亲——和所有偏偏被这种招贴诱惑而参军、后来又被他们的孩子鄙视为'不按良心办事的反对

① 罗伯特·格雷夫斯：《向一切告别》（1957，1929 年第 1 版），第 292 页。
② 迈克尔·莱丁：《意大利：战争是一种生活方式》，载于史蒂芬·沃德编辑的《战争的一代：第一次世界大战的退伍军人》（纽约州华盛顿港和伦敦，1975），第 104～134 页。
③ 《旁观者》，1929 年 4 月 13 日。

者'的就觉得好笑。"①

在法国也有类似英国的乔治·奥威和伊夫林·沃这一代的人。像出生在 1901 年的安德烈·马尔罗或出生在 1909 年的让 - 保罗·萨特这样的人在战争的阴影下长大。罗贝尔·布拉西拉什代表了这个时代的叛逆青年：他出生于 1909 年，他的父亲在 1915 年阵亡，他在 20 岁时写了他的第一部小说，30 岁时写下了他的回忆录。他在 35 岁时被判叛国罪而遭枪毙。

这是迷恋旅行——尤其是到危险的地方去和焦躁不安的一代。伊夫林·沃周游了南美洲，曾因发烧而被捆在驴背上；奥威尔在 27 岁时几乎死在法国的一家贫民医院里；马尔罗因为试图在印度支那的一座庙宇里偷取供品而被捕；格雷厄姆·格林寻求过俄式轮盘赌、当间谍和抽鸦片的刺激。但是这些人对战争的一代的感情要比最初出现时更加复杂。他们用他们的大半生寻求危险和艰难，这个事实表明，他们希望获得和他们的长辈相似的经验，有许多人渴望去打一仗。奥威尔和马尔罗一样去过西班牙，而且承认在某种程度上开始分享他一度藐视过的一代人的价值观："我确信西班牙内战之所以对我这个年龄的人有吸引力的部分理由是它很像世界大战。"②

战争对年轻人的破坏性影响并非局限于对有钱的年轻人。法国作家保罗·德马西还记得，"孩子们只能对教他们读书的妇女和给他们提出忠告的老年人撒撒娇"，③ 而在普鲁士，一半以上的小学教师于 1916 年被征召入伍。④ 学徒期往往给年轻人规定纪律，但是学徒随着手工作坊的倒闭而消失，⑤ 所以年轻人被吸收到大工厂工作，他们的工资比较高，而且不受家庭作坊式的监管。男青年享有极大的权力和自由。他们在家里往

---

① 乔治·奥威尔：《散文、新闻报道和书信集》（第 1 卷：这样的年龄，1920~1940 年），第 589 页。

② 乔治·奥威尔：《散文、新闻报道和书信集》（第 1 卷：这样的时代，1920~1940 年），第 590 页。

③ 引自纳索：《从焦虑到革命》。

④ 理查德·贝塞尔：《第一次世界大战后的德国》（牛津，1993），第 24 页。

⑤ 同注④，第 23 页。

往篡夺了他们父亲的地位，而且得到他们姐姐妹妹的侍候①（在德国，17岁以下的妇女就业率下降，而17岁以下的男子就业率上升）。② 乔治·西姆农有过一个典型的战时童年。他不再是一个一丝不苟的唱诗班男童歌手和撒娇的孩子，他对下层社会生活的迷恋就从这时开始。西姆农自己的战争经历就像一个叛逆时期的经历，并不妨碍他为代表从秩序和纪律方面来谈论战争的老一代人的法国退伍军人协会工作。③

人口统计数据使出生在第一次世界大战期间的、不遵守纪律的男孩子看上去格外危险。他们的上一代人由于战争造成的死亡而减少，而他们的下一代人则由于出生率低而减少。在1910年的莱比锡，12岁的孩子是2岁孩子的2.5倍。④ 父亲不在（他们在前线或已经死亡）和母亲忙于工作（她们往往整天工作）意味着越来越多的孩子没有人照顾。在1917年的柏林，参加工作的年轻人里只有8%有父母照顾，18%根本没有父母。⑤

青少年似乎特别容易感到饥饿，⑥ 而且在没有以前所规定的纪律的约束下，许多青少年转向了犯罪。战争结束时，德国的青少年犯罪据说增加了一倍。⑦ 经济危机进一步增强了青少年逃避父母的监管。失业或贫困的男人发现很难博得子女的尊敬，男孩子们有时比他们的父亲更能找到工作。

与苏联的问题相比，法国、德国和比利时所面临的问题无足轻重。在苏联，内战的伤亡造成了一个国家无力抚养的大量孤儿。1921年，苏联的儿童福利院收养了54万名孤儿，还有更多的儿童流落街头，在整个20世纪20年代，成千上万名青少年在农村流浪，靠乞讨、偷盗和卖淫

---

① 莱因哈德·西德：《大后方：战时维也纳的工人阶级家庭生活》，载于理查德·沃尔和杰伊·温特编辑的《战争的动乱：家庭、工作和福利，1914~1918年》（剑桥，1988），第109~139页，第116页。

② 贝塞尔：《第一次世界大战后的德国》，第21页。

③ 帕特里克·马恩海姆：《不是梅格雷的男人：乔治·西姆农的写照》（1992），第52~54页。

④ 同注②，第225页。

⑤ 同注②，第24页。

⑥ 埃夫纳·奥弗：《第一次世界大战：一种农业上的解释》（牛津，1991），第59页。

⑦ 同注②，第241页。

为生。饥荒和疾病使情况变得更加糟糕。苏联当局受到相互矛盾的建议的冲击：一方面，许多专家认为应该允许儿童享受尽可能多的自由；另一方面又越来越担心青少年犯罪和流氓行为。1922～1924 年间，莫斯科报告了 145052 起青少年犯罪，犯罪的青少年大多数没有父亲。①

战时打过仗的一代人和战时成长起来的人之间的关系有时很紧张。正因为年轻是退伍军人自我形象的重要组成部分，所以他们发现很难适应中年的生活，在前线吃过苦头，"他们不会变老，因为在战后的我们变老了"。在意大利，两代人之间有冲突是因为，首创法西斯主义的年轻人已经成熟。卡米洛·佩利齐认为，战时的一代已经"获得"可以被认为精力充沛和健康的权利，而他们的继承人在某种程度上却并非如此。到1931 年，甚至法西斯学生运动也主要由 1923 年以前入党的人组成。②

打过仗的人和战时成长起来的人之间的鸿沟有时被弥合。有些退伍军人组织有意识地努力接近那些因为太年轻而没有打过仗的人，于是战争的神话便一代代传了下去。1924 年，原本限定至少在前线服役 6 个月的德国退伍军人，因为那些 17～21 岁的人组织了自己的青年运动，③ 而在米兰，原本由"突击队"组成的退伍军人协会早在 1920 年就让十几岁的男孩子加入。④ 在苏联，军装在青年农民，包括那些因为太年轻而没有去打过仗的农民中成了时尚，因为它可以使他们与年龄较大并穿传统服装的农民区别开来。⑤ 法国"火十字"的成员最初只限于在战斗中得过勋章的人，后来成立了一个"火十字之子"协会。1954 年法国显示了动员退伍军人之子的规模，当时皮埃尔·布热德（一位小商人领袖）用这样的话来攻击总理皮埃尔·孟戴斯－弗朗斯："我们的父亲在凡尔登打过

① 温迪·Z. 戈德曼：《妇女、国家和革命：苏联的家庭政策和社会生活，1917～1936 年》（剑桥，1993），第 60～80 页。
② 布鲁诺·万罗伊：《作为一代人的叛逆的意大利法西斯主义的兴衰》，载于《当代史》杂志，第 22 卷第 3 期（1987），第 401～418 页。
③ 詹姆斯·迪尔：《德国：三面旗帜下的退伍军人政治》，载于史蒂芬·沃德编辑的《战时的一代》，第 135～186 页。
④ 迈克尔·莱丁：《意大利：战争是一种生活方式》，载于同注②，第 104～134 页。
⑤ 希拉·菲茨帕特里克：《斯大林的农民：俄罗斯农村在集体化之后的反抗和幸存》（牛津，1996），第 36 页。

仗，而你孟戴斯先生却没有。"布热德（生于 1920 年）和孟戴斯－弗朗斯（生于 1907 年）都参加过第二次世界大战。

　　代沟在两次世界大战之间的欧洲有过重大的政治影响。俄罗斯农村最热情地支持布尔什维主义的年轻人，他们往往激进到参加了红军，就可以反对控制农民家庭的族长。在农村地区，共产主义青年组织的成员是共产党员的 3 倍。[1] 发生在 20 世纪 20 年代初的共产党人和社会党人之间的分裂由于战争期间成长起来并在工业部门工作的非熟练青年工人和年龄较大且已站住脚的工人之间的分裂而强化。法西斯分子和保守分子之间的分裂在某种程度上也是代沟的问题。纳粹党（在 1920 ~ 1921）第一批党员的平均年龄是 33 岁，到 1925 年春，党员的平均年龄下降到了29 岁。[2] 莫斯利在 1932 年写道："过去 10 年的真正分裂不是党派的分裂，而是两代人的分裂。"[3]

表 3　1993 年欧洲政治领袖的年龄

社会党人和激进党人		共产党人	
莱昂·勃鲁姆（法国）	61	莫里斯·多列士（法国）	33
爱德华·赫里欧（法国）	61	雅克·多里奥（法国）	35
拉姆齐·麦克唐纳（英国）	67	帕尔米罗·陶里亚蒂（意大利）	40
埃米尔·王维威尔得（比利时）	67	约瑟夫·斯大林（苏联）	54
保守党人		法西斯分子	
斯坦利·鲍德温（英国）	66	奥斯瓦尔德·莫斯利（英国）	37
保罗·冯·兴登堡（德国）	86	阿道夫·希特勒（德国）	44
菲利普·贝当（法国）	77	莱昂·德格雷尔（比利时）	27
安东尼奥·萨拉查（葡萄牙）	44	何塞·普里莫·德·黑韦拉（西班牙）	30
内维尔·张伯伦（英国）	64	贝尼托·墨索里尼（意大利）	50

　　[1]　同上页注[1]，第 34 页。

　　[2]　马克·罗斯曼：《导言：代际冲突和德国的历史，1770 ~ 1968 年》，载于马克·罗斯曼编辑的《几代人的冲突：青年叛逆和代的形成在德国，1770 ~ 1968 年》（剑桥，1995），第 1 ~ 46 页，第 25 页。

　　[3]　尤金·韦伯：《多样化的法西斯主义》（1964），第 172 页。

代际分歧对暴力行为的牺牲者和施行者来说都关系重大。例如，不同年龄的犹太人以不同的方式对法西斯主义做出反应。在比较宽容的第三共和国时期的法兰西或魏玛共和国时期的德意志成长起来的犹太人，或者在墨守成规和不宽容的两次大战期间的波兰或罗马尼亚成长起来的犹太人，都不愿意承认情况已经改变、不愿承认他们已经在他们的祖国建立起来的地位现在一钱不值，年长的犹太人有时鼓励他们在社区留下来并服从德国的当权者。只有年轻的一代才很快就意识到唯一的生存机会是战斗或外逃。

意识到年轻人的重要性和威胁性迫使已被社会承认的机构关注他们的事情。大学往往处于重大政治冲突的中心。萨拉查原来是科莫布拉大学的法律讲师，后来成了葡萄牙的独裁者，而卢汉公教大学则是激进的天主教右派攻击比利时政治家的根据地。① 在大学里维护民族文化变得更加重要，因为巴黎和约改变了国界。马克·布洛克回到了斯特拉斯堡，他的一家在 1870 年普鲁士入侵后逃离此地，他提出了一种特别强调"法兰西状态"的永恒特点的历史观。在东欧，大学甚至更加牢固地与民族身份联系在一起。大学本身受到国界改变的影响。在匈牙利，大学生所占的人口比例在 1913～1934 年间增加了一倍，② 许多聚集到布达佩斯的坚定不移的民族主义大学生来自根据《特里阿农条约》被割让的领土。大学变成了反犹主义的中心，因为找不到工作的大学生把他们的处境困难归咎于犹太人在高等教育和就业方面占有较大的份额。杰出人物的鄙视、民族主义的狂热和知识分子的失业使东欧的大学成为危险的地方。

天主教教会对年轻人特别感兴趣。神父们努力组建体育运动小组和童子军。"基督教工人青年"组织于 1924 年在比利时建成，1927 年扩大到法国，10 年后这个组织有了 8 万名成员。这个组织的工作比得上"基督教农业青年"和"天主教大学生青年"等组织的工作。意义重大的是，第一批法国基督教民主党之一被称做共和青年党。然而，天主教对

① 马丁·康韦：《建立基督教城市：两次大战之间的讲法语的比利时的普世性基督教徒和政治》，载于《过去和现在》第 128 期（1990），第 117～151 页。
② 玛丽亚·M. 科瓦奇：《自由的职业和不自由的政治：匈牙利从哈布斯堡王朝到大屠杀》（牛津，1994），第 53 页。

年轻人感兴趣总是有双重目的的。实际上,教会是一种老年人的统治:主教们都是老年人,青年运动是用来控制其成员的愿望,而不是对这些愿望做出回应。当克罗地亚和波兰的学术俱乐部过分追求自治权时,主教们便制定"资历规定"来使它们不转轨。①

教会对青年运动的控制使青年运动与专制政权发生冲突,教会和这些政府的协议的目的之一是保留天主教青年运动的自主权。在法国,斗争主要是反对政党和世俗组织,而不是反对专制政府,而且法国的童子军运动甚至也分成新教的、世俗的和天主教的协会(后者最重要)。在法国,一个托派分子团体从社会党控制的"红鹰"组织中分离出来(并且建立了一个齐默瓦尔德夏令营)。② 惠灵顿的中学生贾尔斯和埃斯蒙德·罗米利组成了一个协会在英国的公学里煽动革命。③

各国政府也试图把年轻人组织起来。纳粹德国组建了希特勒青年团和相关的机构,到 1933 年底,几乎有一半 10 ~ 14 岁的男孩子加入了这个组织,渐渐地,纳粹政权背弃了自愿加入的原则和不干预天主教教会的组织的承诺,到 1939 年,加入纳粹青年组织已经成为强制性的。这种组织的性质也已改变。在纳粹主义的早期,加入希特勒青年团可以使年轻人有机会反抗老师、雇主和本堂牧师的权威,但是随着时间的推移,希特勒青年团自身看上去就像权威的一种工具。它的领导人都上了年纪,而工人阶级出身的团员显然要受来自中学和大学的官员们的差遣。纳粹青年组织越来越忙于使它的成员为令人讨厌的服役和最终参战的纪律做好准备。希特勒青年团的有些成员接受了这种纪律:1944 年在诺曼底竭力阻止盟军推进的部队是党卫军第 12 装甲师,被命名为"希特勒青年

① 斯特拉·亚历山大:《克罗地亚:天主教和神职人员,1919 ~ 1945 年》,载于 R. 沃尔夫和 J. 霍恩什编辑的《天主教徒、国家和欧洲的激进右派,1919 ~ 1945 年》(1987),第 31 ~ 66 页,第 41 页。马尔辛·普尔热齐谢夫斯基:《大学青年的天主教协会,"复兴运动"历史概况》,载于《北方》杂志第 70 卷第 227 期(1988),第 333 ~ 347 页。

② 帕斯卡尔·奥里:《美好的幻象:在人民阵线影响下的文化和政治,1935 ~ 1938 年》(1994),第 766 页。

③ 杰西卡·米特福德:《亲爱的和叛逆的》(1960),第 3 页。

师"，由非常年轻的人组成。① 但是这种强制制度也接纳了一些不情愿和情绪消沉的小伙子。

战争的爆发扩大了希特勒青年团和它力求控制的年轻人之间的鸿沟。纪律在运动中加强，而不受纪律约束的骚动的可能性却往往增加。14 岁到 18 岁之间的德国工人阶级出身的男孩子可以逃避学校的管束，而不必承受军队的约束，因为军火工业提供了挣大钱的机会。有些男孩子在诸如"火绒草海盗"等青年帮派中寻求解脱。这些青年帮派嘲弄纳粹当局，公开颂扬一个有自由、党派、性和流行音乐的世界（往往适合更有颠覆性的目的），有时和反对纳粹政权联系起来。他们的许多活动仅仅是另一种形式的青年叛逆，例如在墙上涂鸦，尽管杜塞尔多夫的青年帮派曾和地下共产党一起活动。纳粹政权认真对待这种活动，1944 年 10 月希姆莱下令镇压青年帮派。②

保守的统治者不像纳粹德国的统治者，他们从来没有鼓励青年叛逆。萨拉查政权在 1936 年建立了一个青年运动组织，但是其成员只限于全日制上学的学生，而且被置于教育部的控制下，深受天主教教会的影响。③维希法国继承了战前天主教教会对年轻人的关注，它的权力阻止建立单一的青年运动组织。维希政权设立了一个"青年部长"的职位，把在正常情况下不得不去服兵役的人送到"青年工场"。在这里，青年组织也受到教育部的控制，尽管像在德国一样，年轻人反对表面上是为他们的利益建立的组织。青少年犯罪增加（这或许就是国家所担心的），而 18 岁以下的孩子被判刑事犯罪的人数在 1938 ~ 1942 年间增加了一倍。④

———————————

① 麦格雷戈·诺克斯：《意大利和德国独裁政府的扩张狂、战斗力和持久力》，载于理查德·贝塞尔编辑的《法西斯意大利和纳粹德国》（1996），第 113 ~ 133 页，第 131 页。
② 德特列夫·普柯特：《第三帝国的年轻人》，载于理查德·贝塞尔编辑的《第三帝国的生活》（牛津，1987），第 25 ~ 40 页。
③ 安东尼奥·科斯塔·平托：《萨拉查的独裁统治和欧洲的法西斯主义》（1995），第 187 页。
④ 威廉·霍尔斯：《维希法国的政治、社会和基督教》（牛津，1995），第 276 页。

小　　结

如果说第一次世界大战在欧洲开始了一种新的意义上的几代人之间的分歧，那么第二次世界大战的结果又是什么呢？在英国，停战以后是一个政治上相对稳定的时期。从来没有哪一次事件像第一次世界大战那样曾把几代人突然分开。第二次世界大战带来的创伤不太大——那些打过仗的人的期望不是那么不切实际，伤亡人数也比较少。最重要的是，战争的经历不局限于少数在前线的年轻人。轰炸把战争带给了平民，公众对战争努力的理解就像对工业的理解，对战争的理解就像对管理的理解。英国的第二次世界大战文献是关于驻防责任的，而不是关于毒气袭击的。如果说第一次世界大战有代表性的英国人是海军中尉鲁珀特·布鲁克，他当时 28 岁，但是行动起来却像 18 岁，那么第二次世界大战有代表性的英国人则是上校肯尼思·威德默普尔，他当时 35 岁，但是行动起来却像 50 岁。

在大陆欧洲，第二次世界大战造成了新的代际区别。1917 年出生的法国男子按年龄已经可以在 1940 年被打败的军队中服役，100 多万这样的男子此后在俘虏营里度过了 5 年。1922 年出生的法国男子在战争期间可能被征召去从事强制性劳动，而许多这样的男子投奔了游击队。1926 年出生的法国男子在解放时依然可以安静地准备参加学校的考试。此后，再没有什么引人注目的事件标志出一批特殊的年轻人。年轻人喜欢谈论苏伊士、阿尔及利亚或越南，但是这些事件都发生在远离欧洲的地方，甚至那些被派往苏伊士或阿尔及利亚的人也不像他们的长辈那样被第二次世界大战标志出来。新闻读者弗朗索瓦兹·吉鲁在 1958 对法国青年进行过一次调查，她对这样的事实感到震惊：没有哪一次事件像西班牙内战、慕尼黑事件和抵抗运动鼓动过她自己这一代人那样鼓动过年轻人。[1]

在德国，由于第二次世界大战，两代人之间的区别变得比任何时候都更加明显。1945 年，在希特勒攫取政权以后成长、第二次世界大战时

---

[1]　弗朗索瓦兹·吉鲁：《新浪潮》（1958 年），第 328 页。

因年龄太大而不能去打仗的人和那些曾在国防军中度过 5 年的人有着不同的经历，两者和已经成长但只知道纳粹主义的希特勒青年团团员又有着不同的观点。这种不同的态度一直延续到战后时期，因为关于纳粹往事的回忆因年龄不同而大不相同。1945 年以后出生的一代在学校里知道了第三帝国，他们比生活在纳粹时期的一代更喜欢谈论纳粹主义。战后的一代对他们的父母非常挑剔，这种挑剔使 20 世纪 60 年代后期的学生示威集会格外引人注目。[①]

在东欧，1945 年并不标志着一种间歇：第二次世界大战之后接着就是共产党夺取政权、斯大林主义和各种叛逆以及"正常化"，而不是和平和稳定。在这种情况下，代际分歧依然很大。这对一个捷克人来说有很大的影响，无论他能回忆起 1948 年的事件还是能回忆起 1968 年的事件（华沙条约国的入侵）。在两部分欧洲，对让－保罗·萨特的反应使截然不同的观念显得特别令人关注。一部分叛逆的一代在第一次世界大战后已经成年，萨特在 1945 年后受到他的许多晚辈的钦佩，但是这种钦佩在东方和西方是以不同的方式表现出来的。西方的年轻人钦佩他，是因为他所描述的世界与他们在其中成长的世界是多么不同，在 1968 年唱过党卫军军歌的学生被他们的长辈经历过的政治暴力所迷惑。在东方，萨特受到那些经历过他所描述的那种政治暴力的人的尊敬（他们中的许多人比萨特更直接地经历过这种政治暴力）。1967 年，出生于 1929 年的米兰·昆德拉把自己描述成出生于 1905 年的萨特的"同时代人"。[②]

---

① 乔伊斯·玛丽·马斯哈本：《从战后的一代到柏林墙之后的一代：联邦德国改变对民族问题和北大西洋公约组织的态度》（科罗拉多州博耳德，1998）。

② 安托南·利姆：《三代人：关于捷克斯洛伐克文化现象的对话录》（巴黎，1970），第106 页。

3 男人、女人和家庭

"我不知道人们为什么谈论他（她）们的'私处'。我的，不是'私'的。"①

20 世纪 20 年代伦敦社交名流伊妮德·拉菲尔的这句话似乎是世界大战后有关两性关系具有代表性的一种新观念。男人们，尤其是女人们的这类行为举止在过去被认为是令人吃惊的。如今公有和私有之间的屏障发生了变化，性开放伴随了其他方面的发展。"新女性"在 20 世纪 20 年代的铅印出版物上无处不见。② 女性的解放包括了短发，苗条身材新风尚，男孩形象，从事有偿劳动而获得经济自主，以及在许多国家引入的女性选举权等。当然，新女性只是一个神话。在伦敦、巴黎和柏林，由一些"九点活字"（欧美国家印刷界当时使用的一种活字——译者注）所引导的年轻女性的生活，似乎早已远离了爱尔兰农村居民的习性。在那里，牧师们规定影院里的男人和女人必须坐在隔开的座位上，而 1920年缔结的圣·布里吉德联盟反对外来不正派的时尚。③ 但是，这并不意味女性正在改变的形象会就此被消除。这种形象变化是重要的，因为它们与男性世界、战争、国家实力以及革命政治威胁等问题缠结在一起，而且有关女性的思考与需要认识的许多其他方面的问题相关联。在"妇女解放"与"传统价值"之间不存在直接二分法。传统秩序的维护者们可能发现他们的愿望只是维护为提高生育率而斗争的单个妇女的朴实意愿，他们希望将妇女排除在需要利用妇女选举权来抗衡日益有组织的和危险

---

① 引自米切尔·戴维斯：《伊维莱因的日记》，（1976），第 315 页。
② 《女性裙子缩短标志着妇女趋向于更加自由和两性之间更加平等》确实，论及 20 世纪 20 年代历史的几乎所有出版物均如此描述。见哈洛德·珀凯因：《职业性社会的出现：1800 年以来的英国》，（1990），第 219 页。
③ 德穆特·吉奥弗、费奈因·德赖思考：《"爱尔兰"在托拇·布奇南和马丁·康韦》。见《欧洲的政治天主教，1918～1965》，（牛津，1996），第 275～300 页。

的男性无产者的政治斗争之外。

当性别与权力、征服以及荣誉相连时，男人与女人之间的性关系就引发了男人与男人之间的斗争。20 世纪 40 年代在卡拉布里亚（意大利）某地区有 60% 的谋杀案被认为是由侵犯妇女名誉而引起——诸如强奸、劫持、解除婚约等。① 更有甚者，公开的政治暴力事件竟源于性关系。欧洲内部战争时期最大的一起谋杀案——德国纳粹冲锋队领袖霍斯特·威西尔被杀，部分原因就是为霸占妇女而发生在男人之间的一起暴力行为。威西尔与一位妓女住在一起，这位妓女因同性同行之间的争斗与当地拉皮条者发生了纠葛。②

第一次世界大战后的欧洲，两性关系如果仅仅是涉及两个人的事而长久存在下去，已不再受到人们的关注。但是，性与如此多的其他事件相关这一事实，意味着它已成为公共政策问题。1925 年，基奈斯在一次年轻自由主义者们有关性与和平、政府连在一起就成为当代重大问题的讨论时说道："在过去，性不是政党问题，那是因为它从来没有或很少成为公众讨论的问题。现在，所有这一切都发生了变化，没有比性这样重大的、普遍的公共问题更令人感兴趣了。有些人已将它作为广泛讨论的主题。"③

战争中的政治语言充满性隐喻。独裁主义政治家尤其喜欢将"公众"当做"女性"；而他们自己作为男人注定要征服她。墨索里尼一直坚持放肆的性行为，而且扬言摆布公众如同摆布"一个女人"。希特勒采取不同的态度，倡导一种不可思议的独身氛围，而且认为他的主张的依据就是公众的禁欲。贝当（第二次世界大战时期的法国奸臣——译者注）的形象化描述强调父亲的权力。他的赞赏者之一写道："公众的见解是神经质的、女性化的，马歇尔是坚定的、具有男子气概的。"④

---

① 皮诺·阿尔拉奇：《黑手党：黑手党的伦理道德与资本主义精神》，(1986)，第 8 页。
② 伊维·罗森哈夫特：《打击法西斯主义？德国共产主义者和政治暴力（1929～1933）》（剑桥，1983），第 22、23 页。
③ 约翰·梅纳尔德·基奈斯：《我是一名自由主义者吗?》《劝说随笔》(1931, 1952)，第 323～338、331～322 页。
④ 勒奈·本杰明：《孤独的伟人》(1943)，第 10 页。

根　　源

研究性关系的根源引发了特殊问题。人们得知性行为方面的许多突出变化来自于信息搜集的新途径。比如在大不列颠，1938 年通过出生证上记录的双亲结婚日期，发现有 1/3 妇女的第一个婴儿是婚外孕。许多关于性的讨论可能会陷入混乱或容易使人误解。并非简单地就可以认为由于大多数这类文章的撰写者以及杰出人物的观点与他们自己的习性有关。我们知道，发生在伦敦西区贵族居住区的通奸事件比在巴塞讷·格林地区多。但是，有时也难以确定许多新观念的拥护者们所赞扬的文章内容与他们自己的生活之间有何关系。S. 弗洛伊德曾说过，就他个人而言，他已经利用了一点他所推崇的性自由。学者们在他是否与他的小姨子有染这点上歧义太过。常被视为有关性开放最重要的文学作品的描述者詹姆斯·乔依斯，如同维多利亚时代创建业绩的长者们一样富有魅力，也怀疑他的妻子在与他相识前是否是处女。①

许多作者围绕他们自己制造出了许多神话，把一些事情搞得特别令人难以理解。此外，还有许多针对欧洲内部战争时期不同情况的追忆报道所做的解释影响也极大。比如对西蒙·戴比奥沃与詹－保尔·萨特里之间关系的大量公开性宣传。他们之间的关系已被视为新的性自由样板。然而年轻的时候他俩过着相当传统的生活。根据当时颇令人感兴趣的"九点活字"出版物所述，他们之间的关系是建立在"租借"基础之上的。② 他们一直没有结婚，也没有孩子。这一事实在 20 世纪 50 年代尤显不寻常。当时，他们的知名度比 30 年代更高。

解释这种关系的复杂性也起因于如下事实：为了文学创作和政治攻击的需要，他们双方都在挖掘自己的生活。比如，在萨特里的小说《理性时代》中就有这样一段情节：一位年轻男子为他的家庭主妇寻求实施

①　布伦达·马克多斯：《诺雷：诺雷·乔依斯传》（1988 年）第 44 页。
②　西蒙·戴比奥沃：《年龄的优势》（1960），第 28 页。

流产,① 以此诱使人们设想这是一部自传体小说。还借助于迪·比奥沃于
1971 年签署了一份 343 位妇女陈述她们已做流产,并要求这种行为合法
化的诉状这一事实,使该书印刷量更加有了保证。这也和迪·比奥沃在
《第二性（1949）》一书中极具影响的说白——在法国,流产如同生孩子
一样普遍十分合拍。虽然后来迪·比奥沃声称,她从来没有做过流产,
只签署过脱离"团结行动"的声明。②

事实与杜撰的交织也给历史造成了许多问题。欧洲内部战争时期的
小说对性事件的描述毫无掩饰,它们有时极像自传体小说。它们利用史
料,而且可能因此而带来危险。学者们已经花费了许多精力去寻找文学
作品背后的"真实经历"。英文传记《普罗斯特》的作者无可反驳地证
明,他的主见是,和一个女孩相爱就要以提供异性爱的"可靠的"报
道。③ 法国苏联问题专家阿拉因·贝森科也意识到欧洲内部战争时期一代
人的印象来自于如同真实行为一样多的文学作品的惯常描述:"如果有人
相信我们法兰西文学作品如此全神贯注于爱情事件,读一读莫伦德、派
厄里·贝诺特,甚至阿雷冈……有人说,我的父母关心的只是妇女,以
及作为爱人引领的一种无可指责的经历。这就是与道德标准没有固定关
联的文学景观。"④

道德维护者

在欧洲内部战争时期,性道德不是只有一种标准,不仅仅因为不同
的信仰决定了人们的行为举止,还因为不同观念决定的行为方式还需要
讨论和调整。布罗德雷说道:"道德行为至少有四种标准。"

被涉及的最简单的情况就是严禁某种行为。诸如在英国禁止同性恋,

---

① 詹－保尔·萨特里;《理性时代》（1947,1945 年在法国首次出版）。
② 戴德里·拜尔:《西蒙·戴比奥沃·个人传记》。
③ 乔治·佩因特:《马歇尔·普罗斯特:个人传记 I》（1966）,第 xii 页。"读者一直感到
普罗斯特对于异性爱的描述是真实的,是建立在很高兴发现他们被证实是正当的本能经历基础
之上的。"
④ 阿拉因·贝森科:《第五代》（1987）,第 111 页。

在法国禁止生育控制。在欧洲内部战争时期这种干预往往更为普遍，甚至民主政府也以极大的努力去管理性和生育。有时有关这类情况的界定很不容易，况且，在某些情况下，通过寻求劝阻和告诫比强制管理更好。比如 1926 年普鲁士社会福利部创建了办公室，来建议夫妇们有孩子是适当的。① 政府的积极主动常以一种不知所以然的方式融入了公众道德。在布尔什维克革命以后，有位热情的官员在俄罗斯某地区宣告：“全体妇女属国家所有。”

与政府所坚持的具有明确道德法规的制度相平行，最突出的要算是教会了。有时教会和政府之间还算协调，诸如后来政府试图影响基督徒的价值观等。渐而，教会与政府的分裂日益明显，从而产生了两种竞争性控制体系。在 1929 年罗马拉兰大教堂条约订立之前，意大利政府拒绝承认教堂结婚，而教会则拒绝承认世俗结婚。具有激进情绪的公民可以利用这点去干重婚之类的事情，或回避对婚姻的约束。它已影响到了年轻军官，并导致发生了以寡妇身份领取抚恤金之类的事端。②

道德问题也在众多题材广泛的个人作品中被论及。这些提出教会和政府法规问题的作者常被描述为“不道德”的，他们很少看到他们自己的问题。比如 D. H. 劳伦斯希望界定道德标准而非废除。况且他所宣传的道德问题并不是追溯性的，似乎更加彻底：他认为一夫一妻制下的异性双方最终要以结婚确定其正当性。

日渐增多的有关性的讨论促进了对性的科学认识。S. 弗洛伊德的著作变得更加为人所知。他的传播性宣传首先受助于在隔离式休克疗法中使用的心理治疗，以及随后在 30 年代来自德国和奥地利的犹太心理学家被迫性的迁移。在德国，梅格纽斯·海尔斯奇费尔德于 1919 年创立了性科学协会。③ 在南太平洋由玛格里特·梅德创立的人类学研究对“自然

---

① 阿奈塔·格罗斯曼：《改造性：德意志的生育控制和流产改革运动（1920～1950）》（牛津，1995），第 10 页。

② 大卫·科特泽、丹尼斯·霍甘：《家庭、政治经济和人口统计学变化：意大利凯塞利乔生活的变迁（1861～1921）》（麦迪森，WI，1989），第 118～124 页。

③ 米查尔·比尤莱夫、沃尔夫根·威普曼：《种族歧视国家：德国（1933～1945）》（剑桥，1991），第 186 页。

性行为"的构成具有重要意义。后来,在第二次世界大战期间,她已成为了一名英国女孩和美国军人约会模式的官方评论员。[1]

许多从科学的角度来讨论性的人会否认他们是道学家,坚持认为他们的工作是描述性的,而不是规定性的。然而,这种区别实际上是很难保持的。关于潜意识或原始社会的研究往往提供了一种屏幕,人们可以在这种屏幕上投射他们自己的价值观念,并与西方社会"矫揉造作的"道德观念进行比较。尽管 D. H. 劳伦斯谴责对性的科学研究,但是他对"天生本性"和文明所强加的扭曲的强调和那些根据医学或人类学来分析的人强调得差不多。诸如"正常的"、"卫生的"和"健康的"等词汇走出医学教科书而获得道德上的涵义。例如,想想一位罗马尼亚妇科专家在 1940 年的说法:妇女的身份"实质上是由她们的生育功能来确定的",[2] 或者想一想一位苏联医生所说的话:"大自然有它的规律,而且惩罚遵守这些规律时的微小失误。生物学意义上的母亲给婴儿喂奶是这些规律之一,打破这种规律会产生严重的后果。"[3] 对性的科学研究不顾政治制度的差异会产生奇怪的趋同——纳粹德国对同性恋及"身心不健全的人"的生育等诸如此类问题的态度看上去是司空见惯的,如果和苏联、瑞典及美国的医学倡议相比较的话。

关于科学和道德之间的界限的观念,法国在 20 世纪 20 年代关于女性独身生活的研究提供了一个有趣的例子。在些医生提醒人们注意危险的后果,如果妇女因为另一次世界大战所造成的"男子短缺"而不结婚的话,有些医生则认为,接触精子对妇女的健康发育来说是必需的。这些观念既有道德上的涵义,也有医学上的涵义,与社会上某种保守的,尽管是非天主教的道德观念联系在一起,强调男人的重要性,起源于试图应对人口危机。这类观念可能有过激的后果,即使有保守的开端——这类观念鼓励宽容非婚生的孩子。这些观念在医学专业以外流传,影响

① 雷诺尔德:《富有的亲戚》,第 265 页。
② 玛丽亚·布卡:《歌颂出身名门的母亲们:论优生学性别角色在两次大战之间的罗马尼亚的发展》,载于《东欧的政治和社会》,第 9 卷第 1 期,第 123 ~ 142 页。
③ 伊丽莎白·沃特斯:《俄罗斯母性的现代化,1917 ~ 1937 年》,载于《苏联研究》第 44 卷第 1 期(1992),第 123 ~ 135 页。

了某些女权主义者，例如乔塞特·科奈克，她坚决主张平等地宽容男性和女性的性活动："按照医生们的意见，过分延长未婚生活可能使智力和肉体的发育停滞。"①

世界大战和男子气概的危机

在评论妇女角色变化的人中，最有影响的通常是男人，而讨论被觉察到的妇女角色变化的方式，应该从考察男人自身觉察到变化方式开始。这种觉察在很大程度上受到世界大战的影响。起初，战争被看成是特别"有男子气概的"一种运动战、英雄行为和征服。去打仗的男人们往往从逃避与妇女的亲密关系或强化男人对妇女的权力等方面来描述他们的行为。皮埃尔·德里厄·拉罗歇尔写道："嘴唇涂得鲜红的女人们说：'我们是你们的妻子，噢，我们的男子汉们，去杀戮吧！'"②

事情并不像报导希望的那样结束。企盼几个月后在他们所赞赏的女人怀抱里受到英雄般欢迎的男人们发现，他们陷在了西线的战壕里，而他们和女人的接触往往发生在条件令人沮丧的随军妓院里。战壕里的条件也引起了关于男子气概的问题。男人们避开了一度被说成是大丈夫气概表现的夸张的英雄行为，学会了匍匐行进、弯腰屈背和躲藏。在19世纪，男人们一直与具有理性和身强力壮联系在一起，女人们则往往与疾病、尤其是心理疾病联系在一起。然而，现在大批男人成了残疾，虚弱或心理反常：战斗疲劳的男性受害者在20世纪20年代的文学里扮演了类似有肺结核病的妇女在19世纪扮演的角色。③

战争回忆录说明了一种新的关于男性性身份的怀疑情绪。在英国，也许是由于王尔德案件的结果，这类怀疑往往公开涉及同性恋。罗伯特·格雷夫斯的《向一切告别》（1929）讨论了一所英国公立中学里的

---

① 引自克里斯蒂纳·巴尔：《马里亚纳群岛的姑娘们：女权论的历史，1914~1940年》（1995年），第224页。
② 弗兰克·菲尔德：《三位法国作家和世界大战》（剑桥，1975），第86页。
③ 特德·博加奇：《战争恐惧症和文化变迁在英国，1914~1922年：国防部调查委员会对"战斗疲劳症的调研"》，载于《当代史》杂志第24卷第2期（1989），第227~256页。

同性恋。盖伊·查普曼的自传更有意思。他母亲避免把他送 到公立中学去住读，因为就她所知道的王尔德案件，她担心只有男同学会影响她的儿子。因此，作为西线的一名下级军官，查普曼第一次生活在男人中，他把战争看成是男人独有的经历。在查普曼的第二个妻子所写的一部小说中，一个角色说："也许我们会发现妇女们为什么对战争特别敏感。是不是因为她们没有想象力？或者只是因为她们缺少自尊心？"① 查普曼引用蒙泰朗的话说，战争是"他有过的最一触即痛的经历"。他还说："我对 1914～1918 年和我生活在一起的某些男人的爱是'第三种'，是公认意义上的性冷淡，完全没有性爱中的恐惧和紧张等成分，无论是对男人还是对妇女，担心肉体上的失败和羞辱。也许可以称之为实质性的爱，实质。"② 查普曼认为经历过这种感受的男人之一是芒罗·卡思伯森："他在战后指挥伦敦的一个守备营时开始感到悲痛，而且由于被指责为同性恋而撤职，这不是理由。他还和以前一样是我们的朋友。但是他死了。"③ 查普曼后来又说，"我始终讨厌那种想当然地认为男人喜欢男人并公开依恋男性朋友就是同性恋的习惯"。④ 西格弗里德·萨松从战斗疲劳症中恢复过来，在日记中写道他很想写一部同性恋生活的《包法利夫人》。⑤

男人们对自己性能力的怀疑也许连带着引起了对他们留在后方的妇女们的怀疑。战争被认为引起了妇女性表露的爆发。男人们离家上前线时的兴奋，和也许不会回来的可能性被认为鼓励了本来贤淑的未婚姑娘们的性活动。一份匈牙利报纸上的一篇文章写道："妇女们从来没有犯过像这个集体狂热的秋季所犯的这么多错误和罪过。"⑥ 安德烈·布东战后

---

① 斯托姆·詹姆森：《连队分裂式》（1982 年），第 99 页。

② 盖伊·查普曼：《一种幸存者》（1975），第 76 页。

③ 同上页注③，第 73 页。

④ 同上页注③，第 122 页。

⑤ 伊莱恩·肖沃尔特：《里弗斯和萨松：男性焦虑的铭文》，载于玛格丽特·伦道夫·希戈奈特、简·詹森、索尼娅·米歇尔和玛格丽特·柯林斯·韦茨编辑的《大后方：性和两次世界大战》（康湟狄格州纽黑文，1987），第 61～69 页，第 69 页。

⑥ 引自埃里克·利德：《没有男人的地区：第一次世界大战时的战斗和身份》（剑桥，1979），第 45 页。

关于战争给法国资产阶级带来损害的描述有这样一段话："太多道德上一丝不苟的妇女在以正常情况下绝不会考虑的方式行事。"① 由于这类私通而发生的非婚生育给公共道德监护人提出了问题：在显示爱国热忱的时刻牺牲了自己荣誉的妇女和那些仅仅由于淫欲而失去自制力的妇女不是一路人，而且不能把战争英雄，特别是死去的战争英雄的孩子看成是私生子而抛弃。德国政府通过了特别立法，允许将为前线的男人而生下孩子的妇女看成已婚妇女来对待。事实上，在战争期间，德国的非婚生育率与未婚妇女的总量相比似乎并没有上升，但是非婚生育像性病那样，变得和普遍受到关注的不加克制的女性性欲联系在一起。②

　　妇女们在家里的性活动特别使军人感到不安，因为它彻底改变了战前的期望。男人们发现自己被囚禁在战壕里过着被动的生活，而妇女们在家里则过着比较自由和比较活跃的生活。如果说英国人为男子气概的担心倾向于用同性恋来表现，那么法国人的担心则用通奸来表现。法国的战争文学充满了关于回家的男人们发现他们的妻子在享受别的男人的陪伴的描述。阿兰（原名埃米尔·夏尔蒂埃）报道说，他的战友之一用这样的问题来欢迎新来的战友："你结婚了吗?"如果回答是肯定的，他就说："那么你就是一只'乌龟'。"③ 德里厄·拉罗歇尔用通奸作为一种比喻来表明他对没有盟国的帮助就不能赢得战争的担忧："我们没有单独和胜利女神睡觉。"④

　　第一次世界大战对男子气概的挑战在意大利特别引人注目。在意大利，进入战争不像在英国、法国和德国那样得人心。在南方，参军往往被看成是女人气的标志，而不是大丈夫气概的标志——这使人想到，应征不是有效的逃避方法：

---

　　① 安德烈·布东：《食利者的终结：1914年以来法国的私有财产史》（巴黎，1932），第70页。
　　② 理查德·贝塞尔：《第一次世界大战后的德国》（牛津，1993），第233页。
　　③ 阿兰：《战争回忆录》（1937），第20页。
　　④ 引自雅克·诺贝古：《军队的政治史：从贝当到贝当，1919～1942年》（1967）第16页。

> 战争期间，在（卡拉布里亚大区）陶里亚诺瓦的一个区，一位丈夫参了军的农村妇女成了一名设法逃避上前线的强盗的情人——Per diritezza，他说：因为他知道如何保护自己。当丈夫回到家时，他立刻从人们迎接他时的冷淡中意识到有某件严重的事情使他自己和他家庭的名誉受损。当他从他的老父亲那里得知出了什么事时，他没有勇气去杀死他的妻子或那个 ndranghetista。几个月后，他不得不离家去了美国。没有人再以丝毫的关怀来挽留他。甚至街上的孩子们也开始嘲笑他。①

战争打乱了男人和女人之间的关系。离婚率上升，因为男人们又回到匆忙缔结的婚姻。20 世纪 20 年代的文学反映了对战争中出现的性关系的新怀疑。两部小说引起了不寻常的反感。维克托·玛格丽特的《不受任何管束的姑娘》（1922），涉及一个姑娘反对她的家庭和未婚夫要求她顺从的做法而求助于乱交和同性恋，最后在一位退伍军人的怀抱里找到了幸福。D. H. 劳伦斯的《查泰莱夫人的情人》（1928）涉及一位贵族妇女，她嫁给了一个在战争中受伤而下身瘫痪的男人。女主人公离开她的丈夫去找他家的猎场看守人——一名在战争中升为军官的士兵。劳伦斯是一位娶德国空军王牌飞行员曼弗雷德·冯·里奇特霍芬男爵的表妹为妻的和平主义者，他完全有理由议论战争中出现的关于男子气概的各种有争议的看法。

同性恋

在两次世界大战之间的欧洲，关于性的许多想法并不涉及男女之间的关系，而是涉及男人之间的关系。在 19 世纪，许多欧洲人确实没有想到同性恋。众所周知，男人们之间有性关系，但是把同性恋者看成一个特殊范畴的人的想法却几乎不存在。到 20 世纪初，两次重要的审判：德

---

① 转引自皮诺·阿尔拉奇：《黑手党的事业：黑手党的道德观念和资本主义的精神》，第 8 页。

国对菲利普·冯·奥伊伦堡的审判和英国对奥斯卡·王尔德审判，使同性恋受到广泛的注意。对王尔德的审判特别重要，它改变了人们对以前被认为是无辜的男人之间的性关系的看法——在《云雀飞往坎德尔福特》中，弗洛拉·汤普森回忆两个同居的老兵在审判期间如何在街上被石块砸死。它也为某些男人提供了他们自己身份的新含义，E. M. 福斯特的小说中的莫里斯说："我是一个像奥斯卡·王尔德那样下流得无法形容的人。"医生和犯罪学家们不断努力定义和解释"同性恋人格"。

对同性恋的反应随着国家和时代的不同而变化。法国比英国更宽容，在 20 世纪的法国，同性恋从来不是非法的，甚至维希政府也仅仅在 1942 年通过了一项法令禁止 21 岁以下的男人之间有性关系。法国的评论家们饶有兴趣地注视着英国人对王尔德案件歇斯底里的反应。他们认为同性恋是缺少异性恋冲动的结果，而不是一种特殊形式的性行为，而且想当然地认为这种行为在英国比在法国更常见。① 在德国，有关同性的立法在 1875 年变得更有强制性，当时普鲁士禁止鸡奸的法律适用于整个德意志帝国。

两次大战之间的时期有过两次重大的事件使同性恋合法化。第一次发生在 1917 年 12 月的俄罗斯，是一次比较全面地废除旧政权的刑法典的副产品，1922 年的刑法典并没有重新规定同性关系是一种罪行。但是这种变化并不反映一种新的宽容心态。对同性恋者们最公开的态度来自无政府主义者和诸如弗拉季米尔·纳巴科夫及其父亲等资产阶级自由主义者。布尔什维克的领袖们不赞成同性恋，在许多方面，俄罗斯在 20 世纪 20 年代不像在 1917 年二月革命后那样宽容。另一次关于同性恋的重要立法发生在德国，1929 年共产党和社会党的代表联合起来否决了德意志帝国关于鸡奸的法律。

20 世纪 30 年代，德国和苏联都彻底改变了前 10 年宽容同性恋的法律。1935 年，纳粹政权强化了反对同性恋的立法，大约有 5 万名男子遭

① 南希·厄伯：《法国的奥斯卡·王尔德审判》，载于《性史》杂志，第 6 卷第 4 期（1996），第 549～588 页。

到迫害。① 1936 年，德意志帝国反对同性恋和堕胎办公室成立，而在苏联，同性恋在 1934 年被宣布为非法。苏联和纳粹德国并非仅仅恢复以前的立法，而是将镇压同性恋与更广泛的政治计划联系在一起。在苏联，同性恋被确定为"叛国罪"，而且引起了政治警察的注意。在德国，同性恋被看成是反种族罪，被判刑的男人在服完法定刑期后往往被送进集中营，有 1 万至 1.5 万名男子遭此厄运。医学科学支持两国对同性恋的态度。1923 年，一位苏联专家写道："科学现在已经毫无疑问地肯定，同性恋不是恶意或犯罪，而是一种疾病。"② 这些人坚持认为，医学很快就能"治愈"同性恋。在纳粹德国，医学和镇压之间的关系甚至更加直接，实际上，第三帝国的"生物学政治"并不十分考虑到疾病和犯罪之间的区别。党卫军给丹麦医生瓦厄内特机会在集中营的被关押者身上试验他的治疗法，其中大多数人死去。③

许多人试图用同性恋的罪名败坏政治对手的名声。英国政府利用爱尔兰民族主义者罗杰·凯斯门特的私人日记——日记详细记载了他和男人们的性接触，来阻止美国人抗议在 1916 年复活节起义后对他的迫害。德国政府利用同性恋的罪名在 1938 年迫使弗里奇将军辞职。

纳粹主义的敌人利用同性恋的罪名反对它，就像它利用这种罪名反对敌人。在某种程度上，这种罪名起源于对纳粹冲锋队头目和公开的同性恋者恩斯特·勒姆的了解，这意味着纳粹主义往往等同于"性变态"。④ 俄罗斯作家马克西姆·高尔基欢迎苏联在 1934 年宣布同性恋为非法，并解释说同性恋在德国合法化是"法西斯主义的主要起因"。⑤

共产党的宣传往往提到同性恋，将同性恋和资产阶级的颓废及保守的政治联系在一起。在南斯拉夫，许多精力都用在宣传首相佩塔尔·日

---

① 伯利和威普曼：《种族主义国家》，第 196～197 页。

② 西蒙·卡林斯基：《俄罗斯的同性恋文学和文化：十月革命的冲击》，载于马丁·鲍姆尔·杜伯曼、马莎·维奇努斯和乔治·昌西编辑的《隐藏在历史背后：回顾男女同性恋的过去》(1991)，第 347～364 页，第 358 页。

③ 伯利和威普曼：《种族主义的国家》，第 195 页。

④ 欧文·黑伯利：《卐字旗、粉红色三角和黄星：性学的破坏和纳粹德国对同性恋者的迫害》，载于杜伯曼、维奇努斯和昌西编辑的《隐藏在历史背后》，第 365～379 页，第 369 页。

⑤ 西蒙·卡林斯基：《俄罗斯的同性恋文学和文化：十月革命的冲击》，第 361 页。

夫科维奇的同性恋。① 起先，苏联的性开放使共产主义对同性恋的态度变得含糊不清。共产党的代表往往投票赞成关于同性恋的立法自由化，就像德国共产党 1929 年所做的那样，然而党的宣传却鄙视同性恋者，特别是上层阶级的同性恋者。共产党对同性恋的态度在 20 世纪 30 年代中期变得不那么宽容，因为斯大林的俄国重新发现了性保守的种种好处。

　　共产党人涉及维希法国的著作都提到了同性恋，部分是因为维希政权继承了第三共和国的相对宽容，但也是因为宣传的人把通敌者对纳粹德国的屈从说成是一种变态的"女性"行为。萨特认为，通敌行为部分地可以用通敌者的同性恋倾向来解释。战争期间入党的罗歇·瓦扬写了一部小说《一个孤独的年轻男子》（1949），把异性恋和无产阶级的意识联系在一起，把同性恋和资产阶级的叛国联系在一起。小说的主人公是一个出身富裕家庭的年轻男子，他在工人阶级运动中得到了性和感情上的满足。在参加工人运动之初，他被告知不要穿着时尚的衣服去参加共产党的集会，因为他会看上去像一个"鸡奸者"。故事中的坏蛋是一名维希警察，他首先推荐阅读他最喜欢的书《寻找失去的时光》，并被描述成"那些有权暗地里控制着监狱和集中营的同性恋者之一"。

游戏规则：男性的名誉和女性的贞操

　　让·勒努瓦在 1939 年拍摄的电影（关于一次乡间别墅射猎聚会时的通奸）名为《游戏规则》。20 世纪 40 年后，尼古拉斯·莫斯利在记述他父亲和戴安娜·吉尼斯的关系时也用了这个标题。② 在提到通奸时使用"规则"这个词很有意思。这表明，在两次大战之间的欧洲，"自由"和"规则"之间没有简单的两分法。除了以上所说的种种正式和显而易见的道德规范，还有一种非正式的道德规范——或者几种不同种类的非正式道德规范。那些打破了公共伦理学制定的显而易见的规则的人，通常

---

① 米洛万·吉拉斯：《革命回忆录》（纽约，1973），第 21 页。
② 尼古拉斯·莫斯利：《游戏规则：奥斯瓦尔德爵士和辛西娅·莫斯利女士，1896～1933年》（1892）。

遵守不言而喻但广为人知的规则。勒努瓦所描绘的环境是一种通奸得到宽容的环境，只要通奸是谨慎地进行的。有时候，"解放"与性交机会减少联系在一起，因为"解放"意味着显规则和潜规则协调一致。莫里斯·阿古龙辛酸地记得，他当小学教师的父母认为，男女平等仅仅意味着过去适用于女孩子的清教徒道德标准现在也适用于男孩子。①马尔科姆·马格里奇的生活说明，正式的道德规范和非正式的道德规范的相互关系。乍看上去，马格里奇的原则很简单：他是一个禁欲的基督教徒，相信贞操。但是他并不实践他自己的说教，而且有许多婚外风流韵事。然而，这不能简单归结为伪善，马格里奇几乎令人着迷地谈论他的性冒险，就像他谈论甘地或加尔各答的特蕾莎修女。他的性冒险主义和他的基督徒虔诚完全适应，两者都提供一种手段来反抗熏陶他成长的值得敬重的费边主义。性也为他提供了忏悔的材料，这种材料是他小心地设想自己是阿奎那、卢梭和托尔斯泰的继承人的重要组成部分。总之，马格里奇的生活受到两种表面上矛盾但实际上互为补充的道德规范——基督教的正式道德规范和资产阶级玩弄女人的非正式道德规范的支配。后者不是一种完全解放的伦理学，但发现了使"正派"妇女感到震惊的性自由观念。马格里奇十分尊重妻子基蒂道德高尚的品质。基蒂表面上耐心地等待丈夫幽会回来，只是在他死后才真相大白：基蒂曾谨慎地利用她丈夫所夸耀的性的自由，她的孩子的父亲也不是马尔科姆。②

人们有时想当然地认为，性压抑与"落后的"社会联系在一起，而日益开放则是现代化的天然产物，但情况并非总是如此。传统社会的性道德总是包含大量不同的标准，农村社会在这件事上不一定不如城市社会开放。在俄罗斯的部分地区，农村的新娘被要求当着一群醉醺醺婚礼参加者的面失去她们的童贞（在这种社会里，性开放当然并不意味着尊重女性的自由）。

---

① 莫里斯·阿古龙：《暗送秋波》，载于皮埃尔·诺拉编辑的《自我历史随笔》（1987），第9～59页，第12页。

② 理查德·英格兰拉姆：《马格里奇》（1996），第185页。这个成问题的孩子就是查尔斯，基蒂·马格里奇最小的孩子，迈克尔·维维安的儿子。后者显然不知道他的父亲身份。马尔科姆·马格里奇看来并不钟爱这个孩子——他在20岁时死于一次事故。

　　城市里的观察者在农村注意到对性事的坦率。加布里埃尔·谢瓦利埃的小说《克洛什梅尔》出版于 1934 年，背景是法国东南部的博若莱地区，被认为是第三共和国农村生活的最佳表述。谢瓦利埃的世界是一个坦率地讨论性事并普遍地实践的世界。道德规范在农村并不以贞操为中心，甚至与女管家有"默契"的神父也把婚前怀孕生孩子看成是一种小小不言的罪过，而且通奸得到宽容。农村和城市的不同不在于贞洁与乱交，而在于健康的性交（和当地的女孩子）与不健康的性交（和可能有性病的城市妓女）。《克洛什梅尔》中的那位被逐出的妇女不是通奸者或"未婚母亲"，而是一个老处女，她代表不生育、灰心丧气和天生本性的泯灭。

　　当卡洛·莱维被流放到南方的一个村子里时，他有机会近距离地观察农民对性的态度，并对他的发现大为惊讶："人们关于南方人的议论，我曾一度信以为真：他们的道德规范原始僵化，他们的东方式妒忌，他们强烈的荣誉感导致情感犯罪和复仇，所有这一切只不过是传说。"① 私生在农村是司空见惯的，孩子们的母亲往往是神父的情妇。男人们移民美国所造成的性失衡在任何情况下都会使许多妇女不可能找到合法的丈夫。莱维自己的女管家朱莉亚就是几个男人的孩子的母亲，其中的一个是神父。

　　在西班牙的一个村子里，杰拉尔德·布雷南有过和莱维相似的经历。他的女管家是接生婆的女儿，也是房东公认的情妇，她的下流话给他留下了深刻的印象。后来他写道："除了贞操，缺乏性感的爱尔兰农民都有粗俗猥亵的心态。我料想，在民间谚语收集者拿出笔记本和铅笔之前，他们几乎总是这样。"②

　　尽管农民社会可以公开谈论性事，新的大众传播社会却往往对此守口如瓶。事实上，好莱坞电影和电台广播创造了一个完全不能坦率地提到性的公共领域。哈罗德·尼科尔森不仅被禁止引述詹姆斯·乔伊斯的《尤利西斯》，甚至在 1935 年的一次电台广播时都不能提到这本书的书

---

① 卡洛·莱维：《基督逗留在埃博利》（1982），第 102 页。
.② 杰拉尔德·布雷南：《格拉纳达以南》（剑桥，1980），第 19 页。

名，英国广播公司在 20 世纪 60 年代以前不广播"性交"这个词。
A. J. P. 泰勒揭露了英国广播公司的假正经，以及现代性和性之间的关系
含糊不清："在我唯一一次受到邀请时，我被要求主持一个系列节目，在
节目中，发言人遇到了麻烦，例如在山上迷了路，于是会请一位专家来
说说他该怎么办。我提出了⋯⋯一个很好的问题：在柏林和一个女孩子
上床⋯⋯发现她是一个戴着乳胶乳房的男孩子⋯⋯但是我无权这样
说。"①

性道德和语言紧密地联系在一起。大多数欧洲人使用两种语言：一
种正式的语言和一种非正式的方言土语，讨论性事通常用后一种语言。
随着教育、印刷和广播的普及，正式语言变得日益重要，事情就变得复
杂起来。英国的假正经和过分关心语言是否得体地结合在一起，在那里
可以看到这种现象最引人注目的例子。性往往被排除在书面语言之外，
所以大多数人的日常语言绝不可能印在纸上，药剂师可以口头上说明避
孕药的用法，但被禁止用文字传授这种知识。② 日常生活中讨论性时用盎
格鲁－撒克逊族的单音节词进行，在正式场合如有必要讨论性时则用医
学科学的多音节拉丁词语进行。误解可能涉及词汇和道德规范，一个女
孩子问一个年轻的士兵是不是一个"Virgin"（童男、处女），得到的回
答是："Virgin"是什么？我所知道的只有受尊敬的 Virgin Mary（圣母玛
利亚）。③

性和阶级

在所有的欧洲社会，阶级仇恨都和性纠缠在一起，因为有钱的男人
往往和贫穷的女人睡觉。卖淫十分普遍。资产阶级的男人们总是对妓女
行使经济上的权力（作为客人），而且越来越如此，他们也行使行政管
理权（作为管理者）。欧洲大陆的许多国家都有正式登记的控制妓女的

---

① A. J. P. 泰勒：《个人的历史》（1983），第 167 页。
② 罗斯·麦塞宾：《阶级和文化：英国，1918～1951 年》（牛津，1998），第 313 页。
③ 乔安娜·伯克：《肢解男子：男人们的身体，英国和世界大战》（1996），第 160 页。

制度：1939 年，法国塞纳省有 4926 名登记在册的妓女，而官方估计还有 1995 名没有登记。① 男人们也以各种不同的方式购买性：包二奶或者和家里的女仆睡觉，而 20 世纪 30 年代的经济危机进一步增加了出卖性的贫穷妇女。格雷厄姆·格林听说，由于花边生意不景气而失去工作的诺丁汉姑娘们可以"回来喝有松饼的下午茶"②（代价是卖身）。乔治·西姆农是一个无情地玩弄女人的人，长期和他妻子的侍女有染，特别了解资产阶级男人的性冒险为何可能引起阶级仇恨。在他的小说《黄狗》（1931）中，康卡诺地区的男人们一直反对一群"勾引"城里贫困的工人阶级姑娘的显贵们。有钱的男人引诱贫困的姑娘往往被理解为损害姑娘们的男人的名誉。在米兰附近的马涅蒂·马雷利工厂里，普遍看不起那些通过和工厂经理抛弃的情妇结婚得到提升的男工人。在解放时，据说："在公司里，有许多男人通过给两位老板提供来自工人和办事员中的女人而获得并保住好的工作岗位。"③ 这种仇恨可能有政治影响。和女工们发生性关系是对马涅蒂·马雷利工厂经理的主要指控，他在法西斯垮台后被处决。④

正像引诱工人阶级的妇女往往被理解为资产阶级统治的组成部分，工人阶级的男人引诱有钱的妇女有时被看成是反抗的一种手段或社会秩序颠倒的一种标志。在两次大战之间的文学中，女主人和男仆人之间的性关系是一个常见的主题。W. 萨默塞特·毛姆的故事说明了性和阶级之间的联系。在《上校夫人》中，一个地主的妻子——瘦削、不能生育、喜欢读"标新立异的"书，出版了一本诗集，公开表明她有过一次通奸。这位地主用这样的话表示他对她的私通感到不安："不知道那家伙是什么样的，真是糟透了。我甚至不能肯定他是否有绅士风度。我的意思是说，据我所知，他可能是一个农场工人。"《游戏规则》描述了主人和

---

① 萨拉·菲什曼：《我们会等待：法国战浮的妻子，1940～1945 年》（康涅狄格州纽黑文，1991），第 48 页。
② 格雷厄姆·格林：《一种生活》（1971）第 56 页。
③ 佩里·威尔森：《 机械地劳动工厂：法西斯意大利的妇女和劳动》（牛津，1993），第 154 页。
④ 同注②，第 227 页。

仆人的性生活纠缠在一起时所引起的混乱（尽管在这个例子中是社会地位高的人让猎场看守人当了"乌龟"）。

资产阶级妇女的性得不到满足对于资产阶级男人的自我形象来说很重要，而"正派"女人可能求助于卖淫的前景被说成是社会破裂的最初征兆。勒内·邦雅曼是一位保守的天主教徒，反对妇女受教育，硬说"有300名老资格的女律师在巴黎街头卖身"。① 在维希法国，"正派"的标准是丈夫在服兵役，而不是受过教育或富有：在 1941 年和 1942 年，许多官员声称大多数妓女嫁给了战俘。②

社会挑战和性挑战之间的联系说明了英国社会对 D. H. 劳伦斯的作品感到震惊的反应，这些作品往往把工人阶级的男人和"真正的"男子气概联系在一起。作为对劳伦斯质疑中产阶级男人的男子气概的一首诗的答复，乔治·奥威尔评论说：

> 劳伦斯告诉我，因为我上过一所公立学校，所以我是一个没有男子气概的人。好吧，那又怎么样？我可以提出相反的医学证据，但是这又有什么作用？劳伦斯的谴责依然存在。如果你告诉我我是一个无赖，那么我可以改正我的行为，但是如果你告诉我我是一个没有男子气概的人，那么你是引诱我用任何看上去合适的方式进行反击。③

通常，奥威尔的作品说明了性和阶级之间的关系："（失业）没有改变公认的两性的相对地位。在一个工人阶级的家庭里，男人是主人，而不像在一个中产阶级的家庭里女人或孩子是主人。"④ 他还几乎使人相信，父权制是强大的工人运动的必要条件："你不可能有一个有效的中产阶级工人工会，因为在罢工时，几乎每一个中产阶级妻子都会怂恿她的

---

① 米兰达·波拉德：《贞操的影响：维希法国动员性》（芝加哥，1998），第 78 页。
② 菲什曼：《我们会等待》，第 48 页。
③ 乔治·奥威尔：《通向威根码头之路》（1962），第 147 页。
④ 同注③，第 72 ~ 73 页。

丈夫去出卖罢工的伙伴并得到别人的工作岗位。"① 奥威尔意识到，"在王尔德审判之后在民间爆发的奇怪而令人讨厌的狂热基本上是社会性质的"。② 他本人倾向于把同性恋和某种类型的资产阶级社会党人联系在一起。他在书中写到"脂粉气的左派"，③ 担心这些社会党人往往是"没有男子气概的人，散发着一股素食者的气味，对人温文尔雅，在心灵深处认为工人阶级都是禁酒运动的拥护者、没有见过世界、只读爱德华·卡彭特或另一些鸡奸者写的书"。④

在两次世界大战之间的法国，阶级和同性恋之间的关系特别复杂。许多作家把异性恋和工人阶级联系在一起，把同性恋和富人联系在一起。这种想法很可能是受到下述事实的鼓励：诸如马格努斯·赫希菲尔德等德国富豪或布卢姆斯伯里文化圈的成员往往是唯一能够面对公开同性恋生活后果的人。

当然，没有什么东西掩盖这样的事实：工人阶级的成员往往和富有的"性欲倒错者"有同性恋行为，后者受到自封的无产阶级道德规范捍卫者的谴责。在某些情况下，资产阶级的男人们似乎寻求和社会地位比他们低下的男人发生性关系，因为他们都认为工人是"真正的男人"。爱德华·卡彭特想要"大腿精壮、富于刺激性、肌肉结实、腰部围着带子的年轻砌砖工人"。⑤ 有时候，对工人阶级的男人感兴趣和政治承诺相互影响，在法国，左翼分子达尼埃尔·盖兰卷入政治在一定程度上是为了和工人阶级的男孩子相识，但他始终坚信无产阶级文化是异性恋文化。⑥

不同阶级之间的同性恋关系可能比异性恋关系更加平等。妓女的客

---

① 乔治·奥威尔：《通向威根码头之路》，第103页。
② 同注①，第111页。
③ 乔治·奥威尔：《论文、新闻报和书信集》（第1卷：这样一个时代，1920~1940年）（1970），第365页。
④ 同注③，第245页。
⑤ 引自杰弗里·威克斯：《性欲倒错者和玛丽－安妮斯：19世纪和20世纪初英国的男性卖淫和同性恋的控制》，载于杜伯曼、维奇努斯和昌西合编的《隐藏在历史背后》，第195~211页，第203页。
⑥ 安东尼·科普利：《法国的性道德规范，1780~1980年：关于家庭、离婚和同性恋的新观念》（1992），第181页。

人之所以享有双重特权是因为他们既是男性又有钱，而妓女通常处于双重的地位：她不仅是女性，而且被排除出受到尊重的社会。然而，一个在比他地位低下的人中寻找性伴侣的同性恋男人已经在一定程度上被排除出受到尊重的社会（或者会被排除，如果他的活动被发现的话）。但是，男妓不大可能像他们的女性同行那样和受到尊重的社会割断联系，他们很少像妓女那样以同样的方式被组织起来受到官员们的控制。而且，为了钱和别人性交的年轻男子并非总是被纳入同性恋者或卖淫者的范畴。[1]

性、种族和民族

当性关系跨越了国界，与控制妇女有关的男性名誉便更加显而易见。这种性关系在战时似乎特别严重。许多法国男子确信，1914 年德国入侵期间，大批法国妇女被德国军人强奸，怀上的孩子是这种遭遇的结果。这种强暴对男人的社会及心理影响和对妇女的肉体影响同样受到关注。一家报纸报道，一个男人在得知他的妻子和女儿们被德国军人强奸并怀孕后扬言要自杀。比较普遍的是，这种强奸被认为是对民族的强暴。一位医生写道："这些孩子将是野蛮人暂时取得胜利的标志。"有人认为，被德国军人强奸而怀上孩子的妇女将终身受辱，而后来通过法国男子怀上的孩子会带上早先遭遇的生物学烙印。[2]

1940 年到 1945 年间，男性保卫国家荣誉和对女性贞操构成威胁之间的联系在法国重新出现。在被占领的早期，有些希望法德和解的人把德国军人和法国姑娘之间的性关系看成是正常的，甚至是有好处的，西蒙娜·德·波伏瓦说过，这是 1940 年一个让她搭便车回巴黎的卡车司机的态度。[3] 有时候，法德关系用性来描述。1940 年，一名法西斯分子给马塞尔·德阿写信说："你曾经说过，有时候强奸以结婚结束。也有一些强

---

① 威克斯：《性欲倒错者和玛丽－安妮斯》。

② 鲁思·哈里斯《野蛮人的孩子：强奸、种族和民族主义在第一次世界大战期间的法国》，载于《过去和现在》第 141 期（1993），第 170～206 页。

③ 菲利普·比兰：《被占领时期的法国，1940～1944 年》（1995），第 29 页。

奸留下了美好而令人不安的回忆。"① 相比之下，那些反对法德合作的人则把入侵者和被征服者之间的性接触看成是法国男人的耻辱。一张早期抵抗运动的传单（泰克西埃的《告被占领区人民书》）要男人们对和德国军人说话的妇女进行报复，但是这种报复并非完全针对妇女。维希政府最关心的问题之一是控制法国妇女的性生活。对卖淫的管制变得更加严格，1940 年 12 月授权妓院老板垄断这个行业，以此来禁止妇女在街头卖淫。② 特别是那些担心丈夫被关押在德国，因此不能克制自己的妇女。1942 年的一项法律规定和战俘的妻子"姘居"是一种刑事罪。③ 解放后，曾经由于和德国军人睡过觉而使法国"丢脸"的妇女往往受到最粗暴和公开的羞辱。有几部关于占领期的法国电影《拉孔布·吕西安》、《女人们的风流韵事》、《一位法国妇女》描绘了不忠于当了战俘的丈夫的妇女。

关于法国妇女贞操的争论把重点放在战俘的妻子和与入侵者发生性关系的可能性上，而关于法国男子与德国妇女的性关系的讨论使这种争论更加令人关注。许多法国战俘被送到德国农场去劳动，普遍认为其中有些人曾与德国农民妇女发生过性关系。④ 这种关系颠倒了男人和妇人之间正常的权力关系：法国人从军事上来看是下等人，因为他们已被打败；从社会上来看也是下等人，因为他们当农场佣工，因为只有低级别的人才被迫劳动——军官和军士无须劳动而且被单独关押。德国当局认为法国人是下等种族⑤，尽管在程度上不同于俄罗斯人或波兰人，他们会因为与德国妇女发生性关系而被处决。在法国方面，法国战俘和德国妇女之间的关系是众所周知的。法国男人似乎以一种有趣、不安和得意交织在

① 引自罗伯特·扎雷茨基：《尼姆处于作战状态：加尔省的宗教、政治和民意，1938 ~ 1944 年》（宾夕法尼亚，1995），第 75 页。
② 康廉·霍尔斯：《维希法国的政治、社会和基督教》（牛津，1995），第 262 页。
③ 菲什曼：《我们会等待》，第 136 页。
④ 亨利·夏博诺：《汲托斯回忆录》（1980），第 296 页。德国当局相信，大约有 2 万名儿童的父亲是在德国服苦役的各种外国劳工或战俘（主要是法国人和意大利人）。见乌尔里希·赫伯特：《希特勒的外国劳工：被强迫的外国劳工在第三帝国统治下的德国》（剑桥，1997），第 269 页。
⑤ 注意一名"有拉丁人气质的"法国俘虏引诱了一名德国电线员。见伯利和威珀曼：《种族主义的国家》，第 263 页。

一起的感觉来回顾这种关系。① 但是他们从来没有想到法国妇女的行为所引起的争论或义愤，而且没有人提到法国男人引诱德国妇女是叛国。

战争和入侵也和德国时事评论员所说的"威胁女性名誉"联系在一起，尽管德国人更关心性与种族，而不太关心性与国籍。这个问题最初是由第一次世界大战结束后驻守在莱茵兰或鲁尔的法国黑人士兵留下的孩子引起的。德国政治家把黑人士兵的性伴侣说成是强奸的受害者，并引发了如何处理这种关系所生下的孩子和如何防止这些孩子进一步"腐蚀"种族的争论。1927 年，巴伐利亚内政部提出绝育可能是一种解决的办法，10 年后纳粹终于把这项政策付诸实施。② 纳粹反犹政策的一方面是根据《保护德国人血统和名誉法》（1935）宣布犹太人和非犹太人之间的性关系为非法，这主要是针对犹太男人和雅利安妇女之间的性关系。一个和犹太丈夫离婚的妇女特别要求允许打掉她怀上的"混血胎儿"。③

最引人注目的是，注定要失败的纳粹政权在 1945 年感到苏军入侵的威胁主要是性方面的，所以大肆宣传强奸的危险以加强德国人的抵抗。对于处于苏军前进道路上的妇女来说，强奸确实是一种真实的经历。据估计，柏林大约有 1/3 的妇女遭到强奸，④ 布达佩斯和维也纳可能也是这个数（1945 年这三个城市的人口绝大多数是女性）。这种强奸在战斗刚结束时特别常见，喝醉了酒和怒气冲天的士兵到处走来走去，但是强奸并不随着纪律的恢复而停止。强奸在苏联占领区一直司空见惯，并且持续到 1949 年。有些苏联士兵似乎相信，强奸是继续战争的另一种手段，而曾经对苏联作战的国家（德国、匈牙利和奥地利）的妇女特别容易遭到强奸。文化和语言的联系很重要。匈牙利语的怪异使说匈牙语的妇女更容易受到伤害，相比之下保加利亚妇女往往能够和苏联军人建立良好

---

① 劳伦斯·怀利：《沃克吕兹的村庄》（1974），第 117 页。引用南部村庄的一个居民的话说："我不能说我始终忠实于我的妻子。战争期间我在军队里，被俘后在德国的一个农场上……唔，这就不同了。"
② 伯利和威珀曼：《种族主义的国家》，第 128～129 页。
③ 格罗斯曼：《改良中的性》，第 150 页。
④ 同注③，第 193 页。

的关系。① 红军善待德国工厂里的许多俄罗斯和乌克兰妇女，尽管这些妇女受到苏联当局的怀疑，并且有办法保护自己。强奸往往与一种更广义的复仇联系在一起，这种复仇强调德国及其盟国所犯下的罪行以及与苏联受到的破坏形成对照的德国的富足。

妇女们自己不愿意主动陈述她们的经历，因为她们对当局要惩罚或制止这种行为的决定信心不足，而且担心她们自己的男人对她们"失身"的反应。有些妇女们可能把她们和苏联军人的关系看成是对某些限制的摆脱。红军在一个极度匮乏的国家控制了大部分资源。在科尼斯堡，据说只有因为俄罗斯军人而怀孕的妇女才有足够的食物。②

关于大规模强奸的最引人注目的报告是男人们写的，而且往往既透露了妇女们的经历，也透露了作者们的经历。两位作者美国外交家罗伯特·墨菲和梵蒂冈的代表蒙蒂尼阁下是保守的天主教徒。后者的报告强调了妇女染上了性病的程度，可能反映了妇女的性恐惧和对保护她们的安全的关心。③ 男人们行动起来保护妇女的"名誉"不受俄罗斯人的侵犯。这种保护的一种方式就是堕胎，以防止"异族孩子"出生。在苏联占领区，每个省都有自己的堕胎法，只有勃兰登堡的法律明确提到强奸，④ 但是医生们往往自作主张地终止据信是强奸造成的妊娠。有些妇女似乎既受到苏联强奸者的暴力威胁，也受到她们的保护人的暴力威胁。

在战时的英国，性、国籍和种族之间的关系交织在一起，尤其是因为这个时期大约有 300 万名美国军人经过这里。他们年轻而且有钱，往往因为接近英国姑娘而和当地人发生冲突，这种冲突并不促使英国男人来反对美国人。美国黑人士兵的出现（1944 年大约有 13 万名）使情况变得更加复杂。⑤ 美国军队实行严格的种族隔离，而英国几乎没有黑人，也没有种族隔离的传统。当美国军人看到美国黑人和英国姑娘在一起时，

① 诺曼·M. 奈马克：《俄罗斯人在德国：苏联占领区的历史，1945～1949》（马萨诸塞州坎布里奇，1995），第 70 页。

② 同注①，第 74 页。

③ 同注①，第 80～81 页。

④ 同注①，第 123 页。

⑤ 戴维尔·雷诺兹：《荒唐的关系》，第 303 页。

首先想到的可能是种族而不是国籍，会进行干预来保护"他们的"姑娘。艾森豪威尔这样来总结这种情况："我们自己的白人士兵在看到一个姑娘和一个黑人一起走在街上时，经常把他们自己看成是女性的保护人，认为有必要进行干预甚至动武，让她知道她在做什么。"[①] 1944 年，一名黑人大兵因强奸一名英国妇女被判处死刑。尽管证据不足，这名妇女曾只穿一件睡衣陪这个男人走到一块田地里"给他指路"，但要不是英国报纸提出抗议，这个大兵就会死在他自己同胞的手里。[②]

帝国使种族之间的性接触成为可能。马尔科姆·马格里奇在居留印度期间曾和一位锡克妇女有过长期的暧昧关系，他指出这样的事实：英国男子避免与印度人有任何其他形式的亲密关系，却和印度妇女睡觉，但是对英国男子和印度妇女的性接触的默许并不延伸到英国妇女和印度男子。E. M. 福斯特和保罗·斯科特等小说家记录了对任何关于这类性接触的惊恐心情。

帝国土著男性居民和英国妇女之间的性关系特别引起愤怒，如果土著男子有钱有势，换言之，如果土著男子与英国妇女发生关系就像英国男子和土著妇女发生关系那样总被认为是理所当然的话。关于这类关系的讨论往往似乎与伴随着帝国没落而来的广义的权力衰退相适应。20 世纪 50 年代，英国殖民地事务国务大臣在国会发表声明，否认在马来亚的英国妇女和当地富商有性关系。[③] 最出名的是，离开印度回国的英国人带来了关于最后一任总督的妻子埃德温娜·蒙巴顿和印度独立后的第一任总理贾瓦哈拉尔·尼赫鲁之间的风流韵事的传言。

性关系在法兰西帝国受到不同惯例的约束，而且得到比较公开的承认。有时候，帝国导致一种有趣的三角关系，因为不同的欧洲性价值观和属于土著人口的性价值观和平共处，在奥威尔的《缅甸岁月》中，主人公养着一个缅甸情妇，他和她纯粹是一种买卖关系，同时还试图引诱一名英国妇女，她在巴黎学会的温文尔雅吸引了他。在西姆农的《戴眼

---

① 戴维·雷诺兹：《荒唐的关系》，第 218 页。
② 同注①，第 234 页。
③ 罗纳德·海厄姆：《帝国和性活动：英国的经验》（曼彻斯特，1990），第 109 页。

镜的白人》中，主人公是一位在非洲的种植园主，他养着一个非洲情妇，但是他向法国未婚妻保证这种安排没有感情上的含义："我总是有出钱雇来的女人。"这种巧妙的安排由于一位英国上层社会妇女和她的情人的到来而被打乱。主人公不得不藏起他的非洲情妇不让他的英国客人看到（"他们和当地人从来没有公开的性关系"），但是被这样的事实所震惊：一位出身背景良好的英国妇女竟然会有公开的风流韵事（西姆农认为，社会地位相同的人之间公开的性关系是一种特别令人作呕的英国恶习）。

1937 年，意大利政府通过立法来控制意大利人与其非洲帝国的土著居民发生性关系，这种规定反映了对于性行为考虑的复杂性。非洲妇女和意大利男子之间的性行为从来没有受到阻止，尽管两者之间"婚姻意义上的关系"受到阻止。因为有这种关系而被起诉的意大利男子不得不证明他们并不经常同床共枕或交换礼物。至于意大利妇女，当局理所当然认为这种关系是不可思议的。1940 年，意大利非洲事务部长说过："我们的法律甚至不能允许这种可能性，这种可能性违背我们的所有道德准则。"① 种族区分优先于社会区分，意大利的参议员们力求确保送往阿比西尼亚的意大利妓女的纯洁不因与黑人接触而受到损害。

妇女和工作

妇女角色的变化是通过男性歇斯底里的棱镜来看的，这个事实并不意味着没有变化。世界大战的结果是妇女参加工作的人数有了变化，这种变化有时被臆断为这仅仅是战争本身的产物：妇女已经在工作中通过取代被送上前线的男人而使自己得到承认。实际上，妇女参加工作（特别是在工厂）的人数在战争期间就已经增加，但是这种增加被认为是暂时的。妇女的工作往往是在军需品工厂里，那里的工人在战后必定会被解雇。而且，妇女被看成是低质量的劳动力，与其他不能令人满意的临时工——囚犯、儿童和移民一起被使用。甚至在做过去由"熟练的"男

---

① 卡尔·伊普森：《口述人口统计：法西斯意大利的人口问题》（剑桥，1996），第 188 ~ 189 页。

人来完成的工作时，她们也被归为"非熟练工"。1918 年，英国军需品工厂的所有女工中，领取熟练男工工资的不到 1/20。[1] 大多数国家的工会、雇主和政府在战时终于达成的一致意见是，和平时期不应该继续雇用妇女，[2] 所以战时妇女在工作，例如开有轨电车中获得地位的景象使她们在战后变得易受伤害。在某些国家，第一次世界大战标志着妇女在劳动人口中所占比例长期下降的开始，因为战争破坏了大量雇用妇女的轻工业（尤其是纺织工业）。甚至在苏联，内战使许多男人直到 1921 年才复员，而且政府支持妇女就业，但 20 世纪 20 年代的失业人口中一半以上是妇女。[3]

世界大战所引起的变化有时和战前就已经开始的发展混淆在一起。有几年办公室的工作有所增加，雇用妇女的倾向也有所增加。[4] 这两种倾向继续到战后：在德国，女性白领工人在 1907 年至 1925 年间从 50 万人增加到 150 万人。[5] 然而，这种增加并不一定等于妇女的解放。办事员工作职位的增加和工资、地位的降低及晋升希望的减少联系在一起：在巴黎一所文秘学校对女孩子们的调查结果表明，大多数女孩子是工人阶级出身，13 岁就离开学校。[6] 妇女就业的增加是社会上办事员工作减少的结果和原因。1923 年，英国银行家协会发表的一篇文章明确地说明了如何以性别来区分办事员工作的等级："英国的行政部门没有男女雇员之间的竞争……有些工作——主要是日常工作和无需负责任的工作，交给女雇员，而雇用她们来完成这些工作的唯一结果是大量原本要由男人来完成的办事员工作现在由妇女来完成。"[7]

---

① 苏珊·佩德森：《家庭、独立和福利国家的起源：英国和法国，1914～1945 年》（剑桥，1993），第 95 页。

② 工会的软弱很可能意味着这种意见的一致在法国不像在英国那样强烈。同注②，第 104 页

③ 温迪·戈德曼：《妇女、国家和革命：苏联的家庭政策和社会生活，1917～1936 年》（剑桥，1993），第 110 页。

④ 赛安·雷诺兹：《两次大战之间的法国：性别和政治》（1996），第 93 页。

⑤ 蒂姆·梅森：《纳粹主义、法西斯主义和工人阶级》（剑桥，1995），第 139 页。

⑥ 同上页注①，第 94 页。

⑦ 迈克尔·萨维奇：《职业流动和阶级形式：英国的银行工作人员和中下阶层》，载于安德鲁·迈尔斯和戴维·文森特编辑的《建立欧洲社会：欧洲的职业变化和社会流动，1840～1940 年》（曼彻斯特，1993），第 196～216 页。

　　办公室女性工作人员在法西斯意大利的命运使其他地方办公室工作的女性化更令人关注。在意大利，办公室女性工作人员所占的比例从1921年的20.3%增加到1936年的27.3%，① 但是这个过程造成了比在其他国家更公开的竞争，这在一定程度上是因为较低水平的工业化意味着男子选择职业的机会较少，但是也因为意大利人向来看重非体力劳动，尤其看重国家机关的工作，而法西斯国家比民主国家更公开地干预劳动力市场。意大利政府部门通过规定配额来限制雇用妇女的数量，而值得注意的是，这种配额制根据等级来变化。在为大学毕业生保留的工作中，至多5%的雇员可以是妇女，在中等工作中，至多15%的雇员可以是妇女，而至多有20%的下等工作岗位可以由妇女占有。② 在意大利，雇用女性办事员最多的是政府部门以外地位不高的商业和市政部门。

　　在整个两次大战之间的时期，妇女们被看成是后备的劳动大军，可以比男人更容易雇用和解雇。1931年，德国妇女的工资比男子低1/3以上。因此，雇主们在利润的压力下有雇用妇女的动机，1928年至1932年间妇女在劳动人口中所占的比例有所增加。③ 第一次世界大战后，法国汽车制造商安德烈·雪铁龙在这个基础上重新设计了他的一些工厂。④ 尽管雇主们在雇用妇女时有某种经济利益，但是国家在有大量男性失业者的情况下将她们排挤出劳动大军却往往有某种政治利益。失业的男性工人被认为更可能引起政治动乱。在法国，妇女的地位特别脆弱，因为她们没选举权，已婚妇女在1935年被逐出政府部门。纳粹德国也采取了类似措施，给同意女方不工作的夫妻提供婚姻贷款：到1934年底共支付了36.5万马克这种贷款。⑤

　　为了政治上的原因而将不工作的妇女理想化的政权往往不得不为了经济上的原因而接受妇女就业，因为萧条时期已经结束，特别是在第二

---

　　① 维多利亚·德·格拉齐亚：《法西斯主义如何管理妇女：意大利，1922～1945年》（伯克利，1993），第193页。

　　② 同注①。

　　③ 理查德·奥弗里：《战争和第三帝国的经济》（牛津，1994），第41页。

　　④ 佩德森：《家庭、独立和福利国家的起源》，第104页。

　　⑤ 奥弗里：《战争和第三帝国的经济》，第49页。

次世界大战开始以后。这种情况在德国最引人注目，不管政权的豪言壮语，德国的妇女就业率很高。希特勒要把妇女排挤出劳动大军的愿望遭到了戈培尔和莱伊等纳粹党徒的反对，① 纳粹分子终于在 20 世纪 30 年代后期彻底改变了他们自己的政策，因为战争经济引起了对劳动力的新需求：② 1937 年，婚姻贷款不再以妻子不工作为条件。③ 1939 年，德国妇女占劳动大军的 37.4%，在英国，这个数字只有 26.4%。④ 维希法国也有类似的矛盾：关于家庭的传统豪言壮语和 200 多万名男人在德国战俘营或游击队里同时存在。

没有哪一个政权对女性就业的态度是直截了当的。每一个政权的态度都受到需求的影响，尤其是在战时，而且也受到社会和种族臆断的影响。在德国，戈林把"吃苦耐劳的"妇女从下层阶级中挑出来，她们适合于做重活，把"有教养的"妇女从上层阶级中也挑出来，她们应该专门生养孩子。⑤ 所有的纳粹分子都是挑"最好的"雅利安妇女，鼓励她们生养孩子，而不鼓励她们去工作。女性体力劳动者从俄罗斯进口，她们经过训练去劳动，但禁止生育。英国政府在社会基础上区分妇女。用来评估是否应该强迫一个妇女在战时经济中参加劳动的标准之一，是她是否有自己的家庭。⑥

女性加入劳动大军和其他形式的妇女解放之间自相矛盾的关系在苏联表现得最为明显。苏联的政策在 20 世纪 20 年代一直是自觉的男女平等：堕胎和离婚变得更加容易，男女的工资和工作条件变得相同，鼓励妇女把自己看成是无产阶级的一员。然而，女性参加工作达到最引人注目的程度不是男女平等政策的结果，而是 20 世纪 30 年代和 40 年代军事和经济需要的结果。1940 年至 1945 年间，妇女在大型工厂的工人总数中

---

① 埃莉诺·汉考克：《战时的就业：第二次世界大战期间德国妇女的就业》，载于《战争和社会》，第 12 卷第 2 期（1994），第 43~68 页。

② 奥弗里：《战争和第三帝国的经济》，第 50 页。

③ 伯利尔和威普曼：《种族主义的国家》，第 250 页。

④ 同注②，第 304 页。

⑤ 汉考克：《战时的就业》。

⑥ 同注⑤。

占一半多一点。① 这种增加不但不是男女平等政策的结果，而且是在这种政策被彻底改变以后才发生的。20 世纪 30 年代以来，苏联的宣传越来越强调妇女回到传统的角色。1930 年妇女事务专员公署的撤销、② 法律限制堕胎和颂扬家庭生活说明了这种变化。1936 年，一次苏联妻子大会讨论了党内居于高位的妇女可以有效地完成工作的方式，并以向斯大林献上一件特别绣制的衬衣宣告结束。③ 这非但不是向关于妇女的传统观念提出挑战，而且鼓励用这种观念来做女性的工作。报刊上所描绘的女"斯达汉诺夫工作者"通常是年轻和吸引人的，④ 她们通过宣称她们的奖金使她们可以购买时髦的衣服来证明她们参加斯达汉诺夫运动是正确的。⑤

　　妇女地位的变化受到第一次世界大战的影响。妻子或女儿无所事事是第一次世界大战所破坏的资产阶级食利者社会的一个方面。西蒙娜·德·波伏瓦可能在纳耶作为一位受尊敬的家庭主妇毕其一生，如果战时的通货膨胀没有毁掉她的嫁妆的话。⑥ 战争也造成了两性的失衡，不得不自食其力的妇女增加。在某些地区，男性战争伤亡的影响由于男人外出找工作而加剧。战争的动乱在俄罗斯的欧洲部分如此剧烈，以致到 1920 年，农村地区 19 ~ 29 岁的男女之比为 100∶230。⑦ 这种挑战并不总是产生传统的思想解放的职业妇女，因为妇女可能对老处女身份做出反应的方式往往受到传统期望的限定。在意大利，投身宗教事业的妇女有所增

---

①　克里斯·沃德：《斯大林的俄罗斯》（1993），第 178 页。

②　巴巴拉·阿尔珀恩·恩格尔：《俄罗斯和苏联的妇女》，载于《标志》第 12 卷第 2 期（1992），第 781 ~ 800 页。

③　希拉·菲茨帕特里克：《俄国革命，1917 ~ 1932 年》，（牛津，1994），第 161 页。

④　罗伯塔·T. 曼宁："第二次世界大战前夕苏联农村的妇女，1935 ~ 1940 年"，载于比阿特丽斯·法恩斯沃思和林恩·维奥拉编辑的《俄罗斯农民妇女》（牛津，1992），第 206 ~ 235 页，第 216 页。

⑤　玛丽·巴克利：《为什么要成为一名农民突击队员或者一名斯达汉诺夫工作者?》载于罗莎琳德·马什编辑的《俄罗斯和乌克兰的妇女》（剑桥，1996），第 199 ~ 213 页，第 206 页。

⑥　西蒙娜·德·波伏瓦：《一个孝女的回忆》（1963），第 104 页。"我的父亲不是男女平等主义者……但是毕竟事出无奈，情有可原：姑娘们，你们永远嫁不出去，他往往宣称，你们没有嫁妆。"

⑦　菲茨帕特里克：《斯大林的农民》，第 25 页。

加：1936 年有 12.9 万名修女，而 1911 年只有 4.5 万名。① 在英国和法国，保守的评论者承认，战争已经造成不大可能结婚的妇女"过剩"，而这些妇女应该找到合适的工作。强调工作会给妇女的母性留有余地。② 护理专业是一个明显的例子，这使人想到，司法系统也可以提供类似的机会。③ 教学工作看来似乎特别为单身妇女提供母性的替代品。妇女们尤其是姑娘们，纷纷进入教师的行列，因为一代富有献身精神和满腔热情的人物，例如缪里尔·斯帕克斯所描述的琼·布罗迪小姐，改进了妇女的教育。法国史学家安妮·克里热尔将自己所受教育的质量部分地归功于中学的女教师，可能成为她们丈夫的男人已经死在战场上。④

农村妇女

关于农业社会的"传统"观念往往是用性别关系来表述的。1932年，一名纳粹新闻记者写道：

> 一方面，我们有与自然和土地不断斗争塑造出来的身强力壮和有男子气概的农民。他们是大地的产物，是奋斗者和天生的勇士。在他们的身边是德国的农村妇女，是他们的忠实伴侣和孩子们感到自豪的母亲，未来和历史是他们创造的。另一方面，降低了人格的城市居民优柔寡断、胆小怕事、毫无男子气概。他们身边的妻子则身心男性化，故意不要孩子，因此自我贬低人格，所以他们所得到的不是健康的子孙，只得到精神上

---

① 马丁·克拉克：《现代意大利，1871～1982 年》（1984），第 256 页。
② 自 19 世纪末以来，某些职业被说成是没有在肉体上体验过母性的妇女发泄母性感情的适当途径。见艾琳·斯托尔：《家务和母性：德意志帝国和魏玛共和国关于妇女运动的争论和政策》，载于吉塞拉·博克和帕特·塞恩编辑的《母性和性别政策：妇女和欧洲福国家的兴趣，19 世纪 80 年代～20 世纪 50 年代》（1994 年），第 213～232 页。
③ 谢里尔·库斯："性别反个人主义和民族主义：民族联盟和提高人口出生率主义的强烈反应，"载于《法国历史研究》第 19 卷第 3 期（1996 年），第 698～724 页。
④ 安妮·克里热尔：《我以为理解的东西》（1991 年），第 132 页。

的冲突。他们是混凝土的产物。①

实际上，农村的性别分界线并非如此明显。妇女生儿育女和管理家务的世界与男人辛勤从事农业劳动的世界一直没有分开。其实，这种分界线往往是现代化的产物，而不是传统的特征。

许多妇女从事农业劳动，妻子和女儿们往往给有偿劳动提供一种选择。在德国，1925 年有 413.3 万名妇女"家庭助手"其中大多数在农场工作。这个数字自 1911 年以来增加了一倍，在一定程度上是因为农场主在农忙时要依靠家庭劳动力。②

马蒂娜·塞加朗指出，传统的法国农民家庭男女分担等量的劳动。男人往往在田里干重活，妇女则负责挤牛奶、养家禽、种菜园、烤面包、做奶酪。男人主管定期的农贸市场，出售牛和马，妇女主管本地市场，出售鸡蛋、奶酪和家禽。③ 类似的安排也可以在俄罗斯农民家庭看到。实际上，妇女在家庭经济某些方面的权力在俄罗斯显而易见。进入丈夫社区的妇女始终控制着她的嫁妆，饲养家禽委托给社区农事安排以外的单身妇女。

很难确定妇女的经济能力产生一种妇女独立和受尊重的文化的程度。基于权力的表面现象所做的研究没有多大价值。单身妇女可以在表面顺从的面具下坚持自己的权利：在马塞尔·奥菲尔斯的电影《悲哀与怜悯》中，两个法国农民兄弟坐在桌边喝酒时接受采访，他们的妹妹摆出顺从的姿态站在一边，貌似准备侍候家里的这两位男人，但是这并不妨碍她一再打断并纠正他们的谈话。此外，一个妇女有权力并非仅仅依靠她和男人们的关系。许多俄罗斯农村妇女似乎感到，最大的专制是她们的婆婆所实施的专制。

① 加斯塔沃·科尼：《希特勒和农民：第三帝国的农业政策，1930～1939 年》（牛津，1990），第 28 页。
② 雷纳特·布里登撒尔和克劳迪娅·孔兹：《在孩子、教堂、厨房之外，魏玛妇女和政治及工作》，载于雷纳特·布里登撒尔、阿妮塔·格罗斯曼和马里恩·卡普兰编辑的《当生物学变成命运时：魏玛和纳粹德国的妇女》（纽约，1984），第 33～65 页。
③ 马蒂娜·塞加朗：《农民家庭的爱和权力：19 世纪法国农村》（牛津，1983）。

在 20 世纪，有两种力量侵入了家庭经济单位。第一种是农村"现代化"——农场劳动机械化和农场主组织。机械的使用减少了对劳动力的需求，这对妇女影响最大，妇女被看成是农村人口"超过需要"的部分。尽管城市里的机械化往往产生据信适合妇女的工作，但是在农村，机械往往产生被看成是男人专业范畴的新技能。一度是典型的女性劳动的挤牛奶越来越被男人用机器来承担。①

农业组织进一步使妇女处于社会边缘。马蒂娜·塞加朗写道："对女人来说只有家庭、密友、隐私和性欲，对男人来说只有社会、公众、技术、经济和政治。"② 这种区别的结果是，因为公众、技术、经济和政治等领域变得更重要，所以妇女们便失去了权力。这种情况反映为这样的事实：在 1927 年举行的法国农业公会的第一次选举中，男人们夺取了一家之长的地位，妇女只有在单独经营农场时才被赋予选举权。③ 在两次世界大战之间的时期，妇女们在农业组织中获得的代表权微不足道，而且越来越被看成是家庭主妇而不是生产者。

农业教育强化了这种陈规。法国的农民们被教会了使用机器、兽医和会计，而他们的姐妹们则被送到天主教农业家政学校学习如何管理家务。④ 在纳粹德国，农业组织也强化了家庭主妇和生产者的区别：在瓦尔塞·达雷领导下的纳粹农业协会起初既接受男人也接受妇女，但是在 1935 年同意国家社会主义妇女组织完全根据经济条件将农村妇女组织起来。⑤ 在两次大战之间的整个西欧，妇女在欧洲农业劳动人口中所占的比例有所下降。⑥

苏联给妇女被排除在农业之外的一般模式提供了一个引人注目的反

---

① 莱娜·萨姆斯塔德：《生儿育女，解释性别：瑞典挤奶工作的男性化，1850～1950年》，载于《历史研究班》第 37 期（1994），第 57～75 页。

② 塞加朗：《农民家庭的爱和权力》，第 141 页。

③ M. C. 克利里：《农民、政客和生产者：1918 年以来的法国农业组织》（剑桥，1989），第 52 页。

④ 同注③，第 161 页，

⑤ 科尼：《希特勒和农民》，第 81 页。

⑥ 德·格拉齐亚：《纳粹主义如何管理妇女》，第 181 页：在意大利，妇女在农业劳动人口中所占的比例从 59% 下降到 45%，在法国从 46% 下降到 40%，在德国从 43% 下降到 38%。

证。这个政权强调了这样的事实：妇女作为集体农庄的成员享有充分的权利，而作为革命前的公社成员则从来没有享有这些权利。此外，妇女被鼓励去从事涉及诸如拖拉机等机器的工作，事实上，在 1936 年，拖拉机也被制造成妇女的体形。① 在欧洲其他国家，将妇女排除在农业之外的学校和组织在苏联却支持了妇女，所以到 20 世纪 30 年代，苏联高等农业院校几乎有 1/3 的学生是妇女。② 然而，妇女进步的障碍依然存在。在某种程度上，这种障碍是合于传统习俗的。这个政权希望妇女永远处于劳动者的位置，但是也勉强将管理的位置给予妇女，1936 年主管苏联农业的人中只有 7% 的妇女。③ 更重要的是，希望摆脱传统角色的苏联妇女面对着巨大的非正式抵制。在妇女就业方面的斗争使农村社区的价值观念和国家的价值观念发生冲突，苏联最优秀的女拖拉机手帕莎·安格莉卡受到斯大林的表扬，但是她的丈夫却和她离了婚。用新的机器工作的妇女面临了排斥和暴力行为，这种情况在俄罗斯的穆斯林地区最为严重：1937 年有 9 位女性斯达汉诺夫工作者在塔吉克斯坦被杀害。④

第二次世界大战使农村的两性关系陷入混乱。英国和德国要求城市妇女到农场去。在法国，农村妇女在大批男人离开后单独留下。1945 年，苏联在农场工作的壮劳力有 3/4 是妇女。⑤ 在这个时期，许多妇女是在没有吸引力的条件下进入农业的，因为她们和农场的强迫劳动没有任何关系，但是接管了家庭农场的农民妻子可以享有更大的自主权。在德国，权力是根据种族而不是根据性别来分配的，因此农民妇女也可以给胆战心惊的波兰战俘下命令。

政　治

只有两个国家在 1914 年以前引进了女性选举权——芬兰于 1906 年

---

① 曼宁：《第二次世界大战前夕苏联农村的妇女，1935~1940 年》，第 218 页。
② 同注①，第 224 页。
③ 菲茨帕特里克：《斯大林的农民》，第 182 页。
④ 同注②。
⑤ 同注③，第 315 页。

赋予妇女投票权；挪威于 1907 年赋予有财产的妇女投票权，到 1913 年又扩大到所有 25 岁以上的妇女。第一次世界大战的结束迎来了女性参政的高潮。妇女在英国、德国和继承奥匈帝国的国家（南斯拉夫除外）获得了投票权。观察家们往往将这种情况与似乎产生于第一次世界大战的更为广泛的变化联系在一起，例如妇女更多地倾向于参加工作和人们所想象的"新妇女"。实际上，最容易获得选举权的妇女——年龄较大的、业主和战争寡妇在政治领域受到欢迎，正因为她们似乎对革命的男性无产阶级起到抗衡作用。保守的男人往往对妇女改变角色的其他迹象感到惊恐。甚至专制的右翼政权也赋予妇女新的代表身份。维希法国规定妇女可以成为市议会的议员，而葡萄牙在萨拉查统治期进入国会的头三位妇女就曾经是市议会议员。[1]

不仅保守分子指望妇女的支持来对抗有组织劳工的威胁，而且有证据表明妇女们确实支持保守的政党。这种迹象在魏玛德国最为明显，某些选区在某些时候分别计算男人和妇女所投的票。在巴伐利亚，妇女对中央党的支持如此有力，以致转而将票投给中央党的基督教民主党女选民超过了男选民，有时接近全体选民的 1/5。[2] 对比之下，没有什么迹象表明妇女投票支持狂热和有进攻性的男性纳粹党，因为她们力求表现得比较保守和正派，尽管纳粹主义在魏玛共和国行将崩溃之时确实吸引了越来越多的女选民。

要理解政治上的保守主义和妇女的关系必须考虑到三种力量。第一种是民族主义。赋予妇女选举权往往与民族主义运动有关，在这种运动中，整个民族都被动员起来抵御外来的威胁，例如在 20 世纪初的芬兰。第一次世纪大战引起了类似的反应。保守分子特别热衷于承认战争寡妇是代表死去的丈夫的委托投票人——比利时的战争寡妇获得了选举权，而法国国会在 20 世纪 20 年代提出的几项提案也赋予法国战争寡妇投票权。

---

① 安东尼奥·科斯塔·平托：《萨拉查的独裁和欧洲的法西斯主义：解释的问题》（科罗拉多州博尔德，1995），第 198 页。

② 莫里斯·德韦尔热：《妇女的政治角色》（巴黎，1995），第 65 页。

第二种力量是宗教。19 世纪，妇女在做弥撒的人中所占的比例越来越大。此外，几个欧洲大陆国家的政治制度在国家卷入与天主教会的斗争中已经定型。这种情况在意大利最为明显，教皇在 20 世纪初以前曾禁止天主教徒参加政治活动。在法国也是如此，尽管教皇在 19 世纪后期试图要求天主教徒支持这个政权，但是教会和国家还是分离了。所有这一切都影响了对女性参政的态度。反教权主义者认为，妇女会受到教会的影响，因此反对赋予妇女投票权。性别和宗教分开在法国最明显。法国参议院里的反教权主义者大声疾呼反对赋予妇女投票权，而与教会联合在一起的党派则赞成赋予妇女投票权，就像梵蒂冈在意大利所做的那样。

第三种力量是阶级。妇女的工作经历——主要影响阶级意识的形成——和男人的工作经历大不相同。妇女不大可能像男人那样外出工作，即使要外出工作，也可能是在小企业或轻工业部门，而且越来越多地成为办公室职员。这一切意味着，妇女们不大可能受到由重工业部门的体力劳动者主导的工人运动的影响。妇女和工人运动之间的隔阂有所增加，因为男性的政治往往围绕着一种将妇女排除在外的酗酒、喝咖啡和不愉快的同志关系等社会生活。有些工会激进分子认为，即使妇女不工作，她们也分享了工作的男人的工资，从而分享男人的阶级利益。全国妇女劳动者联合会的玛丽·麦克阿瑟说过："不可能有性别战争，因为靠工资为生的男人和女人的利益是一致的。"[1] 这种说法靠不住。许多工会活动和工会会员的经济利益只有一种附带的关系。男工人的罢工使他们的家庭遭到经济上的损失（由于拿不到工资），而罢工的潜在好处不可能提高家庭的生活水平。罢工可能是涉及工时或者为了争夺工厂内部的权力。此外，工会活动往往涉及遥远的和抽象的收获，例如苏联的革命或外交利益。

然而，妇女们有时卷入了工会的行动。实际上，俄国革命在一定程度上是纪念国际妇女的罢工以捍卫她们较高的工资、工作的稳定和手工工作的条件（这些好处通常是由男性工人享有的），[2] 稻田里的意大利女

① 佩德森：《家庭、依赖和福利国家的起源》，第 100 页。
② 阿德里安·舒伯特：《现代西班牙的社会史》（1990），第 40 页。

工在法西斯统治下有时也举行罢工。① 然而，妇女的抗议在某些方面不同于男人的抗议。从组织方面来看，工会是由男人来领导的，而且是用来动员男性工人的，工会特别强调有纪律和有组织的行动。妇女的抗议往往发生在这些组织之外，通过个人接触来散布。而且，妇女的抗议所涉及的往往是消费而不是生产。② 妇女往往卷入面包骚乱和有关物价上涨的游行示威，甚至有工作的妇女也似乎更关心工厂以及工资以外影响她们生活的事，而不太关心工作场所本身的条件。许多妇女在工作场所以外扮演家庭主妇和母亲这种费力的角色，也许这个事实使她们不太倾向于把她们的利益看成处于工厂的中心。

1916 年和 1917 年巴黎军火工业的罢工说明了女工和男性主导的工人运动之间的隔阂。起先，这些罢工主要涉及工资，参加的妇女很多：有时妇女占罢工者的大多数。然而，在 1917 年初，罢工变得越来越涉及和平问题，女性参加的就逐渐减少了。男性和平主义者往往对他们认为的妇女的背叛行为感到愤慨，但是女性对和平主义罢工的态度从女性军火工人的物质利益来看是合情合理的。不像她们的男性同事，她们不可能被送上前线，她们大多数人都知道，战争的结束意味着她们的收入减少。③

一个家庭内部有时也存在政治上的分歧。在法国，政治上的分歧往往与宗教联系在一起，而且在极端的情况下产生莫里亚克的小说《蝮蛇结》（1932）中所描述的那种敌对状态。小说中的主人公生活在一个男人的商业和德雷福斯护卫者政治的世界中，与他的妻子和孩子们的世界截然分开，后者受宗教和右派政治臆断的支配。阶级的区分在家庭内部也可以感觉到：20 世纪 50 年代的民意测验表明，法国的妇女实际上比男人更可能把自己定义为"中产阶级"。

---

① 德·格拉齐亚：《法西斯主义如何管理妇女》，第 199 页。

② 特马·卡普兰：《女性意识和集体行动：巴塞罗那案例，1910～1918 年》，载于《标志》（1982），第 545～566 页。

③ 马蒂尔德·迪贝塞、弗朗索瓦兹·泰博和卡特琳·樊尚：《塞纳河畔的女性军火工人》。载于帕特克里·弗里登森编辑的《法国的大后方，1914～1918 年》（牛津，1992），第 183～218 页，第 206 和 207 页。

　　丈夫和妻子之间在政治或宗教方面的分歧并不一定意味着仇恨。男人们同意他们的妻子上教堂做礼拜，而妇女们则认可她们的丈夫对宗教表示怀疑甚至反对教权主义：女儿们被送去上私立的教会学校，男孩子们则被送去上世俗的公立中学。在匈牙利，家庭内部的性别界限被记录在法律中：在异族通婚中，男孩子们要按他们父亲的信仰来培育，而女孩子们则要按她们母亲的宗教来养育。① 甚至在政治上，两性的区别也并不一定反映意见不一。有证据表明，当法国妇女获得选择权时，丈夫和妻子一致同意，妇女适合投票支持天主教民主运动的人民共和党，而丈夫则投票支持比较世俗的党派。

　　许多解释两性之间政治差别的妇女是单身。寡妇特别重要，第一次世界大战使她们的数量猛增。② 当法国妇女最终于 1945 年获得选举权时，大量寡妇似乎说明了右派所获得的妇女选票不成比例。在苏联，寡妇以极大的热情迎接集体化。③

家　　庭

　　"（家庭）将被送进古物博物馆，以便它可以与手纺车和青铜斧为伍。"④ 这句话是一位苏联社会学家在 1929 年写下的。这些人相信，未来在于大于家庭的社区。家务劳动可以有效地集体完成，一日三餐可以在食堂里吃，性关系是个人之间自由选择的事。最重要的是，孩子的扶养应该离开妒忌而且自私的父母，委托给国家指定的称职的专家。另一位苏联作家在 1921 年预言，孩子们可能生活在特设的城镇里，那里可以有上千名 3～17 岁的孩子在专职教育工作者的监管下成长。不过这种想法的影响甚至在苏联也很有限。这个国家太穷，无力建立某些人所预见的集体育儿机构，到 1926 年，它开始关闭国家孤儿院，把孩子们交给农

---

　　① 约尔格·K. 霍恩什：《现代匈牙利的历史，1867～1994 年》（1996），第 45 页。
　　② 迪韦尔热：《妇女的政治角色》，第 46 页。
　　③ 比阿特丽斯·法恩斯沃思：《农村妇女经历革命》，载于法恩斯沃思和维奥拉编辑的《俄罗斯农村妇女》，第 145～166 页。
　　④ 引自戈德曼：《妇女、国家和革命》，第 1 页。

民家庭收养（农民们往往把这些孩子当做廉价劳动力来使用）。① 几年之后，有些孩子重新成为孤儿，因为收养他们的家庭被"贬为富农"。②

在两次世界大战之间的第二个 10 年中，对抨击家庭有过一种引人注目的反应。在法国，政府于 1930 年制定了"家庭法"，而 1940 年建立的维希政权则致力于保卫"工作、家庭和祖国"。甚至英国王室也受到家庭价值观念时髦化的影响。在爱德华八世和一个离婚女子缔结了无子女的婚姻并退位后，他的继承人乔治六世和他的妻子及两个女儿显然享受了一种资产阶级的家庭生活。关于家庭的争论反映了更多的问题。在俄国革命和第一次世界大战后家庭最受批评，当时整个社会都应该重新改造似乎是可能的和迫切的，而在第二次世界大战前夕家庭最受保护，当时国家和个人似乎已经感觉到他们需要保卫经过考验的习俗。一位 24 岁的妇女辞去了她在饼干厂的工作并告诉她的工长："我的丈夫说又要打仗了，他宁愿我们在一起过日子。"③

保卫家庭的人把家庭说成是一种传统的社会机构。家庭往往与农业社会联系在一起，而与可能是城市里养成的堕落截然不同。在许多国家，被看成是正常的家庭，即丈夫供养抚养孩子而母亲不工作的家庭，是近年来形成的。在 1914 年以前，只有少数孩子是由他们的母亲抚养长大的。农民的孩子往往由祖父母或外祖父母照顾，而他们的父母在田间劳动，费尔南德·布劳代尔把农民社会的保护归因于这种习惯。有钱人家的孩子由仆人带大，城市贫民的孩子由靠带孩子挣几个小钱的老年妇女或哥哥姐姐带大，或者根本没人照顾。"传统的家庭"是城市化、特别是郊区化的结果，这种家庭中工作和家务分不开。这也是经济变化的结果。许多中产阶级家庭再也雇不起仆人，而越来越多的工人阶级家庭有能力不让妻子去工作。

保守的评论家们有时把家庭说成是"天然的组织"，与人为形成的国家相对立。然而，不同形式的家庭生活往往是国家的行动造成的，政

---

① 戈德曼：《妇女、国家和革命》，第 100 页。

② 菲茨帕特里克：《斯大林的农民》，第 219 页。

③ 引自米里亚姆·格卢克斯曼：《妇女装配线：两次大战之间英国新工业中的女工》（1996），第 108 页。

策制定者们往往权衡各种不同形式的家庭的价值。希望支持家庭的当权者们争论儿童补贴是应该直接发给妇女，还是应该通过男人的工资，这种争论与更广泛的关于家庭应该以母亲为中心还是以父亲为中心的讨论有关。在一个极端，这种讨论产生了一种看法，认为国家给产妇的补贴不能完全依赖于父亲，这种看法是挪威的凯蒂·安姆·莫勒提出来的。①在另一个极端，这种讨论产生了一种由许多法国保守分子提出来的，认为男人们由于妻子生了许多孩子而应得到奖赏。

用来强化家庭的官方措施往往与削弱家庭的其他条件同时产生。在20世纪30年代的苏联，迅速的工业化使人们背井离乡，使农村的成年男子逐渐减少，确保工人们居住在没有什么家庭隐私可言的工棚或拥挤不堪的公寓里。类似的发展也可以在纳粹德国看到。政治动员产生了诸如希特勒青年团等组织，这些组织在家庭以外活动，甚至反对家庭。更重要的是，经济动员意味着生活越来越围绕着工作场所而不是围绕着家庭。工作时间延长，雇主们提供工作餐作为保持和激励他们的劳动力的手段。②

战争的爆发扰乱了整个欧洲的家庭生活。男人们被送去打仗，劳工们被派到不受敌人行动威胁的地区，轰炸的破坏迫使陌生人分享住所。妇女和儿童们被撤离城市，成为农村不受欢迎的人口。撤离影响在德国如此巨大，以致某些村庄的人口到1945年翻了一番。有时候，彻底的混乱弄得家庭不得安宁：据估计，1940年在法国人逃避入侵的德国人时，有9万名儿童和他们的父母离散，有些空想家在20世纪20年代梦想过的家庭生活不是在城市托儿所而是在难民营和防空洞里被毁灭的。

仆人问题

在1914年以前，资产阶级的生活是依赖仆人的。英国的社会评论家

---

① 艾达·布洛姆：《自愿做母亲，1900～1930年：一位挪威男女平等主义者在一种国际前景中的理论和策略》，载于博克和塞恩编辑的《母性和性别的政治》，第21～39页。

② 关于在工作场所提供好处见蒂姆·梅森：《第三帝国的劳工》，载于《过去和现在》第33期（1966），第112～141页。

根据是否雇用仆人来区分中产阶级和工人阶级。在 1907 年的汉堡，整个劳动人口的 1/10 以上是由家仆构成的。① 许多资产阶级的孩子感到，在厨房里和仆人在一起比在起居室里和父母在一起更自在。资产阶级的男人们往往依靠他们的仆人来获得信息，贝尔福的一句多次被引用的话是他宁可接受贴身男仆的忠告而不是保守党的忠告，这句话可能是说贴身男仆的权力和保守党的软弱。

仆人对两性之间的关系很重要有两个理由。第一，大多数仆人是妇女。第二，大批廉价的仆人把资产阶级妇女从某几种家务劳动中解放出来，为她们提供了行使权力的领域。1914 年以前的资产阶级男女平等主义者已经从来自下层社会阶级妇女的劳动中得到了自由，但是第一次世界大战和工业劳动的吸引力减少了可以做家务的妇女的数量。② 中产阶级的扩大也改变了雇主和仆人之间的关系，因为越来越多的人认为自己属于"雇用仆人的阶级"，而且愿意忍受家务劳动的妇女越来越少。最引人注目的是，主人和仆人之间的关系，主人再也不能理所当然地用 1914 年以前的那种腔调来对待仆人。背景看来不再是天生的，雇主们不得不承认他们的仆人也可以分享他们的喜怒哀乐。伦纳德·伍尔夫回忆起，一名老家仆在 1936 年写给他妻子的一封信看上去好像早年的纪念物。③ 伍尔夫的朋友哈罗德·尼科尔森举例说明了对仆人问题的新的不安，尽管经济状况不稳定，尼科尔森家还是雇用了两名秘书、一名厨娘、一名贴身女侍、一名司机、一名贴身男仆人和三名园丁。④ 但是尼科尔森和仆人在一起时感到不自在。在一篇自传性文章中，他描述了在和陪伴冠松勋爵出席洛迦诺会议的喝醉酒的贴身男仆打交道时的局促不安。有趣的是，比尼科尔森长一辈和社会地位高得多的寇松看到这种情况似乎感到有趣而不是不安。⑤

---

① 尼尔·弗格森：《理论和实力：通货膨胀时期的汉堡商业和德国政治，1897 ~ 1927 年》（剑桥，1995），第 51 页。

② 佩德森：《家庭、依赖和福利国家的起源》，第 91 页。

③ 伦纳德·伍尔夫：《重新开始：1911 ~ 1918 年的自传》（伦敦，1964），第 51 页。

④ 哈罗德·尼科尔森：《日记和书信，1930 ~ 1939 年》，奈杰尔·尼科尔森编辑（1966），第 109 页。

⑤ 哈罗德·尼科尔森：《"阿克塔尔"，某些人》，（1958），第 187 ~ 216 页。

仆人和雇主的关系是两次大战之间的中产阶级极为关注的问题。某些焦虑围绕着性关系和往往与暴力联系在一起的仆人的性叛逆。1933年，法国中产阶级被据说是同性恋的两姐妹杀害了她们的雇主的案件所震惊，① 在英国和法国，中产阶级的家庭主妇往往试图通过使用新家用电器来"解决"仆人问题。在美国，原先可能进入家庭服务的姑娘们现在为制造可供家庭主妇使用的设备的公司工作。

仆人问题在德国开始明显地具有政治上的重要性。1915年成立了RDH家庭主妇协会来对付战时缺少仆人所引起的各种问题，在魏玛共和国，规定许多仆人是"家庭学徒"的法律可能获得的新权力。② 尽管有这种努力，但是有些仆人仍然在政治上受到鼓动。纳粹劳工阵线试图吸收仆人，使资产阶级家庭主妇大为恼火，③ 尽管纳粹后来彻底改变了他们的立场，用发放补贴来支持家庭服务作为一种"适合妇女"的职业。④

为生育而战斗

墨索里尼认为意大利需要"为生育而战斗"。这种比喻反映了两次大战之间人口政策和军事优先考虑相联系的程度，也反映了男人们根据自己的经验设想这些问题如何影响妇女。墨索里尼还认为，"战争是男人的事，生育是女人的事"。到20世纪30年代，主要的大陆强国——德国、法国和苏联，都优先考虑需要提高出生率，而且彼此密切注视着对方的有关政策，因为它们认为人口与军事力量有着密切的关系。然而，并非所有的人口政策都能用军国主义、鼓励生育和保卫"传统家庭"的反女权主义之间的简单平衡来解释，仅仅军事上的需要也不能解释出生率的困扰。这种优先考虑可能对20世纪20年代的法国男人有意义，他

---

① 罗伯特·弗罗斯特：《机器文明：两次大战之间法国的家用电器》，载于《法国历史研究》第18卷第1期（1993），第109～133页。

② 雷纳特·布里登撒尔：《妇女运动的专业家庭主妇和同父异母姐妹》，载于布里登撒尔、格罗斯曼和卡普兰编辑的《当生物学变成命运时》，第153～173页。

③ 克劳迪娅·孔兹：《祖国的母亲们：妇女、家庭和纳粹的政治》（1987），第163页。

④ 奥弗里：《第三帝国的战争和经济》，第49页。

们和福熙一样认为，凡尔赛和约是"休战 20 年"，但是对 1939 年的欧洲没有多大意义，当时鼓励生育运动达到了顶峰。在这个时期，战争即将来临，大量儿童更可能是一种负担而不是一种好处。人口问题的困扰既涉及民族复兴、男性生殖力和青春形象，也涉及合理地计算军事上的有利条件。指责低出生率往往与保守分子普遍指责现代城市文化或民主混杂在一起，尽管农村地区和专制政权都不一定与多产联系在一起。①

赞成提高人口出生率的人可能不得不接受有利于妇女的福利政策，或者甚至于行动起来保卫妇女的解放。有些政权试图通过强迫妇女脱离劳动大军来提高出生率，但是瑞典政府试图通过使解雇孕妇为非法来鼓励人口增长。② 相反，最热衷于节育的人往往并不关心妇女的解放，而是关心通过阻止"最不合适的人"繁殖来改善"人种"。这种态度在德国的纳粹分子中最为明显，但是也可以在民主国家看到：丹麦在 1929 年、瑞典和挪威在 1934 年实施了允许强制绝育的法律。英国的节育倡导者玛丽·斯托普斯主张 1/3 的英国男性绝育，并且因为她的儿子和一名戴眼镜的女孩子结婚剥夺了他的继承权。③

最担心人口少的是法国，它没有分享 19 世纪普遍的人口增长。几乎在整个第三共和国时期（1870～1940 年），法国的人口实际上一直保持在 4000 万左右。1914 年以前，人口少一直被看成主要是天主教右派所造成的问题，但是第一次世界大战使情况有所改变。法国的人口甚至更加减少，因为损失了大量士兵而出生率在战争期间下降到了正常水平的一半，这就意味着可以服兵役的青年男子的数量在 20 世纪 30 年代大大减少，随着时间的推移，这个事实开始具有不祥的含义。法国对这种危机的反应是在 1920 年完全禁止一切形式的节育。

法国立法者制止节育的种种努力遭到失败。出生率在整个两次大战

---

① 玛丽·纳仆：《佛朗哥西班牙的鼓励提高人口出生率政策和母性》，载于博克和塞恩编辑的《母性和性别政策》，第 160～177 页，第 164 页。

② 安·索菲·奥兰德：《无形的孩子？瑞典为一项社会民主党的家庭而斗争，1900～1960年》，载于博克和塞恩编辑的《母性和性别政策》，第 60～72 页，第 69 页。

③ 德博拉·A. 科恩：《公共空间的私生活：玛丽·斯托普斯，母亲诊所和避孕》，载于《历史研讨会》第 35 期（1993）第 95～116 页。

之间的时期几乎保持不变。种种努力变得比以前更加迫切，并在1939年的《家庭法》和维希政府的鼓励生育政策中达到顶点：给有孩子的妇女发放补贴，提供更好的儿童保育设施，而对堕胎的处罚变得更加严厉。1943年，一名妇女因为堕胎而被送上了断头台。

法国关于出生率的政策明显地不同于许多欧洲国家。首先，优生学在法国影响不大。所有的生育都被认为是好事，而且并不试图改良种族或者限制少数民族或"下层阶级"繁育。其次，对提高出生率的关注意味着，包括保守分子在内的许多评论家对性道德采取了比较宽容的态度。私生子受到欢迎，妇女的性表露被认为是好事。1914年9月，维希政府通过法律允许非婚生子事后被给予合法地位。[①] 鼓励生育和容忍某些种类的女性性表露之间的关系反映在20世纪30年代和40年代的电影中。马塞尔·帕尼奥尔的电影经常出现出生率逐步下降和需要增加普罗旺斯农村人口的问题——在一部影片中，甚至梨树也不结果。增加人口的可能性几乎一成不变地是由一个有乱交习惯的妇女的到来造成的。在《再生草》中，影片的农民主人公在和他从一个巡回磨刀匠那里赢来的前歌女成家后把生命带回了他的村子。在《天使》中，一个农场主的女儿离家去了城市，在那里成了妓女，生了一个不知父亲是谁的孩子。她父亲为此把她关在地窖里，但是影片中的男主人公救了她，对待孩子像对待上帝的赐福，并且说他们会很快给孩子带来许多弟弟妹妹。《掘井工人的女儿》包含一连串类似的事件，以贝当元帅作为维希国家元首的第一次演说结束。另一部维希电影《乌鸦》也以生育为主要内容，主人公是一位医生，他由于替人堕胎而受到不公正的指责，而且得罪了优生学家和宗教伦理学家，因为他不仅有一个非婚生儿子，而且孩子的母亲还是一个残疾人。

意大利并没有面临在法国所看到的那种人口危机。意大利的出生率实际上很高，在20世纪20年代移民美国的可能性降低后出生率可能太高了。尽管如此，墨索里尼还是鼓励意大利人尽快繁殖：向没有结婚的

---

① 波拉德：《贞操的影响》，第64~66页。波拉德不会承认维希的立法涉及任何对女性行为的态度的自由化，但认为这项法律仅仅承认男性性行为明显的不可抑制性。

人和没有孩子的夫妇征税，政府机关的某些工作只留给有孩子的父母，节育成为非法。不过，意大利鼓励生育的政策不像法国那样成功。出生率在法西斯的统治下逐渐下降。

在德国，纳粹并不鼓励全民繁殖，但按照是否被看成在生物学上有利来区分人口。在一个极端，鼓励"优秀的雅利安人"尽可能多生孩子：婚外生育得到宽容甚至受到鼓励，类似第一次世界大战期所采取的措施，允许所有有孩子的妇女可以用"夫人"的称呼，不开除未婚母亲的公务员职务。①在另一个极端，防止那些有心理疾病、智力迟钝或有某种遗传性疾病的人有孩子——20 世纪 30 年代大约有 0.5% 的德国人口被绝育。

苏联改变了关于出生率的政策。起先，政府鼓励节制生育，所以据估计莫斯科在 1934 年只有 5.7 个孩子出生，而堕胎却有 15.4 万例。② 后来，官方对节制生育的态度有所改变。1936 年，堕胎被宣布为不合法，政府鼓励公民们尽可能多生孩子。这种大转变被西方共产党领导仿效，但是使某些西方女权主义者感到困惑，她们原先把苏联看成所有国家都应该向往的榜样。第二次世界大战爆发后，夫妻分离、动荡不安和饥饿使出生率下降。1943 年，被围困的列宁格勒市没有孩子出生的记录。③

小　　结

关于妇女、家庭和性关系的看法的变化不能和关于其他问题的思考分开。两次大战和有雄心壮志塑造公民生活的国家的出现意味着"公共"事务比以前更可能进入私生活，但是公共领域和私人领域并没有固定的界线。对于资产阶级家庭来说属于核心隐私领域的卧室，对于许多居住在拥挤的农舍里的欧洲人来说根本不是什么私密场所。

广播、电影和出版产生了新的公共领域。还应该记住，私人世界往

---

① 伯利和威帕曼：《种族主义的国家》，第 252 页。
② 克里斯·沃德：《斯大林的俄国》，第 198 页。
③ 约翰·巴伯和马克·哈里森：《苏联的大后方，1914～1945 年：第二次世界大战期间苏联的社会经济史》（1991），第 92 页。

往明显地表现出抵制对其提出要求的能力。具有前所未有的征收赋税、动员士兵甚至消灭其部分人口的能力的国家往往发现不可能提高出生率。

常常被说成是传统的核心家庭和不工作的妻子都是近代的新事物。给妇女选举权或宽容未婚妇女的性活动都是出于保守的目的，甚至最自觉地"解放的"妇女也并非总是威胁男性的权威，这些妇女的吸引力及其性的可利用性可以被看成是一种对"传统"女子气质有利的补充而不是取代。两次大战之间的许多女权主义者成了有权势的男人的情妇。罗莎蒙德·莱曼的自传性小说《街上的遭遇》（1936）中的女主人公和一个富有的已婚地主私通，而前苏联妇女事务人民委员亚历山德拉·柯伦泰在 20 世纪 30 年代可能是瑞典国王的情人。[1]

最重要的是，通过公开争论传给史学家们的那种简单而刻板的家庭生活和性行为模式与男人和妇女个人对生活的看法的关系往往有限。一个引人注目的例子是英国妇女凯瑟琳·黑尔的生活，她在年轻的时候似乎是"新妇女"的缩影。她在第一次世界大战期间离家去一个农场工作，她诅咒男人的衣服却穿着男人的衣服。战后，她在城市里过着放荡不羁的生活，当一个艺术家，有过许多风流韵事（其中包括和奥古斯塔斯·约翰的一次），由于耗损体力和贫困的生活而病倒。然而，她最终还是结了婚，移居乡下，生了两个儿子，并且专心于编写一系列关于橙色斑猫奥兰多的儿童图书。黑尔的生活可以被解释成从 20 世纪 20 年代质疑性个性到 20 世纪 30 年代重申传统价值观念的过渡，但是她的自传表明，她本人从来没有接受过任何一种价值观念，甚至令人不安地怀疑橙色斑猫奥兰多本人的男子气概。[2]

① 奥兰多·菲格斯：《人民的悲剧：俄国革命，1891～1924 年》（1996），第 741 页。
② 凯瑟琳·黑尔·《脆弱的名声》（1988）。

4　内战

　　1917～1945 年是欧洲许多国家出现剧烈内部动荡的时期，首先是 1917 年的俄国革命和布尔什维克随后发生的夺取政权的斗争。在其他地区，战争结束后各种暴乱接踵而至。在中欧地区，暴乱演变为革命，匈牙利、奥地利、芬兰和德国相继发生了血腥镇压。爱尔兰的民族主义者抵抗英国人，彼此为创新的自由国家进行较量。在意大利，1922 年以贝尼托·墨索里尼为首的法西斯政党在意大利上台，其他激进的右翼组织在欧洲内战时期也发展为"法西斯党"而为世人所知，最为臭名昭著的是 1933 年在德国上台执政的希特勒纳粹党。在 1936～1939 年期间，西班牙在佛朗哥将军的统治下，左翼与民主力量联盟与多数职业军人、教会和许多有产阶级展开较量。苏联资助了共和党人，纳粹德国和法西斯意大利辅佐了佛朗哥。甚至在 1939 年国际战争爆发之后，欧洲国家的内部社会冲突仍然持续不断。法国的共产党和工人阶级与保守的维希政府于 1941～1944 年期间展开了激烈的抵抗运动。意大利的游击队员于 1943～1944 年期间展开了反对本国法西斯政府的斗争。希腊和南斯拉夫也出现了类似的冲突，政客们习惯于用武装斗争的言辞描绘那些非流血事件。或许是因为，许多国家妇女享有了政治权利，政治行为带有更具攻击性的阳刚特征，游行队伍总是身着制服，攥紧拳头，并高呼"斗争""战斗"和"敌人"。① 一些国家敌对双方展开激战。俄罗斯在 1918～1922 年期间，阵亡男兵为 120 万。1918 年芬兰战死的男兵有 6794 人（战争间接造成的死亡人数超过 2 万人）；② 西班牙在 1936～1939 年期间

---

① 埃里科·韦茨：《英雄人物，改变了的妇女：欧洲共产主义的性别和政治学，1917～1950》载于劳拉·佛拉德和索尼娅·罗斯主编的《现代欧洲的性别和阶级》（1996），第 311～352 页。

② 有关芬兰的内战请参阅 D. G. 柯尔比，《20 世纪的芬兰：历史和解释》（1979），第 64 页。

直接死于战争人数为 268500 人，因疾病和饥饿死亡的人数在 165000
人。① 其他地区，政治冲突演变为街头暴动，据称，从 1934 年 1 月 ~
1938 年底，法国街头暴动中的死亡人数为 50 人，德国魏玛共和国的最后
几年内，死亡人数为 300 ~ 400 人，在 1919 ~ 1921 年 10 月期间，意大利
的死亡人数为 1500 人。② 暴力的激烈性差别很大。1924 年英国的第一届
工党政府组成后，保守的政治家达夫·库珀与其妻子开玩笑："当大屠杀
开始时"他们不得不去流亡。此番言论对欧洲大陆而言是何等重要。
1923 年保加利亚政变使 20000 农民遭到杀戮。

　　尽管差异无处不在，俄国革命和二战结束之后的这段时期，还是很
有可能发现欧洲政治分裂中的共同特性的。许多欧洲人把自已视为超越
国家边界的一场范围冲突更广的组成部分。在葡萄牙当萨拉查解散了法
西斯国民工团主义运动时，收到一封恐吓电报，警告他道："与奥地利总
统同样的下场"（恩格尔贝特·多尔富斯，遭到了纳粹分子的暗杀）。③
秩序的捍卫者认为，每次动荡从 1917 年法国军队在西部边境的反叛活动
到 1936 年法国人民阵线选举胜利引发的罢工，均是大革命的阴谋之一。
同一批人通常参与了随后发生的内战。俄国顾问将从红军中汲取的教训
运用于西班牙内战，要波兰内战以马克西姆·魏甘德与红军作战为开端，
并一直持续到了法国政府与德国侵略者签署停战协议后才告结束，因此
这一军队一直在与共产党作战。久洛·贡伯什上尉 1932 年担任匈牙利极
右翼首相，曾扶助希特勒策划了 1923 年的啤酒坊暴动。国际组织协调了
各种国内斗争。1919 年 3 月创立于莫斯科的第三国际（或称共产国际）
是最有影响的国际组织，而右翼势力也创建了同样的组织：特奥多雷·
奥贝特在瑞士创建了托洛茨基第四国际"反对派通极"影响着全欧洲包
括年轻的佛朗哥将军在内的反革命党人。④

---

　　① 斯坦利·佩恩：《佛朗哥体制，1936 ~ 1975》（1987），第 219 页。
　　② 凯文·帕斯莫尔："Boy scouting for grown ups：paramilitarism in the Croix de Feu and Parti
Social Franais"，载于《法国历史研究》，（1995），第 527 ~ 557 页。
　　③ 安东尼奥·科斯塔·平托、萨拉查的《专制和欧洲的法西斯主义》（1995），第 162 页。
　　④ 保罗·普里斯通：《佛朗哥：传记》（1993），第 61 页。

左 派

俄国革命之后，不同左派之间以及左派与布尔什维克右派之间爆发了内战，布尔什维克主义在俄国并不是家喻户晓的，它们利用机会主义和残酷手段夺取了政权。1917 年 11 月，布尔什维克候选人在议会选举中仅仅获得 1/4 的选票。社会主义革命赢得了绝大多数选票，然而由于党内在是否与布尔什维克进行合作上存有分歧——使得选票的真实意义变得模糊不清。布尔什维克不愿冒险而解散了议会。其他左翼团体的一些成员决定与布尔什维克共命运；其他人则与白军展开了斗争。

内战期间和内战之后俄罗斯左派之间的冲突持续不断。布尔什维克入侵了格鲁吉亚共和国，并镇压了喀琅施塔德海军基地的叛乱。布尔什维克内部也是存有分歧的。1918 年夏，列宁宣布将该党三十万人中的一半党员予以开除，列宁死后，敌对双方的领导人争夺领导权。斯大林成了这场权力之争的赢家，随着暴力的升级，斯大林握有更大的权力，这一现象在 30 年代的大清算时期达到了顶峰。

公开反对不是制约苏联领导人权力的唯一因素。该党领导人掌管着的是一个通信落后、文化、种族和语言迥异的庞大国家。来自莫斯科的一道指令或许要经数百英里的传达，由地方官员考虑自身的利益来加以执行，或许最终所执行的与中央党组织的指令毫不相干，战争和城市化经常带来新的困惑，人们被赶出家园，流窜到全国各地。在喀山，受斯大林大清算的威胁，一个知识分子考虑着能够加入到吉卜赛乐队而四处云游。[①] 更不用说"集权主义"的控制，苏联就是这么一个国家，那里土匪和犯罪分子相互勾结以武力对抗国家，比如在集体化上，还出现公开的政治反对派，如在喀琅施塔德的暴动中。直到 1935 年，党员才有权佩带手枪，他们利用这些武器反对所有的"共产主义"的敌人。1920年，比姆和克洛恩被契卡（肃反委员会）所枪杀，在枪杀期间，还开着反布尔什维克的笑话。

---

① 欧亨尼来亚 S. 吉斯博格：《卷入旋风》（1968），第 26 页。

　　布尔什维克领导人认为他们的革命将会成为更为广泛运动的组成部分。保守党派也从事着更多的"国际共产主义"，将第三国际视为欧洲每次左翼运动的幕后策划者。事实上，俄国共产主义与共产国际的关系错综复杂。布尔什维克早期领导人曾经是世界主义者：俄国革命开始时托洛茨基在纽约。相反，斯大林毕生都是在俄国度过的。他在西伯利亚而不是苏黎世或巴黎度过了他的流亡生涯。斯大林的大清算一部分是直接针对更加崇尚国际化的部分人的，而斯大林本人，虽然出生在格鲁吉亚，却倾向于实行俄国民族主义。从 1926 年开始，第三国际更多的是作为苏联外交政策的工具而不是鼓噪革命的中心。忠于莫斯科的共产党与那些在俄国革命之后依然忠于第二国际的社会党脱离了关系，然而这一分裂并不是彻底的或者毅然决然的。那些已经投票加入第三国际的法国共产党在数年之内重新回到了社会党（SFIO）中。在德国，数年来左翼党派在地方层面上彼此合作，在工厂来自左翼各个派别的工联主义者经常合作。英国和西班牙的共产党规模较小。工党主宰了英国左派，直到 1936 年，西班牙的左派一直分裂为无政府主义和社会主义两派。

　　随着时间的推移，共产党与政治谱系中其他党派之间的分野愈加尖锐。莫斯科成为共产党中心，即一个忠于现有体制的国际化组织并有一套严格的规章制度。持不同政见者被清除出欧洲党派，在 1927 年，共产党推行了"阶级反对阶级"的策略，放弃了联盟，谴责包括社会党在内的其他所有党派。经济条件阐明了这一分化：工厂合理化，失业率打破了社会党和共产党工会之间的工作计划。1932 年，80% 的德国共产党员失业，而 70% 的社会民主党人依然在工作。① 失业拉大了那些支持社会党的年老、技术性工人与支持共产党的年轻工人之间的差距。

　　即使在那时，尽管共产党与其他组织的关系在全国是不同的。莫斯科的原则比较容易地在法国和捷克斯洛伐克共和国加以实施，那里共产党公开开展活动，随着"阶级反对阶级"策略的推行，共产党的影响力急剧下降，这一策略使得共产党员似乎成为苏联的唯一手段。在法国，

---

　　①　迪克·吉尔里：《雇主、工人和魏玛共和国的崩溃》，参见伊恩·柯尔肖主编的《魏玛：为何德国民主失败了？》（1990），第 92～119 页，第 115 页。

1932 年只有 10 个共产党员代表进入议会。捷克斯洛伐克共和国的共产党员在两年内从 150000 人下降到了 25000 人。① 斯大林可以将民主国家的共产党召唤到莫斯科对其发布指令或者训导他们。相反，意大利一号那样的秘密组织，具有一定的活动自由度。安东尼奥·葛兰西，在墨索里尼的一家监狱中撰文，认为在这里比那些拘押在莫斯科的共产党更加自由。

1933 年，德国纳粹掌权改变了第三国际的策略。共产党与民主势力结盟，以建立民主阵线，捍卫民主来抵抗法西斯主义。这一政策在各国取得了不同程度的成功。尽管持不同政见的社会党成员与共产党合作，英国工党还是拒绝了所有的结盟尝试。在法国，人民阵线的形势是极为有利的。社会党与共产党之间没有什么冲突，这两大组织可以将他们的反法西斯主义融合在可以追溯到德雷福斯案重审事件中保卫共和国这一更为古老的传统。正是这一传统促使激进党的中间派加入联盟。在 1936 年，法国和西班牙的人民阵线政府上台执政。

在这两个国家，人民阵线均遭到了失败。西班牙人民阵线的失败更为惨重，人民阵线激起了民族主义情绪，最终导致了佛朗哥上台。人民阵线失败的原因之一在于工人以及工人的公开代言人之间存有分歧。这一时期大批涌入工会的工人缺乏工会组织的经验和严格的组织纪律性。对他们而言，人民阵线赢得选举举行的罢工活动洋溢着节日气氛，西班牙的无政府主义烘托了这一氛围。受无政府主义影响的那些工人很难听从指挥，即使当他们的领导人已经决定希望他们服从命令。罢工和工人阶级的动乱离间了资产阶级，而这部分人是人民阵线联盟赢得政权所需要争取的对象。

甚至共产党与反共产党之间的分野也不是那么清晰的。苏联经常受到那些非共产党员或者不承认莫斯科政权的人士的保护。1929 年在离开俄国之后，托洛茨基成了国际运动的中心人物。斯大林派与托洛茨基派因彼此之间极端憎恨而分裂，托洛茨基 1940 年遭到了暗杀。然而，直到

---

① 雅克·若普尼克：《捷克斯大林主义的根源》，转引自拉法埃尔·塞默尔、加雷斯·斯特德曼·琼斯主编的《文化、意识形态和政治学》（1982），第 302~319 页，第 309 页。

1933 年，托洛茨基始终表达了对第三国际的忠诚。于是他帮助成立了第四国际，坚持认为苏联依然是"工人"的国家。应该得到保护。一些非共产党的西欧知识分子也对苏联表示支持。

右　派

　　1918～1945 年期间欧洲右派之间的分裂和复杂性使得左派的分裂显得无足轻重。右派通常是民族主义者，排斥国际组织或者政党分类。许多右翼人士认为他们的观点仅仅适用于他们本国的特定环境：墨索里尼说法西斯主义是"不能输出的"；丘吉尔说，如果"他是意大利"，那他就是一个法西斯主义者。左派强调公开的意识形态辩论的重要性，并按照教科书如斯大林的著作来组织团体，而右派则从"传统"、"冲动"的角度将自身界定为"厌恶政治"的实用主义者或者"厌恶"政治的技术专家。法国哲学家阿兰认为界定法国右派的特征就在于它强调区分"右"和"左"是没有意义的。罗马尼亚艾恩格·格尔德缔造者多次尝试将意识形态定义为"国家渴求的是公民的需求，而非纲领"。

　　处理这一混乱形势的一个方法就是避免对右派进行抽象分类，而是要探究那些吸引欧洲右翼人士的政体和政党。第一个这一类型的政体是由墨索里尼于 1922 年在意大利创立。最初，墨索里尼似乎与其他欧洲的统治者没有太大的区别——他主持着一个拥有合法反对派的议会政府，表示出对自由主义经济政策的向往，表明要关注这一经济的正统性，在 1926 年对危害意大利出口的里拉进行重新估价。巴希尔·利德尔·哈特（Basil Liddell Hart）声称杜切赞成曼彻斯特护卫者。[①]

　　法西斯政体的形象因 1924 年一个社会党代表贾科莫·马泰奥帝遭谋杀而开始改变，利用随后的暴动作为借口来加剧镇压，墨索里尼对此应该承担责任。即使这样，墨索里尼的政体没有与西方民主决裂。1926 年之后共产党和社会党的报刊才停止出版。意大利的参议院依然以反对派为中心，直到 20 世纪 40 年代贝代托·克罗切这类人物还有言论自由。

---

① 巴塞尔·林德·哈特：《论文集》（1965），第 1 卷，第 106 页。

这一政体通过如地方行政长官、警察和法院这一机制来运作——这种机制在 1922 年已经存在。

事实上意大利是个软弱的国家，强大的市民社会制约了墨索里尼的权力。许多意大利人感受到的只是国家在征税、招募士兵、实施法律方面的松弛约束，却强烈受制于来自农村、特别是家庭的相互义务要求。意大利的政治生活没有取代相互责任的网络，而是建立在这一义务网络之上的。政党凭借其能力来为其支持者保障工作和资源，法西斯主义就是符合了意大利政治的这一模式。运动的最初据点一直在北部，那里极为发达的通信使得法西斯主义的大众政治成为可能，技术发展使得现代言论变得似是而非。也还是在北部，来自左翼的威胁使法西斯主义似乎是必不可少的。然而，一旦法西斯主义的政权加以巩固，该党党员人数迅速庞大，特别是在南部地区。党员人数从 1922 年 10 月的 300000 人，发展到 1923 年底的 783000 人，到 1939 年底达到了 2633000 人。这一迹象并不表明该党正在接管整个社会，这一数字增加反映了社会正在接管该政党。党员到处分布：1941 年意大利的士兵发现那些不懂意大利语的游击队员正在与意大利军队交战，他们却持有有效的法西斯党员证件。[①]加入该党的一些人是握有实权的知名人士，或者是那些依赖于国家的政府公务员。他们把该党视为分配国家资源的途径；法西斯主义已经成了"变革"的牺牲品，在这个过程中，威胁意大利制度的政党被纳入了这一制度。

意大利法西斯与德国纳粹主义的交锋凸现了这两种思潮。它们具有许多共性。希特勒从政初期，深受墨索里尼的影响，而墨索里尼最终却成了希特勒的附庸。对希特勒权力的制约不如对墨索里尼制约得那么明显。德国的保守派扶持法西斯主义上台，他们认为可以对此加以控制，在希特勒统治的初期似乎预示着他们的这一做法是对的。与墨索里尼一样，希特勒作为联盟的组成部分上台执政，其第一届内阁成员中只有三位成员是纳粹党，其他 9 名内阁成员来自其他政党。亚尔马·沙赫特，

---

① T. 乔娜特·斯坦伯格：《全部或一无所有：轴心国和大毁灭，1941～1945》（1990），第 25 页。

一位正统的经济学家，出任经济部长。他攻击自己组织中的激进分子以安抚保守派——1934 年，许多人，最为知名的是德国法西斯冲锋队的领袖，遭到了暗杀——而在 20 世纪 30 年代希特勒的政体改变了。1934 年兴登堡总统去世，希特勒摆脱了一种束缚，允许他宣布自已为国家元首，并发誓要效忠军队。1936 年，纳粹的四年计划标志着从经济正统性转向一个备战的闭关自守。1937 年解雇沙赫特表明这一体制进入了极端。

法西斯主义的戏剧意味着它常常使得欧洲其他的独裁主义的反马克思主义政党相形见绌。从知识分子的角度出发，许多类似政体的灵感多半来自法国王室成员查尔其·莫拉斯，他崇尚古典主义美德、教会（特别是天主教会）、皇室、区域、等级和传统。他的思想在比利时、西班牙、甚至那些威尔士民族主义者中赢得了赞美。

一个特别来自莫拉斯灵感的政体——就是葡萄牙的安东尼奥·萨拉查政府，尤其看重权力，尽管与希特勒和墨索里尼的权力差别很大。希特勒解雇保守的经济部长表明了与资产阶级分子的决裂，自从 1928 年成为一个保守的财政部长后，1932 年萨拉查成为了独裁者。他并没有沉湎于被法西斯头目所钟爱的戏剧表演；意大利的一名特使形容萨拉查的政治为"没有个性的个人原则"。葡萄牙成为民族工联主义运动的策源地，这一运动在其他欧洲国家效仿了一些法西斯主义，然而这届政府仅仅允许有限的权力，并于 1934 年解散了。

法西斯主义（以希特勒和墨索里尼政体为代表）和保守主义（以萨拉查为代表）之间的差异需要加以更多关注。法西斯主义是相对较新的教条主义，不单单是维护现有的秩序。法西斯主义推崇运动而非秩序，个人的领袖"魅力"和一党集权，这些特征体现在西班牙长枪党、葡萄牙的民族工联主义，罗马尼亚的艾恩格·格尔德、匈牙利的阿罗·克洛斯和法国人民党。法西斯党排斥民主但不拒绝大众社会，信赖帮派，希望人们把他们看为更大政体——民族国家、国家、种族的组成部分。他们希望人们受政治性的鼓动，却并不希望人们在采取何种鼓动的方向上拥有更多的发言权。相反，保守党，拒绝大众社会，害怕民众。萨拉查曾对法国王室成员亨利·马西斯说过，他的目的就是"使葡萄牙人按部就班地生活"。

法西斯分子热衷于现代事物。其领导人喜欢飞机和快速汽车，需要电台技术、电影和扬声器。这一庆祝仪式在意大利的法西斯主义中表现得更为显见，也许是因为意大利不是一个技术特别先进的国家。甚至可以从烹饪的方式中区分法西斯主义与保守主义。保守党人查尔斯·莫拉斯喜爱传统的普罗旺斯食谱；① 而墨索里尼的朋友马里内蒂痛斥意大利人对意大利面食的嗜好，认为这与懒惰、无能和胆怯相关：他的《未来烹饪》（1932）提出了菠萝配沙丁鱼这样的菜肴。②

法西斯主义与保守主义在关于政府应该拥有多大权力上的看法也不尽相同。保守主义是极权主义的多元论者。他们不相信自由或平等，但也不相信权力应该在任何单一个体中加以栽培。而他们希望看到多种机构——教会、地方、公司、贵族阶层和君主国——以恰如其分的方式行使政权。另一方面，法西斯分子希望集权于一党，并在领袖一人的领导下与强大的国家相结合。20 世纪 20 年代墨索里尼鼓吹"极权主义"。

最后，保守党人与法西斯分子在暴力方式上有所不同。保守党在当暴力适合他们时，他们愿意使用暴力，但他们将暴力视为必不可少的一场灾难，认为国际冲突很可能导致通货膨胀、叛乱以及他们所担忧的所有不稳定性。其中的大多数或许已经印证了俾斯麦的言论："我不要战争，我要胜利"。佛朗哥实现了将军的愿望使西班牙置身于二战之外，贝当元帅将法国从战争中撤出。东欧国家的保守党独裁者只有在压力之下才卷入二战，他们中的许多人尽可能快地放弃了冲突。保守党将同样的逻辑思维运用于国内政治。对他们而言，权力的最为有效方式就是那些几乎看不见的方式，他们评价社会时认为男人天生就是服从上司的，或者当局惩罚力度是如此之大，以至于永远不再使用。1917 年，贝当打死了许多人，平息了叛乱，从 1940～1944 年出任国家元首期间进行了更加猛烈的抵抗，但是他宁愿删掉了"马赛曲"中更为残忍的部分。

---

① 关于普罗旺斯饮食对莫里斯人的重要性，参见拉乌尔·吉拉德特和比埃尔·阿索里内所著 Singulierement Libre.（1990），第 36 页。

② 伊丽莎白·达比德《意大利食品》（1987），第 65 页。

　　而法西斯分子相信暴力本身就是最好的选择，也是达到他们目的的手段：罗马尼亚艾恩格·格尔德高呼，"死亡万岁"。一些法西斯分子迷恋于杀戮和流血，即使他们自己也有可能成为其牺牲品——法国的作家德里欧·拉罗舍尔（在 1945 年自杀前对死在共产党的手中充满着向往）。这一典型的保守分子在接受了过度的宗教热忱后死在了床上，在他的忠实随从参加葬礼之后，安葬在家族的墓地中。这一典型的法西斯分子安放在战场的无名坟墓中。

　　实际上，法西斯主义和其他政党运动的差异几乎是模糊的。1943 年灭绝种族的法西斯主义与 1923 年的意大利政体不同，从一种类型的法西斯主义范式转向另一种改变了欧洲右翼政党的联合。一些右翼政党逐渐转向了法西斯主义。法国人民党领袖雅克·多里奥，直到 1940 年德国击败法国之后才称自己为法西斯分子。尽管他的一些崇拜者始终将他看成是法西斯分子。奥斯瓦德·莫斯利新党中也有一些人追随其领袖加入英国法西斯联盟，但也包括其他一些人——如约翰·斯特雷奇或哈罗德·尼科尔森他们回到了更加传统的政党中。法国的农民领袖亨利·多热尔在 1933 年接受了法西斯主义，第二年却又放弃了。①

　　因保守主义的模棱两可和互相矛盾使得简单地区分法西斯主义与保守主义也变得困难了。保守主义意味着他们正在保护那些随时间推移变得神圣的秩序，然而实际上，他们通常试图对近年来自己创造的特定社会制定安排进行再创造。他们保护的许多传统均是在 19 世纪末和 20 世纪初期"创造的传统"。他们并不排斥工业增长并经常采用新技术来保护"旧"方式。

　　保守主义的一些模棱两可性表现在他们对君主的看法上。保守主义通常给他们的国王以口惠，而实际上许多保守党人认为君主制是个令人厌烦的制度。在俄国内战期间，白军没有为沙皇的复辟而征战（阿列克谢耶夫，白色志愿军指挥官，帮助劝说尼古拉斯二世退位）。法国王室历史学家雅克·班维尔认识到在保守党的噩梦中俄国革命已经取代了法国

---

　　①　罗伯特·帕科斯顿（Robert Paxton），Le temps Chemises Vertes：Retoltes Paysannes et Fascisme Rural，1929 ~ 1939（1996），第 252 页。

革命，法国共和党人在他们与红军作战中给予波兰人的援助使得该国家有了非常好的秩序。① 在葡萄牙，君主主义联合会在 1923 年放弃了王朝复辟，并发表了如下宣言："如果我们没有了皇帝，那就一定会出暴君。"② 战争期间保守主义统治的最为显著的特征之一就是摄政。阿德米拉尔·霍尔蒂是匈牙利 1920～1940 年期间的摄政王，公开声称是热忱的君主主义者，而实际上他反对哈布斯堡王朝复辟。在毛焦尔贵族阶级中，与王朝的依附关系是如此松散，以至于一些人开玩笑说让伦敦每日邮报的业主洛德·罗瑟米尔当匈牙利的国王。③ 战争期间摄政也出现在罗马尼亚和希腊，佛朗哥将军生前就安排好了死后恢复西班牙君主制，但是对君主制不干涉其 40 年的统治相当在意。法国行动的君主主义者在对君主制抱有热情的同时，却对法国王位的捍卫者持冷酷态度。许多人乐于将马歇尔·贝当（Marshal Petein）的制度看成是事实上的摄政。

城镇与乡村

对保守主义而言，城市是革命暴动的中心，乡村是顺从和传统的源地，然而农民与保守党所代表的那部分群体一样，也是容易被控制的。城乡差别不是农民和市民之间的自然差异，而是环境的不同。欧洲左派主要吸引城市的工人阶级，对乡村、尤其是农场主，更是漠不关心，第一次世界大战加剧了城市工人阶级和农场主之间的差别，当时许多欧洲国家农场主的经济地位得到了提高——因此他们感兴趣的是维持现有的秩序——同时广大的农民与城市工人阶级之间出现敌视，这似乎就是战争带来的最坏的结果。

城乡冲突的后果在俄罗斯是最为严重的。布尔什维克党希望建立一个工人阶级的政党，然而面临着压倒多数的农民。除此之外，革命之后出现了回归更早时期的俄国社会模式的两种形式：首先，由于人们逃离

---

① 雅克·班尼维尔：《巴黎的政治影响》（1920），第 250 页。
② 科斯塔·平托：《萨拉查的专制》第 116 页。
③ 伊丽莎白·维斯克曼：《我眼中的欧洲》（1968），第 108 页。

饥饿的城市，俄国的人口更趋乡村化；第二，多数离开公社的农民又重新返回了公社。

短期内，布尔什维克只得作战略性撤退。他们接受了农民的土地要求，尽管在 1918 年将近所有土地进行了国有化，允许农民掌管他们赖以生存的土地。1921 年，布尔什维克还颁布了新经济政策：以征税代替征粮，刺激农民出售所有农产品以换取现金。布尔什维克对农民采取主动的姿态原因是，俄国农民与其他西方国家的农民不同，不能从战争时期的通货膨胀和食品短缺中获得更多的利益，因而俄国的反革命，也不同于中欧国家的，他们不能依靠农民支持。一些农民加入了布尔什维克，另外一些组建了"绿"军以保卫领土免遭他人的侵占，还有一些农民退避到了自给自足的孤立中。对白军来说，他们必须自给自足，因为他们作战在俄国帝国的边缘地区到布尔什维克中心地带的跨越数千英里的范围内，农民的敌视是最为致命的。[①]

布尔什维克的成功取决于缺乏农民反对势力，然而这并不意味着二者之间具有良好的关系。内战期间的征粮和中央当局随后的征税激起了布尔什维克与农民之间的猛烈冲突：到 1920 年，8000 多名征税队成员遭到了谋杀。[②]此外，俄国新统治者意识到一个耕种小块土地的农民社会是永远也不可能为社会提供长期的基础支持的。为了解决这一问题，斯大林在 1928～1929 年放弃了新经济政策，启动了一项快速工业发展计划，同时实行农村集体化。到 1937 年，依靠土地生活的93%的家庭生活在集体农庄中。[③] 农民不甘接受他们的命运，那些被迫进入集体农庄的许多农民屠杀了牲口，还有一些农民杀害了那些被派来执行政府指令的人员。共产党处决或放逐了富裕的农民，并谴责这些人的抵抗行为，武装分子以残忍的手段抢夺了粮食，乡村的广大地区遭受了严重的饥荒。

即使斯大体的集体化也不能被简单地解释为城市保卫农村的胜利。城市化的速度意味着许多新的"无产阶级"就是"昨日"的农民，共产

① 奥兰多·费吉斯：《俄国农民，内战》（牛津，1990）。
② 奥兰多·费吉斯：《一场人民悲剧：俄国革命》，1891～1924（1996），第 753 页。
③ 谢尔拉·菲兹帕德里克：《俄国革命》（牛津，1994），第 138 页。

党嘲笑农民的非常行为——酗酒和暴力——被输往了城市。许多共产党也是农民，在 1914 年和战争动乱的 10 年期间，基础教育的普及开阔了他们的眼界。更不用说那些运用马克思主义理论的远在城市的知识分子，那些实行集体化的一部分成员也是农民的后代，为他们年轻时代蒙受的羞辱而报仇。

乡村地区和欧洲左派的分道扬镳不是不可避免的，欧洲的一些左派在乡村取得了成功。斯蒂芬·拉迪奇克罗地亚农民领袖很快将党附属于第三国际。① 在法国，激进党，其意识形态是基于共和传统而有利于小业主的左翼，因此吸引了农民阶级。在法国甚至马克思主义政党经常获得农民的议会支持。实际上，在 1920 年的图卢兹党代会上，似乎主要是农民代表，他们投票支持第三国际的成员。②

城乡的政治关系是复杂的。在波兰，约瑟夫·毕苏茨基 1926 年的政变表明了社会党扶持下以军人为领袖的农民政府的废黜，虽然毕苏茨基也得到了一些农民的支持，随着时间的推移，他与社会主义之间的关系逐渐脆弱。在保加利亚，1923 年的政变是因民族主义官员反对农民政府的不断加剧而出现的。更为复杂的情况在匈牙利，那里土地所有权传统地集中在一些达官贵人手中。在第一次世界大战后，迈克尔·卡罗伊，他本人也是个权贵，试图分割大庄园，但是遭到了抵制，并被贝拉·金领导的布尔什维克所替代，贝拉·金拒绝分割庄园，担心由此产生保守的小股东。布尔什维克随后败在了保守的阿德米拉尔·霍尔蒂的保守党手中并不意味着要重新进行土地改革。相反，选毛焦尔贵族阶级的代表人物霍尔蒂决定保留这些特权。对乡村地区社会秩序的维护并不排斥在城市进行带有社会主义的工作制度安排，实际上，这是一个在城乡差异而不是城乡冲突基础上的政治制度。在 1922 年，在乡村地区恢复了公开选举制度，保障了贵族权势，而城镇依然进行无记名投票，社会党已经合法化了，在这种情况下，社会党将党员限定在城市工人中，而不愿尝

---

① 乔治·杰克逊：《1919 ~ 1939 年东欧的第三国际和农民》（纽约，1996），第 106 页。这种关系似乎涉及双方更多的保留。

② 迪克·吉尔里：《欧洲的劳工起义，1848 ~ 1939》（1981），第 149 页。

试着在农民中扩大宣传。土地改革的呼声不仅来自左派，也来自贡伯什的极右政党，贡伯什在 1932 年成立了匈牙利历史上第一届不包括贵族的政府。

乡村的冲突、乡村与城镇之间的冲突同样重要。劳动者、佃农和租户经常仇视地主。在许多国家，特别是在新建的中欧国家，农村所有权的再分配是世界大战之后最为重要的政治问题。①

意大利经历了占有土地的浪潮，南部地区的农民占据了大庄园，佃农要求拥有全部的土地所有权。在其他地区，意大利的农民举行抗议有关价格或就业合同的活动。意大利的情况非同寻常，政府，特别是基督教的农业部长路易吉·斯图尔佐对 1919～1920 年的土地占有表示同情，政府颁布法律对无土地的劳动者提供更多的工作保障。意大利的地主则转而加入那些能够对农民实施暴力的机构来抵制这一挑战——在南部为黑手党，在北部和中部为法西斯党。

西班牙南部地区的大庄园主在 1936 年之前的 20 余年中面临着各种威胁。1917 年乡村暴动遍及全国。米盖尔·普里莫·德·里维拉独裁者在 20 世纪 90 年代提出了改革以有利于那些手无寸土的劳动者。左派存有分歧，迟迟不愿考虑大庄园问题：无政府主义者希望将庄园分割成 50 英亩以下的小块农田，与此同时社会党工会希望保留这些庄园并对此进行集体化。实际上，没有一种设想得到了落实。第二共和国的社会党部长们提出了劳动者 8 小时工作制，从法律上保护他们免遭来自他们本地以外的竞争。即使这些非常有限的措施还是激怒了西班牙的地主阶级，致使他们中的许多人支持了 1936 年 7 月的佛朗哥的暴动。②

战时欧洲政治中最为新奇的事物之一就是农民党的出现，这在哈布斯堡帝国的后续国家中尤为显著。在保加利亚，亚历克山大·斯坦伯利斯基的农民党将自己视为新政治思潮的代表，试图组建"绿色"国际以抗衡共产主义和社会主义的"红色"国际。在法国，得到马斯夫·塞特

---

① 安东尼·波龙斯基：《小独裁者：1918 年以来的东欧历史》（1975），第 81 页。
② 保罗·普雷斯顿：《南部的农业战》，参见保罗·普雷斯顿主编的《1931～1939 年的西班牙革命和战争》（1993），第 159～181 页。

拉尔支持的保守的农民党与得到该国西部地区支持的亨利·多热尔对立。农民党在主要农村问题上开展运动，迫切要求补贴和阻止外国竞争，有时候也与极右政党结盟，因为反城市的言论与反现代主义、反犹太人和反社会主义相融合。始于 20 世纪 20 年代末期的大萧条对农业价格产生了巨大影响，进而影响到了农民政策。1932 年 9 月在克罗地亚和达尔马提亚出现了农民大叛乱。

在此期间，右翼专制政府通常以承诺照顾农民的利益而上台，然而对这些承诺信以为真的人们通常会大失所望。意大利法西斯党提出需要建立一支强大而独立的小农阶级，而事实上，该政府执掌大权后，部分地在保护地主的利益，反对的恰恰就是这些小农阶级。法西斯支持传统的佃农耕种安排政策转变成了将大萧条和减少的农民利益的影响强加于承租人而非地主的手段。[1]

德国的纳粹也利用农村策略并在新教徒的乡村地区赢得了大部分的选民支持。该党的农业专家沃尔瑟·达里将保护农民与更为广泛地保护德国种族联系起来。农民成了阿里亚美德的来源地，其在东部的居住地构成了抵御斯拉夫威胁的堡垒，而纳粹从来也没有真正解决他们在东普鲁士占主流的大庄园中的地位问题。一些人提出要将这些庄园分割成农民的小块农田，但是贵族地主在促使希特勒上台的政权建立中势力强大。而且，达里的偏向农民政策是基于这样的假设前提：农民就是需要获得市场经济保护的单纯的人。这一保护采用一部限嗣继承的不动产法的形式来避免农民的财产遭到抵押。实际情况是，这样措施削减了创业型农民从前用以投资新设备的资金。同样的情况是，纳粹根除那些被视为"剥削"农民的犹太商人，有时候也遭到了农民的痛恨，这些农民发现被切断了必要的商业联系。[2] 最后，德国的战争经济构筑在高度重视重工业的基础上；农民被剥夺了资源而无法抬高价格。

宣布的目标与成就之间的反差在维希法国表现最为显著，这一政府

---

① 保罗·科内尔：《内战期间的法西斯农业政策和意大利经济》，转引自约翰·戴维斯主编的《葛兰西和意大利的消极革命》(1979)，第 239~274 页。

② 伊恩·科斯肖：《第三帝国的民意和政治分歧》(牛津，1983)，第 241 页。

似乎转向以牺牲城市的利益来保障农村地区。贝当在作为国家总统的最初的演讲之一似乎以"不会欺骗的地球"来归纳这届政府的态度。实际上，这段话不是出自菲尼斯特雷的饱经风霜的教长而是带有犹太血统的巴黎知识分子伊曼纽尔·伯尔的。而且，维希与农民的关系从来不如言论中所表达的那么愉快。农民们受到维希经济规则和食品征用的压榨，在此期间如果农民根本无法获利的话，他们普遍会公然反抗维希政府和求助于黑市。关于贝当谈论较多的构成农民与欧洲右翼政党之间等式的欺骗与自我欺骗的言论，一位法国的农民对此的评论是："我喜欢马歇尔，因为他像我一样……是个善意的说谎者"。①

教　会

1918～1945 年期间欧洲宗教分歧酿成了许多暴力冲突。基督教信徒的各个不同派别之间依然存在敌意。新教徒和天主教徒有时候也互相猜疑：曾经有一次，庇护教皇十一世会见墨索里尼时，他们讨论了意大利新教徒福音主义问题。尽管这些争论很少造成流血，对社会主义共同敌人的反对通常使天主教徒和新教徒联合起来。在法国，在查尔斯·莫拉斯影响下的右翼天主教徒将新教徒（以及共济会成员和犹太人）界定为"外国佬"，那些希望使得法国自由的人。但是当右翼在 1940 年的维希具有影响力时，反新教的情绪已经不存在了，诸如帕斯托·伯格纳的新教分子应邀加入了新政府的国民议会。德国也有相似的和解，新教福音派信徒组织在 30 年代初期投票支持以天主教为主的议会中间党，在匈牙利，例如摄政王霍尔蒂和总理伊什特万·贝特朗这样的加尔文派和毛焦尔贵族也与天主教极右政党结盟。在英国，保守主义和圣公教义曾经几乎是同义语，许多保守分子被天主教的主义所吸引，T. S. 埃利奥特认为

---

① 高登·怀特：《法国的乡村革命：20 世纪的农民》（1964），第 224 页。

英国国教可以最好地诠释其天主教私人教师莫拉斯的理想。[①] 甚至基督教
与穆斯林之间的分歧通常被共同的政治对手所冲淡。一些保守党政
府——如民族主义西班牙政府、维希法国和战时的克罗地亚与穆斯林保
持着友好的关系。

当基督教教派之间的斗争与国家的分歧一致时，很可能会演化为暴
力，例如在 1916 ~ 1922 年在爱尔兰所发生的，南斯拉夫的情况更为严
重，塞尔维亚东正教和克罗地亚天主教之间数十年的紧张关系以二战期
间的强迫阪依和大灭绝得以结束。

在此期间教会之间的最大冲突不是围绕着一个教会反对另一教会的
斗争，而是基督教——特别是天主教会——反对左翼政党中的假想敌人。
宗教和右翼政党之间的关系长期存在，在许多国家教会与传统的执政阶
级密切联合。在英国和匈牙利，主教在议会上院与世袭的贵族并排就座，
而在法国，教会学校教育许多富家子弟。通常教会本身就是一个大地主；
在西班牙，教会拥有了总计约为 20000 处的财产，价值为 1300 万美元。[②]

教会政治以反对其对手的教权主义而得以加强。俄国革命和国际共
主义运动的兴起增添了教会和反牧师争论的新的涵义。共产主义憎恨教
会的特权。在俄国，1921 年创建了军事无神联盟。

令人好奇的是，起源于俄国革命的政教分离在俄国却并不那么明显。
东正教与古代体制（ancient régime）之间的联系过分张扬，使得东正教
无法成为该政体的有效捍卫者。10 万以上的牧师依赖国家，其他人依赖
于他们从农民那里压榨得来的服务费。教会不是人民的代表。法瑟·卡
篷，1905 年率领抗议者来到冬宫，就是一个孤立的现象——他甚至不再
充当警察告密者，农民宗教，倾向于将圣人和偶像融入前基督教的泛神
论文化中，有时候与官方的教条毫不相关。与罗马天主教不同，东正教

① 发人深思的是，乔治·奥韦尔从政治角度形容了天主教的吸引力："这些人总是想去罗
马教会⋯他们去的也就是说是一个世界性的组织，具有严格的纪律、权力和威望⋯⋯埃利奥特
推崇的不是罗马主义，而是盎格鲁 - 天主教主义，等同于托洛茨基主义的教会性。"摘自《鲸
鱼》（1962），第 5 ~ 50 页，第 35 页。

② 斯坦利·佩恩：《西班牙：教会、第二共和国和佛朗哥专制制度》转引自 R. 沃尔夫和
J. 霍恩什主编的《天主教、国家和欧洲的激进右翼》（1987），第 182 ~ 198 页，第 183 页。

逐渐与那些流入城市的农民失去了联系：一个莫斯科工业郊区只有一个供人口 4 万人使用的教堂。

在短期内，教会与沙皇主义者的关系确保了教会被看做是充满敌意的。1918 年 1 月政教分离。然而，在长时期内，东正教的国家捍卫的传统以及缺乏对大众运动的兴趣对布尔什维克如同布尔什维克对沙皇时代的先辈那么有用。而且，有时候俄国的民族主义将东正教与布尔什维克主义联合起来。在 1926 年，苏联官员和红军将军在新代切寺院举行的马歇尔·布鲁西洛夫的葬礼上一起颂扬牧师。[①] 二战期间共产主义、民族主义和东正教之间的联系是最为突出的。在 1943 年 9 月 4 日，斯大林，在神学院接受过教育，在克里姆林宫召见了东正教最高级主教，颁布恢复东正教主教公会。[②]

共产主义的真正敌人不是东正教而是罗马天主教，从某种意义上说，这种敌意起源于相似性。天主教和共产主义实施的均是具有严格纪律的国际性运动。天主教教会的权威性比以前任何时候更加集中：在 1931 年，教皇还设立了自己的电台来直接向信徒宣传教义。[③] 墨索里尼称"罗马梵蒂冈与莫斯科为对手"。1922～1939 年期间的教皇庇护十一世作为罗马教廷大使在波兰与俄国交战期间来到波兰，感受到了一位天主教政治家所形容的那种"对布尔什维克主义的自然恐惧"。天主教会通常是反对共产主义联盟的最为著名的成员：当人民谈到教权政体，或者基督教民主，他们通常所指的是与天主教相关的团体。

天主教作为一种反革命运动力量的成功是建立在这样的认知基础上的：天主教不只是权力的和特权的工具。新教和东正教的各种不同派别具有尊崇国家的深厚传统，使得他们不愿冒险成为一支独立的政治力量，而天主教总是重申教会的控制要优先于世俗政权。在 1914 年之前，法国和意大利的天主教与国家冲突不断。教会的可察觉的反历史与其适合大

---

① 费吉斯：《人民的悲剧》，第 818 页。
② 伊沙克·多伊特谢尔：《斯大林：政治传记》（1966），第 478 页。
③ 马丁·康维：《引言》，转引自托姆·布坎南和马丁·康维主编的《1981～1965 年的欧洲政治天主教》（牛津，1996），第 1～33 页，第 12 页。

众政治的能力之间的关系在德国得以体现。直到 1918 年之前，在巴伐利亚，君主是天主教徒，实际上，天主教会就是现有的教会。在德国其他地方，天主教是在俾斯麦的文化斗争期间遭到迫害的少数派，然而在一战之后，巴伐利亚基督教民主人民党仅仅获得了 56% 的天主教选票，而活跃在德国其他地区的基督教民主中间党，获得了 70% 的天主教选票。总之，教会的影响与教会和世俗政权之间的可见的密切程度成反比关系。

第一次世界大战后，教会通常通过与世俗政权签署协议以保障其在非共产主义国家的利益，但是教会也保留推翻这些世俗政权的能力。在 1913 年，教皇提出对意大利法西斯国家效忠的那些人应该在"有所保留"的情况下这么做。天主教教会的独立性是由其成员的身份所决定的。吸收一大批聪明的农家男孩进入牧师生涯和神学院，给予这些招募人员以一个良好、有效的教育和对权势的尊重。牧师的禁欲确保了这些人相对地漠视其物质利益，这就意味着天主教牧师可以将自己视为具有一定的可信度的农民或者工人运动的领袖。领取圣俸英国公会的狩猎牧师和他在马尔伯勒的两个儿子，或者俄国正统的非禁欲的"白色"牧师，榨干了其愠怒的教区每一个居民的最后的一个卢布，与这种行为是不相符的。

甚至庇护十一世最初也无法排除教会也许可以与苏联达成某些妥协的可能性。实际上，教会似乎已经考虑到了这种可能性，即俄国革命期间东正教的削弱也许为罗马教会的传教工作创造了机会。随着经济萧条而出现的政治的极端化导致了教会与左派之间关系的恶化。教皇的职位标志着因 1930 年的一次向俄罗斯大众的赎罪，[1] 放弃了在苏联的传教努力。随后第二年，奥地利的宗教社会主义联盟被解散了，[2] 也就是在 1931 年，教皇出版了通谕，这则通谕被广泛地解释成葡萄牙、奥地利、西班牙和维希法国这些独裁国家合作主义组织的一个模式和正当的理由。1934 年政治罗马天主教主义与左派之间的冲突首次导致流血，当时由天

---

① 波德·肯特：《教皇和领袖：拉特兰教堂协议的国际影响》（纽约，1981），第 113 页。
② 艾里卡·温泽尔：《奥地利：国家、政治和意识形态，1918～1938》，转引自沃尔夫和霍恩什主编的《天主教、国家和欧洲的极右政党》，第 5～31 页，第 21 页。

主教社会党领导的一派镇压了奥地利的社会党成员。在1936年，在西班牙教会与左派之间也出现分歧。大约有7000名宗教士兵在内战期间遭到杀戮。在1937年，民族主义将国家定义为他们所愿意创立的天主教国家，但是除了三个西班牙的主教外，其余的均表示了对佛朗哥将军势力的支持，尽管梵蒂冈在共和党被打败后才承认佛朗哥为国家元首。西班牙的一些天主教，特别是在巴斯克地区，以及西欧的少数天主教民主党，如法国的乔治·比多，支持共和国，但是全欧洲天主教思想以压倒多数的势头动员人们支持西班牙的民族主义党。①

欧洲的天主教政治从来也没有彻底的统一过。梵蒂冈主要考虑的是确保天主教被允许在不同的欧洲国家实施宗教和行使一定的权利，特别是在教育方面的权利。不可排除希望确保这种特权而与任何政权建立友好关系的可能性。为了建立这些关系，梵蒂冈在内战期间与不同的政府签署了宗教协议，最为著名的是在1929年与意大利的墨索里尼政府签署的协议，该协议对意大利国家抢占的领土给予教会以赔偿，扩大了宗教教育的范围，承认教会婚姻，并赋予教皇在梵蒂冈城市周围的主权。签署的宗教协议还包括与巴伐利亚（1924）、波兰（1925）、罗马尼亚和立陶宛（1927），普鲁士（1929）、巴登（1932）、纳粹德国（1933）、南斯拉夫（1937）和葡萄牙（1940）。

教皇外交与天主教政治并不等同。天主教教会是具有教规的，但是并不对其信徒生活的每个方面加以控制，梵蒂冈与第三国际不同，没有枪杀不同政见者的权力。各国教会与罗马之间也存在分歧。主教们通常与本国的统治阶级相联系，通常怀念以前的政治秩序，而教皇外交鼓励他与任何一个政体达成协议。奥地利的主教们对哈布斯堡的覆灭深感遗憾，萨尔斯堡的大主教依然与流亡的奥地利皇室的捍卫者保持着联系。当教皇在1926年谴责忠诚的法国行动时，导致出现更为严重的分歧——这一决定激怒了许多天主教分子，法国的一名红衣主教被迫辞职，因为他拒不支持梵蒂冈的政策。在各国教会中，社会层的牧师与主教的裂痕

---

① 斯坦利 G. 佩思：《西班牙、教会和第二共和国和佛朗哥专制制度》转引自《天主教，国家和欧洲的极右政党》，第182～198页。

也在加大。

牧师推行的政策与世俗天主教的活动之间也产生了分歧。天主教行动，创建于 20 世纪 20 年代初期，集聚了虔诚的成员并强调这一机构的活动独立于政党政治，由教会直接控制。许多天主教政治家们声称他们的活动受宗教的激励：萨拉查接受了许多耶稣会的教育，佛朗哥恢复了教会在西班牙的许多权力。贝当不是一个具有个人远大抱负的人，但是他的体制消除了一些反牧师政策，这些政策均是第三共和国加以实施的，并被许多法国的教会成员充满热情地加以接受了。

并非所有的天主教政治家们反对民主。在民主缺席下的一些政党显然是基督教成员——比利时的天主教政党，德国的中心党，意大利人民党以及法国的民主人民党。一些党派由牧师领导——让·德格朗热是民主人民党领袖，路易吉·斯图尔佐是意大利人民党的领袖，约瑟夫·岑德尔成为了领导德国中心党的第一个传教士。然而，这些政党和政治家们并非只是教会的代表，显然世俗党派可以独立行动，没有参与教会的权力。梵蒂冈甚至在斯图尔佐流亡之后，与莫苏里尼签署了宗教协议。

基督教政党将自身扮演成阶级斗争的反对派，谴责社会主义和不受限制的资本主义，因此，这些政党通常在以中间社会阶层如农民、工匠和小业主居多的国家中取得了较大的成功。他们通常居于左派与右派的中心位置，因此能够赢得与其在议会中席位不相称的特殊权力。他们还适应了天主教的庇护人关系网，需要为那些来自虔诚家庭的农家男孩在日益发达的国家机器中寻找工作，这些农家子弟在天主教学校接受教育后使得他们不愿回到农村去。因此带来了严重的腐败现象。科隆的中心党市长，康纳德·阿登纳，以慷慨地花费政府开支而闻名——他聘用表弟出任该市财政部长。① 乔治·西姆农也模仿这一做法，因此一个比利时政要可以在有求于他时，对他大加赞扬："他是一个好孩子，一个好的天主教徒以及一个好的选举人。"②

① 哈罗德·詹姆斯：《德国的衰落：1924～1936 年的政治和经济》（牛津，1987），第 92 页。

② 乔治·西蒙诺：《富尔诺市长》（1939），第 163 页。

　　天主教会以及与那些声称可以代表利益的政客之间的关系从来是不简单的，即使在那些更加强烈的声称要保障教会利益的政府，如贝当和萨拉查政府，并没有彻底取消其前政府所有的反牧师的措施。在克罗地亚，天主教农民领袖拉迪齐欢迎东方礼节的渗透，并希望由此将会消灭教会等级的影响。因此，教会对政治家持怀疑态度。梵蒂冈的秘书彼得罗·加斯帕里认为意大利人民党可以说是政党中"最为差劲"的。[①]在一些情况下，如1938年克罗地亚的选举，牧师们是被禁止在政治上发挥直接作用的。

　　法西斯主义给天主教会带来了更大的问题。墨索里尼和纳粹德国向来是反教权主义的，试图控制教会管辖的领域。纳粹主义和最终的意大利法西斯主义按照种族而非宗教信仰对人加以区分，因此对犹太人进行种族大灭绝。纳粹的理论思想家公开谴责基督教并提出了基于纳粹仪式和信仰的另一种形式的宗教，纳粹头目，特别是罗森伯格，试图干涉教会组织直至教会的宗教学。另一方面，纳粹和意大利法西斯主义均打算容忍宗教，两大政府均与梵蒂冈签署了宗教协议。而且，两种思潮均是强烈反共产主义的，共产主义似乎被看成是天主教的最大威胁。

　　在这种形势下，天主教与法西斯主义进入了一个并不和谐的共处时期，这种共处可以为意大利的教会带来相当大的利益，那里天主教与法西斯主义合二为一了，并融入了意大利的社会机构中，并没有因竞争的宗派的存在而受到影响。法西斯意大利的宗教活动在增多——天主教行动组织发展到了200万成员，教会学校的学生从1927年的3.1万人发展到了1940年的10.4万人。[②]当政府对教会青年人组织和天主教行动进行干涉时，这一关系变得冷淡。在许多方面，教会可以制约和遏制法西斯分子企图创建一个极权主义国家。最为重要的是，在法西斯主义首都的中心位置存在一个独立的梵蒂冈城可以遏制墨索里尼的权力，并成为一些基督教民主党，如阿尔西德·德加斯贝利庇护所。

---

　　① 约翰·莫罗尼：《政治天主教主义在意大利的出现：人民党，1919～1926》（1997），第124页。

　　② 马丁·克拉克：《现代意大利》（1984），第256页。

在德国，教会与政府之间的分歧也在加剧。在天主教教会仅仅代表少数人的国家以及那里的新教反对派受卢瑟兰的关于世俗权力高于一切观点的影响，基督教抵制的可能性受到了限制。教会抵制了纳粹对劣等民族的灭绝政策，但对抵制纳粹的种族政策却成效不大，然而，他们最为迫切关心的是保障教会制度。纳粹掌权后不久，中心党有效地使该党在投票中落选，上层的教会人士不再被看成是这一体制的强烈反对者。

在德国和意大利以外的国家，天主教与法西斯主义的关系相当密切。虔诚的天主教徒，如奥地利纳粹阿蒂尔·冯赛斯－因奎特，通常掀起暴力运动，积极地支持纳粹德国，而匈牙利的阿罗·克洛斯，罗马尼亚的艾恩格·格尔德和比利时的抵抗运动者均是天主教的强烈拥护者。在法国，菲利普·亨利厄特是个天主教徒，曾经是维希法国的宣传官，当时维希政府与纳粹德国关系极为密切。独立的斯洛伐克的总理约瑟夫·蒂索（在纳粹的庇护下于 1938～1945 年建立）是个天主教牧师。有时候，基督教的虔诚与法西斯主义的信奉具有奇异的结果。独立的克罗地亚的统治者深受大主教斯特皮纳克的抵制不良语言运动的影响：这个新生的国家立誓要严惩罪犯，对所有犯法者一律关押 30 天；与此同时，教育部长大肆鼓吹要消灭该国 1/3 的东正教徒。

小　结

关注内战政治动乱容易使人上当。较大的地区——英国、瑞典、丹麦几乎没有出现政治暴动。同样的，如果设想内战时期的动乱是个例外也是容易使人上当的：在 1914 年以前的中欧地区的政治一直是动荡的，在 1945 年和 1953 年期间，某些情况表现得更为动荡。保加利亚农民领袖佩特科·佩特科夫的命运，他在 1924 年遭到暗杀，可以说是非同寻常的——他的父亲，迪米特里，在 1970 年被害，他的弟弟，尼古拉，1947 年被吊死。

然而，一般而言，内战时期的欧洲政治极为动荡，与 1941 年之前或 1945 年以后的欧洲是截然不同的。主要有三个方面的原因：第一，在俄国革命和一个布尔什维克国家诞生以后，欧洲的每个资本主义国家均急于将本国的左翼势力看成是潜在的反叛根源。欧洲的政治边界已经被雅尔塔体系和原子弹所封锁，共产主义被看成是通过内部颠覆而不是外来征服就可以实现的。因此共产主义的威胁刺激了对极端右翼反攻击势力的支持，从而加剧了冲突。政治语言出现了极端化，被迫达到这种极端境地，拉姆齐·麦克唐纳被一些保守分子斥责为布尔什维克分子后，不久就被左派谴责为"社会法西斯主义"。

1941 年和 1945 年期间导致内部冲突的第二个原因是经济上的。1941 年之前是经济快速增长的时期之一，而 1945 年以后可以说是另一个经济快速增长时期。相反，内部的经济增长相当缓慢。一些国家经济下滑。农业上的危机尤其严重，而农业构成了西班牙、葡萄牙和东欧国家经济的主要部分。那些参与激烈的政治冲突的国家几乎未能表示出对经济上的需求：极左的领导人已经否定了资本主义制度可以创造出有效的物质进步，同时那些极右的领导人表示他们对物质利益不感兴趣。然而，支持这两大派别的许多人持有的这种不满可以通过金钱来解决。这个问题不单单是华尔街崩溃之后出现的大量的失业，英国和美国并没有受到激烈的政治冲突的影响。从 1929 年之前就开始遭受长期的农业问题的国家政治冲突更加剧烈，这些国家的经济高度依赖农业，同时在这些国家，特别是德国，在第一次世界大战后从未出现过稳定的公共财政状况。

内战的第三个根源就是世界大战。内战和世界大战是完全不同的，有时候是互相排斥的，但是两种形式的冲突是相联的。俄国革命导致了俄国退出第一次世界大战，而俄国革命本身就是一战的产物；维希政府促使法国退出二战，然而该政府及其反对派也源于这场战争。国际冲突不断地酿成国内冲突，加剧了经济问题，并导致许多国家不满的社会集团寻求国外的支持。

当然这些泛欧的冲突来源在两个国家并非以相同方式出现的。暴动的剧烈程度在不同时期也是因地而异的。同样，冲突的性质也是变化的，并不是在单纯的左翼与右翼之间的斗争。实际上，冲突最为激烈的战场通常是出现在右翼和左翼内部本身的。有时候政治上的暴动可以分裂家庭：佛朗哥将其最大的表兄判处了死刑。[1] 而贝当允许对其前被保护人戴高乐判处死刑。内战时期的大规模的冲突酿成了这些暴力，是因为这些冲突是相互重叠并与每个国家的各种冲突相互关联的。

---

① 佩恩：《佛朗哥的专制制度》，第 212 页。

5　现代

　　第一次世界大战后诞生了一种以机器为主的文化。战争期间汽车、飞机、电台和电话的重要性得到了证实，这些技术已经投入民用。电影——本身作为一项新技术非常适合表现快速运动——推动欧洲着迷于创纪录的飞机和快速汽车。在大型的、装备精良的工厂制造这些机器，使得工厂可以适应新的管理模式和工作制度。有时候，在这样一个规模上的重组牵涉国家和新的经济政策以及新的管理技术。通常机器就是新的消费文化的目标或者生产消费品的手段。

　　汽车印证了这些变化的影响。这些影响远远超出了使人们从一个地方抵达另一个地方。在 1914～1919 年期间，汽车厂得到了大规模的发展，如在布洛涅·比场古的雷诺厂，或者在都灵的菲亚特工厂雇员数万人，成了工业冲突的中心。事实上这些白手起家的工厂更加适用于新的管理技术。亨利·福特特别地与这些技术紧密相关，其在海兰帕克和里弗鲁日的工厂成为欧洲企业家参观的地方。福特的书，《我的生活和工作》出版于 1922 年，被翻译了多种欧洲文字——德文版在 20 世纪 20 年代末销量达 20 万册，当慕尼黑政变失败后，阿道夫. 希特勒在狱中阅读了此书。[①]

经济变化

　　以汽车为特征的机器时代对大多数欧洲居民的生活并没有产生多大的影响这一观点可能会遭到人们的反对。在 1925 年，美国拥有汽车 1700 万辆，英国约为 100 万辆，法国超过 50 万辆，德国也有 25.5 万辆。越往东，机械化程度就越不发达。马格尼托哥尔斯克这个城市集中代表了

---

　　① 玛丽·诺兰：《现代观念：美国商业和德国的现代》（牛津，1994），第 32～34 页。

苏联的工业现代化程度，然而到了 1933 年，城市人口超过了 8 万人，而拥有的机动车仅为 500 辆。[1]

重视技术现代化也许表明内战时期的欧洲只存在一种经济。实际上，至少存在三种经济。首先是农业，在许多东欧国家占据主导位置，在西班牙、意大利和葡萄牙发挥了相当大的作用。通常情况下，许多农场规模相当小，拖拉机、脱粒机和收割机无法使用。农民们过于贫穷，无法采用比其祖辈更为先进的技术，即使他们熟悉这些技术。在高度发达的国家，家业也占据了十分重要的地位，农业的重要性等同于政治和经济。效率低下的农场也许不能挣钱，但是这些农场可以创造工作岗位：在 20 年代中期几乎 1/3 的德车人依靠农业生活，尽管农业仅仅占国内生产的 1/6。[2] 农业对德国东普鲁士较大的农场主，以及法国的农民具有一定的政治影响。农业的政治权力意味着在民主本身遭到压制之后，禁止效率低下的农作方式是最为容易的，如希特勒政府，以承诺支持农业而上台执政。内战时期大陆欧洲的许多政治问题可以追溯到这一事实：农业具有政治和社会影响力，却缺乏经济上的可行性。

内战期间欧洲的第二种经济是基于 19 世纪的重工业——煤炭和钢铁——在北英格兰、威尔士、鲁尔地区、比利时和法国北部占据主导地位。与农业一样，这些产业中的大部分在 1929 年之前就已经陷入了困境。在第一次世界大战时期，生产未能保持一贯的高增长。此后，出现了供过于求，来自更低劳动力成本的国家不断加剧的竞争使得形势更为糟糕。一些老工业投资于新的设备——煤炭产量的增加被机器而不是自然人力所削减——而现有的工业则普遍受困于旧工厂以及对新投资的资金有限等问题。欧洲的工厂通常似乎更多地印证了查尔斯·狄更斯而不是亨利·福特的印象。与农业一样，重工业受到了因政治带来的经济变化的全面保护。许多政府试想确保他们具有足够的煤炭和钢铁供应，因为这些资源具有重大的战争价值，这也是为何苏联竭尽全力发展这些工

---

① 斯蒂芬·库特金：《磁性山：作为一种文明的斯大林主义》（巴克利和洛杉矶，加利福尼亚 1995），第 131 页。

② 哈罗德·詹姆斯：《德国的衰落：1924～1936 年的政治和经济》（牛津，1987 年），第 246 页。

业的原因之一。在 20 世纪 30 年代期间，军事上的考虑变得更为重要，并开始对常规的商业理念产生影响。1936 年赫尔曼·戈林的四年计划提高了德国的产量，例如，增加了铁矿产量，可以更加便宜地用于进口。战时的生产与现代化几乎没有联系。军备需求意味着钢铁制造商可以销售给国家，不用为困扰着更新工业的营销和设计所担忧。战争，以及备战，同样也意味着为资源进行的新投资变得更加稀缺，以至于企业家迟迟不愿投入更多的钱来提供给一个无法长久的市场。二战期间，法国煤炭工业提高了产量，而那时通过开采劣质的煤层和对那些毫无经验和缺乏技能的工人实行严格的管制得以实现的——和平年代无法沿用的技能。

第三种经济包括在第一次大战以后发展起来的新兴工业。这些工业在欧洲劳动力市场中所占比较小。不仅在许多国家、而且在那些经济高度发达的国家也没有这些工业，这些新兴工业仅限于特定地区，如米德兰和英格兰东南地区，巴黎附近和意大利北部附近的工业郊区。这些工业并没有形成传统工业的组成部分，通常不受现有的关系网的影响，然而这些新兴的工业意味着它们通常与新的政治力量建立了密切的关系，特别是与极右之间的紧密关系。IG 法尔本化学集团与纳粹政府的关系如此密切，以至于经理们与纳粹头目一起在纽伦堡接受审判。[1] 路易斯·雷诺就是一个以接受德国新秩序紧密相关的最为知名的法国企业家，而在意大利，马格尔特·马雷尼的经理与法西斯之间培植了紧密的关系。[2]

这种经济上的差异导致了无法将战时经济史按照清晰的年代脉络进行排序。有时候可以设想 1929 年的华尔街危机将 20 年代的繁荣与 30 年代的饥饿区分开来。实际上，在 20 世纪 20 年代期间，德国依靠美国的短期贷款，进行了大量的投资，因此德国成了大陆欧洲唯一因突发应对华尔街危机而经历的急剧衰退的国家，而到了 1933 年，当希特勒从经济萧条中获得了政治资本时，德国的经济已经开始恢复。在 1929 年之前，东欧的主要农业国家已经陷入了经济危机。相反，法国，尽管农业的比重较大，侥幸躲过了经济萧条的最初时期，一直到 1932 年。一些金融家

① 彼德·哈耶斯：《工业和意识形态：纳粹时期的 IG 法尔本》（剑桥，1987 和 1989）。
② 佩利·威尔逊：《钟表厂：法西斯意大利的妇女和工作》（牛津，1993），第 33 页。

还梦想着巴黎也许可以替代伦敦的欧洲金融中心位置。此后,经济活动下降,然而这一危机的影响,尽管持续较长时间,不如在德国所遭受的那么严重。法国有限的人口和危机对妇女和移民(没有一个团体拥有选票)的最为严重的影响,意味着法国不会面临大规模的男性公民的失业。

在整个"大萧条"期间,一些工业地区和社会团体继续发挥较好作用。1926 年墨索里尼的里拉升值之后,马格内特·马雷尼的出口市场遭到了严重的损失,然而此后在 30 年代扩大了生产,与英国的许多消费工业一样。英国的中产阶级从价格下跌和新技术中受益。A. J. P. 泰勒的投资证券在危机谷底时为 2000 英镑,加上他的学术薪水,购买了一个录音机、电炊具和一辆汽车。[①] 在这一时期英国资本家的时来运转可以说是最为显著的。凯恩斯在 1929 年损失了其大部分的财产,而到了 1936 年他积累的财富高达 50 万英镑。

机器文化

事实上,现代生产没有占据欧洲生产的相当大的份额或者就业并不意味着机器时代的观点应该被忽视。技术不可能对许多欧洲人的物资生活造成更多直接的影响,然而,对欧洲的知识阶层的文化和统治者的野心和抱负产生了巨大的影响。机器提供了以新的术语来讨论经济生活;凯恩斯写道:"我们具有了磁发电机的麻烦,以及怎样和我们才能够重新开始呢?"[②] 新技术影响了艺术家的生活。勒科尔比西耶将其建筑建立在远洋轮船上,需要创建"生活之机器",而奥尔德斯·赫胥黎的小说《勇敢的新世界》(Brave New World,1932)描述了一个膜拜"我的福特"的社会,在这个社会中,任何事务,包括婴儿,也是在一条生产线上制造出来的,这个社会中,将没有技能的工人与技术人员区分开来。机器时代创造了新的术语来阐述工厂的管理和经济政策:合理化、现代

---

① A. J. P. 泰勒:《人类史》(1983),第 68、139 和 155 页。
② 约翰·梅纳德·凯恩斯:《30 年代的大萧条:具有说服力的论文集》(1951,首次出版于 1931 年),第 135 ~ 147 页,第 140 页。

化、规划和合作主义。这些术语是相当模糊的，能够表示出很不相同的事物；即使那些来自于特定工人的工作岗位的更为准确的术语——"斯达汉诺夫运动"、"福特主义"、"泰勒主义"以及"贝多制度"——通常也是混淆的。实际上，这些语言的模糊性体现了它的独特性：它可以随着不同的环境加以适应。

有时候，技术会对国家的文化和语言产生最大的影响，而对工业的影响相对较小，反之亦然。第一次世界大战爆发时出现的两大最为戏剧性的政治力量——苏联社会主义和意大利法西斯主义——被技术现代化所吸引。法西斯主义为快速汽车和跨大西洋的飞机而欢呼；共产主义渴望拖拉机、水电项目和太阳能模型工厂的经济可能性。在某些情况下，技术对这两大国家所赋予的文化和政治的重要性实际上是基于这一事实：意大利和俄国在技术上过于落后。相反，英国是欧洲技术最为发达的国家，"乡村主义"、"简单化"、"怀旧情结"似乎要比现代化更值得人们庆贺。这就带来了一个令人好奇的情景，那就是英国的作家将更为落后的国家看做机器时代的代表。温德姆·刘易斯这样评价意大利的未来主义："你将过分依赖机器"。①

泰勒主义、福特主义和生产的合理化

机器的影响首先体现在生产组织上。早在一战之前生产的现代化和合理化已经在美国加以谈论。在1903年，弗里德里克·温斯洛·泰勒撰写了题为"车间管理"的文章，其中他提出工厂要由严格实行深思熟虑原则的专家加以组织，而不能沿袭工头或者产权所有人的传统的、本能的以及专断的决策。这些观点对美国的汽车厂，特别是在底特律的福特汽车厂产生了巨大影响，同时，特别是在第一次世界大战之后，也引起了欧洲的注意。

在泰勒式的项目中，工作的合理化也引发了其他的变化。在技术上，它带来了现代化：合理化的工厂采用最为先进的机器——如六角车床和

---

① 瓦伦蒂内·坎宁安：《30年代的英国作家》（牛津，1988），第404页。

传输带——以及通常制造的新机器。在公司机构上，它带来了更大的经济规模，因为只有较大规模的公司才能投资新设备和雇佣专家，在劳动力上，它导致了由蓝领向白领职位的转变，因为需要大量的职业劳动者来实行成文条例和复杂的奖励制度，以替代正式的决定。在权力方面，降低了工人阶级的自主能力：那些能够按照自己的创意进行各种工作的手艺人被那些经过培训只会从事少数几项单一工种的工人所替代，那些负责包括雇员、解雇和纪律的工头被正式的程序所制约，工人自主性的降低可以采用装配线来形象化地加以比喻，在那里每个工人的工作限定在重复性的同一工种，生产速度也完全由管理所决定。

工作的合理化不仅引起管理人士和企业家探讨，同时也为葛兰西和列宁等左翼加以研究。甚至家务活也被合理化了。意大利科学工作组织国民议会（创建于 1926 年）创办了一份题为家庭和工作的杂志。[①] 法国的工程师让·库特罗声称法国的能源短缺可以通过劝说家庭主妇采用煤气灶上的深平底锅来加以解决。

合理化的生产重组了管理等级、工厂布局以及雇员的类型。这一结果是极具讽刺意味的。卓别林做梦也未曾想到在德国的办公室试图按照字母数来支付打字费，或者采用轻音乐来设定装配线上的速度；[②] 一家英国的饼干厂发现狐步舞产生了最好的生产业绩。[③] 奥韦尔选择卷筒夹心蛋糕作为具有代表性的图表来象征对机器时代的恐惧，而不是他所能想象的莱昂斯工厂每天 26 英里长的生产流水线。[④] 合理化对经济的影响与文化正好相反，因为战时欧洲的历史是相当有限的。而且，由于缺乏一套普遍的科学原理，合理化技能通常通过单个欧洲国家特定的背景得以体现，并以与这一运动的美国创始者的初衷并不相关的方式加以应用。泰勒主义产生在那些拥有更多自然资源储备的经济发展国家。许多美国的工厂在 20 世纪初期初创，因此可以按照新的技巧加以设计。美国的企业文化也是在 20 世纪初期才得以发展，因为毕业于新的商学院，如沃顿

---

① 威尔逊：《钟表厂》，第 39 页。
② 蒂姆·马森：《纳粹主义、法西斯主义和工人阶级》（剑桥，1995），第 89 页。
③ 米利爱姆·格鲁克曼：《妇女装配线：战时英国的女工和新工业》（1990），第 97 页。
④ 格鲁克曼：《妇女装配线》，第 127 页。

（创建于 1881 年）和哈佛（创建于 1908 年）开始了职业生涯。① 最后，美国并不拥有深厚的工人阶级传统；那里只有很少的手艺人保留着技术，而保留这一特权的工会则显得相当弱小。

内战时期的欧洲经济并不适合这些条件中的任何一种。许多生产是在大楼里进行的，拥有的机器通常是在泰勒的车间之前数十年就已经设计出来的。工会是强大的，甚至在一些国家工会受到了压制，例如在法西斯的意大利，生产通常由工人和管理者之间的默认协议加以制约。而且，欧洲经济增长并不迅速。在这些背景下，欧洲的"泰勒主义"通常成为压榨更多工人的手段，而不是通过合理化生产大家谋福利的。对许多欧洲的企业家而言，科学管理的思想并不直接来自于泰勒，而是来自于查尔斯·贝多的理论，查尔斯·贝多设计了一种项目，强调单纯的工作速度。在 1918 年，贝多在英国创办了一家咨询公司，而到了 1937 年，客户为 1100 家，其中英国为 200 家，法国为 150 家。许多欧洲国家应用这些思想的基本方法就是受美国的"修正派"泰勒主义活动的影响。② 当贝多及其同伴为欧洲消费创造了一个更加简单和更加纪律化的泰勒主义的翻版，美国的修正派泰勒主义者们试图建立更加人性化的合理化模式以更多地考虑工人的利益。

地方文化影响着合化的程度和方式。德国具有深厚的技术培训传统，其产品更多地关注推广可以提高其地位的观念，而在德国重视技术的合理性并不总是带来经济的合理化。通常追求新奇和规模，以牺牲声望而不是利润为代价。一些人认为在 1929 年的华尔街危机之后德国在大危机时脆弱，因为大量的资金投入了那些价值令人怀疑的费用昂贵的项目上。

英国与德国的情况截然不同：在 1910 年，英国大约在科技方面的学生 3000 人，而德国具有 25000 人。③ 相比技术，英国对金融上的关注，

---

① 斯科特·拉什和约翰·伍妮：《有组织的资本主义的终结》（1987），第 173 页。

② 戴维·诺贝尔：《按照设计的美国：科学、技术和合作资本主义的兴起》（牛津，1997），第 264~265 页。请注意如果对欧洲企业家所提出的修正过的泰勒主义感兴趣，请参阅威尔逊的《钟表厂》，第 65 页。

③ 拉什和伍妮：《有组织的资本主义的终结》，第 188 页。

更加全面，"合理化"与美国和德国的工程业化相关，也与英国的会计职业化相关。①

法国介于英国和德国模式之间。法国拥有很好的工程学院，然而其中最为知名的是综合工程专科学校，专门培养工兵和炮兵官员。尽管在 1939 年大约一半以上的专科人才工作在私人行业，这一学院从不认同商业价值，其毕业生更多地看重技术专长和彼此之间的忠诚，而不是正常的商业考虑。而且，依靠国家的合同，他们通常在较大的公司找到了适合的职位，因此政治合同与技能或商业敏锐性同等重要。在 1940～1944 年的维希政府期间可以反映这一点，该政府，比欧洲任何其他政府更能代表工程师们在政治上的胜利。让·比舍洛纳，工业生产大臣，以优异的成绩毕业于综合专科学校。新政府创建的经济实体采用效率和计划这类术语。然而，实际上，正如一位企业家所指出的那样，设立这些机构只是为像他那样的男人创造就业以取得任何有用的经济进步。② 在 1943 年，与他的同学和煤矿企业的负责人艾梅·勒佩尔克，比舍洛纳计划在圣—艾蒂安附近建立一个特殊煤矿，可以将专科学校的学生送到这一煤矿，以使他们不被遣送到德国。

工人们还通常努力获得新技能，而这些技能将剥夺他们的权力。即使在一些进行"科学"聘用试验的工厂，通常由其亲属给工头选派候选人。③ 当工人们受到企业管理研究工作程序的专家监管时，便会故意放慢工作进度，因此工作效率以可以容忍的速度来确定。

工人们还通过罢工，来保障自身的地位，有时候，罢工，如 20 年代的马格内特·马雷尼罢工，在科学管理的有限的范围内发挥作用——这就是说，特定工作的报酬得到了提高④——但是其他的罢工，如 1941 年法国煤矿发生的这些罢工，主要是反对科学管理条例的。其他许多行业也组织了不少罢工，尽管在第一次世界大战之后（特别是在法国和意大利）和 1936 年的国民阵线选举胜利之后（在法国和西班牙）也发生过

---

① 格鲁克斯曼：《妇女装配线》，第 76 页。
② 罗杰·马丁：《德鲁瓦·迪万老板》（1984）。
③ 格鲁克斯曼：《妇女装配线》，第 98 页；威尔逊：《钟表厂》，第 75 页。
④ 威尔逊：《钟表石》，第 97 页。

罢工，其中最为著名的是发生在 1926 年的英国全国大罢工。这些罢工浪
潮由合法的工会组织所牵头，在一些情况下，也由那些对罢工富于同情
心和不愿采用武力对付罢工者的左翼政府所发起。一些企业家支持独裁
体制，希望他们可以使得罢工更加困难。然而，工人权力不仅仅是与合
法的法规相联系的。一个独裁政府可以解散工会组织并拘押其领导人，
然而这些做法无阻止故意放慢工期、矿工、调换工种和非法罢工活动，
所有这些行为可能迫使雇主对其工人做出让步。劳动权力通常依赖于经
济形势或者工作组织而不是工会的合法作用。在 20 世纪 20 年代，英国
煤矿工人因整个欧洲该行业的生产能力已经过剩而不断受到削弱，在 30
年代经济萧条时期，法国工人很少进行罢工，尽管还不清楚，是否这是
因为担心失业或者只是因为那些工人的生活水平提高必然带来价格的下
降。相反，在欧洲的纳粹占领区煤矿工人从总的经济形势中得到好
处——战时经济需要煤炭——实际上，甚至盖世太保也认为要对数百英
尺以下的煤层加以控制是相当困难的。

　　管理工作的新方法并不总是能够产生无能的"缺乏技能"的工人。
有时候，他们只是重新获得了技能。因此，在英国食品行业中，技术工
人的总量与建立技术时是相同的——如烘烤业——已经被新技术所取
代。[1] 生产线为专家、自治工人创造了新的需求，以提供修理和维修服
务。在马格内特·马雷尼厂，修理工人佩戴特殊徽章以使他们从一个车
间工作到另外一个车间，因此，可以逃避那些对其他工人所施加的严格
监管。[2] 如果一个工人落后的话，生产线可能出现拥堵，出现需要快速运
作来分拣这些滞后的工作或者替补那些缺勤的工人。在米德尔塞克斯的
马格内特·马雷尼工厂中，一些妇女——拥有了这么一个称呼："小便
工"——通常在其他人上厕所时，由这些妇女来接替他们的工作。[3]

　　技能概念是相当模糊的。有时候，这些定义更多的是与文化或者社
会背景而不是与从事的特定工作有关——妇女所从事的工作通常是比较

① 格鲁克斯曼：《妇女装配线》，第 157 页。
② 威尔逊：《钟表厂》，第 135 页。
③ 同注①，第 122 页。

低下的。新工业需要新的技能。一方面，这些工厂似乎不可能需要培训学徒的手艺人，另一方面，现代工厂的正式规章制度只要求文盲。马格内特·马雷尼的工人比米兰地区的许多居民的文盲率更高，妇女文盲率尤其之高（她们几乎全部是'无技能'的工人）。[①] 工人们通常"心照不宣"地将技能传输给同伴或者在工作中熟悉这一技能。

如果进行"合理化"的生产可以剥夺工人的权利，期待谁来继承权力呢？很可能的答案就是资本家，但是这不是许多现代人的回答。泰勒本人就强调他设计的技能不仅仅是增加资本收入："就我个人而言，那些金融学家很不满意于我的个人经验，因此我从不曾想要为他们中的任何一个人服务"——作为一种原则，金融家几乎不寻求周转率。他们希望很快从事或退出他们的经营活动，他们绝对不对"制造"感到骄傲。[②] 全欧洲的工程与他一样并不喜欢"金融"，在一些国家，如匈牙利，采取反犹政策。[③] 泰勒认为在自我世界中，决策可以来自资本家，其地位更多取决于财富，对专家而言，他们更多地注重培训和规定。1926 年凯恩斯指出"资本所有者，例如，股东，几乎全部都是来自于管理层，结果导致在获得巨额利润中，后者的直接个人利益变得并不重要了。"[④] 泰勒主义思想的传播与工程职业权力上升和正规的管理教育发展是直接相关的。经理被看成是公正的、理性的、能够做出决策，以提高公司的长期利益，或许提高社会的平均财富，而不是提高一个特定企业家的短期利益。

管理主义思想的影响并不总是如一些人希望的那么显著。尽管大型企业似乎越来越由一些具有高级技术职称的而不是公司所有人来加以管理，因此技术"现代性"与管理"现代性"之间没有必要的联系。从管

---

① 同上页注②，第 106～107 页。该厂女工的文盲率为该地区人口的 0.7%，该地区占人口的比重为 5.6%（好于意大利其他地区）。

② 引自拉什和伍妮：《有组织的资本主义的终结》，第 170 页。玛丽亚·库瓦科斯：《自由职业和非自由政治：从哈布斯堡到大屠杀的匈牙利》（牛津和华盛顿，1944），第 75 页。

③ 玛丽亚·库瓦科斯：《自由职业和非自由政治：从哈布斯堡到大屠杀的匈牙利》（牛津和华盛顿，1944），第 75 页。

④ 约翰·梅纳德·凯恩斯：《放任主义的结束》，引自《有说服力的论文集》，第 312～322 页，第 314 页。

理文化的角度而言，法国的煤矿是现代化的——这些煤矿由一批工程精英们所管理，管理与产权之间是彻底分离的——然而，从设备和工作条例角度而言，这些煤矿是落后。相反，从技术方面而言，法国的汽车工业是先进的，然而像路易斯·雷诺，按照"传统"的极权主义产权人模式在运作。

现代培训和传统的聘用制度有时候可以结合起来，因为可以让产权人的儿子获得技术培训。经过最为严格的培训，经理通常以一种最为传统的方式得到晋升——与老板的女儿联姻。布鲁挪·安东尼奥·昆塔瓦莱看起来似乎是一种现代管理技术的代表——他在米兰学习贸易，在伦敦工作——然而，在他与他企业主的女儿成婚之前，他只是个牧师而已，通过结婚，他获得了发展的机会，并获得了 4000 万里拉的嫁妆。三年之后，他成为了马格内特·马雷尼（Magneti Marelli）的执行总裁。① 小说家伊塔洛·斯韦沃在经过了长期的正规商业培训后开始其职业生涯的，部分时间在德国，然而，他与一家在特里斯特公司建立伙伴关系，是因为他的岳父拥有这家企业。在法国，在 1912～1973 年几乎 2/3 的经理承认他们是从"有用的家庭关系"中受益的。②

管理主义思想包括了一些自相矛盾之处。其吹捧者将职业经理看做公正的、思想开放的人，可以反映各个方面的看法。实际上，那些通过自身努力而在管理等级中提升的人可能很少能够赢得这些美德。他们过于专注于日常经营中的特殊决策和需要面对的各种紧急问题。当他们爬到管理顶层时，已经老了，他们付出的牺牲使得他们不可能赞同那些对他们权力构成挑战的观点。而那些花费时间参与小组讨论或者阅读科学管理方面评论的人是这些商人的儿子或者女婿，商人不再努力追求他们的地位。如法国的让·库特罗或者德国的沃尔瑟·拉特诺对谈论新观点比单调地经营一个公司更感兴趣。

---

① 威尔逊：《钟表厂》，第 29 页。
② 莫里斯·雷维－雷伯耶尔：《1912～1973 年的法国雇主》（1979），第 29 页，第137～168 页，第 144 页。

苏联的合理化

西欧国家的工作合理化是同步进行的，而苏联的发展却陷入了停顿。一些苏联领导人总是很羡慕西方的生产率。列宁在 1920 年说道："与那些先进的人民相比，俄国人是糟糕的工人。"① 实事上，那些生产状况与芝加哥工厂相差悬殊的俄国工厂进行合理化改进本身是很浪漫的。苏联泰勒主义的主要推崇者，阿列克西·加斯捷夫，既是诗人，也是工程师。

苏联的合理化遇到了许多困难。泰勒主义所依赖的那些经过正规培训的技术人员相当奇缺：在苏联工业化达到顶峰期间，只有 38% 的工程师接受过高等教育，41% 是实践者，他们是在工程中获得技能的。② 许多工程师和工头也是实践者。苏联的合理化受到了三种因素的影响：首先需要打破旧的以农民为主的合作社工作组，为此，苏联的管理者推行比西方国家所尝试过的更加专门化的泰勒主义思想。1930 年钢铁行业由 12 家公司到 1939 年分离成 176 个单位。这些分支机构有时候是反生产力的，不愿接受严格规定的职责之外的事务是苏联工人抵制管理人员的手段之一。

苏联合理化的第二个制约因素是政治上的。在西方，合理化与"技术专家"漠不关心政治的特点相关，而在苏联，工业动员明显地与一项政治目的相关，不可能容忍对政治事不关己高高挂起的态度。

第三个不利因素是工人的作用。苏联的工人可以说是积极而热情地提高生产率的参与者。在整个 20 世纪 20 年代，"突击队"自愿承担额外的任务，努力提高生产率。在 1932 年，一个矿工，列托夫，超额完成了其产煤的配额，随后他被视为英雄，创立学校来宣传他的思想。在 1937 年，另一个煤矿工人，斯达汉诺夫，在一个工作班上挖出了 100 吨煤——是他正常配额的 14 倍之多。斯达汉诺夫激励起了广泛的运动。使用斯达

---

① 里维斯·西格尔鲍姆：《斯达汉诺夫主义和苏联的生产率政治，1935～1941》（剑桥，1988），第 1 页。

② 莫什·雷温：《苏联制度的形成：战时俄罗斯的社会史论文集》（1985），第 244 页。

汉诺夫式的工人来提高工厂的生产，并为其同伴确定生产目标。他们获得额外的工资和更多的表彰机会。在许多方面，斯达汉诺夫运动与泰勒主义完全不同，前者是在 20 世纪 30 年代早期一段经济快速发展和国家计划经验中出现的，泰勒主义是在扩张和国家计划的前期试验过程中对经济的一种修正。斯达汉诺夫运动将工人视为个人英雄，而泰勒主义力图将工人作为机器的一个无名齿轮，泰勒主义强调的是管理者、工程师和"专家"的权力，而斯达汉诺夫运动似乎部分用来削弱这部分人的权力，这些权力是在斯大林工业化的早期阶段所扩大起来的。

苏　联

在单个工厂，工作的合理化与经济的全面的合理化是相连的，在最为基本的层面上，意味着加强了国家干预。这种情况在苏联最为显著，那些领导人转向了相对的新经济政策的自由市场。重点置于宏大的国家计划以实现快速增长，最初实施计划是在 1929 年。摩西·莱温写道："这是一个以国家为指导的社会转变的独特进程，因为国家不只起引导作用：国家代表了社会，成为重要生活的倡导者和掌控者。"①

新的城市从无到有。城市工人从 1927 年 1100 万增加到了 1939 年的 3900 万人。大约有 77 万党员从工人阶级提拔到了行政管理阶层。然而，推崇者声称，新的政策并非包罗万象，在规划的明确阐述之下掩盖着制度的混乱，以及不受理性的约束。五年计划所要达到的非常过程更多地与政治上的分歧与经济上的需求相关。斯大林一开始反对托洛茨基，季季诺维也夫和加米涅夫的快速工业化设想，只有当斯大林的这些潜在的对手被废除职务之后，斯大林才同意采纳他们的政策，并用来对付其以前的联盟布哈林和李可夫。在五年计划的第二年，斯大林似乎更倾向于放慢增长步伐，而这时他的初衷被来自下层的压力所阻挠，一方面对计划的超出现实目标的争论异常激烈，规划机构的杂志出版物被搁置一

---

① 雷温：《苏联制度的形成》，第 209 页。

边。① 实现目标的压力意味着质次的工作和资源的无效使用。通常，一个更加集中的中央计划经济破坏性的竞争程度高于资本主义的成分。在马格尼托哥尔斯克，美国的咨询工程师是非常恐惧的，因为竞争的工作小组在河两岸筑起一条大坝通过竞赛以决出谁先抵达河中央；国人担忧大坝的两边是永远无法会合的。②

苏联的工业化造成了一个奇特的后果，因为这一计划诞生在这么一个落后的国家。来自农村的移民通常是文盲，无法遵守工厂的纪律。在这一强大压力之下工作的毫无经验的工人捣毁机器或者伤害自身，机器变得稀有。从苏联的技术角度而言，管理者通常发现要采用尖斧和手推车似乎更加容易。

社团主义

斯大林的经济试验受到了西方一些非共产主义者的推崇——如韦布和安德烈·杰登——更多地是来自约翰·梅纳德·凯恩斯的反应："从经济方面，我不认为俄国的共产主义已经对我们经济的知识利益或者科学价值问题具有任何贡献。"③ 西方的许多经济改革家期待的不是一个全能的国家而是国家和私人企业之间的联合。凯恩斯提出经济的未来建立在依照大学、英格兰银行和伦敦港务局这样的模式之上的"半自治的团体"之上。④ 在大陆欧洲，许多评论家开始谈论"社团主义"。

社团主义意味着许多不同的事务。其支持者按照一个有组织的经济需要将中世纪行会与更为现代的理念结合起来。一些人将社团主义看为一个公正社会的特征，在那里消除了阶级冲突和克服了工人对工作的疏远感；一些人将其看为经济效益的手段。一些人认为这是政府强加的事务，其他人认为这是经济发展进程中出现的。还有一些人则认为这是抵

---

① J. 阿什·格特：《大清算的起源：苏联共产党重建》（剑桥，1985），第 15 页。
② 库特金：《磁性山》，第 91 页。
③ 约翰·梅纳德·凯恩斯：《俄罗斯的短视》（1925），引自《有说服力的论文集》，第 297～322，第 306 页。
④ 凯恩斯：《放任主义的结束》，第 314 页。

制大规模资本主义邪恶的工具。还有人认为这是大规模资本主义的特征。

那些视社团主义为经济发展的必然产物的人提出要扩大企业规模。在20世纪20年代，合并产生了如 IG 法尔本（创建于 1925 年）和皇家化学公司（创建于 1926）这样的新型工业大集团。在一些国家，卡特尔降低了企业之间的竞争。德意志德国煤炭委员会（德国）这样的国家机构与私人部门结合，并鼓励大型私营企业的发展。[①] 一些政府鼓励进行重组以消除过剩生产——在20年代英国政府下令关闭和合并煤炭和钢铁行业。经济大危机也促使政府很快地与私人企业进行合作。

社团主义随着国家作用的变化而得到发展。在 1919 年之后，许多国家比 1914 年之前更大幅度地处置了国有资源，然而，他们却没有加以实施或者没有努力实行 30 年代苏联目标中的绝对权力。许多欧洲国家的政府依靠私人团体获得更多信息，有时候也推行它们的政策。国家和私人利益集团之间的界限是互相渗透的，因为各个部之间他们所控制的利益是相互交织的。[②]

利益集团、公司和国家发展所产生的"自发"社团主义与政治社团主义是平行发展的。政治社团主义者可能会谈及需要恢复"自然社区"，然而，实际上他们期待国家政策来实现他们的意愿。社团主义在 1931 年得到罗马教皇的正式支持，并成为法西斯意大利和纳粹德国经济组织的官方基础。

计　划

1931 年，一个英国公务员和商业团体建立了一个研究小组，出版了一份题为《计划》的杂志。[③] 亨德里克·德曼在 1933 年比利时社会党大会上颁布了一项经济计划；在 1936 年纳粹制定了一个德国四年经济备战计划，以及在 1941 年和 1944 年，法国维希政府出版了工业计划。所有

---

① 詹姆斯：《德国的衰落》，第 154～155 页。
② C. S. 梅伊尔：《重新预测资本主义的欧洲：一战之后数十年的法国、德国和意大利的稳定计划》（普林斯顿，1975），第 9 页。
③ 格鲁克斯曼：《妇女装配线》，第 78 页。

这些计划与苏联推行的那些计划有着显著的不同，旨在努力鼓励经济行为和协调合作，而不是直接控制工业。这些计划的实行程度有着很大的不同。纳粹可能是最为有效的，因为，尽管他们没有对工业所要达到的目标实行严格的控制，他们未能达到目标，他们就采取严格的惩罚措施。维希政府，在本国缺乏资源、信誉和主权，不太成功，而且，计划未能得到落实。

30 年代的政治气候使得在民主国家推行改革计划是相当困难的。许多国家右派、左派之间存有分歧，右派认为对自由资本主义的任何形式的干涉均是错误的，左派则希望葬送资本主义。凯恩斯概括了这一困境："城市和议会中的资本主义领导人不能区分捍卫资本主义的新型措施（例如，凯恩斯本人所提倡的措施）和他们所称之为的布尔什维克主义……工党总是被党内的灾难所困扰——政党痛恨或者蔑视现有的制度并认为其最大的愿望就是彻底推翻这一制度。"①

在法国，"灾变说者"与经济保守派之间的分歧是相当大的。社会主义依然是承诺进行变革，而资本主义思想主要以查尔斯·李斯特的自由主义占据主流地位：凯恩斯的著作直到 1941 年才被翻译成法文。在 1936 年出现了荒谬的形势。莱昂·布鲁姆，作为人民阵线领袖上台，认为左翼是不能消灭资本主义的，因此，没有任何选择，只能接受资本主义制度和在资本主义制度框架下治理国家。

在此期间新的经济思想通常局限于大国的小党派或者小国的党派中。比利时和瑞典是两个经济试验的最好场所，因为那里有共产党小党（凯恩斯的灾难党）和强大的右翼社会党，愿意抵制"改革主义"。它们也是社会主义与民主主义相关的国家，瑞典近来摆脱了一战期间的挪威和比利时的创伤经历，使这一民主主义传统得以加强。这就使得人们对本国所颁布的经济解决方法抱有热诚。比利时的社会党采纳了德曼在 1933 年在议会中所提出的计划，而在英国，工党——曾经是自由市场的最为积极的捍卫者——为凯恩斯提供了政治家园，劳埃德·乔治的 1929 年大

---

① 凯恩斯：《我是自由主义者吗?》（1925），引自《有说服力的论文集》，第 323～338 页，第 327～328 页。

选基于将英国从危机中挽救出来的公共支出计划。不满于那些主要政党的思路狭窄思想促使一些人崇拜法西斯制度，而拒绝常规的经济学。在奥斯瓦德·莫斯利离开保守党和工党之后，建立了英国法西斯联盟，随后建立了自己的新党。在法国，马赛尔·德亚脱离了工人国际法国支部（即法国社会党），雅克·多里奥脱离了共产党，均是因为其所在的政党无法对经济危机做出反应而造成混乱：他们在二战期间在纳粹德国的保护下完成了工作，这与德曼在比利时的情况一样。

在战争期间通过各种尝试来改革资本主义是相当诱人的，尽管他们成为了部分潮流。改革者，热衷于寻求联盟，通常将自己作为更为广大的运动的一部分，而实际上，每一种计划或者改良主义均有着特定的目的。在 1918 年，凯恩斯捍卫了财政的正统性，反对劳埃德·乔治希望对战争的投资；在 1929 年，他保障了劳埃德·乔治对创造工作岗位的愿望，以反对其在财政部以前同事们对财政统性的保卫。英国和德国的许多人提出经济计划与对大型高效率公司的支持是同义词，尽管德曼的计划，是按照一个国家下层中产阶级拥有巨大权力来设计的，这一计划用来保障小产权者。类似的思想也在法国经常出现，在维希政府期间，经济现代化者试图将通过保障法国小商人和农民与支持效率相结合。如何管理经济的新思维与如何更好地利用繁荣的成果是密不可分的。凯恩斯经济学带有布隆伯格的享乐主义和文化生活，用来支持这一世界，其中维克多.罗特席尔德能够购买到其朋友安东尼·布伦特一幅普桑绘画；希特勒经济学为苏联的入侵付出代价。

国家的干预并不总是可以促进一个现代工业社会的。在许多国家，农业依然具有政治影响力，因此获得了国家的支持。在法国，1935 年支持小麦价格的费用超出了国防开支。[1]

当安德烈·塔迪厄，法国国家支持现代化的主要倡导者，1931 年进入政府，担任了农业部长。其公共工程计划包括乡村现代化计划和大型工业企业——如穆松大桥——水管生产商，通常认识到这些计划可以为

---

[1]　罗伯特·帕科斯顿：《1929～1939 绿衫党时代：农民暴动与农村法西斯主义》（1996），第 33 页。

保障国家合同提供最好的机会。

闲暇时间

有关消费和闲暇组织的新观点与生产和工作组织的新思维是同时出现的。合理化通常被看做可以为工人带来更多的自由时间，并与工作和闲暇严格分离相关，因为工作开始限定在 8 小时和 40 周内。"理性的"工作要求"理性的"娱乐。装配线上无情的速度不可能举行晨息或者"圣徒星期一"的仪式。苏联甚至还进行过一个完整的"理性周"的尝试，期间允许工人在每周第五天为休息日。在这种情况下，将工作与闲暇相结合似乎必然会威胁到对现代工业所采纳的劳逸完全分开的规定：在 1936 年工厂工作期间，据说许多法国的工人似乎沉醉在"农村节日"中，车间中的娱乐行为成为雇主们随后恢复规章制度的主要原因。

工作和休闲相关，是因为采纳诸如泰勒主义的现代企业通常生产消费品——收音机、汽车、音响——这些与新的休闲形式相关。奥韦尔提出在制造新的工业产品、新的社会阶级和新的休闲方式的推动下，英国是如何发生改变的：

> 探究未来英格兰的变化的场所在于轻工业区和沿着主干路。在斯劳、丁格尔、巴内特、莱奇沃斯、海斯——实际上，每个地区，在大城镇的郊区——旧的模式逐渐向新模式转变。在那些大范围的新的玻璃砖瓦区，贫民窟和大厦并存的更为古老的城镇，或者大庄园和肮脏农舍混杂的乡村已经不再存在。存在不同的收入等级，而生活相同，也可以生活在不同层次上，在不需保姆的平房，或者简易住宅，沿着水泥路或者游泳池的赤裸裸的民主上。这完全是一个不安宁、缺乏文化的生活，主要以罐头食品为主，明信片、电台和内燃机。这也是一种文明，孩子们在一个具有丰富的磁发电机知识和对《圣经》完全无知下成长。文明属于那些在国内和现代世界的人们：技术员、较

高薪水的技术工人、飞行员和飞机技术员、电台专家、电影制片人、新闻记者和化学工业家。他们是决定性的社会阶层，旧的阶级差别正在开始消失。[①]

然而，大部分欧洲人的生活并没有随奥韦尔所阐述的那些经济进步而加以改变，部分原因是消费文化只为富人而存在。在欧洲，平民可以经历这一繁荣的唯一国家是英国——或者更确切地说是在英格兰南部的特定地区。英格兰的现代消费产业领靠的是将其大部分产品在本国市场内销售，而意大利的汽车工业通常只得将其大部分产品销往国外。[②] 在法国和德国，汽车均是为富人制造的，而不是批量生产提供大众市场。

收音机对不同国家的影响是不同的。在 20 世纪 30 年代末，英国拥有的收音机总量为苏联的两倍。收音机的使用方式也因国而异。媒体不单纯是信息。在表面上，似乎这种新技术更为有效地被新的政治运动所利用。希特勒和墨索里尼利用电台向公众演讲，创造一种整体的国民文化，纳粹德国资助电台采购。从更深的角度看，人们认为这种明显的和戏剧性的姿态失去了媒体的真正可能性，媒体的新奇建立在能够创造"亲密"，并将政治领导人引入家庭。因此，电台通常被那些将自己标榜为"传统主义"者的人有效地加以利用。英国广播公司宣传一种安逸的保守主义，这是以 1932 年确定的国王年度的广播为特征。

当商业消费文化不可能，或者被认为不理想时，工人阶级的休闲被组织了起来。有时候，倡议——如意大利多波拉沃罗足球俱乐部（创建于 1925 年），和纳粹通过娱乐项目增强实力——均来自于国家。民主派——著名的法国人民阵线——也开始组织休闲以迎合法西斯政府的喜好。

政府不是组织休闲的唯一动力。在法国，教会对体育和青年组织怀有极大兴趣，在许多国家政党组织社会活动，外出旅行和体育俱乐部。

---

① 乔治·奥韦尔：《英格兰你的英格兰》，引自《英格兰你的英格兰》和其他论文集（1953），第 192~224 页，第 223 页。

② 维尔逊：《钟表厂》，第 24 页。

公司也组织其工人的休闲活动。宗教家长制也许是这些干涉的一个因素——伯明翰的夸克·卡德伯里工厂附近处处可见板球场和拳击场。保障健康和忠诚的工人可能是另外一个因素。公司的家长制在资本集约的现代工厂是最为容易的；劳动力本身只占总成本的很小比重，因此花费在工人上的费用略有增加不会对资产平衡表带来不利的影响。[1]

休闲的组织方式是自上而下的。'大众文化'意味着精英文化的大众化，而不是创造一种新的文化。在苏联，进入歌剧院的人数在增多，这是作为身着工装劳作了一天、创下拖拉机厂生产记录的工人的一种恰当的娱乐方式。

每个国家组织的娱乐方式会受到现有国家文化的制约。在英国，安息日是十分重要的，奥尔德曼·罗伯茨因为其正统的家庭决定因素，导致了他发起反对在格雷泰姆的星期天举行拳击比赛。[2] 在意大利，多波拉沃罗的活动按照真正的意大利方式加以组织。这就产生了一个荒唐的情形：意大利赢得了 1934 年的世界杯，而官方计划却试图将足球作为"非意大利"的运动。

法国对体育的态度带有宗教和政治色彩。天主教牧师，更多地组织布里泰妮的体育活动，反对可能导致过多的身体接触的游戏，鼓励将蓝球运动作为足球或者橄榄球的替代运动。相反，橄榄球，在反对牧师的西南地区具有深厚的基础。英式橄榄球联盟（专业和无产阶级的）与英式橄榄球联合会（业余和上层的）具有明显的不同。维希政府上台时，橄榄球联盟被解散，其资产也被没收。

休闲制度从来也不是完善的，机构与那些所谓的控制是相适应的。意大利的多波拉沃罗机构通常是从属于法西斯早期的共济会会员传统的，或者甚至受到秘密的共产党的影响，将野餐活动转变成了政治辩论的机会。有时候，流行歌曲的大众文化成为了叛乱的标记。在法国人民阵线时期最为通俗的歌曲由商业艺术家蒂诺·罗西所创作，1937 年社会主义节日中的一个耀眼的歌星，尽管许多社会党受到干扰，工人似乎只起了

---

[1] 马森：《纳粹主义，法西斯主义和工人阶级》，第 91 页。
[2] 雨果·扬：《我们中的一人》（1990），第 9 页。

被动的作用，吸引了一些"低级"的商业文化。但是这种畅销歌曲的真实含义可能成为一种挑战，有时候，这些歌曲是完全通俗的，因为他们表达了反对左翼的沉闷性，以及反对右翼的极权性。将商业文化作为一种反叛的形式在战时的德国达到了极致，在那里对爵士和盎格鲁－撒克逊流行乐的喜欢，不是反映消极状态，可能意味着冒死的风险。

结　　论

那些从政治演讲、小说或者诗歌中得出想法的人会认为 1919～1939年期间是技术日新月异发展的时期，没有任何一个时期如 20 世纪那样，受到教育的欧洲人如此频繁地谈论起技术对其生活的影响。对这些事务的态度集中在当时的两大新的政治思潮——法西斯主义和共产主义。而从统计数字得出结论的任何人持有完全不同的看法。在 1914 年之前经济始终是快速发展的，而在 1945 年经济重新出现快速发展，期间经济一度处于停滞时期。领袖们和知识界人士认为为数不多的欧洲人其生活受到机器的直接影响。对欧洲人而言，查尔斯·林德伯格的名字是家喻户晓的，然而，即使是富人也很少乘过飞机——张伯伦首次乘坐飞机是在1938 年他去慕尼黑时。

1939 年战争的爆发使得技术和自然对文化的影响发生逆转。技术发展速度加快了：使得 20 世纪下半叶黯然失色的三大技术——飞机、原子弹和计算机——在二战期间得到了发展。技术对人们生活的影响超过了以往任何时候——处于战争国家的城市居民均直接受到飞机的影响。而在一些方面，技术直接影响在加强与文化重要性的消失是同步的。只有在维希法国，当时没有直接参与战争，男人们依然在讨论 1939 年之前引起广泛关注的专家政治项目。标志着 20 年代的精确性、新奇性和耀眼性已经过去了。休闲"组织现在很可能意味着菜园制度，而不是市政游泳池"。金属"意味着熔化的深锅，而不是略微闪光的铬金属"。在战争期间，也许此后很长一段时期，在现实中生存比幻想未来更为重要。

6 虚假的和平

　　1933 年阿道夫·希特勒怀着推翻凡尔赛条约的既定野心上台。在 1936 年，他率领军队抵达了莱茵河地区。在 1938 年，他合并了德国和奥地利。同年，在慕尼黑会议上，英国和法国同意希特勒占领捷克斯洛伐克部分地区（1939 年 3 月他占领了更多的地区）。在 1939 年 9 月，他攻打了波兰，随后是一段军事相对不活跃的时期，因此可以相信，沿着马其诺防线的法国防御工程是牢不可破的。这段时期，也被形容为"虚假战争"期间，一直持续到 5 月份才结束，1940 年 6 月，德国的军队横扫欧洲大陆，因此包围了马其诺防线，入侵了法国，6 周后法国战败。

　　在某些方面，"虚假战争"是对从希特勒入侵波兰到对苏联的入侵这段时期最好的概述。在这段时期内波兰人惨遭蹂躏，但是他们无法有效地抵制德国军队。希特勒的其他征服者不多，有时候是中立的，这些国家无法保卫自己。甚至法国也对德国进攻的速度和动机大为吃惊，无法抵制战斗：法国军队在 1940 年的保卫法国战争中死亡的人数要比在 1916 年保卫凡尔登数平方英里的泥浆地要少得多。1940 年欧洲最为激烈的战争发生在德国和芬兰之间。

　　如果该年或者 1939 年 9 月之后就是虚假的战争，那么在这之前的 20 年也是虚假的和平。《巴黎和约》从一开始就争论相当激烈，那些不受大国保护的国家被排除在外，如波兰，也由大国所创建的国家。当巴黎的专家们还在研究地图时，那些无视国际舆论便投入作战的军队，甚至他们本国政府的军队，便通过武力解决边境冲突。意大利诗人加布里埃莱·丹农齐奥率领意大利声愿军占领了意大利和南斯拉夫之间存有争议的城市阜姆（Fiume）。1920 年维尔诺/维尔纽斯城市也被一位波兰将军所占领，因为该城市在波兰和拉脱维亚之间在主权归属上存有争议。切欣就是捷克和波兰之间的战场，德国的"自由公司"在东普鲁士与波兰军队作战，法国将军芒然煽动鲁尔区的分裂主义运动，土耳其人击退了希腊的入侵，于 1922 年占领了士麦那。即使在阿里斯蒂德·布莱恩德和古斯塔夫·斯特雷泽曼的扶持下建立的佛朗哥—德国睦邻友好协定也不能代表采纳了和平协议——斯特雷泽曼承认了德国在西部的损失，完全是因为他希望可以获得在东部地区丧失的部分领土。

如果把战时的欧洲国际关系简单地看成是条约、会议、甚至战争和战场，那也许是错误的。许多欧洲人，特别是来自新的国家和战后所创建的和新的运动的那些人们，认为传统外交结束了。在担任苏联外交事务官时，托洛茨基发表著名言论认为："我将发布一些宣言，然后不再工作。"其实托洛斯基错了，在这种意义上，苏联的外交官在继续推行着谈判，甚至在观察他们所提出的程序（他们身着工装参加会议）。在那时甚至最为激进的政体，假如他们认可传统外交的原则也是非常有利的，而国家之间的关系实际上发生了改变，因为国家本身不再以外交为中心。苏联声称代表国际工人阶级，纳粹德国声称代表"阿里安种族"，而战争的赢家则声称代表"国际社会"。国际关系不再意味着一小部分法国贵族在谈判桌上高谈阔论，现在牵涉那些远离家乡的数百万人。充满着一种新的暴力和野心从事任何事情：德国外交部在驱赶和灭绝欧洲犹太人的计划中发挥了很大的作用。

战时国际关系局势以那些期待着维持现状的集团的边缘化为主要特征的——英国和法国的职业外交官。外交家来自于很小的集团。通过接受教育而联合起来。[①] 哈罗德·尼克尔森很高兴地发现墨索里尼在洛伽诺的助手之一就是一位老的哈罗公学学生和其家庭纽带，[②] 几乎不包括任何妇女也没有犹太人（苏珊·博雷尔是在 1937 年通过法国外交部服务考试的第一位女性）。罗杰·佩尔菲特记录着法国外交部建立了一个艺术作品部，来为三位未能到国外工作的人员——博雷尔（女性），琼·马克斯

① 3/4 的法国外交官在政治自由学院接受教育。理查德·查林杰：《法国外交办公室：菲利普·贝特洛的时代》，引自戈登·克雷格和费力克斯·吉尔伯特主编的《外交官，1919～1939》（普林斯顿，1994），第 49～85 页，第 63 页。

② 在 1935 年，法国外交官的 1/10 以上来自 12 个家族。《让－巴普蒂斯特·迪罗塞勒年代 1932～1939 年》（1979），第 269 页和第 518 页。

（犹太人）和佩尔菲特本人提供食宿（一个轻率的同性恋者）。外交官过分关注草案、将章和制服——伊冯·柯克帕特里克认为加莱亚佐·贾诺伯爵似乎在教皇庇护十二世加冕仪式上的地位高于诺福克公爵是意大利法西斯主要的暴行之一[①]——然而随着事态的发展他们对整个进程的影响越来越小。政治家们通常从职业家们那里接管外交事务。外交部被新的机构如苏联的共产党国际，第三国际或者德国的布罗·里宾特洛普所替代，意味着英国和法国的外交官不再依靠寻求与其想法一致的对话者。

国际关系对于那些社会底层的人们也具有重大的影响。如果 1914 年之前是移民时代，1919 年之后就是难民时代：1926 年欧洲具有 950 万难民。被迫在希腊和土耳其之间迁移的难民为 150 万人；希腊和保加利亚之间为 28 万；200 万波兰人被驱赶出了家乡，同样遭到驱逐还有 200 万俄罗斯人和乌克兰人，25 万匈牙利人和 100 万德国人。[②] 20 年代中期难民潮有所缓和，而到了 1935 年纽伦堡法颁布之后，重新掀起的难民潮给德国犹太人施加了难以忍受的压力，1939 年失败的共和党人逃离了西班牙。1939 年德国的胜利带来了另一次大规模的人口迁移，因为德国试图将犹太人和一些波兰人驱逐到新帝国的边远地区。与此同时，德国还与意大利和苏联达成协议，"遣返"那些居住在波罗的海和南蒂罗尔地区的德国少数民族。按照这些协议大约有 50 万人来到了赖特地区。[③]

新的护照在很大程度上是因为一战时期难民危机和人口流动所造成的。到了 20 世纪 20 年代，甚至英国外交大臣洛德·柯曾，也要携带护照——而护照是由他本人签发的。对于那些没有特权的人而言，合法的证件意味着生死之别。渐渐地，离开国家的想法被看做政治上的而不是经济上的选择，许多政府在这种出境渠道上设置障碍。1926 年意大利宣布"滥用移民"是非法的，[④] 而在 1935 年，苏联对那些企图非法离境者判处死刑。[⑤] 在 1931 年，德国政府对想要成为移民者征收特殊税，纳粹

---

① 伊冯·柯克帕德里克：《内部周期》（1959），第 141 页。
② 迈克尔·莫拉斯：《所不需要的：20 世纪的欧洲难民》（牛津，1985），第 51 页。
③ 古茨·阿里：《最好的解决方法：纳粹的人口政策和欧洲犹太人的谋杀》（1999）。
④ 同注③，第 126 页。
⑤ 同注③，第 126 页和 129 页。

以此来清除犹太难民。

对于这些难民前往的国家，接受难民也面临着更大的困难，特别是在这些难民涌入之际正值经济危机和政治紧张之时。瑞士当局要求德国人在犹太人护照上盖上特殊图章，这样可以在边境上拒绝持有这些护照者入境。到了 1939 年，甚至在法国，这个传统上对难民最为同情的国家，也建立了一些难民营地监禁西班牙共和党人和德国犹太人。①

难民通常也是内战时期一个不稳定的因素。在 1938 年 11 月，一名 17 岁犹太难民，在其全家遭到德国的驱赶和被拒绝进入波兰之后，带着绝望的心情在巴黎暗杀了一名德国外交官，纳粹就以此为借口大肆攻击犹太人，从而激起了又一轮的难民潮。在匈牙利，难民是在特里亚诺设置边境的最为强烈的反对者，也是极右翼最为积极的支持者。

一战之后，经济进一步加剧了欧洲的分裂。在 1914 年，欧洲具有 14 种货币，全部实行金本位制。1919 年之后，具有 27 种货币，有些货币是大幅浮动的。在德国，凡尔赛条约规定的赔偿激起了更大的痛恨，德国赔偿失败导致了法国—比利时在 1923 年占领鲁尔。赔偿额也导致了英国和法国之间的分歧，因为一些英国人认为法国提出了无法实现的要求——在鲁尔危机时期，格雷厄姆·格林志愿成为德国的间谍。实际上，赔偿不仅起因于乔治·克莱门斯个人的敌意，也是一战带来的影响。在法国，货币已经贬值并实行借贷；承认无法弥补的损失也就承认了建立在食利和稳定经济之上的整个资本主义秩序的死亡。而且，德国的问题主要不是赔偿问题，因为这部分资金还不到其总的国民生产总值的3%，② 问题主要是过高的政府支出传统，以及魏玛政府对福利的承诺和大战的财政遗赠。比法国还要严重的是，德国的战争投入依靠借贷和印制钞票，因为德国人幻想着能够收回贷款和通过掠夺战败国的资源来恢复货币。总之，德国的问题主要来自于本国无法对他国实施赔偿，而无法从德国获得赔款。

---

① 安妮·格林贝格：《1939～1944 年耻辱的难民营：法国难民营中被拘押的犹太人》。
② 哈罗德·詹姆斯：《德国的衰落：1924～1936 年的政治和经济》（牛津，1987），第 21 页。

20 世纪 20 年代中期相对的繁荣局面保障了法德和解，在此期间，外国——主要是美国——对德国的投资超出了德国支付的赔款。在 1924 年，美国金融家查尔斯·道斯提出了一项新的赔偿协议，允许德国支付相对较低的赔偿额，而到 1928～1929 年开始实施全额赔款。1925 年的洛迦诺协议中提出了这一新的看法，当时德国放弃了对阿尔萨斯－洛林的地区要求，接受了莱茵河地区应该对德国军队自由开放，德国加入国家同盟。

在 1929 年，扬格计划提醒德国长期支付赔款的义务。不久，经济大危机严重打击了德国，随着华尔街危机后美国撤出贷款，加剧了危机对德国的影响。

经济危机也产生了广泛的影响，将国际经济分裂成了几个对立的集团。英国放弃了金本位制，在 1932 年的渥太华会议上采用了英国的"帝国优惠制"（经济保护主义）。在 30 年代初期，法国也采用了新关税，主要用以保护农业。最为封闭的是苏联和纳粹德国的经济，那里交换制度确保了与外国贸易要在严格的管制下进行。到了 1936 年，德国开始计划自我封闭的经济，尽可能在备战中自给自足。

东欧的动荡加剧了国际紧张局势。沙皇和哈布斯堡帝国已经瓦解。这也是那些失去维也纳和圣彼得堡宫廷生活的外交官所憎恨的根源，而新的国家——捷克斯洛伐克、南斯拉夫、立陶宛、爱沙尼亚、拉脱维亚、波兰——先后建立。和平协定使得欧洲在种族上更加同一，但是无法确保每个欧洲人生活在一个与其有着共同语言和种族来源的人加以治理的国家中。和平协定中谈及的"自治"带来了一种期望，这是欧洲从来不曾有过的期望，民族国家成了自然的政府形成。

东欧的分裂也是重要的，因为制约德国依靠的是东欧国家分别与法国之间的结盟：法国于 1921、1924、1926、1927 年分别与波兰、捷克斯洛伐克、罗马尼亚和南斯拉夫签署了协议。然而，这一联盟体系的建立是相当脆弱的。当法国愿意对进攻性战争出资时，才会帮助东部联盟，然而，当马其诺防线在 1927 年构筑之后，法国的军事政策几乎全部是防御性的。在 30 年代期间，法国的经济实力在签署结盟协议之后下降了。

在 1931 年，巴黎已经能够利用金融压力来阻止奥地利与德国之间达成的关税同盟，然而此后，大萧条削弱了法国的金融实力。渐渐地，迫使东欧国家加入德国经济圈，因为他们签署了以农产品交换工业品的双边协定。

随着法国在东欧影响力的下降，波兰试图重新确立其在东欧集团中的主导地位，但是这个集团除了惧怕纳粹德国和苏联之外，缺乏凝聚力。而且，东欧国家彼此之间存在很多的争端。波兰和立陶宛在 1928 年之前一直处于交战状态，直到 1938 年恢复外交关系。1938 年的《慕尼黑协定》之后，波兰，作为西方的一个可能的同盟，很快地成为了希特勒侵略的牺牲品，参与了德国对捷克斯洛伐克的领土瓜分。当波兰本国遭到入侵时，它还抱着与其邻国保持中立的姿态，而罗马尼亚甚至拒绝给波兰流亡政府提供通行之路。

国际关系中更多的问题是由苏联引起的。巴黎和会在反对俄国和中欧部分地区的布尔什维克革命下所召开，苏联没有出席会议，许多国家预感到了不祥，从长远看，这会引发问题。会议调停人允许德国保留一支军队以遏制德国境内的布尔什维克运动。实际上，德国和苏联感到自己被排除在了凡尔赛体系之外，并倾向于联合。1922 年出现了这一势头，当时两个国家在拉帕洛签署了一个条约，决定恢复外交关系并保证彼此之间不能对另一个国家提出经济要求。更为重要的是，德国和苏联之间开始了军事上的合作。德国的士兵在苏联进行技术培训，这些均是《凡尔赛条约》所不允许的。

在纳粹主义兴起之后，德国再次对欧洲和平构成了威胁，西方的一些国家认为与苏联结盟可以作为制约德国的手段。法国和捷克斯洛伐克签署了这些协议，然而缺乏结盟热情。1939 年 8 月英国和法国派往苏联进行谈判的代表相对比较年轻，没有权力对政府做出承诺，最终希特勒与斯大林在 1939 年 8 月签署了互不侵犯条约。实际上，在 1939～1940 年欧洲战争的初期，斯大林的军队从东部进入了波兰，而希特勒从西部入侵波兰。斯大林的军队还开进了芬兰、波罗的海国家和罗马尼亚的部分领土。

那些了解红军在击败希特勒中作用的历史学家通常指责西方联盟未能将苏联引人反对纳粹的联盟中，而与苏联合作的犹犹豫豫不单单是反对共产主义所造成的。还有许多充足的理由可以怀疑斯大林作为一个盟友的价值。如果在 1939 年加以利用的话，红军有能力抵制一场进攻性战争，然而没有理由可以证明红军具备这一能力。苏联军队的表现始终不尽如人意：1920 年红军在波兰战败，苏联的军事顾问未能制止西班牙共和党在 1939 年的失利。苏联军队的缺乏效率在 1939 ~ 1940 年表现得最为显著，当时 100 万苏联军队艰难地战胜了只有不到 20 万的芬兰军队。①

更为重要的，似乎显而易见的是，斯大林 30 年代末的大清洗削弱了红军。大清洗损失了 3/5 的苏联元帅，80 个高等军事法院成员中的 75 个成员②和军官总数的 7.7%。③ 大清洗对红军中最早的军事思想家迫害最大，如米哈伊尔·图哈切夫斯基，他们率先提出了使用装甲战的新观点。许多被怀疑为间谍的人在两国军事合作期间与德国人保持了密切的联系，了解他们将会面临的敌人。大清洗对军队士气和机构的影响几乎无法想象。公众的谴责削弱了士兵对上司的尊敬，而惧怕政治影响使得军事指挥家不愿公开发表看法，许多军官常常酗酒，还有一些人自杀。1940 年提高军队效率的尝试涉及需要 4000 名官员复员，其中的一些人在劳动营和刑讯室度过了调停时期。④ 那些意识到这种黑色喜剧的人只能下此结论，或者红军被间谍所破坏或者红军是一支对上司唯命是从和患有精神病的总司令所组成的缺乏士气和机构涣散的队伍。在任一情况下，苏联似乎不可能成为具备吸引力的盟友。

这种发展特别危险，因为伴随着出现军事均势的转移，这很可能使德国再次发动战争。30 年代初期德国的经济受到世界性经济危机的严重打击，然而经济很快得到恢复，并领先于法国经济，法国相对较晚时期

---

① 约翰·艾里克逊：《斯大林格勒之路》（1975），第 28 页。

② 唐纳德·卡梅隆·怀特：《战争是如何爆发的》（1990），第 109 ~ 110 页。

③ 罗杰·里斯：《红军和大清算》，引自 J. 阿什·盖蒂和罗伯特·曼宁主编的：《斯大林的恐惧：新的前景》（1993），第 198 ~ 214 页，第 199 页。里斯认为艾里克逊的估计大约 3 ~ 4 万官员——占整个官员的半数以上——遭到清洗的人数是相当大的。

④ 艾里克逊：《斯大林格勒之路》，第 34 页。

才出现危机，然而直到 20 世纪 30 年代末期才开始恢复。法国这一弱势加上第一次大战的人口方面的问题，在 1939 年拥有的士兵人数减少了一半。

纳粹头目反对那些制约其敌人的经济正统性。英国和法国政府被控制公共开支的需求所困扰，然而戈林轻易地断言道："我们并不认可一些所谓的经济法的神圣性"。① 从 1934 年开始，德国军队以此为借口不再承担向财政部提供详细账目的义务。

德国经济不是效率模式。对"经济规则"的忽视与混乱的制度相结合，不同的机构在管理经济上互相竞争。有时候，需要依靠希特勒的个人仲裁来解决这些争议。而且，不管德国如何残酷地调动其资源，事实依然是这些资源要少于其潜在的对手。

一些历史学家认为纳粹头目意识到了其经济弱势并采取了克服这些缺陷的战略。依据这些解释，德国的目的不在于达到总的经济调动，而是全力以赴专注于一场短平快的战争，在德国有限资源出现紧张之前就结束。快速和投入相对较少的战争可能会带来经济上的利益。接受奥地利已经使得德国获得了价值为 2 亿美元的黄金储备，② 在入侵波兰期间，德国军队在破坏经济目标时受到了阻碍。③

其他人认为纳粹头目力图实现调动所有资源，但并不期待在 1942 年之前实现这一目标，因此对 1939 年战争的爆发十分惊讶。事实上，纳粹统治的混乱也许意味着它们正在同时追求这两大目标。一方面，一项精明的战略意识到德国经济的弱势需要一场快速的胜战；另一方面，狂妄的设想具有更加荒谬的目的。

德国从新式的战争中得到了好处。一战期间军事技术得到了发展——坦克和飞机——已经显示巨大流动性的战争是可能的。英国的巴希尔·利德尔·哈特，俄国的米哈伊尔·图哈切夫斯基，法国的查尔斯·戴高乐，德国的海因茨·古德里安，讨论了流动战争的影响。30 年代的军事争论促使现代派反对盲目的保守派。到 30 年代末期，那些最初对流动战

---

① 引自 P. M. H. 贝尔：《第二次世界大战在欧洲起源》(1986)，第 142 页。
② 保罗·肯尼迪：《大国的兴衰》，第 398 页。
③ D. C. 瓦特：《过分严肃：欧洲军事力量和二战时的策略》(1975)，第 68 页。

感兴趣的许多人也开始对此产生了怀疑。图哈切夫斯基认为不能采用坦克来阻击步兵团，利德尔·哈特到 1939 年放弃了他对坦克战的信念。

20 世纪 30 年代的变化规模很难估测新技术的影响。出现了重型坦克且装备更为精良。战斗机已经从最快速度每小时 200 英里左右的双翼飞机转向了最高时速可达 400 英里的单个发动机的单翼机。很早就实行军队现代化的国家被那些新的发展所追赶。意大利在 1934 年成为欧洲拥有最为先进飞机的国家，而这些飞机在 1940 年就已经过时了。因此从一个方面来评估飞机的实力是相当困难的：纳粹德国空军在 1938 年减少了飞机数量，与此同时对飞机进行了现代化建设。对利用新设备进行人员培训也遇到了困难。到 1940 年 5 月德国入侵时，法国的飞行员依然不会驾驶德瓦迪诺飞机，这种飞机 5 个月前才刚刚引进。[①]

很难估测新机器在战场中的应用情况，在西班牙内战时期，特别是在瓜达拉哈拉战役中，坦克不是最为理想的。[②] 富有经验的士兵知道机器在制图版上要比距离最近的机械师 50 英里的泥泞的森林中更好使用。法国专家承认坦克每天至少需要 6 个小时的保养和维修。指挥官们担心反坦克武器的新发展达到一定程度将会抵消坦克的新发展。法国人，估算出反坦克手抢有效射程在 1000 米的范围内，而坦克手枪的射程只有不到 300 米，认为 30 架坦克中会有 19 架在反坦克武器的进攻中销毁。德国人，估测反坦克手枪的射程大约不超过 800 米，30 架中大约只有 6 架会在这样的进攻中遭到毁坏。[③] 法国人和德国人均对培训和军队的特征抱有乐观态度，因为他们相信坦克手在面临如此之高的死亡率时非常坦然和保持纪律性。

闪电战有时候也用来进行快速进攻，例如德国对波兰、法国和低地国家的进攻，被美国记者而不是德国军官所报道。德国并没有打算参与 1939 ~ 1940 年的战争，并常常惊讶于其对手取得的快速进展。只要回溯往事，只有当观看他们进攻的新闻短片——电影非常适合纪念流动战——

---

① 肯尼迪：《大国的兴衰》，第 403 页。

② 同上页注③，第 66 页。

③ 欧亨尼亚 C. 基斯林：《不破不立：世界大战期间的法国军事条款》，引自《历史上的战争》（1996），第 208 ~ 233 页。

他们才会意识到他们已经发现了这一新的战略。直到 1941 年俄国入侵时，他们才开始反击这场战争。

军事现代化既是文化，也是货币和机器。在法国，防御战是共和党的传统，可以回溯到革命战争时期，因为大批应征入伍的士兵参与这场战争。许多法国人相信征召的军队捍卫了民主，反对军事独裁。然而越来越多的怀疑是，是否这种征募的军队可以捍卫法国的民主抵制外国军队。在 1928 ~ 1935 年期间，法国的应征士兵仅仅服兵役一年，此后作为预备军，只经过短期的培训，没有充足的时间来掌握复杂的技能。经过培训的预备军并不总是能够为战争服务的，这就使得专门化变得更加困难，军队只得立足于一系列简单的可以交换的任务。查尔斯·戴高乐的现代化作战的观点与军队的职业化的激烈争论相关。

在很多方面，德国在新的作战技术的开发上是弱势而不是强势。由于《凡尔赛条约》，直到 1934 年之前，德国拥有一支规模很小的职业军队。德国的军官需要服役 25 年，而普通士兵要 20 年服役期。长期的服役和职业化可以花费大量的时间来探究未来的战争。在 1919 年和 1920 年，一个由 400 名官员组成的委员会专门总结这场刚刚结束的战争的经验。[1] 德国人开始建立大型的军队，他们白手起家，采用了最先进的技术。纳粹德国空军享受了这一特权地位。

更为重要的是，接受军事创新是与文官与军官权力之间的关系为条件的。将军们是保守的。查尔斯·戴高乐依靠其能力来调动政治家，主要是保罗·雷诺来反对他直接的军事上司。在德国，希特勒能够对那些从不轻易表示赞同的将军构成威胁。

总　　结

从纯粹欧洲的角度来看待内战时期的欧洲是带有欺骗性的。许多欧洲强国依然关注大陆之外的事务。法英帝国因 1919 年的和平协定而得到

---

[1]　詹姆斯 S. 克洛姆：《从双翼战机到快速战：战争期间德国空军条款的演变》，引自《历史上的战争》（1996），第 85 ~ 103 页，第 87 页。

了有效扩张，因为这两个大国获得了国家联盟的管辖权。法国统治叙利亚和黎巴嫩，而英国统治巴勒斯坦和伊拉克。这两个大国还具有更老的帝国：法国在撒哈拉沙漠以南的非洲大陆、非洲、马格里布和印度支那有殖民地，英国的传统殖民地在非洲、印度和远东。印度对英国尤其重要，因为印度地域广袤、物产丰富，而阿尔及利亚对法国也是重要的，因为那里具有欧洲人口——大约 100 万人——他们可以参与法国议会选举。经济大萧条刺激了这两大国家在其帝国寻求保护性的经济出路。

帝国使得英国和法国的军事思想相互交织。法国利用非洲部队占领了德国莱茵河地区和鲁尔地区，加剧了德国强烈的种族主义情绪，与此同时加入外国军团的德国士兵占领了部分非洲地区。马歇尔·马尔金预测利用巨大的黑势力的可能性，法国或许可以恢复殖民地以弥补不断下降的人口。英国依靠强大的海军，因为海军可以保护帝国和首都。一些人将 1935 年的英国—德国海军协议看做是默认的交易，按照协议德国同意将其海军限制在略高于英国海军势力的 1/3 上，英国同意德国在欧洲的独立，以继续保持其在世界的作用。20 世纪 30 年代英国军队的扩大遭到了印度新兵的痛恨。[1]

帝国的因素对 20 世纪 30 年代末期新技术的运用起到了至关重要的作用。殖民军队参与低战术的战争以抵抗那些与欧洲地形完全不同地区的装备简陋的对手。英国对坦克的讨论主要集中在这些坦克在西北边境省份的应用上。[2] 英国将飞机作为对伊拉克和印度北部地区反叛组织加以廉价控制的手段：1/3 的英国空军实力培养手册关注"在我们自身的权限范围内控制半文明的部落"。[3] 在 1940 年夏季，法国人在北非拥有的作战飞机是法国东北部的两倍之多。[4]

20 世纪 30 年代影响欧洲的所有重大冲突部分是因为殖民地问题。

---

① 哈罗德·尼克尔逊：《日记和信件，1930~1939 年》（1966），第 303 页。托马斯·因斯克普：国防协调部长，在 1937 年对尼克尔逊（Nicolson）说："人民绝对拒绝自愿为印度提供必要服务。"

② 巴希尔·利德尔·哈特：《论文集》（1965），第 111 页、第 244 页和第 246 页。

③ 理查德·欧文：《西方的空军力量、军队和战争》，载于《军事历史上的哈蒙回忆文集》第 32 期（美国空军科学院，科罗拉多，1989），第 9 页。

④ 同注③。

例如意大利在阿比西尼亚（埃塞俄比亚的旧称）的战争。以及西班牙的内战，最初在北非，摩洛哥的军队在佛朗哥将军的领导下进行作战，佛朗哥是以指挥西班牙的外国团开始其职业生涯的。苏联附加的欧洲承诺是最为重要的：其在欧洲的领土边境扩大了 2400 公里，同时在亚洲扩大了 8000 公里。在 20 世纪 30 年代末期，苏联的军队与日本在兴凯湖边境作战。在 1938 年 7 月和 8 月，苏联军队沿着哈桑湖与日本作战，这场战争中，俄国死亡人数为 236 人，日本方面残废 600 人。在 1939 年 5 月和 9 月期间，在察尔金—戈尔打响了第二次战役，出动了 35 个苏联步兵团、500 辆坦克和 500 架飞机；死亡的俄国人和蒙古军队为 1 万人，日本的死亡人数在 25000～55000 人左右。

　　德国是凡尔赛体系中唯一失去殖民地的国家，被过多的欧洲承诺分散了注意力。在 20 年代期间，德国领导人，包括施特雷泽曼，带着遗憾的心情回忆德国前殖民地。达作农勋爵精明地指出，殖民地可能会成为未来的德国政策的制约因素："很显然任何海外的德国领地大部分均会落入英国海军的控制中，将会使得德国人不断希望与我们保持友好的关系"。[①] 这些提议在 20 年代未能引起英国领导人的重视。在希特勒掌权之后，英国的政策改变了，试图以殖民地来交换欧洲和平，然而为时已晚：在 1890 年和 1912 年期间放弃了以德国思想为主导的世界政策。希特勒重温了俾斯麦对海外殖民地的怀疑态度，其野心在于建立一个中欧的海外帝国。德国的战术主要是用来对付欧洲军队的。德国赢得了 1939～1940 年的战争，是因为德国是唯一的欧洲强国，也是同样的原因，德国在 1941～1945 年的世界大战中失败。

---

　　① 引自安德鲁·克罗齐耶：《斯特雷泽曼的洛迦诺政策中的殖民地问题》，《国际历史评论》，IV（1982），第 37～54 页。

7 欧洲的第二次世界大战

  1941 年 6 月 21 日晚，一名德国士兵，可能是共产党员，冒着生命危险开小差，跨过了苏联防线并泄密了即将进行的进攻。逃兵的审讯人电告莫斯科请求指示。他们得到了斯大林的命令，这个逃兵是个内奸，应该加以秘密处决。数小时之后，德国发起了进攻。[①] 第二次世界大战打响了。

  苏联参战标志着在过去两年发起的欧洲战争出现了转折，德军和苏军的实力比投入战斗之前和此后三年的任何时候削弱得还多，东部边境成为几乎所有重大战役的主要战场。在 1942 年，希特勒在东部有 178 个师；隆美尔在北非战场与英军对峙，这充分表明了英国神话中的主要特征，只投入 4 个德国师。1941 年克里特撤退和 1943 年盟军入侵意大利时，俄国军队是与德国在欧洲本土作战的少数部队之一。二战期间，德国的伤亡和被捕人数大约有 1360 万，在东线阵亡的人数也在 1000 万人左右。[②]

  刚开始时，德苏之战就是一场实力相差悬殊的对垒。战争开始的第一周，苏军 1/10 的坦克[③]和所有苏军防线上 1/7 的飞机被毁（大约到了 6 月 22 日中午，地面上又有 900 架飞机被毁坏）。[④] 到了战斗的第一个月末，340 个军事基地中大约有 200 个被德军占领。[⑤] 在 1941 年 10 月，一个蒙古骑兵连在攻击德军时损失了 2000 人，而德军却没有任何伤亡。[⑥]这种悬殊的不对等局面很快不复存在了。德国挺进的速度越过了供应线，

---

 ① 约翰·艾里克逊：《斯大林格勒之路》（1975），第 150～151 页。

 ② 约翰·艾里克逊：《柏林之路》（1983），第 XI 页。

 ③ 理查德·奥维：《俄罗斯战争》（1997），第 112 页。

 ④ 约翰·鲍勃和马克·哈里森：《苏联国内前线，1941～1945 年：二战中苏联的社会和经济历史》（1991），第 27 页。

 ⑤ 奥维：《俄国战争》（1997），第 102 页。

 ⑥ 同注⑤，第 147 页。

大雪（在 10 月初降雪是很不正常的）使得军队装备遇到了困难。更为重要的是，苏联进行了反击：到了 1941 年底，苏军在与德军作战中伤亡人数为 75 万，1942 年苏军遭到惨败，德军与苏军的死亡率继续保持在 1：8 左右，而红军拥有大量的士兵，其领导人也准备为战争而死。

东线战役比西线的任何地方更为激烈。英军的一些团体——突击队、空军和坦克手——冒着更大的危险，而英国军队的死亡人数高达 26.4 万人。同时文官在英国战役结束和 1944 年最初的飞弹投掷之前，稍作休息：战争中死亡的文职人员仅为 6.2 万人。许多美国部队从来没有离开过美国本土，在美国没有文官伤亡。对西方盟军的许多士兵而言，"积极的服役"意味着即有短期的担忧，也有长期的厌烦。相反，许多苏联士兵几乎在 1941 年 6 月以来连续 4 年作战，有时候与敌人近距离的进行交战。许多战役发生在苏联本土。战争中大约有 900 万苏联士兵和 1900 万苏联公民死亡。①

就德国而言，东部的战争既是意识形态（反对共产主义）、种族战争（反对斯拉夫和犹太人），也是民族国家之间的战争。这不只是纳粹理论家们所关注的事务。对苏联的进攻对那些在德国军官上层的贵族而言至关重要，因为他们在东部拥有不动产。在上个世纪初，西奥博尔德·冯贝特曼·霍尔维格告诉儿子不要在家族的普鲁土地产上种植橡树，因为在这些橡树长成大树之前，"俄国人就会占领这些地区"。现在德国人正在为永久性地消除俄国人在其边境上的威胁而战斗。失败意味着贝特曼·霍尔维格的寓言成真。苏联的胜利意味着消灭德国容克家庭。诺曼·奈马克对德国贵族的研究中发现，死于二战的贵族为 8827 人。战争之后，大约有数百人被外国人俘虏后杀害，大约 500 人死于拘押，还有 500 以上的人自杀。②

东部的战争是极其残忍的。在 1939 年入侵波兰时，德军和苏军杀害

---

① 鲍勃和哈里森：《苏联国内前线》，第 42 页。
② 诺曼 M. 内马克：《在德国的俄国人：苏联占领区的历史，1945 ~ 1949》（剑桥，1995），第 142 ~ 143 页。战争中死亡人数，大约为 4948 人，主要是在东线，我认为这一数据仅仅指的是成年人。

了许多市民和战俘，然而这种残酷性还在更大的范围内展开，双方的严酷性导致暴力升级。德国军队中增加了一支特别行动冲锋队，在德国入侵以来的 5 周内共残杀市民 62805 人。① 残忍的根源来自对敌人的种族蔑视和战争本身的残酷性。俄国士兵在其本土上作战了数年时间，通常那些被围困的地区如斯大林格勒和列宁格勒，市民的伤亡惨重。德军和苏军均意识到双方为生存而战，将会以一方惨败和流血为代价结束战争，而不会通过谈判和条约来化解战争。在这样的局势下，将战士与非战士进行区分的任何尝试均是失败的。德国人将苏联公民看做潜在的敌人，而苏联当局也将入侵者作为敌人来对待。

从战俘的待遇方面可以反映出东部前线的战役的激烈程度与其他战场之间的不同。在西部，战俘的待遇由日内瓦公约所规定，并有红十字会加以监督。大约有 100 万法国人在德国的监禁中生活了 5 年，他们的福利待遇是法国维希政府主要担心的问题之一。20 个法国在押人员中大约有 19 人可以活着返回自己的国家。西部战俘没有过上舒适的生活，然而拘捕战俘者遵守了所规定的战俘待遇原则，为战俘提供正常的食宿和医疗服务，甚至那些顽固越狱或者触犯德国法律的人也很少被处决。一些战俘的生活要比其同胞还要好——在德国集中营的法国犹太士兵通常与其非犹太人官员享有同等待遇。官员们不必工作，一些英国的官员似乎感到集中营的气氛类似于他们曾经上过的公立学校。

在俄国，情况则不同了。命令士兵们不准投降。任何一方均不会同情违抗这一命令者——在 1945 年俄国将那些释放的战俘送往劳动营——因此没有以获得更好的待遇作为回报这一激励因素。战俘生活条件没有任何制度加以保障，而只是希望剥削他们的劳动。德国杀害了那些被捕的犹太人和共产党官员。② 600 个俄国战俘在奥斯维辛集中营的毒气室被当做试验品。③ 截止到 1941 年末，被捕的俄国人约为 350 万，到 1942 年

---

① 克里斯托弗·布朗宁：《大屠杀之路：有关提出最好解决方法的论文集》（剑桥，1995），第 100 页。

② 同注①，第 101 页。

③ 马丁·吉尔伯特：《大屠杀：犹太人的悲剧》（1987），第 239 页。

2 月死亡的人数为 200 万。① 被轴心国抓捕的红军为 570 万人，在 1945 年只有 93 万人还活着。一些人逃跑或者自愿在德国部队中服役，然而，剩下的一半以上的人死亡了。被苏联抓获的 3155000 德国士兵中的 1/3 在释放之前就死亡了。②

东部战争的残酷性影响了这些士兵如何对待自己的士兵以及如何对待他们的敌人。纪律相当严酷。在整个战争期间，美国人仅仅打死了一个逃兵——普里瓦特·埃迪·斯洛维克③，英国仅仅处死了 40 个英国士兵。④ 相反，德国人打死了本国士兵大约 15000 人，大部分在东部战场。⑤ 那些试图逃离地狱般战场的德国士兵遭到了惩处，原因是触犯了诸如"丢失了望远镜"或者要求他们解释为何在他们还有弹药时就撤退。

战争全球化

战争不再局限于欧洲。俄国已经将其大部分的工业生产向其广阔的亚洲腹地推进，1941 年 12 月希特勒对美宣战进一步表明这场冲突将会是全球性的。战争不再是调动有限资源的一场短期冲突而已（回顾性地称之为闪电战），然而现在涉及大范围内作战的许多人，从最终决定战争结果的方式上，就改变了战争的性质。从 1939～1941 年期间，战争的规模缩小了。败于德国的民族国家在 1940 年秋天之前一直没有参战，因为当时欧洲的冲突已经成为了一场德国和意大利共同抵制英国的战争。只有新的作战——在希腊和北非——实力相对较小。从 1941 年起，参战的国家增多了。

---

① 巴伯·哈里森：《苏联国内前线》，前 41 页。
② 迈克尔·布雷斯：《与你相遇在西伯利亚：德国—苏联战争和其他悲剧》，引自《种族和灭绝：对纳粹大屠杀的对策》（剑桥，1997），第 36～110 页。
③ 戴维·欧文：《将军之间的战争》（1982），第 209。
④ 理查德·欧维里：《为何盟军获胜了》（1995），第 293 页。也可参见戴维·弗里奇，《二战期间英军抵抗德军的纪律和死刑》，载于《当代历史》杂志 33，4（1998），第 531～546 页。
⑤ 马克格雷高·克诺克斯：《意大利和德国专制制度中的扩展狂热、战斗权和居住权》，引自理查德·贝塞尔主编的《法西斯主义的意大利和纳粹德国：比较和差异》（1996），第 113～133 页。

全球化毁灭了德国。第三帝国就是一个欧洲强国，几乎没有任何海军，其资源主要依靠地面和空军。相反，英国，始终是一个海上帝国。随着战争的扩大，英国跨越海洋的能力在增强：美国的设备和人员被装运到了利物浦；坦克和卡车被运送到了摩尔曼斯克。许多德国士兵在还未见到大海之前就死在了斯大林格勒和库尔斯克。相反，许多英国士兵，忍受了长期海上旅途的不适。伊夫林·沃在 1940 年度过了从利物浦到达喀尔的海上航行，期间他作为那些以鸡奸打发时光的士兵的国防官员，随后逃离克里特的海上者给他提供了官员和绅士所用的图表资料。

事实上，英国及其盟军持续控制海域是他们最终成功的关键。一些大型的德国战船的沉没损失并不惨重，因为德国的水上舰艇是如此之少；德国的潜水艇（或者 U 型船）和跨越大西洋的英国的护卫舰之间所发生的是缓慢的摩擦战，集中体现了盟军与其敌人存在诸多分歧的一次冲突。德国投资于专门化的潜水艇，以改变其在水上船只的弱势局面。他们的 U 型船在技术上是精良的，战士是勇敢的（在战争中 39000 德国潜艇乘员中大约 28000 人丧身。）

首先，据称大西洋的德国潜水艇获得了巨大的胜利：仅 1940 年，大约 1/4 的英国船只被击沉，而到了 1941 年，盟军建造船只的速度还不如被德军击沉的船只。给苏联提供物资供应的船只的损失更为严重。1942 年 6 月 27 日从爱尔兰启航的 36 艘船只，只有 11 艘达到摩尔曼斯克。船上损失的设备包括 400 辆坦克、200 架飞机和 4000 辆卡车。[1] U 型船不是被设备精良的精锐部队所击沉，而是被由民间船队、皇家海军船队和飞机所组成的混合部队所击沉。船上的大部分护卫人员均是文职经商海员，他们的武器不是最为先进的。商船也被用来运送枪支和发射深水炸弹的。一些最为成功的创新来自于个人（对高层权威的挑战），而不是那些配置精良的试验室的成果。反潜水艇的飞机无法在夜晚找到目标，这一问题已经采用一只能量强大的探照灯加以解决。大西洋中部所需要的空中掩护部分通过将油轮转变成临时的航空母舰加以解决。

没有速战速决的胜利。德国的潜水艇并没有被全部摧毁，护卫舰也

---

① 埃里克松：《斯大林格勒之路》，第 544～545 页。

不可能永远是安全的，然而损失量在急剧减少，使得美国人和英国人制造的船只可以超过了被击沉的船只。丘吉尔写道："海战不是以燃烧的战场和闪光的成就为特征，而是以不为民族国家所知、公众所理解的统计数据、图表和曲线为标志的。"① 这一判断可应用于盟军战斗的其他方面。

联合国家

战争的全球化是建立在不同实力和不同地区的强国协同作战基础上的。英国和美国在此方面获得了空前的成功。这两个国家以语言、文化和政治价值为联系纽带，其统治阶级也因罗德斯奖学金项目和贫穷的英国贵族需要寻找富裕的新娘而联系起来（丘吉尔的母亲就是美国人）。丘吉尔和罗斯福——彼此欣赏对方，在美国正式参战之前保持了经常性的联系。而与斯大林的关系却不好，然而这两位西方领袖却努力与斯大林搞好关系。丘吉尔认为，如果希特勒入了地狱，我会对魔鬼大加赞赏。

德国发动全球战争的能力是极其有限的。其最为强大的盟军是日本，然而，这两大列强却没有协同行动。希特勒从来不曾与日本的高层领导人会晤，使得战争全球化的关键战役——入侵苏联和袭击珍珠港——均是在没有和盟军协商的前提下，由德国和日本分别发起的。苏联参战切断了德国与日本之间的陆地联系。与欧洲的德国盟军的协作也是相当脆弱的。所有这些盟军的实力均不如德国，其中许多国家并不是新秩序中的积极合作伙伴。苏联参战迫使曼纳林的芬兰成为德国盟军，匈牙利和罗马尼亚较晚和迟迟不愿参战，最后这两个国家分别与盟军解除了协议。墨索里尼是唯一的外国元首，也许是希特勒唯一尊敬的人，然而墨索里尼对国家的控制是不确定的。意大利在似乎确保德国可以打赢战争之后才参战的。而一旦德国战败是显而易见的了，国王和统治阶级便撤出了战争。

---

① 引自欧维里：《为何盟军获胜了》，第61页。

战争经济学

人们普遍认为——尽管不总是被德国领导人所认同——1939 年到 1941 年的快速战役使得德国避免了相对有限的工业资源更加紧缺的局面。在各个领域展开的长期战争依靠的是经济，这也是英国和法国始终所希望的。在 1939 年之前，英、法假设经济强国之间的联盟将会削弱自我封闭的德国经济。在短期内，这一预测证明是错误的：军事实力超过了经济实力。入侵俄国改变了局势。俄国大部分生产集中在德国所占领的领土上：到了 1941 年 11 月，大部分俄国的煤炭、钢铁和铝的生产进入了德国占领区。[①] 然而，德国人在他们挺进中没有获得很多好处，因为苏联军队在他们撤退时摧毁了这些地区的设备甚至农作物。俄国人还可以将其大部分的工厂从侵略者手中转移了出来。工厂被拆除了，通过火车运往西伯利亚，并在那里重新组装，在 1941 年 7 月和 11 月期间，1523 个俄国大型工厂，和 2500 万 ~ 3000 万工人东移。[②] 更为重要的是，苏联军队继续作战意味着德国人首次在长期战役中替换设备，而不是从短期战役中恢复元气，并为下次战役做准备。更为震惊的是，因为对苏联的进攻是德国人作为闪电战中精心计划的第一场战役。在俄国战役完全结束之前，德国的工业已经迅速转向，为下一阶段的战役做准备。当红军在斯大林格勒发起反攻时，国防军获得的军用物资占总量的比重要低于任何战争前期阶段。[③]

要持续这场战争，德国的经济面临着一些问题——经济弱于对手且缺乏王牌商品（如橡胶）。到了 1944 年底，盟军的军火生产总值为 1800 亿美元，轴心国生产值为 1000 亿美元。[④] 而且，德国不总是能够有效地开采资源。德国控制的大部分地区通过征服而成为了其领土。起先，要获得金子或工厂的制成品是很容易的，然而长期开采是更为困难的。最

---

① 阿兰·密尔沃德：《战争、经济和社会，1939 ~ 1945 年》（1987），第 83 页。

② 巴伯和哈里森：《苏联国内前线》，第 130 页。

③ 密尔沃德：《战争、经济和社会》，第 80 页。

④ 同注③，第 59 页。

为重要的尝试就是利用外籍劳工来弥补德国征兵所导致的劳动力短缺。最初的这些尝试就是在 1939 年和 1940 年波兰人引入德国，随后是战俘（所有民族国家的战俘），苏联劳动力以及来自如法国的这样的国家不断增多的劳动力。到了 1944 年 8 月，德国有外籍劳工 7615970 人（其中 280 万人为苏联公民，25 万人为比利时人，130 万人为法国人，59 万人意大利人和 170 万人为波兰人）。[1]

外国工人的生产率因较低的素质（特别是来自东部地区的人）、政治上的敌视（特别是来自西部）和无法将那些缺乏工业经验的工人进行整合而下降。在艾森的一家工厂，所有外国工人的生产率比其德国同伴要低 15% ~ 43%。[2] 而且，尽管外国工人的工资是较低的，雇佣的总成本是较高的，因为需要给他们提供交通、专门的居住区和附加的安全和管制。在雇主眼里，最有效率的工人是那些年轻的俄国妇女，不是因为他们身体更加强壮或者掌握了技能，而只是因为她们更容易被控制，雇佣外国人的成本是递增的。军工厂的一名技工可以进入部队，其工种可以由一个农民所替代，而这个农民的工种可以被一个来自波兰或者苏联的工人所替代（这部分人占了德国农业劳动力中的 50% 以上）。在每一阶段，工作的效率比以前要低得多。

德国试图通过允许战败国的工业继续存在下去来剥削外国劳工，条件是他们必须为德国的战争做贡献，这一政策在法国获得了一些成功。但是剥削外国工业由于管理层与工人之间的敌对以及军方试图以一种不熟悉的模式对文职机构实施管制带来的纯粹的供应学问题而变得困难重重。

德国的战争经济被要求对此加以控制的各种机构之间的冲突而遭到破坏。希特勒本人对工业问题缺乏兴趣，而戈林（四年计划主席和经济部长）、军机部长托德以及托马斯（部队经济机构的负责人）之间存有分歧。1942 年托德死后，阿尔贝·斯皮尔担任军机部长。随着戈林的缺点越来越明显时，斯皮尔能够掌握一定的控制权，最终在 1943 年 9 月，

---

① 乌尔布里希特·赫尔波特：《希特勒的外国劳工：第三帝国期间的德国的强迫劳工》（剑桥，1997），第 1 页。

② 同注①，第 300 页。

将军机部转变成了战争生产部,尽管与军官和负责劳动事务的斯考克尔依然存有分歧。

士兵权和坚持军事优先于经济使得事情变得更为糟糕。德国部队比其对手接受了更好的教育和更有纪律性,他们的武器通常是最为精良的,然而德国没有足够的部队或者武器。在 1944 年的法国,英国和美国拥有的飞机和坦克的有效绝对优势地位是 20:1 和 25:1。[①] 这些劣势不能仅仅责怪不恰当的军事决策——德国的资源要比对手少得多——但是士兵支配经济计划使事情变得更为糟糕,而将军们坚持认为武器生产的专门化,但是反对有助于美国进行大规模生产的标准化。过分注重战绩的德国理念,忽视了如何将适当的武器量投入战场这一问题。交通一直是德国的弱项。德国军队的自我吹嘘行动主要依靠坦克,然而在迅速挺进的过程中,德国缺乏运送弹药和食品所需要的卡车,这成为了在企图占领苏联广大领土期间有一个重要问题。德国军队派遣了 65 万匹马来到了俄国。围攻斯大林格勒暴露出了德国供应线上的弱势。[②] 事实表明戈林依靠空中运输食品和弹药的设想是毫无希望的过分乐观,与此同时,围攻的军队开始感激原始的运输方式的优越性——他们吃掉了 4 万匹马。

德国对空战的态度也更多地体现出了战争的优越所在。盟军飞机的用途极其广泛。重型炸弹轰炸工业城市,同时采用长距离的解放者来帮助切断"大西洋通道"(为此德国潜水艇从前能够参战而不必担心空袭)。相反,德国人认为飞机主要是用来支持地面部队的。俯冲轰炸在这个方面尤其重要,禁止纳粹德国空军制造那种无法实施这一作战计划的轰炸机。做出这一决策的轰炸总指挥就是以前的特技飞行员欧内斯特·乌德特,他表明了德国更注重战绩。[③]

德国的经济效益也受到了敌军行动的阻碍。直到盟军的势力一直渗透到了德国 1938 年之前的边境线,地面战对德国工业产生了更大的影响,德国继续制造武器的能力也因为领土的丧失而受到威胁,对德国无

---

① 引自保罗·肯尼迪:《大国的兴衰:1500～2000 年的经济变革和军事冲突》(1988),第 453 页。

② 欧维里:《为何盟军获胜了》,第 219 页。

③ 同注②,第 219 页。

法有效地开采其占领区这一事实产生了新的兴趣。空战，对德国的生产带来了巨大的影响。英国和美国的空军司令对他们所能带来的破坏能力持相当乐观的估计。1945 年之后，经济学家走向了另一个极端，主张德国的经济无法实现充分的潜力，提高的效率被轰炸所造成的损失所消耗。所有极端的观点均是不正确的。在没有地面战的情况下，并不是轰炸就可以得使纳粹德国倒台的。同样，更为荒谬的是，想象着德国的经济不会受到轰炸的影响。影响是叠加的。那些毁灭地面所有军工厂的瞄准目标的轰炸只有存在于轰炸命令的宣传中，甚至最大的英国战争空袭中——当时兰喀斯特的轰炸空军中队试图通过狂轰滥炸，摧毁大坝来炸平鲁尔地区——带来了令人失望的结果。有价值的是德国工业家已经降低了生产速度以修补损失或者等待空余地区（被轰炸铁路所耽误的），与此同时他们疲惫地和士气低落的军队进入了隐蔽阶段（1944 年美因茨的警报似乎拉响了大约 540 小时）。传送资源用于重新建设，空军防卫和生产转移到了更加薄弱的地区，因此在 1944 年这些活动雇佣了 200 万德国人。最终，大概有 1/3 的德国大炮的生产转为了防空用的枪支。空袭对民心的影响也可以从战后的艰难调查中得以体现：被调查者中十有九人提到了轰炸。其次经常被提及的是艰难，食物奇缺只被 1/10 的调查者所提及，而纳粹的不公平被提及者只有 1/50。[①] 轰炸迫使纳粹德国空军处于防御态势，因为德国得挣扎着保留足够的战斗机来拦截兰卡斯特和空中堡垒，红军摆脱了空袭的威胁。

德国的敌国经济在某种程度上受到文职官员部分控制而从中受益，这些官员通常了解全局，注重生产数量而非质量。英国的飞机制造工业注重维修工作，以确保有限的资源可以在更大的范围内使用。在 1944 年 2 月，飞机制造工业的 18% 的人力专门生产零部件。[②]

美国也在竭尽全力改进那些未能受到敌军行动直接威胁的生产。美国的经济并非是传统意义上的战争经济。从 1933～1938 年期间，整个军事开支为 11.75 亿英镑——不及德国和俄国半数（德国为 23.68 亿英

---

① 理查德·欧维里：《第三帝国的企鹅历史地图》（1996），第 103 页。
② 塞巴斯蒂安·里西艾：《战争的新审计：重新核算英国战时飞机制造业的生产率》。

镑），略高于意大利（意大利为 9.3 亿英镑）① ——而美国的宏观经济面要大大好于其他任何一个国家。美国拥有了大量的几乎战争所需要的每一种自然资源储备，其煤炭生产量大概是德国的 2 倍。② 而且，美国还是一个充满活力的社会，在那里那些怀有宏大目标的资本家们只要他们能够获得利益，他们就会去解决问题。

在调动商业方面，美国具有受德国保护的国家所缺乏的优势。到了 20 世纪 40 年代初期，欧洲大陆的企业家们知道大量的资源已经被用于了战争。和平——甚至胜利所带来的和平——必然意味着生产的下降，对此投入巨额资金的人付出了昂贵的代价。而且，德国战败可能性的不断增大意味着许多人将会与纳粹政府疏远——对占领国的企业家们来说是特别需要加以考虑的。相反，对美国的企业家而言，美国胜利的可能性在加大，他们不如欧洲盟国对战后经济更加理解，一部分原因在于美国的大部分工业用于诸如吉普车和卡车的生产，这些产品主要用于和平年代，另一部分原因在于美国的经济从 20 世纪 30 年代非常低的军事开支向 1945 年之后相对较高的军事支出方向转变。美国的企业家不必要将政府的军备开支作为临时之举，许多人知道在这些生产方面的投资具有短期的军事意义和长期的经济意义。战争时期美国的总的生产增加了（1939 年的 886 亿美元增加到了 1944 年的 1350 亿美元）。③ 芝加哥和加利福尼亚大量的生产线是盟军实力的最为重要的保障：欧洲战场中所使用的 40% 的所有武器是在美国制造的。④

战争经济不是专门用于生产单一的军事设备的——参战的国家还必须保障食品生产来供养他们的士兵和工人。苏联——从 1940～1943 年农业生产下降了 1/3——农业方面是最不成功的。许多苏联的公民只是依靠单调的土豆和面包维持生活。相反，在美国，生活水平却在提高。欧洲的孩子向美国市民索取冰激凌、口香糖和可口可乐。即使在那些食品生产下降的国家也设法确保食品的下降会对其最为重要的士兵和工人产

---

① 密尔沃德：《战争、经济和社会》，第 125 页。
② 同注①，第 48 页。
③ 同注①，第 63 页。
④ 同注①，第 70 页。

生直接的影响。在华沙平民区所围困的城镇中，大量的居民被饿死，出现了饥荒，在希腊或者孟加拉——这不是战争的直接影响，总之，欧洲缺乏战斗力面临着饿死的危险。然而，生活水平不仅仅是从消费的卡路里来衡量的。在所有国家，士气和民心受到了能够得到一点点的奢侈品的极大影响，这些奢侈品可以使生活维持下去，其中尼古丁和咖啡尤其重要。德国将最后的一批咖啡节省下来给那些奔赴战场的士兵；在豪特·萨沃艾，是马奎斯进攻的最为重要的一个目标——香烟店。英国的战争努力也依靠大量的浓茶。

领导权

德国军事是极权主义的。依靠从上至下的命令以及对命令无条件地加以服从。非但不对这种文化构成挑战，纳粹主义还在加剧这一极权主义做法，部分原因在于违抗或者质疑的后果比现在更为糟糕。那些不赞成希特勒政策的上层军官布罗姆伯格·弗里茨就会失宠。这就很容易明白为何帕乌拉斯，那个违抗希特勒命令的德国军官没有在斯大林格勒投降，而是故意被俄国人抓捕：他知道在德国等待他的除了行刑队，别无其他。1938 年 2 月，在德国军队中建立了一个总参谋部，然而，希特勒并不允许这一机构拥有过大的权力，部分原因是担心这一机构将会成为一个权力的替代中心。在 1943 年 10 月，两个不同的参谋部分别负责东线和其他战场的战役。[①] 在战争的最初期间，希特勒的个人权力通常被证明是有益的，然而他兴趣古怪并缺乏规律性；而且，他最初的胜利使得他过分相信自己的判断和能力，认为德国军队可以克服那些显然无法逾越的障碍。

盟军的权力模式在国与国之间是很不同的。罗斯福是个谦恭而深思熟虑的人，在任何情况下，他的制宪态度迫使他通过协商而不是发布命令。丘吉尔是个忍耐力有限的人，但是他只是通过与议会和内阁的协商

---

　① 　杰弗里 P. 梅加格里：《零的胜利：1939~1945 年德国陆军指挥的结构和冲突，历史上的战争》，4，1（1997），第 60~80 页。

来治理国家。他对自己判断的自信也逐渐被战争中他所担负的一场早期的灾难——挪威远征队所消磨。斯大林的立场则完全不同。那些说了错话的苏联将军就会自我意识到，就如朱可夫元帅所说的，"贝利亚（克格勃的头目）邀请他们到咖啡馆①而像巴甫洛夫那样的人，对初期的战败负有责任，将被处决。然而，像丘吉尔，不像希特勒，斯大林的军事生涯是以灾难而非胜利开始的，这与丘吉尔相似而与希特勒不同。这是因为在 1941～1945 年期间他比以前任何时候更愿意与其同事讨论问题。朱可夫的地位因斯大林格勒战役的胜利而得到了提升，之后他成为了一个最为典型的人物，定期与斯大林进行讨论，并得以生存下来。

丘吉尔和罗斯福愿意共商决策和接受他人批评，这一点可以从他们与戴高乐的关系中得以体现。戴高乐不是一个被人承认的政府的领袖，其正式的军事头衔低于许多盟军的官员。他手下的军队到 1942 年才被人所重视，同时人员也是相当有限的。戴高乐个性古怪。他对丘吉尔的强烈不满也是世人皆知的，当他在卡萨布兰卡遇到罗斯福时，携带机械枪支的秘密特工人员安插在门帘之后，以防他袭击美国总统。尽管如此，所有的盟军接受戴高乐，接受他的建议，并最终承认他为政府首脑。

允许公开商谈的好处可以通过比较那些有利于协商和平的倡议中加以表达，这一倡议来自 1940 年英国执政阶级，同样也起源于 1944 年的德国统治阶级。在英国讨论的最为重大的影响就是黑里法科斯这个和平部门的负责人，不再担当外交大臣，而被聘为英国驻华盛顿大使，在那里他的才能使得英国获益匪浅。相反，当德国的贵族和士兵团体试想在 1944 年讨论和平，他们公开争论时，安排了克劳斯·冯斯陶芬伯格上校在希特勒的会议桌底下安置了炸弹，希特勒在这一事件中受伤，另一个德国的主要军官，罗梅尔被迫自杀。许多阴谋制造者遭到了枪决。

---

① 蒂姆斯·库尔顿：《苏联时代军民关系展望》，引自蒂姆斯·库尔顿和思恩·古斯塔夫森主编的《士兵和苏联：从勃列日涅夫到戈尔巴乔夫的军民关系》（普林斯顿，NJ，1990）第 3～43 页。

结　论

谁是二战的赢家？答案似乎并不明朗。从 1942 年起，抵抗纳粹德国的军队将自己看成是"联合国"，实际上，他们对战争的贡献以及他们从战争中获得的回报相差悬殊。许多欧洲人也许不会意识到，例如，阿根廷也是打败希特勒的盟国成员。1945 年瓜分欧洲残局的四大国家是英国、法国、美国和苏联，也是这四个国家占领了德国，并获得了联合国安理会常任理事国席位，中国也享有这一地位。

法国对德国战败的军事贡献较小，戴高乐坚持派遣部队力争在胜利者的谈判桌上赢得一席之地，而不是因为他认为他们可以有效地抵制德国人。英国的军事贡献是较大的，但是依然不如美国和苏联，这两个国家将欧洲的战争演变成了世界大战。权衡美国和苏联的贡献大小是很容易的，因为这两大国家是如此之不同。美国是拥有较小地面部队的工业强国，而苏联是拥有大量军队的经济相对落后的国家。二战中，美国公民和苏联公民战死的比例大约是 1 : 85。①

然而，坦率地说，一些西方赞赏家认为苏联赢得了二战这一说法也是不对的。苏联缺乏了盟军，苏联得对付德国所有的空军力量，而且也会面临弹药和武器和短缺——在 1943 年对苏联的租界法案相当于苏联总生产的 1/5。② 没有西方的支持，苏联是无法阻止敌军的。相同的，西方盟国，没有苏联的支持也是无法赢得战争的。这么做的代价也是十分巨大的，迟早轰炸将炸平德国，美国最终将会从 1.5 亿的健康人中调动起一个庞大的军队。如果所有其他的盟军失利了，美国很有可能会在柏林扔下一颗原子弹以解决问题。

盟军从胜利中获得的利益也是不同的。从陆地和军事优势而言，苏联是最大的赢家。在 20 世纪所有与苏联——俄罗斯作战过的国家——德国、日本、波兰和法国——在 1945 年遭到了惨败，同时苏联扩大了其边

---

① 巴伯和哈里森：《苏联国内前线》，第 ix。
② 同注①，第 192 页。

界。增加了在中东欧的影响。从德国战败中得到明显好处的其他国家是
法国。一些法国的民族主义者通常认为法国的安全只有通过肢解德国才
能得到保障，而德国被肢解成盟军占领区有效地带来了安全保障。法国
获得了凡尔赛所确定的边界。戴高乐和密特朗均在"德国问题"的阴影
中长大，与西德建立了新的关系，这一关系建立在实力地位的合作上。

英国和美国的得失是很难评估的。似乎显而易见的是，二战标志着
英国的从此衰落，美国进入了世界强国。在 1945 年，事情似乎没有那么
清晰。美国在这场胜利中没有赢得欧洲的任何一块领土，也没有支付任
何的赔偿（美国很快给战败国提供大批的贷款）。美国的霸权来自于技
术和经济的实力，这帮助美国赢得了战争，而不是从战争本身所获得的。
英国依然感到自信，似乎将他们自己看做是"三大国"之一，并认为欧
洲大陆国家会领这个情。许多人相信英帝国将会在未来变得更为重要。
只有到了 20 年代或者 30 年代经济相对落后之后，才能证明英国的"世
界作用"只是一种债务而不是优势。

胜利的喜悦，更多的来自战争的精神因素。纳粹头目作为反人类的
战犯被推上了审判台。事实上，斯大林的公诉人，安德烈·维辛斯基，
出现在审判席中意味着盟国的政策和道德彼此之间不再存在任何关系，
与德国开战，是因为德国威胁到了这些国家的利益，而不是因为他们反
对纳粹的迫害。

当然，盟军方面的普通民众从道义角度看待这一战争，虽然盟国宣
传的影响可能会使我们过高估计他们的力量，忘记了许多盟国的战士在
是否作战上没有任何选择余地。在盟国方面作战的一些士兵显然更有理
由为他们的贡献所得的回报感到痛苦。美国黑人基思不可能不注意到英
国人，特别是法国人，要比他们自身实行种族隔离的部队更加善待他们。
一个黑人美国兵回忆起目睹一个德国战俘与一个白人文官一起坐在 EI
Paos 餐厅的门口："如果我要试图进入这家餐厅，那么当时的（英国）
下院议员就会打破我的头颅。"① 在 1944 年 12 月，希腊的共产党游击队

---

① 斯塔夫·萨金特和戴维·贾森：引自戴维·雷诺尔兹所著《富裕关系：美国对英国的
占领，1942~1945》（1945），第 443 页。

员被英国军队镇压。① 最为痛苦的是波兰人，他们在英国和苏联的部队中和他们自己国家的后防线作战。他们发现 1939 年波兰被肢解了，他们现在知道了斯大林在战后的波兰获得了主导地位。

如果说来自二战的任何意识形态，那不是西方盟国所推崇的民主和自由而是共产主义。1945 年共产党在全欧洲拥有了新支持者，尽管非法选举不再像东欧那么多了，苏联享有了最高威望。

然而，共产党狂热的影响在 1945 年却是不明显的。而且，中东欧会成为苏联的卫星国或者法国和意大利的共产党会被排除出政府。这就体现了一个普遍的看法。即战后世界并不诞生在 1945 年。在德国投降之后，许多欧洲人相信英国是一个强大的国家，将会利用这一胜利使得这一帝国更加安全，法国处于无可挽回的衰落之中。波兰的命运——欧洲战争开始的地方，表明了对战争结果的解释是如何在数年之内加以改变的：在 1945 年波兰似乎从战争中赢得了好处，因为在巨大的损失之后，波兰从德国的占领中得以解放。数年之后，很有可能的是，苏联将会彻底消灭波兰这个国家，最后，从 1956 年起，越发明朗的是，苏联可以确保波兰获得一些自治权。盟国已经联合起来期盼着摧毁希特勒的欧洲，但是只是到了 1945 年后，他们决定，或者他们已经就他们的地位问题做好了安排。

---

① 马克·马佐维尔：《内部希特勒的希腊：占领经历，1941～1944》（1993），第 363～368 页。

8 大屠杀

屠杀 600 万欧洲犹太人只是纳粹野心勃勃计划的一部分。"安乐死计划"的人员和技能——用于杀害精神病患者——也被用于杀害犹太人，在苏联杀害犹太人的集团也同样杀害了苏联代表。在集中营，犹太人与那些政治犯、抵抗分子、波兰知识界人士，吉普赛人、同性恋者以及耶和华见证会成员和俄罗斯的战犯关押在一起。灭绝犹太人计划还包括支援"雅利安种族"等其他行动：提出的福利条款使得德国人更强壮和多生育，而来自波罗的海苏联或者意大利的季罗尔的少数民族德国人是要被"遣返的"。

然而，不是所有的纳粹计划的推行力都是等同的。从 1942 年起，也许除了吉普赛人外，杀害犹太人比杀害其他种族更为制度化。每一个对其他的种族计划均是从属于战争计划的。第三帝国吸纳了大量的外籍劳工：党卫军，一旦吸收新成员，就要追溯到他们 18 世纪的德国祖先，征用波斯尼亚穆斯林，对俄罗斯战俘的处决转为力图压榨其劳动力。这与杀害犹太人是不同的。宁愿以牺牲军事优势为代价，随着德国战败的临近，杀害犹太人变得更为紧迫了。

一些历史学家认为这种大规模的屠杀活动必然起源于纳粹头目在初期阶段做出的明确决策中。[1] 如果情况属实，这一决策被掩盖了很长时间。在纳粹统治德国的初期，迫害犹太人似乎最初是将他们驱赶出这个国家而不是灭绝他们。德国的犹太人遭受到了无数的羞辱和袭击，但是在 1939 年之前，只有数百人遭到杀害。多数暴力出现在纳粹统治的初期和遥远的乡镇，那里纳粹的普通士兵不可能遵守这一法律原则。主张法律制约意味着反犹太人的政策官方化了，似乎可以比较合理地假定，这一政策是有限的并且是加以预测的。政府具有许多不同于反犹太人主义

① 露西·达维多维茨：《反对犹太人的战争，1933～1945》（1990）。

的利益，其中的一些问题，特别是经济方面的问题，与反犹太人政策是互为冲突的。犹太人政策是属于国家整体利益，意味着反犹太人的迫害不是加以系统推行的。曾经有时候，特别是在外国访问者会聚柏林参加1936 年奥林匹克运动前夕，那时德国犹太人的生活似乎更能被人容忍。

事态出现了变化，纳粹的军事扩张使得更多的犹太人置于纳粹政府的控制之下。入侵波兰，那里有 300 万犹太人，产生了更为广泛的影响。波兰是一个敌对国家，那里所有的人口，不仅仅是犹太人，均是遭到歧视的。在这种背景下，法律制约以及触犯民意的危险是无足轻重的。在德国入侵波兰后的 6 周内，大约有 16336 个波兰公民被杀害，其中至少有 5000 名犹太人。

随着入侵波兰，不断加剧的反犹太人的暴力活动并没有体现出一个协调的新政策。实际上，18 个月或随后波兰的战败表明了纳粹对犹太人的态度是混乱和矛盾的。这一行动的压力来自于随着每一次的军事上的胜利，受到纳粹保护的犹太人的人数在不断上升，同时也是因为"犹太人"的问题与在纳粹统治下的重新安置人口这样一个更大的计划相关。被德国征服的部分波兰领土被分隔成了一个地区，最终并入了帝国的版图，由一个文官掌管的政府所统治。犹太人、吉普赛人以及大部分的波兰人被赶出了帝国的原有边界，来到了吞并后所产生的新的边界地区。这种再安置计划也因为数以千计的德国少数民族的"遣返回国"而变得更加错综复杂了。

德国官员商讨着将犹太人流放到法国的马达加斯加岛的计划，然而，控制着海洋的英国在赢得和平之前，这一计划未能得以实施。德国官方还谈到要将犹太人流放到政府所管辖的东部地区，而这也遭到了将军们的反对，因为他们不愿让这样一个战略敏感的地区充斥着大量的饥民和叛逆者。[1]

犹太人不应该生活在少于 500 人的聚集区这一德国法令，将这些犹太人驱赶到了城市，当地行政官员为此专门设立了犹太人居住区（比较

---

[1] 哥茨·阿里：《最后的解决方法》载于《纳粹的人口政策和欧洲犹太人的谋杀》(1999)，第 14～18 页。

著名的有罗兹和华沙）。一些德国官员意识到犹太劳力可以用于战争经济，并努力确保给犹太人提供一些食物和原料。还有一些官员只是希望清除犹太人居住区并将他们驱赶到其他的地区。① 每个人知道以这种途径迁移的犹太人最终将会饿死、病死或者冻死，然而他们依然没有预期到一场大规模的蓄意大屠杀。

入侵苏联带来了更多的杀戮。冲锋队消灭了在共产党就业部门的苏联人民委员和所有犹太人，与当地雇佣的帮凶一起，他们在 1941 年夏天屠杀了数以千计的人。这依然不能看做是一项系统而又彻底的灭绝政策，这项政策似乎是在入侵苏联和 1941 年底期间制定的。在针对犹太人政策的维纳西会议上，解释了一项新的战略，其中包括在 1942 年 1 月将 15 个负责犹太人事务的官员合并，并决定要阻截而不是鼓励犹太人的外逃。现在的目标就是要彻底灭绝。

现在欧洲的犹太人被运送到了集中营。这些集中营几乎是与纳粹政府同时存在的，但是最初主要被用来监禁持不同政见者。不是所有的集中营都只是用来杀人的。一些集中营，如伯根—伯尔森，均是劳动营，那里的人们通常劳累而死、饿死和病死，而不是遭到蓄意的屠杀。奥斯维辛，那里大约有 100 万人死亡，成为最大和最为臭名昭著的灭绝中心。②

谁要为灭绝犹太人承担责任呢？最为简单的回答就是阿道夫·希特勒，他为纳粹党确定了反犹基调，其个人权力也是十分庞大的。然而，还没有书面证据表明希特勒曾经有过明确指示或者具有实现他的这一宏大愿望的具体方法的翔实资料。纳粹高官通常讨论菲雷尔的愿望，但是希特勒对这一事务的干涉异常谨慎。一个过分关注制服款式的人似乎永远也不会询问从萨洛尼卡，布达佩斯和尼斯将人们带往波兰的死刑毒气室这么一个宏大的计划。有关屠杀犹太人的命令是以一种间接或者有时以秘密的方式下达的。例如，当这位负责遣返希腊犹太人的迪特尔·维尔斯里塞尼，于 1942 年 6 月在柏林拜访了党卫军犹太人专家阿道夫·艾

---

① 克里斯托弗·布朗宁：《1939 ~ 1941 年的纳粹在波兰的强迫集中居住政策》，引自《大屠杀之路：形成最后解决方法的论文集》（剑桥，1995），第 28 ~ 56 页。

② 劳尔·西尔伯格：《欧洲犹太人的毁灭》（1973），第 572 页。

克曼，艾克曼从其保险柜中拿出一份文件，并称这是一道来自黑姆勒的命令，表达了菲雷尔要"彻底解决"犹太人问题的愿望。[1]

实施反犹计划依靠的是彼此之间存有竞争关系的纳粹官员，从而以实现他们出人头地的愿望。在纳粹的领导层中，在如何落实反犹太人政策问题上始终存有分歧。1938年11月对德国犹太人的袭击（克里斯塔尔纳赫特）因宣传部长戈培尔期望在犹太人事务上获得更大的影响而加剧。戈培尔的倡议被那些试图在克里斯塔尔纳赫特之后加强权力的人所憎恨：尤其是经济部长戈林，以这些事件为借口来榨取德国犹太人的钱财，莱因哈特·海德里希主持召开了维纳西会议，并宣称现在他是全权地为"最终解决犹太人"问题做准备。这位宣传部长，甚至当时并未在会议现场，然而戈培尔通过确保此人出席在1942年3月6日举行的后续会议而巩固其政权。[2]

灭绝犹太人不单单是通过纳粹分子来进行的，还要依靠纳粹主义出现之前的合作机构。公务员、司法部门、医疗职业和军队全部参与了这次灭绝活动，内政部、司法和外交部也全部出席了维纳西会议。军队对游击队的攻击实施了报复，屠杀了在塞尔维亚的大部分犹太人。在苏联，士兵与冲锋队合作，在希腊，部队和海军帮助驱赶犹太人。[3] 文职人员和高级官员似乎要比那些纳粹同僚年龄稍大些，更有可能成为传统的德国统治阶级的成员。参与犹太人问题为官僚企业家提供了机遇：如汉斯·卢瑟，外交办公室国务秘书，通过控制新的领域，从牺牲名义上的上司为代价，扩大了权力。

是否德国平民也参与了对犹太人的屠杀？从一定意义上说，他们扶助了纳粹分子上台执政，却抵制不了随之而来的针对犹太人的政策，对此回答是肯定的。许多德国人痛恨犹太人，赞同这种迫害，然而，很难说得清是否德国人比其他民族更加反犹或者是否是他们的反犹政策对纳粹的行动起到了推波助澜的作用。1938年发生在克里斯塔尔纳赫特的残

---

[1]　马克·马佐维尔：《内部希特勒的希腊：占领经历，1941～1944》（1995），第240页。
[2]　西尔伯格：《欧洲犹太人的毁灭》，第264页和276页。
[3]　同注[1]，第253页。

酷反犹暴力活动似乎造成了不安，而不是羡慕。迫害越残酷，迫害也就越不公开。在纳粹统治初期，反犹太人的刻薄言论来自于官方媒体，犹太人遭到公开的羞辱，但是，随着地域上实行灭绝行动，这种公开的羞辱便停止了。犹太人不再被视为攻击的对象，因为根本就见不着他们：他们已经被驱逐出了公共生活，断绝了与许多德国人之间的联系。最终的屠杀是在那些远离人口中心，通常是那些不属于德国境内的集中营中实施的。反犹论调发生了改变。最初，纳粹谈的是屠杀、流血与复仇，然而到了 20 世纪 40 年的初期，他们谈到"运输货物"，"再安置"和"最终解决"。劳尔·西尔伯格列举了 25 种屠杀犹太人的委婉的说法。①

随着犹太人在德国的消失，士兵们、集中营卫兵以及释放犯就所发生的一切散布着各种流言，然而传播的消息很不准确或者很不明朗。人们所知的主要来自于其工作，尽管地位与消息之间的关系并非是十分确定的：一个火车职工可能会比一个外事办公室工作的高官知道得消息更多。消息还依赖于机会。与一个刚刚从东部战线②回来的士兵的一次短短的会面也许就会比多年来阅读官方报刊或者收听 BBC 获得的信息更多。

点点滴滴的说明却无法全面了解所发生的一切，纳粹政府绞死了少年罪犯，并枪杀了自己军队中的数以千计的逃兵或胆怯者。可以理解的是纳粹政府极其残忍，对待犹太人尤其残忍，最终导致了大灭绝。

即便德国人完全意识到了犹太人面临的一切，他们还能做什么呢？第三帝国以一种奇怪的方式对公众舆论相当敏感，这种敏感性在和平时代最为突出，那时信息可以理性地自由传播，民族国家害怕国际舆论，而之前抗议被认为是不爱国的。德国人会因帮助犹太人而遭到严惩，1941 年 10 月 24 日的法令规定集中营中的任何人同情犹太人将被判处 3 个月监禁，有关这一法令的专门小册子也随定量供应卡一起发放到所有德国家庭中。甚至一个不经意的礼貌行为，如在有轨电车中给犹太人让

---

① 西尔伯格：《欧洲犹太人的毁灭》，第 216 页。
② 引自《盖世太保和德国社会：强迫种族政策 1933～1945 年》（牛津，1991），第 211 页。

座（当时允许犹太人乘坐有轨电车）也可能被看做是犯罪行为。①

在这种形势下，谦让的行为是需要极大勇气的。没有人知道这些行为。在一些德国的被占领国，也出现了抵制纳粹政府反犹行为，因为一些犹太人幸存者回忆其经历以及因为那些帮助过犹太人的人常常成为这些抵制政府行为的一分子。实际上，一位意大利的政府官员谨慎地保存着这些文件，其中详细描述了文官们和士兵们施行的各种手段。② 而在德国，人们只得独来独往，通常对他们自己的同事和邻里也持怀疑态度。对这些行为的了解通常来自于 1939 年在德国幸存下来极少的德国犹太人。1942 年一个铁路看门人在火车站发现了一个犹太籍妇女（她试图前往瑞士）并坚持带她到自己的家中留宿。③ 维克托·克伦佩雷尔，一个德国犹太人，回忆起曾经遇到的一个熟悉的工人，他夸张地摇着他的手并说道，“教授，不要消沉下去！他们很快就要完蛋了，我的难兄难弟”。④

这些例子提出了一系列问题。火车门房是否以一个孤立人在行动？他也许帮助了处于同样境地的上百人，而他们中的许多人最终也许还是遭到杀戮，其他所有的行动均被记载下来似乎也是不可能的。如果他习惯于帮助那些被通缉的犹太人，很可能这个门房本人也无法从战争中幸存下来。⑤ 至于说握着克伦佩雷尔手的那个人，是否被纳粹主义的反对党派所激励（他可能是共产党）。在 1933 年之前以平等和亲密的方式向社会上流人士问好或者谈话也许是不可能的吗？他可能受各种动因的影响。在任何情况下，正如克伦佩雷尔在他的日记中所记载的那样，这种英雄式的轻率支持表现对其接受者没有任何实际的好处。

① 戴维·班科尔：《德国人和最后的解决方法：纳粹主义下的民意》（牛津，1992）第127~128 页。
② 乔纳森·斯坦伯格：《全部或是一无所有：轴心国和大屠杀》（1990）。
③ 班克尔：《德国人和最后的解决方法》，第 125 页。
④ 引自迈克尔·布雷希和禾尔夫冈·魏普曼：《种族国家：德国，1933~1945 年》（剑桥，1993），第 94 页。
⑤ 关于评价德国人抵制对犹太人的迫害的困难性，可参阅盖雷特里：《盖世太保和德国社会》，第 180 页。

杀　手

并非所有德国人在灭绝犹太人中充当消极的旁观者。许多人还是积极的参与者。集中营的看守和杀手们对他们的所作我为浑然不知，虽然，甚至，他们也许并没有意识到他们的行为就是有组织地灭绝犹太人的一部分。这些人是谁，他们的行为动机是什么？杀手们不是由效忠纳粹的民员所组成，其中至少包括来自德国"阿城亚"组织的一些代表，但是杀手们也不是"普通人"——实际上，很难理解在 1941～1945 年期间的德国"普通"一词的涵义是什么？德国是个高度分裂的社会。通常由阶级来划分社会，这种分化与政治分歧相重叠，而政治分歧因共产主义和纳粹主义的崛起而不断加剧。德国社会也因性别和年代所区分（这种区分因二次战争和纳粹主我的经历而加大）。这种分化很少体现在对屠杀的完全拒绝上，而是体现出在不同的参与程度上。最为忠诚的杀戮者，特别是那些接受命令并刺激他们不断听从命令的年轻的军官们，他们的共同特点是：男性、相对年轻而且非常愿意加入纳粹组织。

在灭绝犹太人的组织中，一些集团对其任务缄口不言，这一点可以从 101 军警中得以证实，克里斯托弗·布朗宁研究了所有的细节。老年人不如年轻人热情。军队指挥官，他本人 53 岁，为"年长者"提供免遭杀戮的借口，一些不愿继续杀人者认为迟迟不愿杀戮的原因是他们是父亲。[①] 前共产党和社会党成员似乎也是那些最不情愿的杀戮者，天主教徒要比新教徒更不愿执行其任务。

不是所有杀害犹太人者具有明确的动机：各种不同的感觉似乎促成了他们的行动。因循守旧、野心和不愿成为一个胆小者通常要比病态的残忍，或者反犹太人特性起了更大的作用。更大的原因是人们不愿因为拒绝杀戮而被处以极刑。[②] 德国的军队对这些士兵实行了非常残酷的纪律，特别是在那些大多数犹太人被杀戮的地方，有许多途径人们可以不

---

① 布朗宁：《普通民众：保存警察 101 部队波兰的最后解决方法》（1992），第 57 页。
② 步雷斯和魏普曼：《种族国家》，第 101 页。

需要履行正式的程序而遭到杀戮。如果他们拒绝杀戮的话，就会遭到了立即执行枪决的威胁。

当牺牲者处于极度的颓废状态时，杀戮易如反掌。在 1934 年，一个屠杀犹太人的（德国法西斯）冲锋队成员正在袭击那些和他语言和文化相同的人，尽管他是不愿意的。其牺牲者的口音、行为方式和服饰使得辨别其阶级、出生地、教育程度和年龄相当容易，这些事实对大规模屠杀构成了障碍。即使在 1941 年之后，当面对着一些熟悉的细节而勾起了他们对牺牲者的仁慈之心时，这些杀手也受到很大的震惊。军警 101 的成员也惊讶地发现在他们的牺牲者中有一个他们经常观看的电影中的女演员。[①]

然而，刽子手们辨认出犯人共同特征的机会最终还是没有了。1944 年一个在奥斯维辛的党卫军成员面对着的是那些无法辨别特征的死囚犯。牺牲者与迫害者也不可能语言相同。阶级和教育的差别也因集中营中统一的制服和统一的发型而消失，这些人离死亡少则数周，多则数年，因此年龄越来不确定。总之，经历了集中营生活，那些促使犹太人成为朋友、邻里或家庭成员的任何事情已经不复存。

非德国同谋

德国并非是屠杀犹太人的唯一民族。苏联从波罗的海撤退时，发生了大屠杀：一些屠杀最初由德国人发起，在德国军队到达之前，其他的民族也开始了屠杀行动。罗马尼亚的军队在 1941 年 10 月的欧登萨大屠杀中杀害了大约 6 万犹太人，[②] 克罗地亚和斯洛伐克的法西斯主义分子也相当残忍地袭击犹太人。德国的军队从被占领国（立陶宛、拉脱维亚、爱泥尼亚和乌克兰）征募了希维斯（志愿兵）的辅助人员。是什么动机促使了那些非德国人也参与灭绝行动？在一些情况下，答案很简单——那就是害怕。也许还会就如果一个德国人违抗命令，那么他的命运将会

---

① 布朗宁：《普通民众》，第 153 页。
② 西尔伯格：《欧洲犹太人的毁灭》，第 201 页。

如何展开讨论。然而，对于志愿兵而言，没有类似的辩论，他们中的许多人从德国的战俘营中逃出。参与屠杀行动是唯一的途径，可以逃避抵抗红军或者继续关押在德国战俘营的两大令人不愉快行动。

拉脱维亚和立陶宛的反犹情绪可能要比那些参与屠杀行动的德国人还要高涨。然而，东欧参与对犹太人清洗行动与德国人参与的清洗行动不能简单等同。德国人的计划是周密安排的和协调的，策划这些行动的人希望他的执行者以一个冷酷、毫无感情的方式来达到最终消灭所有欧洲犹太人的野心。东欧人对犹太人的打击通常是突然的、暴力的，通常是因饮伏特加酒过量。希尔伯格写道："短暂的暴力是一回事；有组织的屠杀完全是另一回事。"

在波兰和苏联，事情或许更加复杂，因为德国人对当地人的迫害是残酷的，因此几乎不可能的是，地方合作各方可以被雇佣来追杀犹太人。这两个国家同时具有强烈的反犹传统，尽管，也许可以这么认为，这些传统起到了隔离犹太人的作用，使得在德国入侵之后，犹太人变得更加软弱。一些波兰人，即使他们也在抵抗德国人，也迟迟不愿帮助犹太人，在德国人离开之后，波兰的大屠杀还在继续进行，当时那些来自集中营的犹太人被他们自己的同胞所杀害。

抵制的失败招致了许多痛苦。一些犹太人指责其社区领导人与纳粹相互勾结。在纳粹庇护下建立起来的犹太人委员会的领导们确信他们是纳粹行动的追随者，有时候还挑选被驱逐的犹太人。有时候，委员会做出的决策是建立在发现那些从事对纳粹有利的犹太人的基础上的，同时也反映出了其他的分歧——法国和外国出生的犹太人之间，或者在一战中服役的越南犹太人与那些没有服役的犹太人之间的分歧。通常委员会及其成员的家属似乎可以从与德国人的接触中获得好处（有时候）。犹太区的斗争是相当激烈的。

谴责犹太领导人的"背叛"必须在限制犹太人行为的背景下加以考虑。首先是无知和误解。犹太人根本不知道面对他们的是什么。在一些情况下，犹太人中的这种无知要比欧洲其他地区的公民更加糟糕。一个在华沙犹太人区的犹太人也许更多地了解个人的残酷行为对与他有着同样宗教狂热者所造成的影响，但要比犹太人区以外的人对纳粹的犹太政策了解得更少。犹太人见识的局限性在于他们缺乏任何形式的沟通：犹太人被禁止拥有收音机和电话，在华沙犹太人区的邮政服务也是受到控制的。苏联的犹太人面临着特殊的困难。在希特勒－斯大林条约之后，有关纳粹残暴的信息也是受到封锁的；而且，该地区的犹太人对一战期间德国占领军有着相对仁慈的记忆。尽管 150 万苏联犹太人逃出了德国军队的周围，250 万人依然在德国军队周围，一些人似乎还相当热忱地对待德国人。

犹太人对其命运的理解来自于以前的经验。德国犹太人受到了较好的安置。有时候他们为陷入战争的本国而战，他们尊崇自己的文化和职业资格，而这些在国外是不被认同的。很难使人相信，在德国等待暴风雨结束的代价要比在伦敦纽约开始新的生活更大。① 因此在纳粹统治的初期犹太人迟迟不愿离开，尽管他们有时候也渴望着在 1936 年之后离开。一旦德国的犹太人被排除于职业和教育制度之外，他们中的许多人开始意识到这个国家是没有未来的。

在波兰和苏联的犹太人有着不同的经历。他们长期遭迫害，但是这并不意味着他们理解纳粹计划的实质。相反，那些经历过早期大屠杀和种族歧视的社区或许也没有很好地理解纳粹主义。这些社区以为迫害是生活中的自然部分，但是他们还是可以生存下去的。他们高估了每个德国人减轻犹太人政策影响的能力，低估了纳粹主义的野心要比以前的反犹太人政府更大。总之，犹太人高估了纳粹分子将犹太人的毁灭转为合理地剥削犹太劳力的程度。许多犹太领袖自认为他们对德国的战争经济有用就可以确保他们的生存。

即使犹太人了解纳粹计划的每一个细节，他们又能怎么样呢？大多数人无法将他们的计划单独建立在自身利益和能力上——他们生活在家庭中，而家庭又是更大的社区的组成部分。孩子是犹太人消极态度的重

---

① 犹太人面临着出售其财产的越来越大的困难以及对遣返人员所征收的高额税收。参见索尔·弗里德兰德：《纳粹德国和犹太人：迫害时期，1933～1939》（1997），第 62 页。"从 1933～1937 年每年离开的犹太人约在 25000 人，我认为从 1937～1939 年这一数字还将增加"。

要因素，父母，尤其是母亲，专注于为他们提供一些正常的生活。普利姆·列维形容在意大利的临时难民营中，母亲们如何清洗孩子的衣服并在遣送到的奥斯维辛的前夜将这些服装晾晒在带刺的铁丝网上的。在1944 年 6 月，奥斯维辛的家庭营地被解散，给予母亲们提供当工人的机会，然而接受工人的比例却只有 1/300。其余的宁愿与孩子在一起，① 历史学家发现判断犹太人在这一条件下做出的选择是非常困难的。一个作者认为捷克的犹太人弗雷德·海希是个懦弱的人，因为当要求在奥斯维辛组织武装性的抵抗，他选择了坐牢；② 另一个作家将他看作英雄，因为他组织了一个学生游戏，使得孩子们忘记了他们所处的境地。③

结　　语

　　要求将犹太人驱逐出所有欧洲国家并杀害他们的行动需要许多人的密谋。这一行动可能最初由一小撮纳粹头目所发动，然而希特勒，希姆勒，海德里希，艾克曼要求数以千计的帮凶执行他们的计划。许多帮凶不是纳粹分子，甚至也不是德国人。参与者包括起草法规的文职人员、负责押送火车的警察和接受将犹太人驱逐出他们国界的外国政府。密谋的圈子也许更加广泛。犹太委员会的领袖们也与德国人合作，欺骗其同胞。英国政府拒绝广播有关清除犹太人或者采取行动的任何消息，如轰炸前往奥斯维辛的铁路，这或许可以延缓清除的进程。参与者的动机是多种多样的。很少有人希望清除所有的欧洲犹太人，一些人害怕这一结果。在残忍和政治盲从的同时，服从、野心和因循守旧，甚至要保护特殊的犹太组织的愿望也发挥作用。许多将自己视为粹纳分子或者反犹太人者并不赞同这一意识形态的从属关系的真正含义。

　　一些人参与了清洗犹太人，其复杂的动机也是很难做出解释的。关键是灭绝犹太人不是没有缘由，而是有所谓太多的原因。

---

① 罗斯·邦迪：《Theresienstadt 的妇女和 Birkenau 的家庭营地》，引自戴里亚·欧福和雷诺雷·魏茨曼主编的《大屠杀中的妇女》，第 310 ~ 326 页。

② 劳尔·西尔伯格：《准备者，牺牲者和旁观者：犹太人的灾难，1933 ~ 1945》（1993），第 177 页。

③ 乔治·爱尔森：《大屠杀中的孩子和玩耍：阴影下的游戏》（1988），第 47 页。

9 照片集

照片，当然无法解释观点，只是表现了亲眼所见。

弗吉尼亚·沃尔夫：《三个日内瓦人》（1938）

在 20 世纪的大部分时光中，已经出现了采用一些机械的照相机来记录重大的事件。实际上，照相影像的发展——Clchés（底片）字面上的含义——就是模拟我们对 20 世纪的认知。说到"缓和"，许多人看到张伯伦挥动着一些纸片，说到"大毁灭"，许多人看到的是条纹睡衣和光头。说到"60 年代"，他们看到的是加纳比街头的迷你 T 恤衫。然而，摄影不是展现一个没有问题的"现实"，摄影受制于各种操纵。

政府禁止特定类型的照片。一战时期的英国士兵不允许携带照片机。纳粹分子禁止在东线拍摄所有犹太人和俄国战俘大屠杀的照片。

大部分情况下，照片所表达的方式，更多地受到了各种因素的影响而不是受有预谋的、政治性动机的操纵。20 世纪 20 年代和 30 年代的插画杂志开辟了新的摄影市场。柏林插图杂志，有时候销量高达 200 万份，为此类出版物开创了模式，分别为美国《生活》杂志、法国《视觉》杂志和英国的《摄影邮报》所仿效。商业性和政治上的压力时刻存在的。许多摄影人均是左翼人士，但是他们也得要养家糊口，当时富裕的广告商通常为技术性的工作提供相当丰厚的报酬。《视觉》是一个自觉意识的左翼出版物，力图采用起源于苏联的那些技巧（比如蒙太奇），但是其创造者，卢西恩·沃格尔，以前曾为一家正统的资产阶级杂志社工作（迪邦通报）。罗伯特·杜瓦松是一位左翼和平主义者，他在雷诺工作期间拍摄了一些相当好的照片，雷诺是个声名狼藉的苛刻的雇主，他从军需品合同中赚了大钱。摄影师们与电影制片人建立了共生的关系。泽贝格尔弟兄提供典型的巴黎风光照片，这些照片主要是为好莱坞电影制作提供灵感的。影片中的剧照通常被翻拍得如同真实事件的写照；艾森斯坦的《10 月》中的群众场景，据说要比当初革命时涉及的人员更多，也是以这种方式加以制作的。罗伯特·卡帕，也许是最为著名的摄影师，曾经与英格丽·褒曼有过恋情。

最有才华的摄影师出现在 20 世纪 30 年代，他们充分利用了这一新的机会。罗伯特·卡帕、戴维·西摩、亨利·卡蒂埃 – 布雷松、罗伯特·杜瓦松和乔治·罗杰也有许多共同之处。他们属于同时代人——均出生于 1907 ~ 1914 年期间。起初他们中没有人希望依靠摄影来生活的，摄影被认为是一个仆人的职业。卡帕起初是政治学系学生，西姆希望成为钢琴演奏家，亨利·卡蒂埃 – 布雷松在其大半生中一直是个画家。他们中的许多人受到欧洲政治史的冲击。卡帕和希姆来自中欧的犹太难民家庭（分别来自匈牙利和波兰），前者一直持有一本南森护照，直到 1940 年结婚之后才获得了美国公民身份。

在 20 世纪 30 世纪，巴黎成了摄影世界的中心，因为那里是政治难民的聚会场所。希姆与卡帕亨利·卡蒂埃 – 布雷松在此期间相遇。由德国犹太难民玛丽亚·埃斯内所创建的联盟摄影社推动了他们的工作。

1936 ~ 1939 年的西班牙内战给摄影师提供了千载难逢的机会——一场发生在可以进入的、风光极好的国家的战争激发了全世界编辑们的想象。在数年之内，共产党报刊《问候》印刷了 456 张西班牙的照片。《巴黎晚报》选派了 35 名记者和摄影师前往实地拍摄。本章开头摘录的弗吉尼亚·沃尔夫对摄影的评论，主要是关于西班牙内战的照片。[①] 罗伯特·卡帕是在西班牙成名的，1938 年《摄影邮报》将 25 岁的卡帕形容为"世界最为伟大的战地摄影师"。国外摄影师的明星地位通常使西班牙摄影师的作品黯然失色，其中马约兄弟，他们的作品，通常由共和国政府发布，因作为宣传作品而遭到解雇。

二战提供了另一次机会浪潮。卡帕、罗杰和希姆均与盟军一起工作

---

① 弗吉尼亚·沃尔夫在其文章中所翻拍的照片（这些照片展现和嘲笑着各种男人的力量）表明了沃尔夫将照片作为事实的简单陈述是具有讽刺意义的。

（卡帕甚至与美国的伞兵一起进入了战场）。杜瓦松和卡蒂埃－布雷松作为战士而不是摄影师被卷入了战争：他们参加了法国抵抗组织，前者为缔造特性报纸投入了大量精力，但是他们均抓住了机会及时拍摄了值得纪念的照片，特别是巴黎自由的照片。

1947 年，五位摄影师——卡帕、希姆、卡蒂埃－布雷松、乔治·罗杰和美国人比尔·范迪维尔建立了自己了机构——马格内姆摄影社，共同努力并销售其照片。马格内姆是非常有影响力的，杂志的编辑们开始依赖它了。该机构以合作社的形式运作，摄影师第一次对自己照片拥有了版权。在展示其作品之后，摄影师们首先要成为该社的联系会员，最后被批准成为真正的会员——但是参加该机构的年度大会（在伦敦、巴黎和纽约举行）是相当的苛刻的。

然而，奇怪的是，马格内姆的创建标志着结束而非开端。马格内姆摄影师，特别是卡帕，基本上是战地摄影家，在 1945 年之后，他们不再对欧洲感兴趣了，那里已经没有了暴力冲突。摄影师在欧洲以外地区发现了最为惊人的景象，在亚洲（由卡蒂埃－布雷松所提供）、非洲（罗杰），或者美国本身（由比尔·范迪维尔所提供）。卡帕在 1954 年踩着了印度支那的地雷，两年后希姆死于苏伊士。而且，电视不断播放插图杂志，这些杂志为摄影师提供了最为可靠的收入来源。美国入侵越南（1966～1975）带来了许多惊人的照片，但是许多照片均是通过电视向美国观众传播的。摄影师逐渐成为自我意识的精英，倾向于表现人为的肖像。随着摄影被越来越看成是艺术，新闻记者对照片是否可以表现真实性也就越来越怀疑，到 1975 年，一位英国的记者认为 20 世纪最为著名的照片之一（卡帕拍摄的一位垂死的西班牙忠诚士兵）也是经过策划的。

摄影师形象的改变体现在两部电影中，阿尔弗雷德·希区柯克的《后窗》（1954）描绘了马格内姆的一位战地新闻记者。腿伤恢复之后，这位摄影师关注谋杀案，并最终诱捕了犯人。与此同时，米开朗基罗·安东尼奥尼的《爆炸》（1966）呈现了完全不同的摄影师形象。影片描绘了一位自我陶醉的时尚摄影师，他相信自己在影片中抓住了一个谋杀犯，于是越来越怀疑是否其摄影已经捕捉到了真实的事件。《爆炸》是一部关于摄影技巧，而不是现实的电影。

20 世纪末期，摄影比以前任何时候更加普遍。技术使得成像更加容易进行翻拍，从一份公司报告到日报，几乎所有的文件均配有彩色照片。照片不再是现实生活的写照，它被赋予了更多广告性质。"照片银行"可以提供各种文章的插图。在 1998 年马格内姆这家由左翼冒险家创建来报道战争和革命的摄影机构，提供了一幅太阳花的摄影作品，据说这幅照片使得任何文章变得赏心悦目。

图片提供：叶夫根尼·盖达尔（福勒·恩内斯特图片库）

摄影师们，包括叶夫根尼·盖达尔(1917～1997)，就坐于斯大林、丘吉尔和杜鲁门在1945年波茨坦会议的座位上。左起为盖达尔，就座于丘吉尔的座位上，其他二位是塔斯社雇员萨马利·格鲁阿利(居中者)和弗拉迪米尔·穆科索夫。第二次世界大战成就了盖达尔职业的巅峰时期——不久他便失去了宠爱，一方面他是犹太人，另一方面是因为在拍摄期间人们注意到他喜欢与铁托开玩笑

图片提供：罗伯特·卡帕（玛格南图片社）

罗伯特·卡帕第一张摄影作品是关于1932年列
昂·托洛茨基在哥本哈根的一次会议上演讲。
托洛茨基的保镖对摄影师相当警觉，据说卡帕只能
偷偷地将照相机带入会场

图片取自：戴维·金摄影集

当卡帕因拍摄托洛茨基而出名时，苏联的专家尽其所能将他从照片中除掉

图片提供：戴维·塞默尔（玛格南图片社）

戴维·塞默尔拍摄的抢劫巴塞罗那一座教堂之后的
共和党人照片。

图片提供：伊曼基尼·内米切（洛尼亚图片社）

托着人头的士兵们。这张照片大概拍摄于1923年的摩洛哥，但是随后却在一家意大利的报刊作为西班牙内战中共和党的暴行而加以发表

图片提供：珀帕图片库

阿道夫·希特勒面对着其私人摄影师海因里希·霍
夫曼，以夸张的姿势进行公众演说排练

图片提供：塞西尔·比顿（苏富比）

塞西尔·比顿拍摄的查尔斯·戴高乐的学习照片。比顿(1904～1980)是个前卫摄影师和社会人像摄影家。戴高乐，一个卓越的电视表演家。在20世纪60年代，亨利·卡蒂埃–布雷松提议拍摄这一照片，但是戴高乐不同意，说"我老了，全是皱纹。"

图片提供：罗伯特·卡帕（玛格南图片社）

一位士兵给罗伯特·卡帕的作品加上了这么一个标
题："最后的死亡者：莱比锡(1945年)"

图片提供：乔治·罗杰（生活杂志/时代杂志）

战斗结束很长时间之后人们还在继续死亡

图片提供：叶夫根尼·盖达尔（福勒·恩内斯特图片库）

1945年5月苏联士兵在国会大厦升旗的著名照片

图片提供：福勒·恩内斯特图片库

一张关于在维也纳的纳粹官员的照片，该官员杀害了妻子和孩子们以防止他们落入挺进的苏联军队手中。他的一个女儿躺在凳子上，据说在遭枪击之前经过了激烈的搏斗

图片提供：米高梅（真实海报馆公司）

"没有阶级"，这是英国为米开朗琪罗·安东尼奥尼1966年的电影《爆炸》所做的海报，这部电影是关于时尚摄影家的。伦敦的摄影师，特别是大卫贝利，出生于1938年，据说成为了安东尼奥尼式的英雄，体现了或者创造了一个无阶级伦敦的神话，在那里流行乐、电影和黑社会的人物与贵族享受同等的权力

罗伯特·杜瓦松于1973年拍摄的以洛林蒂永维尔钢铁厂为背景的受伤的手和人造手的蒙太奇照片。杜瓦松（1912～1994年）与贝利有许多共同之处。两人均将许多照片写入了剧本，通常以自我意识的人造方式，而不是试图"捕捉现实"。杜瓦松与贝利一样有能力拍摄Vogue的时尚碟子，或者电影明星照片，但是他也具有强烈的左翼使命感。这张照片是为共产党主导的法国工会联盟杂志所拍摄的照片

图片提供：约瑟夫·考德尔卡（玛格南图片社）

1968年的布拉格

图片提供：贝特曼（考比斯图片社）

阿尔巴尼亚共产党领袖恩维尔·霍查。非常有趣的是这位微笑着的政党领袖的投票照片可以在一个选举毫无意义的国家传播。这是霍查本人吗?这位执政者雇佣了一个替身，国家北方的一位牙医，来愚弄潜在的杀手们。该替身经过了整形手术和增肥，从而与该领袖十分相像

玛格南图片社摄影师让·戈米(出生于1948年)于
1980年拍摄的波兰工人大罢工的照片

一个小女孩匆忙穿过埋伏有格罗兹尼狙击手的巷子，向车臣士兵讨要一些糖果。这张照片是由法国摄影师埃里克·布韦拍摄的。

第三部分

战后的欧洲

1949 年的欧洲

苏　联

土　耳　其

黑　海

地　中　海

大西洋

北　海

①布拉迪斯拉发　②捷克斯洛伐克　③阿尔巴尼亚　④爱尔兰

悲剧是深远的，其变化程度则有所不同。农民可以合理地得到供给，而富人可以利用黑市，但是贫穷的欧洲城市人口，也许占了 4 亿人口的 1/4，这一冬天将饱受饥饿之苦，一些人会被饿死。灾难主要在华沙，据联合国善后救济总署主任莱曼先生认为，1 万人将死于饥饿。匈牙利，特别是布达佩斯，饥荒的死亡人数可能达到 100 万。奥地利，特别是在维也纳和低地奥地利，乡镇中，如维也纳新城，几乎全部饿死。萨尔的孩子们死于饥饿，在意大利北部、鲁尔、柏林和德国的许多大城市，那里人们的卡路里很难保证在 1200 以上。希腊和荷兰西部的情况在不断改善，但是依然低于维持生命所需的正常水平。巴黎和法国的大城市面临着新的食物危机。除了那些极少的卡路里和食物之外，这些饥饿者还身染肺结核、痢疾和伤寒型疟疾、斑疹伤寒症和佝偻病，无生育和婴儿死亡率也是惊人的高。

波兰 1/10 的人患肺结核——而华沙的数据大概是 1/5，南斯拉夫的情况更为严重，捷克 70 万极度贫困的孩子中大约有 50% 人患有肺结核。柏林的婴儿死亡率翻番。在布达佩斯，从 9 月份以来这一数据从 16% 增加到了 40%。没有鲁尔地区的数据，但是英国的游客听说这年冬天新生儿几乎没有成活的。

经济学家 1946 年 1 月 26 日①

---

① 引自菲利浦·阿姆斯特朗，安德鲁·格林和约翰·哈里森：《1945 年以来的资本主义》（牛津，1991），第 4 页。

对多数欧洲国家而言，二战之后的最初数年内是极其严酷的，有时候要比战争本身还要残酷。历史学家试图从"自由"和"胜利"的角度来描述这最后的几个月，但是这通常也是战斗导致了更多磨难的几个月。英国军队在 1944 年 6 月的诺曼底登陆中和德国战败期间的伤亡严重程度高于战争的最初 4 年。柏林之战，发生在德国投降之后，导致了 50 万人伤亡，德国的居民（包括被遣送到此地的奴役工）忍受着西方盟军的轰炸。纳粹政府在即将下台之前变得更加激进和野蛮，只有当人们第一次目睹了集中营的新闻摄影时，其恐怖程度才能被西欧所有的公民所逐渐认识，尽管已获得自由，但集中营的人们依然死于斑疹伤寒症和饥饿。

食品和能源奇缺，在 1946～1947 年的冬天更为糟糕。俄罗斯、摩尔达维亚、乌克兰出现了饥荒，1946 年的收成还不及 1940 年的一半，但是国家依然储存粮食，甚至出口谷物；从 1946～1948 年，大约有 200 万的苏联居民死于饥饿。① 许多国家的经济崩溃了。匈牙利的通胀率高居欧洲之首。贬值的货币被交换香烟所替代，对占领军的乞讨成为生存的唯一方式。在汉堡战争之后的两年内，25000 人依靠黑市交易生活，当时只有 7000 人在城市的造船厂工作。②

英国人带着痛苦的娱乐追记这段时期。伊丽莎白·戴维刚开始撰写地中海食物帮助他摆脱了在 1946 年冬天英国城镇中一周的寒冷和饥饿。中东欧地区，几乎没有可以使人高兴的事。在柏林，一个男子为偷窃一位老妇人的土豆而处以绞刑；③ 在乌克兰，一位妇女因饥饿而吞食了自己的两个孩子而发疯。④ 该地区迁移人员的情况更为糟糕，许多人的房屋被炸毁。数百万德国人被驱赶出他们以前在捷克或者波兰的家园，他们本身从其家乡迁移至此。集中营的幸存者们迷惘着寻找其亲属或者待在难

① 埃莱娜·朱比科娃：《战后的俄国：希望幻觉和失望，1945～1957 年》（纽约，1998），第 40～70 页。

② 阿兰·克拉梅尔：《法律容忍德国人？战后西德的社会分化、犯罪和秩序重建，1945～1949 年》，引自理查德·艾文斯主编的《德国黑社会：德国历史上的不正常的被驱逐》（1988），第 238～261 页，第 242 页。

③ 理查德·埃文斯：《报偿仪式：在德国的资本惩罚，1600～1987 年》（1996），第 765 页。

④ 约翰·柯珀：《帝国的维持：1945～1991 年的苏联历史》（牛津，1996），第 17 页。

民中心，他们感受到了更多的恐惧。

在战争最初 5 年忍受了更多折磨的许多人在德国投降之后继续处于苦难之中。俄国的战俘被同胞所怀疑——一些人直接从德国的集中营来到了苏联。毫不奇怪，许多犯人希望不再落入当局的手中而成为罪犯，这就进一步加剧了东欧的混乱秩序。大约 200 万俄罗斯前战俘和逃亡者在苏联占据的欧洲未遭被捕，直至 1948 年在柏林之外的丛林中这些人的盗窃行为还时有所闻。① 被西方列强占领的德国地区的前奴役劳工遭遇也是如此。饥饿或者复仇的愿望驱使这些人袭击德国人，军事当局采用相当野蛮的手段来镇压这些犯人，使人联想到了纳粹种族主义。大多数人在 1945 年 7 月到 1946 年 12 月在英国占领区被处于绞刑。在 1948 年 1 月，一个英国军官判决一个乌克兰前奴役工时这样说道："他是个如此低等的民族，任何时候也不可能对任何可敬的社区有价值。"②

在 1945 年斯大林时期的俄罗斯比以前更加强大。一些欧洲人对这一发展充满热情，但他们始终是少数民族：没有共产党赢得过公平的选举。对战争期间的反法西斯联盟有过多的赞美之词，而实际上这已经成为了许多欧洲人发现苏联的生活是非常恐怖的机会。那些有机会近距离地监督工人天堂的是 1939 年被遣返的波兰人和东线被关押的轴心国士兵——他们通常直到 20 世纪 50 年代才返回自己的家乡。

随着欧洲被分裂成东西两大部分，许多欧洲人充满了悲观情绪。而在欧洲西部，一些人担忧另一场战争也许会横扫欧洲。在东部，许多共产党反对派强烈希望这样一场战争，直到 1956 年匈牙利暴动中，美国的观望态度最终使他们确信民主国家的军队是永远也无法解放他们的。西方的公众相信苏联的挺进很可能会停止在比利牛斯山脉，这就是为何佛朗哥的西班牙对加入西欧联盟变得如此紧迫。

40 年代末期的凄凉的悲观主义被两大变革所驱散。第一，就是东部的政治变革。1953 年 3 月 5 日斯大林的去世，赫鲁晓夫上台主宰苏联政

① 诺曼·内马克：《苏联占领区的历史，1945～1949 年》（剑桥，MA，1995），第 105 页。

② 艾文斯：《报偿仪式》，第 752～753 页。

坛，使苏联似乎不再对西方构成威胁。奇怪的是，1956 年赫鲁晓夫对匈牙利暴动的镇压减弱了欧洲的意识形态紧张局势，许多西欧政党成员对共产主义的怀疑并开始了一个长期的过程，期间苏联开始被认为只是一个帝国而不是一个新的宗教中心。冷战的法西斯主义和政治迫害结束了。

第二大变革来自于快速的经济增长，造成了一定的政治影响。内战期间因争夺稀缺资源加剧了冲突，而现在这些资源可以购买到了，这出现在国家层面上，因为高工资逐渐销蚀了工人的斗志，在国际上，因为一些国家——主要是西德——利用其财富来确保其共产主义邻国在政治上的让步。不断增长的繁荣与人民日常生活水平的变化息息相关，特别是电视和汽车的普及，产生许多社会和政治影响。

一些历史学家将二战之后的 30 年称之为"黄金"时代，但是黄金时代对谁而言呢？答案是：对那些对社会变革发表过多评论的那些人。电视制作人就是一个明显例子。电视在 50 年代和 60 年代的发展极为迅速，而广播制作人，尤其是英国广播公司，比以前任何时候都更加受人关注。新闻记者也对战后时期拥有美好记忆。最为重要的是，那是欧洲大学的美好时期。高等教育的迅速发展为前程远大的年轻人摆脱中低层阶级开辟了道路。社会科学家、政治科学家在更大的程度上比他们更敢于承认，历史学家以极大的自信考虑他们自己的原则。在那个时期，社会科学似乎只管解答问题而不是提出了问题。马尔科姆·布雷德伯里的霍华德·柯克大摇大摆地走在新大学中，采用"一些马克思，一些弗洛伊德和一些社会历史"来解决一切问题。

许多评论家认为繁荣是理所当然的，即使他们承认并不相信繁荣是由制度本身带来的。A. J. P. 泰罗偶尔在电视中发表评论，"当然，现在我们知道如何解决失业问题"。但东欧并不持有如此乐观的观点。

在西欧，"社会"的界定是狭义的，尤其是在 60 年代。实际上，任何人在说起"60 年代"立刻会出现一些欧洲城市年轻人的形象。已经铭记在历史教科书上的一个观点是——人们将伦敦作为"社会变革的先锋"，以及，"60 年代多姿多彩的伦敦……代替了巴黎或者慕尼黑成为欧洲年轻人向往的天堂。结果就是年轻人思潮超越了所有阶级障碍的国家青年运动。"① 米歇尔·威诺克将 60 年代看为"英国年代"。

采用"多姿多彩的伦敦"的所有概念也是存有疑问的。英国的"性解放"并没有对那些在 20 年代就被讨论过的现有观念产生更多的挑战。实际上，性解放开始于《查特莱夫人的情人》一书的出版——该书写作于 20 年代。在任何情况下，在 60 年代讨论性自由总是伴随着更加强调同性恋、婚姻和家庭。

更为重要的是，认为伦敦是社会变革的先锋是完全错误的。从任何目标评论体系而言，南部英格兰可能是欧洲社会最为稳定的地区：经济增长是缓慢的，并且从更高的起点开始。汽车行业、消费主义甚至电视——改变了战后的西欧大陆地区——在 1939 年已经对伦敦是相当重要的了。

设想一下战后数月出生的 4 个孩子，一个在伦敦，一个在布拉格的德国社区，一个在波兰东部，一个在西西里。② 第一个孩子经历了 60 年代文化的激情：他在海德公园观看了滚石乐队的演出，抗议越南战争并在一家时装商店找到了一份出售玛丽·坤特手袋的工作。然而，至于谈到新奇事和年轻人，这样一个少年的生活对他父母而言几乎是不可理解的。

对其他 3 个少年而言不太可能相信喇叭裤就是战后欧洲最为重要的发展。至少在他们生活的最初 5 年中，他们将会以"食品"来回答卡西·麦高恩所回答了的问题。德国小孩和波兰小孩也许可以比较幸运地度过其第一个生日。所有 3 个孩子的经历可能是从其出生地迁移出数百英里之外：德国人被从捷克驱逐；波兰人离开了其出生地（靠近苏联的地方）定居到了从德国归还的波兰土地上，而西西里小孩则到了比利时，在那里他父亲在煤矿找到了一份工作。

随后的发展使得这 3 个孩子的生活与其父母更加的不同。德国的父母深受创伤。他的父亲，假如还活着，或者已经失散数年之后又回到了他几乎不认识的家中。这个孩子对其父母的理解随着其长大而不断改变。他会不断地提出一些有关父母与纳粹政府的关系，特别是父亲作为一个

---

① 安东尼·萨克里夫：《1945 年以来的西欧经济和社会历史》（1996），第 157 页。
② 我们假设这 4 个孩子均是男孩。如果他们是女孩。他们的生活会更加复杂。

士兵在东线的行为等笨拙的问题。而直到 90 年代他才能对其母亲在红军占领布拉格期间的遭遇有所理解（实际上，母亲可能与其主张女权平等的孙女谈论此类事情要比与传统的左翼和前苏联的儿子更加容易些）。

西西里的小孩与父母的疏远不是很严重。他为其父亲做出牺牲来保障其教育和保障而高兴，尽管这一非同寻常的教育产生了代沟。西西里人长大后会讲其父母所不懂的法语（其父母只有讲西西语才感到自在），以及他的世界充满了对其文盲的母亲而言毫无意义的书籍。

波兰小孩的世界随着工业化和城市化而改变，他告别了格但斯克码头附近的拥挤的、破旧的公寓，其祖父母在 30 年代的农民生活经历似乎属于另外一个世界了。然而，离开了反叛，波兰小孩将其家庭的过去理想化了。他参加了 1970 年的罢工活动——是年，他的伦敦同龄人参加了怀特岛流行乐狂欢活动，在非法队伍中带来了一支蜡烛以悼念在部队被枪击中的同胞。

下面的章节所描述的时期截止到 70 年代中期，主要特征是 1973 年石油价格的上涨导致了经济增长的缓慢。正如 50 年代和 60 年代我们的看法倾向于乐观、迅速变革和繁荣，因此我们对 70 年代中期的看法是危机、衰退、信念丧失和冲突再起。在英国，马格丽特·撒切尔开始挑战自由的认同感，对于西欧的政治家和知识分子而言，70 年代是个令人担忧的时代。从 1956 年开始第一次，知识分子对东欧事务感兴趣，并关注在共产主义制度下生活的那些不同政见者他们所已经失去的东西。然而，欧洲的许多民众并没有经历过 70 年代，作为危机时代，从统计员的角度而言，经济增长是缓慢的，但是生活水平，许多消费者所亲历的，依然高于过去，通常还在继续提高，因为经济学家坚持认为"我们付出的要超过我们所挣得的"。在 50 年代和 60 年代，从剧变角度而言，许多德国人，南欧迁居者和所有东欧居民经历了经济扩展时期和社会变革，有时候，也受到了一定的折磨。只有当增长缓慢时他们才开始享受其劳动成果。

1 袒护

我写下了半边纸：

罗马尼亚

　　俄罗斯　　　　　　90%

　　其他国家　　　　　10%

希腊

　　英国　　　　　　　90%

　　（与美国相一致）

　　俄国　　　　　　　10%

南斯拉夫　　　　　　　50～50%

匈牙利　　　　　　　　50～50%①

保加利亚

　　俄国　　　　　　　75%

　　其他　　　　　　　25%

　　我把这个推给了斯大林，然后他听着翻译。经过短暂的停顿。于是他拿起蓝色的铅笔在上面画了一个大勾，重新递给我们，刹那间决定了一切。②

---

　　① 1957年，匈牙利领导人呵帕德·根策被监禁6年。像其他的欧洲知识分子那样，他利用这段时间提高了语言能力。米洛万·吉拉斯在囚禁期间将失落的天堂翻译成了塞尔维亚－克罗地亚语。终于，当局决定利用他的能力要他翻译西方著作。这就产生了荒唐的局面，非常典型的是卡达尔时期的匈牙利，政治犯可以获得未经审查的纽约时报。他翻译了其中一本书《温斯顿·丘吉尔回忆录》。

　　② 温斯顿·丘吉尔：《第二次世界大战》，第6卷：《胜利和悲剧》（1954），第198页。

欧洲的分裂并不是在 1944 年 10 月在莫斯科会议上丘吉尔与斯大林之间的短暂会晤就能得到解决的。许多欧洲国家也没有发表任何看法（波兰的缺席是最为显眼的）。然而，苏联和西方列强制定的基本原则就是尊重各自已经确立的势力范围，总之，双方均对这一安排引以为荣。在 1947 年后关系的诚实性在下降，但是没有试图挑战区分苏联主导的东部和以美国为主导的西部之间的边界。只有一次，在 1948～1949 年柏森墙封锁期间，双方阵营开始对谁将控制欧洲地区产生极大分歧。在 40 年代末，许多欧洲人相信战争即将爆发，甚至两大阵营的领导人已开始备战。但是他们弄错了：苏联和美国军队从不曾用一颗子弹交战，苏联的军事部队不再是反对西方的资本主义国家，而是反对东欧国家，1956 年伊姆雷·纳吉的匈牙利和 1968 年的捷克斯洛伐克共和国的亚历克山大·杜比切克。即使在 1948 年和 1953 年，冷战最为严酷的时期，欧洲最大的分歧就是从苏联及其附属的卫星国家中分裂出南斯拉夫铁托的共产党政体。

美国对战后欧洲的干预与苏联相比是非直接的和非暴力的。美国的军队从不对欧洲公民开枪，美国的顾问从不直接向西欧政府发布命令。部分原因是，美国与欧洲相距 3000 英里，近一个多世纪没有欧洲的军队可以登上美国的本土。更为公平的是，将苏联干预匈牙利与美国干预尼加拉瓜与美国干预意大利做比较，也是比较合理的，经济也是重要的。苏联经济在 1945 年崩溃了，苏联领导人试图通过利用军事霸权来弥补损失。在东德，大约 7 万名苏联官员占有其总的生产能力的 1/3。相反，美国是富裕的。美国可以提供慷慨的援助，假设如果正确的话，许多欧洲人希望仿效美国的繁荣。

美国和苏联的势力范围之间总是存有界限的，但是在德国投降之后的最初二三年期间，对这些国家的国内政治的影响力不大。在西欧，法国、意大利、比利时和芬兰的政府中有共产党的部长；在东欧，在所有的政府中也有非共产党的部长（实际上，最初在许多政府中他们包括了绝大部分）。共存没有持续下去。逐渐地，东欧的非共产党力量失去了权力。非共产党仅在名义上存在。在西欧，共产党继续存在，通常占据较多的议席，但是 1947 年法国、意大利和比利时的部长们从政府部门辞职，随后一年芬兰的部长离开了政府。

苏联影响的方式

在苏联势力范围内只有两个国家没有成为共产党国家——即芬兰和奥地利。要解释为何没有引起苏联的注意是相当困难的，这两个国家在二战中反对苏联。而且，两国均有强大的左翼传统（芬兰共产党吸引了大约 20% 以上的选票）可以为共产党制度奠定群众基础。尽管如此，奥地利和芬兰被允许保持国内自由：1955 年苏联撤军后奥地利成为了一个中立国家；芬兰被要求在外交政策事务上顺从苏联，但是允许在其政府中将共产党部长排除在外，在 1955 年拒绝接受华沙条约成员国地位。

苏联施加其权力的最为普遍的方式就是建立经共产党主导的政府——如在波兰、匈牙利、捷克斯洛伐克共和国、罗马尼亚和保加利亚所建立的政府（阿尔巴尼亚和南斯拉夫，那里的共产党在没有苏联直接扶持下共产党夺取了政权，情况更为复杂）。为何莫斯科扶持东欧建立共产党政府？一个普遍的回答就是谴责美国人。"修正主义"历史学家认为苏联是被迫沉湎于防御性的扩张主义以保护自己免遭美国提出的"击败共产党的誓言"。

1945 年当杜鲁门当选为总统后美国对共产主义的政策的确变得强硬了，但是美国从不采取军事威胁将东欧国家从共产党中解救出来，尽管直到 1949 年，美国在原子弹方面还居于垄断地位。美国的被动性在保加利亚的表现也不明显，直到与保加利亚相关的和平条约缔结之前，美国还对以共产党主导的政府具有一定的影响力。1947 年 6 月 5 日，在美国参议院批准这一条约之后，农民联盟领袖尼古拉·佩特科夫被关押在议会大楼中，并于 9 月 23 日遭到处决；10 月 1 日美国承认保加利亚。[①]

苏联的最大的"煽动性"挑战不是来自美国而是南斯拉夫。事实

① 约瑟夫·罗斯席德：《重返多样化：二战以来中乐欧政治史》（牛津，1993），第 118 页。

上，铁托的部队在几乎没有红军的帮助下解放了本国，这使南斯拉夫共产党认识到自身的重要。剥削的贸易条款和苏联顾问的无礼造成了 1948 年的对峙，当时斯大林未能成功地煽动斯拉夫人来推翻其领导人并企图进行军事干预。在其他国家清洗扩大到了被怀疑为"铁托主义"的共产党领袖（不服从苏联）。

苏联对东欧事务干涉的行径并不预示着苏联愿意全面控制这一地区。事情往往是相反的，苏联并没有计划或者希望控制这一地区。① 在 40 年代下半期在苏联政策中寻求如此多的合理性也许是错误的。斯大林主义在处理外部事务时是"合理的"——这就是说，当遭遇更强大的对手对抗时，苏联便会放弃原来主张——但是当处理内部事务时却是偏执和和非理性的。问题是东欧 的地位是不确定并在变化的，可能成为一个循环的过程。这些国家与共产主义越接近，他们的事务越被看成是"内部事务"，更多的反对也就越不能容忍。安德烈·维辛斯基负责从 1945～1954 年期间的苏联的外交工作，曾经在 30 年代的虚假公审中充当公诉人。

东欧的共产党是具有两大特殊的优势以确保他们最终能够主导他们所掌管的政府。首先是控制安全。共产党对内务部、警察局和部队更为关注，这些部门可以使得其反对派更加艰难。在捷克斯洛伐克共和国和波兰，国防部是共产党的同情者，在捷克斯洛伐克共和国，导致 1948 年政变的共产党和非共产党部长之间的较量是因为共产党是用来控制警察的。共产党从中占了优势，因为东欧的内务部长通常是选举管理的部长。在 1947 年 1 月，波兰农民党的候选人在总共 42 个选区中 10 个选区失利。②

控制特殊的部长使得共产党有机会利用战后成果。数以千计的人们通过与纳粹主义或者独裁政府合作而妥协，但是当对共产党有利时，共产党便与这些人合作。在匈牙利，曾经在霍尔蒂期间工作过的公务员中大约 80% 在 1945 年 6 月依然在职，多数人还继续在职两年多，③ 而在东

---

① 阿列克谢·费利托夫：《苏联的管理者及其德国的"朋友"》，引自诺曼·内马克和利奥尼德·基比安斯基主编的《共产主义制度在东欧的建立，1944～1949 年》（1997），第 111～122 页。

② 罗斯席德：《重返多样化》，第 83 页。

③ 同注②，第 98 页。

德参加 1954 年德国工人党地方会议的 312 位代表中，其中有 30 位曾经是纳粹党。① 然而，共产党也利用战后的清洗来处置敌人。共产党还从那些本来属于波兰和捷克斯洛伐克共和国的德国公民的土地的分配中得到好处。共产党的官员通常控制再分配。

东欧共产党也从苏联对被占领时期前轴心国的支持中得到好处。1947 年 2 月苏联当局逮捕了匈牙利小股东党的秘书贝拉·科瓦奇。在保加利亚，盟军管理委员会主席谢尔盖·比留佐夫将军迫使似乎没有可塑性的农民联盟领袖于 1945 年 1 月离开政府。②

共产党接管东欧通常被描绘成是苏联的胜利，但是在许多方面，也是苏联领导人众多问题的根源。它导致了一个蔓生的多民族国家帝国，在那里苏联总是承担最大的责任（因为感到有责任防止共产党领导人放弃政权），但又无法实施所有的权力（因为当地共产党领导人已被允许至少是表面上的自治）。带给莫斯科的人民民主问题可以将其与芬兰做比较加以阐明。在 20 世纪 50 年代初期之后，人民民主是广泛的，所有的人停止了赔偿，苏联为在附庸国驻扎军队而支付了所有的赔偿。相反，芬兰，对苏联的赔偿一直延续到了 60 年代初期。而且，人民民主依然是同西方产生摩擦的根源。同时芬兰成为了东西之间的桥梁（1975 年赫尔辛基条约基本上是与缓和相关的）。在 1956 年 10 月 29 日，美国驻莫斯科大使对赫鲁晓夫提议如果苏联与那些和芬兰已经建立关系的东欧国家发展关系，苏联就会变得更加富裕。赫鲁晓夫——当时正在匈牙利即将启动一个广泛的冒险行动来重新划定苏联附庸国——对此表示同意。③

西欧保守党采用"芬兰化"，来形容那些如果在东西冲突中实行中立政策的欧洲国家可能会降低地位的国家，芬兰可能为许多集团提供了很好的模式。任何一方均不把他们看成是一种威胁，人们可以从那些共产党统治的最为自由的国家中那种不可思议的繁荣和民主中得到好处。实际上，芬兰化对人们的真正威胁就是东欧共产党统治者，他们担心苏

① 玛丽·福尔布鲁克：《剖析专制制度：内部 GDR，1949～1989 年》（1995），第 63 页。
② 同上页注②，第 116 页。
③ 弗朗科斯·费吉多：《布达佩斯：1956 年》（1990）第 13 页。

联可能放弃东欧国家，这种担心在东欧尤其严重，莫斯科可能会接受自由的选举来换取一个统一和中立的国家。从 1988 年未起戈尔巴尔夫的外交政策就是一个"芬兰化"东欧的迟到的尝试，目的在于与已经放弃了共产党体制之后的匈牙利、波兰和捷克斯洛伐克保持军事联盟。

一旦在东欧建立了共产党体制，苏联的军事和政治影响就可能是非常直接的了。

东欧共产党痛苦地意识到了对他们安全的威胁。然而，东欧的共产党领导人不是莫斯科的傀儡。他们中的许多人是勇敢和有能力的，通常是在最为危急的时刻加入了共产党。他们接受过良好的教育，对本国以外的情况也有所了解（通常被流放到莫斯科或者西方国家的）；他们从不把 1917 年的布尔什维克与 40 年代中期主导苏联领导层的唯命是从的官员相提并论。而且，与西方的共产党不同，东欧共产党对苏联的行为不抱更多的幻想。许多人知道参与政府很可能会危及生命。他们以共产党的统制在长期有利这一观点来为自己的行为辩解，而不管对国家的短期代价有多大（以及他们付出的代价）。在有些方面，他们转向了右翼。他们成功地劝说苏联，通过在东欧建立共产党国家其利益才能得到最好的保障，而对所有战后财产的没收，依然比统治他们的军事怪物要美好得多，保护了他们免遭西方影响。在一些方面，那些操纵着莫斯科支持波兰和捷克斯洛伐克的共产党就如同让·莫内操纵着华盛顿来支持其现代化的法国，尽管似乎看起来这种操纵东部花费的代价远远高于西部。

东欧的共产党国家不只是苏联的翻版。一些国家——捷克斯洛伐克和东德——比苏联的工业化程度更高。如德国安东·阿克曼那样的共产党认为这些国家并不需要苏联所认为的那种必要的激进的和迅速的社会变革，提到了通向社会主义的"国家道路"。东欧的共产党不是通过革命和内战掌握政权的。他们与其他政党联合执政，尽管这种联盟最终可以能降低到了只是纯粹的附庸，只得接受这一麻烦来操纵选举，而苏联的布尔什维克总是忽视大选的失利。人民民主的特殊性随着时间的推移而消除了，非共产党被剥夺了真正的实权或者被迫与共产党合作。在铁托实行了完全的独立之后，"国家的社会主义道路"便被放弃了，但是人民民主依然保持了一些特性。

莫斯科总是保持着干预其附庸国家事务的权力。20 世纪 40 年代后期开始的清洗就是对苏联命令的直接反应；在一些情况下，内务部人员参与了对嫌疑犯的审问。苏联军队通常反对欧洲人，欧洲人对强加于他们的政体予以反抗——1953 年在东德，1956 年的匈牙利和 1968 年的捷克斯洛伐克——但是军事干预并没有给予莫斯科无限的权力。派遣军队的决定从来不是很容易做出的。只是到了最后，这些行为使得苏联在西方左翼中不得人心，破坏了在西欧共产党形成联盟的机会，危及了与西欧国家的贸易关系。干预是广泛的，冒着苏联人员伤亡的风险，通常使得在干预之后苏联有义务承诺更多的军队以维持这些附庸国。如果苏联不能以足够的速度来镇压反抗力量，苏联可能冒着极大羞辱的风险，最为糟糕的是，一个可怕的想法是，持久或者流血的冲突可能会鼓励一个复杂不稳定的和不可预知的民主国家企图给予反叛者以军事援助。

这些风险有助于解释为何在许多情况下苏联不采用军事武力。当铁托与莫斯科的领导层出现分歧时，苏联克制着没有动武（尽管一个匈牙利将军随后声称 50 年代早期折入侵南斯拉夫的计划被取消了，是因为美国在朝鲜战争期间透露了这一决议）。[①] 当政府做出决议似乎同样对匈牙利不利时，1956 年苏联入侵了波兰。在阿尔巴尼亚与莫斯科绝交之后，苏联海军似乎与阿尔巴尼亚军队在控制俄罗斯的潜水艇方面有过短暂的冲突，但这一冲突通过谈判而不是战斗加以解决了。[②]

苏联不再干预的这些国家均暴露出了棘手的军事问题。南斯拉夫和阿尔巴尼亚均是山地国家，那里的游击队在二战期间成功地战斗，阿尔巴尼亚是经由南斯拉夫才能进入的国家。波兰对红军战略家而言问题最为严重，这些战略家对波兰的战争能力颇为了解。波兰军队在 1920 年打败了苏联军队，1939 年俄罗斯侵占波兰东部地区在波兰军官中激起了强烈的反俄情绪。

苏联在东欧的权力并不意味着这一地区的所有国家是相同的。巨大

---

① 　L. 奥特立：《欧洲》（1984）。

② 　理查德·斯塔尔：《东欧的共产主义制度》（1977），第 21 页。

的经济和社会差异依然存在。捷克和东德这样高度工业化的国家，与保加利亚和波兰这样的农业国家是不同的。那些成为卡夫卡和布雷赫特的居住地的城市似乎对于阿尔巴亚的部落成员还是陌生。

东欧由具有非常强烈的彼此敌视的国家所组成，内战期间这些国家之间冲突不断。1945 年之后，敌对依然存在，苏联在利用这种敌对。苏联坚持认为波兰的边界西移了，因此部分波兰领土成为了苏联的领土，而波兰获得了曾经是德国的部分领土，确保波兰受到了来自德国复仇主义可能性的威胁，苏联作为一个潜在的保护者，同时又是一个压迫者。东欧国家之间的分歧程度可以从 1968 年入侵捷克中得以体现。入侵的军队不仅来自苏联，也来自一些华沙条约国家，包括匈牙利，这个国家在 12 年之前遭受了同样的命运。

尽管局势紧张，在苏联霸权期间东欧还是联合了起来，部分原因是边界重新划定和人员之间的流动——特别是德国人遭到许多国家的驱逐——确保了这些国家比从前在民族上和文化上更加趋同。东欧国家彼此之间存在很大的不同，但是也不存在冲突因素。国家似乎不愿成为邻国的少数民族的保护者。苏联的军事权力致使冲突消失。

西欧对共产主义的遏制

斯大林期待着英国和美国可以对战争期间他们所获得的给予奖励，但是他也期望实现其诺言，给予他在势力范围内的自由。他无法阻止英国打击希腊的共产党反抗者（那些人曾经与德国人激战）。如果西欧共产党被清除了，那么他可能并不在乎——他坚定地相信政府可以谋害其公民。据说他带着一些好奇询问是否戴高乐要处决二战结束之后从莫斯科返回的法国共产党莫里斯·多列士。然而，苏联的意图并非如此。苏联已不打算如二战之后接管法国或者意大利那样来接管 1936 年的西班牙共和党，但是有时候事情并非朝着预期的方向发展。法国和意大利的共产党似乎做着其同伴们在东部所做的许多同样的事情，如果他们企图赢得政权的话，苏联是否能够控制他们这一点似乎并不明朗。直到 1947 年他们被驱逐出政府，西欧的共产党使用其权力，干预附国的工作，采用贝当主义者和法西斯主义的清算来处置其对手，寻求维持他们自身的武装部队。

某种程度上，西欧共产党的威胁事实上真正在于苏联没有实行全面的控制。共产党在法国和意大利积极地参与抵抗组织，共产党已经吸纳了许多缺乏党纪经验的新成员。近 20 年来意大利党在地下活动，因此带有一定的自治性质。毫不奇怪，抵抗领导人更加信任游击队的行动：他们关注南斯拉夫，这个依靠自身努力，在没有红军帮助下共产党掌握政权的欧洲国家。奇怪的是，这是一个最为"民主"的共产党——那些加入了广泛的反法西斯主义联盟成员——他们在 40 年代末期构成了对民主的最大威胁，尽管 1948 年莫斯科攻击铁托以及随后的共产党的斯大林化可能减弱了这种威胁。在法国，从前的抵抗活动分子在 1950 年的第十二届党代会上被清除了领导层，党中央委员会的 51 名成员中，其中 14 人以抵抗著称而失去了职位。① 清算与贝当主义者回到政治谱系的右边是相符合的，标志着反法西斯联盟不可能给予共产党乱中掌权的机会了。

西欧的共产党继续受到遏制。其反对党派比东欧地区对抗其同胞还要强硬。在法国表现特别明显。法国第四共和国的中间派政治家是果断和精明的，非常谨慎地确保权力杠杆不至落入共产党的手中。共产党不能掌管内务部、司法和国防部，他们被从军队和军事化的警察部队中清除出去。对前贝当主义者的惩罚不允许转向共产党控制的政治迫害。一些小规模的合作方遭到了惩罚，但是一些人预期，不允许共产党攻击执政党成员，而且，法国的非共产党领导人并不让共产党在反对贝当主义者的权力中发挥作用。即使在法国大革命之前，一些右翼抵抗领导人认为允许一些贝当主义者复辟也可能比允许共产党上台要好得多。戴高乐的法国人民联盟创建于 1947 年，吸引了希望与共产党作战前维希政府的支持者，在总理亨利·克耶和总统文森特·奥里奥尔的战略性引导下，政府吸引了反对共产党和法国人民联盟的贝当主义成员。

---

① 罗杰·法里哥特和雷米·卡芬尔《抵抗主义者：关于阿莱政权阴影下的战争 1944~1989》（1989），第 220 页

美国化的欧洲

我喜欢以最为容易和最为敏感的（方式）——对意大利人说，现在的卢卡黑尔，我们为你所做的要多于其他人，并将可能继续这么做。如果你希望我们帮助你来帮助你自己，该是你像成年人那样行动的时候了。但请记住这取决于你。我担心，过错也会产生，这也许太实际了以至于无法坚持反对由陶里亚蒂及其同僚所如此熟练地加以利用的政党宣传。

可供选择的就是如此地偏向意大利人的政策，甚至那些最不愿说话的移居美国的南欧人也感觉到了这种趋势，甚至最为聪明的意大利人也不会公开否认这一点。这可能是奉承、道德激励和巨大的物资援助的明智结合……这一政策当然需要相当时期内的持续项目。不可能是一次痊愈，但是应该包括对意大利文明的赞美之词、一片面包和公共贡品，然后另一句赞美等等，以及偶尔插上一些赞助商对美国式民主美德的广告宣传。自然而然地，这将不可能是不反共产党的，也不会需要如此，仅仅是亲意大利的。而且，需要花费巨大的钱财和向许多兄弟做出解释，但是如果我了解意大利人，那会很容易地得到回报。①

这段文字，摘录于 1946 年的国家官方部门，其中更多地讨论到了美国对西欧国家的影响。美国比西欧国家更为富裕，西欧国家只是刚刚赢得了一场战争，其中一些国家与另一些国家交战：这些事实突出了美国对其盟友的谦虚。但是美国不只是简单地对西欧强加其意愿。当地的敏感性使得"直说"变得不可能，美国人通常感到遭到其盟国的蔑视，不给予对手以尊重——"最不说话的移居美国的南欧人"和"聪敏的意大利人"。美国投入西欧的时间和金钱并不能按照他们的设想来塑造这一地

---

① 约翰·兰伯顿·哈珀：《美国的影响和意大利的重建，1945～1948 年》（剑桥，1986），第 109 页。

区。共产党在美国是非法的，而在法国和意大利依然十分强大。1947 年法国和意大利的共产党退出政府，使得美国人受到了普遍的谴责。自相矛盾的是，具有强大的共产党传统的国家成为美国特别慷慨的接受国（用于缓和社会不满），与此同时，爱尔兰政治家们试图染指马歇尔计划，因爱尔兰是欧洲最为右翼的民主国家而没有成功。① 社会主义在美国几乎闻所未闻。

军事是美国对战后欧洲施加权力的最为简单的手段。意大利和德国曾经被美国军认占领过，军事当局就这两个国家的重建做出了重要的决策。美国军队在许多西欧国家驻扎，美国也是包括许多重要的西欧国家在内的军事联盟的主要成员。但是美国军方的影响是有限的。即使在 1945 年的德国，美国军队也受制于文职政府和法律原则的制约。

美国军队驻扎的这些国家非常奇怪。美国将军不会说当地语言或者也不熟悉当地习俗，他们通常在政治上是幼稚的，使得当地人容易操纵他们。

1949 年北约成立后，美国士兵比那些战争结束之后占领欧洲的那些人更加受到制约和操纵。他们不得不与政府合作以维持与当地民众的良好关系。随着西德文官政府的建立，美国军队从不用来反对西欧公民。欧洲政府有权命令美国军队离开其国家——这一权力最终被戴高乐所使用。大多数欧洲政府不这么做，是因为担心莫斯科的反应而不是因为他们害怕华盛顿。

美国军队对欧洲的影响不单单是美国军官和政治家做出的政策。驻扎的成千上万的士兵对东道国具有一定的经济影响：在 1951 年，在德国的美国军队雇佣了 409590 德国市民。② 美国士兵要比这些国家的当地居民更加富裕，他们的服装、举止行为、香烟均传播着美国生活方式 。更为重要的是，美国的军方电台帮助传播了早期的摇滚乐。尽管服役人员和市民之间的个人交往依然被限制的。在沙托鲁的美国空军基地的一项

---

① J. J. 李：《爱尔兰，1912～1985 年：政治和社会》（剑桥，1989），第 304 页。
② 安东尼·萨克里夫：《1945 年以来的西欧经济和社会历史》（1996），第 147 页。

研究表明，妓女是唯一可以与空军士兵接触的群体。①

　　美国施加影响的第二大途径就是财政上的。他们提供给了欧洲大量的资金，最为显著的就是马歇尔计划下的 130 亿美元。这些钱以现代化为前提条件，但是其他美国的所有机构也资助了各种欧洲机构。中央情报局、私人公司和美国工会组织支持欧洲的政治划分。这些团体的目的不总是一致的，美国和欧洲的资本家之间的利益也不是完全一致，欧洲资本家被认为是美国慷慨资助的主要受益者。

　　保障"资本主义"的利益是项复杂的任务，因为资本主义的本质就是存在许多利益冲突。不同的资本主义国家和不同的公司互相竞争着从美国慷慨资助中获益。因此 1946 年美国对法国的贷款，法国总理利昂·布卢姆和美国国务卿詹姆斯·贝尔纳斯协商后，包括了给予好莱坞影片更为容易地打入法国市场的特殊条款。同样的，美国官员与意大利的空军部长——马里奥·塞文洛托进行协商——以开辟意大利的航线，环球航空公司将具有重大的利益，这一策略引起了英国主要定期航线的憎恨。② 这些交易有时候与个人以及公司的利益相关。据说塞文洛托被提名担任了在他帮助下组建的意大利航空公司的总裁。③

　　有时候美国的影响也可以从个人而非集团或者机构的角度加以理解。欧文·布朗代表美国劳工联盟巡游欧洲，不只是代表美国或者资本家的利益。他的活动更多的与个人的信任有关，有时候他还自掏腰包。④ 对欧洲大陆右翼的支持在美国外交界是相当强烈的——如罗伯特·莫菲——他是天主教徒。美国驻罗马大使馆的亨利·塔斯卡，似乎比其同伴更像是意大利的资本家，他最终与意大利商人的女儿结了婚。⑤

　　美国与欧洲盟国有着不同的世界观，这在他们对社会主义和工团主义的态度中得以体现。欧洲资本家学会了与第二国际共存，而保守党通

---

　　①　F. 雅罗：《宫廷中的美国人，1951～1967》（1981）。
　　②　哈珀：《美国的影响和意大利的重建》，第 83～84 页。
　　③　同上页注②，第 185 页。
　　④　安东尼·格鲁：《马歇尔计划下的劳工：生产率政治学和管理科学营销学》（曼彻斯特，1987），第 64 页。请注意布朗在 1950 年之前被自由贸易联盟委员会正式雇用。
　　⑤　哈珀：《美国的影响和意大利的重建》，第 124 页。

常加入了社会主义的联盟，他们具有强烈的反共情绪。实际上，这样或许会更加难以发现比欧内斯特·贝文（在冷战期间负责英国政策的工党外交秘书），或者库尔特·舒马赫（西德德国社会民主党的领袖）更为明显的敌人。在法国，里昂·布鲁姆谴责共产党是效忠外国的民族主义党的言辞通常在右翼报刊上加以引用，同时社会党的内务部长，朱尔·莫赫，被证明是最有效地压制了共产党的挑动，因此许多右翼人士投票支持他。相反，美国缺乏社会主义的传统。美国人通常将社会主义与共产主义混为一谈，很难相信那些依然存在的，表面上的，承诺消灭资本主义的政党会是他们的盟友。当派遣布鲁姆去为美国贷款进行谈判时，华尔街杂志以"卡尔·马克思拜访圣诞老人"为标题向他问候。

如果美国人比欧洲的资本家对社会主义更加敌视，他们对工会的敌视却不大。美国具有工会组织，许多工会组织不被看成是资本主义的对手，美国人认为迅速的经济增长可以在不影响利润的同时提高工人的生活水准。而相反，欧洲的商人通常习惯于较低的或者零增长，认为工资提高会影响利润。而且，他们通常面对着挑衅性的和政治性的工会。在40年代与共产党断绝关系的这些工会行为更为激进，是为了从侧翼包围共产党的对手，因此有时候在劳资关系上美国人比欧洲人更加偏左。非共产党势力乌维埃联盟组织了重大的罢工活动之后，1949年法国政府削减了对其资助，而中情局补足了这些资金。[1]

有时候美国人对欧洲政治的影响似乎相当幼稚。例如，纳塔丽亚·泽蒙·戴维斯这位历史学毕业生，护照被没收，阻止她继续访问法国档案馆。美国政府采取这一举措是因为戴维斯的左翼政治关系。在欧洲人看来，一个认真的年轻知识分子推动一国的共产主义运动，是不可能的。

美国的影响也因欧洲人本身的反应变得更加复杂。例如，英国政府循规蹈矩地坚持认为马歇尔援助是用于支付债务，推动国家财政（美国人所同意的）。美国的官员怀疑英国人肆意挥霍公共开支而故意增加债务（这是美国人所不允许的）。[2] 具有良好关系和貌似可信的公民将自己看

---

① 格鲁：《马歇尔计划下的劳工》，第102页。
② 格鲁：《马歇尔计划下的劳工》，第14页。

做大西洋一边的美国代表以及大西洋另一边的欧洲代表。让·莫内，在华盛顿度过很多时光，他就是个典型的例子：在华盛顿，如果美国不立即提供援助，他暗示法国共产党的威胁和可怕的影响，而在巴黎，他暗示如果不采取一定的经济政策（莫内所支持的政策）——未能得到贯彻落实，美国的援助可能会撤走。一个伴随莫内进行跨大西洋旅行的政治家无聊地总结道：不知道莫内是代表美国或法国或者反之亦然。[①]

美国与其欧洲盟友的关系不是通过单纯的操纵行为发展起来的。这里存在许多真正的误解。美国接受的解释依赖于当地的社会背景，英国的情况最为简单：这两个国家以相同的语言和战时联盟而联合起来——尽管，即使在英国，对社会主义和国家干预的态度对美国人而言似乎是奇怪的。

美国与法国的关系更为复杂。美国人直到 1942 年才承认了马歇尔·贝当的维希政府，战后的法国政府处罚了贝当的支持者，因此毫不奇怪的是，许多法国的贝当主义者认为美国人对在民主时期所建立起来的新党持敌视态度。同时也知道美国人对戴高乐持敌视态度，战争期间美国与戴高乐的关系极其糟糕，并且错误地认为美国可能会采取措施将戴高乐排除出政府。实际上，一些人相信戴高乐在 1946 年的辞职就是这一干预的直接后果。

意大利与美国的关系与其说是由互相的漠视而变得复杂，还不如说是因双方对彼此因太多的自相矛盾信息的事实而复杂化。一方面，意大利北方工业和知识资本家指望着美国强加自由市场经济，从而打断法西斯主义干预的历史。路易吉·伊诺就是这样的代表。他是一个经济学家、国家银行董事长和总裁——其儿子就是康奈尔大学毕业的。[②] 另一方面，意大利南部大部分的贫困的农民借助移民与美国的亲戚建立了联系。南部意大利人在选举方面对两国均是十分重要的：美国人可以煽动其公民的亲戚来投票反对共产党，而在美国的意大利选民可以对美国政府在对意大利提供援助方面施加压力。然而，南部意大利反共的特殊方式——

---

① 迈克尔·戴比里：《194~1958 年法国的三个共和国：回忆录》，（1988），第 33 页。

② 哈珀：《美国的影响和意大利的重建》，第 83 页。

基督教民主——主要以对国家资源的傲慢态度为特征，使得如伊诺第及其在常春藤联盟建立中的苛刻的民主人士产生了恐惧。

德国对美国干预最为愤恨，对德国而言，美国是胜利者和占领者而不是与当地政治家的合作者。在盟军胜利以前，意大利和法国的商业精英与激进的独裁政府相脱离（法国的马塞尔·迪亚以及意大利的萨洛以共和党人为特征），开始指望美国保护来反对共产主义或者社会改革。德国的商业精英从来也不曾有过这样的举动。美国人明确投票表示他们将德国工业看做是纳粹主义的崛起的部分原因，强加美国的反托拉斯法规，公开地投标来打破卡特尔的权力。只有随着新型工业和新一代领导人的崛起，德国的商业才能友好地依靠美国。[①]

最后，需要强调的是美国的影响不只是通过官方机构的直接指导，而是采用许多方式。美国文化的影响最为典型了。官方的政策支持美国文化的特定方面，但是美国政府不能决定哪些部分将被欧洲人充满热情地加以接受，或者欧洲人如何诠释和吸纳这些文化特色。有时候，欧洲的美国观也与美国官方所希望推行的方向相反。官方的美国社会观就是白色的、干净的和以家庭为中心的：持这一观点的有美国人詹姆斯·斯图尔特。但是欧洲人通常被美国黑人、罪犯和性滥交所吸引：对许多欧洲人而言，比利·霍利戴就是标准的美国人。那些对一定的美国观点非常赞同的欧洲人强烈地拒绝美国的政治措施。埃里克·霍布斯鲍勃在白天写书谴责美国的资本主义，而在晚上以弗朗西斯·牛顿的名义，赞美美国的爵士音乐。

东西对峙

美国扶持下的国家和忠实于莫斯科的国家之间的对峙，因为美国的经济援助得以加剧。在 1947 年 6 月，美国国务卿乔治·马歇尔为欧洲经济复苏提供援助，至少从理论上而言，这一邀请包括所有的欧洲国家。苏联将这一做法看做试图主宰欧洲，命令其盟国——包括捷克斯洛伐克，

---

① 沃克尔·本哈恩：《西德工业的美国化，1945～1973 年》（1986）。

当时还是非共产党总统和外交部长——对此加以拒绝。

在西方国家，建立于 1948 年 4 月的欧洲经济合作组织负责管理美国马歇尔援助计划，这一机构包括西欧国家和美国与加拿大。西欧的经济一体化随着巴黎条约（1951）的签署而得到发展，这一条约建立欧洲煤钢联营，以确保法国、西德、意大利和比利时、荷兰、卢森堡等国获得发展生产的原材料，同时也是政治上和经济层面上更为长远的计划。遏制苏联的影响要求德国参与，为此创造了需要遏制德国的影响以打消法国的疑虑。西欧一体化中更为明确的军事组织——欧洲防务共同体——1954 年在法国议会中失败，但是在 1957 年由罗马条约建立的共同市场，确保了法国、德国、意大利、比利时、卢森堡和荷兰之间更为紧密的经济联系。

共产党国家建立了自身的国际机构。共产国际情报局建立于 1947 年的 10 月，将主要欧洲共产党国家组织了起来，但是共产党和工人党情报局从来不是一个实体机构，并且于 1956 年解散。经互会，建立于 1949 年，将东欧国家联合起来，存在的时间要长于共产党和工人党情报局，是苏联的主要权力工具。

欧洲东西地区与世界其他地区的关系体现了双方地位的有趣转变。战后不久，西欧两大主要的国家从非欧洲的角度看待自己。英国和法国依然拥有强大的海外帝国，他们认为这些帝国对他们未来的强大和繁荣至关重要。慢慢地，特别是在法国，这一想法还是被不情愿地放弃。英国于 1947 年撤出了其最为重要的殖民地印度，法国于 1962 年放弃了其最为重要的领土阿尔及利亚。从这时起，有关"世界作用"的所有言论，最为重要的西欧政治家均从欧洲本身或者从与美国的关系出发制定政策。相反，随着西欧的革命变得越来越不可能，共产党展示自己的机会似乎在欧洲以外地区。共产主义嫁接到了非洲、亚洲、古巴的民族运动中，这些国家成为苏联资助的最大受益者和欧洲的卫星国。随着主要的西欧国家解散了以前的帝国，苏联正在建造另一个帝国。

两大军事联盟体现了东西之间的分歧。在 1949 年 4 月 4 日，比利时、加拿大、丹麦、法国、爱尔兰、意大利、卢森堡、荷兰、挪威、葡萄牙、英国和美国同意相互提供军事帮助，前提是如果其中的任何一个国家遭到打击。1952 年 2 月希腊和土耳其也加入了北大西洋公约组织，1955 年 5 月西德也加入了该组织。1955 年 5 月 14 日阿尔巴尼亚、保加利亚、捷克斯洛伐克、东德、匈牙利、波兰、罗马尼亚以及苏联签署了华沙条约。这一条约也为一旦遭到袭击之后的国家提供相互援助，关在莫斯科建立了一个统一的联合指挥部。

双方的宣传机构将对立的联盟看做"军事性的"。在经济方面，这些谴责包括了实质性的内容：军事开支占了西欧国家财富的相当大的比重，占了苏联收入的极大比重。然而，欧洲的将军不可能拥有比过去拥有的更大权力。在欧洲战争期间，一些士兵成为了国家的元首，唯一实现这一目标的就是戴高乐，一个相对年轻的军官，他总是强调需要让民众服从军权。苏联将军的权力比那些在西欧的将军受到的限制更多。高级官员是党员，但苏共的领导人没有来自于军方的。甚至国防部长也通常是文官，很长时期内没有一个将军是苏联政治局的成员。

由民用科学家设计并按照文职政治家的部署，核武器变得更为重要，这进一步削弱了军权。传统士兵所拥有的勇气、领导和战术能力及价值已经毫无用处，法国官员轻蔑地称之为"按钮操作的的军队"，在 60 年代时期，戴高乐和赫鲁晓夫将资源从常规性武器转向了核武器。在法国，这有助于煽动 1961 年阿尔及利亚的军队叛乱。戴高乐在解散那些带头反叛的官员时——就是薪水减半。

一些欧洲人曾经真正地期待着两大集团彼此开战。在东欧，一些人怀着对战争前景的热情。罗马尼亚马尔库回忆起在 40 年代末和 50 年代初期其父辈的思想："我们青春时期最希望的就是美国人的到来。"[①] 但是这种期待没有持续多久：1956 年匈牙利起义之后粉碎了对北约干预的幻想。专门为法国报纸工作的一位新闻记者回忆起匈牙利人所说的，他们知道美国人不可能放弃他们；[②] 实际上，美国驻莫斯科大使已经告诉赫

① 李利·马尔库：《Une Enfance Stalinienne》（1982），第 97 页。
② 托马斯·施赖伯：《匈牙利：和平演变》（1991），第 5 页。

鲁晓夫：美国是不会干预的。

在某种程度上，北约和华约的对峙比欧洲以前所发生的更加严重和极端。以前的冲突涉及的政党彼此了解或者在一定程度上相互了解，以前的敌对涉及的国家具有许多相同的想法。欧洲的执政阶级通常懂得彼此的语言并相互了解。西欧领导人或许判断错了希特勒和纳粹，但是他们理解传统的德国统治阶级，这一阶级依然具有很大的影响。苏联却是不同的。几乎没有西欧领导人会说俄语，战争期间他们的行动表明，他们并不了解中东欧国家。

西欧对苏联的认识受到了一个大移民共同体的影响。逃离苏联及其附属国的人提出了建议。这些移民给英国士兵当老师，并参与了在美国大学建立苏联研究项目。另一个信息来源就是具有苏联经验的外交官集团，其中乔治·凯南是最有影响的人物。这些人通常在 30 年代大清洗期间在莫斯科服役。毫不奇怪，两大集团均将苏联看成是危险的，而且，研究苏联的人民社团因个人和意识形态的原因，鼓励美国采取尽可能严重的军事威胁。

对于研究苏联事务的西欧学者而言，当他们无法进入研究对象国时，情况变得更为复杂了。即使那些设法进入苏联的人也只有有限的自由。只有很少的道路是对外国汽车开放的，只有很少的城镇是可以被访问的（与国防工业相关的任何事务均被禁止）。到了 60 年代，间谍机构和卫星可以提供军工厂的卫星照片，但是只有对工厂进行访问过的社会学家才能在工厂中酗酒、纪律差和混乱的工作节奏告诉美国军事计划者，这就意味着这样的工厂不可能具有充分的潜力。

苏联的知识分子，不像西方的知识界那样，可以研究一个开放的社会。被认为是国家秘密的信息，如国家的人口规模，在西方的任何图书馆中均可获得。苏联是个封闭的社会以及西方是个开放的社会这一事实意味着后者比前者可以获得更多的信息。在苏联，不仅领导们对西方一无所知，而且他们也不愿去学习。许多人将毕生的精力用于关注苏联内部事务，并为实现挽救斯大林主义所吸引。西方的知识不只是多余的，而且是危险的。那些旅居在海外或者与外国人有来往者通常成为了清算的对象。世界经济学院，由匈牙利籍的欧根·瓦尔加担任所长，因宣传与西方相同的观点，在 40 年代末被解散了。①

东欧政权垮台后，可以反映出苏联对西方国家的误解。一位分析家承认苏联的经济计划制定者将美国制造坦克的潜力大大的高估了。② 另一位分析家提出西方从这些研究机构如兰德研究所的相对独立性中受益。苏联的领导人从那些在苏联国防建设中所建立起来的机构获得了所有的美国军事潜力的情报。西方的公开的优势意味着其分析家们通常可以比苏联领导人更多地了解苏联的情况。从俄国经济学家格雷戈里·哈宁的职业生涯中体现出来，他开始作为一个西方的学者（他撰写了有关西欧股票市场的论文），很快便明白这一研究不可能在自己的国家引起兴趣，便转向研究苏联经济的长期趋势，并得出了一个令人不愉快的结论：苏联的实际情况要比官方统计的结果更为糟糕。在出版这一成果时遇到的重重困难，最后，他设法在 1981 年发表了其中的部分结论——尽管他以模糊的方式表达了他的结论，苏联的分析家似乎没有感觉到这一成果的重要性。而西方的学者亚历克·诺夫阅读了其论文并给以充分关注。

小　结

20 世纪 70 年代中期北约以及华约的高官们花费了毕生的时间来为彼此的交战做准备，但是双方却从来没有交战过。事实上从 1949 年双方均拥有了核武器使得他们迟迟不愿冒冲突的风险，至少在对他们相当重要的地区。苏联和美国分别在古巴、越南和中东资助和支持了相互的对手，但是他们对这一地区居民相对的漠不关心，使得这些冲突变得更加安全。苏联领导人同意在 1962 年将导弹撤出古巴这个岛屿时，他们并不关心古巴人的羞辱，而美国人也不在乎留在西贡的那些移民的命运。

---

① 布罗斯·帕罗特：《苏联的政治和技术》（剑桥，1983），第 88 页。

② 赛奇·巴兰诺夫斯基采访 V. V. 谢里科夫：《军备竞赛和军事开支的负担》，引自迈克尔·埃尔曼和弗拉基米尔·幻托罗维奇主编的《苏联经济制度的毁灭：权威人士的历史》，第 40 ~ 69 页，第 48 页。

随着时间的推移，他们越来越明确了确保其共处的相互容忍性。约翰·福斯特·杜勒斯，1953～1959 年美国的国务卿，是最后一位谈到要"解放东欧"的美国高官。赫鲁晓夫承认要"和平竞争"。在 70 年代初期，分析家开始谈论放松或者缓和两大超级大国之间的关系。新的形势部分原因是世界政治中消除了意识形态障碍。

这一时期与东西方谈判紧密相关的政治家是亨利·基辛格，他 1969～1973 年期间担任美国国家安全顾问，生于德国，操着浓重德国口音的英语，其世界观不是建立在对美国生活方式的热忱。他崇拜 19 世纪保守的外交家如俾斯麦①卡斯尔雷以及梅特涅，他强调了与苏联关系的稳定："今天在我们历史上首次面临着共产党挑战永远存在的真正的现实……我们必须学会推行其他如此多的国家也在毫无逃避和毫不迟疑地推行的外交政策，……这种条件将永远不会失去。"②

随着赫尔辛基条约在 1975 年的签署，美苏的共处达到了顶峰，按照协议双方同意承认欧洲现有边界以及限制部署核武器的数量（一个毫无效果的姿态，因为这一数量足以毁灭整个世界）。赫尔辛基协议也提到了保障人权——双方的谈判者可能已经非常吃惊地发现这些条款受到了苏联以及卫星国的公民的如此重视。

---

① 亚当·米科尼克：《托克维尔的光辉，梅特尔尼西的阴暗》引自《另一个欧洲》，5（1985）。

② 引自弗朗西斯·福山：《历史的终结和最后的人类》（纽约，1992），第 8 页。

2 奇 迹

二战后通常是虔诚的天主教徒主宰着西欧经济，他们中的许多人必须为快速的发展而祈祷。从 1945～1975 年期间，欧洲的经济以超出以前任何时候的速度在快速增长；在此期间平均增长速度超出 1939 年之前或者 1973 年之后的 2 倍以上。这一扩展为 20 世纪欧洲的发展奠定了基础。实际上，回溯起来，该时期的特征比从前任何时候更加明显。迅速的繁荣有助于缓和 30 年代因经济危机所造成的尖锐的社会斗争。即使在 70 年代的石油危机之后，还能继续感受到法国人所谓的"光辉的 30 年"的影响。没有一个西欧国家遭受到了绝对的衰落，西欧人逐渐开始富裕了，尽管不是以极快的速度。20 世纪末西欧的繁荣和西欧模式，很大程度上应该归功于 1975 年之前数十年取得的经济成就。

统计资料，事实和解释

欧洲增长的总体统计数据掩盖了巨大的差异。不同国家的发展速度则不同，那些已经富裕的国家以相当缓慢的速度在增长，因此绝对的生产水平与生产增长率成反比关系。这些增长速度因时而异。总之，在 50 年代末和 60 年代初加速增长了。在一些情况下，年代的差异似乎可以更加精确：意大利经济奇迹出现在 1958～1963 年。时间对解释具有重大的意义。如果将时钟停留在 1949 年，我们可以设想法国是战后经济发展最不成功的国家；20 年之后，很显然法国成为一个最为成功的国家之一。更加普遍地是，强调国家干预在经济增长中作用的历史学家开始讨论起战后时期，通常是以 1945 年国家发挥了更加积极作用为开端的。近来流行的自由主义将 50 年代末看为转折点，以贸易自由化和 1958 年建立共同体为标志。① 也有人认为关注较短的时期是具有欺骗性的，1945～1973 年的快速增长应该在一个长达一个世纪或者更长时期的经济发展背景下加以考虑。根据这种解释，战后的繁荣与此前或今后在性质上几无差异，但是只不过是这么一段时期，此间欧洲在经过了一段异常的萧条时期和战争之后赶超"正常"的发展水平。

与国民生产总值相关的统计数据不能告诉我们构成统计数据的那些商品。制造生铁和制造晶体管收音机或者食品搅拌器的国家是不同的，对生产繁荣和消费繁荣之间更大的差异产生影响：对许多欧洲人而言，经济增长只是到了相对较晚的时候才表现在生活水平上。在法国，50 年代期间资本货物的相对缓慢的增长也许已经是 60 年代期间消费品生产快速增长的必要条件，但是，有时候，如比利时的煤炭工业，② 集中于重工业生产证明是盲目的举措。不同的产品组合也是导致资本主义的西欧国家经济与共产主义的东欧国家经济重要差异的原因。至少在官方统计中反映出的国民生产总值上，东欧通常高于西欧，但是将这些增长率应用于那些从较低水平发展起来的国家，却没有制造大量的消费品。

战后欧洲的经济史也必须考虑到质的问题，比如，工作、流动和放弃已有的习惯的意愿等等。有时候在不同地区或者不同阶段需要不同的品质。历史学家们必须解释为何 50 年代初期德国工人愿意放弃消费（因此促进了高投资），以及解释戈里奥和格朗代的国家如何成为了一个消费社会。

战争的损失

1945 年的欧洲经济并不是在同一起点上，战争和战败使得一些国家的经济濒于崩溃。在德国，许多工业完全处于停滞状态。损失不只是因为战争。战争经济使资源转换以满足短期优先目标，设备因被那些招收

---

① 关于这一展望请参见比埃尔·希克西和查尔斯·韦普罗茨：《法国，1945～1992 年》，引自尼克·克拉夫茨扬尼斯·托尼奥洛主编的《1945 年以来的欧洲经济增长》（剑桥，1996），第 210～239 页，第 211 页。

② 阿兰·密尔沃德：《欧洲民族国家的挽救》（1992），第 46～118 页。

到工厂的毫无经验的工人的粗暴使用而遭到破坏。在中立国或者一些国家，如英国的情况稍许好些，那里没有战败或者遭到入侵的经历。在其他地方，经济活动受到了特殊的保护。例如，在意大利，战斗严重破坏了意大利南方的经济，需要雇佣大量的盟军士兵。而北方，企业家和工人有时候要防止撤退的德国士兵破坏设备。[①]

表 4　战争的损失和 1945 年后的重建

战前与 1945 年的 GDP 相同的年份		GDP 恢复到战前最高水平的年份
奥地利	1886	1995
比利时	1924	1948
丹麦	1936	1946
芬兰	1938	1945
法国	1891	1949
德国	1908	1951
意大利	1909	1950
荷兰	1912	1947
挪威	1937	1946
瑞典	没有	—
瑞士	没有	—
英国	没有	—

　　资料来源：尼古拉斯克拉·夫茨和扬尼斯·托尼奥洛："战后的增长：评价"，引自克拉夫茨和托尼奥洛主编的《1945 年以来的欧洲经济增长》（剑桥，1996），第 1～37 页，第 4 页。

　　在某种程度上，1945 年以来的最初数年是战时经济的延续，主要以关注短期的生存而非长期计划或者建设为特征。工业的重点通常就是那些在战争期间兴起的产业，武器生产被削减了，煤炭开采和农业愈加显得重要。食物依然定量配给——实际上，在法国，面包是在战后首次实行定量供应的。在德国，盟国军事政府采取了关键性的经济决策（如与

---

　　① 约翰·兰伯顿·哈珀：《美国的影响和意大利的重建，1945～1948 年》（剑桥，1986），第 1 页。

稳定货币有关的决策)。① 战后采用了招募的劳工，一些国家在一段期间还雇佣战俘，英国依然动员征兵人员到井下作业。

追　赶

对战后欧洲经济增长的一个简单的解释是这种增长只不过是"追赶而已"：欧洲经济受战时大萧条和战争的非自然因素的制约。1945 年后，欧洲经济只是回到了"自然"水平。也有人认为从国际角度而言，欧洲经济正在"追赶"。促进战后欧洲快速增长的许多实践和技术——如机械化和生产线制造——在美国已经相当完善了，然而只是到了 60 年代，法国和西德总人口中汽车拥有率只及美国 1929 年的水平。② 而且，在1945 年后欧洲各国的经济不断趋同，最不发达的国家——希腊、西班牙和意大利——增长最为迅速，而最为发达的国家，特别是英国，增长相当缓慢。

存在一些特殊的原因使得战后欧洲欠发达和发达国家之间不断聚合。战争赋予了所有的欧洲国家衡量经济成就的机会。战败、占领和驱逐使得一些国家获得了其他国家机密信息。当作为战犯在德国农场工作时，布雷顿的农民开始享受机械化带来的诸多好处，战后，盟国委派给企业家的使命就是监督德国的工厂。

更为重要的是，战争体现了美国生产方式的先进性，这是欧洲和美国政府深思熟虑行为后获得的经验。尽管受到限制，美国的宣传还是对欧洲产生了影响，欧洲出现了更加大众化的文化变革。即使欧洲人误解了美国经济的本质内容，他们理解了基本原则。任何接触过好莱坞电影的人均知道纽约的汽车和电话要比那波勒斯更加普及。资本，特别是马歇尔计划特别慷慨，如果美国经济没有这么发达，也是不可能资助欧洲的。

---

① 哈罗德·詹姆斯：《德国的民族特性，1770~1990 年》(1989)，第 180 页。

② 卡尔-海因茨·帕克：《为何是 50 年代而不是 20 年代？奥索尼安和非奥索尼安对德国经济历史二十年的解释》，引自克拉夫茨和托尼奥洛主编的《1945 年之后的欧洲经济增长》，第 95~106 页，第 137 页。

国家干预

1945 年后，许多欧洲国家在经济管理中发挥了更加积极的作用。经济萧条的记忆已经使得战争之前严重的经济自由主义变得不再流行，而战争的经验开始使人们习惯了国家的大力干预。支持国家对经济积极干预的推崇者在战后决策中居于主导地位。从经济学术界而言，约翰·梅纳德·凯恩斯是最有影响的人物。任何情况下，凯恩斯的观点在欧洲不同地区有着不同的解释。

法国计划委员的缔造者让·莫内，是国家干预的最为知名的实践者。他的计划基于这种假设：国家不应该仅仅对经济危机做出反馈，而是要积极推动现代化，做出经济决策和决定哪些部门应该得到扶持，以及哪些部门允许衰落。一些国家干预的形式并不涉及国家支出。公务员和政治家们能够实施计划法规，原材料定量配置（在战后贫困时期发挥了重要作用），或者控制外币进入以迫使企业家做出特定的决策。莫内旨在创建"计划的神秘性"，一个美国访问者这样评论道：在计划总署的资助下出现的企业家的云集通常类似于"信仰复兴祈祷者会议"。①

在其他地方，国家对经济干预也是相当偶然的。在英国，干预并不涉及创立新的机构。公务员按照现有的法规——例如城镇规划法——或者战争遗留下的法规行事，但是这种权力通常是不协调地在加以使用。考文垂这样的城市，战时的迅速发展使得它更加受制于政府的管制，那里的企业家们发现政府的决策剥削了部分工厂的工人，而另一部分工人却因政府的合同而加重了负担。②

最为严重的国家干预发生在意大利，工业重建机构控制了许多公司的股份。然而，工业重建机构也不是新经济管理的一种模式。工业重建机构创建于 1933 年，是为了防止破产而不是促进现代化。该机构不是由

---

① 查尔斯·林德伯格引自莫里斯·拉克：《人民阵线以来的法国：政府和人民，1936 ~ 1986 年》（1988），第 185 页。

② 尼克·蒂拉特索：《重建、富裕和劳工政治：考文垂，1945 ~ 1960 年》（1990），第 26 页。

具有一致眼光的一些紧密合作的组织所运作的，却成了意大利企业家和政治家争权夺利和分配资源的战场。从与公有和私有部门的关系而言，工业重建机构的地位是相当含糊的，它拥有公司股份，但不总是占有控股利益。而且，工业重建机构本身部分地为私人企业所掌控，私人企业拥有其中的一些股份。一位评论家撰写道："人们或许会质疑为何在意大利国家控制了工业重建机构，而不是工业重建机构控制了国家。"①

在某些情况下，1945 年后重视政府在经济管理的作用是带有欺骗性的。国家和私人商业之间的分界线不总是很明确。在大多数欧洲大陆国家，经济政策不是来源于被迫接受政府对工业的控制，而是两个部门之间的融合过程。这种融合的部分原因是国家在变革：建立了新的部门来处理经济事务，经常雇佣商界人士。私人部门也在变革。那些资本存在风险以及需要花费大量的时间来处理文书工作的个人，他们开办的小公司通常感到与国家的疏远。然而，大公司由那些资本不存在风险的经理人加以运作，他们可以承受许多问题的各种不同看法。一些公司还具有专门与公有部门进行协商的机构，或者制定那些与国家计划等同的长期计划，许多经理人还具有在公有企业就业的背景。

国有化使得事情更为复杂化了。国家控制了国有化公司，而他们的高层管理者有时候也从政治的角度加以聘请，但是他们通常采取追求赢利目标的保守管理方式。雇主委员会中，国企的负责人与私企的负责人职位相当。两者面临着相同的劳资纠纷问题，国有化部门通常是罢工的特殊目标，管理者们在国有化和私有化公司之间来回调换岗位。商业联合会进一步帮助了国家和私人企业之间沟通的分歧。联合会试图采纳一个高于单个企业家的更加全面和长期的商业利益，那些与原材料分配有关的国家权力，有时候也下放给私营商业联合会，国家通常依靠这些联合会来获得统计数据。

在这种情况下，监督那些超越国家与私人部门界限的精英构成要比监督国家权力的扩大更有意义。英国精英的创建不很成熟，英国的例子有助于欧洲大陆陷入一种救济的发展中。

---

① 引自阿里安·威廉姆斯：《西欧经济：战后发展地理学》（1987），第 81 页。

　　在英国，1945 年之后公务员自从 19 世纪中期诺斯科特—杜威廉改革之后没有经历任何重大的变化。相反，英国的企业家们，通常没有大学文凭——只是到了 1971 年，公司经理中才只有 40% 是大学毕业生。[①] 许多人在乡下长大，在处理公务时总是说话结巴、局促不安。如果英国的任何一个集团提供了超越国家和私人界限的精英，这个人可以在贸易银行家中找到，他兼备公务员和政治家的背景，赢得了社会的信任，并习惯于与国家机构打交道。

　　相反，经济精英的构成在法国最为明显。高等教育的精英机构——大学——通常是工业管理中的最高职位。国有化和商业联合会在经济生活中作用的不断提高，在 1945 年后为他们创造了新的机会。1954 年创建了一个新的国家高等行政管理学院，其毕业生在 1958 年开始获得有影响力的职位。大学毕业生离开国家指定的部分进入私营企业已经变得越来越普遍了。

　　在其他国家，经济精英是很少被明确界定的。意大利与法国一样，这一集团成员在政府部门、国有化企业和私人部门之间转换工作岗位，在法国，精英们主要通过教育联合起来，在意大利，政治的裙带关系将经济精英们联系在了一起。其成员以基督教民主党派成员的形式组织起来，他们的权力来自于对基督教民主党派对政治家的支持，其经济干预通常有利于党派成员。在德国，国家在经济中发挥的作用要小于法国或者意大利，但是这并不意味着资本主义以一种不合作的方式在发挥作用。商业联合会计划、鼓励和对其成员制定规章制度，扶持特定的基础工业。[②] 正是这些工业组织发现了经济精英们。在德国，国家发挥极其有限作用，一部分原因是企业家具有组织传统，这一组织允许他们摒弃国家在其他地区所强加的纪律。

　　由于战争和极权制度传统，每个地方经济精英的权力在扩大。通常，在帮助而不是控制下，经济被一些将企业家组织起来的机构所掌控，在

---

　　① 哈罗德·平克：《职业社会的兴起：1880 年以来的英格兰》(1990)，第 461 页。

　　② 维尼·卡林：《西德的增长和机构，1945 ~ 1990 年》，引自克拉夫茨和托尼奥洛主编的《1945 年以来的欧洲经济增长》，第 455 ~ 497 页，第 466 页。

一些情况下，如工业重建机构，这些机构一直生存到了战后时期，其后续机构在正式解除之前还存在。在德国，盟军占领当局旨在消除所有与纳粹主义相关的经济团体，但是直到这些机构被废除之后，他们提倡的思想和联系纽带依然存在。

战争经验、独裁政府和经济精英之间的关系在法国表现得最为明显。维希政府及其抵抗者促使这些精英们更加紧密团结，而不是分裂。法国精英圈交流的渠道在整个战争期间依然是公开的，并超越了维希抵制者的界限。战后，精英们重新被人喜爱，受人保护，有时候，在维希政府下受到保护的那些人会再次受宠，里昂的长官安德烈·布特米将乔治·维利耶从死刑中挽救出来。战后，维利耶担任了法国雇主理事会的主席，以嘉奖其抵制的经历，当布特米因贝当分子遭到开除和惩罚时，布特米充当了其以前保护者的支持者，布特米雇佣他为经济研究所所长，这一机构负责政治家的商业基金分配。

武器和军队

战后欧洲政府特别热衷的一个经济部门是与军事有关的。在 1945 年后不久，所有国家削减了军费开支，但是随后其中的大部分国家又增加了军费开支，通常将军费开支维持在高于过去和平时期的水平。一些国家，例如，荷兰在 1939 年之前是中立国家，而现在加入了西欧联盟：荷兰的军费开支 1949～1968 年期间年均增长率达到了 4.9%。英国、法国和荷兰均将努力保卫国家免遭内乱作为这些开支的理由——或者借口。

军事开支采取不同形式。在一些情况下，军事开支意味着维持大量的招募部队的吃穿和设备：总之，军事开支意味着武器的供应增加了对其他工业的需求，如钢铁和能源工业。英国和法国的军费开支具有特殊的涵义，因为这两个国家都想独立拥有核弹。这些努力造成了研究和开发上投入的公共开支比重相对较高。[1]

军费开支的反应好坏不一。美国经济历史学家有时候提倡"军事凯

---

[1] 密尔沃德：《欧洲民族国家的挽救》，第 40 页。

恩斯主义"，① 它鼓励美国商业容忍较高的政府开支，只要这些开支是用于军事的而非民用的。这一观点被人接受，是因为它为私人部门的承包人提供了工程，并没有涉及财富的再分配。这一观点不为欧洲人所接受，部分原因在于商界更愿意接受纯民用目的政府开支。军事开支也被那些可以直接从中获得好处的行业所欢迎，但是它不总被看做资本主义意识形态所不可避免的。在英国，正是 1945～1951 年的工党政府采取了有利于较高军事开支的里程碑式的决策。有时候对国防开支的反对来自于右翼或者产权所有人的利益集团。这一点在法国表现得最为突出，法国的商界、小企业和农业代表痛恨高税收，认为选民从军事合同中一无所获。在 1951 年，经济阵线试图联合法国的投票人反对政府开支的增加（包括军事开支的上升）。在 1952 年，农民党的领袖保罗·安捷，辞去政府职务以抗议不断增加的国防开支。②

　　军事开支对经济的原始统计方法是致命的。这笔开支提高了国民生产总值，但是却没有为欧洲公民带来更多的繁荣。军事开支也许增加了就业并在经济萧条时期具有反周期性的效果，但是在快速增长和劳动力市场紧缺时期，它只是将用于民用消费的资源转移到了其他工业上。一些数据也表明了军事开支对生产率的长期影响是极其糟糕的。战后欧洲经济发展最为成功的国家是西德，其军费开支较低；而最不成功的英国，军费开支较高。随着均势的变化，这种扭曲影响不断加剧。西方盟国通过服从纯粹的军事目的（高质量的武器）到商业用途（价廉和高效率的大规模生产）而赢得了第二次世界大战，但是西欧国家并不希望在冷战时期采用大规模生产的战略。事实上，苏联现在是潜在的敌人而不是盟友，意味着西方国家倾向于在军事方面比其对手拥有略多一些的武器，而西方诸国现在已经将政策转向了更加重视武器的质量而不是生产的廉价和高效率。

　　三大压力促使军费开支增加。首先，不断提高的先进技术意味着大量的、非常昂贵的技术升级可以补偿以前的设备多余。其次，武器生产

---

① 罗伯特·柯林斯：《凯恩斯的商业对策》（纽约，1982）。
② 密尔沃德：《欧洲民族国家的挽救》，第 247 页。

的特性与普通商业考虑的成本控制是不相干的：飞行员不会接受依据价格来选择其弹射座椅的劝说。第三，军事工业和政府的关系越来越紧密，后者无法对前者进行控制。在军事生产中占据主导地位的少数公司雇佣了退休的将军和公务员，以加强与政府之间的关系。艾森豪威尔对"军事工业联合体"的警告一样适用于英国或法国。

农　　业

讨论经济现代化的那些人对农业不感兴趣：让·莫内最初的计划完全没有包括农业。尽管农业在许多西欧国家依然是重要的，工业的现代化仅仅伴随着农业的同步现代化。农业依然重要，最为重要的原因是政治上的。农民或许对许多欧洲国家的国内生产总值贡献较小，但是农民却占据了许多欧洲国家选民的较大的比重。特殊的环境放大了农业的政治影响。农民们尤其重要，是因为他们通常投票支持那些政治谱系中居中的"关键党"许多资本主义国家选民支持保守党，农民成为了少数集团之一，他们的支持可以通过让步来实现。

农业还具有另外两大优势。第一是文化上的。存在的特定农场和生产对许多法国、德国和意大利的农民的自我形象是相当重要的。第二是因为特定的农民团体与具有一定权力的政党保持着特权关系，这些政党可以进行卓有成效的游说，而不是更能调动选民的支持，最为明显的例子就是英国的国家农民联盟。尽管农民只占英国选民的很小部分，英国两党制没有赋予农民党那些在一些欧洲大陆选举中可以享有的影响，全国农场主联合会与保守党保持了紧密的关系，该联盟最终选举保守的 R. A. 巴特勒大臣的儿子担任该联盟的领袖。

什么关系促使农业的命运可以承受得起西欧国家的其他经济部门的命运？一方面，保护提高了税收，也确保了消费者支付较高的食品价格（这些价格转换成了高工资或者降低了对其他消费品的需求）。然而，农业不是静态的，所进行的变化促进了工业的现代化。这些变化中最为重要的就是机械化。对拖拉机、收割机和自动挤奶机的需求急剧增加，为工业提供了大量订单。

农村机构化使年轻人大量的离开农村到城里寻找工作有关，但是很难确定这一关系的因果原因。是否农民机构化是因为农业人口不断下降而促使农民离开土地？合乎道理的假设是，在法国，拉力大于推力，那里劳动力的需求量很大，机构化程度较低。而在德国，推力强于拉力，这是一个具有农业机械化传统的国家，那里的劳动力相对比较富裕。然而，机械化和城市化的关系不能简单地从数字的角度加以解释。战争期间农村有时候也是相当具有吸引力的，因为那里是人们确保可以获得食物的最后所在地。在50年代，这种考虑无足轻重。最为重要的是，战后城市成了一个具有吸引力的地方。30年代年轻人的文化活动通常是在乡村——主要以青年旅馆、露营和野炊为主。50和60年代的年轻人文化是在城市的——以舞厅和电影院为中心。

青年男子流往城市有时候可能是对妇女流入城市的一种回应。在战争期间，农场似乎还对青年男子具有一定的吸引人，妇女已经流向了城市，战后，妇女城市化变得更加普遍。农业机械化和机构化使得妇女更加边缘化了。妇女的离开意味着待在农场的男人选择的是一种独身生活。

如果那些离开农村的人通常不是经济上的原因，那些继续留在农村的人也许受到超出钱财之外其他事务的驱动——比如，手无寸土的劳动者或者年轻的儿子——他们获得土地的可能性微乎其微。待在农场的或是老人，或是农场主，他们的农场情结超出了经济上的考虑。在一些地区，家庭成员在一段时间内到附近的工厂去工作以维持农场的存在，一些农场主获得了一些非农业的收入来源，如开设一个野营地。通常情况下，农场主生活在城市居民所认为的贫困线上。然而，直接比较农村和城市生活水准是相当困难的。农场主没有在梅德俱乐部度假，但是他们拥有大量的空间，以及在城里越来越昂贵的消费品。有时候农民彼此交换物品和相互提供服务，使得主导城市生活的金钱在农村依然并不重要。直到1968年，社会学家才发现布雷顿村庄的价值通常是以实际的东西而不是以数据来表示的，这些东西从一瓶到一匹马不等。①

① 埃德加·莫林：《巴黎公社：布雷顿面貌的改变》(1967)，第73页。

能　源

　　煤炭成了工业革命的动力，并在 19 世纪出现在了工业增长的特定地区。工业以鲁尔，南约克郡、诺尔和加来海峡以及比利时的博里纳日为中心。战后初期煤炭依然是重要的，政府鼓励开采，并在 20 世纪 50 年代达到了顶峰。[①] 然而，其他能源开始出现，对欧洲的工业地理产生了巨大的影响。特别是，1945 年 ~ 1973 年期间低价石油保持了繁荣，低价石油促使欧洲经济出现一些重大的变革。汽车普及的作用是显而易见的，然而，造船业的发展也是重要的，带动了钢铁工业。对欧洲造船商而言，最为有利的商业就是建造巨型油轮。在 70 年代初期，一家瑞典的企业每隔 45 天制造一艘巨型油轮。

　　随着欧洲发现天然气以及水电的广泛使用，能源供应也发生了改变。电气化本身是重要的，因为这一类型的能源消费在增加，从直接采用煤炭转向石油、天然气和水电具有重要的意义。电力供应用于铝的冶炼或者看电视。汽油用于工厂或者家庭汽车，50 年代侧重资本商品的增长相对顺利地转向了 60 年代侧重消费繁荣的增长。电力和石油推动了特定的小规模的生产：能源的获得不再依赖是否靠近大型蒸汽机。新型能源使得老的重工业中心不再繁荣。这些能源较之煤炭的运送更为方便，在一些情况下，比煤炭更加容易探明，煤炭是最为稀少的（因为在法国西南部蕴藏着真正的天然气和水电）。缺乏煤炭储量的国家（荷兰、希腊和挪威）在战后发展迅速，而那些与煤炭开采最为密切的国家（英国、比利时）增长相对缓慢。

劳动力

　　战争经济表明了过剩的劳动力本身不会促进经济增长。雅罗没有意识到 20 世纪 30 年代的大量的失业是一种机会。匈牙利和希腊从 20 年代

---

① 威廉姆斯：《西欧经济》，第 99 页。

的大量难民中一无所获——除了较高的公共开支和政治不稳定。1945 年后同样的情况也放慢了经济增长。这就表明了不能从任何单一的因素来解释 1945 年后的经济增长——只有与促进增长的其他因素相结合时，劳动力供应才是一种优势。实际上并没有如此多的劳动力作为潜在的劳动力供应。紧缺的劳动力市场，特别是在法国，妨碍了经济发展，因为就业率较高的国家，雇主很少可以灵活地对劳动力需求做出反应，面临着普遍的风险是工人们利用其职位要求增加工资。凯恩斯将失业率作为经济手段的残酷的推崇者，预期"健康"的经济应该具有 3% ~ 6% 的失业率——50 年代法国的失业率很少超过 2% 的。然而，欧洲的雇主具有灵活性和协商权，因为他们知道可从农村或者其他国家获得新的劳动力。"农民"和"外来移民"具有易于管理和习惯于工作的优势，与那些长期的失业者不同，他们在被雇佣的等待期间，也具有不能获得来自纳税人资助的优势。

劳动力的流动应该归功于与旧殖民地的关系。英国雇佣了 1970 年从印度、巴基斯坦和爱尔兰输入英国的 177.3 万工人的大部分。法国从北非的前殖民地中获得了外来劳工的 1/3。来自欧洲以外的移民伴随着来自欧洲内部相对欠发达地区移向城市的移民。外来工人是非常有用的，因为他们比现有的工人阶级期望值低。当第二代工人转向更加安全和舒适的职业时，新来者则接受了最不为人所喜爱的工作。迁移者和外来移民没有那些来得较早者具有的组织性，也没有能力抵制低劣的安全标准。仅在 1961 年 7 月的一个月内，在都灵的建筑工地就发生了 8 起重大的事故，该工地主要雇佣的是来自南部的迁居者。[①] 战争之后的 10 年期间，比利时煤矿中发生了 1000 起重大事故，其中的 3/4 是外来移民。只有在两个情况下，意大利政府中止了向比利时输出移民，以要求改善安全状况——在 1956 年 8 月卡齐耶林园煤矿事故中，煤矿工人死亡人数达到了262 个，136 人是意大利人。[②] 来自国外的移民对经济的快速增长是特别

① 保罗·吉斯伯格：《当代意大利历史：社会和政策，1943 ~ 1988 年》（1990），第 223 页。

② 密尔沃德：《欧洲民族国家的挽救》，第 51 页。

有利的，因为他们通常是年轻、健康的单身男子，这就意味着他们在不需要提出本国工人那样的福利保障的需求，通过生产对经济做出贡献。这在那些输入劳动力作为"外来劳工"的国家情况更是如此。工人变得懒惰、不服从命令或者不熟悉劳动法规就会面临着失去工作许可或者丢失工作的威胁。在经济萧条时期，所有的劳动力被遣返土耳其、葡萄牙或者卡拉布里亚地区。瑞士曾经残忍地使用外来劳工。因此官方的失业率统计数据是非常低的（在 1950 年和 1969 年期间平均失业率为 0.1%）。① 瑞士依靠双重的劳动力市场获得了这一失业率——瑞士本国人具有非常安全、高薪的工作，而外来劳工，获得较低的工资，并随着需求的变化输入和遣返。

表5　3 个西欧国家的外来移民（1973～1974）　　　　（千人）

从	到	比利时	西德	法国
阿尔及利亚		3	2	450
希腊		2	268.1	5
意大利		86	409.7	230
南斯拉夫		1.2	466.1	50
摩洛哥		16.5	15.3	120
葡萄牙		3.5	69.1	380
西班牙		30	179	270
突尼斯		2.1	11.2	60
土耳其		12	582.2	18
其他（欧共体国家）		40	156	69
其他（非欧共体国家）		93	239.5	130
总计		289.3	2344.2	1782

资料来源：里迪亚·波特斯：《世界劳动力市场：移民史》（1999），第 147 页。

　　政治难民在战后的欧洲经济中发挥了特殊的作用。在短期内，这些难民似乎比其他的迁移者经济状况要差。因为政治冲击而不是经济原因

---

① 同上页注②，第 30 页。

带来的大批难民通常在初来乍到时需要较多的国家支持。然而，长期看，难民对扩张的经济具有巨大的好处。他们通常来到某一个国家，是因为他们与这个国家有些文化上的渊源关系，这就意味着他们懂得该国语言，并在与他们新的东道国相近的学校接受过教育，他们强烈认同这一新的国家，因为财产和社会地位的丧失迫使他们是动态的和具有进取性。

　　战后欧洲难民对经济有利的两大显著例子是：其一是在德国。德国战败后，大批的少数民族德国人被从他们以前居住的欧洲东部国家驱逐：到了 1960 年，这类人占到了德国总人口的 18.4%。随着社会主义制度在东部地区的建立，大量的难民涌入西方，因此到了 1960 年大约有 300 万人口从民主德国迁移到了联邦德国。这些难民带来了许多问题，因为他们通常依靠国家的资助，一些人通过成为公共部门雇员而增加了其依赖程度（最终，西德政府雇员中的 1/4 是那些东欧国家被驱赶的人）。① 一些难民对德国经济带来了巨大的好处。许多人在德语学校学习，受过良好的教育，或者具有良好的经商经验。随着时间的推移，这些优势更加明显。那些选择逃离东部共产党统治的人认为他们在资本主义制度下可以生活得更好。而且，大批的难民均是年富力强的成年人，正值最佳工作期。这就造成了一个令人好奇的自相矛盾性。东德政府在教育上大量投入——1951～1954 年高等教育的人数从 28000 人提高到了 57000 人——接受这些教育的人中，大部分人在西方却没有工作。战后的西德在教育上的投入不及魏玛共和国时期，② 一个经济学家统计过，到 1957 年，来自民主德国的难民对他们的教育投入达到了 225 亿联邦德国马克。③ 1961 年柏林墙的修建减缓了进入西德劳动力市场的大量的劳动力，工人的平均增长率从 1.5% 下降到了 0.4%④——尽管或许是需要通过带刺铁丝网和机枪使得那些进入西方的人更加的具有创造性、果断地或者愿意承担风险（发展经济中的所有有用的特征）。

---

　　① 詹姆斯：《德国民族特性》，第 187 页。
　　② 卡林：《西德的增长和机构，1945～1990 年》，第 467 页。
　　③ 沃克尔·本哈恩：《现代德国：20 世纪的社会、经济和政治》（剑桥，1987），第 227 页。
　　④ 卡林：《西德的增长和机构，1945～1990 年》，第 468 页。

法国经济也吸纳了大量难民，在 1962 年，欧洲公民放弃了即将独立的阿尔及利亚。在 1962 年 4 ~ 9 月大约有 86.5 万阿尔及利亚人涌入法国港口（自 1959 年以来大约有 9.5 万人已经离开了阿尔及利亚）。对政府当局而言，难民的涌入最初作为一种灾难：在短期内达到并积聚在一个地区，特别是马赛，欧洲公民已经丧失了其所有的财产（许多人只有允许带入撤退船上的 2 个箱子）。新的阿尔及利亚政府没有履行对其剩余财产进行补偿的承诺，而戴高乐政府也拒绝补偿这些不足。欧洲公民通常被其同伴看做是强盗和恐怖分子，而不是经济精英。多数人在阿尔及利亚作为少数民族牧师或者是店主，而在法国这些部门的工作极少。

与所有的预期完全相反，欧洲公民却对法国的经济带来了有益的影响。在法国经济需要劳力时，他们绝望的处境促使他们更加灵活并愿意接受任何现有的工作（通常是半技能性的工厂岗位）。而且，由于没有任何损失，欧洲公民不必持有许多法国人所特有的谨慎。他们对为那些具有正式合格证书和正式合同的人所提供的办公室工作不抱希望，因此他们富裕的唯一希望就是建立在开设自己的企业上。成功地获得这一位置的能力首先依靠精力和相对的年轻，其次是一定程度的文化认同——尽管欧洲公民与那些在法国出生的同胞没有相同的条件，他们语言相同，并很快摆脱了偏见这一致命的制约。1963 年的沃克吕兹，大约有 1/3 的欧洲公民在公共部门工作，不到 1/6 的人自己经营；十年之后，这些数据出现逆转。一个欧洲公民总结了他们的经验："我们成功是因为我们不再拥有土地，我们也就不会失去任何东西了。"①

教育也影响了劳动力的供应和素质。几乎所有的国家在 1945 ~ 1975年期间延长了离校的年限（英国从 14 岁提高了 15 岁，然后又延长到 16岁）。在短期内，这一措施减少了工人的规模，而在长期，也许已经提高了生产率。要确定教育对战后经济的影响是很困难的。在教育上的花费并没有告诉我们更多的东西。西德，作为经济最为成功的国家之一，其劳动力被普遍看做经过良好培训的，在教育上的投入低于同类的其他许

---

① 安东尼·罗利：《经济上接纳被遣返回国的人》，引自让－皮埃尔·里乌主编的《阿尔及利亚战争与法国人》（1990），第 348 ~ 352 页。

多国家。在校的平均年限通常也是一个令人质疑的数据。在高度集权化的法国教育制度中，比较合理地就是设想全国的孩子们经过一段时间的在校学习已经获得了相同的知识。相反，在意大利，从南方迁移到北方的孩子通常是要降级的，部分原因是过渡期间语言的差异。

教育的经济价值总不是作为人们生活所依赖的一个证明（研究这一问题的人大多持这一看法）。基础教育的传播也许可以产生明显的好处，许多国家从那些拥有了物理学博士学位的人们中获得了利益。但是战后欧洲的许多教育提供不了什么，大学更加关注的是声望而不是实用的技能，社会学家皮埃尔·布尔迪厄认为高等教育的职能就是给资产阶级一种传播"文化"资本的途径，给予进入特定职位的一个特殊途径。60年代期间教育的普及未能改变形势。经济繁荣多数是受到了中低层阶级的父母希望自己的孩子获得地位的社会愿望下推动的，而不是对更多毕业生的经济需求的拉动的影响。容纳过多学生的大学通常带来了较低的教育质量，在当学生人数增加到最多时，所学的课程显然既不对雇主有用，也不是享有声望的。新大学的毕业生通常陷入困境。他们几乎不可能进入传统的有利的和有权力的职位，然而，他们也不愿接受与其父母那样的工作。在白领的公共部门中，这一问题的解决方法在不断增多：到1988年，拥有"理论"教育的丹麦人中，只有9%工作在具有竞争性的公司；60%人受雇于公共部门。① 即使在私人部门，毕业生也主要在诸如人事部和营销部门工作，这些工作方式似乎可以反映出公务员的特点。那些对经济增长做出巨大贡献的人——那些创立新公司的人——通常是那些没有受过正规教育的人：对80年代初期意大利中小企业的一项调查表明：在离开学校之后或者在14岁之前，这些人的创业是从手工业开始的。②

也许对经济增长最为有用的教育就是职业教育。德国被普遍认为是一个具有完善的职业教育培训制度的国家，而英国在这一方面是最为欠

① 彼德·佩德森：《战后丹麦经济的增长》，引自克拉夫茨和托尼奥洛主编的《1945年以来的欧洲经济增长》，第541~575页，第557页。
② 吉斯伯格：《意大利当代历史》，第234页。

缺的。英国政府解决这一问题的努力显然是并不成功。1994 年的布特勒教育法允许三种类型的学校——现代中学、技术和文法——然而，实际上忽视了这三类学校之间的差异。孩子们被划分为：那些学习优秀的学生，进入文法学校，那里通常提供较高学术性教育（正如学校的名字那样，少数学校依然将经典的语言作为最有价值的）；学习较差者则进入现代中学。在 60 年代，推动更多应用教育的多次尝试均失败了。工艺学校，主要提供应用教育的学校，很快集中在人文和社会学科领域，部分原因在于教授这些课程费用低廉。那些为在 16 岁离开了其他学校而开设的技术学校以纪律差、学生缺乏兴趣而闻名，比如，那些通常被汤姆·夏普的维尔特所教授的"二级水管工人"。

其他地方，技术教育更为成功，但是没有一个国家可以提供一些专家所期望的万能药方。职业教育有时候对工人的作用与高等教育对上流资产阶级的作用是等同的：保护了特权和冻结了现有的社会阶级。职业教育通常是男性，工人阶级的第二代成员。妇女和外来移民被排除在外；乡村地区的居民可以获得相当于农民所受的教育，其中不包括那些打算搭上第一列火车进入城里的人。而且，尽管快速的技术发展可能使得技能变得必不可少，困难在于很难预测哪种技能在未来是有用的。晶体管收音机使得一代收音机修理人员变得多余；而在 60 年代学习了技术制图或者打字的青少年在他们达到退休年龄之前已经被电脑所代替。

工业集聚

人们通常认为现代经济意味着一个大的商业经济，在那里大公司可以从规模经济中获得好处，并投资于昂贵的设备和研究。大公司由分开的、理性的经理而不是那些自大的、目光短浅的小资产者所掌管。欧洲经济增长也伴随着工业的集中，但是这一过程永远也无法如一些人所预期的那样结束——大量的小企业在生存，特别是法国和意大利。小企业是否总是意味着效率低下或者落后，这一问题的答案并不明朗。在意大利，快速的经济发展通常与手工作坊和家族企业相关，那里的大企业，特别是在南部地区，通常具有腐败、教条和政治上的互相利用的坏名声。

小企业的存亡在某种程度上是政治性的。大企业可以从有组织的或资金充裕的游说中获得好处，也可以从与国家特定管理部门之间的密切关系中获得好处，然而大企业要忍受小生产者的选举重要性，以及公众对大企业的憎恨，大企业依然在大陆欧洲存有较大的政治争议，即使在右翼人群中。小商人和店主，就如农民那样，通常是"摇摆不定"的选民或者投票选举那些对形成联盟十分关键的政党，他们的影响超出了投票人数。

小企业的生存也具有的一定经济影响。小企业比大企业更为灵活，家族企业可以通过剥削妻儿来度过经济萧条时期，妻儿的工资低于市场价格。小企业的劳动力几乎不太可能联合起来，小企业不会受诸如安全法规所阻碍。这些自由部分来自于政府对小企业免税的深思熟虑的考虑——这一决定有时候与相关的政治杠杆作用相联系——部分是因为督察官不能希望对每个小作坊实施这些法规。一些小企业从其他地区生产合同中得到好处，因为大企业将其合同的一部分转包给小企业，小企业可以快速价廉地完成这些工作。企业行业的这一特征尤为明显，在伯明翰、都灵等附近均是那些生产配件的公司。

生产主义

欧洲经济的发展是与文化变革相关。欧洲经济总是在相对有限的资源条件下进行，尽管在一战之前的 30 年繁荣增长迅速。欧洲人从不可能知道在一块边界开放、土地空旷的移民国家上白手起家——美国人的一种无限发展的可能性。在战争期间，欧洲人经历了经济萧条的制约。这种经历因国而异。法国恢复得最为缓慢，或许是受未来经济可能性的悲观预期最大的国家；德国人记得的不仅是经济萧条的残酷性，同时还有希特勒的"经济奇迹"的迅速演变，在很多情况下，这一经济奇迹预示着 1954 年后的经济状况。

然而，许多欧洲人认为繁荣来自分配而不是生产。一个团体的富裕只能通过牺牲他人的利益而获得，如果经济增长是可能的，只能通过牺牲现在的利益来实现将来的利益。这种设想在欧洲政治家的演说中相当流行，其中包括那些与现代化紧密相关的人。法国总理皮埃尔·门德斯·法兰茨这样评论道："治理就是选择。"这种评论意味着经济就是"零和游戏"，在这一方面的获胜意味着失去了另一方面。更多的投资意味着更少的消费，雇主的获利意味着工人的损失，现代工业的扩张意味着农业和商业的衰退。

战后，这一经济生活观受到了前来欧洲负责管理马歇尔计划的美国人的挑战，他们对未来的展望关注生产（"生产主义"）而不是关注分配，以及特别是将这一观点应用于劳资冲突中。他们试图劝说欧洲雇主和工联主义者，工资和生活水平可以与利润同步增长，这一工业关系以追求互惠目标的合作特征。美国的"生产主义"观点并不被工人和雇主所明确接受，然而，在 20 世纪 40 年代末和 60 年代末，许多欧洲国家以接受工人和雇主之间的共同利益为特征。变革分配性冲突可以体现在许多领域中，而不是体现在工业关系中。不断增长的繁荣意味着困扰着战争期间政治城乡冲突通过慷慨的农业补贴得到了缓和。同样，在大企业增加利润的同时，效率低下但具有选举重要意义的小企业也获得了优势待遇。

从资源有限这一观念向基于扩大机会的新思维转变出现在欧洲经济中最不为人所料的边缘地区。一个是西西里，在那里黑手党主宰了很多商业，西西里是贫穷的，黑手党的经济思维注重稀缺性。该组织的目的就是最大限度地压榨牺牲者的利益，而不是增加总财富，这一做法的机制之一是控制水。控制水井和泉水使得那些有权有势的西西里人可以勒索需要灌溉旱地的农民，因此黑手党反对可以提高该地区总水量供应的项目。战后，尽管出现了新一代的美国黑手党成员。这些人并没有受到欧洲重建机构的扶持而是由司法部选派，将从芝加哥和纽约挑选的充满活力的企业家遣返回他们的出生国。正如那些聚集在罗马的圆滑的哈佛毕业生那样，美国的黑手党试图向意大利人解释增长的优势。他们并不反对灌溉项目。相反，他们喜欢建造大坝。在这个方面，每个人均可以

从这一新的机会中得到好处——尽管黑手党从建筑合同中获得较大的回
扣，比其他人获得更多的好处。诺曼·刘易斯总结了这一转变：

> 老黑手党的思想观念是在过去的封建时代形成的，当时这
> 种观念不足以到处传播，这一观念永远也无法将其从控制稀缺
> 性的哲学中摆脱出来。现在扩张性和资产阶级化的年轻黑手党
> 强烈反对这一观念，新黑手党对制约性的条款失去了耐心。老
> 黑手党反对大坝是因为 100 个困乏的老流氓依靠自流井中的水
> 过着富裕的生活，但是新黑手党们需要大坝，因为从建筑合同
> 中可以获得丰厚的利润。同理，他们也需要现代化的道路、桥
> 梁和运输系统，以及任何形式的城市发展和工业扩大。从心理
> 上说，唐卡洛·维齐尼及同伙依然生活在 18 世纪——当时并不
> 是青铜器时代——从布法罗，纽约或者肯萨斯回来的表兄显然
> 是我们时代的人。①

与战后经济增长相关的第二大文化变革来自于"企业"活力的增
加。企业精神就是无形的品牌，通常与小企业和个人创办新的企业的意
愿相关。这一点在意大利尤为重要，那里更多的增长来自于新的或者扩
大的家族企业，但是在法国、英国和西德却鲜有所见，这些国家的经济
均是以大企业为主。大企业可以承担风险，然而，实际上，由职业经理
提交项目给董事会时所冒的风险与人们开始自己的项目时所承担的风险
是无法等同的。

许多创立企业的人并不是出于爱好才这么做。有时候，如法国的欧
洲公民或者未接受过教育并被排斥在意大利国家就业之外的那些人，企
业精神反映出缺乏舒适的机会，承担经济风险的意愿通常来自于计划者
们为之悲痛的非理性思维。在充满"活力"的意大利北方时装业中，独
立性和创办家族新企业品牌的愿望鼓励了"落后"的布雷顿农民待在自
己的土地上。每个国家诞生企业家的能力以一种好奇的方式与民族文化

① 诺曼·里维斯：《荣誉社会：西西里黑手党观察（1984）》，第 215～216 页。

相连。一位爱尔兰的历史学家曾经提出，19 世纪对土地权的诉求给予爱尔兰农民倾向于从国家的救济品而不是通过投资来寻求繁荣；这一特征意味着爱尔兰比起欧洲大陆的其他公民，并不擅长经济创新，但是也意味着他们善于从共同农业政策中寻求机会。①

与新的生产态度相关的是对消费的新看法。欧洲人购买大量的商品，接受那些对其祖辈来说是奢侈品的消费需求维持了经济的增长。结果导致了这类消费品销售的空前增长。战后最为显著的增长数据通常是由公司取得的，比如法国的厨房设备穆利耐克思制造商或者意大利的肯迪厂。在 1947 年，肯迪厂日产一台洗衣机；20 年后，该厂每 15 秒钟生产一台洗衣机。② 大多数情况下，消费是通过汽车业的迅猛增长得以体现的：欧洲汽车年销售量从 20 世纪 50 年代的 1595000 辆上升到了 1973 年的13280000 辆。③ 消费经济也与 19 世纪的工业转型有关，到了 20 世纪 60 年代，欧洲不断增加的生产以塑料、电子和轻工业为主，而不是钢铁工业。

欧洲人不断旺盛的消费需求部分地可以解释为追随美国。马歇尔计划的宣传强调的是美国的高消费。好莱坞的电影、可口可乐和美国广告公司展示给欧洲人的是洁净的厨房世界、空旷道路上的大型汽车以及健康的金发女郎。消费主义也可以从更为广泛的社会变革方面加以解释，变化之一就是欧洲人倾向于生活在核心家庭中。繁荣基于一代又一代的吝啬的农民或资产阶级朝代几乎不再普遍。越来越多的欧洲人更多地担忧孩子的服装、玩具和假期而不是他们的嫁妆和遗产。

由快速增长所推动的社会变迁也对显而易见的消费文化的出现起着贡献作用。在这一增长之外工作出色的许多人是不受保障的。贵族和现有的资产阶级通常从购置不起的物品（或者至少依靠一代人所无法购置的物品）来确定地位：乡村住宅、家庭传家宝和与老校的联系为那些初次寻找工作的人确定了社会地位。新一代的经理、职业家和企业家是不

---

① 科马克·欧格拉达和凯文·欧罗尔克：《爱尔兰经济增长，1945～1988 年》，引自克拉夫茨和托尼奥洛主编的《1954 年以来欧洲经济的增长》，第 388～426 页，第 413 页。
② 吉斯伯格：《意大利当代历史》，第 215 页。
③ 威廉姆斯：《西欧经济》，第 186 页。

同的。通常这些人希望彼此之间有所区别而不是显示其家庭背景。许多专业工作人员，从外表可以表明或者从他们的消费状况来界定他们的地位。迈克尔·赫塞尔廷——他出生在一个中等的、不是非常贫穷的家庭背景下，在 20 世纪 60 年代靠房地产开发和出版业赚了大钱——代表了挥金如土的暴发户一代。一个托利·戈朗德斯随后评价说，赫塞尔廷就是"可以购买得起所有家具的那类人"。①

新的财政规定大大增加了消费。二战后拥有银行账户的西欧人迅速增多，开支票消费比起支付辛苦挣来的现金痛苦要小些。通常鼓励人们进行信贷购物。在英国，信贷利息的偿还可以与收入税相抵。获得信贷相当容易是因为更多的人属于带薪的中产阶级，他们可以预期收入状况。

美国的社会学家丹尼尔·贝尔认为消费主义与一种新型的资本主义相关。他提出 19 世纪的资本主义是建立在纪律、克制和服从基础上的，但是最终它在解决生产问题方面获得了相当的成功，随之而来的是销售难题，在那个阶段，资产阶级的关注点从生产商品转向了生产消费者。这就带来了特定的问题，因为资产阶级为维持消费所需要推动的这些品行——享乐主义、精力充沛、反叛——或许与建立其资产阶级的价值观发生了冲突。② 这一冲突可以用一句通俗的标语来表示，萨尔曼·拉什迪，在伦敦作为一名广告经理人，试图销售其奶油蛋糕时说："淘气的就是好的。"

"资本主义的文化冲突"开始在欧洲显现，并在法国假日公司梅德俱乐部的活动中得以体现。梅德俱乐部是一家从法国管理层薪酬不断增加中获益的高赢利公司，其吸引人之处部分在于使其顾客可以摆脱压力获得彻底的休息。梅德俱乐部与 20 世纪 60 年代的反叛的年轻文化之间有着特殊关系，当时暴动的学生于 1968 年攻击了其总部。公司以给学生提供免费的度假做出回应。

欧洲的消费资本主义从不遵循美国的道路。消费文化也不是以与美国相同的方式建立起来的：在 20 世纪 60 年代末，法国公司财政预算的

---

① 迈克尔·若潘，引自阿兰·克拉克：《日记 1993》，第 350 页。
② 丹尼尔·贝尔：《资本主义的文化冲突》（1976）。

1% 用于广告。欧洲消费文化的传播是不同的——英国的发展最为成熟，在 20 世纪 30 年代就开始大量购置汽车和电器设备——然而在欧洲的大部分地区——意大利南方、西班牙、葡萄牙和希腊——依然相对滞后。一些经济增长的特征使得一部分欧洲人与消费主义相隔离。挤在起居室的移民将节省下来的每一个便士寄往卡拉布里亚地区或者戈尔韦，似乎不可能去购置舒适的厨房。在最为发达的欧洲国家，退休老人不断增加，退休意味着收入下降并退出许多消费领域。有时候，老人和年轻人构成完全不同的经济：老年人通常退休还乡，努力恢复其农民本色；年轻人流往城里工作。年轻人喜欢购买新的财产，而老年人依靠其已有的财产生活。包括左翼的银行知识分子和整个欧洲贵族阶级在内的欧洲社会的许多集团依然鄙夷消费社会，这一点体现在英国的工人俱乐部中。

许多不同的消费形式在单个国家是共存的。法国就是一个明显的例子。巴黎的行政人员与那些布雷顿农民的消费模式是不同的：前者生活在信贷和银行的后货币经济中，而后者则注重外表和物质性，后者的世界以实用的传统为主。有时候，对于不同的人群，同样的物品具有可能完全不同的功能。这一点在法国的汽车业中表现得千真万确。对一些人而言，汽车是最终的消费地位的象征——罗兰·巴特斯以著名的文章描绘了雪铁龙的典雅——但是对一些生活在法国偏僻乡村的小店主和农民而言，汽车是一种必需品而不是奢侈品。他们更愿意投资一辆坏了的二手车，而不是充满光泽的豪华轿车。在沃克吕兹乡村，只有两种车，属于律师和屠夫的，均是购置不到 5 年的；其余的平均车龄均在 25 年左右，一辆 1923 年的雷诺，前轮以卡车，后轮以葡萄牙的涂料加以修补。[①]

"资本主义的文化冲突"在欧洲的意义不如美国大，因为欧洲部分地区不曾采纳新教徒的"工作—储蓄"伦理观，贝尔认为这是资本主义早期阶段的特征。最为贫穷者没储蓄。在极少的情况下，这些人有钱，他们通常倾向于以一种卖弄的炫耀方式或者特别公众化的慷慨方式消费，而不是以一种考虑周全的储蓄计划加以投资。

---

① 劳伦斯·怀利：《沃克吕兹的村庄》（牛津，1957 和 1992），第 36 页。

小　结

　　描述欧洲经济增长与解释这一增长是不同的。人们或许可以认为，在战后欧洲经济中通常被认为是优势的许多东西也许在略微不同的背景下转变成了弱势，1985 年意大利充足的劳动力供应是件好事，但是在 20 世纪 30 年代初的英国这一点就是一个弱势，在 1975 年后再次成为问题。消费主义促进了 20 世纪 60 年代的高速增长，在 70 年代末造成了高通胀。通常很难说是否特定的发展是增长的因还是果。是否是因为欧洲农业机械化使得乡村的劳力变得短缺，或者人们离开土地是因为机械化使得他们失去了工作？是否欧洲的商人通过企业化刺激了增长，或者他们愿意实行新的措施，只是因为一个不断发展的经济——给予这些倡议一个更好的赢利机会？

　　欧洲的增长不只是单一的原因。它是解释快速发展的不同发展的内在联系。通常变化如同滚雪球，因为新的习惯成为扩张的因果。增长与更大的背景分不开。1945～1975 年的重大事件在不参照前后所发生的事件是无法加以讨论的，经济无法脱离政治和社会的发展。被认为是可行的许多经济发展与那些被认为是不利的变化相关。在经济上成功的许多团体——法国的欧洲公民和来自德国东部的难民——通常就是那些有着足够理由忘却过去的人。战争记忆、失业带来了更多的经济转变。

　　当然，记忆在一地不同于另一地，一代也不同于另一代。在英国，1910 年出生在威尔士的人因普遍失业和绝望而感到羞辱，而几年之后出生在考文垂的人离开学校进入相对较好的劳动力市场。二战时期在记忆中是工作保障、工会强大和慷慨福利的时期。因此，到了 1945 年许多英国工人阶级期待着更好的工作水平。相反，在德国，30 年代初期的大规模失业的记忆被随后发生的更加不愉快的回忆所叠加。在盖世太保手中经历过"再教育"的反抗工人，在东线忍受了恐怖失败的士兵，特别是希特勒时代成长的年轻一代通常是严格训练和有较低的期望。

　　西德表明了经济成功可能是建立在忘却或者试图忘却，以及记忆之中的。德国联邦银行培植了 1923 年的通胀"记忆",但是事实证明当这成为了中央银行家的活动时,变得更为谨慎了(1948 ~ 1980 年国家银行董事会的 39% 的人曾经是纳粹党徒)。[1] 1969 年巴伐利亚的基督教民主党人弗兰茨 – 约瑟夫·施特劳斯做了颇具启发作用的评价:"获得如此巨大经济成就的人们应该享有不要听到有关更多情况的权利。"[2]

最后,必须牢记的是,经济增长总是需要付出代价的。在许多情况下,20 世纪 40 年代和 50 年代是努力工作和报酬较低的时代。统计数字无法告诉我们经济变化对文化和心理的破坏。这不仅是资产阶级的怀旧情结,他们认为汽车和可乐相较于失去的东西,二者是不对等的。一个意大利工人解释了经济增长的数量因素:"太阳、新鲜空气,那些是美丽的事物,我的朋友,当我去世时,谁将挽回那些被工厂所偷去的岁月呢?"[3]

---

① 戴维·马歇:《德意志银行:管制欧洲的银行》(1992),第 19 页。
② 托尼·朱迪:《大幻觉:欧洲论文集》(1996),第 36 页。
③ 吉斯伯格:《意大利当代历史》,第 225 页。

3 舆论一致的政治

20 世纪 40 年代末，西欧的政治似乎可能会回到 30 年代时的极端化。西班牙和葡萄牙是右翼专政。法国和意大利有势力强大的共产党，与诸如戴高乐主义法兰西人民联盟等有攻击性的反共运动对抗。在希腊，右派和共产党人在打内战。然而，出乎意料，从 1948 年起，西欧的政治暴力逐渐减少。民主政府把共产党人排挤出政权。

总而言之，民主和资本主义这两种价值观融为一体。从国际上看，这种融合部分地是第二次世界大战后，西德政治在同盟国特别是在美国的保护或支持下重建的产物，也是冷战的产物。现在，西方民主国家规定自己要反对一个共同的敌人并力求在诸如北大西洋公约组织、经济合作发展组织和欧洲经济共同体等组织中的一体化。

许多政党开始考虑自己在全欧或至少在全西欧的地位。二战前，欧洲政治经常挑起"国际主义的"共产党与右翼民族主义政党互相争斗。1945 年后，这种情况改变了。在许多资产阶级政治家眼中，由于民族主义与法西斯主义和纳粹主义勾结而名声扫地，共产党人则提出为民族独立（反对美国霸权）而战。一些欧洲共产党建立了一个国际组织——共产党和工人党情报局，但它是短暂的。不管怎样，人人都知道"兄弟般的团结"意味着听从莫斯科的命令，但是在 20 世纪 60 年代末，某些西欧共产党开始认清了这种纪律是要付出代价的。非共产主义党派之间的国际联盟变得更加强大。1951 年，新的社会党国际成立了，它联合了除了意大利以外的每个西欧国家的主要社会党。产生于自由贸易，并属于自由国际的自由党有很强的国际倾向。最引人注目的是基督教民主党人的国际主义，在两次大战之间，他们只有松散的国际联系，法德在凡尔赛的争吵破坏了共同行动。1945 年，新的国际组织的建成把各基督教民主党汇集在一起，1965 年，在意大利基督教民主党的支持和比利时政治家莱奥·廷德曼斯的领导下，形成了一个欧洲运动。欧洲的一体化使来自不同国家的政治家聚集在各种团体中，如欧洲委员会、欧洲煤钢联营和欧洲议会。1976 年，欧洲基督教民主主义者宣布成立自称是第一个泛欧的欧洲人民党，并开始准备直接选举欧洲议会（定于 1979 年）。[1]

欧洲各国政治制度之间的融合伴随着每个国家内部的融合。比起 20 世纪 30 年代，革命和动乱并不多见。虽然一些人仍然鼓吹通过暴力解决政治冲突，但他们不大可能成为已被社会承认的政党的领袖。占支配地位的政党在许多方面意见一致。在某些情况下，这些一致在二战前就已达成。瑞典关于经济管理和福利的舆论一致，一开始是对 20 世纪 30 年代经济萧条的回应，而且体现在 1936～1976 年统治瑞典的社会民主党人的身上。在英国，舆论一致的政治的缔造者是斯坦利·鲍德温（1923、1924～1929 和 1935～1937 年的保守党首相）而不是克莱门特·艾德礼（1945～1951 年的工党首相）；鲍德温说服保守党人将工党领袖看成是合法的反对党，而不是危险的革命党人。然而，在大部分欧洲大陆，20 世纪 40 年代末的政治气候表明了与始于第一次世界大战的动荡和 30 年代经济危机的紧张的政治冲突决裂。

表达一致意见的职能机构各国不同。在有些地方，两个类似的政治团体争夺权力和选民，而在另一些地方，代表不同群体的不同党派往往互相结成联盟。英国由两个争权的党派统治（1945 年标志了执政 14 年之久的联合政府的结束），但政府的更迭并没有改变大多数人民的生活。除了某些国有化措施，没有一个政党试图改变其他党在执政时所采取的措施。工党和保守党的政治家在保留诸如国民健康服务和经济管理等机构方面观点相同。

战后法国的政治制度更加复杂。从 1947 年到 1958 年，联合政府尽量排除共产党人。1958 年，法兰西第五共和国的建立似乎要结束战后的舆论一致，削弱或瓦解曾统治第四共和国联合政府的团体——社会党、基督教民主党和激进党，标志着欧洲模式的改变。戴高乐主义是一种独

---

① 戴维·亨利：《欧洲人民党：走向一个新型的党?》载于戴维·亨利编辑的《欧洲的基督教民主：一种过得去的前景》（1994），第 185～201 页。

特的法国传统；权力集中在一个人身上，他乐于通过电视和公民投票与选民直接联系。戴高乐对诸如欧洲经济共同体和北大西洋公约组织等使西欧一体化的国际组织持怀疑态度。更严重的是，第五共和国的早期伴随着政治暴力死灰复燃。法兰西人之间有关阿尔及利亚命运的战斗波及大陆。乔治·比杜尔——1958 年前长期担任部长和欧洲基督教民主党领导人——由于与恐怖分子有联系而以政治流放结束了他的政治生涯。军人谋划政变，暗杀戴高乐的阴谋时而发生，这使他外出时也要带上几瓶自己的血，一旦需要时使用。

然而，从长远来看，甚至法兰西第五共和国也可以被看成是舆论一致的。20 世纪 60 年代初的政治暴力并未持续，在某些方面，戴高乐通过把以前指向全体人民的憎恨集中在一个人身上的办法，缓解法国的政治矛盾。第五共和国的特点是法国政治的两种极端势力都发生了变化。在公民投票和总统选举中，许多法国共产党人都支持戴高乐在阿尔及利亚问题上反对极右派的政策，极右派自己也改变了。一旦法国放弃了阿尔及利亚，将右翼联合起来的最后一个理由也就没有了。现在，许多人指望欧洲一体化和大西洋主义（中间派的政治）的未来。只要这位将军还活着，反戴高乐主义继续使这些人边缘化，不过，在他死后，政治和解的道路会铺就。

20 世纪 60 年代，法国曾有过类似两党制的体制，那时，联合在戴高乐麾下的温和的右派遇到了日益设法联合在一位总统职位竞争者麾下的左派。在 1965 年的选举中，弗朗索瓦·密特朗就扮演了这一角色，他想使自己成为反对派的领袖，甚至组成了影子内阁。法国的"两党制"与英国不同，部分原因是由于"反对党"由两个较大的党——社会党和共产党——组成，这两个党常常不能有效地合作。更重要的是，在政府中没有做到左右派轮流执政：从 1958 年到 1981 年一直是右翼政府掌权。因此，很难判断反对党用了多少激进的言辞。以戴高乐主义体系的反对者自居的密特朗想要取消第五共和国，对超国会的煽动有兴趣，甚至谈论需要革命。然而，奇怪的是，发生在 1968 年的罢工和闹事反倒验证了政体的稳固。左翼政治家们并没有把他们的言论变成行动，而绝大多数法国人民则依恋已被确认的秩序。

战后大部分时期，其他主要欧洲国家由联合政府治理。奥地利就是一个稳定的联合政府的极好例子。曾在 1934 年互相残杀的社会党人和基督教民主党人的后代联合执政直到 1966 年。西德社会民主党人在 20 世纪 60 年代初提出了成立联合政府的可能性，并终于在 1966 年 12 月与基督教民主党人结成了这样的联盟。在意大利，从 20 世纪 40 年代后期对意大利政治起决定性影响的基督教民主党在某些方面就是这样的联盟，它把一个在社会上和地区上分裂的国家的不同团体——例如神职人员、公教进行会和黑手党——统一在脆弱的中央政府下。最后，基督教民主党人的"对左派开放"于 1963 年 12 月产生了一个联合政府（包括意大利的两个社会党：共和党和基督教民主党）。

尽管两党政治鼓励双方争夺中心地位，但联盟政治也鼓励双方突出自己的特色并加强对有限选民的控制。在许多国家，任何一个党都不可能获得国会中半数以上席位。不管怎样，进入政府并不取决于赢得多数席位。

有时联合政府是政治科学家们所说的"合伙"政治的结果，① 这是一个涉及政治体制——例如比利时，荷兰、奥地利或瑞士的政治体制——的术语，这种政治体制按语言或宗教划分，所以不同党派代表不同团体。这些党派不指望吸引彼此的选民，因此，没有选举的中心地位。但是 1945 年以后，这些国家的所有政党在接受一些优先原则的前提下联合起来。它们不求用激烈的难于理解的选举辞藻与对方拉同样的选票，但求在政府中更容易协作。例如，1966 年，奥地利基督教民主党人曾发起猛烈的竞选运动（可能是一种重整他们原有支持者的手段），但选举以后仍给了社会党人在政府中的席位。②

① 唐纳德·沙逊在值得注意的章节中描述了这类民主国家：《社会主义一百年：20 世纪的西欧左派》（1996），第 293 页。

② 沙逊：《社会主义一百年》，第 291 页。

选民、名人和激进分子

20 世纪 60 年代"选民导向的"党这种说法广泛使用。从盎格鲁 – 撒克逊人观点看，这种提法听起来颇为陌生。19 世纪末以来，欧洲大陆大多数国家实行男性公民普选权以后，政党要面对大量选民。难道所有这些政党不想得到尽可能多的选民支持吗？但事实上，至少有两种另类的党占据了不少西欧政坛。第一个是"名人"党，它关心支持者的身份、地位而不是数量，重视有威望、财力或社交面广的人。能给予媒体或专业团体支持的地方名人特别重要。有时，这些人连党员也不是。实际上，名人通常热衷于强调其"独立性"：法兰西第四共和国的主要名人团体是全国无党派人士中心，第戎市的费利克斯·基尔以"独立的无党派人士"的身份参加了 1951 年的竞选。

另一类党是以激进分子为基础，有大量忠诚的党员。名人强调自己独立于任何其他党，而激进分子则从党员身份中获得影响力乃至自我意识。原型的激进分子很少有党外生活，乐意忍受冗长而乏味的党内会议。虽然共产党人经常用"激进"一词，但严格地讲，共产党不是激进党。共产党的领导人重视莫斯科胜过重视党的代表大会，有时乐意采取离间相当数量激进分子的方式行事——如支持苏联入侵匈牙利。由于社会党为激进分子控制党的政策提供了现实的机会，所以成为激进势力的实际中心。激进分子和名人背道而驰，后者为了联合各党继续执政，可能分配一些职位给其他党，但激进分子宁愿选择保持主义的纯洁，即使这意味着党的代表离开政府。法国社会党谈到采用"安抚反对党"的方式，以使清教徒式的激进分子心情舒畅。

20 世纪 50 年代和 60 年代，有些政治体制从依靠名人和激进分子的党转向寻求与选民建立直接关系的党。这种转移有几分与更广泛的社会变革有关。名人的权力在乡村和小城镇更容易发挥，在那里，个人的交往比起大城市中的默默无闻更为重要，而且，取决于土地拥有者的财富和个人在诸如慈善捐款等方面有关。都市化、农业人口的逐步减少和国家给贫困地区的补给都削弱了这种权力。同样，增加教育和就业机会意味着一部分人以前用于政治斗争的精力，现在可以用在寻找适合自己能力的工作岗位。电视和民意测验使党的领导人与选民有了直接联系。而欧洲的一体化则削弱了名人和激进分子在地方或国家层次上行使的权力。

"选民导向的"党明显获胜的国家是英国、法国和德国。英国的两党制总是鼓励两党争夺中间派选民，但英国的选民自主权从不完善。选民只能间接地行使权力，先选出国会议员（MPS），然后由他们选出一名首相（直到 20 世纪 60 年代初，保守党仍坚持首相需经党内元老"试探"后，由女王推选）。在某些问题上，例如废除死刑等，国会明显蔑视多数英国选民的意愿。英国选民不直接选举影响了政策，直到 1975 年公民投票才确认英国成为欧洲共同市场成员。

1958 年夏尔·戴高乐再次当权改变了法国的政策。戴高乐的新共和国联盟吸引了很大一部分法国选民的支持。这种支持的社会基础与法国人口的社会结构的相似性比先前任何一个法国党的情况更接近，而以名人为基础的激进党和以激进分子为基础的 SFIO（社会党）则失去了影响。为澄清选举班子与形成的政府之间的关系，改变了选举制度。从 1965 年起，总统由直接选举产生。

在德国，"选民导向"政治的胜利与基督教民主联盟（CDU）的胜利分不开。它把重点放在选举、特别是总理的选举前的动员上，而不是在激进党所关注的代表大会和地区会议上。康拉德·阿登纳在党取得联邦体制前，就已被选为总理（在 1950 年）。[①]

社会变化并非总是给"选民导向"党带来全胜。有时，国家活力的增加可以增加名人的权力，使他们得到新的财源并利用这些财源回报他们的委托人。这种情况引人注目地发生在意大利，基督教民主党仍然是一个以名人为主的党。强大的地方富商常常行使比党在罗马的名义上的领导人更大的权力。

社会变化也未必摧毁激进分子组织。实际上，在 20 世纪 80 年代的

---

① 戴维·布劳顿：《德国的 CDU—CSU：有选择吗?》，载于亨利编辑的《欧洲的基督教民主》，第 101～118 页，第 104 页。

英国，地方政府增加就业和发展高等教育以及相对放宽对失业者的救济产生了专职激进分子群体，工党领导对此烦恼不已。同样，在奥地利，社会民主党仍然是一个激进分子为主的党，有相当于选民数 1/3 的成员，直到 20 世纪 80 年代末。

从广义上说，政治形态是与社会变化联系在一起的，"选民导向"政治适合同质性社会，在这种社会里，政治家们可以求助于全体持有同样的政治观念和言论的人民。英国是 1945 年以后社会变得更同质性的最好例证，它早已高度都市化和工业化，二战以后，收入差距缩小，技术岗位和被视为中产阶级的白领就业增加最快，英国的政治家可以提到房子或汽车，而不会直接自称是富人。在其他地方，事情更复杂。在法国，中产阶级扩大，农民的规模缩小，但是，工人阶级仍然是一个重要的群体，它从与法国其他阶层不同的方面考虑自身的利益：在法国战后经济发展时期，资产阶级与工人之间的收入差距拉大了。

意大利是一个最明显的社会实例：快速的社会变化产生了分裂而不是同质化。工业化北方的富有资产阶级与南方穷困农民之间的差距在扩大，南方移民来到北方，引起了新的不和。卡拉布里亚人在都灵的公寓里 6 个人住一间，或在米兰周围的简陋小镇上用波纹铁建造房子，他们不同于本地农业工人和城市里已站住脚的、有工会组织的共产党人的工人阶级。意大利基督教民主的成功，部分地来自这一事实：相对脆弱的民族结构使它能调整自己的感召力以适应如此复杂的本地情况。

反　　共

西欧政治家们一致赞同的第一件事是反共。这种情况并不是普遍存在的，也不会在整个战后时期以同样的强度影响政治。到 20 世纪 60 年代，从舆论一致政治的高度看，许多西欧政府得益于与东欧集团的良好关系，许多西欧共产党接受了本国政治舆论一致的重要部分。甚至在冷战的顶峰时期，共产党人也并非总是被排除在与其他政治团体交往之外。

但是，在 20 世纪 40 年代末打造西欧政治形态中，反共势力起了作用。虽然冷战势均力敌的紧张气氛终于缓和，但它造成的格局依然存在。其实，共产党在 20 世纪 60 年代和 70 年代进入政治主流意味着它们接受了 40 年代建立的北大西洋公约组织这样的团体。

反共以多种形式制造舆论一致。它鼓励建立各种党际团体——例如法国的"和平和自由"——来协调非共产主义党派的行动。为了实现从政权中排除共产党人的同一愿望，这种联合非常牢固。事实上，一种感觉到的共产主义威胁的减少可能破坏制度的政治稳定性；这就是 1951 ~ 1958 年法国所发生的情况。反共促使民族主义的权力主义右派接受欧洲一体化和民主，促使社会党接受美国霸权，促使资产阶级政党接受社会改革。

经济管理和福利

舆论一致的政治的第二基础是一种新的处理经济的方法，部分地基于一种即现在看来不言而喻的信念——繁荣是一件好事。1945 年以前，大多数政府希望增加特定商品的生产，但不相信提高生活水平是有好处的。经济自由主义者担心太舒适的生活可能削弱人们的工作意志。法西斯分子害怕这可能削弱他们的战斗意志，一些保守分子相信乡下的简朴生活比城市的颓废和奢华好。二战以后，这些观念改变了。高生活水平受到欢迎，政治家们吹嘘他们在这方面的成功。理查德·克罗斯曼写道，自罗马帝国时代以来，英国工人阶级的生活水平高于任何类似的群体。

政治家们试图用两种方法提高生活水平。首先，他们力求管好经济使生产增加。欧洲不再像 20 世纪 30 年代那样分成两部分人，一部分人拒绝改革资本主义，因为他们认为自由市场不可能变得更好；另一部分人拒绝改革资本主义，因为他们希望摧毁资本主义。计划好经济（像法国所尝试的办法）或者至少管理好政府的开支（如英国所尝试的）以避免周期性的危机，这些办法看来是可行的。国家干预的范围、指挥机构和控制国家行为的计划程度，国与国不同；其实，国与国经济管理上的差异通常比每个国家党派之间的差异大。

其次，政治家们赞赏福利国家使需要的人们（如儿童、病残人、老人等在劳动力市场以外的大量人群）受益。"福利国家"的产生往往与1942年威廉·贝弗里奇的报告、1945～1951年英国工党政府提出的立法、特别是国民保健服务机构的建立有关。其实，1945～1951年的政府并无突破。19世纪末以来，欧洲各国已慢慢地建立起大众福利事业，而在英国，国家开支的剧增不是在1945～1951年的工党政府期间，而是在20世纪70年代初爱德华·希思的保守党政府时出现的。

福利国家并不采取单一的形式。20世纪60年代以前，欧洲大陆的大多数国家缺乏考虑英国式供应保障系统所需的财源。此外，欧洲福利国家通常依靠事先安排，即集中并合理地利用现有的保险计划，意大利就是这样。教会有时像政党一样继续在福利分配中起作用，为实施赞助提供机会。许多福利计划都是为家庭而不是为个人设计的。

舆论一致的文化

第二次世界大战之前，政治的分歧就已与文化与社会的分歧有关。一个党可能与一种生活方式联系在一起，而不仅仅是有一张党证或选票。德国劳工运动就是一个极好的明证，它不仅组织人们的休闲活动，也组织人们的政治活动。法国激进主义党也是这样。激进分子不单单是某个支持一种特定的信仰或参加一个党支部的人（众所周知，激进分子们所信奉的主义和他们的党籍都含糊不清）。激进主义意味着坚决拒绝进教堂做礼拜并捍卫公立学校世俗教育，庆祝法国革命有关的庆典和纪念活动，并在咖啡馆和宴会上进行特种社交活动。它甚至影响日常饮食。一个真正的信徒公然每星期五吃肉和1月21日吃牛犊头（庆祝国王斩首日）。

二战以后，各种政治文化不再那么明显地处于互不相干的状态。20世纪30年代，大约有2/3的保守分子由亲属介绍入党，但到了20世纪60年代，这个数字已降至不到1/3。当保守主义失去了这种与人们私生活的紧密联系时，却得到了更广泛的与整个社会接触的机会：到70年代，有 1/4 的党员是通过游说或电视上的政治宣传被吸收入党的。①

1945 年以后，文化 - 政治的各个领域以几种方式敞开大门。经济变革就是其中的一种。在欧洲大陆的许多国家中，工人阶级依然是重要力量，二战以后发展壮大，但它的经历并不完全相同，也没有从社会的其他部分独立出来。井口澡堂和工人俱乐部不像新工业那样吸引工人跳出传统老工业区。经济繁荣使富裕工人过上像中产阶级那样的业余生活，而非欧洲移民和妇女进入劳动大军意味着大批人员被排除在由白人创造并为其服务的工人阶级文化之外。

20 世纪 50 年代和 60 年代，在经济颇为繁荣的西欧国家，消费资本主义的发展也改变了政治。40 年代中期，一位在意大利工作的美国官员这样写道：

> 意大利人能告诉你政府部长的姓名，但他们却不知道他们国家人们喜爱的名特产品的名称。此外，意大利城市的墙上张贴的政治标语多于商业广告。按照本人的意见，意大利要开始更加关注形形色色的玉米片和香烟的优点，少打听政治领导人的能力，否则，意大利就没有国家繁荣和内部安宁的希望。②

消费主义使人们的注意力远离产生阶级矛盾的制造业。工人在工作上花费较少的时间，他们中的有钱人整天想着家庭、房子和汽车而不是想着工厂。这种新的心态在英国最为明显。

消费主义帮助创造了一种政治家们可以直接利用的统一的民族文化。政治通过强调"生活水平"，越来越采用消费主义的语言。有时，政治也利用消费主义的方法：1959 年英国保守党首次雇用了广告代理商。③

---

① 保罗·怀特利、帕特里克·赛德和杰里米·理查森：《绝对忠诚的人：保守党成员的政治》（牛津，1994），第 79 页。

② 引自保罗·金斯伯格：《当代意大利的历史：社会和政治，1943～1988 年》（1990），第 248 页。

③ 丹尼斯·卡伐纳：《撒切尔主义和英国政治：舆论一致的终结》（牛津，1992 年），第 39 页。

1974 年，吉斯卡尔·德斯坦竞选总统成功，背后就有阿瓦斯广告代理公司董事长雅克·安泽的支持。①

世俗化

1945 年以前，宗教的分歧往往与社会和政治的分歧相似。1945 年以后，多数欧洲国家中，宗教不那么重要了。法国人口中定期参加弥撒的比例从 20 世纪 50 年代大约 1/3 左右下降到 70 年代的 15% 左右。② 虽然宗教不是与政治无关（在某些国家，战后政治由基督教民主主义者主宰），但宗教冲突不再像以前那么紧张。教会人员与反教权者、新教徒与天主教徒不再属于不同的世界。战前那种井水不犯河水的状况被法国宗教社会学家称之为"季节性的信奉"所取代，即全身心热衷（特点是经常做礼拜）和反教权主义（特点是完全不做礼拜）均不多见。大多数人在每年的一定时间（圣诞节和复活节）去教堂，或在有人生大事时（洗礼、婚礼和葬礼）去教堂。有一则笑话说一位英国军人告诉随军牧师他没有宗教信仰，对方回答："那么，我们就把你当做英国教会吧。"它反映了社会上教会成员对待宗教只不过是表面上的遵奉，而不是信仰。像英国国会议员曾经动员起来反对 1928 年的祈祷书那样，政治家动员起来保卫宗教教义的时代已经结束。

与社会世俗化有关的是教会领导人的新姿态。他们不再使自己与周围世界隔绝，更愿意与世俗团体一起工作。天主教教义的变化最引人注目。冷战的噩梦过后，第二届梵蒂冈会议（1962 ~ 1965）声明解除对教会的控制。一度是大多数天主教政治基石的反犹太主义遭到谴责，甚至有组织的反共产主义也由于 1963 年的教皇通谕而被放弃。20 世纪 60 年代，天主教徒和意大利共产党开始了一场奇特的相互讨好，对 60 年代的"后唯物主义"政治颇有好感的天主教团体有时似乎要在左侧包围共产党员。

---

① J. R. 弗利尔斯：《吉斯卡尔总统时期的法国》（1981 年），第 15 页。
② 苏珊娜·伯杰：《宗教改革和政治的未来》，载于查尔斯·梅尔编辑的《变化的政治边疆：论国家和社会之间逐步形成的平衡，欧洲的公有和私有》（剑桥，1987），第 107 ~ 150 页，第 107 页。

电　视

　　电视对舆论一致的文化极为重要。二战以前，大量的政治信息是通过地方报纸或政治家与他们的选民直接接触来交流的。欧洲大陆很少人看全国性报纸，而与政治家的个人接触必定局限于地方上有影响的人物而不是全国有影响的人物。此外，这些交流手段是有派性的。会议把同一党的人集中起来，信仰者之间的讨论旨在加强他们的团结意识和对反对派的敌视。报纸也起同样的作用。人们选择阅读报纸，部分原因是他们赞同它的政治观点，而报纸提供的信息也促使他们增加对它的偏爱。

　　即使在英国，"有闻必录的报纸"也为自己不偏不倚的风格感到自豪。《曼彻斯特卫报》不发表关于斯大林的详细报道，它的读者和《晨邮报》的读者会有不同的观点，《晨邮报》为在 1919 年阿姆利则大屠杀中负有责任而受到纪律处分的戴尔将军筹集资金。在法国，分歧可能更严重。许多天主教资产阶级分子阅读夏尔·莫拉斯的保皇党运动报纸《法兰西行动报》，甚至那些从不介入保皇主义的人也很难不受它对犹太人、共济会成员和国会议员的频繁攻击的影响。报纸——特别是《图卢兹快报》——对反教权主义的和共和主义的激进党同样重要，以至在每年的党代会上都有其代表参加。在德国，魏玛共和国的 200 种社会党报纸的读者读到了关于可能未被证实的有人订阅纳粹报纸的报道。

　　1945 年后，许多报纸由于政治原因而被取缔。有些国家为创办全国性报纸做了有意识的尝试，例如法国的《世界报》，它们采取"客观"和不偏不倚的姿态。地方报纸读者的减少与名人权力的减少有关，党报读者的情况与他们离开激进党有关。在 20 世纪 70 年代中期的伦巴第，连基督教民主党中较活跃的男性成员订阅《人民报》（党报）的人也不到1/5。相形之下，有较强激进文化的共产党几乎有 4/5 的党员读《团结报》。[1] 更重要的是，越来越多的人开始从无线电广播以及后来的电视

----

[1] 罗伯特·莱奥纳迪和道格拉斯·沃特曼：《意大利的基督教民主：占优势的政治》(1989)，第 154 页。

中获得他们所需的信息和娱乐。

电视的影响特别引人注目，因为早期的广播给听众的选择很少。即使在这个领域的先驱者英国，1955年以前也只有一个频道。因此，不论政治倾向如何，大家都看同样的频道。电视广播有助于把政治观点渗透到各种文化里。不同政治派别的人可能在不同的酒吧里喝酒，唱不同的歌，把孩子送到不同的学校，但他们都看同样的电视节目，享用一种信息资源。

电视和无线电广播影响了政治家怎样在观（听）众面前展现自己。政治家首先要直接面对大量听众，而不是在会议上面对自己的支持者。极端的政治观点可能干脆被电视转播去掉。英国的共和主义就遇到这种情况。虽然战后的民意测验显示选民基本上支持共和主义，但英国广播公司下令它有责任维护支持一个"国家机构"。电视广播被用来拔高皇族的形象，而当广播主持人马尔科姆·马格里奇牵涉"皇家肥皂剧"（有揭露内容）时，他便丢掉了饭碗。电视把注意力集中在全国性政党的领导人（特别是政府中的领导人）身上，而政治越来越围绕着诸如阿登纳、麦克米伦、威尔逊和戴高乐等杰出人物。

广播的影响在各国有所不同。在法国这种影响最明显，戴高乐的成功与新媒体密不可分。他第一次为法国人民所知是靠第二次世界大战时的BBC广播；而当上总统则在很大程度上借助于电视和无线电广播。法国国家广播电视局受到严格的政治控制，增强了与处于戴高乐政治思想中心的民众的直接联系，戴高乐能越过可以起中介作用的人感召国民。1961年，他通过广播直接对法国应征军人发表讲话，号召他们不要跟随叛逆的将军。他开创了一种生动形象和有风度的电视讲话风格，加上愁眉苦脸、耸耸肩膀等动作以及突然强调的手法。埃马纽埃尔·勒·鲁瓦·拉迪里认为，戴高乐利用电视把注意力集中到统治者身上，使人想到中世纪国王的仪式。

英国的政治家没有享受到对国家元首的爱戴和尊敬，他们面对的是不那么顺从的广播系统。英国新媒体最能干的操纵者是哈罗德·威尔逊。当戴高乐以帝王的威严训导人时，威尔逊则用电视把自己策划成谦逊、平易近人的形象；他用强调与那些靠电视扬名的人——甲壳虫乐队和戴维·弗罗斯特 ——之间的关系的办法，加强了与观众之间的凝聚。

在意大利，广播为政治所用的情况却不一样。电视普及比欧洲较富裕的地区更慢：1965 年，不到一半的意大利家庭拥有一台电视机。[1] 国家广播公司（RAI）最初被基督教民主党人控制，国家广播公司的第一位导演埃托雷·贝尔纳贝伊曾经是基督教民主党的《人民报》的编辑。20 世纪 60 年代，基督教民主党人声明，他们与社会党人之间新的诚挚关系不是靠与他们更合理地共享自己的频道，而是新增设了第二频道给社会党独用。[2] 因此，电视在打破政治文化分隔的局面中起的作用比英国和法国小一些。显然，主宰意大利选举政治的基督教民主党人没有产生像戴高乐和阿登纳那样有民族感召力的领袖。实际上，最负盛名的意大利政治家来自被永远排除出政权的共产党。但是，即使在意大利，电视也谱写了政治舆论一致。党控制的频道不可能像党报那样进行论战，而且，电视广播（特别是广告）的非政治因素有助于形成一种超越党派的大众文化。

社会科学

社会科学家是较少带有政治偏激观点的评论家和促进派。像丹尼尔·贝尔的《意识形态的终结》[3] 这样的书是普及政治生活中的普遍原则，而且，社会科学更普遍地支持这样的观点：许多社会问题是有限的、可估量的和最终可以解决的。法国戴高乐主义者罗歇·弗雷代表了这种新的思想倾向。用社会学家雷蒙·阿隆的话来说："面对缤纷复杂的社会，西欧正在循序渐进，没有一个政党有这样一种主义······我们的社会

---

① 金斯伯格：《当代意大利的历史》，第 240 页。

② 唐纳德·沙逊：《意大利广播的政治力量和市场》，载于《西欧政治》，第 8 卷第 2 期（1985 年 4 月），第 67 ~ 83 页。

③ 丹尼尔·贝尔：《意识形态的终结：论五十年代政治思想的耗竭》（芝加哥，1960 年）。贝尔的书是针对美国的，虽然它明确地涉及一般的西方国家。

不是没有这样那样的问题……但它绝没有大问题。"①

　　社会科学的改革已经在两次大战之间时期的学术界开始，但只有当那些战前受过教育的人掌权的时候，才开始渗透到实际的政治中去。1963～1976 年任英国工党领袖的哈罗德·威尔逊说明了对重要理论的新的不信任。作为牛津大学政治学、哲学和经济学学生，他自称并不因为不曾读过一行卡尔·马克思的文字而有损于他光辉的政治生涯。

　　现在，社会科学的基础和激励政治行为的理论依据是统计学而不是高深的理论。1946 年，法国政府设立了一个国家统计局。精确的统计资料增加了专家根据精确的数据制定的政策的可信度，因此，不应该成为政治上争论不休的主题。统计学的另一个重要应用是分析研究公众舆论。英国和法国战前才开始有了民意测验，1945 年以后普及。英国工党在1964 年成功的竞选中第一次使用了公众民意测验。② 民意测验也增加了政治家与普通民众而不是激进分子或名人接触的意识，鼓励他们致力于反映和处理"普通人"的意见。

　　下述两位的评论说明了人们对公众意见新的关切。1960 年，哈罗德·麦克米伦对一位党的官员说："谁是中产阶级？他们需要什么？我们怎样给他们所需要的东西？"③ 据说，瓦莱里·吉斯卡尔·德斯坦在他的事业开始时就说过："法国要由中右派来统治，我将加入中右派，总有一天我会统治法国。"④

　　在所有的社会科学中，经济学对政治的影响最直接。接受经济学的培训是公务工作的基础准备。但这并不意味着每个欧洲国家实行的经济政策都是一样的。英国和法国比西德和意大利更能接受凯恩斯理论。⑤ 其实，战后经济学正统做法的最显著特点之一是实用主义地适应特定情况。而且，每个国家所采用的经济形式取决于经济学家在其中起作用的特定

---

① 引自让·夏洛特，《戴高乐主义现象》（1970 年），第 65 页。

② 卡瓦纳：《撒切尔主义和英国政治》，第 39 页。

③ 同注②。

④ 弗里尔斯：《吉斯卡尔总统时期的法国》，第 6 页。

⑤ 彼得·霍尔主编的《经济观念的政治力量：遍及各国的凯恩斯理论》（新泽西州普林斯顿，1989）。

制度。在法国，凯恩斯理论没有在大学里盛行，而是大学里用在委托培训公务员，特别是在国家行政学院。[①] 在德国，联邦银行是最重要的经济思想中心，该银行雇用了 1000 多名经济学家，而此时财政部才雇用 200 名工作人员。[②]

经济学家的重要作用不只是因为他们提出了解决问题的特殊方法，而是因为相信他们的专长能使问题"客观地"解决。1957 年法国成立了经济计划研究中心，而德国从 1963 年开始，一个"五人智囊团"的咨询委员会为政府的经济政策出谋划策。凯恩斯在 1930 年就已在书中写道，应把经济学看成是专家的事，就像牙科学："如果经济学家能把自己培养成一个谦逊、能干的人，具有牙科医生的水平，那么，他必定是一个杰出的人！"[③] 1945 年以后，凯恩斯的愿望成为事实。经济学专家创造就业机会或鼓励投资就像牙科医生拔掉病牙那样游刃有余。新闻记者艾伦·沃特金斯回忆，有一次休·盖茨克尔（1955～1963 年英国工党领袖）和他的朋友在一起时说：

> （她）在吃早餐时说，她做了一个关于迪克·克罗斯曼的不同寻常的梦。盖茨克尔敷衍但不失优雅地表示了兴趣。"是的"她接着说，"他穿一件短白大褂。我坐在牙科椅子上，他正要拔我的牙齿。我说：'但是迪克，你自己知道，你不是牙医。'迪克回答道：'我当然知道自己不是牙医，你真傻，我能根据普遍原理轻易地把牙拔掉。'"盖茨克尔表明这样的观点……这是一个有益和发人深省的梦，它特别说明了克罗斯曼不能在任何一个未来的由他领导的工党内阁中找到一个位置的理由。[④]

---

① 皮埃尔·罗桑瓦隆：《凯恩斯理论在法国的发展》，载于同上书第 171～193 页。

② 克利斯托弗·S. 艾伦：《凯恩斯理论在联邦德国发展不足》，载于《经济观念的政治力量：遍及各国的凯恩斯理论》第 263～289 页，第 277 页。

③ 凯恩斯：《孙子一代经济的可能趋势》（1930），载于《信念随笔》（1951），第 358～373 页，第 373 页。

④ 《旁观者》，1979 年 4 月 7 日。

克罗斯曼是希腊哲学的专家，他对普遍原理显示出如此过时的热情；盖茨克尔是一位经济学家。

女选民

西欧的选民多半是妇女。1945 年，法国、比利时和意大利的妇女第一次参加选举。因为在某些国家妇女选举权的实现与广泛使用民意测验同时出现，所以能确切知道她们怎样投票。此外，在法国的某些选区，男女选民分别在不同的投票站投票，且分开计票，而在英国的 1945 年选举中，主要是分开计算男性海外军人的票。

所有评论员都认为大多数妇女投右翼的票。在法国 1946 年 11 月的选举中，如果没有妇女投票，那么，社会党人和共产党人在国会中会占绝对多数。[1]

有些人认为妇女的选举行为归因于"女性天性"：里昂市市长爱德华·埃里奥认为，与男人"火热的政治理性"相反，女性具有"冷静的政治理性"。[2] 另一些人则比较微妙地认为妇女选举的独特性与她们的性别无关，而是与她们的年龄、宗教习俗和工作等有关。[3]

至少在大陆欧洲，引起极大关注的妇女政治特性的一个方面是她们所谓的教权主义。路易丝·韦斯这样描写法国妇女："天主教徒，那些生来就是天主教徒的母亲、祖母和曾祖母，她们学会的第一句话就是顺从地像她们的祖先那样结结巴巴地祷告。[4] 与天主教会有联系的党派吸引了女选民，基督教民主党显然就是这种情况。1949 年，52% 的西德妇女选举基督教民主党［仅 29% 选举德国社会党（SPD）］；在西德的男选民

① 马泰·多冈和雅克·纳博纳：《法国妇女面对政治：政治行为和社会条件》（1955），第 181 页。
② 弗朗西斯·德塔尔：《从埃里奥到孟戴斯 – 弗朗斯的法国激进党》（牛津，1961 年），第 5 页。
③ 多冈和纳博纳：《法国妇女面对政治》，第 90 页。"认为各党派男选民与女选民之间的差距与性别有关是不正确的。"
④ 引自克里斯蒂纳·巴尔：《玛丽安的女儿们：男女平等主义的历史，1914～1940 年》（1995 年），第 25 页。

中，仅 37% 选举基督教民主党，而 38% 选举德国社会党。[1] 1951 年，法国基督教民主党的选票有 61% 来自妇女（占投票人的 52%）。[2] 法国第四共和国无党派人士和农民全国中心以及第四和第五共和国戴高乐主义的不同化身也有占支配地位的女选民，妇女的宗教习俗层次比男人要高，但没有单独计算妇女选票中教权主义的比例。妇女对英国保守党的偏爱也很难用宗教来解释，也不可能用天主教信仰来解释。在其他地方，教会干预政治是受到限制的。基督教民主党通常极力表白自己是非忏悔者。

关于妇女是"教权主义支持者"的臆断伴随着关于她们的行为"过时"，而且会因为世俗化的进步而消失。但是，事实上，这主要是反教权主义的党派——例如法国的激进党——在吸引男选民，使教会不再成为一个政治问题。最好根据男性反教权主义而不是女性对教会的忠诚来解释妇女投票的特点。

妇女政治的第二个特点是她们明显厌恶抽象的意识形态，而对个别领导人忠诚。在法国，妇女们寄希望于人格而不是寄希望于意识形态的倾向反映为她们利用第四共和国复杂的选举规则的方式，这种规则允许选民把部分选票从她们偏爱的党的选举名单上转移给另一份名单上的特定候选人，也反映为她们在 1945～1969 年期间支持戴高乐。

上面讲到的差异主要与信仰和文化有关，但男人和女人所处的物质环境也不一样，女人的寿命比男人长。在英国和法国，妇女在老人中占多数是由于在第一次世界大战中男人的伤亡率高（在两次大战中男人伤亡率都很高的德国，问题就不那么简单）。由于老年人倾向于选举右派，妇女的保守主义部分是因年龄差别。但这不能解释所有的一切。例如，在 1951 年法国选举中，戴高乐主义选民主要是老年妇女，而基督教民主党的选民主要是比较年轻的妇女。

男人和女人也有不同的工作经验。比起男人，妇女可能较少参加工作，往往在小企业而不是大企业，在商店、办公室或者纺织之类轻工业而不是在采矿或钢铁生产等重工业。妇女从事的工种的工会组织比男人

① 多冈和纳博纳：《法国妇女面对政治》，第 183 页。
② 同注①，第 89 页。

的少——小企业中建立劳工组织更困难——妇女工作不大可能影响社会阶层的外部标志。尽管她们挣的钱比男工人少，但她们不大可能穿着脏兮兮的工作服或身上带着伤痕结束一天的工作。妇女的工作往往与来自较高社会阶层的人打交道，因此她们必须穿着体面，说话"有分寸"。

民意测验表明，妇女比男人更可能把自己定位在"中产阶级"。有时，阶级的划分似乎延伸到家庭内部：法国工人有时把他们的妻子叫做"我的资产阶级"。20 世纪 50 年代的分析家把妇女不能在阶级关系中确定自己的利益看成是一种"虚假意识"的症状。例如，法国政治科学家多冈和纳博纳认为，阅读妇女杂志的一些妇女，希望通过婚姻这样的个人行为使自己生活得更好，而不是通过集体行动："这些故事中的女主角都不工作，而是期待遇上一位男子气十足的年轻人并最终能嫁给他。"

强调虚假意识是靠不住的，因为这等于说男性工人阶级对其利益有"真意识"。实际上，当这种意识消失时，那么由心理压力形成的关于未来的想象要比《人道报》提出的更加现实。此外，妇女也知道她们与家中男人属于不同阶层是由于他们的经济地位不同。甚至依靠丈夫收入的妇女，也未必有兴趣支持激进的行业工会。许多劳资争议涉及尊严或控制工厂发言权的问题，这与工人们的报酬没有直接关系。甚至在工会致力于为报酬而斗争时，罢工期间的工资损失也可能使他们的家庭收入蒙受的损失比罢工成功而增加的报酬要多得多。

男人和女人的利益差别也与他们对国家和财富分配的态度不同有关。妇女没有理由赞成国有化，因为国有化主要影响很少有妇女在其中工作的重工业。另一方面，妇女却极有理由喜欢福利国家，因为它提供直接关系到她们自己的实惠，例如儿童津贴，孕妇护理等。吸引妇女投票的党派无一不承诺提供某种福利。

男性左翼分子有时表示不满是因为福利国家不能重新分配财富，也就是说，福利国家不能在不同社会阶层之间重新分配财富。虽然福利国家对不同阶级的财富再分配做得不好，但对不同性别的财富再分配却做得很好。钱从单身男性工人转移到家庭成员，从丈夫转移到妻子。

当注意力从女性行为的"特殊性"移到男性行为的特殊性时,男女间政治的差别看起来不同。这种看法使得左派或右派结构本身的有用性值得怀疑:它从不全部包括任何欧洲人的经验,并为怎样叙述女性经验提出了具体问题。当妇女在选举中没有发言权,而分配这些政治标签的政治家仍然是占压倒多数的男人时(1945 年以后的 20 年里,担任当选职务的妇女人数总是减少),左派或右派已经形成。许多男政治家想当然地认为妇女的政治作用是被动的,她们只能适应上级指定的职务,而在确定这些职务中不能起什么作用。法兰西第四共和国的共和国左翼联盟(RGR)说明了这种想法可能产生的问题。正如它的名字所暗示的,左翼联盟把自己定位在"左翼",依据是它的主要组成部分(特别是激进党)的反教权主义以及它对法国革命传统的颂扬。它支持经济自由主义以及它把许多前贝当分子计入它的领导人并不能阻止男性评论家接受它自称为左翼的事实。因此,有 2/3 的左翼联盟选民是男性这一事实有助于证实这一统计预测:女性为"右翼"投票。

真实的情况并非妇女喜欢右派不喜欢左派,而是喜欢右翼的某一类党,不喜欢左翼的某一类党。妇女投票赞成基督教民主但不赞成与极端主义、暴力和自由市场经济有关的党。在 20 世纪 80 年代,当新的党出现右翼和左翼时,这种情况便更加明显。1986 年在奥地利,妇女选票中有 56% 投给基督教民主党,而只有 39% 投给右翼自由党。[1]

关于女选民的第二种臆断是她们的政治"理性"比男性少。1974年,两位美国政治学家写道:"理性政治行为被规定为男性的行为方式……而非理性是女性角色表现的定义。"[2] 甚至女权主义作家也同意这种臆断,他们往往相信,妇女的行为可以用老经验的"残余"来解释,当她们一旦进入了政治漩涡、工作和世俗主义的"现代"世界,她们会以与男人同样的方式参加选举。妇女的选举影响会确保她们进入劳动力市场,同时,工作会解放妇女,使她们在经济上独立,并理解阶级的

① 梅拉尼·萨利:《奥地利当代史》(1990),第 50 页。
② S. L. 布尔克和 J. 格罗斯舒尔兹:《政治,一种不合人情的实践:从政治学看女性的参与》,载于《政治和社会》,第 4 卷第 2 期(1974),第 225~266 页。

结构。

20 世纪 60 年代末，人们开始质疑这样的臆断：解释男女政治行为的差别就意味着解释妇女行为的特殊性。法国政治学家让·夏洛特认为，在支持戴高乐的选民中妇女占有相当高的比例是"正常的"，因为这反映了妇女在整个选举中所占的比例。夏洛特把注意力从想象中的妇女行为的特殊性转移到左派观点的特殊性："左派关于支持戴高乐的选民绝大部分是妇女、老人和大量无业人员的批评或明或暗地涉及一种政治从本质上讲是男人、年轻人和社会生产者的社会理想。"[①]

妇女行为是"过时的"这种臆断也受到质疑。据说妇女政治行为的根源在过去，她们通常投票支持新近成立的党（如基督教民主党），而最不感兴趣的是二战前就已建立的党（社会党、共产党和法国激进党）。妇女的选举权与普遍转向"选民导向党"有关，她们更不大可能成为党的积极分子。意大利基督教民主党从妇女中得到大部分选票，但女党员相对较少，1977 年的调查显示，在这些女党员中有超过 3/4 的人在 6 个月中没有参加过一次党的会议；而在男党员中，这个数字不到一半。[②] 但应该指出的是，当 20 世纪 40 年代和 50 年代的"老左"派对女性没有吸引力时，70 年代初期以来出现的各种新激进主义党却得到了绝大多数妇女的选票。

这产生了一个更广泛的观点。由于 20 世纪 40 年代和 50 年代的作者们认为妇女的行为是"传统的"，而男人的行为则是"现代的"，所以他们认为当妇女接受了男性的政治行为时，两性之间就会趋同。回想起来，情况显然正好相反。两性政治行为趋同往往围绕着如何看待女性的模式。20 世纪 60 年代的选举学家认为现代欧洲政治所有的特点——抛开阶级、避免刻板的意识形态分歧、重视政治家的个性以及选民导向党的出现——都与妇女的政治行为有关。

---

① 夏洛特：《戴高乐主义现象》，第 67 页。
② 伦纳德和获特曼：《意大利基督教民主党》，第 155 页。

基督教民主

基督教民主是战后西欧最重要的政治运动。基督教民主党人在 1949 ~ 1969 年间的绝大部分时间统治德国，而在意大利，他们单独或以联合政府的形式统治到 1994 年。奥地利由社会党和基督教民主党联合执政，在这个联合政府里基督教民主党是起主导作用的伙伴，而在法国，基督教民主人民共和运动（MRP）是第四共和国最初几年中最大的党，1958 年以前一直是重要的党。基督教民主对比利时和荷兰的政治也至关重要。甚至在佛朗哥的西班牙，一批政治领导人也自认为是"基督教民主主义者"。

行使这些权力的党多半是新党。自从 19 世纪末以来，特别是从第一次世界大战后，罗马教廷开始鼓励天主教徒们在政治中起更大作用以来，就有了许多天主教党派，但在 20 世纪 30 年代和 40 年代的独裁政府中很少能幸存下来。它们的继任者使自己远离纯粹的天主教政治，教会很少明确指示忠实的信徒应如何投票。天主教政治家强调他们的党不是忏悔者，他们欢迎来自四面八方的支持。

教会和党的分工程度国与国不同。意大利分工最不清楚，梵蒂冈可以密切注视罗马的一举一动，特别是在战后近期。在德国，天主教徒和新教徒组成了一个新团体。法国的基督教民主人民共和运动避免在它的名称里用"基督教"一词。随着时间的推移，各国的基督教民主党普遍地变得更加开放，并越来越倾向于用反对"唯物主义"政治家方法而不是作为一种明确的宗教计划的一部分来提出他们的主张。1972 年，奥地利基督教民主党声明，它对"基督教徒和所有出于其他动机相信人道主义观点的人"开放。① 1975 年的一项调查表明，超过 3/4 的意大利人认为，基督教民主党人应遵循"自由、社会正义和经济发展与宗教无关的

① 萨利：《奥地利当代史》，第 51 页。

基督教原则。"①

　　有一段时间，基督教民主党似乎可能成为左派力量。例如，在德国，1947年的基督教民主联盟的阿赫伦计划支持工业公有制。② 但是，德国和意大利的党马上转而反对公有制，并成为保守力量东山再起的主要观点。法国基督教民主人民共和运动的命运更加复杂。相当一部分党的领导人把它说成是左翼党；它采取左的姿态和一本正经的方式并依附于某些普遍原则，但它从未真正地实行过左翼政策而且反对国有化和高公共开支。左翼的假做作在选举中损害了党。1951年，党内出现明显的保守倾向时，曾在1945年和1946年支持过该党的保守选民离开了它。尽管或者由于作为唯一的基督教民主人民共和运动领导人对维希政府和西班牙内战明显地站在左翼立场上，乔治·皮杜尔认为基督教民主人民共和运动应放弃其左翼主张并仿效意大利和德国的党。皮杜尔最终离开该党去组建民主基督教党而未果，失败的部分原因是由于曾支持过他的未来前景的选民离开了他，部分原因由于他卷入了阿尔及利亚战争，使他陷入法国政治的暴力极端之中。

　　天主教思想的左翼成分从未完全消失，它以各种党外政治实验为代表。想把天主教义带入无产阶级（以及把无产阶级政治带入教会）的工人——教士运动最终被教皇阻止，但天主教行业工会仍然起重要作用。20世纪60年代，由于教会对新思想开放，受天主教影响的工会有时好像比它们的对手共产党更激进。在法国和意大利，共产党工会与得到确认的、土生土长的、技能熟练的男性工人阶级联系在一起，而天主教工会则更贴近妇女、移民、流动工人和青年。1968年和1969年，这种情况更加明显。天主教工会支持被共产党人拒绝的同工同酬要求，而在法国，产生于天主教工会的法国天主教工人联合会关心工人们在性质上是"不合理的"要求——不能用现金表达的让步。

　　有人认为基督教民主只不过是伪装民主的右翼独裁政治的化身，

---

　　① 詹姆斯·沃尔斯顿：《黑手党和保护主义：战后卡拉布里亚通向罗马之路》（1988），第62页。

　　② 沙逊：《社会主义100年》，第159页。

MRP 的反对者则讥讽它是"收集贝当分子的机器"。这种解释有许多证据。德国 CDU 里有这样一些人，例如库尔特·基辛格，他 1933～1945 年是纳粹党党员，而基督教民主人民共和运动的领导人罗伯特·舒曼曾在 1940 年选举时投票赞成给贝当以全权，以及阿明托雷·范范尼，他是意大利基督教民主党（DC）领袖、米兰的法学教师，20 世纪 30 年代曾支持过法西斯主义的立法。① 基督教民主党党员所吹嘘的某些"抵抗记录"很难说是什么了不起的壮举。阿登纳和德·加斯贝利（战时他在梵蒂冈图书馆工作）都没有经历过他们的许多同胞所承受过的那种迫害。一个基督教民主人民共和运动的代表声明，她的抵抗行动就是"读几本反德书籍"。

妇女的选举权是基督教民主的成绩之一，另一种力量是它厌恶自由主义，欣然接受集体主义制度，这种制度一直是基督教政治的一个特色。这就说明为什么天主教徒在对付工会等团体时，比它的自由主义对手做得好。集体主义往往掺杂进腐败，因为天主教徒分配赞助作为对选票和政治支持的回报，而且战后国家就业的扩大和福利事业的发展使基督教民主施展才干有了极好的用武之地。上述这种情况的重要性可以用简单的比较来说明。在法国的大多数地方，基督教民主党避开对赞助的操纵，而这种操纵是比利时、意大利和西德的基督教民主党的特点。法国党缺乏意大利人民党或德国中央党遗赠给它们战后继承者的战前经验。法国的天主教义也许由于是少数资产阶级实践，有点拘谨，与童子军、冷水淋浴和健康的团队运动联系在一起，而在法国，学会用公款收买选票的是反教权的激进党而不是基督教民主党。这对解释基督教民主人民共和运动没有获得它的初期的成功，并在 1951 年以后的选举中失去选票大有帮助。

意大利的基督教民主与法国的基督教民主形成了鲜明的对比。天主教徒处于社会的中心而不是社会的边缘：意大利的世俗国家比法兰西共和国年轻而且不那么强大，法西斯主义靠削弱它的对手加强了教会的社会地位，意大利基督教民主党从中受益，成为欧洲这类党中最成功的政

① 伊丽莎白·威斯克曼：《1945 年以来的意大利》（1971 年），第 21 页。

党（实际上，也许是欧洲历史上最成功的选举机器）。意大利基督教民主党把它的感召力对准南方，这是人民党在 1919～1926 年间从未涉足的地区。

成功往往与慷慨大方联系在一起，意大利基督教民主党的政治家用这种慷慨把纳税人的钱花在他们的政治伙伴和支持者身上。①意大利基督教民主党和在法国的基督教民主人民共和运动之间的区别集中体现在部长职位的分配上，两党都紧紧抓住不放。基督教民主人民共和运动总是抓住外交部，这是一个掌握制定政策实权的很有威望的部门，但在选举事务上它却无足轻重。法国外交部预算很少且在法国本土内的影响很有限。有权回报委托人或影响选举的部是公共工程部、退伍军人部、尤其是内务部，这些部一直掌握在激进党或其联友手中。相比之下，意大利基督教民主党紧抓不放的一个部是邮政部，这是一个虽不显眼但是是有权的部门。②

有关意大利基督教民主党腐败的故事已经到了几乎神乎其神的地步。位于西西里岛卡塔尼亚的维克托·埃曼纽埃尔医院是声名狼藉的例子。医院不仅为党的委托人提供工作岗位，而且为那些在选举时需要住进关键选区的选民提供住宿方便。

对这些行为采取道德说教或嗤之以鼻的态度都是错误的。意大利有一个秘密投票处，但仅仅靠物质利益的引诱得到选票，不但困难而且臭名远扬，因为任何个别选票对整个选举结果起不了什么作用。这就意味着，许多意大利人认为基督教民主党的行为是合法的。一位外国观察家称之为"裙带关系"和"政治徇私"的东西往往被看成是"对家庭和朋友的忠诚"。此外，基督教民主党并不去"贿赂"巴勒莫或那不勒斯——只不过在适应它所在的社会方面，比它的对手做得更好。没有证据表明，其他政党如果掌握了权力杠杆，会做得与众不同。

意大利基督教民主党不只是权势的支持者，它还为一些受到其他意大利机构排斥的群体排忧解难。基督教民主党对来到米兰和都灵等城市

---

① 朱迪思·查布：《南意大利的资助、权力和贫穷：两个城市的故事》（剑桥，1982 年）。
② 沃尔斯顿：《黑手党和保护主义》，第 77 页。

的成千上万南方移民特别重要。讲南方方言、甚至没有移居这些城市的合法权利的贫困而且无所适从的人不能指望从定居的资产阶级或由共产党控制的工会所代表的定居的工人阶级那里得到什么。但是，移民们常常得到与教会或基督教民主党有联系的网络的帮助，例如，1938 年出生在西西里东部的安东尼奥·安东努佐，1950 年举家搬到托斯卡尼的马萨·马里蒂马，由于参加了基督教民主党，当地共产党农民们对他们怀有敌意。1962 年，安东尼奥凭着托斯卡尼基督教民主党的一封推荐信得到了位于米兰的一家可口可乐工厂的一份工作，随后，基督教民主党又帮他调到待遇更好的阿尔法—罗密欧汽车公司工作。[①] 综上所述，过分严格地区分"遵纪守法"的左翼基督教工会和"腐败的"右翼基督教民主党也许是错误的。

社会主义

1945 年以前，所有的西欧民主国家都有社会党，在某些情况下，例如在魏玛德国，社会党控制了政治。然而，1945 年以后，欧洲的社会主义以两种相关的方式改变。首先，它变得更有影响。英国工党在二战前靠自己的力量执政总共不到 3 年，又在 1945～1951 年、1964～1970 年和 1974～1979 年期间执政。在法国，法国社会党（SFIO，即工人国际法国支部）分别在 20 世纪 20 年代中期和 30 年代末短暂地参加了政府，但在 1945～1958 年间的大多数联合政府中它是一个重要的党。其次，社会党更愿意接受资本主义制度的规则。有时，改良主义者的实践与主义的纯洁并行不悖：当工人国际法国支部在不遗余力地奉行反共政策并从大公司接受钱财的同时，仍不忘马克思主义的原则声明。在英国，废除宪法第四条和要求党实行生产资料国有化的尝试在 1959 年的党代会上遭挫败，但此后，实际上党仅落实了一项大的国有化行动，即 1967 年钢铁工业国有化。在另一些地方，变化更明显。1957 年，奥地利社会党人承认他们不再打算废除资本主义，而在 1959 年的巴德戈德斯贝格会议上，西

---

① 金斯伯格：《当代意大利的历史》，第 217～218 页。

德社会民主党宣布社会主义计划经济本身不再是"一个目标。"①荷兰工党也在 1959 年向改良主义靠拢，1960 年 6 月，瑞士社会党和瑞典工党紧跟其后。西欧社会主义的其他变化涉及外交政策和党际联盟，而与资本主义本身无关。1957 年，挪威工党把反对北约组织的派别开除出党，同时，曾是共产党人忠诚盟友的意大利社会党人指责 1956 年苏联入侵匈牙利，此后改变了他们反对意大利成为北约组织成员的做法，并准备参加政府中的基督教民主党。

　　为什么 20 世纪 30 年代抵制改良主义的党却在 50 年代屈从于改良主义呢？经验教训提供了部分答案。战后，有三件事深深地影响了社会主义政治家：30 年代的经济不景气和欧洲大多数国家产生大量失业人员；法西斯主义抬头；二战期间和战后苏联及其在西欧的代理人的所作所为。关于失业的回忆使他们决心管好经济；关于法西斯主义的回忆使他们决心避免政治两极化。对苏联的认识花费了最长的时间。一些战后社会民主的设计者，例如英国的丹尼斯·希利，他们自己都曾是共产党员。激烈反共的法国社会党领导人居伊·摩勒在二战后继续坚持与共产党人结成联盟。

　　促使欧洲社会党人发生变化的另一个原因是由于他们对欧洲资本主义的认识和理解发生了变化。社会党形成的时候，一度认为世界正在分为少数极富有的资本家和大量穷困的工人这两部分，但是二战以后这种看法很难再坚持下去。专业的白领队伍正在扩大并吸收工人阶级的子女。许多社会党领导人由于学术成就从原来平庸的职位得到晋升，他们中不少人是大学教师；他们对"新阶级"正在蓬勃发展这种势头感兴趣，并且容易过高估计这种变化的影响。社会主义越来越把它的感召力引向相对的繁荣。有时看来，社会主义在政治上的成功是以资本主义在经济上的成功为基础的。在繁荣的 20 世纪 60 年代，西欧左派所获得的选票平均从 33.4% 增加到 39.3%。②

　　社会的技术性越来越导致某些社会党人认为至关重要的权力不在资

---

① 沙逊：《社会主义 100 年》，第 134 页。

② 同注①，第 282～283 页。

本所有者手中而在"专家"和"技术人员"手中，后者往往是想象中的社会变迁的受益人。工商业本身似乎是一个变化着的大规模生产的和长远计划的行业。一些办事机构——例如法国的计划委员会——使国有和私有之间的差别模糊不清。战前资本主义的无情竞争好像不复存在，社会党领导人越来越相信他们能与资本主义合作。1957 年，英国社会党人声称，"工党承认……总的说来，大公司作为一个整体为国家服务得很好。"①

工商界对社会主义的态度有时像社会党人对工商界那样受到赞许。大陆欧洲的多党制中，工商界往往不得不和几个不同的政党打交道。而且，反对资本主义从来没有局限于左派，因此，社会党的改革家实际上可能比反资本主义的天主教徒或反对"无国籍金融界"的右派更受工商界欢迎。1965 年以来，法国的大型工商企业为所有反共党派（包括社会党）提供资金，而在意大利，主要的顾主组织支持包括社会党在内的中左派政府。② 只有在英国，社会党对工商界的关爱仍然没有得到回报。哈罗德·威尔逊用拉姆齐·麦克唐纳对待贵族的那种天真的激动来对待英国的工业管理，但只有少数持不同意见者——例如罗伯特·马克斯韦尔（出生于捷克斯洛伐克）——响应工党的提议。

社会党对与工业关系的态度也改变了。1945 年以前，罢工往往与社会主义相伴而行，有些社会党人把总罢工看成是摧毁资本主义的手段。1945 年后情况发生了变化。英国再也没有总罢工。在大陆欧洲，1948 年和 1968 年的几次罢工影响了法国和意大利的部分地区，但这些纠纷不再与左派的行动联系在一起。有时，社会党人发现他们处境窘迫。工会和社会党之间的联系比过去更脆弱；在法国，社会党工人国际法国支部失去了它与"劳工总联合会"的联系，该组织由共产党人控制，它从来没有取得与新联合会——"工人力量"——的正式联系。

渐渐地，罢工被看成是资本主义的一部分而不是摧毁资本主义的手

---

① 引自卡瓦纳：《撒切尔主义和英国政治》，第 155 页。
② 伊恩·伯查尔：《脱离制度：西欧的改良社会主义，1944~1985 年》（1986），第 105 页。

段，工人与顾主的协议就像商人与商人之间的协议，要求用数量来限制或表示，通常与钞票有关。社会党领导以仲裁人的身份来处理这些罢工事件，把雇主和工会请到他的部长办公室来"协商"。

社会主义由于从激进党转向选民导向党而改变。20 世纪 50 年代末和 60 年代的党组织改革旨在使社会主义更能吸引选民，但常常遭到党员的反对，而与日俱增的反对扩大了政府中的社会党领导人与党内激进分子之间的分歧。社会主义严厉的对抗性已经消失。党的领导想保持官职，为此，他们既要赢得选票，又要以多党制的形式结成联盟，社会党人的权力越大，当选代表越是意识到权力能够带来的好处。官服特别吸引那些非统治阶级出生的人。哈罗德·威尔逊把工党说成是"天生的政府党"，对社会主义中占据官位的世袭做法颇有感触。

某些政府部门也可以提供物质利益：在英国的某些地方工党的地方议员与房地产开发商建立了受贿行贿的关系。职位的争夺特别明显地影响了意大利社会党人；20 世纪 40 年代从最大的社会党中分离出来的社会民主党也分享了这些以不正当手段获得的钱财。60 年代初，基督教民主党的"对左派开放"政策说穿了就是使社会党分享基督教民主党非常成功地发掘出的种种好处，从 1963 ~ 1972 年，公共工程部——也就是拥有签订赚钱合同大权的部——由社会党人掌管了 13 个月。1971 年，社会党工程部部长贾科莫·曼奇尼求助于国会豁免，以避免对签订合同案的调查误入不正规的程序。① 社会党获得了两个国营银行行长的职位（基督教民主则获得 11 个）。《泰晤士报》评论说，社会党人"迫不及待地得到了肥缺，以及他们的某些头头把事情弄得一团糟，使他们的支持者大失所望。这种情况在不断蔓延"。②

舆论一致之外

西欧的共产党似乎明显地处于舆论一致之外，舆论一致的结构在许

———————————

① 伊恩·伯查尔：《脱离制度：西欧的改良社会主义，1944 ~ 1985 年》（1986），第 105 ~ 106 页。

② 引自沃尔斯顿：《黑手党和保护主义》，第 58 页。

多方面恰恰把共产党排除在外。1947 年以后，共产党人在大多数西欧国家不再拥有部长职位，从此完全被排挤出主导战后政治的联合政府。20世纪 50 年代，共产党是法国国会中最大的党派之一，但从未掌握过一个部。共产党人反对舆论一致政治所依靠的每一件事——北约组织、欧洲一体化和保护消费者权益运动——他们的领导人甚至无视"光荣的 30天"这个引人注目的证据，坚持认为法国工人的生活水平在绝对下降。

在政治的公共领域和家庭的私人领域、家庭和消费井水不犯河水时，共产党人仍然把政治和个人混为一谈。一个脱离党的激进分子将同时失去朋友和信仰。阿尔图尔·朗登的审判证明了个人与政治关联的程度以及西方共产党人能驳回不实证据的程度。他是捷克政府的一位共产党员部长，据说与"斯兰斯基阴谋"有牵连。正如几名西方的左翼非共产党人所指出的，反对他和他的同谋（他们被自己的同志指控为托洛茨基分子、铁托分子、犹太复国主义分子、资产阶级、卖国贼）的证据是荒唐的。朗登在法国度过了他的大半生，是一位法国抵抗运动英雄，与一位法国女子结婚。但是他认罪，他的妻子只好接受他的犯罪事实并开始办理离婚手续。朗登的妻兄是法国共产党的领导成员，参加了哥特瓦尔德（捷克领导人，批准了这起迫害事件）的葬礼，当时朗登还在监狱里。

然而，西欧共产党人和社会其他阶层分离可能被过高估计。考虑到上述因素，写回忆录的人未必有代表性。他们往往是最有素养的党员，在冷战高潮时期他们还年轻。到他们写回忆录的时候，通常已经离党，这本身就说明他们写的东西有时并不就是他们经历过的事情。对某些事件（例如入侵匈牙利）有看法的党员在某种程度上并不受党的官方路线支配。也许，在 1956 年或 1968 年退党的前共产党员才是名副其实的信仰者。不太狂热的党员可能较少幻想，因此发现与党的官方观点相抵触的事件也不怎么感到震惊。工人出身的共产党员可能与知识分子党员有不同的态度，知识分子看重党的意识形态；工人则看重工会和国会代表对他们的生活会有什么实际影响。知识分子把党看成要使他们脱离资产阶级社会。对于工人阶级共产党员而言，党员身份可能是他们与朋友和同事团结一致的一种表现。

共产主义能融入西欧社会而不是被拒之门外的程度在小城镇和乡下最为明显。上文谈到的是城市世界。党的活动与集会和示威联系在一起，但是也有人认为，党的活动也消除了想寻觅一个社团的个人的孤独感。在法国和意大利的乡村和小镇上，共产党员在入党以前曾是社团成员。他们通过友谊、亲戚关系和同样的经历（上过同一所小学）等纽带和邻居联系在一起。战争使他们共同经历的事情更多了。共产党和非党游击队员在山丘里一起风餐露宿。团结一致的抵抗——对政治领导人来说永远是一个神话——在讷维克－迪瑟尔具有特定的意义。

在小城镇，共产党员不是一个威胁有钱人的隐名埋姓的团伙，而是一些有特殊身份、大家都认识的人。人们常常把共产主义与19世纪不愿合作的手艺人的传统联系起来。实际上，E. P 汤普森关于英国19世纪手艺人激进主义的说明归因于他与意大利的小镇共产主义的邂逅："在解放后的意大利，我围着小镇闲荡，发现铁匠铺——公牛被起重机吊起，准备钉蹄铁——看到意大利共产党的布告上把我说成是同志，一瞬间，我坐在了条凳上，穿着我的英国军官制服很不协调，品尝了铁匠铺里的酒"。[①] 汤普森笔下的共产党员是焦万尼·瓜雷斯基的小说《唐卡米洛》中的铁匠铺里的英雄或坏人佩波内的原型，瓜雷斯基描述波谷里的一个村庄，牧师唐卡米洛在那里遇到了佩波内领导的共产党员。彼此用激烈的言辞指责对方，而实际上，他们由于互爱和忠诚，仍然团结在一起。当一次共产党的政变突如其来时，村子里所有出名的共产党员都来到唐卡米洛的家里准备把他藏起来，"就像过去年代里对待游击队员那样"。

瓜雷斯基擅长写伤感小说，但他写的故事非常接近真实生活。佩波内在现实生活中的原型是法国西南部一个小镇圣塞雷的铁匠弗雷热雅克。弗雷热雅克是一个共产党员，不过他集手艺人和小店老板于一身，当他的朋友皮埃尔·布热德发动一场抵制税务检查运动时，弗雷热雅克是最热心的参与者之一。当布热德主义成为一次全国性运动时，它的领导人拒绝卷入由巴黎人领导的法国主要资产阶级政党有计划有组织的反共行动。布热德坚持认为他所认识的共产党员是好心人，像普通人一样，只

---

① 布赖恩·D. 帕尔默：《E. P. 汤普森：反对与敌对》（1944），第50页。

不过希望捍卫自己的理想。戈登·赖特为农村的共产主义伸张正义，他是美国人，在冷战高峰时的 1950 年开始了他的研究。然而，与他对话和讨论的共产党人完全不把他看成是一个帝国主义战争贩子的代表，友好而且合作。他明白，法国洛特省的圣皮埃尔村，或是加斯科涅的萨玛藏市等地方的共产主义不是产生于阶级斗争而是产生于社会平等，每个人都能得到属于他的一小份财产，萨玛藏市的共产党员市长，甚至采取一种可能直接来自小说《唐卡米洛》的姿态，亲自为一位牧师填补村里空缺的修道院院长职务。①

西欧共产主义有其他一些途径顺应政治舆论一致，这些途径比初看起来显然更好。确实，在某些方面，战前的民主和共产主义之间的关系改变了，莫斯科在西方最驯顺的支持者来自独裁国家的流亡党员，这在葡萄牙最明显，但是在法国，特别是在意大利，共产党由于与民主国家接触而变得更加民主，更加倾向怀疑莫斯科。意大利共产党领导人帕尔米罗·陶里亚蒂在斯大林提议他进入共产党—工人党情报局领导班子时的所作所为表明西方共产党领导人看到了生活在民主国家里的种种好处。斯大林理所当然地认为共产党集团里的一个官职比在西方国家里终身处于反对党位置要好。但是，陶里亚蒂认为领导一个民主国家的大党比在苏联的圈子里当一名工作人员更好，于是拒绝了斯大林的建议。②

西方共产党和苏联在许多问题上有分歧。1949 年，苏联原子弹爆炸意味着苏联不再需要西方共产党作为其外交政策的工具（可以用消灭来威胁西方时，为什么要用革命来威胁它呢？）。实际上，苏联外交官们有时对他们如何与西方保守政府打交道颇感困惑。同时，西方共产党人从革命前景转向可以从有限地参与西方政权中获得好处。在法国，共产党的代表享有国会豁免权并领取国家工资，他们把这些钱存入党的基金，他们还享受法律的保护，特别是利用严格的雅各宾中央集权制。当法国政府试图把共产党人从杰出的学府国家行政学院（ENA）中排挤出去时，

① 戈登·赖特：《法国的农村革命：20 世纪的农民》（加利福尼亚州斯坦福，1964），第 189～196 页。

② 莉莉·马尔库：《共产党—工人党情报局》（1977），第 228 页。

行政法院（其成员来自国家行政学院）裁决，这种排挤是违反宪法的。

虽然共产党员被中央政府排挤出来，但在地方政府中发挥了巨大作用。到 20 世纪 70 年代，法国有 20000 名市议员属于共产党。这种控制为党提供了讲台，工人阶级也有了保护；这种形势甚至使党开始利用职权签订市政工程合同，谋取物质利益。

共产主义在西欧的地位的实际变化伴随着党的领导人重新考虑党的策略，意大利在这点上做得最为大胆。1956～1964 年间，陶里亚蒂提出了"多中心论"的观点，也就是说，拒绝接受莫斯科路线是各国共产党遵循的唯一路线。1968 年华沙条约组织入侵捷克斯洛伐克表明莫斯科不能容忍在它的势力范围内实行多中心论，但它却鼓励西方共产党强调自身的独立。法国和意大利共产党的领导层谴责了这种入侵，意大利党的领导人开始谈论"欧洲共产主义"，意思是一种特殊的西欧共产主义模式。他们的转变以乐意进入西欧舆论一致的最高象征欧洲议会为标志。在选举中，这种策略是成功的（至少有一段时间），所以党得到了 1/3 选票。法国共产党的领导人不喜欢冒险，但他们也开始考虑离开这个圈子。从 1968 年起，他们盘算着与其他左翼党结成联盟，1976 年，党的代表大会放弃了"无产阶级专政"理念（构成苏维埃国家基础的政治理论）。

舆论一致之外？1968 年

1968 年 2 月，法国雇主全国委员会（法国雇主协会）的领导人弗朗索瓦·塞拉克会见工会领导人，讨论短期工作的补偿金问题，会议围绕技术细节和做出小让步而不是大的原则和对抗，是战后西欧舆论一致文化的典型。会议快结束时，塞拉克告诉他的对话者，5 月份他要做一个疝气小手术，问这是否会有什么问题。工会领导人向他保证这个月不会有事，于是，双方约定 9 月再见面。[①]

5 月，塞拉克躺在医院的病床上，而法国却陷入了一场将近 1000 万

---

① 亨利·韦伯：〈雇主的政党：CNPF（1946 年～1986 年）(1986)，第 161 页。

工人参加的总罢工。工人们占领了工厂，管理人员被当做人质，学生和防暴警察在巴黎市中心发生冲突。国家首脑飞往西德，讨论了用军事干涉恢复秩序的可能性。这些事件是影响许多西欧国家、范围广泛的骚乱的一部分。卷入这些事件的有法国、比利时、意大利、西班牙和西德的学生以及法国和意大利相当大一部分工人阶级。

20 世纪 60 年代末的抗议似乎威胁到政治舆论一致的每一个方面。在德国和意大利，示威者谴责基督教民主党和社会党最近达成的妥协。他们抨击保护消费者权益运动和资本主义领导人与工人阶级组织之间和睦相处的关系。他们称颂公共集体生活，指责房子、汽车和家庭等私人天地（意大利学生最令人震惊的口号是"我要成为孤儿"）。骚乱和暗杀等政治暴力似乎又回到了欧洲（例如主张像柏林学生领袖鲁迪·杜奇克那样的生活）。托洛茨基主义和无政府主义（西班牙内战以来，大多数欧洲人难得想到的意识形态）突然成为人们注意的中心。极右分子与布鲁塞尔、柏林和罗马的学生开展斗争，尽管在巴黎，有些曾因失去法属阿尔及利亚而受到伤害的人憎恨戴高乐胜过憎恨左派。舆论一致建立在"成熟"问题可以估量、商讨并最终能解决的臆断的基础上。相形之下，"68 年 5 月运动"颂扬无理性和自发性。标语牌敦促学生："现实一点——不要去要求办不到的事"，罢工者有时拒绝接受谈判。社会科学是 1968 年的一个重要战场，它为舆论一致社会提供了依据。像楠泰尔、特伦托、伦敦经济学院这样把社会科学作为重点学科的新型大学都是动乱的中心。学生们嘲笑各种定量方法和要求他们的学科提供"纯客观"解决法的主张。

但这些引人注目的事件造成的长期影响看来几乎不存在。政府并没有垮台，暴力被遏制。军队无须去恢复秩序，西欧的相对稳定性在 1968 年 8 月显得特别突出。在有些国家，1968 年事件使西欧的舆论一致政治更加强大。在西班牙，抗议者本身是某种舆论一致的支持者，被比利牛斯山的另一边痛斥为"压抑的宽容"，正是这些抗议者所需要的资产阶级自由。反对佛朗哥的示威游行打造了一个社会党人、共产党人和左翼基督教徒以及学生和教授的联盟。一位地下学生领袖评论说："国家继续生活在 1936 年"（人民阵线年）。① 远未两极分化的西班牙社会在 1968 年加快了向民主化过渡的进程。在法国，舆论一致不是靠这些事件本身，而是靠它的后果得到加强。大多数人厌恶示威游行和罢工。1969 年的立法选举使中右派成为多数派。更重要的是，由于削弱了戴高乐，他不得不在 1969 年辞职。这些事件增强了戴高乐开创的政体。越来越明显的是，第五共和国可以靠自己运转，无须个人的介入，而戴高乐的离去使法国更容易回到由维希政府和阿尔及利亚战争造成的分割状态。新总统乔治·蓬皮杜在双方冲突的事后劝说和解，并帮助制止了 1968 年 5 月发生在巴黎的流血事件。

1968 年的有限冲击反映了西欧社会的复杂性。雷蒙·阿隆（他厌恶"68 年 5 月运动"）公正地说，社会有不少问题，但没有一个特别大的问题。1968 年的抗议不只是任何不满引起的，它涉及不同的利益。20 世纪 60 年代，学生数量大幅度增加，许多学生被煽动仅仅因为学校里资金短缺、对生活现状不满意或者因为找不到工作，但这些不满不是普遍存在的。英国学生享有数量较多的助学金，人数又较少，境况比法国和意大利学生好。在法国，巴黎高等师范学校为造反派提供大量领导岗位，尽管它的学生（一小部分有特权的精英分子）丝毫没有像那些挤在楠泰尔条件极差的新校园里的学生那样的不满情绪。赞同一种意识的学生不一定彼此意见一致。毛主义——至少是他在 1968 年的化身——并不适用于建立广泛的阵线，不管怎样，曾促发早期政治斗争的那种左派和右派、工人和剥削者似乎与 1968 年无关。许多人没有注意到西欧的工业社会而只注意到第三世界的农民战争，特别是在越南。一些最能说会道的"68 年 5 月运动"成员那一年甚至不在欧洲。路易莎·帕塞里尼在扎伊尔；雷吉斯·德布雷在玻利维亚的监狱里。有些学生，例如丹尼尔·科恩 - 班迪特，对使"老左"着迷的马克思主义理论完全不感兴趣。1968 年的事件并不因为产生了新的左派（围绕着生态学和男女平等主义）和新的右派（围绕着种族和民族自信）而使情况更复杂，左、右派之间的分歧更加扩大。

---

① 引自戴维·考特：《壁垒之年：1968 年》（1988），第 64 页。

尤其是，"68 年 5 月运动"分为工人和学生两部分。欧洲大陆上的学生几乎是清一色的资产阶级出身，而参与 1968 年罢工的工人是工人阶级中最边缘的成员。他们一般都年轻或刚从乡下来，他们从更正规的工人阶级和以他们名义说话的组织中分裂出来。学生和工人的利益完全不同。学生的要求很大程度上可以在现存社会制度得到照顾：较多的性自由或教育上有更宽松的关系，不会动摇资本主义的基础。其实，1968 年的文化遗产可能有助于资本主义取得成功。在所有对保护消费者权益运动的抨击中，学生的享乐主义最容易被广告利用。指责僵硬的等级制度是为 20 世纪 80 年代更加灵活、快速发展的资本主义做预先准备。相反，工人的抗议造成了真正的威胁。在整个欧洲，罢工的时间越长，雇主为保平安而支付的费用也越多，榨干了 20 世纪 70 年代的利润。但是，事实是，工人们的讨价还价表明了心照不宣地接受了资本主义。1968 年的无政府主义造反行为已经过去，工人们仍在工会的官僚主义控制之下，罢工的焦点在于"差别"，即，工资和工作时间而不是抵制工作本身。这就是说，工人阶级可以在短期内克制，而经济的变化长期损害工人阶级的权益。资本主义在 20 世纪 80 年的胜利给绝大多数已成为资产阶级的前学生们带来好处，这是在很大程度上以牺牲那些前工人们为代价的，因为学生与他们在 1968 年曾短暂地结成联盟。

舆论一致之外："恐怖主义"

由于共产主义逐渐渗入西欧的舆论一致，于是出现了舆论一致的新敌人。一系列突如其来的炸弹袭击和暗杀伴随着 20 世纪 60 年代初法国从阿尔及利亚撤军以及 70 年代西班牙巴斯克地区和北爱尔兰暴力冲突加剧，人们对意大利的红色旅以及西德的安德烈·巴德尔和乌尔里克·迈因霍夫的红军派倍加关注。因此，60 年代和 70 年代，"恐怖主义"成为西欧政治家政治词汇表中的重要部分。

事实上，被说成是"恐怖主义"的各种运动并没有许多共同之处。北爱尔兰和巴斯克地区的团体是民族主义者传统势力的组成部分，至少可追溯到 50 年前。这些运动在他们控制的社区中得到许多支持，因此，支持过这些团体的政党在艰难的形势下获得了选举的巨大成功。爱尔兰和巴斯克的民族主义者来自虔诚的天主教地区，在许多事情上信奉相当保守的观点（20 世纪 60 年代初以前，巴斯克人一直反对移民进入他们的地区）。① 最终这种保守观点受到两个群体中的年轻成员的挑战，他们用"革命"斗争和民族解放为自己的暴力行为提供依据，并指望从第三世界的游击战中得到鼓舞。

在法国，与阿尔及利亚战争联系在一起的暴力冲突在某种意义上也是一种民族主义的冲突。帮助民族解放阵线迫使法国从阿尔及利亚撤军的法国人以及那些帮助地下军组织（OAS）阻止法国撤军的法国人，双方都受到阿尔及利亚某种思想的煽动。至少有一段时间，法国地下军组织的行动受到阿尔及利亚的欧洲居民的支持，当蒂克西埃—维尼扬古（因代表法国地下军组织领导人作为辩护律师而闻名）在 1965 年与戴高乐竞争总统时，他得到 5% 的选票，主要来自"黑脚"（从阿尔及利亚来的法国人）居住区。

红军派和红色旅是两种不同类型的组织。它们都把自己看成是国际运动，它们的起源主要是 1968 年的学生动乱。两者的最初目的都是社会革命，而（埃塔）ETA 和（爱尔兰共和军）IRA 则把这种目的嫁接到民族主义的要求上。红军派和红色旅都没有博得民族主义运动的选举支持。红色旅在工人阶级中有少数追随者，表现为在选举中支持继续奋斗党；红军派则几乎完全孤立于西德社会。

为什么"恐怖主义"事关重大？受其暴力袭击的人数并不多。在红色旅活动高峰的 1980 年有 30 人丧生，而当局称红军派杀害了 6 人。在北爱尔兰，每年死于恐怖主义行动的总人数从不超过死于交通事故的人数，而在西欧，每年由于恐怖事件而丧生的人数看来未必超过被蜂蜇死的人数。

不能小看恐怖主义，因为它对舆论一致政治制度提出了挑战，而且揭露了这种制度中发人深省的种种事情。在 20 世纪 60 年代和 70 年代，仅仅政治暴力的存在就如此不寻常和令人震惊：没有人会注意到魏玛共

---

① 约翰·沙利文：《ETA（埃塔）和巴斯克民族主义：为欧斯卡迪而战，1890～1986 年》（1988）。

和国最后几年的红军派。政治暴力也明目张胆地攻击政治舆论一致。恐怖袭击最杰出的牺牲者阿尔多·莫罗于 1978 年被红色旅杀害。20 世纪60 年代，他曾经是意大利基督教民主党人和社会党人联盟的缔造者。莫罗曾谈起过扩大意大利的政治舆论一致，把共产党包括在内。意味深长的是凶手们把他的尸体扔在基督教民主党总部和共产党总部之间的正中。政治暴力也关系重大，因为它正是从它所攻击的某些曾帮助促进政治体系的事物中得益，特别是电视。这些攻击为新闻广播提供了刺激视觉的场面，这一事实引起了安德烈·巴德尔的注意，他在拿起武器反对西德政府以前是一名电视新闻记者。

最后，对"恐怖主义"不能等闲视之是因为欧洲国家对它的行径做出回应的方式。政治家喜欢把恐怖主义当做民主和合法政治的对立面，但是，恐怖主义和政府之间的界限往往没有清楚地划定。在阿尔及利亚，"恐怖主义"组织法国地下军组织的成员多半是以前安分守己的国家公务员，他们曾用报复和酷刑来对付"恐怖主义的"（民族解放阵线）FLN。在意大利，把责任归咎于"无政府主义者"的第一个炸弹攻击其实是右翼集团与情报机构共同策划的。

政府对恐怖主义的回应进一步暴露了国家及其所反对的运动之间的相似性。在意大利和西德，恐怖主义者不相信看守所里令人吃惊的自杀倾向——红军派的所有领导人都死于自杀。英国和法国靠的是不经审讯的折磨和拘留。[1] 1972 年 1 月的"流血星期日"，英国伞兵团在伦敦德里枪杀了 13 个手无寸铁的基督教徒，而巴黎警察则打死了数量不详的阿尔及利亚人，他们只不过是在 1961 年 10 月 17～18 日晚上违抗夜间按时熄灯的规定。

小　结

人们有时提出，20 世纪 70 年代中期的经济增长缓慢伴随着舆论一

---

① 用折磨和拷打对待爱尔兰共和军嫌疑分子，见 蒂姆·帕特·库根：《爱尔兰共和军》（1993），第 697～712 页。

致政治的终结以及有关经济管理和财富分配的争论再度兴起。这种观点在英国频频出现，而且与玛格丽特·撒切尔政府（1979～1990 年）有关。早在 1968 年，撒切尔夫人就曾说过："舆论一致中存在着危险，它可能是一种满足对任何事情并无特别见解的人的尝试。有某种哲学和政策似乎更加重要，因为哲学和政策最能吸引足够的多数。"①

　　不应过分重视这样的评论——英国是一个少有的事例。舆论一致确立得如此好这一事实本身就意味着挑战舆论一致似乎是戏剧性的。体验过这样一种与过去完全决裂的唯一其他国家是瑞典，20 世纪 30 年代中期一直统治该国的社会民主党人在 1976 年被挫败。在大陆欧洲的大部分地区，自 70 年代中期以来，以社会民主或基督教民主为基础的政治舆论一致变得更加安全。民主在西班牙和葡萄牙的建立以及 1981 年在法国的更替都有助于这种安全。没有一个德国人、意大利人或西班牙人会相信80 年代的政治冲突比 20 世纪初更加尖锐。

---

①　卡瓦纳：《撒切尔主义和英国政治》，第 11 页。

4 另一个欧洲

"总有一天你会为曾爱过一个罪犯而感到羞愧。记住我现在
对你说的话。总有一天你会明白我的话是对的。"

　　——罗马尼亚青年莉莉·马尔库的父亲读了她写给斯大林
的一封信以后的言论①

　　回顾 20 世纪 80 年代，许多人显然认为东欧在 1945 年和 1948 年之
间选择了错误的转向。即使在诸如像捷克斯洛伐克等以前曾经是民主和
欣欣向荣的国家，后来也带来了政治上的压迫和经济上的失败。更惊人
的是，回想起来东欧的早期（直到 1953 年斯大林去世这段时间）是一个
骇人听闻的镇压时期。人民在怪诞的公开审讯中承认了莫须有的罪名，
成千上万人被开除公职、监禁甚至处决。然而，正是这个时期，共产主
义的热情达到了顶峰，一些东欧人（往往是那些在早期体制下因信仰而
受到伤害的人）精心选择把自己国家的命运与苏联的命运联系在一起。

　　那些与斯大林主义最有关联的人，不管是支持者还是受害者（两个
群体实际上互相交织在一起），常常很难解释他们所经历的一切。他们觉
得子孙后代与他们关系甚远，以致不能理解以前发生过的事情。米兰·
昆德拉的小说《玩笑》（1967）中的男主角不厌其烦地对年仅 22 岁的女
子解释当年被党开除一事，该女子是他以前的迫害者之一的情妇。莉
莉·马尔库是罗马尼亚人，她在 17 岁的时候因斯大林去世而颓丧，1982
年她写道："我们以后的几代人，他们与我们的价值观完全不同，他们必
定感到要理解 40 年代末迷住我们的狂热和激情是困难的。"②

---

　　①　莉莉·马尔库：《斯大林时代的童年》（1982），第 139 页。
　　②　同注①，第 118 页。

20 世纪 40 年代末，已经是成人的共产党人与他们的晚辈之间出现代沟的原因很简单：一些人信仰斯大林主义。回顾过去的东欧，它是残酷无情的时期，这部分地解释了为什么导致东欧社会快速转变是可能的，也解释了 1953 年以后发生在东欧的许多重大事情。有些人把希望寄托在某种被证实为极其恶劣的事情上，这个事实是一份沉重的遗产。关于这份遗产的争论在 20 年里一直成为东欧政治的中心。

清　洗

共产党人的后代用不理解的眼光看待过去始于 1948 年铁托与斯大林的决裂。此后，斯大林怀疑其东欧代理人要独立的种种表现，不再容忍他们寻求一条与苏联不同的社会主义道路。这种不容忍最引人注目的迹象是对几位前部长的公开审讯。在阿尔巴尼亚，主要的受害者是前内政部长科奇·佐泽；在匈牙利，受害者是另一位前内政部长拉斯洛·拉伊克。在捷克斯洛伐克，前外交部长鲁道夫·斯兰斯基与另外 13 人一起被捕。

斯大林的清洗有几种类型。铁托的同僚是明白无误的目标，因为在与莫斯科的谈判中，他们竭尽全力维护民族经济利益。正如 20 世纪 30 年代的苏联那样，40 年代东欧的清洗是打击那些出身于资产阶级和受过教育的人。总的来说，凡在自己国家抗击纳粹主义而不是在莫斯科度过战争时期的人都是可疑分子（铁托的独立意识部分归因于他是一位党性强的领导人，在解放东欧的过程中坚持把红军放在首位，使之成为后来的新正统党的一部分）。西班牙内战的老兵常常由于类似原因而成为受害者。

但是清洗并没有以可以预料的方式进行——实际上，正是这种随意性使清洗变得如此令人惊恐。许多受害者既忠于自己的党也忠于斯大林。有些人心甘情愿为他们的主子而弄脏自己的手，有时初期卷入清洗的人后来也成为受害者。捷克特务机关头头因德里赫·维塞利在 1950 年试图自杀，因为他知道"任何人要脱离特务机关的唯一办法是一死了之"。①

在罗马尼亚，乔治乌－德治把清洗对准犹太人，但也把外交部长阿纳·波克尔的随从作为清洗对象，战争期间波克尔（他与乔治乌－德治本人不同）在莫斯科。从这种意义上来说，可以把罗马尼亚的清洗看成是一种手段，当"国内共产党员"的名声在别处黯然失色时，他们使用这种手段来维护他们的权威。同样，在阿尔巴尼亚，清洗使以恩维尔·霍查为中心的"民族主义者"有机会声明不受南斯拉夫的控制，因为南斯拉夫曾一度威胁要并吞阿尔巴尼亚，也找机会对阿尔巴尼亚领导层中最有国际主义思想的成员进行报复，因为这些人以前有莫斯科支持。东德和波兰限制清洗最严格。波兰党的领导人为避免流血，使最著名的受害者瓦迪斯瓦夫·哥穆尔卡免于被捕，尽管 1948～1954 年期间有 84200 名波兰人被送进劳动集中营。② 另一方面，捷克斯洛伐克与其他东欧国家不同，它有民主与和平解决争端的传统，在特殊的暴力运动中有过体验。

与公开审讯和处决党的领导人联系在一起的是惩处成千上万的基层党员。1945 年以后，东欧各国的党发展迅速，现在，开除出党的人数是：保加利亚 460000 名党员中有 100000 名失去党证。③ 开除出党往往伴随着失业、失去房子或大学里的地位。失业者被指控为"寄生虫"。被大学开除的学生失去他们免服兵役的待遇。但由于不具备服役所必需的可靠条件，所以被遣送到劳动大队去劳动。

斯大林主义也与经济政策的变化有关，不再允许东欧国家温和地进行苏联曾实施过的社会变革。企业要国有化，农业要集体化，虽然这些工作，特别是农业集体化，东欧从未像苏联那样从头到尾贯彻过。这也许是个时间问题。苏联领导人急于同时进行清洗（30 年代末苏维埃社会主义共和国联盟曾大张旗鼓地进行过）和集体化（苏维埃社会主义共和国联盟从 20 年代末就制定的一项政策）。党的领导人被监禁和处决所引

---

① 卡罗尔·巴托塞克：《中欧东南欧》，载于斯特凡娜·库图瓦、尼古拉·韦特、让－路易·帕内、安德雷治·帕奇可夫斯基、卡罗尔·巴托塞克和让－路易·马戈林合编的《共产主义黑皮书：犯罪、恐怖、镇压》（1997），第 429～496 页，第 474 页。

② 安德雷治·帕奇可夫斯基：《波兰，敌国》，载于同注①，第 397～428 页，第 418 页。

③ 理查德·斯塔：《东欧的共产主义政权》（1977），第 34 页。

起的混乱，并没有使大规模的社会变革变得更容易。苏联的集体化只有靠革命后的暴力才能实行，如大规模的军队干预，而"富农"可能被流放到旷无人烟的西伯利亚，但捷克斯洛伐克或波兰并没有这样的条件。

在东欧实施斯大林主义是一桩紧张的差事。一些部长的遗孀，如波兰的希拉里·明茨和捷克斯洛伐克的鲁道夫·马尔戈柳斯回忆她们的丈夫夜以继日地工作使他们筋疲力尽，甚至没有时间去回顾他们所做的事情。生活在官方接待以及经常与苏联顾问打交道圈子里的党的领导干部，常常不怎么知道在这封闭的小圈子外面发生什么事情，只是胆战心惊。苏联开始在东欧建立独立于地方州或党的权力机构，苏联顾问的作用在安全部门特别重要。正像共产党员曾利用他们控制的警察逐出非党对手那样，现在，苏联开始悄悄部署警力。① 东欧共产党国家的领导人不时有恐惧感，常常借酒浇愁。克莱门特·哥特瓦尔德和他的同事比赛喝酒时，步履蹒跚地围着布拉格城堡转。② 据说，保加利亚共产党的领导人格奥尔基·季米特洛夫就死于肝硬化。

全然依据从克里姆林宫传来的指令解释发生在东欧的一系列事件是错误的。东欧人有一些抵抗能力，而且，后来被称之为"斯大林主义"的东西适合东欧的某些群体。共产党国家的建立也为人们提供了各种各样的机会。出身卑微的人一夜间拥有了权力和特权，这在以前连做梦也没想到。清洗为新的特权阶层争权夺利提供了一种手段：没有受过什么教育的人能够除掉那些出身于资产阶级的资深竞争对手；新入党的人可以胜过西班牙内战或反纳粹抵抗运动的老兵，指控他们是"铁托分子"。工作、轿车、成套住房（后者在 20 世纪 40 年代末的多数东欧国家是昂贵的商品）顷刻间就可以到手。

在实施斯大林主义的东欧国家里，不时地可以看到个人利益（有时，这种利益微不足道）的作用。阿图尔·朗登回想起他有普通捷克老百姓不能去的百货商店使用的购物券，但后来被他的审问官偷去了；而海

---

① 阿图尔·朗登：《供词：布拉格诉讼的复杂情况》（1969 年），第 32 页。
② 海达·马尔戈柳斯·科瓦利：《告别布拉格》（1988 年），第 118 页。

达·马尔戈柳斯则想起，登记她丈夫财产的官员关心的是他们想要的东西。① 有时这些做法十分荒唐。当斯兰斯基事件的受害者的财物卖给党的高级领导人时，哥特瓦尔德的妻子买了弗拉基米尔·克莱门蒂斯的床上用品和瓷器（哥特瓦尔德下令处决了克莱门蒂斯）。② 捷克当局有一个代号为 B 计划的行动方案，首先在布拉格，继而在布尔诺和比尔森实施（其次序反映了党的官员相应的需要），把"资产阶级房客"从他们看中的住宅中赶走，然后遣送到边远地区，此事在驱逐德国人时已经很清楚。③

从国际共谋的角度来看，清洗貌似公允。就是说，一个国家的逮捕行动导致其他地方的"同谋"起来告发。国家间的互相竞争使事情更糟。没有一个共产党领导层甘愿被人视为唯一已经败坏的民族团伙。阿图尔·朗登回忆和他的同事希罗基的一次谈话，希罗基告诉他，捷克是在匈牙利的压力下才开始清洗的。希罗基还说，我们会抵挡住这种来自在传统上与捷克一直不友好的国家的压力。"我们的情况与他们没有共同之处，没有像他们那样出现过长期的违法行为。自 1929 年以来，我们的领导层在哥特瓦尔德的指导下工作，是一个团结的班子。"④ 希罗基对匈牙利人的低声下气不久就被抛在一边，捷克开始了清洗，朗登成为受害者之一。波兰党的领导层设法把清洗的最坏影响限制在本国国土内，同时又支持捷克斯洛伐克和匈牙利的谋杀暴行。

斯大林主义也有意识形态基础。谁信仰斯大林主义？为什么信仰斯大林主义？首要的也是最清楚不过的回答是，那些在击败纳粹德国以前已经是共产党员的人。在某些国家，这个群体实际上很小，虽然在其他国家——例如捷克斯洛伐克和东德——一度曾有过相当庞大的共产党。即使在这些国家，共产党员也从来不是政治积极分子中的多数，况且，二战以后其数量已减少。他们的人数虽然减少，但是政治热情却要加倍。他们忍受了两次大战之间的独裁者、纳粹分子、在某些情况下是苏联共

① 海达·马尔戈柳斯·科瓦利：《告别布拉格》（1988），第 154 页。
② 兹德涅克·姆利纳日：《布拉格的晚霜：人道社会主义的终结》（1980），第 66 页。
③ 同注②，第 38 页。
④ 朗登：《供词》，第 376 页。

产党的监禁。马加什·拉科西——匈牙利人，主持匈牙利的斯大林主义的清洗工作——在狱中长达 15 年；特莱丘·库斯托夫，保加利亚人，是清洗的受害者，因从监狱中跳窗出逃而成了驼背人。① 这些人的政治思想植根于粗俗生硬的农民作风、暴力和镇压。他们把英勇的牺牲行为看做是理所当然，为了服从他们所说的党的纪律，许多共产党员也许考虑这与加弗里洛原则采用的政治并非完全不同。

那些帮助东欧确立斯大林主义的共产党领导人常常成为它的受害者，但这并不等于说他们的计划失败了。在某些方面，他们还相当成功。同时，在还不清楚斯大林本人决定正式建立共产党统治时，他们就希望在东欧建立共产党统治。而且，由本国共产党通过名义上独立的政府实施统治。首先，这些政府的独立当然不能违背莫斯科的意愿，但是，东欧国家最终没有轻率地成为苏联的联邦国，这件事本身值得深思。

付出的代价之高令人震惊，但是东欧斯大林主义者压根儿不相信建立共产主义不会卷入流血事件，甚至愿意接受自己要流血牺牲这一事实。他们的长期目标胜过眼前利益，集体利益高于个人利益。即使受到秘密警察的严刑拷打，他们依然忠实于党。在某些情况下，如此坚贞不渝又最终意识到被自己的同志无端告发的事实比严刑拷打更加无法忍受。曾忍受住盖世太保折磨的人，有时遭到自己党的反戈一击而彻底崩溃。1976 年，匈牙利共产党人亚诺什·卡达尔告诉弗朗索瓦·密特朗："最不幸的事就是怀疑自己人。霍尔蒂夺走了我的人身自由，拉科西则夺走了我的精神自由。"② 然而，卡达尔对他这一代的一位东欧共产党人感慨万分。在秘密警察监管下的他，似乎并没有动摇他的信念：如有必要，共产主义必须要用武力来捍卫。无数清洗运动的幸存者只不过希望共产党重新统一，除此别无他求。

这种行为并非是斯大林或苏联的无知。许多建设东欧共产主义的人深知斯大林的为人，他对早期不幸落入他手中的共产党人和东欧国家的

① 罗宾·奥凯：《东欧，1740～1980 年：从封建主义到共产主义》（伦敦，1982），第 192 页。

② 托马斯·施赖伯：《匈牙利，和平演变》（1991），第 16 页。

所作所为也了如指掌。因此，党的领导人要忠于一种理想，而不是忠于某一个人。

尽管那些生活在 20 世纪 40 年代末期的人往往认为他们与年轻一代不一样，但斯大林主义者至少是由两代人构成的。首先包括上面讲到的那些有丰富施政经验的人，但对斯大林主义有深厚感情的还是那些出生在 20 年代末或 30 年代的人。他们可以表现出惊人的狂热，而说来也怪，幼年的斯大林主义却是清白无辜的。生于 1930 年的捷克人兹德涅克·姆利纳日写道："比起老一代斯大林主义者，我们对社会主义的认识还是原始的、片面的。"① 年轻的斯大林主义者把斯大林看做个人来崇拜，他们对斯大林的忠诚交织着青春期的狂热和冲动。党的小组严肃地评估激进分子初恋韵事的政治价值，并提出一旦有人受到开除威胁时如何处置，通常托付给受害者最好的朋友。

这种狂热有助于解释东欧确立共产主义的基础。年轻的共产党员扩大党的各种青少年组织，并向军队输送政治立场坚定的人员，准备击退帝国主义的威胁。罗马尼亚人莉莉·马尔库回忆对自己的信仰鞠躬尽瘁，甘愿走过的漫长路程。虽然她对技术工作不感兴趣（她最终成为一名杰出的历史学家），但她决心脚踏实地为共产主义服务，致力于研究化学，继而进兽医学校，然后到食品科学研究所，最后进入气象学校，在那里她断然决定自己要成为一名明星学生。②

年轻一代的狂热和盲从往往与他们的战争经历有关。党为孤儿们提供寄养家庭。年轻的斯大林主义者往往要违抗老一代。昆德拉的《玩笑》中的主人公成为一名共产党员，部分原因在于向他那自负的资产阶级婶婶泄愤。他的父亲在反纳粹抵抗运动战斗中战死以后，婶婶把他抚养成人。奇怪的是，最激烈的违抗往往出自共产党员的孩子，他们与党外的现实世界失去联系（特别是双亲都是共产主义忠诚的支持者）；对他们来讲，对共产主义的忠诚比对家庭的忠诚更重要。16 岁的托马斯·弗莱伊卡（他父亲是捷克斯洛伐克斯兰斯基审讯案的受害者之一）在文

① 姆利纳日：《布拉格的晚霜》，第 3 页。
② 马尔库：《斯大林时代的童年》，第 150 页。

章中这样写道："我要求我父亲收到死刑判决书……我希望把这封信读给他听。"①

斯大林的去世和非斯大林化

1953 年，斯大林死于脑出血。斯大林去世前的几个月和此后的一段时间里，到处是混乱和恐怖，因为他的支持者争权夺利，极力避免惹怒斯大林。即使在斯大林临终时，也没有人要采取可能有悖于他的任何决定（克里姆林宫的一批医生被指控试图毒死苏联领导人）。斯大林的葬礼庄严肃穆，无数人拥上莫斯科的街头。

斯大林的潜在继任人现在要决一雌雄。不能用"非斯大林化"来说明这些人的差别。与斯大林的遗产遭到破坏最有关联的领导人赫鲁晓夫，从来没有表露出对斯大林的不忠。在斯大林 70 寿辰的庆宴上，他坐在这位老人的左边（毛泽东坐在右边）。实际上，1953 年下半年，如果有人看上去像是"自由主义者"，那很可能就是拉夫连季·贝利亚这个秘密警察的头目，许多对斯大林主义的指责落在了他身上。贝利亚从监狱中获释并试图遏制苏联反犹太主义，② 而赫鲁晓夫则是极端的反犹太主义者。

1953 年 12 月，贝利亚再也不能与以赫鲁晓夫为首的苏联领导层展开斗争。他遭逮捕并被处决。回顾过去，贝利亚的死显然是一个转折点。苏联领导层内部的倾轧再也不会以暴力的形式出现；贝利亚是最后一个被枪决的苏联领导人。1957 年，赫鲁晓夫迫使莫洛托夫和马林科夫离开领导岗位，分别把他们调任驻蒙古国大使和一个发电站的经理。赫鲁晓夫本人 1964 年下台后过着舒适的退休生活。

正当斯大林的继任者在莫斯科互相倾轧时，斯大林的去世改变了整个共产党集团的气氛。他们没有公然否定过去或试图惩罚与斯大林有牵连的苏联领导人，过去几年中左右苏联政策的残忍的偏执狂不再出现：俄罗斯的顾问们不再催逼他们的东欧同事交出新的受害者。有些已被捕

---

① 科瓦利：《告别布拉格》，第 163 页。
② 埃米·奈特：《斯大林的第一个副官》（新泽西州普林斯顿，1996 年）。

的人——例如匈牙利的卡达尔——或许可以把他们的起死回生归因于斯大林的去世，但是苏联对现实情况的态度与想象相反，对抗依然没有改变。

1956 年，尼基塔·赫鲁晓夫在苏共第二十次代表大会上的所谓"秘密报告"中非难斯大林的过去。这个报告中没有讲到的倒是值得注意的，报告集中在斯大林对自己的党所犯的罪行。既没有对改变已经实行的经济政策提出建议，也没有试图给拥护这些政策的人恢复名誉。虽然如此，赫鲁晓夫的报告仍然颇为重要。随着 20 世纪 60 年代初期赫鲁晓夫对斯大林更猛烈的谴责，引起了"党有错误"的提法；引起了对以前确信无疑的一个好共产党员的标准的怀疑；也引起了对围绕着"人民民主国家"的"小斯大林们"滋长起来的个人崇拜的怀疑。

斯大林主义对许多东欧人的影响如此强烈，弄明白它的遗产牵涉重新评价他们生活的许多方面。这样的重新评价可能牵涉一些国家的最高领导人：匈牙利的卡达尔，波兰的哥穆尔卡，他们都在行使权力的同时被自己的同志揭发。另一方面，成千上万的幼儿必须重建曾经被武力侵扰过的生活，对此，他们不可能理解。只有在非斯大林化开始以后，被处决的捷克共产党人鲁道夫·玛格柳斯的遗孀才敢于告诉她的儿子发生在父亲身上的事。被处决的匈牙利共产党员拉兹洛·拉伊克的儿子在他父母被捕以后，被送进儿童之家，非斯大林化开始后，他的婶婶想方设法重新找到这个孩子。终于，她被叫到布达佩斯的一条街上，一个小男孩从车上下来，她推断这个孩子就是她的侄子。后来，男孩的母亲从监狱里释放，尽管此刻她的儿子确信，他的婶婶就是他的母亲。① 兹德涅克·姆利纳日回忆起他在莫斯科大学时的类似事情。他的一个同龄人是俄罗斯青年，中学的优秀成绩使他不服兵役直接进入大学。可能由于他的生活经历仅限于教室（当时的莫斯科大学全是玩世不恭、嗜酒成性的退伍军人），他是为数不多的坚定信仰共产主义的俄罗斯学生之一。赫鲁晓夫的"秘密报告"以后，他终于弄清把他抚养成人的是养父养母，而真正的家人则在 20 世纪 30 年代的清洗运动中被暗杀，为此，他精神失

---

① 罗歇·斯特凡娜：《拉兹洛·拉伊克：一个匈牙利的悲剧》（1991），第 114 页。

常了。

斯大林去世后的年代往往被说成是"解冻"的年代，这种说法的意思是这是一个四平八稳的自然过程。共产党国家的地方领导人从他们自己的身份和利益出发，引导和控制局势。而且，"非斯大林化"实际上是许多不同的过程。首先，它涉及各国共产党对苏联党的领导作用提出挑战，这种挑战未必与内部改革有关。1961 年阿尔巴尼亚向苏联的权威提出挑战，部分原因是由于它的领导人不满赫鲁晓夫试图全盘否定苏联国内的斯大林政治。其次，赫鲁晓夫的"非斯大林化"从两方面影响各国共产党的内部生活。结束过去时代就是结束偏执，偏执狂曾把众多党员置于逮捕、拷问等威胁之中，自由可能意味着容许在党内开展更公开的讨论并可以引进某些改革。第三，最重要的是"非斯大林化"可以被党外人士接受，这可能意味着民众起来反对官方的政策乃至反对党的权威。不同类型的"非斯大林化"往往互相冲突，每一个共产党改革者担心改革可能失去控制。

在苏联内部，为斯大林的受害者平反对于党内的同事来说最容易，例如莫洛托夫的夫人。但对于没有什么特权的人来说，过去的事很难被一笔勾销。有一个人由于在国外度过战争年代（实际上，他是一名法兰西抵抗运动的成员），20 世纪 40 年代被监禁，于 1955 年被释放，一年以后发给他退休金，但在 1960 年，对他的情况进行复审的请求遭到拒绝。1974 年，由于他与一个持不同政见者团体有牵连，再次剥夺了他享有退休金的待遇。①

1964 年，赫鲁晓夫离开政坛并不等于恢复斯大林主义，当局并不尽力为斯大林在世时所发生的事情做出补偿。17 年来，3 个妇女在劳动营里同睡一张床的例子可说明这一变化。她们请求赫鲁晓夫允许她们在释放以后能分到一套莫斯科的公寓，这一请求居然获准。15 年后其中一人死去，但不再允许其余两人继续住在一起。② 她们被告知，"为受害人恢

① 艾伯特・P. 范・古多艾弗：《苏联非斯大林化的限度：斯大林以后苏联的政治上恢复名誉》(1986)，第 40 页。

② 罗伊・梅德维杰夫：《赫鲁晓夫》（牛津，1982 年），第 28 页。

复名誉的风气已一去不复返"。

在东欧其他国家,非斯大林化的做法迥然不同。波兰党的领导人比其他党的同志们更成功地驾驭了改革。波兰共产党员对斯大林一直敬而远之,他们成功地保护自己的同胞避免斯大林路线清洗造成的严重后果。瓦迪斯瓦夫·哥穆尔卡是受保护人中的一个,他既没有那些最近事件受害者眼中的妥协,也没有过去掌权者眼中的盛气凌人,因而现在成为波兰党书记。波兰也从加强它的军队力量和发挥波兰共产党的才干中得益:军队阻止了苏联的干预;共产党则疏导和控制了民众对政府的不满。从波兰改革家们的观点来看,改革的结果令人失望。哥穆尔卡不是斯大林主义者这一事实并没有使他成为一个开明的人,而且在 20 世纪 70 年代的动乱中成为工人们不满的焦点,从此,爱德华·盖莱克接替了他。不过,苏联没有在 1956 年入侵波兰开创先例,与华沙条约组织的其他国家相比,波兰人可以在更大程度上安排自己的未来。

与此相反,匈牙利的部分领导终止了内部改革。在苏联,赫鲁晓夫的"秘密报告"和苏联的非斯大林化运动日趋明朗,刺激了匈牙利的改革欲望,迫使 1956 年 2 月为拉兹洛·拉伊克死后恢复名誉。10 月,学生和工人在布达佩斯示威,枪支走火,一些共产党民兵倒在血泊中,这是一场大灾难。匈牙利和其他地方的共产党员被这种暴力局面吓得惊慌失措,苏联军队原本只想平息示威了事,但后来苏联改变了立场,答应伊姆雷·纳吉恢复职务。纳吉是一位改革者,1953 年 7 月到 1955 年 4 月曾任总理;亚诺什·卡达尔任党的第一书记。

纳吉没能控制在某种程度上由他唤起的运动。他增加了内阁成员,包括 3 名非共产党员,并谈及退出华沙条约组织。这些变化惊动了苏联,致使在匈牙利增加了军队。对匈牙利垄断权力的袭击导致了苏军入侵这一意外的结局,苏联军队平息了老百姓的反抗,绑架了纳吉(他最后回到匈牙利,1958 年被处决),任命了卡达尔领导下的新政府。镇压匈牙利人民的反抗在西方引起意想不到的影响。布达佩斯悲哀的无线电广播、青少年捣毁苏联坦克的情景以及成千上万匈牙利人逃离边境的报道,给人们的印象只是正确与错误、自由与压迫、苏联与"匈牙利人民"之间的争执。这种简单的二分法使人产生误解。做出镇压反抗决定的人——尼基塔·赫鲁晓夫——也就是苏联非难斯大林神话的人，而纳吉曾是马林科夫的门徒，马林科夫是与斯大林交情甚笃的苏联领导人。纳吉在匈牙利共产党统治的早期曾是内务部长（这不是一个与"自由观点"联系在一起的职务），是 50 年代早期党内清洗运动中留下的资深领导人。相反，由苏联安插的继任人在清洗运动中曾遭到监禁。

纳吉并没有博得所有的匈牙利人对他忠心耿耿。右翼的天主教徒并没有忘记他是共产党员，当然不会忠实于他 。纳吉依然是令人信服的党的支持者，当他最后寻求到南斯拉夫大使馆避难时，带了几位身为共产党员的部长，而留下了非共产党员部长听凭苏军处置。赶走纳吉的那些人的态度也是复杂的。南斯拉夫的事例显然鼓舞了某些匈牙利共产党人，铁托居中调解，使这场危机收场——他保护纳吉的努力没有生效——但也没有否定苏联军事干涉的必要。甚至费伦茨·明尼希——与苏联入侵直接有关的匈牙利共产党员——不能因他为莫斯科服务而解雇了事。作为西班牙内战的退伍军人，他与斯大林清洗运动的受害者有许多相似之处。

从长远来看，苏联的干涉使匈牙利这个共产党集团中最宽容的国家产生了难于理解的后果。这个政权的基础现在清楚了：依靠武力。一个靠苏联坦克支撑的政府无需要求人民相信它，也很难使人民相信它自己的宣传。在这种情况下，政府与被统治者之间的某种共谋便应运而生。政府可以暗示，不受欢迎的举措是外部势力逼迫所致，政府正在尽力使之缓和。

1956 年以后，卡达尔是匈牙利政府和人民之间共谋的典范，乍一看，他好像不是一个得到民众认可的人。20 世纪 40 年代末，清洗运动开始时是政府的一名部长，作为苏联要提拔的人，他开始有权。1956 年以前，他热衷于改革，但是他的往事使他很难与斯大林的老卫兵拉科西争权夺利：拉科西是 20 世纪 50 年代初清洗运动的幕后关键人物，由于放了一盘党中央委员会的卡达尔试图说服拉兹洛·拉伊克坦白的录音带，羞辱了卡达尔。[①] 然而，1956 年以后卡达尔没有用公开的镇压以牙还牙。

---

① 斯蒂芬：《拉兹洛·拉伊克》，第 120 页。

大家知道他是清洗运动的受害者，根据铁托的意见，苏联领导层似乎已挑选他为匈牙利政府的领导人，因为他们认为他能博得比更强硬的明尼希更广泛的支持。① 况且，他的过错人皆有之；大家把他视为一个背信弃义而不是一个经受过严刑拷打后背弃诺言的人。许多匈牙利人想必对 20 世纪 40 年代末的类似行动或 1956 年的余波感到内疚，他们可能有充分的理由认为，卡达尔的凡人皆有的过错要比共产党积极分子不人道要好（也许要比那些用汽油弹袭击苏联坦克的人毫无人性要好）。作为一个有缺点但仁慈的人，卡达尔被迫做过卑鄙的事，他所说的为民众的观点于 20 世纪 70 年代初在布达佩斯广为流传，他一生中曾哭过三次：拉伊克被处决；纳吉被处决以后以及匈牙利军队参加了 1968 年镇压"布拉格之春"的行动之后。②

1961 年卡达尔用一句话概括了他的政策，这是他从流放的持不同政见者那里借来的"不与我为敌，即与我为友"。③ 就是说，为抵抗外来侵略，国家会保护自己，或者请求苏联保护它，但国家不会去找持不同政见者。民众要听西方电台的广播（1963 年停止干扰西方广播）④，或受诱惑移居到西方（一名学生在国外学习过期不归，暂时没收了他的护照，但没有被学校开除），⑤这一切并没有使政府震惊。这一系列政策的实际结果与战前米克洛什·霍尔蒂海军上将专政时期执行的政策十分相似。像霍尔蒂那样，卡达尔既愿意又很勉强使用武力；像霍尔蒂那样，卡达尔允许有限的范围内进行选举。选民没有投票反对联合政府的选择权，但可以投票反对具体的候选人。⑥ 正像霍尔蒂曾宽恕城里的社会主义者，只要他们不在乡下与贵族争权夺利，卡达尔也宽恕知识分子的讨论，只要他们不煽动工人阶级。卡达尔的伙伴乔治·奥采尔给享有自由权的大批报纸杂志社、出版社和电影制片厂以资助，这些做法在共产主义集团

---

① 施赖伯：《匈牙利，和平演变》，第 17 页。

② 奥利韦·托德：《最后的失败：关于苏联分裂的论文集》（1976 年和 1990 年），第 84 页。

③ 这句话由蒂博尔·梅雷杜撰，见施赖伯：《匈牙利，和平演变》，第 23 页。

④ 同注④，第 25 页。

⑤ 托德：《最后的失败》，第 80 页。

⑥ 施赖伯：《匈牙利，和平演变》，第 24 页。

的其他国家是不可思议的。① 同样，卡达尔也允许由小商人组成的企业家
协会存在，只要他们不与国营集团争夺经济控制权。所有这一切确保了
匈牙利逐渐成为欧洲最自由和最繁荣的共产主义国家。但这也在这个国
度里引起了一种淡淡的忧郁情绪，这个国家用一种大幅度社会改革的信
念来换取每个人能买得起一辆菲亚特汽车的前景。从 1955～1970 年（就
在这期间，卡达尔的社会主义模式已经形成），匈牙利的年自杀率从每
10 万人中有 20 人增加到每 10 万人中有 36 人。②

非斯大林化在捷克斯洛伐克发生得比波兰和匈牙利更慢，因为斯大
林主义在波兰根底浅，匈牙利在暴动期间公开地议论斯大林主义。斯大
林去世和莫斯科的医生被释放后，逮捕不止。捷克清洗运动的最后一个
受害者奥斯瓦尔德·扎伏德斯基直到 1954 年 3 月才被处决。③ 捷克共产
党对赫鲁晓夫"秘密报告"的内容置之不理，有关波兰事件的报导不准
在捷克见报。④ 匈牙利的暴动鲜明地使捷克斯洛伐克的改革事业向后倒
退——捷克人有充分的历史原因惧怕匈牙利的民族主义，民族主义好像
是匈牙利暴动的一部分，捷克政府甚至主动表示愿意派出军队帮助匈牙
利恢复秩序。更重要的是，对共产党权威的攻击和私刑杀害党的官员使
原本赞成自由化的捷克共产党员惊恐万分。兹德涅克·姆利纳日是布拉
格的一名律师，早已为斯大林时期被任意处决和监禁的受害人平反昭雪
而忙碌，但是他承认，即使党的领导人遭受过街头暴徒的无端袭击，要
使他们从秘密警察的手里获得自由的希望也不大。而且，姆利纳日知道，
如果布拉格开始有反党的暴力行动，他在党内的改革家身份仍然会使大
家把他视为统治集团的一员。实际上，由于他知道发生在自己国家的不
公正，所以当老百姓为宿怨准备报仇时，他更有理由担忧事态发展的后
果。姆利纳日的朋友卡雷尔·库埃努不久前因为他的改革主义立场而被
开除出党，但是他也担心不分青红皂白地对党进行报复所带来的后果。

① 弗朗索瓦·费日多和艾娃·库莱沙－米耶特科夫斯基：《人民民主的终结：后共产主义之路》（1992），第 178 页。
② 托德：《最后的失败》，第 213 页。
③ 朗登：《供词》，第 373 页。
④ 帕弗尔·蒂格里德：《布拉格之春》（1968），第 59 页。

他想，他很可能像他的邻居——一个永不悔悟的斯大林主义者——那样吊死在同一棵树上。[①]

为捷克的斯大林主义受害者恢复名誉进展缓慢、谨慎而又勉强。1955 年和 1963 年间，三个委员会讨论了党所犯的错误，但在极其秘密的情况下进行。有一次是在巴纳比特的女修道院，这几次讨论的结果也没有广为传播。受害者得到了赔偿和平反，但被要求不要自找麻烦。大多数曾卷入清洗运动的人轻易地躲开了。哥特瓦尔德死后，涉案最深的卡罗尔·巴齐列克先是被送去斯洛伐克主持党的工作，然后"应本人的请求"解除了他的职务。1968 年，斯兰斯基审讯中的检察官仍然在位。[②]拟将讨论过去错误的捷克共产党第十二次代表大会直到 1962 年 12 月才召开。

捷克的非斯大林化与 1956 年以后匈牙利出现过的情况有相似之处。两个国家都是悄悄地宽容自下而上的运动，而不是自上而下的明显改革。特别是在 1963 年亚历山大·杜布切克成为斯洛伐克党的领袖以后，捷克斯洛伐克的这种宽容在它的斯洛伐克部分特别明显。1963 年 5 月在布拉迪斯拉伐召开的作家会议上，更引人注目的是 1967 年在布拉格召开的一次作家会议上，都有抗议的浪潮。知识分子的反抗声明往往被当做行政问题来处理，罢免了几个倒霉的文化部官员，而没有把它当做需要对有关作家采取行动的政治问题。[③]

1968 年布拉格之春的捷克流血事件像匈牙利的暴动一样，部分是苏联主动出击的结果。勃列日涅夫实际上撤销了他对捷克领导人安托宁·诺沃提尼的支持，1968 年 1 月，亚历山大·杜布切克以第一书记的身份接替了安托宁·诺沃提尼。像 1956 年时的匈牙利党，捷克党因争论而分成两派，争论不能化解改革者与保守者之间的分歧。杜布切克是一个忠诚的共产党员，46 年中他有 16 年在苏联度过。一些通常忠于莫斯科的人也致力于改革事业，这也许是因为苏联希望把变革置于他们的控制中。

① 姆利纳日：《布拉格的晚霜》，第 42 页。
② 蒂格里德：《布拉格之春》，第 92 页和第 99 页。
③ 尤金·斯坦纳：《斯洛伐克进退维谷》（剑桥，1973），第 142 页。

兹德涅克·姆利纳日虽投身改革多年，仍设法阻止改革向前推进，如彻底废除检察制度，在他看来实施的时机尚未成熟，且容易引发争端。

像在匈牙利那样，捷克共产党领导未能控制住事态，但他们失败的原因完全不同。匈牙利人民的叛乱发生在法西斯主义和斯大林主义的 15 年以后，而"布拉格之春"发生在这个历来憎恨暴力的国家缓慢地改革 6 年以后。在匈牙利，宗教和民族主义有很大势力，而在布拉格却微不足道。捷克的舆论很大程度上归因于改良主义的马克思主义和念念不忘国家过去所实行的民主，特别是正值扬·马萨里克逝世 20 周年纪念。比起 1956 年布达佩斯的老百姓，1968 年布拉格老百姓的脾气更好。海达·马尔戈柳斯的丈夫 1952 年死于绞刑，他在文章中写道："人民似乎懂得，暴力和复仇无论怎样正当，都不可能成为复兴的组成部分。"[①]

在这种形势下该做什么，苏联拿不定主意。只是当两个国家之间的对话不能平息事端时，它才命令华沙条约组织出兵干涉。8 月初，由匈牙利、波兰、保加利亚、东德和苏联派出的 25 万军队开始进驻捷克斯洛伐克"恢复秩序"，但是军事干涉不像在匈牙利那样激烈。捷克人不是用枪炮和汽油弹做出回应，而是用讽刺、挖苦、嘲笑，甚至试图劝说士兵回老家去。从多方面看，1968 年 8 月坚定而又平和的抗议是 1989 年 12 月的彩排。捷克领导人被绑架到莫斯科，但没有遭到审讯或处决；实际上，通过捷克和苏联领导人之间的某种妥协解决了事端。捷克领导人被允许回到布拉格，杜布切克仍旧是第一书记，直到 1969 年古斯塔夫·胡萨克接替了他。在某些方面，杜布切克与卡达尔的相似之处超过与纳吉的相似之处。像卡达尔那样，杜布切克是苏联选中的人，至少在短期内平息了骚乱。像卡达尔那样，杜布切克给人的印象是他的行动受到苏联不可抵挡的武力的制约。像卡达尔那样，杜布切克好像唤醒了更相信妥协而不相信毫无效果的英雄姿态的人民的共谋感。布拉格的一块标语牌醒目地写着"我们了解杜布切克"。[②]

海达·马尔戈柳斯回忆，布拉格之春使"所有紧张、忧虑和空想之

---

① 科瓦利：《告别布拉格》，第 211 页。
② 同注①，第 223 页。

梦成为现实", 然而, 不管怎样, 最重要的特点是现实主义, 而不是乌托邦空想主义。捷克领导人避免采取引起争论的姿态, 如讨论从华沙条约组织退出, 而且承认面临不可抵抗的武力会一无所获。捷克老百姓都懂得争论和说服比报仇更加重要。发生在布达佩斯的事件使匈牙利获得更多自由, 但使绝大多数欧洲共产党国家的改革事业遭受挫折。布拉格的事件没有使捷克斯洛伐克得到更多自由, 但是非暴力过渡的范例给人以启迪, 最终, 共产党的改革家要专心致志地投入。1987 年, 有人问苏联外交部发言人根纳季·格拉西莫夫, 戈尔巴乔夫的"改革"与布拉格之春有什么区别, 他回答: "19 年。"①

经　　济

斯大林主义政策的终结意味着共产党集团以一种新的态度来对待经济。以前, 以戏剧性的方式讨论这个主题。斯大林曾强调共产主义的经济发展缓慢, 需要加速, 为保卫和促进社会主义发展提供有力保障, 仅靠意愿和大张旗鼓的行动取得成绩, 不能给消费者带来舒适和方便。斯大林以后, 政策改变了。经济仍然是共产主义计划的核心, 但是以更乐观的态度谈论经济问题。经济增长是共产主义本身的产物而不是捍卫共产主义的一种手段。斯大林曾谈起必须赶上西方经济, 如果苏维埃社会主义共和国联盟不解体的话, 赫鲁晓夫似乎理所当然地认为苏维埃社会主义共和国联盟会超过西方, 这一过程将会让共产党集团的公民从消费中获益匪浅。

许多西方人感到共产党领导人对他们的经济前景充满自信。在西欧, 以前不发达的经济——例如西班牙和希腊的经济——现在发展很快, 似乎有理由认为俄罗斯的某些地区和东欧也可能会如此。苏联的技术先进给人以深刻印象。1949 年苏联爆炸了第一颗原子弹 (仅比美国晚 4 年), 1957 年把人造地球卫星空间飞船送入轨道 (比美国早)。最重要的是,

---

① 蒂莫西·加顿·阿什: 《以欧洲的名义: 德国和分裂的大陆》(1994), 第 124 页。

苏联的计划（经济）打动了许多西方人。人们普遍地认为，战前时期的无政府主义资本主义经济已经造成了灾难。苏联的协调系统和消息灵通的决定是一种优势，有人认为这是值得西方认真仿效的榜样。作为苏联成功的明证，由苏联计划部门提供的统计数字也得到某些西方经济学家的认可。

其他西方人坚持认为共产主义经济，特别是苏维埃社会主义共和国联盟的经济，处于一种不良状态，它们的生存可能岌岌可危。这种解释是基于对苏联的统计数字持怀疑态度。由于他们忽视产品的质量而不仅仅是数量，致使产品没有使用价值。伊曼纽尔·托德和阿兰·贝桑松提出，理解共产主义经济的关键在于个人到铁幕以东去经历一下腐败、专横和混乱。托德不谈苏联生产了多少吨生铁而去研究酒精中毒和幼儿死亡率的统计数字，从而了解苏联工厂的纪律是怎样的和苏联消费者得到的是什么样的商品。

事实的真相是，共产主义集团包含不止一种类型的经济。由此形成的第一种差别就是东欧国家和苏联经济之间的差别。几个人民民主国家，特别是东德和捷克斯洛伐克，其工业化水平原来就超过苏联。战后时期，这一差别扩大了，甚至原来落后的经济也比苏联发展得快。东欧国家对待私营企业比苏联宽容，他们有资本主义传统的优点，为人们施展才干提供机会，这种才干无论在小公司还是国营大企业都用得上。他们也因规模相对较小而获益：1975年，捷克斯洛伐克的人口不到1500万，比苏联少，苏联的人口是它的10倍还多，所以中央计划经济对捷克造成的损失比苏联少。

由于远没有产生一种有序的经济，苏联的中央计划加重了许多工厂里业已存在的混乱。在列宁格勒，管理金属运输的规章制度如此烦琐，以致有些管理员感到发卡车到莫斯科去运载物资要比办理当地主管部门的红头文件容易得多。要弄到零配件也非常困难，工厂因此成为极其低效的小规模生产车间。为了要达到计划目标，工厂的生产进度不同寻常。亚速海锻压设备厂每个月最后十天要减少60%～70%的产量，这已成为习惯。1958年5月的头十天一台机器也没有生产；第二个十天，生产了

3 台；最后十天，以疯狂的速度生产了 32 台，这就意味着有些工人从来没有离开车间。这种高强度的工作必然导致工人们旷工数天，以便来恢复体力（通常借助经理们给他们的伏特加消除疲劳，经理们以此回报他们的合作）。① 经理们为了准备在关键零部件到手时大张旗鼓地搞生产或按时完成计划目标，并有多余的工人在册，他们囤积人力和物力。1963年，某一地区的工厂里有 14986 台未安装的设备闲置不用，由于一直放在室外，许多设备永久损坏。②

第二种不同是农业和工业之间的差别。共产党国家农业的发展模式与西欧国家完全不同。在西方，出于政治原因，农业特别是小规模农业是受保护和给予补助的，同时，科学技术的迅猛发展以及大城市的诱惑使许多农业劳动力进入工业工作岗位；而在东欧，出于政治原因，不看重农业特别是小规模农业。国家扶持农业集体化（但不像斯大林在世时有许多硬性规定），并考虑调配各种资源用于发展工业。这种政策的后果是灾难性的。集体农场始终处于低效、无所作为的状态。而西欧靠从高效的大型农场得到粮食，能支撑低效的小规模生产，东欧的农业靠相对有效的（按照东欧标准）小型农场支撑，像波兰这些国家依然有小型农场。苏联的问题非常严峻，因集体化粗放而收益甚慢。苏联农业的缓慢发展最终招致 20 世纪 70 年代要不光彩地从美国进口粮食。

东欧经济的第三种差异在军用和民用部门之间。甚至在革命以前，俄罗斯的经济也已经与武器生产密不可分，当苏维埃政府确信他们要抗击来自西方（最终来自中国）的侵犯保卫自己时，武器生产成为头等重要的大事。有些评论家认为这些压力在共产党国家产生了一个双重经济体系，由此，低效的民用部门便与高效的军火工业并存。有几种理由支持这种解释。西方经济和共产主义经济之间的差距在民用领域表现得比在武器制造领域更加明显。东方集团可以通过进口控制把自己与民用物资方面的竞争分开，而军用领域则要与西方竞争。另外，产生于共产主

① 唐纳德·菲尔泽：《苏联工人和非斯大林化：苏联生产关系的现代体系的统一，1953～1964 年》（剑桥，1992），第 19 页和第 20 页。
② 同注①。

义民用工业的指令经济的某些弱点是任何经济中的武器制造业都不能避免的——西方武器制造业（以垄断供应商受到保护、几乎只出售给国家为基础）比民用工业（比如说晶体管收音机制造业）的竞争少。确实，苏军元帅惩罚一家没有交付合格武器的公司的能力也许大于他的北约组织对手。

有证据表明，共产党国家的军火工业是有效率的。苏联生产的武器在数量上可以与西方匹敌甚至超过西方。鬼怪式和幻影式战斗机制造商在某种程度上把米格战斗机作为竞争对手，而宝马或沙巴等汽车制造商从来不把斯科达或拉达汽车放在眼里——当然，西方武器制造商在说服政府时提出苏联武器造成威胁，是有财务上的考虑的。苏联武器的特点是相对简单和坚固耐用——米格21战斗机的部件数只有北约组织同类飞机F4鬼怪式战斗机的1/10。[①] 苏联的军事领袖在抵制国防分析家们称之为“镀金”（生产更复杂、成本更高但性能仅比原有的稍稍好一些的压力）一事上，似乎比西方的对手做得更好。卡拉什尼可夫冲锋枪（便宜、容易生产且很难弄坏）集中体现了苏联武器制造的优点，世界各地的游击队员和匪徒都携带它，包括阿富汗与苏军作战的起义者。卡拉什尼可夫枪也许是取得国际商标认可的唯一苏联产品。

然而，一般来说，苏联的军火工业不可能使自身完全摆脱苏联民用经济或整个苏联社会的种种弊端。武器制造商必须从产品质量低劣或者不能及时供货出了名的民用公司购买原材料和零件，军火工业的从业人员同样也被酒精中毒问题困扰，也必须依靠和其他经济中一样懒散和对工作漠不关心的员工。只有投入大量的人力物力，军火工业才能解决上述问题。军火工业耗费了苏联投资的很大一部分，这个数字比官方认可的要大得多。例如，雇用几乎与工人一样多的管理人员来确保某些加工过程中的产品质量。[②] 这种做法在短期内可以起作用，但从长远看，会产生两个深层次的难题。首先，这导致一种恶性循环——苏联民用经济发

---

① 塞恩·古斯塔夫森：《对技术挑战的回应》，载于蒂莫西·科尔顿和塞恩·古斯塔夫森合编的《军人和苏维埃国家：从勃列日涅夫到戈尔巴乔夫的民用军用关系》（新泽西州普林斯顿，1990），第192~238页，第205页。

② 阿兰·贝桑松：《解剖幽灵》（1981），第56页。

展迟缓，由于资源投资偏向军事工业而进一步恶化，而民用经济的落后又迫使军事工业不得不占用越来越多的资源。第二，生产比较简单的产品时，苏联的工艺技术应付自如（生产诸如铁和钢这类产品时，苏联的经济表现上好）——但武器生产越来越依靠其他工业（特别是电子工业），需要不同零部件复杂的相互作用和高水准的质量控制。苏联经济缺乏像西方军事工业那样可以互通有无的高技术民用工业的腹地。

消费经济与生产资料工业之间的差别与民用和军用领域之间的差别相似。苏联经济在生产生活资料时最糟糕。在斯大林时代，这是一种开诚布公的结果，但是，苏联经济在 20 世纪 60 年代日趋没落。不少生活资料通常是西方产品，只有在黑市或者只接待外国人和各类专业人士购物的专卖店才能买到。产品的缺陷，生活资料比生产资料更明显：要识别一吨东德的钢和等量的西德的钢需要一位专家，但 5 岁孩子能告诉你梅塞德斯汽车和特拉万特汽车的区别。

苏联及东欧经济在生产生活资料上的失败，汽车生产最为明显。在西方，汽车成为消费主义最有说服力的象征，并与舒适、优雅和效仿美国人的生活方式联系在一起。汽车也与个人自主性相提并论，有时是小企业维持生计所必需的，所有这些特征是东欧经济所没有的。东欧经济并不生产许多汽车，生产出的汽车性能也不佳。苏联甚至并不试图满足国内消费者的需要——20 世纪 70 年代，一年只为每 1000 位居民生产 4.5 辆；而法国，一年为每 1000 位居民生产 60 辆汽车。[1] 当菲亚特公司帮助建立一家俄罗斯工厂时，苏联人把生产出的许多车辆出口，这使意大利人大为吃惊。意大利人曾相信，产品在俄罗斯市场出售可以避免俄国生产的汽车在别的地方与多灵生产的汽车竞争。[2] 在东欧，汽车与官位有关而与购买力无关，而且汽车是由国家配给的。在捷克斯洛伐克，20 世纪 60 年代购买一辆轿车的权利是赋予平反后的清洗受害者的特权之一。[3] 这种配给，使对党或国家有贡献的人得益。在苏联只有一小部分人

① 托德:《最后的失败》，第105页。
② 贝桑松:《解剖幽灵》，第127页。
③ 斯坦纳:《斯洛伐克进退维谷》，第111页。

受到充分信赖并可以到各地自由旅游的特权，许多事情都与国家配给有关。拥有汽车逐渐被看成是党的官员与众不同的显著区别。埃马纽埃尔·托德认为，一辆轿车对一位东欧官员所起的象征作用就像一把剑对旧制度时的贵族所起的作用。[①] 东柏林人把党的官员所居住的郊区看做"沃尔沃格勒"。[②]

生产生活资料遭到失败的原因与其政治体系的性质有关。西方的公司在市场竞争的推动下承认消费者第一，西方政府在选民的推动下努力提高人民的生活水平，这在选举中起越来越重要的作用。在苏联什么压力也没有。中央计划难于使消费者满意；消费者的需求极大地取决于时尚、突然的念头以及满足他们的具体性能规格，而坐在莫斯科办公室里的官员很难对捉摸不透的、有各种特定要求的消费群体做出反应。生活资料要取决于产品质量。一台晶体管收音机有无数元器件，其中任何一个失效就可能导致整机报废。后果就是，每一个具体元件的很小百分比的失效率可能导致成品几乎丧失整个功能。

最后，东欧在正规经济与非正规经济之间有差别。黑市、鬼市和以物易物给许多东欧居民提供了他们所需的种种物品。有时，"计划"经济结构使得违法不可避免。例如，物资供应不及时意味着苏联工厂常常不得不在一周内完成一个月的生产计划，这就迫使工厂要求职工非法大量加班。为回报工人们做出的牺牲，经理们可能不得不提供额外的好处或奖金，这些通常靠工资表上做假账，增加虚构的工人人数而得到。[③] 整个非法企业在增加：1971 年，在苏维埃社会主义共和国联盟的敖得萨地区，这样的企业估计有 200 家。[④]

黑色经济的影响可能是有益的：它能提供某种得不到的服务。实际上，战后西欧经济最成功的意大利，其经济的经营方式远远超出法律允

[①]　托德：《最后的失败》，第 49 页。

[②]　玛莉·富尔布鲁克：《一种独裁政治的剖析：民主德国内部，1949～1989 年》（牛津，1955），第 39 页。

[③]　关于非法加班见布莱尔·鲁布尔：《苏联的工会：它们在 70 年代的发展》（剑桥，1981），第 56 页。

[④]　戴维·A. 戴克：《计划和工人》，载于伦纳德·夏皮罗和约瑟夫·戈德森合编的：《从列宁到安德罗波夫的苏联工人》（1984），第 39～76 页，第 65 页。

许的范围。然而,非法活动由于挪用了其他用途的资源,而破坏了正常经济。而且,黑市往往效率低。它们的经营靠有限的信息,所以不能充分地传递"市场信号",而且必须隐瞒物资和私下交往,这就限制了可开发利用的资源范围。黑市也进一步扩大了人民民主国家与苏联之间的差距。前者,特别是波兰和匈牙利,常常容许小规模生产经营,人与人之间也高度信任,愿意对与官方等级制度分道扬镳的打破条条框框的做法睁一只眼闭一只眼。黑色经济因此以合理公开的方式进行,倾向于作为一种补充而不是损害官方经济。相反,20 世纪 20 年代以来的苏联,一点也不宽容小企业,人与人之间的信任度极低,国家想方设法用粗鲁的惩戒性惩罚压制非法的经济活动。黑色经济以更秘密的方式进行,成为反常的更具破坏性的经济。买不到零部件的人只好去偷。害怕官方意味着进行黑市交易在很大程度上要依赖个人接触,而下级官员的索贿给这种交易增加了混乱和开支。

社　　会

共产党统治最引人注目的社会影响是城市化。在某些方面,向城市迁移也是一种可以在西欧看到的较大规模行动的一部分,但是人们觉得西方和东方(以及东方的不同地区)城市化的具体做法迥然不同。流向巴黎或米兰的农民迁到一个有学校、电影院和图书馆的已建好的城市。即使住在工业化的郊区,他们也能享受这些设施,他们的子女当然也能受益。东方的一些城镇也提供类似的有利条件(布拉格是一座幸免战争洗劫的古老城市),但许多城市是新建城市,除了可以找到工作外什么也没有,而工作常常只是在单一的工厂里。而且,这些城市的创建是由计划委员会批准的,这使得他们常常遭受社会以及经济不平衡的影响。

这些问题在苏联特别严重,地域和民族特权增加了社会问题,生活在大城市,特别是生活在莫斯科的权利成为一种令人眼红的小心提防的特权,仅限于出生在莫斯科或在莫斯科工作的人。莫斯科人比其他俄罗斯人更有机会得到生活资料,能够把最低贱的工作让给暂住莫斯科的外地人。在设施不完善的城镇里的居民不能享有这些好处。① 在 20 世纪 70 年代初的几个月里，有 80 万人口的顿河上的罗斯托夫，全市没有肉供应；与此同时，专门养着一群牛，确保一批住在公寓里的党的工作者有去骨牛肉送到他们的家门口。② 情况最差的是新兴工业城市。布拉特斯克是 1955 ~ 1973 年期间新建的城市，有 22 万人口，但被物资短缺所困扰。工人太少以致工厂不能开工，能给工人的住房太少，与男人配对的女人太少。③ 在许多这样的城市里，伏特加酒瓶构成了"社会和文化生活"。

流动性是社会性的也是地域性的。东欧国家里的教育系统不断扩大。1938 年，东欧仅有 5 万名大学生；到 1966 年，这个数字增加到 25 万；到 20 世纪 70 年代中期，单单南斯拉夫的大学生几乎就有这个数字。④ 首先，教育用于培养工人和农民的子女，资产阶级子女被排除在大学门外。毕业以后，新的知识分子涌入党和国家提供的白领岗位。在匈牙利共产党统治的最初 17 年里，有 1/4 的工人和农民的子女进入劳动力市场，从事非体力劳动。⑤ 一些对东欧知识阶层的发展壮大感兴趣的分析家觉察到了一个"专家"或"科技型官员"阶层的出现，他们会在东欧的国家执行明智而温和的政策。有人深信，以资历和技术知识为特点的专家和以对党的忠诚为特点的官员之间会有一场斗争。

实际上，教育和白领阶层壮大带来的变化并没有像初看上去那样引人注目。教育群众的尝试不久就冷清下来，为了保证子女易于继承其父母的职位，行政限制助长了裙带关系的蔓延，尤其是在苏联。与他们的西方对手不同，雄心勃勃的年轻人不能在大城市里碰上好运气。生活在这样的大城市的权利在某种程度上是世代相传的。集体农庄工人们的孩子不得不留在农场，他们不像其他苏联公民，在 14 岁生日时得不到护照出国旅行。名额限制影响了某些种族群体——尤其是犹太人——晋升到

① 弗拉基米尔·安德烈：《20 世纪俄罗斯的社会史》（1994），第 256 ~ 257 页。
② 默文·马修斯：《苏联的特权：共产主义制度下精英阶层生活方式的研究》（1978），第 38 页和 39 页。
③ 莫希·卢因：《戈尔巴乔夫现象》（加利福尼亚州伯克利，1991），第 106 页。
④ 奥凯：《东欧》，第 219 页。
⑤ 费日多：《人民民主国家的终结》，第 74 页。

高级职位。①

上大学开始依靠各种关系：伊曼纽尔·托德认为，苏联的考试已成为徒有虚名的形式，只是为了让名门子弟获得一定的地位，这种地位与他们的父母不相上下。② 大名鼎鼎的莫斯科国际关系学院竟然不在为苏联中学毕业生提供的标准升学指南中为自己做广告：只有地区党的书记个人推荐的候选人才能入学。③ 进入大学也给予免除服兵役的不寻常待遇（不到 14% 的苏联男性公民才享有这一好处）。④ 在莫斯科大学，有特权的人的儿女结识广、有威望，而普通俄罗斯人的儿子只能忍受军人的威吓和由此带来的不安。某些种族群体的男孩和持不同政见者的儿子过着更难以忍受的生活，因为他们不得不在一些单位干粗活。

一位法国社会学家着手研究几代人的社会变迁，披露苏联社会的变化程度。调查研究的家族之一是伊万（1914～1988）家族。伊万是一个富有的律师和收藏家的儿子，他和他的哥哥尼古拉斯（1910～1945）一道，在斯大林时期几经奋斗和争取，最终恢复了他父亲的社会地位。尼古拉斯成为一名汉学家，直到二战结束时在一次飞机失事中去世。伊万由于受到斯大林主义的冲击，早年历尽艰辛。作为资产阶级的子孙，他没有机会进大学而参加了莫斯科的地铁建设，这给了他"工人"的身份，因此在 1937 年被准许成为莫斯科大学历史系的学生。几乎与此同时，祸从天降，伊万和他的共青团小组全体成员以"散播反苏言论"的罪名被捕并判 10 年劳役。内务部（NKVD）领导成员更迭以后，伊万于 1940 年被释放，但一年以后战争爆发。伊万志愿服兵役并受了重伤。1945 年，他恢复了莫斯科大学的学业，但在 1948 年，由于受到警告，可能成为另一场清洗运动受害者，他逃离莫斯科到外省一所技术学校工作。最后，伊万在 20 世纪 50 年代中期返回莫斯科，担任一家杂志社的编辑，致力于历史学教学。

伊万的两个儿子（分别生于 1952 年和 1956 年）和一个侄子（生于

---

① 安德烈：《20 世纪俄罗斯的社会史》，第 256～257 页。
② 托德：《最后的失败》，第 203 页。
③ 马修斯：《苏联的特权》，第 48 页。
④ 埃伦·琼斯：《红军和社会：苏维埃军队的社会学》（1985），第 55 页。

1941 年）的事业可谓一帆风顺。现在，有一个成功的父亲是一个优越的
条件而不是绊脚石，伊万的两个儿子都成了历史学家。一个在他父亲当
编辑的杂志社工作；另一个在他叔父创建的东方研究所工作。伊万的侄
子成为一名化学家，后来又改行研究科学史，理所当然地得益于家庭的
支持。伊万的侄孙女（生于 1970 年）像她父亲，成为一名化学家，伊万
的侄孙（生于 1974 年）像他舅舅，成为一名画家。此时，恩赐官职权和
裙带关系铺就了几乎所有通向成功的道路。[1] 连保存列宁遗体的工作也要
由父亲传给儿子。[2]

　　在许多东欧国家，大学毕业生占党员、特别是拿工资的官员的多数。
因此，政治权威和技术权威之间没有根本冲突——一位波兰权威人士估
算，一半以上的党员是大学毕业生。[3] 值得注意的是捷克斯洛伐克，党没
有完全放弃早期的平均主义的意图，工资的差别较小，到 20 世纪 60 年
代中期，领导岗位上的大学毕业生仅占 9%。[4] 也许由于特权较少，所以
知识阶层在捷克的持不同政见运动中起到了主导的作用。

　　"intellectual"（知识分子）和 "intelligentsia"（知识阶层）这两个词
是骗人的，在东欧常被用来指不从事体力劳动的人，"技术专家"也是
一个误导的名词。东欧的许多大学毕业生具有非自然科学的学位，他们
的那种学习有点超现实。在审判斯兰斯基的国家，"法律"是什么？在
一个官方的统计数字是伪造出来的国家，"经济学"是什么？大学生们
不是将国家的管理托付给严格而客观的审计，而往往把他们的时间用在
翻阅报告和起草文件上。强调教育和刻板地论资排辈有时会导致竭力维
护特权和斤斤计较的分工争议。两位匈牙利社会学家在文章中写道："一
个手持毕业文凭的雇员会拒绝打印一封信，理由是打字工作不需要毕业
文凭。"[5] 强调写作技巧使东欧比以前更加官僚。农民的儿子，受过高等

　　① 达尼埃尔·贝尔托，《苏俄的革命和社会动荡》，载于《国际社会学手册》，第 96 期
（1994），第 77～97 页，第 85～87 页。
　　② 伊利亚·兹巴尔斯基和塞缪尔·哈钦森：《列宁遗体的防腐者》（1998）。
　　③ 费日多：《人民民主国家的终结》，第 76 页。
　　④ 斯塔：《共产主义政权》，第 61 页。
　　⑤ 乔治·康拉德和伊万·塞伦尼：《知识分子走向权力：东方国家的情况》（1979），转
引自费日多：《人民民主国家的终结》，第 75 页。

教育的米洛万·吉拉斯认为，在南斯拉夫，"新阶级"已完全替代了老长官（或地主）。公平地说，他们代替了两次大战之间的文职人员，这本身吸纳了过剩的大学毕业生。20 世纪 30 年代，休·西顿－沃森注意到，农民在政府办公室外面排长队而政府职员则边喝咖啡边闲聊。他写道，农民为讨公道已经"等待了好几百年，他们能再等几小时"。20 世纪 70 年代初，更多办事员坐在办公室，但他们依旧喝咖啡聊天，农民依旧等在外面讨公道（或为了等一张盖有官方大印的凭据）。

共产主义是一种国际化运动。欧洲共产主义国家是在苏联保护伞下的跨国联盟，但共产主义的实施并不是各个国家都完全一样。苏联试图在它的国境内削弱民族群体的意识，把异族的德国人和车臣人放到联盟的边远地区，乌克兰人为保护他们的语言和宗教，做出了坚持不懈的努力。但是，即使在斯大林的巅峰时期，苏联也没有试图灭绝在它本土以外的共产主义国家的民族文化。

当南斯拉夫、阿尔巴尼亚和罗马尼亚与苏联保持距离，而匈牙利和捷克斯洛伐克想这样做但未奏效时，共产党政府仍然极其清醒地认识到它们是各自民族的代表，并希望把民族主张纳入国际关系。即使在那些从不怀疑共产党和工人党情报局和华沙条约组织权威的国家，民族感情也没有丧失。战后的国界变了，人口迁移和战时犹太人的灭绝，已确保每个东欧国家的民族比以前更加单一。

共产党的统治在某种程度上鼓励了这种感情，共产主义以抵制美国没有社会基础的商业性大众文化和捍卫正统的欧洲文化的身份出现：昆德拉的小说人物之一回忆与他的朋友们认真地讨论关于用摩拉维亚民间音乐来"拯救"爵士音乐的前景。

民族感情也可用来分化和控制莫斯科或东方集团各个民族政府的潜在反对者。罗马尼亚和波兰的共产党员继续玩弄反犹主义的感情，这促使 20 世纪 40 年代末捷克斯洛伐克和匈牙利在斯大林主义公开审讯中起了重要的作用。铁托鼓励克罗地亚民族感情的复活，使之在 1971 年的"克罗地亚之春"中达到顶峰，因此他可以利用克罗地亚人来抵制南斯拉夫联盟中的其他民族主义。在捷克斯洛伐克，斯洛伐克人被看成比捷克人更驯服——尽管或者因为，20 世纪 60 年代布拉迪斯拉发比布拉格更自由，而且杜布切克是斯洛伐克人。1968 年的布拉格之春以铁的事实证明这个国家的捷克部分有反抗情绪，此后，政府慎重地把斯洛伐克人放在代表国家职责的位置上。

共产党的统治有时无意地鼓励民族文化的发展，东欧的知识分子一直迷恋西方，许多人甚至不用他们的母语交流。国境线上的铁丝网现在使他们失去了归家的本能。由于不鼓励使用外语（除了俄语），因此，捷克、波兰和罗马尼亚的文化闭关自守，故步自封。共产党统治初期带来的社会变化增强了这种趋势。人们把东欧的语言看成是农民方言只不过是 50 年前的事，但是现在农民的子女可能接受教育并有了公职。大学作为民族文化的典型代表，其地位不断得到加强。

民族文化中有一种机构处于特别尴尬的地位——教会。共产党政权对宗教持怀疑态度并设法清除"传统的"仪式，例如颇具宗教色彩的农民婚礼等，用"青年献身"或"正式具有公民身份"的仪式代替洗礼。布拉迪斯拉发大学专门设立了一个研究无神论的学院。反宗教活动在 1948 年与 1953 年之间达到了顶峰，许多教士因涉嫌间谍而被监禁。

然而，事态不久就趋平静，像其他事情一样，对于宗教，共产党政权不可能也不希望强行采取种种不顾民族特有习俗的措施。对教会的态度主要视教会的具体情况以及每个国家的宗教信仰程度而定。政权统治者面对过几种不同的宗教信仰。就宗教而言，战后的波兰是共产党集团中最清一色的国家：几乎所有居民都出生于天主教家庭，且大部分是虔诚的天主教徒。东德人口占压倒多数的是马丁·路德新教徒。其他国家的情况更为复杂。在捷克斯洛伐克，虽然在共产党统治以前已相对地世俗化，但仍有 78% 的人是天主教徒。在匈牙利，68% 的居民是天主教徒，余下的绝大部分是卡尔文派教徒。而在阿尔巴尼亚，70% 的人是伊斯兰教徒，20% 是东正教徒，10% 是天主教徒。保加利亚人也信仰这三种宗教，尽管东正教基督教徒占大多数。有些地方，宗教的分布与民族的分布相互交叠。南斯拉夫就是这种情况，它划分为天主教的克罗地亚人、东正教的塞尔维亚人和伊斯兰教徒。在捷克斯洛伐克，斯洛伐克人是这个国家中最虔诚的信徒。

共产党政府造成的第一个区别就是天主教作为一方与新教和东正教为另一方之间的区别：伊斯兰教在资本主义的西方没有盟友，被看做是落后的宗教，在此期间，更没有对共产党政府造成问题。新教和东正教倾向在国界内活动，有尊重国家权威的优良传统。东正教就其国际性而言，依靠在莫斯科的大主教，或多或少地与苏维埃国家达成了某种妥协，而在南斯拉夫和保加利亚，东正教有强烈的民族同一性（虽然南斯拉夫领导人对塞尔维亚人的民族主义或对其中的部分人可能与莫斯科有联系的组织也不十分关心）。在保加利亚，官方在 1949 年承认了东正教的特殊地位，当时，由于 3 年前一宗大间谍案涉及天主教徒，关闭了天主教教堂。① 只要新教承认国家的领导作用，国家允许新教存在。在东德，一个名叫"进步的牧师"的组织受到政府的资助。② 在匈牙利，亚诺什·彼得是一位与政府合作的牧师，1973 年以前是一名外交官，此后是国民议会的议员（卡达尔为了炫耀他的宽容以赢得国际信任的一个范例）。③ 20 世纪 70 年代，比利·格雷厄姆在布达佩斯附近布道。④

天主教提出了一个不同的问题。天主教教会是一个非常有纪律的国际性组织，要求它的教徒在某些环境下不要服从世俗权威。而且，在 20 世纪 40 年代末，它与冷战密切相关。天主教民主党人在西方的联合政府中通常处于领导地位，而共产党则被排挤出联合政府，1949 年 7 月，梵蒂冈禁止天主教徒归属共产党。在东欧共产党统治的早期，公开镇压和监禁一批卓越的神职人员为世人所知，尤其是匈牙利的约瑟夫·明曾蒂和波兰的斯捷潘·维辛斯基。在阿尔巴尼亚，1951 年建立了一个与梵蒂冈断绝联系的"民族天主教教会"。⑤

与法兰西第三共和国和德国第三帝国完全不同的政权达成和解的天主教教会，最后寻求与共产党国家建立工作关系。新教皇约翰二十三世于 1958 年即位，颁布了有助于促进和解的《教皇通谕》（Pacem in Ter-

---

① 斯塔：《共产主义政权》，第 45 页。
② 同注①，第 100 页。
③ 施赖伯：《匈牙利，和平演变》，第 22 页。
④ 奥凯：《东欧》，第 221 页。
⑤ 斯塔：《共产主义政权》，第 12 页。

ris）。1963 年当选的保罗六世继续执行这种政策。一系列会议——其中一次是教皇和赫鲁晓夫的女婿会面——以及正式的书面协议，标志着天主教和当局建立了比较友好的关系。

这一新政策的效果并非到处都一样。在教会中，各国的主教任期有区别，涉及各自国家的政治斗争和社会斗争，而梵蒂冈则在制定一项旨在保护教会利益的外交政策。正像法国的神职人员往往不愿"归顺"第三共和国，蹲过监狱的天主教徒总是不愿意看到像红衣主教弗兰茨·柯尼希（梵蒂冈"主管非信徒事务的秘书"）这样一些彬彬有礼的天主教外交官与共产党的部长们握手。

共产党各国之间也有区别。与天主教恢复友好关系的工作在苏联做得最差，天主教常常与民族团体一道反对苏俄的统治。除了释放乌克兰的东仪天主教的大主教，苏维埃当局连增加一点宽容的迹象也没有。在波兰，教会和国家的和解至关重要，天主教会有时被看做共产党国家曾试图争夺民族合法性的真正捍卫者。在 1966 年波兰建国千年的庆典上，波兰教会提出民族合法性的要求，波兰的主教们甚至在 1965 年联名写信给德国的同事们请求宽恕时，似乎要奉行一项独立的外交政策。对波兰工人阶级来说，教会也是忠实信赖的集中点，他们大多数人是刚从对宗教虔诚的乡下来的移民，很难指望共产党控制的工会会给他们提供保护或支持。

波兰共产党员对教会的所作所为并非完全不满意。维护民族文化的主张正是波兰共产党的雄心壮志。甚至给德国大主教的调解信也不完全使共产党为难。这促进了西德领导人维利·勃兰特的"东方政策"（向东欧开放），同时给波兰共产党员提供了一次难得的机会来显示他们比他们国家的教会更爱国。最重要的是，教会与工人阶级的关系是一把双刃剑。像德国工业化早期的基督教工会那样，波兰的天主教会是可信的，因为人们认为它与国家保持距离，但国家常用它来制止扰乱现有社会秩序的暴力行为。波兰天主教会的大主教协助过 1970 年大罢工后恢复社会秩序的工作。①

---

① 丹尼斯·邓恩：《教皇-共产主义的和解，1963～1973 年：它的发展和起因》，载于伯纳德·艾森斯塔特编辑的《苏联：70 年代和其后的事态》（1975），第 121～140 页。

小　　结

20 世纪 70 年代初，许多共产党国家中，教会和国家达成妥协是政府与以前曾是它的敌人之间建立了较为宽松关系的征兆。从国际上看，共产主义似乎与西方列强达成了某种和解——用"东方政策"和"缓和"等言辞来概括的和解。从国内来看，政府不太关心对敌人穷追猛打。对持不同政见者或不能顺应制度的人可能仍然很残酷（特别在苏联），但国家的暴力行为是可以预见的，而且大多数人都知道如何避免它。受到关注的共产主义精神发生了变化。20 世纪 40 年代末，至少在东欧，人们把共产主义与生气勃勃、奇迹般的变化、恐怖和殷切的期望联系在一起。70 年代中期，共产党政权由老年人或中年人领导。很少人对他们有恐惧感，但几乎没有人对他们寄予希望。稳定似乎是共产党世界最大的长处，甚至那些希望共产主义改革的人也认为改革是一个漫长的过程。

5　重建家庭

　　二战以后，西欧人关于性关系的讨论把重点放在婚姻和家庭上。在某些方面，这只不过是 20 世纪 30 年代末就已开始的回归"传统"价值观的继续。当然，欧洲人的经历往往与公开的男婚女嫁观念相距甚远。战争曾是一段夫妻分居、与人私通——对于德国、匈牙利和奥地利的许多妇女来说——被人蹂躏的痛苦岁月。这种经历使西欧人更加热心重建"正常的"家庭生活。人们在经历战时的错位以后，恢复"正常状态"的迫切需要深切地影响了官方政策——赫尔穆特·舍尔斯基是德国政府家庭事务咨询委员会的成员，他的工作是从研究战后难民开始。[①] 二战以后有一次结婚的高潮，随后是离婚率增加，像一战以后有过的情况一样，但二战招致的结果不同于一战，没有造成更大的关于两性关系的危机感。婚姻大事受到高度尊重，与两性问题有关的机构的名称反映了与家庭的关系。英国婚姻指导委员会成立于 1948 年。[②] 法国人谈到"计划家庭"。没有人迎合那些希望逃避婚姻或不打算建立家庭的人。

　　战后经济加固了"传统的"家庭。增加男人报酬常常用于供养在家的女人（在 20 世纪 60 年代初以前，法国妇女占劳动力的比例一直在下降）。家变得更加舒适，与工作地点、街头路边这些公共场所截然不同。城市化意味着原来是农民的西欧人的比例下降了，对于他们来说，家是一个经济单元，也是家庭生活的中心。广告用各种幸福家庭的形象刺激消费者。"工具性"态度日益在新兴工业——例如汽车制造业——中起作用意味着用最强烈的感情色彩把工人与他们的妻儿联系在一起。人口统计学也很重要。除了在德国（女人比男人多 700 万），二战并没有产生

　　① 罗伯特·莫勒：《同性恋男人是"男人"，同性恋女人是"女人"：性、社会和法律》，载于《性史》杂志第 4 卷第 3 期（1994），第 395～429 页，第 408 页。

　　② 罗斯·麦基宾：《阶级和文化：英格兰，1918～1951 年》（牛津，1998），第 300 页，第 320 页。

一战以后曾有过的性别失衡。战后年代出生率的上升有助于增加"传统家庭",即现在所指的核心家庭或小家庭。

战后强调家庭有一种政治尺度。如果欧洲大部分地区最重要的政治力量基督教民主党支持过什么的话,那就是家庭。基督教民主党和教会在意大利和西德的影响特别大,1953 年成立了家庭事务部,从 1955 年开始给儿童发补助金。西欧许多地方建立了福利国家,帮助家庭而不是个人,许多福利机构把一个收入颇丰的男人抚养家庭主妇和孩子的家庭看做为理想家庭。指望基本法(最近德国制定了一部法规)能保证男女平等,尽管事实上,在 1957 年以前没有根据法律修改过民法,男女同工同酬在 1958 年以前没有法律保证,丈夫仍有权决定与抚养子女有关的事,直到 1959 年。①

20 世纪 50 年代,欧洲的男女平等主义降到了 20 世纪的最低点:实际上,在此期间,法国几乎停止使用男女平等主义这个词。② 大多数西欧国家已赢得了妇女选举权(1971 年,瑞典成为授予妇女选举权的最后一个欧洲民主国家)。有关性自治权的斗争,特别是有关堕胎权的斗争,大多数国家直到 20 世纪 70 年代初才开始。

宽容的社会

> 性交始于 1963 年(对我来说相当迟了)——
>
> 在《查特莱夫人的情人》不再被查禁和披头士乐队的第一张密纹唱片发行之间。

菲利普·拉金的这几行诗句反映了人们普遍相信,20 世纪 60 年代的性革命从挑战禁忌和法律约束转向把性自由与新青年文化联系在一起。

---

① 英格里德·夏普和达格玛·弗林斯帕克:《从分裂到统一的德国妇女》,载于德雷克·刘易斯和约翰 R. P. 麦肯齐合编的《新德国:统一对社会、政治和文化的挑战》(1997),第 173～191 页。

② 克里斯廷·巴德:《玛丽亚娜的女儿们》(1995),第 22 页。

但是，如果有一次革命，那么，它要摧毁的旧秩序是什么？拉金自己的人生说明了某些复杂性。他也许对年轻一代的性活动怀有敌意，但不是因为他过着一种贞洁的生活或者因为他是传统的卫道士（他曾对家庭生活的不幸做过生动的记述）。1960 年 11 月对《查特莱夫人的情人》一书的审判 也令人关注，意味着 20 世纪 60 年代所宣传的性价值观并不是新的东西。实际上，60 年代对性价值观的挑战比 20 年代的挑战更温和，没有出现像亚历山德拉·柯伦泰这样一些人曾对家庭观念进行猛烈的攻击。在许多方面，劳伦斯的性道德观念——强调异性恋的一夫一妻制——是 20 世纪 20 年代兜售的最保守的观念。

审判《查特莱夫人的情人》的第二个重要方面是它的英格兰中心论。英国人认为，D. H. 劳伦斯的小说是可以用来判断其他作品是否淫秽的检验标准：有一位评论家写道：萨特的小说《恶心》"使查特莱夫人站在岗位上"。但欧洲大部分地区从未查禁过《查特莱夫人的情人》，小说中对性事的讨论并不比受过教育的法国人书架上的书中所讨论的更露骨。在英国人使它合法化的 10 年前，德·波伏瓦把《查特莱夫人的情人》作为阻碍女性解放的一个事例来讨论。① 如果英格兰在 20 世纪 60 年代是"变革的先锋"，② 那么，它首先是改变其他地方从来没有过的习俗。

当我们细查结婚的统计数字时，有关"宽容社会"的性质问题变得更加紧迫。当传统的生活方式在一个时代受到挑战时，年轻人比以往更可能结婚。法国人的结婚率在 20 世纪 70 年代中期达到顶峰。在 60 年代的英国，4/5 的妇女均已结婚；而 30 年前，这个比例仅为 3/5。③ 在 1965 年的西班牙，6/10 以上年龄在 15 ~ 49 岁之间的妇女都已结婚（1940 年，这一比例还不到一半）。④

往往被说成是对"家庭"构成威胁的大众文化实际上正在不断地强

---

① 西蒙·德·波伏瓦：《第二性》，第 223 ~ 233 页。
② "伦敦是社会变革的先锋"的观点见安东尼·萨特克列夫：《1945 年以来西欧的经济和社会史》（1996），第 157 页。
③ 哈罗德·珀金：《职业社会的兴起：1880 年以来的英格兰》（1989），第 430 页。
④ 阿德里安·舒伯特：《现代西班牙的社会史》（1992 年），第 212 页。

化家庭。摇滚乐、电影和时装表演都提倡异性夫妇，大众文化也在极大程度上以婚姻和儿童为主题。有时这会产生荒唐的情境。在一次电视辩论中，玛利·怀特豪斯指责米克·贾格尔没有与他有孕在身的女友结婚；而贾格尔不能承认他曾恳求她与自己结婚——但遭到拒绝。[①] 其他摇滚明星可以更公开地炫耀他们的信念，摇滚明星们的婚礼成为 20 世纪 60 年代和 70 年代的一道社会风景线。约翰尼·哈利迪的无数次婚姻在法国引起众人关注；贾格尔本人最后于 1971 年在圣·特罗佩茨众目睽睽下结婚。在贝尔纳多·贝尔托卢奇 1972 年的电影《巴黎最后的探戈》中，描述了女主角与一个老头玩匿名的性游戏，但她与同龄情人的关系是俊男靓女传统型，并注定以她所说的"流行婚姻"告终。

有些人把避孕丸（20 世纪 60 年代开始可以买到）看做性革命的基础。这种药丸似乎提供了可由妇女自己决定简单有效的控制生育。但是在 20 世纪 60 年代和 70 年代初，它的使用是受到限制的。只有在大城市受过良好教育的为数不多的妇女才服用，而在有些国家，例如意大利、西班牙和爱尔兰，避孕丸仍是非法的。另外，这种药丸不像有些人所说的对家庭构成威胁。通常是已婚者使用，而从丈夫那里获得自主权的妇女，仍要依靠男医生，由他们来开处方决定是否使用这种药丸。

据信立法也会影响性关系。在英国，法律使离婚更容易；堕胎及和 21 岁以上的男性有同性恋行为是合法的。在法国，1967 年的一项法律使节制生育合法化，1975 年的一项法律允许堕胎。在西德，1976 年批准堕胎合法化。没有一项法律像它看上去那样革命。堕胎、避孕和同性恋始终存在，问题在于立法者是不是承认，而且，法律的变化通常不是由于性激进分子的挑战引起的，而是由中年男性政治家引起的。性改革被说成是维护家庭的手段，就像凯恩斯主义被说成是维护资本主义的手段。将诸如堕胎和同性恋这样不受欢迎的行为纳入法律：放宽同性恋限制的第一部英国法律是由保守党国会议员倡议的，而夏尔·戴高乐授权对节

---

① 菲利普·诺曼：《石头》（1985 年），第 287 页。

制生育立法是因为他相信，对这些事情的选择应该是"透明的"。①

在西欧大陆，堕胎是一个挑战道德规范的问题。已经有堕胎权的妇女会越来越公开她们的经验，越来越倾向于谈论这些经验是她们支配自己身体的权利的组成部分，而不仅仅是生活的必需。希望不要孩子而不只是"计划"她们家庭成员的人会支持堕胎，热衷于婚外恋的人也支持堕胎。未来的欧洲人委员会委员埃玛·博尼诺由于宣扬堕胎，在意大利服刑6个月，而在法国，一群自称曾经堕过胎的妇女在《新观察家》杂志上公布了她们的姓名（一群德国妇女也在《明星周刊》上照此办理）。事情还远不止这些，支持堕胎合法化的运动与20世纪70年代初激进的男女平等主义的兴起有关。

1939年以前，对异性夫妇的关注使两个在某些欧洲社会中享有某种声誉的群体边缘化。第一个群体是男性同性恋者。法国和德国都保留了一些法律，根据这些法律，维希政府和第三帝国当局对同性恋者提起公诉。在德国，纳粹政权修改了处理男性同性恋问题的刑法第175条：从1933～1945年，根据这条法律被判刑的男子有38000人；从1953～1965年，根据同一条法律被判刑的男子有98700人。只有在1969年，21岁以上的男性同性恋关系才是合法的，迟至1979年，德国政府为纳粹受害者支付补偿金时还明确地不考虑男性同性恋者。②在法国，维希政府关于同性恋的立法是在"宽容的"60年代初变得更加严厉。③ 在英国，直到1967年，使奥斯卡·王尔德受到监禁的法律仍然生效，而且使用的手段更加残酷。20世纪50年代，因同性恋受到起诉的人数在增加（帕特里克·希金斯称之为"异性恋专政"时代）。④

---

① 《吕西安·纳维尔特报告》，载于《戴高乐在他的时代，第3卷，使法国现代化》，《联合国教科文组织国际文件汇编》，巴黎，1990年11月19～24日（1992），第331～333页，第333页。

② 罗伯特·莫勒：《同性恋男人是"男人"，同性恋女人是"女人"：性、社会和法律》，第427页。

③ 安东尼·科普利：《法国的性道德，1780～1980年：关于家庭、离婚和同性恋的新观念》（1992），第216页。

④ 派特里克·希金斯：《异性恋专政》（1996），第158页。希金斯指出，统计技术的变化可能导致人们夸大起诉同性恋案件增加的程度。

处理同性恋的权威常常宣称，他们的方法是基于医学而不是基于道德。1962 年 6 月的一项民意测验表明，大多数法国人把同性恋看做是一种"病态"而不是一种"罪恶"。① 然而，实际上医学和道德的区别从来不是绝对的。医生们用道德的语言写道："最明显的常规医疗状况表明，同性恋往往与懒惰、社会的无能和失职联系在一起……是一种病态，要忍受挫折，接受社会和家庭的责任，要从早期和源头着手制约同性恋行为。"② 专家们"治疗性错乱者"的心情可能比道学家惩罚鸡奸者的心情更不愉快。

男性同性恋最终在英国合法化的过程并不反映立法者的解放愿望或那些受立法影响的人的权力。国会的辩论提出了一个有待解决的"问题"，而不是赋予某种自由。辩论的参与者极力强调他们自己的"正规性"。漫画家奥斯伯特·兰开斯特的《莫迪·利特尔汉普顿》评论说："我个人赞赏的辩论是每个发言人设法给人的印象是他一生中从未遇到过一个同性恋者。"③

自立的女人是被夫妻关系困扰而边缘化的另一群体。1945 年，相信在以前男人唱主角的职业中能赢得人们尊重以及在婚姻外独立生活的欧洲妇女可以自信地期待未来。几乎所有欧洲民主国家的妇女都有选举权，而且普遍认为，选举和就业会一起促进男女平等。实际情况是，妇女仍然很少有工作机会，挣的钱也比男人少，妇女多半投票支持保守的党或基督教民主党，这些党通常不同情妇女独立，但是过后，这些短期问题会自行解决。选举的压力会迫使政府为妇女就业排除障碍，妇女进入劳动力市场会使她们获得与男人同等的知识和阶级觉悟，因而产生两性之间的政治趋同。

但到 60 年代末，这样的指望并没有实现。妇女大量进入了劳动力市场，但通常多从事相对卑贱的、报酬少的工作。实现女性平等的文化和社会障碍比法律障碍更难克服。

---

① 科普利：《性道德》，第 219 页。
② 安德烈·莫拉利－达尼诺斯，引自科普利：《性道德》，第 218 页。
③ 1960 年 7 月 1 日的漫画，转载于《莫迪·利特尔汉普顿的生活和时代》(1982)。

最重要的是，20 世纪 60 年代的"性自由"扩大了性别之间的差距，而不是缩小这种差距。有时，性解放成了一种拒绝妇女就业权的理由。戏剧批评家肯尼思·泰南在舞台上和他自己的生活中是一位性自由的狂热鼓吹者，但他告诉妻子要她放弃工作，因为"他不喜欢一早就起床的女孩子。"

变革中的年轻一代

战后的西欧受到人口统计革命的冲击。二战以后出生率上升使得 20 世纪 60 年代进入青春期的儿童数量比他们的父辈多得多。在西德，由于出生于 20 年代的男人在战争年代的重大伤亡，上述情况更加明显。还有一种社会变革。年轻人往往首先从繁荣、增加教育机会和社会流动中受益。大多数年轻人比他们的父母在学校接受教育的时间更长，许多人的收入对 30 年代长大的父母来说是难以置信的。

20 世纪 50 年代和 60 年代风华正茂的年轻一代有时谈到对老一代的造反。有人咆哮道："我希望在还没有老以前就死掉"（他们几乎全都能活到看到广告中宣传的养老金计划），但是，在某些方面，发展是增强了而不是在削弱家庭。青少年们享用的富足主要来自他们的父母，特别是父亲的收入。增加教育机会（特别是欧洲大陆大量增加的大学教育）意味着年轻人待在家里时间更长。即使最具造反精神的年轻欧洲人也常常与他们的父母住在一起，这种依赖性有时会有悲喜交加的后果。1976 年 12 月，意大利警方把沃尔特·阿拉西亚逼入绝境，他是红色旅恐怖组织的成员。阿拉西亚在随后的枪战中被打死，成为该组织的英雄，但是，发生对峙的地点不是革命者住的阁楼而是他父母的一套小公寓，在那套公寓里，他和他哥哥（银行职员）合住一间房。

20 世纪 60 年代的代沟并不是整个社会都一样。尽管那些自称为年轻人代言者的人常常标榜自己是"资产阶级价值观"的叛逆者或是无产阶级的卫士，但是代际冲突在上层社会并不激烈，上层社会的年轻人在 20 世纪 60 年代已经享有带给部分欧洲青年的财富和自由。上层阶级通常允许年轻人的过激行为甚至政治激进主义，许多人认为，60 年代的巴黎、伦敦或柏林与他们记忆中的 20 年代上述城市相比是平和的。安东尼·鲍威尔的小说用不厌其烦的说教而不是恐怖来唤起青年文化。

上层社会的代际冲突被利益分配所淡化，因为真正的杰出人才仍是少数，他们有能力把特权传给下一代。在这种情形下，许多伊顿公学的学生不想长大成为他们父亲那样的人。对于较低的社会阶层，情况就不是这样了。在那些不能把特权传给下一代人或他们的特权不值钱的人群中，代沟很深。法国工人阶级属于第一类。在战后不久的年代里，他们享受一定程度的安全和权力，但是，20 世纪 60 年代变化着的经济环境意味着被热拉尔·努瓦里埃尔称之为"独一无二的一代"的子女不再能得到有技术性的、安全的工业工作岗位。① 出生于 20 世纪 40 年代末的青年工人与其他边缘化的人群（例如妇女和移民）一道参加 1968 年的罢工，这次罢工主要是一次反对共产党领导的法国总工会的行动。而他们的父辈曾效忠于这个工会。

社会的流动也会产生代沟。最深的代沟使子女和父母分离。子女们已有一定的成就或受过良好的教育（虽然比他们的期望值低），而父母们则用牺牲自己来换取子女的成功。20 世纪 50 年代，丹尼斯·波特曾接受报界一次臭名昭著的采访，在会见中，他谈到他的工人阶级父母的苦恼：英国理想派愤懑的年轻人约翰·奥斯本恨他的母亲甚于恨其他任何人。20 世纪 60 年代的享乐主义和政治激进主义常常是对中低阶层父母推迟了的满足和势利的一种回应，他们用毕生努力帮助其子女"向上爬"。

国家提倡的解放

从第二次世界大战结束到斯大林逝世之间的这段时间里，有一些特别难以理解的力量牵制着共产主义欧洲的家庭。第一种力量是官方的政策。苏联和仿效它的东欧国家宣布了对男女平等的许诺，但斯大林主义

---

① G. 努瓦里埃尔：《19 世纪和 20 世纪法国社会的工人》（牛津，1990）。

在 20 世纪 20 年代放弃了一些苏联思想家的激进试验。堕胎和同性恋被制止，离婚也比以前更难。官方宣传机构为人们塑造了健壮、面带笑容的婴儿躺在慈母怀抱里的形象。

斯大林主义对家庭的冲击有一种不很明确的度量。斯大林主义的一个方面就是否定其他忠诚能替代对党的忠诚。这种态度影响了家庭关系。夫妻有时互相分离，致使夫妻的一方被拘捕不能得到另一方的谅解。对家庭和党的忠诚不能两全其美，因而痛苦不已。16 岁的捷克少年托马斯·弗雷伊卡把党的利益置于家庭之上，要求对自己的父亲处以死刑；而莉莉·马尔库则做出相反的抉择，她宁可离开心爱的党而不愿与她的"犹太人"父母断绝关系。

在共产党统治的欧洲，肉体上的种种限制至少像规定家庭生活的官方政策一样重要。战争留下了两种无法弥补的后遗症。首先是缺少男人，这个问题在苏联本身最突出，也就是说许多妇女没有机会建立"正常的"家庭。1929～1938 年间已到 20 岁的苏联妇女中有 1/3 直到 1959 年尚未结婚。[①] 到 1950 年为止，婚外出生的儿童每年几乎增加 100 万。其次是大量住房短缺，这个问题在苏联也特别严重。很少家庭有宽敞的私人空间，人们住在公共的公寓里或在兵营里。大批苏联人习惯住在不同于家庭的单位里。军人和在庇护所里长大的儿童以及背井离乡的工人都习惯于公共生活。许多人感到住在公共寓所里要比住在亲戚狭窄的家里更适意。

1953 年斯大林逝世使共产党对家庭的态度发生了变化，但这些变化再次牵涉多种有时是矛盾的力量。重视妇女的工作也许是最引人注目的做法，这种对待家庭和性关系的态度在东欧与在西方不同。在共产主义国家，妇女构成劳动大军的大部分——1967 年的苏联有 46% 的产业工人是妇女，而且国家赞赏这一事实。虽然妇女参加工作的比例仍然很高并总是在增加，但斯大林去世后，妇女工作的性质和影响改变了。20 世纪 30 年代和 40 年代，妇女进入苏联劳动力市场得到的工作是先前留给男

---

① 约翰·巴伯和马克·哈里森：《苏联的家庭阵线，1941～1945：二战期间苏联的社会和经济史》（1991），第 207 页。

人的工作，但 50 年代期间，情况不再如此。由于快速工业化、前线急需男人以及男性的事故死亡率高等原因造成劳动力短缺的情况已不那么严重。妇女就业不是为生活所迫，共产主义经济变得就业过多。许多人出工不出力，经理们则故意地使名册上留有额外的工人人数，以保证有足够工人突击加班，完成生产计划。因此，即使总的产量相对较低，但总的就业率仍然很高。在这种情况下，妇女被看成是"额外"的而不是"必需"的劳动力，因此越来越不可能在需要技能的岗位上工作；比起工业生产岗位，妇女更可能受雇于服务性行业（在苏联，妇女占该行业雇员的 3/4），就是在工业战线上工作的妇女，也越来越集中在重工业不需要特别技能的辅助性工作岗位上和新兴的轻工业生产线上。妇女的报酬也不如男人，20 世纪 60 年代，她们的工资不到男人的 70%，但工作受严格的纪律约束。

妇女参加工作不一定是一种解放的经历，不会挑战家庭至上的理念。例如在西方，妇女很难进入最高职位，人们对性别的敏感影响了妇女的职业。保护性的立法将妇女排除在某些需要技能的高报酬的工业岗位之外，她们只能从事最脏和最危险的体力劳动。妇女，特别是已婚妇女，用于学习的时间比男人少，因此更少有提高的机会，于是，她们的工作被看成是家庭生活的补充，而不是另一种选择。例如在西方，有工作的妇女回家以后必须承担大部分家务。事实上，苏联社会的独特性意味着她们的情况要比西方的姐妹更糟糕。国营商店的低效率使家务耗费更多时间（一项研究表明，苏联家庭妇女平均每天要花一小时排长队），而落后的苏联消费工业很少生产省时省力的家用电器：每 10 人中只有 1 人有洗衣机，每 50 人中只有 1 人有吸尘器。苏联妇女平均每一天要做 4 小时家务，而男人只做 1.5 小时。苏联女工每年用于家务的时间总计为 112 个工作日。①

共产党在东欧夺取政权以后，大量妇女参加工作，但是她们的工作是补充而不是替代家庭生活。在工作单位，妇女很少有机会与男人一比

---

① 唐纳德·费尔泽：《苏联工人和非斯大林化：苏联生产关系现代体制的巩固》（1992），第 198 页和第 199 页。

高低，而男人在家几乎从不分担同等责任。①在波兰，某些行业里妇女是当之无愧的代表，特别在医药业，其他行业则不然。每50个波兰机械专业学生中不到1人是女学生，而几乎所有这些女学生都准备到纺织界工作。②东德也是这样，妇女是医药业公认的代表，特别在不被人们看好的部门——药房。在匈牙利，1985年经济学、法律和管理专业的学生以及几乎所有培养以后成为幼儿园教师的学生都是妇女，而学习工程的十之八九是男生。③

1953年以后，共产党官方对待性方面的态度比以前更开放，但没有回到20世纪20年代时的激进状态。苏联使堕胎合法化（30年代禁止），大多数共产主义国家制定了类似的法律，但是并非由于要求性自由或为了提高女性的自主权而促成了这些改变。这些举措主要是希望控制出生率，但苦于尚无其他控制生育的方法。1966年，堕胎是完全非法的，少于4个孩子的夫妇必须填写有关他们性生活的调查答卷。不管怎样，对共产主义国家中的许多妇女来说，堕胎不是理所当然的一种"自由"。

共产主义国家在斯大林以后的自由化巩固了家庭生活，但这并不标志着对家庭提出新的挑战。斯大林的去世引起一场家庭再结合的风波。莫洛托夫的妻子是第一批从苏联劳动营中释放的（她回来与这位前任丈夫住在一起，虽然他们两人从未正式再婚）。

虽然在苏联住公共宿舍仍然是生活中重要的一部分，但经济日趋繁荣使得更多家庭拥有私家公寓。家庭与物质环境的关系改变了。在斯大林时代，家庭有危险——人们可能由于和托洛茨基分子或富农的女儿结婚而失去自由。甚至斯大林自己的亲戚也不能在家中得到人身安全。1953年以后，情况不一样了，家庭是驶向富裕和成功彼岸之舟，而不是招灾惹祸之源。有权势的待在适当的职位上，以保证他们孩子的未来前

①　杰奎琳·海嫩：《波兰女性劳动力的失业和前途》（1995），第138页。1984年，波兰妇女平均每天有6小时29分钟用于家务；男人在家务上平均每天花2小时20分钟。

②　同注②，第130～131页。

③　玛里琳·鲁谢迈耶和索尼亚·塞莱尼：《社会主义的变革和性别不平等：民主德国和匈牙利的妇女》，载于戴维·蔡尔兹、托马斯·贝利斯和玛里琳·鲁谢迈耶合编的《处于过得去前景中的东德》，第81～109页，第92页。

途。裙带关系和门路成为擢升社会地位的关键因素。

政治上的失意使人们越来越希望回到家人身边。诸如 1956 年匈牙利暴动或 1968 年布拉格之春以后的镇压风波把自由讨论逐出学校和报刊，但是镇压从来没有严厉到侵犯厨房和卧室。家庭往往是人们可以无拘无束自由谈论的唯一场所。1968 年夏天，一位新闻记者就他们的政治信仰采访了一群捷克工人。他们都出生于 1945 年以后，但他们都热情地称道1939 年就已终止的捷克第一共和国的政治理念，当记者问他们怎么会知道已经从官方记载中抹掉的那个时期时，他们回答得很干脆："我们有父母。"当问及 60 年代中期的捷克青少年，谁对他们的影响最大时，几乎所有人交口称颂他们的父母。没有一个人提到捷克斯洛伐克青年联盟。[1]镇压的记忆已从家人的心目中抹去；米哈伊尔·戈尔巴乔夫与一名女子结婚，她的父亲在 30 年代被清洗，人们并不为之愕然。

然而，共产主义欧洲的家庭并非总是躲避人世间欺压的宁静的避风港。相反，家庭可能永远不会把自己与赖以生存的社会完全分开。工作对家庭有重要影响，特别是男人在家庭中的作用。比较富裕的西欧人工作节奏紧张，工作时间较短，他们把工作所在的枯燥乏味的工厂与家庭截然分开，在家里他们享受闲暇，养精蓄锐。共产主义国家的工作时间较长，轮班工作以及缺乏足够的儿童托管，使得夫妻有时几乎没有见面的机会。由于"工作"占用了大量的休闲时间，效率很低的工厂在工人的生活中占有重要的地位。工厂是人们吸烟、喝酒、聊天和交朋友的地方，当然也是挣钱的地方。比如说在马格尼托哥尔斯克，生活中遇到危险和不安时，有些工人会觉得与他们的同事有一种强烈的感情依托。

社会上的暴力往往会渗入家庭，二战的后遗症也可能影响家庭。曾在监狱受折磨的受害者与在国家孤儿院里成长的孩子再团圆。曾在柏林强暴过妇女的老兵回到莫斯科做了父亲。塞尔维亚政治家斯洛博丹·米洛舍维奇是东正教牧师的儿子，父亲在共产党接管以后患上了精神病；最终，米洛舍维奇的父亲、母亲和舅舅相继自杀。米洛舍维奇的妻子坚持为她母亲雪耻（她母亲在战争期间被处决）。在更平庸的层次上，千

---

① 纽堡：《英雄的孩子们》，第 100 页。

百万每天面临羞辱和受气的男人好像要在家里发泄他们的失意和不快。家庭暴力，特别是针对儿童的暴力居高不下，在一些像 1956 年以后的匈牙利的国家里，好像特别普遍，这些国家的家庭有极大的自主权——60 年代中期，一所布达佩斯学校里有 4/5 的儿童在家里挨过打。[①]

在共产党统治的欧洲，官方的"解放"无处不在，掩盖了共产主义社会范围极广的习俗和价值观。风俗习惯和宗教活动仍占有重要地位。例如，在苏联，从爱沙尼亚到乌兹别克斯坦，家庭的结构变化很大。共产党之前的种种习惯继续起作用，阿尔巴尼亚表现得最为突出，由于在这个国家里，普通人的行为和信仰深深地受共产主义到来之前的荣辱观的影响。伊斯梅尔·卡达勒的小说说明了这种遗风。在《影子》这本小说中，颇有女人味的男主角由于发觉他在莫斯科大学的钟情者之一是一位处女而左右为难。他冷冰冰地评论说，贞洁在我们国家是一件严肃的事。居住在北部山区的天主教徒发生的一场纠纷说明阿尔巴尼亚人把女性的贞洁看得多么重。1949 年，苏莱伊马尼家族有人使多达家族的一个女孩怀孕。男孩的父亲开始为应当的惩罚——把两个孩子活活烧死——做准备，但多达家拒绝交出他们的女儿并表面敷衍以平息两家之间的矛盾。和睦相处持续了 45 年，直到 1994 年，多达家袭击了苏莱伊马尼家的一次婚礼，打死了 3 个客人。1997 年，多达家的男人在家里等待对方来复仇。族间世仇持续了 48 年。[②]

小　结

如果说 20 世纪 70 年代初有一样东西使欧洲团结一致，那就是家庭。在资本主义的西欧和共产主义的东欧，政府当局都尊重家庭。结婚率也都比战前高。这种尊重并不仅仅标志着"传统的"价值观依然存在。相反，家庭，特别是父亲、母亲与他们的孩子生活在一起的核心家庭，以前所未有的方式支配了欧洲人的生活。1945 年以前，家庭不仅受到过性

---

① 纽堡：《英雄的孩子们》，第 193 页。
② 《金融时报》，1997 年 11 月 8～9 日。

激进分子的挑战，还受到过法西斯分子和共产党人的挑战，他们认为，对党、国家或种族的忠诚应取代对亲属的忠诚。20 世纪 30 年代末，重申家庭的价值，就政治而言是为了提高出生率，就个人而言是希望有一个躲避未来战争的庇护所。1945 年以后，特别是在 20 世纪 60 年代，家庭有了名副其实的价值而不仅仅是一个终点站，对许多欧洲人来说，在蒙受法西斯主义、战争以及东方的斯大林主义的政治动荡以后，重建家庭是人生大事。然而，关于"家庭价值观"的讨论涉及欧洲人生活中形形色色的家庭。西西里的家庭和伦敦的家庭不一样，布拉格的家庭与阿尔巴尼亚山区的家庭也不相同。最重要的是东方和西方的差别，而不是简单的共产主义国家的"男女平等主义"与基督教民主国家的"传统主义"之间的差别；相反，西方的家庭霸权地位受到挑战之日正是东方的家庭霸权地位日趋增强之时。在 1968 年的学生示威时，巴黎和都灵的学生激进分子把矛头指向了家庭，而华沙条约国入侵以后的布拉格学生激进分子则比以往更信赖家庭。在东方，家庭是压抑社会中的自由孤岛；在西方，家庭则被有些人看成是自由社会中的压抑中心。

第四部分

谁赢了冷战

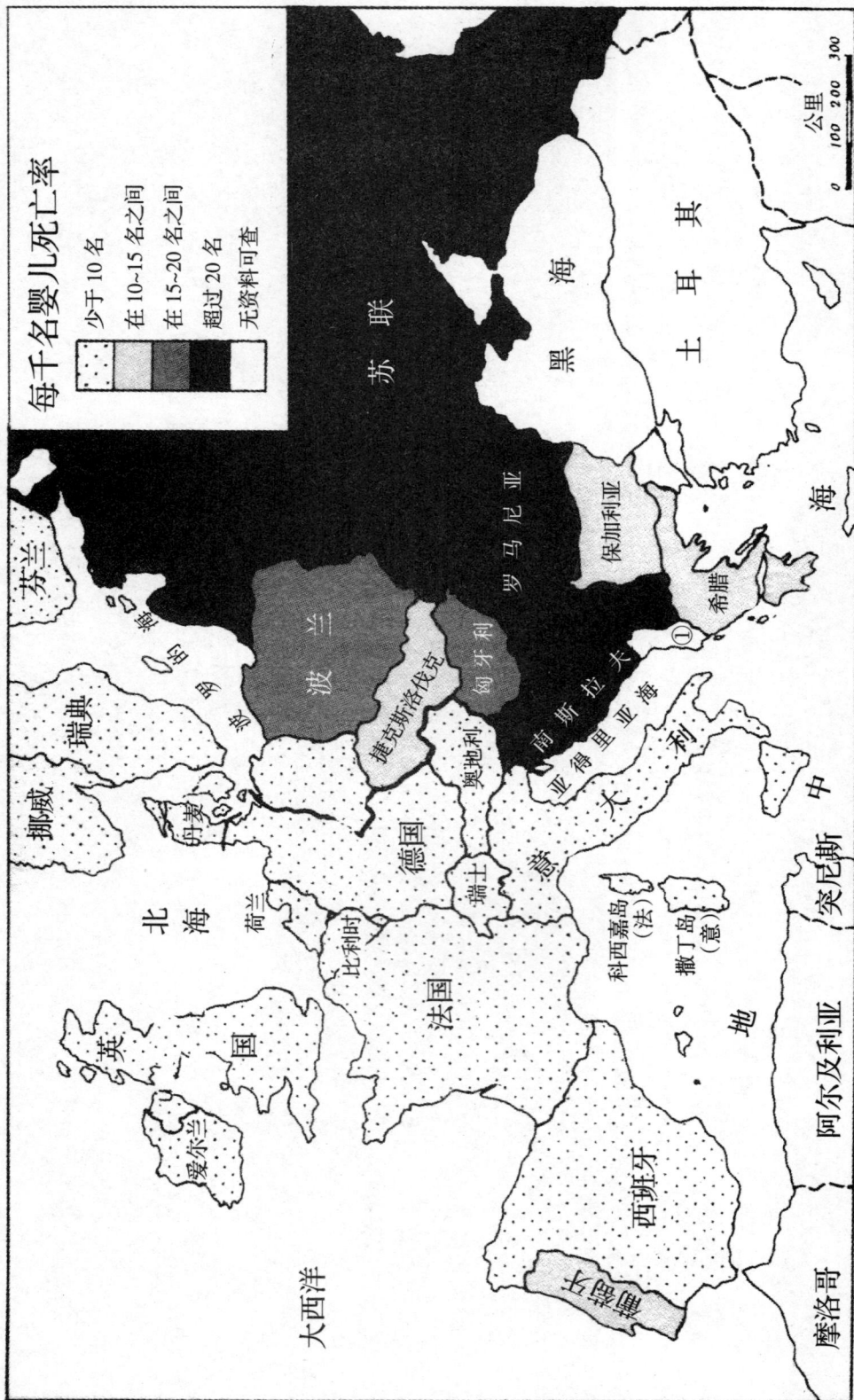

每千名婴儿死亡率

⣿	少于 10 名
▨	在 10～15 名之间
▩	在 15～20 名之间
■	超过 20 名
□	无资料可查

挪威　瑞典　芬兰　苏联

波罗的海

丹麦　北海　荷兰

英国　爱尔兰　比利时　德国

瑞士　波兰　捷克斯洛伐克　匈牙利　奥地利

大西洋　法国　意大利　罗马尼亚　南斯拉夫　保加利亚

科西嘉岛(法)　撒丁岛(意)　得里亚海

西班牙　直布罗陀　地　中　海　希腊　黑海　土耳其

①

阿尔及利亚　突尼斯

摩洛哥

公里　0　100　200　300

1985 年欧洲各国婴儿死亡率。尽管很难统计，婴儿死亡率仍然很低能说明欧洲共产主义国家中的社会和经济生活的种种问题。　①阿尔巴尼亚

"危机：资本主义经济增长过程的一次严重断裂。危机与资本主义经济有着极为复杂的联系，而在其他任何社会经济体制中是不会出现的。"

波兰《通用百科全书》词条（1965 年）

圣·保罗广场克拉肯韦尔。1870 年列宁的家。① 现在用来识别各地的资本家。三间卧室的公寓，还有复式套间……如今你只要称呼"同志们"，就可以立刻住进伦敦这块人们梦寐以求的地段。

《金融时报》广告，1998 年 3 月 21～22 日

20 世纪 70 年代中叶是西方不景气的时期。1937～1974 年石油价格的上涨使一些长期的问题更加恶化，导致了经济增长的衰退，而 1974 年水门事件的丑闻和尼克松总统辞职又使西方同盟的领导层显得腐败、混乱，最重要的是，1975 后美国撤回了顾问，亲苏联政权在西贡就职。共产党在越南战争中的胜利使资本主义世界的激进分子欢欣鼓舞，因为越共向左翼提供了一批英雄，而苏联政治局年迈的成员起不到这样的作用。越南勇敢地战斗，以装备极差的游击队来对付美国的技术和财富，美国人的暴行也被公之于众。英国记者朱莉·伯奇尔回忆起当时的情况：美国撤离西贡的那天，她被她的父亲叫醒，父亲仅对她说了一句"我们赢了。"她父亲是布里斯托尔市一家共产党商店的管理员。

---

① 列宁出生在 1870 年，三十多岁以前没有去过伦敦。这里很可能是指马克思。

　　苏联的力量在扩大，敌人的力量在缩小。除了越南的新政权之外，苏联在安哥拉的追随者又受惠于葡萄牙的非殖民化。资本主义的经济危机似乎没有影响到苏联的世界。苏联的确想从石油价格上涨中得到收益，因为它是石油输出国。当然现在很少有理智的人会相信苏联的统治是温和的，但勃列日涅夫和他的同志们不像他的西方同僚那样容易受到公众失望的影响。共产党的统治有足够的权威性去获得服从而不需要着力于要求它的臣民相信这个政权的宣传。

　　但情况并不像预料的那样。在东欧以及苏联的政权统治在1989～1991 年之间终于崩溃了。在此同时，西方向这些国家提供了它们想要仿效的模式。在 70 年代中叶，共产主义力量的扩大似乎是成功的标记，实际上削弱了苏联的力量。莫斯科试图推行一种全球政策，包括边远的卫星国家。这种政策概括起来就是保罗·肯尼迪所说的"帝国的过度延伸"。维护这样的帝国要花费金钱，但那不是主要问题——苏联有顺差的账目本会导致它的领导层过高估计它为追随者们提供的援助和贷款的规模，真正的问题是心理上的。苏联领导层被这样的想法缠住：他们面临着一系列难以置信地复杂和交织在一起的问题。1987 年，爱德华·谢瓦尔德纳泽（Eduard Shevardnadze）在国防委员会的一次会议上愤怒地叫了起来："这就是我们防御战略的基础吗？你们实际上是想要和整个世界打仗！"①

　　苏联是个古怪的帝国，它的实力不如它的许多殖民地。驻扎在捷克斯洛伐克或匈牙利的红军不能不注意到，他们在布拉格或布达佩斯的生活要比他们所来自的被上帝遗弃的省份好得多。20 世纪 80 年代，许多苏联公民错误地以为苏联的食品是出口到了东欧的共产主义国家。② 60年代和 70 年代夺得的新的势力范围进一步耗竭了从苏联和较富裕的东欧国家压榨来的资源。作为为适应苏联创导的外交政策的计划一部分，捷

---

　　① 达尼莱维奇，引自谢尔盖·贝拉诺夫斯基：《军备竞赛和军费支出的重担》，载于迈克尔·埃尔曼和弗拉季米·康托罗维奇合编的《苏联经济体制的毁灭：一部内幕史》（纽约，1998）第 40～69 页，第 42 页。

　　② 伊丽莎白·蒂格：《团结工会和苏联工人：1980 年波兰事件对苏联国内政治的影响》（1988），第 139 页。

克斯洛伐克处于这样荒唐处境：它欠了西方银行 79 亿美元却把其中的一半借给了伊拉克、叙利亚、利比亚、尼加拉瓜和古巴。在政权垮台前不久，捷克共产党书记米洛什·雅克什访问中东，试图要回这些贷款，但是没有成功。①

贷款和援助，酿成了对共产主义的不满。这是一种带有特殊性的强制做法，因为"社会主义的国际主义"是苏联自我形象如此重要的组成部分。政权的统治者失策地把他们臣民的注意力吸引到支持欧洲以外的运动，甚至这些统治者本人也开始怀疑这种支持。当蒂莫西·加顿·阿什（Timothy Garton Ash）在 1980 年与东柏林的工人一起饮酒时，对工人们抱怨的程度感到吃惊：他们抱怨，用来帮助越南和安哥拉的作为加强"团结"的捐款原来是从他们的工资中扣除的。②

1979 年 12 月，苏联军队入侵阿富汗保卫阿富汗的共产主义统治者。那里的战斗由于地形和西方政府的天真而变得十分困难，西方政府向伊斯兰游击队提供了大量先进武器。这意味着这场战争付出的代价是 1.3 万名红军战士的生命。阿富汗也突出了共产党统治的更大问题：伊斯兰世界。在 20 世纪 40 年代后期，苏联在和以色列关系破裂以后便和伊斯兰及阿拉伯民族主义结成了联盟，但是苏联对待境内的穆斯林一向不好。沙特阿拉伯的巨大财富和穆斯林原教旨主义的兴起，特别是 1979 年伊朗革命后取得主导地位为伊斯兰世界注入了新的能量和信心。一个事实引起了苏联计划制定者们的关注，即穆斯林人口的高出生率，这种情况使红军需要不断地补充新兵，而这些新兵的忠诚却受到怀疑。

回顾过去，苏联的担心似乎没有过硬的理由。反对政府统治最激烈的地方是西部经济比较发达的一些世俗化的共和国，如爱沙尼亚、立陶宛和乌克兰。穆斯林共和国的上层人士出色地适应了政权的因循守旧，因为政权领导者似乎很少侵犯他们个人的信仰。③ 但是改革所强调的

---

① 米沙·格伦尼：《历史的复活：民主时期的东欧》（1993）第 34 页。

② 蒂莫西·卡顿·阿什：《逆境的用途》（1989），第 7 页。

③ 乔治·格利森：《效忠与忠诚：苏维埃亚洲的非正式权力结构》，载于《苏联研究》，第 43 期，（1991），第 613～628 页。参见雅科夫·罗伊编辑的《穆斯林的欧亚：相互突的遗产》（1995）。

"现代性"使苏联领导层觉得跟他们的穆斯林人口更疏远，尽管 20 世纪 80 年代对西方开放本身是伊斯兰世界所憎恶的，但没有尽力减少他们的担忧。①

苏联的西方对手在需要的时候放弃了他们对世界的责任义务，这个事实使苏联的情况变得更糟。在葡萄牙放弃了殖民地之后，西欧便没有哪一个国家在海外有领地。列宁主义的理论一直认为，资本主义和帝国主义之间有必然的联系。考虑到这一点，诸如法国等许多国家，放弃了它们的帝国后反倒变得繁荣，实在令人惶恐不安。这种变化也给共产主义的宣传制造了一个难题：西方强国一向被指责为"帝国主义"，但是现在苏联却似乎成了——用罗纳德·里根（Ronald Reagan）的话来说——"邪恶的帝国"。

苏联维护它的帝国的能力受到经济、军备、人口和伏尔加（酒）的严重影响。石油价格的上涨对资本主义的损害比预期的小，对苏联的好处也比预期的少——西方经济的增长放慢了，但没有停止。西方经济把力量集中在高新技术及消费上，实际上却引起了对共产主义经济弱点的注意。20 世纪 50 年代，还可以有理由认为建立在大股份公司、重工业和国家计划基础上的某些西方经济体制和东方的体制相类似。到了 80 年代，西方以速度、灵活和创新在经济上取得了成功。

经济的衰退使苏联领导层意识到了军事力量与美国比起来也正在相对地衰退。到了 20 世纪 80 年代，在经济领域中把军事和其余部分分割开来的做法已越来越难以维持。军事力量被认为是取决于战场的控制系统、计算机和通讯，所有这一切都需要精密的电子元件。苏联的优势，现在却被认为是弱点。

苏联将军们的能力和国防工业一度是军事力量的保证，现在也变成一种不利条件。西方的将军们在文职人员压力下，不得不更新他们的技术，国防工业在自由市场竞争的压力下，不得不维持某种程度的效率。

---

① 马克·萨罗扬：《重新思考苏联境内的伊斯兰世界》，载于苏珊·格拉斯·所罗门编辑的《苏联学以外：政治学和历史论文集》（纽约，1993），第 23～52 页。

相比之下苏联的将军们作为坦克指挥官曾建立了赫赫战功，现在却反对变革。即使他们提倡新的手段方法，也面临着来自经济策划者们的抵制，因为后者担心向高新技术的军备每迈进一步，劳动密集型的军备工业就会被淘汰。政治上的自由化其实削弱了苏联军备现代化的能力，因为经理们出于对舆论的害怕，不愿意冒造成失业的危险。①

苏联军队未能接受某种现代化是否真正影响华沙条约国对北大西洋条约组织的战斗力还很难说。1999 年北约组织在科索沃的困境表明，尖端的武器在战场上并不像在内华达试验场上那样起作用。考虑到双方都拥有核武器和确保至少某些武器能击中目标的手段，也许西方强调高技术武器而苏联强调坦克都不重要了。甚至也可以认为，西方依赖高尖端武器是软弱的表现。几乎所有最精密的技术实际上都是防御性的，设计出来与其说是为了造成敌人伤亡不如说是为了防止美国人的伤亡，这也反映出美国根本不愿意承受任何损失。在一场对付重要敌人的战争中，任何损失对美国来说都不是好兆头。对比之下，苏联军队对战斗中人员伤亡的风险则是能够承担的。但是，因为双方除了计算机模拟外，从未真正战斗过，所以揣测红军和它的敌人真正的相对力量毫无意义。重要的是这个事实，苏联领导人认为，从军事角度来说，他们的军队是落后的，这就加强了他们的危机感。

奇怪的是，20 世纪 80 年代末，东西方紧张关系的缓和可能增加了折磨苏联指挥官的自卑感。当双方都认为存在着爆发全面战争的风险时，和西方较量对苏联来说不一定重要。军队靠动用自己的力量取胜而不是仿效他们的敌人：技术和经济的劣势并没有阻止红军打败纳粹德国。紧张关系的缓和带来了两个重要变化。第一，苏联指挥官们加强了和西方同僚的接触，因而更能比较双方装备的质量。第二，"超级大国"的地位不大可能通过和另一个"超级大国"进行假想的冲突来衡量，而可能更多地用针对第二强国进行范围更广的冲突的能力来衡量，这一点大大地有利于美国精确的战场控制系统。

---

① 谢尔盖·贝拉诺夫斯基对 M. A. 加里夫的访谈录：《军备竞赛和军费支出的重担》，载于埃尔曼和康托罗维奇合编的《苏联经济体制的毁灭》第 40～69 页，48 页。

对军事力量下降的担心和对人口出生率下降的担心是连在一起的。
1988 年能服兵役的年轻人的数量比 1979 年减少了 1/4。① 出生率下降在
斯拉夫人中特别严重。斯拉夫人是帝国的核心，为它提供最可靠的军队。
相比之下，有些群体——特别是穆斯林——的出生率却很高，而穆斯林
是苏联领导层最不信任的群体。在苏联境内，非斯拉夫民族不仅数量多，
而且过于自信。俄国人发现，在他们以前认为是他们国家的地方，他们
的处境越来越令人难受。乌兹别克斯坦从 1961～1970 年接受了 25.7 万
名斯拉夫移民，从 1979～1989 年有 50.7 万人从乌兹别克回到了俄罗斯，
甚至在没有人请他们离开之前，俄罗斯人已经在回家了。②

　　人口、经济和军事问题等交织在一起，结果是增加了酒精的消耗。
在 12 世纪 80 年代早期，据估计，三十个工人中不止一人嗜酒，几乎有
1/5 的人酗酒。而饮酒造成医学上的后果特别严重，因为俄国人不像捷
克人或匈牙利人，他们是从伏特加中摄取酒精而不是从啤酒或葡萄酒中
摄取，有时甚至依靠更危险的代用品。通过用硬通货行贿获取烈酒，更
增加了腐化。喝酒对苏联军事的力量也有不光彩的影响。一辆坦克上的
士兵把他们的坦克卖给了一个捷克酒店老板，换来"两箱伏特加和一些
泡菜"。一个逃跑的飞行员告诉他的西方审问者，在米格 25 战斗轰炸机
的制动系统中藏有半吨酒，地面人员称之为"飞行酒吧"。戈尔巴乔夫
和安德罗波夫（他们两人不像勃列日涅夫和契尔年科那样嗜酒）的改革
方案中提到视情况进行一场运动以减少酗酒。③ 这就引起了极大愤懑以及
国家收入的下降，而对苏联公民的肝脏却没有产生多大的影响。1988 年
12 月，在马格尼托哥尔斯克一座特殊监狱营地的犯人因得不到酒喝而暴
动。④

　　20 世纪 70 年代，西班牙、葡萄牙和希腊独裁政权的崩溃对共产主

---

① 埃伦·琼斯：《红军和社会：苏联军事社会学》（1985），第 58 页。琼斯指出，兵源今后还会再次增加。她当然不可能知道，到那时苏联的力量已受到致命的损害，也不会知道出生率在 80 年代后期再次下降。

② 阿纳托尔·利文：《车臣：俄罗斯帝国的墓碑》（1998），第 187 页。

③ 斯蒂芬·怀特：《俄罗斯实行禁酒》（剑桥，1996），第 52～54 页。

④ 斯蒂芬·科特金：《钢铁城苏联：戈尔巴乔夫时代的苏联社会》（加利福尼亚州伯克利，1991）第 39～41 页。

义来说是一次机会，因为共产主义在这些国家一直是主要的反对力量。葡萄牙似乎差一点变成共产主义国家，但是一旦民主被建立起来，那就是社会民主而不是共产主义成了这三个国家的领导力量。苏联统治的解体对苏联来说有着两层重要的含义。首先，对左翼分子来说，它使西欧更具吸引力。其次，它表明有可能和平过渡到民主统治。这个教训不会不对持不同政见者的共产主义改革家产生影响。

所有的共产主义国家最终都接受了私有财产和市场经济。不过不应过高估计这种胜利。资本主义也并不是无可争议和不受约束的。苏联改革家最有力的论据恰恰是，某些西欧国家比苏联更加社会主义化。

如果资本主义比共产主义生存得好，不是因为它成功地避免了挑战，而是因为它适应了新的环境。技术就是如此。资本主义国家接受了"全面质量管理"和集成电路所产生的"没有重量的"技术，而共产主义国家在试图追赶上去的同时，暴露出中央计划经济的所有致命弱点——僵化、强调数量而不是质量。

和新技术及新型经济联系在一起的是精英阶层的变化。东西方都发生了这种变化，但西方的变化是在现有的制度里发生的。在欧洲的这两个部分，新的精英阶层所受的教育要比它的前辈好，而且受教育的方式也不同。工程学在大陆欧洲和共产党阵营曾经是通往权力地位之路的学科，现在让位给了经济学。[1] 经济学家可以在西方产生：如哈佛大学的杰弗里·萨克斯（Jeffrey Sachs）或高盛大学（Goldman Sachs）的加文·戴维斯（Gaymv Davies）等人。新阶层的标志是经济力量不断增长和商界领导人的自主日益大于政界领导人的自主权。政治上的接触仍然是重要的，特别是在东欧，但是商界领袖对这种接触更多地采取颐指气使的态度，利用政治上的关系而不是把他们的地位完全和某一特定政治党派联合在一起。1992 年英国的《金融时报》劝告它的读者投工党的票。在匈牙利，1987 年经济界 4/5 的领导人是共产党员，几年以后，他们中不到

---

① 关于苏联的变化，见戴维·莱恩和卡梅伦·罗斯的《俄国的政治精英，1991～1995 年：增补和更新》，载王约翰·希格利、简·帕库尔斯基和沃齐米尔兹·韦索洛夫斯基编辑的《东欧的后共产主义精英阶层和民主》（1988），第 34～66 页。在抽样调查的 109 名苏联精英人士中，42 名毕业于工程学。

1/5 的人成了无党派人士。①

　　新精英阶层最显著的特点是比较年轻。因为被老人统治排在权力之外的一代群体终于出头了。在西方则相反，年轻人在现有的体制下行使更大的权力，这种情况已有好些年了。在 80 年代和 90 年代，这个差距更大。共产主义阵营已被确定的领导人留在岗位上，即使他们已变得太衰老而不能发挥作用，在西欧的政治领导人却变得更年轻了；洛朗·法比尤斯（Laurent Fabius）在 37 岁时成了法国总理（并在某种新的程度上接受了自由主义经济）。约翰·梅杰（John Major）1990 年上任时 47 岁，是一个多世纪来英国最年轻的首相，而他的继承人保守党的领导人年仅 36 岁。

　　资本主义本身和年轻人紧密联结在一起有两重含义：最富活力的大公司，特别是与金融和计算机相关联的大公司的领导变得更年轻了；资本主义吸收了年轻人的文化如摇滚乐和时尚，这被铁幕另一边看成是一种威胁。

　　资本主义社会日益复杂使得反对资本主义的人日子越发难过，正如社会主义制度的相对简单助长了对立一样。列宁主义强调意志和权力，所以当事情出了什么差错，领导是很难逃避责任的。资本主义强调客观的力量。在 20 世纪 80 年代，西方政府坚持认为它们不能对每一种经济发展负责，大多数公民（包括那些最遭殃的人）似乎都接受了这个论点。两种制度的对照也可以用两个词的比较来说明，即"国际主义和全球化"。共产主义世界用"国际主义"这个词，意味着决定有意识地干涉遥远的地方，结果引起了其他国家居民的愤慨，因为他们感到遭受的痛苦是因为资源移到了第三世界去支持那里的革命运动。相比之下"全球化"的含义是发达的资本主义国家自身不能抵制超越任何政府控制的发展。

　　资本主义的复杂与社会主义的相对简单对工人阶级来说有重要的含义。20 世纪 80 年代，西欧的劳工领袖们伤心地意识到，最成功、最富

---

① 乔治·伦杰尔：《90 年代前半期匈牙利的经济界精英》，载于《东欧的后共产主义精英阶层和民主》第 203～212 页，第 204 页。

战斗性的劳工运动只有在一个共产党国家（波兰）才会出现。工业化意味着工人在波兰人口中占有更大的比例，而且都集中在大规模的重工业（采矿、钢铁、造船）中，并由人种和宗教联合在一起。西方工人阶级的情况就不同了。首先是由于工业在经济中的重要性在减弱，工人阶级在缩小。曾是劳动力中心的大型重工业衰退得特别快。外来移民意味着种族和宗教把工人分开。中央强行规定的工资和物价使波兰人有着共同的抱怨，这样又把工人和更广大的群众联合在一起。而西欧的工人有着更广泛的不同利益，也就是说，一个群体的抱怨很少和另一群体的抱怨恰好吻合。国有企业的工人们不会像私有企业的工人那样直接受到经济下滑的打击；在传统的重工业地区承受着大规模失业的同时，充满活力的领域的工人却可能在享受繁荣。更重要的是西方的工人不大可能把经济上的抱怨转化为对整个政治制度的广泛批判。

持不同政见的知识分子在不同国家地位也不同。在 20 世纪 70 年代和 80 年代，"持不同政见者"这个词几乎毫无例外地用于共产主义国家，而许多西方知识分子都赞赏那些批评东欧和苏联政权的人。当然，西方的"持不同政见者"要比在东方的"持不同政见者"日子好过得多。在共产主义国家，他们通常被排斥在高等教育以外，但西方针对资本主义批评家都在一些著名的高等学府里占着主导地位。在苏联，教育本身是一种特权，专门保留给来自人民民主国家和政治上可靠的年轻人，而在美国，教育是为所有西欧人开放的。大批的欧洲马克思主义者都花一定的时间在美国的大学里任教。

东方的持不同政见者比西方的持不同政见者的日子过得艰苦，东欧持不同政见者引起广泛的社会注意，而西欧的马克思主义者却会发现自己处于可笑的地位，他们受到所批判政权提供的补助和保护。东欧的知识分子面临一个简单的精神选择：要么支持这个政权，要么不支持。如果他们不支持，就必须和反对这个政权的知识分子联合在一起。相形之下，西欧知识分子所面临的选择令人眼花缭乱。有些曾经是马克思主义者的人——例如安妮·克里格尔（Annie Kriegel）或者弗朗索瓦·菲雷（Francois Furet）变成了支持自由主义保守主义。另一些人则转向了新激进主义，强调性别、人种和文化而不是阶级。

对持不同政见者的关注引起了意志问题，谁想要 80 年代及以后时期发生在东、西方的变化？想要这种变化和导致这种变化的人是不是同样的人？如果是，他们从中得益了吗？在东欧的部分地方，变化的提倡者、代理者和受益者实际上是同一批人。在那里，政府倒台是因为大部分人真正想要一个不同的社会并采取步骤实现它。他们中的大多数人参加了团结工会或者在文策斯拉斯广场（Wenceslas Square）游行示威过，认为在政府垮台后他们的情况比以前好。对布拉格、柏林特别是华沙的政府领导来说，20 世纪 80 年代的问题是公民们真正渴望变化；对苏联领导来说，80 年代的问题是漠不关心，麻木不仁，而不是激进主义，他们担心的是酗酒和旷工而不是非官方的工会人权团体。苏联的解体不是由于自下而上的革命，而是由于来自上面的一套混乱和自相矛盾的改革计划以及接踵而来的一次失败的反革命。在苏联，只有一小部分持不同政见者希望结束共产党的权力，甚至在持不同政见者当中也很少有人敢于希望变化来得像发生在 1991 年时的变化那样迅速和剧烈。那是政权领导自身造成的结果（尽管他们的意图并不是这样），而且从变化中得到最大利益的是一群勾结在一起的企业家们。

当然，变化的提倡者、代理者和受益者之间的关系是复杂的。共产党的领导人一开始很可能不主张变化，但他们（或者说至少是苏联、波兰和匈牙利党的领导人）都从和持不同政见者的对话中学到了一些东西，这些人的政见当然是不同的。同样，代理者和受益者之间的关系也因为某些共产党人在后共产主义政权中干得如此出色而变得复杂起来。共产党政权不是自己的领导人有意搞垮的，但是他们的垮台肯定是下述事实促成的：党的领导层内的某些分子（特别是年轻的和级别较低的成员）意识到，在资本主义制度下他们的物质利益会受到保护，也许还会提高。

提倡者、代理者和受益者之间的区别也有助于理解资本主义的进步。资本主义利益最热情的拥护者是站在右翼一边的，右翼自由企业和人种、宗教、家庭问题方面的文化保守主义联系在一起，但自由市场的胜利伴随着政治权力的不断后退。欧洲的右翼独裁政权崩溃了，欧洲的社会党在 20 世纪 80 年代取得更大影响，而且在东欧解体后影响更大。到了 20 世纪 90 年代，欧洲的右翼大家庭——意大利基督民主党、法国的戴高乐主义和英国的保守党——都陷入了危机。一般来说，资本主义的胜利总是伴随着保守分子所哀叹的文化变革。

欧洲社会的变化可以通过比较苏联共产党改革家米哈伊尔·戈尔巴乔夫和大力提倡资本主义的政治家玛格丽特·撒切尔来说明。这两位领导人在上台时都面临类似的问题：两者都统治了建立在帝国权力基础之上的国家，但现在发现这两个国家都被经济衰退所削弱（虽然英国的衰退仅仅是相对的），而且两者都力求以雄心勃勃的、广泛但稍有些混乱的改革方案来复兴国家的命运。对戈尔巴乔夫来说，提高政治自由化是他方案中的一小部分，这部分曾有过它自身的势头，但最终毁灭了他为之辩护的价值观。对撒切尔夫人来说，经济自由化是她改革方案中的一小部分，这部分也有过它自身的势头，最终也毁了她为之辩护的价值观。20 世纪 80 年代后期和 90 年代初期的欧洲史需要根据社会的变化来书写。

1 苏联解体，东欧剧变

"我们不必改变我们的政策，它是正确的，而且是真正列宁主义的。我们必须加快速度迈向灿烂的未来。"

戈尔巴乔夫对苏联政治局的讲话（1985）①

最富戏剧性的政权没落要数捷克斯洛伐克、罗马尼亚和德意志民主共和国。这几个政府在 1989 年末很快被推翻，在这些实例中，政府被推翻似乎都与民众的感情有关。在布拉格，有过多次类似文策斯拉斯广场的游行示威以及发生在柏林和莱比锡（Leipzig）的集会。罗马尼亚的例子最奇特。在蒂米索阿拉（Timisoara）镇的示威游行被暴力镇压之后，被当局召集来听齐奥塞斯库（Ceausescu）演讲的群众突然反叛，呼喊反政府的口号。齐奥塞斯库和他的妻子试图逃跑，但都被抓住，并在简单的审判之后于圣诞节被处死。

这些人暴死都是以不同的方式发生的。捷克斯洛伐克和东德都曾有过有影响的（即使影响不大）政见不同的运动，这有助于避免暴力。捷克斯洛伐克有可信的领袖亚历山大·杜布切克（Alexander Dubcek）和瓦茨拉夫·哈韦尔（Václav Havel），他们都是在旧政权垮台之后上台的。东德迅速地并入西德的政治结构。罗马尼亚的持不同政见者被无情地消灭，组成新政府的人其实就是齐奥塞斯库时期共产党的杰出党员。在罗马尼亚，政权的突然垮台看上去很可能是上层人士暗中安排好的，在布拉格和柏林扮演主角的是群众；在布加勒斯特则是一个外来的"龙套角色"。

匈牙利、波兰的社会变革比较缓慢并带有较多的尊严。在这两个国家，政权的移交是在长期的改革之后，是在党的领导和他们的继承人进

---

① 约翰·基普：《帝国的最后日子：苏联的历史》（牛津，1996）。

行多次的"圆桌会议"之后同意放弃权力的。匈牙利改革的起源可以追溯到20世纪60年代，主要是由上面创导的。波兰的改革则是由成立于1980年9月的"团结工会"从下面施加压力的情况下突然宣布的。在波兰，改革是和民族主义运动的情绪连在一起的。在匈牙利，改革是和冷静的实用主义和坚决要求改变脆弱的国际地位连在一起的。

匈牙利和波兰的改革朝着出人意料的方向加速进行。回顾许多事件后的解释和当时大多数人的解释是很不相同的。例如许多人把1981年沃切伊赫·雅鲁泽尔斯基将军颁布的戒严令看成是1956年匈牙利事件的旧戏重演，那时士兵是被用来镇压群众运动的。到20世纪80年代中叶，这个戒严令看上去更像是1956年波兰事件的重演，那时的波兰政府曾说服苏联它能以自己的方式对付反抗而不需要苏联的军事援助。到20世纪90年代早期，可以有理由认为，戒严令的颁布确实是1926年毕苏斯基（Pitudski）政变的重演，一个独裁的民族主义的士兵接管了政府。

阿尔巴尼亚、保加利亚和南斯拉夫的变革既不是被群众压力的突然爆发所推翻，也不是被缓慢的改革过程所窒息，而是上层人士自己安排了向民主（至少可以被当成民主）的过渡，但是并没有和反对派进行过真正的对话。原来的统治者改变了他们党的名称，采用煽动性的民族主义作为保留政权的手段。

苏联的解体具备上述所有过程的成分。从1985年起，作为苏共总书记的米哈伊尔·戈尔巴乔夫开始了像匈牙利和波兰领导人所进行的那种改革，但苏联的变革不像匈牙利和波兰，没有通过谈判放弃权力。1990～1991年冬，戈尔巴乔夫自己似乎放弃改革方案中某些较为激进的部分，但这还不足以抚慰苏联领导层中的保守派。1991年8月，一批阴谋分子——主要是克格勃（KGB）和军队的成员——发动了政变，戈尔巴乔夫在克里米亚（Crimean）的别墅中被捕。从那时起，苏联的事态便像捷克斯洛伐克、东德和罗马尼亚。但因为多数军人拒绝支持政变，苏联的解体也有第三方面的情况，这有点像巴尔干各国的崩溃：由于联盟分解成立宪共和国，当地的共产党领导以新的政治姿态巧妙地确保他们留在了这个政权里。这种延续在亚洲的一些共和国里特别明显，这在1990年

5 月鲍里斯·叶利钦任总统的俄罗斯也能见到。叶利钦本人既是民主的捍卫者——他在 1991 年爬上俄罗斯议会外面的坦克对装甲兵演讲——又是共产党的前官员，他似乎从苏联的变革中得到相当多的利益。

尽管有这些不同和出乎意料的事态变化，苏联解体、东欧剧变也不应该简单地解释为互不相干的一连串意外事故的继续。政权的领导者们和他们的反对者们本可以用不同的方式行事，但在某种程度上他们都对同样的问题做出反应。像共产党欧洲的大多数问题一样，这些问题首先来自莫斯科。

改 革

米哈伊尔·戈尔巴乔夫在 1985 年 3 月成为苏联共产党的总书记。他似乎比他的前任们更务实、开放，但是他整个一生都为苏联共产主义服务，他的迅速崛起表明他从未让他的上司以任何理由怀疑他的忠诚，他最重要的保护人一直是尤里·安德罗波夫——克格勃以前的头头、驻布达佩斯的苏联大使，曾经协助镇压 1956 年的匈牙利起义。戈尔巴乔夫的改革加强了苏联的体制而不是削弱它。他的自由化最终削弱了他自己的权威，因此反过来又削弱了他推动自由化的能力。但在他领导的头几年，他的影响力是增加了，因为他把支持他的人放在重要的位置上，同时他又有统帅红军的巨大权力。

从 1985～1991 年，苏联领导的政策可以用"改革"一词来描述。这个词意味着一个连贯的改革方案，真实情况是运用种种不同的政策，而这些政策有时是相互抵触的。最戏剧性的变化往往是由于莫斯科的失败而不是由于它的成功。

对莫斯科来说首要的问题就是国力问题。尽管改革说来是与缓解东西方的紧张状态联系在一起的，但苏联领导人被迫进行改革，部分原因是他们感到在军事力量落后于北约国家。苏联在原子弹和弹道导弹的生产和交货方面可以和它的对手平起平坐，但在以计算机和激光为基础的"智能"技术方面却无法与之匹敌，而这些技术越来越支配着战略上的思考。1983 年美国宣布的先发制人的战略防御或"星球大战"计划使苏联的将军们特别担心。奇怪的是，在军事上跟上西方意味着要从纯粹的军事领域中脱离出来。苏联必须改革它的经济，才能支持它的军事开销，必须改进它的高新技术工业，才能和美国的军备比高低。

20 世纪 80 年代中期，苏联面临的经济危机的另一个因素影响了它的生活水平。说得绝对一些，生活水平从来没有这么高过，但是经济增长缓慢意味着不能满足日益增长的对消费品的期望。在亚洲的一些共和国里，农村人口仍是大多数，他们的期望值相对低一些，[①] 但俄罗斯和西部共和国的人口主要是城市人口，教育水平相对较高，对被西欧人视为理所当然的舒适生活的兴趣又在日增。在斯大林时代，这一点并不重要。但 80 年代的苏联已是一个比较开放的社会，普通人有更多的机会和西方比较一下他们的生活水平，并抱怨这种差异。

戈尔巴乔夫设计的种种改革是要创造一种经济，它能和资本主义竞争，而不仅仅是模仿。这一点说起来容易做起来难。苏联领导人从一种政策突然倾向于另一种政策，结果是"改革"往往恶化了它所想要解决的问题。加大的经济刺激在生产力差的部门中引起愤懑而没有满足成功的部门。企业被鼓励去冒险而又没有责成其对失败的结果负责，因为它们知道国家会帮助它们摆脱困境。反"腐败"运动，体现为 1986 年 7 月关于"非劳动收入"的法律，这意味着国家经常用一只手来镇压大型的自由企业，又用另一只手来试图鼓励它。最重要的是，日益严谨的经济研究意味着苏联领导人已经意识到自己所面临的问题的严重性。

国家本身变得更为分裂和混乱。在莫斯科，学术界的年轻经济学家制订了宏伟的经济改革计划，但是省一级的领导不会赞成任何削弱自己权力的变化。改革往往会造成资本主义的一切无政府状态而又没有矫正它的机制。国家被剥夺了权力，但是又没有交给消费者或股票持有者。所以管理人员被架空了。中央控制的崩溃意味着公司和地方当局留下了更大比例的产品用于进行混乱的物资交换。

① 弗拉基米尔·什拉彭赫：《生活水平和民众的不满》，载于迈克尔·埃尔曼和苏拉基米尔康托罗维奇合编的《苏联经济体制的毁灭：一部内幕史》（纽约，1998），第 30~39 页。

经济改革伴随着政治上的变化。苏联从未有过不经检查的出版物或自由选举，但言论是比较自由了，也就是说可以比较公开地表示不满。竞选（尽管不是多党竞选）也在 1987 年 1 月进行过。最重要的是，组成苏联的各共和国获得了进一步利用自治权，首先被巴尔干国家利用，然后又被俄罗斯的鲍里斯·叶利钦利用。所有这一切在改革中造成了进一步的矛盾。权力要么移交给根本不相信莫斯科所设想的改革方案的人，要么移交给那些希望进行莫斯科从未料到的那种改革的人。

苏联的改革对其他一些国家来说是有某些含义的。勃列日涅夫在必要时动用武力干涉的信条被一位外交部发言人称之为"Sinatra"的信条所取代，即让卫星国"自行其是"这对热爱自由的人来说未必是好消息。苏联既尊重诸如齐奥塞斯库等暴君的自治，也尊重诸如卡达尔等比较自由主义的统治者的自治。实际上那些最明显地受到苏联新路线威胁的人都是自由主义共产党人。正是他们在匈牙利和波兰容忍了相当激烈的辩论，同时暗示他们的臣民，如果超越了一定的界限，就有可能引发苏联的干涉。

更难解释的是为什么政权会在一些国家（如捷克斯洛伐克、德意志民主共和国、保加利亚和罗马尼亚）崩溃。其中有些政权看上去准备得很好，能够生存下去。前两个国家的经济状况要比苏联好，也没有背上自命不凡的超级大国包袱；后两个国家对群众镇压得厉害，以至于民众的不满对其统治者似乎不构成威胁。也许如果 20 年前让这些政权靠自己的力量生存下去，那么它们就会发明一种共产主义的自给自足。

大多数东欧国家的领导都是年迈、疲劳、因循守旧的人，缺乏他们在 40 年代和 50 年代建立国家时的精力和信念。失去苏联的支持对他们的自我感觉来说是沉重的打击。值得注意的是阿尔巴尼亚在 60 年代就和苏联关系破裂，但那里的共产党统治持续时间最长。罗马尼亚在与苏联的关系上一直表现出某种程度的独立性。政府生存下去的机会也由于其赖以生存的行政机器的复杂性而减少。政权不再由坚定的革命先锋队控制，而是依靠一大批中层精英人士——军人、管理人员和党内官僚。这个事实既不能简单地用来自下面的压力来解释，也不能用来自上面的改

革来解释。这是政府和人民之间相互作用的结果，而不是一方战胜另一
方。

工人们

在苏联和东欧的大部分地方，工人阶级是共产主义的产物。共产党
人集结了工人阶级，因为他们相信工人阶级是提供支持的天然蓄水池。
农民是天生的保守主义者，一般都能接受政权强加给他们的任何东西，
即使不接受，也没有抗议的手段。他们可能会试图欺骗当局，但却不会
组织起来反对国家。

相反，工人阶级却是无穷麻烦的根源。蒂莫西·加顿·阿什指出，
柏林的一个工人住宅区，在魏玛共和国时期曾是共产党的堡垒，现在明
显地缺乏热情，它的居民就这样毫无热情地参加了选举。[①] 工人们参加过
1956 年的匈牙利起义，使他们的领导者惊讶的是还支持过 1968 年的布拉
格之春。最重要的是，波兰的工人阶级通过 1956、1970、1976 年和 80
年代初期的罢工和闹事表明了他们不满，并给予独立的团结工会以巨大
的支持。团结工会在一名电工莱赫·瓦文萨领导之下出现在格但斯克的
列宁造船厂。

东方的工人运动是成功的，但西方的工人运动却动摇不前，这种区
别部分地是和共产主义国家普遍的经济逆转联系在一起的。政权从来没
有提供丰富的商品，而丰富的商品却缓解了西方工人的愤怒。阶级觉悟
在共产主义世界比在西方更容易保持。共产主义经济很大部分由大规模
的以男性工人为主体的重工业组成，而这种工业在西方正在逐步消失。
资本主义国家的工人们面临的是难以理解的复杂体制，那些管理他们、
制定他们购买的商品价格以及付给他们工资的人都来自不同的部门。转
包短期合同和错综复杂的法人组织结构意味着，很多工人对谁拥有他们
为之工作的公司只有很有限的概念。在东方，情况就简单多了。国家、
党、工业管理的等级制度是并行运作的。1975 年 10 月波兰的一条法令特

---

① 加顿·阿什：《逆境的用途》，第 7 页。

别授予雇主们有权减少工人近 1/4 工资，以惩罚各种犯规情况。① 每个工人都知道增加工资、冻结工资或增加工作量的决定最终都是由党的领导授权做出的。如果有人怀疑，政府当局会在工厂的墙上贴出他们的照片和名字以帮助解决人们的疑问。

工人们避开了某些使白领雇员的生活蒙上阴影的小小的妥协和伪善。他们并不用为上大学所必需的"政治标记"担心，也不在乎党员的身份是否会增加他们晋升的机会。体力劳动的性质使他们免去了受到党的注意的麻烦：很难证明一名铆工如果对马克思主义有更好的理解便能提高生产。在捷克斯洛伐克，高等院校的 10 个学生中有 9 个是共青团员；在学徒和青年工人中，比例就低得多。② 1984 年 10 月莱比锡有 1/3 的学生说，他们觉得"十分热爱"这个制度；在学徒中，这个数字不到 1/5。③

这些经历对于东方阵营的工人来说司空见惯，但有一个重要特征。大多数国家的工人通过发脾气、非正式抵抗——缺勤和怠工——来表示对政权的态度。但他们的抵抗很少是有组织的。冷淡地辞职文化在捷克斯洛伐克和德国特别明显，这两个国家在 1945 年以前就有强大的工业传统，因而有了工人阶级。可能正是因为工人阶级早已形成，所以才不愿意直接与政权对抗；这些国家的工人由于对过去的失败有共同的记忆而变得很"现实"。在德国，这种记忆特别强烈，那里还有许多工人是由希特勒青年团培养起来的。④

在波兰共产党领导下工人阶级的冷漠是一大例外。波兰工人受惠于教会的力量，教会提供了一种把工人和其他群体联合起来的号召力。教会了从波兰军队获得力量，虽然这一点有时并不很明显，这就意味着波兰工人不像德国、匈牙利、捷克的工人，从来没有面对苏联的坦克。最

---

① 埃马纽埃尔·托德：《最后的失败：论苏联势力范围的瓦解》(1990)，第 107 页。
② 韦罗尼克·苏莱：《在东方的 20 年》(1989)，第 65 页。
③ 蒂莫西·加顿·阿什：《以欧洲的名义：德国和分裂的大陆》(1994)，第 101 页。
④ 亚历山大·冯·普拉托：《希特勒青年一代及其在两个战后德国的作用》载于马克·罗斯曼编辑的《冲突中的两代人：德国的青年造反和一代人的形成，(1770～1968)》(1995)，第 210～226 页。

重要的是，团结工会是建立在波兰工人阶级比较年轻的时期。在以前的农民国家里，工业迅速发展所产生的工人阶级还不习惯于失败。团结工会有一种在欧洲其他地方找不到的乐观和热情。迅速发展的工业巩固了教会和国家之间的关系——当工人们来到城市，他们远不是放弃教会，而是依附于能够在一个新的混乱世界里提供某种连续性的机构。在格但斯克造船厂做露天工作的工人自然地适合这种工人阶级的文化，正如酒吧里的呻吟适合捷克斯洛伐克工人阶级的文化一样。

教　会

在 20 世纪 70 年代建立起来的东欧政权和基督教会之间的"妥协"在 80 年代就崩溃了。这使从上到下的人感到沮丧。从上面来说，罗马教皇约翰·保罗二世是 1978 年选出来的，在东欧很多地方，特别是他的祖国波兰博得极大的尊重，不像他的前任那样乐意和共产主义妥协。从下面来说，越来越多的普通信徒开始质疑，自己国家里各级教会对政权表现出的依从。教会对人们之所以有吸引力，正是因为它提供了能较为自由地讨论的论坛，而有的时候政权本身却把持不同政见的活动赶进了教堂。东德政府的习惯做法是剥夺在政治上有怀疑的学生除神学以外学习其他任何学科的权利，这样反倒造就了一批充满活力和独立思考的牧师队伍。① 在某些情况下，不安分的神父们违反上级的意愿我行我素，乔治·布兰尼——一位匈牙利的天主教神父——讲道时反对义务兵役制，遭到梵蒂冈和本国僧侣统治集团的谴责，最后被调离到了另一个国家。②

在波兰，宗教影响很明显，教皇在一个已经很虔诚的民族中激起了疯狂的热情。波兰的天主教回避了折磨其他地方宗教的一些问题。它坚持同样地支持男人和女人、青年和老人、工人和农民。增补新牧师的吸收力在波兰没有下降的迹象，而在其他所有地方几乎成了教会衰落的一

---

① 玛丽·富尔鲁克：《独裁的解剖：德意志民主共和国内幕（1949～1989）》（牛津，1995）第 89 页。

② 苏莱：《在东方的 20 年》，第 41 页。

种标记。1983 年在年轻人中进行一次调查显示，牧师是仅次于医学和法律的第三种令人向往的职业。在 20 世纪 80 年代后期，在欧洲授予圣职的所有牧师中，1/3 来自波兰。[①] 这种奉献精神并不一定表示波兰人听从教会的所有教导。这也许是因为教会和波兰人的民族身份联系在一起，波兰人把它对个人道德的权威看得不像对西方天主教徒那样有束缚力——在 80 年代，堕胎的比率估计每年达一百万。[②]

在捷克斯洛伐克、德意志民主共和国等世俗化国家，宗教的影响较弱，尽管东德的耶稣教会在 1970 ~ 1989 年之间从联邦共和国那里得到 22 亿马克的补贴。[③] 在共产党阵营里，教会能施加影响的程度有着很大的不同。新教（耶稣教）在传统上最不愿意和国家对抗，但在 80 年代，东德的耶稣教会成为批评政权的最重要中心。在罗马尼亚和匈牙利，对福音派新教会（耶稣教会）的崇拜也相当热衷。新教缺乏中央机构，这使它不愿意向政权提出挑战，但一旦这种挑战开始，它就更容易卷入冲突。相比之下，天主教的牧师们总是受到他们上级的提醒：政治对立本身不是目的，教会的利益比任何政治运动更重要。

教会对共产党政权的批评和各种非宗教性运动的批评混淆在一起。有些宗教领袖受到 20 世纪 60 年代普遍的左翼政治气候的影响，这一点可以从第二次梵蒂冈会议以后的天主教会中明显地看出来。这种向左转遗留下来的影响使教会不大可能对共产党的统治采取彻底对抗的立场，但是可能使它更加同情新的左翼运动，例如生态学向东西方两大阵营的权威提出了挑战。

教会和持不同政见者的牵连并不意味着 70 年代初建立起来的"妥协"完全失败。这种牵连可以是有用的，因为它使教会引导和控制一些运动。反对暴力和保卫其自身慈善事业利益的愿望使教会在危机时刻成为重要的对话者。在这种情况下，天主教特别有用。梵蒂冈毕竟是一个得到国际承认和有外交机构的国家，执政者接受与这样的实体谈判比接

---

① 苏莱：《在东方的 20 年》，第 34 ~ 35 页。

② 贾宁·韦德尔：《束缚波兰的关系》，载于斯坦尼斯垃夫·哥穆尔卡和安东尼·波隆斯基合编的《波兰的矛盾现象》（1991）第 237 ~ 260 页，第 259 页。

③ 加顿·阿什：《以欧洲的名义》，第 153 页。

受内部反对派领导人更容易。

军 队

　　军队比任何其他实体更能决定政权是否能生存下去。从广义上讲，在大多数东欧国家，军队赞同从共产主义过渡到民主（大多数将军既不是共产主义者也不是民主主义者的事实使得这种赞成变得有效）。军事干预的确切形式各不相同。在波兰，这种干预时间长而且是以和平的方式；在罗马尼亚，这种干预是短期的，但却是暴力的。在苏联，问到有关军队的问题，不是更多地问为什么它支持改革而是为什么它不干预改革。

　　在共产主义国家，军官的重要性其实跟他们西方的同行没有什么不同。双方都强调军纪、传统、勇气和技术上的熟练。苏联在 20 世纪 30 年代后期清洗军官队伍以后，共产党领导对于是否把军队的管辖权置于政治忠诚之下一直犹豫不决。

　　在大多数东欧国家，民族主义鼓励军官们对苏联政权持保留态度，因而对共产主义也持保留态度。南斯拉夫的军队从来不受华沙条约组织中苏联军队军事霸权的束缚，是这条规则的例外。主要由塞尔维亚人组成的军官队伍担心穆斯林和克罗地亚人的煽动。

　　苏联军队面对的问题像南斯拉夫军队所面对的问题。红军以斯拉夫人——俄罗斯人、乌克兰人和白俄罗斯人——为主，最终导致少校以上军官中几乎没有少数民族的成员。在战斗部队中，10 个人中有 8 名是斯拉夫人；在劳动营里，10 人中有 9 人不是斯拉夫人。[①] 20 世纪 80 年代，民族的区分在红军中越来越成问题。部分原因是非斯拉夫族的人口比斯拉夫族增长得快。1977 年穆斯林占新兵的 18%，到 80 年代中叶占新兵的 24%，15% 的新兵不能很好地掌握俄语。[②]

　　由于苏联军队在阿富汗的作用，穆斯林战士人数不断增加变得特别

---

　　① M. 朱利安：《苏联军队中的民族问题》，载于《另一个欧洲》第 3 期（1984），第 48～53 页。

　　② 米哈伊尔·齐普金：《应征入伍的新兵》，载于《另一个欧洲》第 3 期（1984），第 35～41 页。

难对付。比较常见的是，种族的区分恶化了军官们和其他军人之间的暴力、欺侮和分隔的问题。① 在军营里，不同民族之间的斗殴造成了人员伤亡。某些群体开始逃避服兵役。在阿塞拜疆，据说有些新兵甚至用 2000 卢布或一头羊去换取免除服役。② 征兵是一种杂乱无章的行当，似乎属于 18 世纪而不是 20 世纪。士兵们在封闭的列车里被运送到全国各地——少数民族的士兵从来不驻扎在家乡地区——以防止逃跑。有些士兵在飞机降落在喀布尔机场时才发现他们已被运往阿富汗。法兰西第二共和国的军队吸收了布列塔尼地区（Breton）的农民，把他们转变成法国公民：苏联军队吸收了亚美尼亚（Armenia）的农民，把他们转变成了知道如何使用枪支的亚美尼亚民族主义分子。

新兵中非俄罗斯人的数量不断增长，使苏联指挥官们充满惊恐而苏联解体的前景刺激了一些军官支持 1991 年的政变。如果大多数俄罗斯军官持有这些共同的观点，他们可能会用武力来阻止改革。但是多数人和他们的部下一样士气低落。到 1991 年，许多人似乎已经把维护多民族帝国看成是不可能的，也许甚至是不可取的。甚至高级将领们如亚历山大·列别德（Alexander Lebed）似乎也由于阿富汗战争而对苏联失去了信心。③

在大多数东欧国家，民族主义鼓励军官们支持而不是反对改革。对其中的许多国家来说，俄国是它们的世仇。如果波兰和匈牙利的军官们险些儿忘掉这一点的话，红军元帅们对待华沙条约组织的“初级伙伴”以恩人自居的态度也会提醒他们这一点④

军队和党的分离有时意味着军官们可以随随便便地领导向非共产党统治的过渡。在苏联，一群上校讨论过维克托·阿尔斯尼斯所说的“皮

---

① 军官和士兵之间的鸿沟由于苏联军队中军士文化的弱点而加深。这个问题是沙皇时代遗留下来的。1971 年制订了委任准尉条例，但似乎也并不成功。见艾伦·琼斯：《红军和社会：苏联军事社会学》（1985）第 93 页。

② 朱利安：《苏联军队中的民族问题》。

③ 阿纳托尔·莱文：《车臣，俄罗斯帝国的墓碑》（1998），第 205 页。

④ 科利可夫元帅对他同僚的粗暴态度是众所周知的：见弗朗索瓦·弗日多和戴娃·库莱莎－米耶科夫斯基的《人民民主的终结：后共产主义的道路》（1992），第 89 页。

诺切特模式"，① 意思是军事管制下的市场改革。

在波兰，军队在过渡时期所起的作用最大。从 1981 年 12 月到 1983 年 7 月之间实行军事管制，雅鲁泽尔斯基在宣布强制执行的演讲中只字不提党。② 波兰军队装备特别优良，用来监督向后共产党统治过渡：它是东欧最强大的军队，具有强烈的反俄传统——雅鲁泽尔斯基本人在 1939 年曾被流放到西伯利亚——而对波兰军队的害怕有助于防止苏联在 1956 年干涉波兰事件。1981 年的调查表明，在波兰，军队是第三个最受尊敬的组织机构。军队受益于和教会未言明的联盟，后者也是强大的、有纪律的和保守的。到 80 年代后期，波兰实际上已是一个神职人员加军队的国家。在 1987 年的一次摇滚音乐会上，一位官方的审查员被派去禁止可能被看成是有损当局尊严的民歌。这位审查员解释说他的目标是针对诋毁兵役和可能触犯基督教道德的歌词。③

宏观经济学和集成电路

1975 年以后所发生的变化是和西方的差距加大，共产党阵营越来越意识到这种差距，越来越感到经济的失败只能用共产党的经济操作方法不恰当来解释。在一定程度上，问题在于共产党阵营在 70 年代和 80 年代初经历了一段相对乐观的时期。石油价格高可能有利于石油出口的苏联。这种乐观给未来的问题埋下了种子，因为它鼓励东欧国家大量借钱。这也是一种发展，这种发展本身是由西方日益扩大和成熟所助长的。到了 80 年代中期，许多东欧国家不得把它们的大部分收入用来偿还债务。共产主义国家的债务情况部分地取决于它们乐意实施镇压的程度：罗马尼亚能够降低生活水平直到债务消失，但是波兰和匈牙利政权不用这种办法而是尽量收买人心。债务加深了苏联统治的普遍危机。西方银行家大度地借钱给东欧，使这个地区的债务是苏联的两倍，而苏联的人口是

---

① 亚历克·诺夫：《1917～1991 年苏联经济史》（1992），第 412 页。
② 吕普尼克：《另一个欧洲》，第 202 页。
③ 苏莱：《在东方的 20 年》，第 125 页。

这一地区的两倍。银行家之所以愿意贷出,一方面出于政治上的原因——德意志民主共和国特别受惠于西方邻国的慷慨大度——是由于他们相信某些东欧国家经济潜力相对看好。债务迫使东欧共产党统治者向西看而不是向东看。东欧有前途的年轻一代开始从信誉价值和成本控制的角度思考问题。他们当中有些人也已注意到来自花旗银行和高盛的对话者要比共产党这边的人享有更高的生活水平。

表 6 苏联和东欧国家硬通货债务估计 (10 亿美元)

年份	1975	1980	1985	1989
保加利亚	2.3	2.7	1.2	8.0
捷克斯洛伐克	0.8	5.6	3.6	5.7
德意志民主共和国	3.5	11.8	6.9	11.1
匈牙利	2.0	7.7	11.7	19.4
波兰	7.7	23.5	27.7	36.9
罗马尼亚	2.4	9.3	6.2	-1.2
东欧	18.8	60.5	57.4	79.9
苏联	7.5	14.9	12.1	37.7

资料来源:蒂莫西·加顿·阿什:《以欧洲的名义》(1993),第 654 页。

在鲁尔河流域和南威尔士地区正在摆脱工业化的时代,东欧仍是煤渣堆和大烟囱占主导地位。东方阵营的传统问题——计划上缺乏灵活性、浪费资源的倾向、不注重消费品生产——变得越发严重,尤其是和"消费者至上"和"及时处理"已成为时尚的西方比较起来更显得如此。

强调重工业产生了两个问题。第一个问题是工人的阶级觉悟;第二个问题是污染,这一点捷克斯洛伐克特别严重。这个国家的大多数森林已被毁坏,几乎有 1/3 已无法补救。捷克和斯洛伐克男人的寿命比邻国短了 3~5 年。在北部波希米亚重工业最发达的地区,男人的寿命又比本国其他地区短了 3~4 年,[1] 对这种污染的政治抗议得到了西方成功的环境保护主义的鼓励,吸引了对传统的政治辩论感到幻灭的青年人。环境

---

① 米夏·格伦尼:《历史的复话,民主时代的东欧》(1993 年),第 32 页。

保护主义成了新的政治问题，这个事实意味着党对它没有明确的方针政策。在某些情况下，共产党当局设法把对生态的热情纳入国家控制的机构，但这仅仅为进一步抗议提供了一个论坛和一种鼓励。这个问题由于1986 年苏联切尔诺贝利核反应堆的爆炸而成为注意的焦点。

共产主义总是设法把自己和技术的现代性联系在一起，但是共产主义国家不善于把科学研究转化为大规模生产商品。这在一定程度上是因为科学界是独立的。在苏联，科学研究是被中央集中控制的——有时和军事有着密切的关系，却很少和民用工业有关。科学院是不会想到与官僚主义和等级森严的国营企业打交道的，即使这些企业有意利用最新的科研成果。苏联科学界的问题在苏联解体后明显地暴露出来。1997 年，当西方的某些科学家通过提供咨询服务大把赚钱时，新西伯利亚研究核物理的 BUDKER 学院的教职工们却在种土豆以补贴家用。[1]

20 世纪 80 年代的计算机革命给共产党当局提出了许多特殊的问题。起初，计算机似乎完全可以适应这个制度。计算机可以被用来使中央的计划经济更有效率，而许多计算机的研究是由军队承担的。早在 1948 年4 月，苏联部长会议就读到需要有更多的计算机。[2] 1971 年的党代会提出了一个宏伟的计划要建立一个全国计算机网络（DGAS），连接 15 个共和国的计算系统、200 个地区计算机系统和 2.5 万个自动化管理系统。最终经济互助合作委员会的所有成员国都可以进入这个系统。[3]

苏联掌握计算机的种种努力失败了。1984 年，专家们估计他们在使用计算机和机器人方面落后西方 10 年，[4] 就计算机来说，10 年是个很长的时间，在 20 世纪 80 年代，这段时间就变得更长。计算机变小了，更便宜了，也变得更容易被个人而不是被国家所使用。这种变化的标志在西方是 IBM 公司不稳定的命运和英、法两国政府放弃创办国家计算机工

① 《经济学家》1997 年 11 月 8 ~ 14 日。
② 帕罗特：《苏联的政治和技术》，第 134 页。
③ 约翰·基普：《最后一个帝国》，第 238 页。
④ 巴齐尔·凯尔布莱：《苏联机器人一瞥》，载于《另一个欧洲》，第 1 期（1984）第48 ~ 50 页。

业的尝试。但在苏联没有发生这种革命。

在一种僵硬的等级制度上的体制下，不可能利用计算机的迅速发展所带来的机会。在这种体制下没有人会行动，除非他有书面的授权。当西方公司开始谈论"无纸办公室"的时候，捷克煤矿工业所使用的表格数量却从 86 份增加到了 265 份。① 共产党的计划经济意味着一种"硬件"经济，至多适用于数得清、称得出的重要简单产品。制定计划的官员可以定生铁的产量指标，但没有人能规定计算机的程序，除非根据消费者的意愿使用这些程序。工艺和质量控制也是个问题。共产党的生产受到不断出差错的困扰，它很难生产出每个部件都必须起作用的设备。开始困扰西方制造商的"全面质量管理"对于苏联工厂里心境恶劣和工资过低和工人来说毫无意义。

在使用计算机方面的失败有时可以用一些滑稽的字眼来说明，特别是在东德，那里的领导用他们的威信替代掌握新技术能力。当工厂的经理们接到命令在所有的车间里安装一定数量的"机器人"时他们的反应是将吊车和吸尘器等现有的设备重新定义来适应新的分类。20 世纪 80 年代末，the Stasi 仍然在文件柜里的索引卡片上保存着大量记录。② 在电子学方面的失败开始对生活水平产生引人注目的影响。政权仅仅较为成功地保证它们的有足够的东西吃，但是 20 世纪 80 年代的消费者越来越倾向于从电子产品的角度来界定他们可以接受的生活水平，而东欧政权最不善于生产这种产品：捷克人为了买食品杂货必须比他的西德同僚多工作 2.5 倍的时间。如果要买一台手提电脑则必须多工作 65 倍的时间（当然假定他是通过官方渠道买到的）。③

西方生产的廉价电脑涌入东欧，这些电脑通常是从黑市购得，用来方便黑市经济企业。波兰是受这种潮流影响最大的国家，据说那里有 50 万台私人电脑。国家能确保控制国内每一台打字机的日子已经一去不复返④

---

① 这些数字是 1975～1986 年间的。《东欧的政治，1945～1992 年》（牛津，1993）第 199 页。

② 富尔布鲁克：《对一种专政的解剖》，第 49 页。

③ 格伦尼：《历史的复活》，第 34 页。

④ 吕普尼克：《另一个欧洲》，第 291 页。罗马尼亚的所有打字机都要登记。

任何一个 17 岁的青少年只要一台阿姆斯特雷机就能出版地下刊物。

国际化

在 20 世纪 80 年代，共产主义国家的公民更希望了解发生在其他地方的事情，更倾向于通过与这些事件的比较来看待自己的生活。旅游的增加起到了重要的影响作用。1972 年，仅有 1.1 万名东德公民访问西德；到 1986 年，这个数字增加到了 24.4 万名。[①] 到西方访问的人对双方生活水平的差距留下特别深刻的印象。甚至在东方阵营内部旅行的人也能看到匈牙利比捷克斯洛伐克更自由、更繁荣。

电视也有影响。政权鼓励拥有电视，因为它提供一种宣传工具。实际上，西方的电视广播收视率是最高的。这些电视广播提供了美化资本主义的画面，在颠覆政权方面也许比自由欧洲电台的任何广播所起的作用更大。在东德，为让德累斯顿的居民更容易收视西德的广播而铺设了电缆——原本希望这么做可使他们不急于移民出去。不易收看到西德电视的东德居民是苏联军营里的士兵。[②] 伊斯梅尔·卡达雷描述了阿尔巴尼亚人爬上屋顶调整天线，希望能收看到意大利电视台播放的电影。

一心想改革的共产党的领导人本身开始接受国外的教训。这种教训的影响在米哈依尔·戈尔巴乔夫的追随者身上特别明显。前苏联领导的标志一直有向内看的癖好——在斯大林的俄国，研究外国的社会一向被看成是可疑的行动。戈尔巴乔夫比较开放，他是捷克改革家姆利纳尔（Mlynár）的朋友。虽然戈尔巴乔夫在 1968 年不愿意沿着姆利纳尔的道路引导国家走向"有人情味的社会主义"，却很明显地从思考捷克的经济实验中学到了一些东西。

更重要的是，戈尔巴乔夫周围的顾问们对苏联以外的世界有了很好的了解。中央书记处国际部早已向戈尔巴乔夫的后台安德罗波夫提供过

---

① 加顿·阿什：《以欧洲的名义》，第 655 页。
② 齐普金：《应征入伍的新兵》。

信息和支持。20 世纪 80 年代，苏联领导人从观察匈牙利和波兰所发生的情况中学到不少东西。世界社会主义体制经济学学院的院长奥列格·鲍戈莫洛夫在传达共产主义世界内部革新结果方面起了重要的作用。①

对其他社会感兴趣和赞赏并不必然鼓励苏联领导人模仿这些社会。克格勃的官员可能比苏联其他群体更了解西方。但他们模仿西方在经济和技术上的成就的愿望与他们避免在政治方面模仿西方的愿望相抵触。虽然戈尔巴乔夫似乎对西欧的政治模式越来越感兴趣，他发展了同西班牙社会党领导人费利普·冈萨莱斯和意大利共产党领导人的密切关系。

这些接触所暗示的观点转变是巨大的。按惯例是卫星国的老师苏联现在变成了匈牙利和波兰的学生。苏联和民主左翼的关系一直不好，特别是和社会民主党人以及意大利共产党，后者的"多中心主义"对苏联的霸权主义提出了挑战。现在正是那些运动为苏联提供了一种模式。莫斯科变革以后叶利钦和戈尔巴乔夫两人把自己描述成"社会民主主义者"。②

不文明的社会

共产主义世界改革的一个特征就是发现了一个"社会"。纯理论的社会学在共产主义时期的很长时间里是"靠边站"的。但在 20 世纪 70 年代以后，这门学科开始被认真对待了，起初是在东欧的部分地方，后来在苏联本国。戈尔巴乔夫的妻子写了篇有关斯塔夫罗波尔边区的农村社会学的论文。社会学的研究经常揭露一些被党声称已经解决了的问题（这也是为什么这种研究得不到支持的原因之一），也给想进行改革的领导人提供了有关在他们统治下的人民的信息。20 世纪 80 年代中叶成立了研究公众舆论的机构，③ 苏联报纸在 1989 年秋天开始发表公众舆论的

① 汉森：《从停滞到灾难：评苏联经济，1983～1991 年》（纽约 1992），第 49 页。
② 《世界报》，1997 年 8 月 30 日。
③ 布朗：《戈尔巴乔夫因素》，第 8 页。

民意测验。①

　　"文明社会"这个字眼在这个时期被广泛地用来指与国家无关的义务、习俗和权利的一个网络。它有两个原因使人产生误解。第一，它意味着国家和社会之间的明显区别；其实两者是交织在一起的，文明社会里各种网络的存在往往正是为了利用国家的资源。第二，它意味着一定程度的道德赞同。

　　个人之间关系的性质和力量各国都不同。在 20 世纪 80 年代的波兰，团结工会几乎不仅要创造一个供选择的社会，还要创造一个供选择的国家：有团结工会的出版社和团结工会的报纸，甚至有团结工会的邮局，人们由此可以交流思想而不害怕检查，并用邮票来纪念重要事件，如 1920 年的波苏战争。② 而在东德，the Stasi 雇用了一大批业余告密者，把它的触角甚至伸展到可疑者的家庭中去。③

　　从经济上来说，人们需要一定范围的非正式关系才能吃得开。他们可以得益于和官员的个人交往或者干脆组织起属于自己的官方关系。在波兰，"排队委员会"指挥排队等候稀缺供应品的人群，使他们可以减少站在寒冷街道上的时间。依靠交换实惠或私下交易的黑色或灰色经济体系以令人惊叹的规模发展着。在波兰，如果人们仅靠节省他们的法定工资来得到很基本的东西，所需要的时间之长难以想象：允许在波兰生产的菲亚特汽车要 300 万兹罗提一辆，相当于平均法定月工资的 100 倍。④ 但是拥有这些东西的人相当多。工人们用大量的时间和可能更多的精力从事第二职业。

　　在波兰，据估计，10% ～30% 的个人收入来自非法渠道。

---

　　① 约翰·邓洛普：《俄罗斯：面对帝国的毁灭》，载于伊恩·布雷默和雷·塔拉斯合编的《苏后继国家的民族和政治》(1993)，第 43～74 页，第 61 页。

　　② P. M.：《在波兰》，载于《另一个欧洲》第 1 期（1984），第 22～23 页。

　　③ 富尔布鲁克：《对一种专政的解剖》，第 48～50 页。到 1989 年，拿工资的斯塔西雇员大约有 8.5 万人到 10.5 万人，而告密者的人数估计大约在 10.9 万人到 18 万人之间。

　　④ 贾宁·韦德尔《束缚波兰社会的关系》载于哥穆尔卡和波隆斯基合编的《波兰的矛盾现象》第 237～260 页，第 239 页。

黑色经济从来没有完全和官方经济分开，但往往取决于只能从国家那里偷到的材料、工具和时间，越来越多的人被拖进黑色的经济活动：如果水暖工是用现金支付工资，那就必须做点事情来产生出现金。国家机关人员除了能写公文，没有东西可出售，就必然导致腐化，而越来越多的黑市活动需要越来越与官方共谋，以防止受到当局的处罚。改革家们对黑色经济态度暧昧。一方面，他们把这种活动看成是效率较高的小规模私有企业的一种潜在基础：自 20 世纪 70 年代以来，匈牙利的经济就日益依靠这些企业；苏联从 1986 年起试图通过承认私有财产使"灰色经济"活动合法化。另一方面，共产党的改革家们热衷建立一个不那么腐败的国家：改革在一定程度上产生于反腐败运动。

青　　年

共产党的豪言壮语把重点放在吸引青年身上，但是共产党的领导都已年迈：到 1982 年，苏联共产党政治局成员的平均年龄在 70 岁以上。[①]埃里希·昂纳克 8 岁时就加入了共产党的儿童组织，后来成为萨尔区共产主义青年运动的书记，[②] 这是他早期的政治生涯。到了 1989 年，他似乎成了老年痴呆的化身。

西方观察家把东方的青年造反看成是有关发型、服装、流行音乐的事，往往想当然地认为青年文化不过是从英、美输入的。领导自己当然喜欢诋毁西方的时尚。实际上，东方的代沟比西方尖锐得多，因为诸如华沙条约组织入侵捷克斯洛伐克等个别事件，足以对人民如何生活造成极大的影响。东欧人自己被代与代之间的差异所困扰，而且仅仅几岁的年龄差距可以把一个群体的经验和另一群体的经验区分开来。兹德内克·姆利纳尔在他的一本关于《布拉格之春》的书中一开始就写道："我

---

① 布朗：《戈尔巴乔夫因素》，第 67 页。
② 理查德·斯塔：《东欧的共产党政权》（1977），第 93 页。

在 1946 年春参加共产党，当时不到 16 岁。因此我属于 1948 年 2 月 20 岁左右的捷克共产党员，我的政治经验对那一代人来说是很古怪的。① 瓦茨拉夫·哈韦尔为那些跟他一样在 1936 年出生的人组织了一个俱乐部。

但自觉的"更年轻的一代"自己并没有毁掉共产主义。昆德拉的《玩笑》这本书中的主人翁意识是把 1930 年前后出生的他和 60 年代中叶时 20 岁左右的人分隔开来的鸿沟。但这"更年轻的一代"在"天鹅绒革命"时已经是爷爷辈了。伊曼纽尔·托德在 1974 年的一次聚会上想到了"毒品和苏联坦克"从长远来看是否会取胜，但在布达佩斯和他一起吸毒的学生们到匈牙利第一次多党选举时大概已经是中年教授了——很可能用难懂的行话写了不少关于需要一个中欧派生市场的论文。甚至可以这么说，代与代之间的差异由于分隔而削弱了对共产主义的反抗。

由共同的经历、不同的政见和从西方输入的商业化的青年文化来界定的一代代人有时混杂在一起。政权的反对者们转向爵士乐和摇滚乐，瓦茨拉夫·哈韦尔甚至在成为国家元首之后还对这些东西保持着孩子般的热情。他试图使弗兰克·扎帕成为他的文化特使，还曾坚持要带美国国务卿去听萨克管演奏家约翰·佐恩在纽约针织厂夜总会的演奏。②

西方大众音乐在飘过铁幕之后，内容上常有变化。东方的听众听不出把乐队区别开来的细微差别：《创世纪》和《雅各书》之间的区别对东方的青少年来说不可理解，犹如斯大林和托洛茨基（Trotsky）之间的区别对一般的西方青少年来说不可理解一样。1997 年，布拉迪斯拉发的一位音乐会承办人把英国的索布斯（70 年代伦敦摇滚乐年迈的幸存者）和德国的舞蹈乐队放在同一张节目单上。误解能把某种意义传授给西方音乐，这种意义是西方听众从来没想到过的。1987 年，东柏林的青少年聚在一起听英国平克·弗洛伊德摇滚乐队的演奏，这种演奏可以在柏林墙的另一边听到。当警察试图驱散他们的时候，青少年们高呼"戈尔巴乔夫、戈尔巴乔夫"。③ 如果他们早知这个乐队的成员都是中年百万富

① 兹德内克·姆利纳尔：《布拉格的晚霜：有人情味的社会主义的终结》（1980）第 1 页。
② 《世界报》，1997 年 10 月 28 日。
③ 加顿·阿什：《以欧洲的名义》，第 201 页。

翁，这个乐队最成功的唱片《墙》是对 50 年代英国儿童时代自我怜悯的陈述，而不是指柏林的分裂，这些青少年对平克·弗洛伊德就不会那么热情了。

有时，东方阵营的摇滚乐、民歌和爵士乐包含了政治内容，东欧各国见过一些英勇反抗的姿态。东德歌唱家沃尔夫·比尔曼要求把柏林的一条街道以托洛茨基的名字命名。① 匈牙利佐伊图什摇滚乐队的成员因为用一首抒情诗来庆祝勃列日涅夫的逝世而坐牢。这首诗的意思是："阴谋家死了，畜生般的人死了，现在独裁者可以变成偶像了。②

但是说来奇怪，在东欧剧变前的几年里，这样明确的对立对青年文化来说变得不那么重要了。早些年尖锐的代沟也不很重要了。20 世纪 80 年代后期，年轻的东欧人很少经历过把他们和他们的长辈分隔开来的戏剧性事件。他们变得更喜欢他们的在西方的同龄人，把自己界定为习惯于反对父母而不是反对比自己大几岁的人。他们的青春意识环绕着衣服、音乐而不是政治。有些东欧政府赞助了一种杰出青少年的官方摇滚文化，这些青少年愿意唱出南非的压迫或法西斯的恐怖。这种宽容的受益者们往往太乐意出售或得到一张党证来换取参加丹麦举行的青年节或获得一份录音合同的权利。

但正是这个"不问政治"的一代涌上街头示威，推动了东欧的变革。在 20 世纪 70 年代，由于很多共产党政权鼓励生育，所以它们在 80 年代后期面对了特别巨大的青少年群体。西方的青年文化在影响东方的方式上也发生了变化。20 世纪 60 年代和 70 年代的流行音乐往往和抗议联系在一起。东欧的青少年从鲍勃·迪·伦（Bob DyLan）和"重金属"乐队（The Clash）吸取的思想使他们完全有理由和他们自己的政权发生争执，不过，他们不大可能成为资本主义的绝对崇拜者。但是 20 世纪 80 年代，资本主义渗入青年文化，时尚的乐队和挥霍浪费及享乐主义联系在一起。

① 苏莱：《在东方的 20 年》，第 133 页。
② 同注②，第 128 页。

身　份

东欧剧变不是任何一种力量的直接结果，也不是由来自下面的压力或社会和经济问题决定的，而是由领导人对问题做出反应，所选择的方式来决定的。在苏联，米哈伊尔·戈尔巴乔夫的行动使人们能最清楚地看出革命来自上面，但也可以追溯到党的下级官员和东欧各国领导所做出的并不重要的决定。很少有人有意识地试图毁灭这个政权。相反，他们做出了否定的和有限的决策。已经进行的各种改革有了意想不到的广泛结果。最重要的是，某些领导排除了以前会用来捍卫这个制度的强烈行动。

兹德内克·姆利纳尔讲了一个 50 年代初他在莫斯科大学做学生时的故事。这个故事说明了产生这些变化的思想基础。有一天，一个喝得醉醺醺的俄国学生跑到他这儿来，他刚刚投票赞成把一个朋友由于一个小错开除出党。这个学生感到非常羞愧，他请姆利纳尔骂他"猪猡"。当姆利纳尔问这个俄国人为什么希望这样被侮辱时，他得到的回答是"因为你不是一头猪，你真的相信所有这一切……你读列宁的著作，甚至在你一人独处的时候，你懂吗？你相信所有这些观念。①缺乏信念、酗酒和自怨自艾的习性并没有阻碍姆利纳尔的这位同学的前程。他成功地当上了一名军事检察官。到 70 年代后期，姆利纳尔又加了一句，"毫无疑问，他在审案之后仍会喝得酩酊大醉，让人骂他'猪猡'"。

信仰者和猪猡在削弱共产主义的过程中都起了作用。当政权的弱点变得无可否认时，身份分成两大类。第一类由这种人组成，他们仍然相信共产主义是一种很好的理念，但承认现实不幸缺乏这种理想。构成第二类的人乐意最认真地表现外表的正统，但真正关心的只是他们自己的前途。这两类人从来没有完全分开过。姆利纳尔在莫斯科的同学明显地对真正的马克思主义怀着某种尊敬，而且瞧不起自己没有这样的理想，

---

① 姆利纳尔：《莫斯科的冷风：布拉格，1968 年》（1978），第 22 页。在本书英译本第 13 页，这个故事有一个稍微不同的版本（姆利纳尔：《布拉格的晚霜》）。

尽管他在玩世不恭地促进他自己的事业。姆利纳尔是个信仰者，尽管
1968 年以前他在捷克共产党内事业有成表明他对追名逐利也并非完全无
动于衷。

姆利纳尔和他在莫斯科大学的朋友米哈伊尔·戈尔巴乔夫都是共产
党信仰者的榜样，他们最终都主持了戏剧性的改革。他们两人的事业也
都表明了共产党的改革进程是不简单的，两国并没有采取同样的方式。
姆利纳尔在 1967 年访问苏联时和戈尔巴乔夫是最后一次见面。① 戈尔巴
乔夫对捷克党执行的改革很感兴趣。两年以后，戈尔巴乔夫作为苏联代
表团正式成员访问捷克斯洛伐克时没见到他的老朋友；姆利纳尔在华沙
条约国入侵之后被贬黜并被清除出党。在戈尔巴乔夫进入苏联共产党政
治局的时候，姆利纳尔是个被流放的持不同政见者，因为他支持"77 请
愿书"。

像戈尔巴乔夫和姆利纳尔这样的人和持不同政见的马克思主义者是
很不相同的。两人在升到最高职位之前一直都是共产党员，两人也都知
道为了自己的前途低下脑袋。他们转向支持改革不是突然改变信仰的结
果，也不是他们一生都埋在心底的个人信念的产物——两人在 20 世纪 50
年代初期似乎一直都是真正的斯大林主义者。改变信念来自经验。正是
他们在党内等级制度中取得的成功给了他们这种经验。姆利纳尔对破坏
捷克斯大林主义的合法遗产负有责任。戈尔巴乔夫开始接触质疑苏联制
度某些方面的外国出版物和秘密文件。两人对自己的怀疑都持谨慎态度。

改革家们并不总是理解他们的改革所带来的结果。在某些方面，自
由化使各种思想有可能更公开地被人们讨论而获得势头，从而为更加彻
底的变化铺平道路。被清除出党甚至被关进监狱的持不同政见者又回到
政治的主流中来。姆利纳尔和爱德华·戈德斯图克谈过话，后者在 40 年
代后期被关押，直到 1967 年才被允许回到党内来。戈尔巴乔夫通过和罗
伊·梅德维杰夫（Roy Medvedev）及安德烈·萨哈罗夫的辩论发展了他
的一些想法。当改革家们理解了改革的结果时，他们并不总是喜欢这些

---

① 布朗：《戈尔巴乔夫因素》，第 41 页。

结果。姆利纳尔把允许在捷克斯洛伐克完全出版自由的决定看成是灾难性的错误，戈尔巴乔夫对苏联在 1990、1991 年间的改革运动似乎也有过怀疑。①

然而，一些事件却挤掉了温和改革派的回旋余地。问题不再是他们是否想前进，而是是否喜欢朝着一个没有把握的、也许是不受欢迎的未来前进，还是退回到镇压。姆利纳尔在 1968 年所能做的是要么支持苏联干涉，要么和他曾经抑制过的激进分子一起蒙受耻辱。戈尔巴乔夫在 1991 年也面临同样的选择。莫斯科政变的领导者们似乎当真相信苏联总统会站在他们一边。戈尔巴乔夫那时仍是苏联共产党总书记，但是这个角色正在受到彻底改革质疑。站在阴谋策划者一边可能使他有机会毁掉如叶利钦等危险的对手，同时保证他自己的人身安全。大概要到他站在克里米亚别墅的书房里用一连串下流话把政变领导人派来的代表团打发走，他本人才明白他愿意走多远。

站在试图改革共产主义的"信仰者"一边的是试图从中取利的"猪猡"。这两派人有时会彼此发生冲突。戈尔巴乔夫的早期改革计划在很大程度上是始于安德罗波夫的反对党内腐化的继续。玩世不恭的利己派在为旧政权辩护方面并不总是说谎。最终可以说，利己比自由化更促进了共产党的垮台。这一点是姆利纳尔本人所体会到的，他在 70 年代后期的著作中指出，党的官员的特权并不一定意味着他们会反对民主化，特权在民主制度下也可能存在。

从某些方面来说，资本主义比共产主义在保护有头衔的人的特权方面提供了更大的可能性。私有财产比党的地位更容易保护和传给下一代人，而党的地位可能是很脆弱的，极易受到政策的变化和某一个任职不长的政治局委员突如其来的发难的伤害。20 世纪 80 年代资本主义的发展不仅证实了资本主义在创造财富方面比共产主义好，同时也表明了资本主义更能有效确保让财富保留在少数特权阶层手中。资本主义的日益高度发展提供给人们的各种美妙、欢乐是共产主义阵营里最有权势的人

① 布朗：《戈尔巴乔夫因素》，第 269 页。

都不可能得到的。共产党的政权建立在，从战争的创伤中恢复过来的贫穷国家，在那里，特权的定义仅仅是能吃饱。党的早期领导人出身于农民或工人阶级，具有过时的欢乐观念，休闲的方式更类似于 19 世纪的贵族，而不是 20 世纪后期的资产阶级。打猎是最受欢迎的娱乐；① 到疗养院去消除饮食中伏尔加和野猪肉的副作用是另一种娱乐（戈尔巴乔夫早期的成功一部分来自斯塔弗罗波尔的疗养院，他是那里的官员，有机会接触到那里去疗养的党的领导人）。共产党的领导们开始渴望看到他们接触到的西方商人耀眼的妻子、设计师设计的套装和宝马车。② 最重要的是，他们受到公开炫耀西方财富的诱惑。共产主义一直认为奢侈是错误的。挂着帘子的豪华轿车和谨慎地使用硬通货的商店把有特权的人和普通百姓分开。

一代人的革命和有权势人的子女

年轻人特别羡慕资本主义的西方。一个访问布达佩斯一所管理学院的法国记者对这个事实十分惊讶，因为上这所学校的人正是以前会成为共产党官员的人。③ 由于国家的变革，雄心勃勃的一代年轻人看着地平线的另一边，开始计划他们在继承政权方面的前途。一个最好的例子是伊凡·波利普（Ivan Pilip），他是 1963 年出生的捷克人。是个聪明、雄心勃勃和遵纪守法的中欧的瓦莱里·吉斯卡尔·德斯坦人。他出生在天主教的房地产商家庭，在过去政权的统治下吃了不少苦，但这并没有使他成为一个持不同政见者。他从未坐牢，也没有在 77 请愿书上签名。他在布拉格经济学院功课一直得 "A"，当时瓦茨拉夫·哈韦尔在劳动营里干

---

① 有权势的对狩猎的热情有时会产生冲突，因为狩猎似乎是旧政权的旧事。团结工会在那里取得成功的波兰少数农业地区之一是农民对政府建立一个政府狩猎保留地感到恼怒的地区。见 C. M. 汉恩：《一个没有团结工会的村庄：危机年代的波兰农民》（康涅狄格州纽黑文，1985，第 95 页。

② 共产党领导人对西方消费感兴趣的早期例子来自 1997 年勃列日涅夫访问西德，他被允许试开一辆新的梅塞德斯牌跑车，被他以高速驾驶的这种富人的玩具所激动（使克格勃的保卫人员深感不安）。见蒂莫西·加顿·阿什：《以欧洲的名义》，第 90 页。

③ 苏莱：《在东方的 20 年》，第 203 页。

活。他对这个政权的看法和对政治的看法一样，是和利己主义连在一起的：“我和朋友们商量还是不入党为好；并非简单地因为它不道德，老实说是因为我看党难以生存下去。”①

伊凡·波利普曾支持获胜的一方。在政权更替后，他加入了基督教民主党，并在 29 岁时当上了教育部副部长。5 年后，他成了财政部长。在东欧有很多像他那样的人。伴随着领导层的变更，从年龄方面来说比他的社会背景等更引人注目。苏联解体后，苏联或俄罗斯上层人士的平均年龄下降了 8 ~ 10 岁。② 一位保加利亚事件的观察家总结了 20 世纪 90 年代中叶的情况："1989 年以后，似乎年龄大约在 25 ~ 40 岁的一代人，从各种变化中得到了晋升的机会，而在日夫科夫的僵化政权统治下，这种机会是极其有限的。"③

在伴随着苏联解体的一代人的革命中，有一群年轻人特别重要——他们是有声望的人的子女。这一类人的身份并非总是一种特权。在斯大林时代，有利条件总是给予工人们的子女，党的发号施令者过分忙于健康地活着而顾不上考虑建立一个朝代。在这个时期，作为党的领导人的孩子往往意味着到国家孤儿院而不是莫斯科大学。1953 年后，共产党统治的稳定性改变了这一切。党的领导人能够保证他们的子女受到良好的教育和安全的地位。除了罗马尼亚（它实际上是个王朝），有身份的人的子女很少被提升到领导党和国家的高度——也许这么做会使裙带关系过分明显，或者给已经享有特权的人带来太多的风险。相反，他们宁可抓住新闻工作、研究和管理等有趣又舒服的位置。因为他们被认为政治上"可靠"，所以往往有与众不同的机会接近西方。④

在斯大林之后，出生在有地位的家庭的子女跟他们的父母就完全不

---

① 引自理查德·艾伦·格林的《人物简介》，载于《布拉格邮报》，1997 年 10 月 29 日 ~ 11 月 4 日。

② 奥尔加·克里什塔诺夫斯卡娅和斯蒂芬·怀特：《从苏联的有权势者到俄罗斯的精英》，载于《欧洲——亚洲研究》第 48 卷第 5 期（1996 年），第 711 ~ 733 页，第 725 页。

③ 伯纳德·洛里：《保加利亚的创伤史，1878、1944、1989 年》，载于《中欧》杂志第 4 卷第 1 期（1996），第 13 ~ 22 页，第 18 页。

④ 关于有地位的人的子女，见默文·马休斯：《苏联的特权：共产主义特权阶层的生活方式研究》（1978），第 159 页。

同了。20 世纪 80 年代以前，党的大多数领导人敢作敢为狡黠和幸运，而他们的子女则受高等教育、一帆风顺和了解西方。这类人的典型例子就是阿列克谢·柯西金（Alexei Kosygin）的女婿吉尔门·格维夏尼（Dzhermen Gvishiani）。他是一个管理专家，作为维也纳"分析学院"院长与西方专家关系密切。一个西方记者评论说"他能成为西方一流管理学院的杰出院长"。①

有机会得到某种教育保证了原领导阶层的子女比他们的大多数同胞更能适应资本主义。1997 年在布拉格，一名西方跨国公司的新秀特别理解西方的操作方法。他获得这种技能，不是在加利福尼亚，也不是伦敦，而是在 20 世纪 80 年代后期的莫斯科国际关系学院。这是改革中的莫斯科的一所贵族学院，允许阅读各种出版物，这些出版物是普通捷克人绝对看不到的——当然，没有一个捷克人会被允许获得这种教育。

管理层收购的结局

东欧的剧变往往像公司金融中所谓的"管理层收购"，当现任经理们借钱把公司从股东手中买下，这种情况就发生了。这种情况常常提供发财的机会，因为经理们有普通投资者得不到的内部信息。普通"投资者"（一般公众）对资本主义的运作方式一无所知，而"经理们"得益于特殊的信息，这种信息来自唯一不受每年的审查和宣传蒙骗的一些人。

苏联的解体给一些机敏的官员和急切想要取代他们的年轻人提供了各种机会，而那些已经在这种制度下有权有势的人则往往处于利用这种制度馈赠的最佳位置。紧接着是一段经济流动的时期，机敏、信息灵通和有广泛关系的人可以利用很多有油水的机会。1989 年，苏联对外贸易的开放也创造了许多机会，因为私营公司能躲在谁该支付外国供应商的（以前是由国家承担的任务）这个拿不准的疑问后面。② 私有化为知情的内部人提供了获取资产的机会，而给广大纳税人提供的则是负债累累的

---

① 引自汉森：《从停滞到灾难》，第 79 页。
② 诺夫：《苏联经济史》第 403 页。

所有制。

在俄罗斯，用政治关系来交换私人财富的机制在 20 世纪 80 年代后期就已出现。莫斯科一个显赫的商人从一个亲戚那里得到他的最初的投资，这个亲戚是克格勃的将军。而第一家获得执照的私营银行斯托利奇尼银行则是由党费支持的。在苏联的最后一段日子里，甚至共产主义青年团组织也试图建立私营企业。巴维尔·布尼奇（Pavel Bunich）从莫斯科大学社会主义教授转为企业家协会主席体现了从马克思主义理论到市场实践的转变。

有时，私营企业的利益和原政权的利益如此紧密地交织在一起，以致有些企业家在原政权行将崩溃时，还得到了一张党证。1990 年入党的凡·卡迪罗夫（V. Kadyrov）是一位医生和来自巴什基尔（Bachkirie）的党代表，他创办了维斯托克（Vistok）合作银行，这是苏联排行第十七位的大银行。① 捷克的瓦茨拉夫·尤内克（Václa Junek）在政府垮台一年后才加入党的中央委员会。甚至在党失去法定的权力之后，他的政治关系仍然有用，他的赫马波尔（Chemapol）实业王国很快就占捷克全部GDP 的 4%。②

用"管理层收购"来解释苏联的解体当然并不意味着有意识的阴谋策划了向资本主义的过渡，也并不意味着共产党政权层内部的权力转交给私营公司的年轻经理们。这一结局是特权阶层内部的权力移交，部分情况发生在政权崩溃之前，部分发生在之后。这通常意味着年轻人取代了年长的人，运用经济权力的人以牺牲以前运用政治权力的人为代价从中获得利益。在旧政权下从权力高峰稍微移动了一下的人和需要花几年时间才能达到权力高峰的人能够利用迅速的变化。戈尔巴乔夫的一位副官谈到过一次"第二书记的革命。"③ 一位分析家这样描写捷克：这场温和革命对内部特权阶层的原动力起到催化剂的作用，加速了企业内部即

---

① 奥尔加·亚尔采娃：《俄罗斯，企业家及昨天和今天的市场》，载于《另一个欧洲》第26 期（1993），第 107 ~ 115 页。

② 《经济学家》，1998 年 1 月 25 ~ 30 日。

③ 克里什塔诺夫斯卡娅和怀特：《从苏联的有权势者到俄罗斯的精英》，第 729 页。

将成为特殊阶层的人的晋升。①

没有一个单一的群体受益。在乌兹别克斯坦，1991 年混乱期间霸占资财的当地党的领导人完全不同于布拉格讨西方投资银行喜欢的、一帆风顺的、年轻的经济学毕业生。在苏联，几乎所有后共产主义精英都曾是共产党员，而军人和克格勃军官在武力往往是维护和保持所有制唯一手段的情况下拥有特殊的利益。在波兰则相反，到 80 年代后期当权者已丧失信誉，以至于党员身份已很少带来什么好处。虽然老一代的特权阶层还没有完全被取代。恰恰相反，倒是那些在等级制度下地位足够低而能免遭伤害的人得到了诸多实惠。中层管理人员在波兰政权垮台后是最大的赢家。②

奇怪的是，政权的反对者比政权的统治者更直言不讳地寄希望于"管理层收购"的可能性。在波兰，有些持不同政见者讨论过"让老板们成为有权势的人。"③ 特权阶层的成员自己在事前很少意识到他们会从中得到什么样的好处。他们摸索向资本主义前进的道路，和西方公司合资的或合作的每一个企业的权力人看到了资本主义如何运作和他们自己在其中可以起什么作用。渐渐地，一部分年老的掌权人物意识到了经济体制的变化可以带来利益也可能带来风险。但是甚至在最后时刻他们都未能预料到必然要上演的改革剧，他们当然也就无法控制它的每一个方面。在许多方面，和资本主义接触对特权阶层的最重要影响是负面的。这种接触并未产生某种连贯的行动计划，却排除了这些特权人士在早期会追求某些选择。当面临 1988 年到 1991 的迅速变化时，一批无情的、机敏的人把他们的精力用于确保他们在新秩序中的地位，而不是捍卫旧秩序。

---

① 埃往·克拉克和安姆·索尔斯比：《捷克共和国管理精英的重新形成》载于《欧洲－亚洲研究》第 48 卷第 2 期（1996），第 285～303 页。

② 卡齐米尔兹·M. 斯洛姆钦斯基和戈尔迪·沙巴德：《东部中欧的全方位改造和阶级结构的特点》，载于《东欧的政治和社会》第 11 卷第 1 期（1997 年），第 155～189 页。

③ 耶尔齐·绍茨基：《共产主义的自由主义》（佩斯，1995），第 125 页和第 136 页。

小　结

20 世纪 90 年代初，随着东欧的剧变。对私有财产和多党选举制的认可给行使权力的方式带来极大的变化，即使并不体现在行使权力的人身上。新的政权也并不总是民主或尊重人权的典范，在南斯拉夫或俄罗斯可能还有相当多的人对共产主义的结束感到惋惜。

苏联解体和东欧剧变不应被看成是一个孤立的引人注目的事件，而应被看成是进行多年的一系列变化的顶点。特别重要的是，共产主义阵营和它的资本主义对手之间越来越大的经济差距并没有毁灭共产主义。有些国家（如朝鲜），仍在应对资本主义的经济优势。有些国家（如中国和越南）用经济改革而不是用政治改革来应对。导致东欧变化的是共产党改革家把资本主义的成功和社会运行方式越来越和西欧及美国的政治制度联系起来所造成的。

共产党员改革失败了。这种改革未产生有人情味的共产主义或西方的生活水平，反而助长了最终挑战政权本身。这是一个可预见的模式——在 1956 年的匈牙利和 1986 年捷克斯洛伐克就已经看到。80 年代后期的改革没有在苏联坦克的履带下被粉碎的事实在某种程度上是因为这次改革运动是由苏联领导人自己发起的，也是由于在共产主义的批评家中出现了一种新的情绪。避免暴力的愿望在整个 80 年代是不同政见思潮中最强主题之一。波兰教会等团体不赞成和当局对抗。大部分机构意识到，这么做不仅在之后的社会比较安全而且对新秩序也有好处。因此，政权的过渡通常是和平的。

有些人觉得遗憾，因为变化的思想基础是开明的利己主义而不是英雄的理想主义。匈牙利民主论坛的伊斯特凡·丘尔卡写到他的国家曾"幸免于它的革命。"① 那些还记得斯大林主义的人可能会想到对开明的利己主义有很多话可说。

---

① 肖普弗林：《东欧的政治》，第 254 页。

2 资本主义赢了吗

在 20 世纪 70 年代中叶，整个西欧的经济增长慢了下来。从 1950 年到 1973 年，年均国内生产总值（GDP）的增长为 4.6%，从 1973 年到 1979 年下降到 2.6%，从 1979 到 1990 年下又降到 2%。① 减慢增长大体上有三个原因。首先是石油价格上涨。在战后经济增长的 30 年中，西欧变得十分依赖石油进口（在这段时期结束的时候，西欧消耗了 7.49 亿吨石油，但只生产 1500 万吨）。多数石油来自阿拉伯国家。在赎罪日战争结束后的一段时期里，阿拉伯国家对支持以色列的国家实施禁运。禁运虽失败。但普遍抬高石油价格的尝试却成功了。1973 年的最后三个月，石油价格涨了四倍，在 80 年代初又再次上涨。石油价格的上涨严重影响了国内很少有石油资源的国家。如法国，石油消耗占 GDP 的 8%。② 第二个原因是货币的不稳定性增加了。自从 1944 年签订《布雷顿森林协定》以来，美元的可兑换性成为国际货币制度的基础。1991 年美国政府暂停了美元的可兑换性，接着出现了一阵竞争性的贬值浪潮，这一浪潮助长了许多欧洲国家的通货膨胀。第三个原因是经济增长受到新一轮工人斗争的限制，因而劳动成本增加，工人战斗可以追溯到 1986 年开始的罢工浪潮。

经济危机从 1974 年底到 1975 年 6 月最令人注目，当时某些国家的经济绝对收缩。③ 以前的经验表明较慢的增长意味着较低的通货膨胀，但现在物价上涨和经济衰退并存，经济学家们开始谈论"滞涨"。

某些评论家用来表示资本主义即将死亡的世界末日的恐慌（和希望）并没有发生。欧洲的资本主义在很多方面在 80 年代后期比 15 年前

---

① 尼克拉斯·克拉夫茨和姜尼·托尼奥洛：《战后增长概述》，载于《1945 年以来的欧洲经济增长》（剑桥，1996），第 1~37 页，第 25 页。

② 彼得·霍尔：《治理经济：英国和法国的国家干预政治》（纽约和牛津，1986），第 193 页。

③ 伊夫·戈蒂埃《1973 年至今的危机》（1989），第 81 页。

更安全。这种安全可以部分地用经济统计来衡量。虽然 1973 年后发展较慢，但并没有停止，大多数西欧国家在 1990 年比 1973 年更加富裕。

有些评论家坚持认为，资本主义在整个 90 年代一直处于最后危机的边缘。共产主义是一种中央集权的政治和经济体制；而资本主义的力量在于它是权力分散的经济体制，这种体制能在不同的政治制度中生存下去。20 世纪 80 年代资本主义经济的巨大变化使它的成就越来越难以用统计数字来衡量。技术的进步意味着有些商品（特别是电子商品）变得更便宜，生产所需要的工人减少，因此，在用来衡量就业和国内生产总值的统计资料中就显不出特色来，西欧人消费的商品越来越难以称重和计数。事后看来，历史学家们可能有保留地得出这样的结论，20 世纪 80 年代是资本主义胜利的年代。但是许多资本家在这段时期里经历的却是可怕的不稳定。

经济革命

表 7　在制造业中参与经济活动的人口比例

年　份	1960～1961	1970～1971	1980～1981	1992～1993
奥地利	29.8%	31.5%	30.4%	26.6%
比利时	34.6%	32.1%	21.9%	71.7%
丹　麦	28.5%	25.9%	17.2%	19.9%
芬　兰	21.5%	24.7%	24.8%	18.8%
法　国	27.0%	25.8%	22.3%	18.9%
德　国	36.5%	37.6%	32.7%	28.2%
希　腊	13.4%	17.2%	18.7%	18.8%
荷　兰	29.9%	24.0%	18.8%	16.6%
意大利	26.6%	31.1%	22.3%	19.8%
挪　威	25.5%	26.7%	20.2%	14.3%
葡萄牙	23.3%	21.7%	24.1%	23.7%
西班牙	17.7%	25.4%	24.4%	19.0%
瑞　典	34.2%	28.3%	24.0%	16.8%
英　国	34.8%	32.4%	20.6%	18.9%

资料来源：唐纳德·沙逊：《社会主义 100 年》（1997），第 169 页。

在 20 世纪后期，一些不同的重叠的过程改变了欧洲的资本主义。首先，相对于服务业来说，作为一个整体的工业衰退了。由于欧洲人变得更加富裕，所以他们的消费日趋采取服务的形式而不是商品的形式。到 1989 年，法国的服务行业几乎雇用了 2/3 的工人，而且占国内生产总值同样的比例。[1]

从工业到服务的过渡并不是到处都可以同样方式在同样的时间进行。西班牙等国家在欧洲其他经济体系转向服务业的时候正实现工业化。在希腊，受雇于制造业的人口比例实际上到 1990 年才达到顶峰——很多人认为到头来这十年是以欧洲摆脱工业化为特征的。[2] 甚至在很早就已工业化的经济体系中，向服务业转变也不是一致的。在 80 年代后期，德国国内生产总值仍然有 1/3 来自工业。[3]

在 19 世纪兴起的某些工业是绝对地衰退了。纺织、钢铁和造船受到来自非欧洲的生产商的打击，他们可以靠较低的工资。煤炭、钢铁和造船得益于政府的大力资助，首先是因为它们被认为具有"战略上的重要性"，其次是希望能保持就业岗位。但是许多资助在 80 年代被取消。有些政治家似乎对大规模的重工业十分反感，尤其是英国的玛格丽特·撒切尔，部分是因为他们把手工业和工会的权力联系在一起。

经济的发展分割了市场，形成了小规模生产的公司得以在其中繁荣起来的"小生境"。寻求大市场和规模经济要强调质量和专门化。在 80 年代富起来的富有消费者往往重视商品质量。英国设计师保罗·史密斯吹嘘说他从来不带备忘记事本（尽管他销售这种产品赚了大钱）或者移动电话，而且他不知道如何使用个人电脑。[4] 评论家们谈到后福特主义经济是"灵活的专门化"取代了注定要大规模标准化市场生产产品的生产线。

---

[1] 戈蒂埃：《世界危机》，第 259 页。

[2] 唐纳德·沙逊：《社会主义 100 年：20 世纪的西欧》（1997）第 651 页。

[3] 戈蒂埃：《世界危机》，第 259 页。

[4] 《金融时报》，1997 年 11 月 1～2 日。

劳资关系

在 20 世纪 60 年代后期到 70 年代，工资迅速增长。这就吃掉了利润，助长了通货膨胀。甚至在第一次石油价格上涨以前，西欧的通货膨胀就达到了每年 7.5%——实际上，德国的通货膨胀在 1969 年达到了顶峰。但在 80 年代，相对于利润而言，工资下降，通货膨胀慢了下来。这点是如何达到的呢？

自 70 年代以来，对欧洲劳资关系的任何描述都必须首先承认许多工人没有工作。整个这段时期，在大多数西欧国家，很高比例的劳动力没有被雇用。有些人认为，通过强迫降低工资和破坏工会权力会使失业有利于资本主义；另一些人则认为，这会引起政治动乱毁灭资本主义。① 结果两者都不是。广义地说，对此的解释在于失业的性质而不是规模。西欧的失业大部分是长期的，集中在一些特殊的群体。对留在工作岗位上的大多数人来说显然影响（好或坏）不大。

表 8　失业率（占劳动人口的百分之比）

年　份	1976 年	1980 年	1984 年	1988 年	1992 年
奥地利	2.0%	1.9%	4.5%	5.3%	5.9%
比利时	6.6%	8.9%	14.1%	11.1%	11.2%
丹　麦	5.3%	7.0%	10.1%	8.7%	11.3%
法　国	4.2%	6.3%	9.7%	10.1%	10.3%
西　德	4.6%	3.8%	9.1%	8.7%	10.5%
意大利	6.7%	7.6%	10.0%	12.00%	11.5%
荷　兰	5.3%	5.9%	17.2%	6.5%	5.3%
西班牙	2.8%	9.9%	18.4%	19.3%	14.9%
瑞　典	1.6%	2.0%	3.1%	1.8%	5.3%
英　国	5.4%	5.0%	10.6%	7.8%	9.9%

资料来源：B. R. 米切尔：《国际的历史统计：欧洲，1750～1993 年》（贝辛斯克，1998），第 169 页。

---

① 关于充分就业对资本主义的生存是必要的假设，见"正是因为资本主义国家是一个有阶级的国家，所以它实行一种充分就业政策"，引自彼得·霍尔：《治理经济》，第 7 页。

20 世纪 70 年代，欧洲经济创造就业岗位比美国或日本都慢，而找工作的人口总数增加了。欧洲达到就业年龄的人口比例增加了，[1] 越来越多的妇女加入或试图加入劳动大军。

经济理论提供了两种解决办法：政府可以扩大货币供应，从而使公司更容易接受新工人；或者可以控制货币供应，从而导致通货膨胀。从短期看，这可能导致破产和解雇。但从长远来看，雇主们和工人们会适应新的现实。工资会降到实际可行的水平，这样人们就会"按定价工作"，雇主们就会到别的地方去找到便宜的和自愿的劳动力。

两种办法都未能奏效。通货再膨胀并不一定创造工作岗位。雇主们可以付给工人稍多的钱来维持良好的劳资关系，或者在设备上投资，使他们可以付较少的工资支出。等待市场来解决失业问题也不起作用。不仅失业率上升了，而且自由主义经济学家们还往往面临着有工作的人的收入和失业率同时上升这种令人费解的局面。事实上，有些国家——如西班牙和英国——把高度通货膨胀率和高失业率结合在一起，而德国却喜欢低失业率和低通货膨胀。

最成功地控制失业率的政府是通过针对特殊人群的小规模措施，而不是通过宏观经济战略。西德就是个例子，那里的高水平职业教育保持了较低的青年失业率。在丹麦，国内生产总值的 5.7% 被用来采取各种措施解决失业者的问题。[2]

解决失业的综合性办法失败了，部分原因是劳动力市场的运作不像证券交易。失业者并非见多识广、能计算出最大经济回报而迅速做出选择的人。人们对工作的选择受到一系列的影响。转行是很困难的，特别是那些得到住房补贴好处的人，对于那些一生都在采矿业和造船业的人来说，离开这一行也是很困难的。那些受失业影响最严重的人，都是对整个经济用他们可能在其中享受到的各种机会了解得最少的人。失业和"劳动的灵活性"之间的关系需要很长时间才能表现出来。诺曼·特比特出色地以关于他的父亲"骑上他的自行车去找工作"的一次讲话刺激

---

① 贝尔纳代特·加卢－富尼埃：《20 世纪的欧洲历史：1974》（1995），第 97 页。
② 同注①，第 97 页和第 108 页。

了托利党代表大会：许多代表都受到了他们自己的回忆或他们父母的经历的影响，而不是受到他们所面对的劳动市场的现实状况的影响。

在同一国家内，往往存在着完全不同种类的劳动市场。这些市场部分地是按地区来划分的（1985 年在英国，北部的男性失业率是东南的两倍），[①] 同样也按阶级、教育水平、性别、种族以及其他许多无形的考虑来划分。因此，当伦敦码头住宅区的一家投资银行的人事部经理很可能在抱怨劳动力短缺正促使工资不断上涨的同时，离他办公室数百码的地方，人们却在排队领取失业救济金。

在劳动力市场底层的是那些一旦丢了饭碗就几乎无法适应的、或者从来没有找到过一份工作的人，正是这些长期失业者的核心分子使得欧洲联盟的失业情况有别于美国或日本。

表 9　长期的失业（失业 12 个月以上的那些人在总失业人数中所占的百分比）

年　份	1983	1987	1989	1990
美　国	13.3%	14.0%	7.4 %	5.7%
法　国	42.2%	44.5%	43.9%	38.3%
德　国	39.3%	48.2%	49.0%	46.3%
荷　兰	50.5%	46.2%	49.9%	48.4%
英　国	47.0%	45.9%	40.8%	36.0%
西班牙	52.4%	62.0%	61.5%	54.0%

资料来源：瓦莱丽·赛姆斯：《欧洲的失业》（1995），第 4 页。

长期失业者主要是那些缺乏简单技能（诸如识字、算数或者对本国语言的掌握）的人：在比利时，那些没有找到工作的人差不多有一半只受过初等教育。[②] 雇主们愈来愈要求正式的资历和"可以转入其他行业的技能"，而学徒期所传授的知识或者现场培训在迅速变化的经济中往往毫无用处。教育的发展伴随着重工业的衰落，而前者对于将从后者中被

---

① 保罗·巴古利：《从抗议到默认：失业者的政治运动》（1991），第 7 页。

② 阿芒·斯波纳：《比利时的工会运动：一次重大变革的种种困难》，载于吉多·巴利奥尼和科林·克劳奇合编的《欧洲的劳资关系：灵活性的挑战》（1990），第 42～70 页，第 47 页。

裁员的那些人撺出劳动市场方面起了推波助澜的作用。到 20 世纪 80 年代中期，瓦朗谢纳这个一度是法国钢铁工业中心的城市，教师的数量已经多于钢铁工人；① 1991 年，英国的大学讲师比煤矿工人多得多。②

那些有犯罪记录的人——在某些国家年轻人占很大比重——发现很难找到工作，尤其在南欧，年轻人失业的情况变得也很严重：1986 年在意大利登记寻找工作的人中，将近 3/4 不满 30 岁；③ 同年，在西班牙的失业者中找工作的人中，有半数不足 25 岁。④ 少数民族面临着某些特殊的问题。本来，外来移民一直是劳动力队伍中最灵活的成分——他们首先是被工作吸引来的，而且在某些国家只要一失业，就会被遣返回国。然而，随着他们工作的逐渐稳定，这种原先的灵活性便往往消失，那些移民变得依附于某些特定的领域行业了。对于一个母亲只会旁遮普语的工人来说，想从布雷德福迁移到亨利都不容易。雇主或同事的种族主义也可能使得寻找新的工作更困难。⑤ 所有这些问题相互牵制着。

失业生产了一批教育程度低、情绪低落而又有犯罪记录的青少年，他们发现很难找到工作。在几乎人人失业的地方，倒使失业者少受羞辱。

1986 年，一家法国报纸提出，劳动力充分"对于那些技能最低下的人来说是不可进入的。"⑥ 不断增加的失业人口使得"优秀"工人更加短缺，因而工资也就需要提得更高。幸运者和不能受雇者之间有区别的意识甚至影响到英国的足坛文化。伦敦队的球迷们用"你们永远找不到活干"这个老调来奚落利物浦队的球迷们。

在大多数没有多少政治动乱的欧洲国家，资本主义何以能够使高失

---

① 热拉尔·努瓦里埃尔：《19 世纪和 20 世纪法国社会的工人》（罗得岛州普罗维登斯，1990，第 223 页。

② 迈克·萨维奇和安法鲁·迈尔斯：《英国工人阶级的改造》（1994），第 11 页。

③ 塞拉菲诺·内格雷和埃托雷·桑蒂：《意大列的劳资关系》，载于巴利奥和克劳奇合编的《欧洲的劳资关系》，第 154 ~ 198 页，第 160 页。

④ 霍尔迪·埃斯蒂维利和堆塞普·M. 得·拉·奥斯：《变革和危机：西班牙劳资关系的复杂性》，载于同上书，第 265 ~ 270 页。

⑤ 关于英国中部地区外来人口失业的严峻性，见肯·斯潘塞、安迪·泰勒、史密斯、芭芭拉·史密斯、约翰·莫森、诺曼·弗林和理查德·巴特利：《工业中心地区的危机：中西部地区研究》（牛津，1986）第 42 页。关于法国外来人口的失业，见努瓦里埃尔：《法国社会的工人》，第 225 页。

⑥ 努瓦里埃尔：《法国社会的工人》。第 225 页。

业率保持下去？在某种程度上，为什么某些群体容易受到失业影响的理由也有助于说明为什么大多数人认为失业是可以容忍的。受失业影响的往往是那些在政治和劳资关系方面被认为是处于边缘境地的群体：外来移民、妇女和年轻人。他们没有能力使自己受到舆论的关注。因此，1990 年在法国的蒙利埃市，几乎有半数外来移民、妇女失业，而在法国出生的男性，失业的却还不到 1/7。① 长期失业的情况往往发生在贫民窟里。还远远没有扩散到整个人口中去，失业还只局限在原先曾是重工业中心的某些地区或者特定的少数民族（诸如年轻的黑人）中。② 大多居民并不属于这类少数民族，或居住在这类地区，所以没有明显地受到影响。这些失业者并没有像他们的先辈那样遭受两次大战之间的时期完全被剥夺的痛苦，这一事实意味着他们还没有被逼得采取绝望的行动——电视和低档食品成为失业者最普遍的追求物。他们绝不会去干为吸引富裕者注意力而实施苦肉计的那三件事情（即饿肚皮、暴动或投票选举）中的任何一件。同样重要的是失业救济金的标准是全国范围内制定的，因此，20 世纪 30 年代所见到的那种向地方当局和福利办公室施加压力的直接行动，到 80 年代就毫无意义了。③ 犯罪率在提高，但受害者可能属于与失业本人相同的贫困群体。大多数就业的欧洲人并没有受到失业者的影响，除了他们得多付一点税，以支持增加的社会保险金额。法国保守派菲利普·塞甘把这种在受益者中间不言而喻的以牺牲失业者为代价的交易称之为一种"社会妥协"。

　　劳动者行使权力的最明显方式是通过罢工。罢工浪潮发生在经济增长的 1986～1972 年间，但是在许多国家，有组织的劳工的力量甚至是在经济增长减慢的 1973～1979 年增强的。罢工扼制了生产力，而增加的工资拿走了本来可以用来作为投资或利润的现金。曼库尔·奥尔森提些了一种"欧洲僵化"的理论，将某些欧洲国家的经济之所以搞得很糟归因于"有组织的利益集团"的力量（主要指劳方）。然而，劳工力量的性

---

① 瓦莱丽·塞姆斯：《欧洲的失业：问题和政策》（1995），第 57 页。

② 在曼彻斯特，25 岁以下的非洲裔黑人中有 57.7% 的人失业。赛姆斯：《欧洲的失业》，第 82 页。

③ 保罗·巴古利：《从抗议到默认》。

质及其作用各国有所不同。20 世纪 70 年代在英国发生过许多起罢工，在西德却很少，而在意大利，尽管 80 年代发生过很多起罢工，但其经济还是很有起色。罢工往往都是非正式的，因此并不受工会领导的控制，而且有时就像 60 年代末在法国和意大利，工人们所关心的不仅仅是工资。

表 10   在工业和运输业的罢工中每 100 名工人所占用的天数

年　份	1976～1971	1972～1976	1977～1981	1982～1987
法　国	350	34	23	13
西　德	8	3	8	9
意大利	161	200	151	93
英　国	60	97	112	88

资料来源：菲利普·阿姆斯特朗、安德鲁·格林和约翰·哈里森：《1945 年以来的资本主义》（1991），第 263 页。

20 世纪 80 年代劳工遭到了挫败。1980 年意大利都灵市菲亚特汽车公司的罢工和 1980～1985 年英国矿工的罢工都以失败告终，就像 80 年代早期法国钢铁工业的罢工。在整个欧洲，因罢工而失去的天数逐渐减少。这种变化与政府政策的结果并没有多少关系。相反，这是由于总的经济变化或个别雇主所采取的反罢工策略造成的。在工业化程度最高的国家，产业工人的人数在下降，尤其在工会力量一向最强大的重工业领域内，下降更为明显。雇主们有时将生产远离工人好斗的地方，例如雷诺汽车公司在布洛涅的比扬古生产，而更普遍的情况是将生产从相对容易组织工会和罢工的大工厂搬走。1971～1973 年在英国，那些雇佣 11～24 名工人的工厂每千名工人每年平均失去 15 个工作日。雇佣 5000 名以上工人的工厂每千名工人平均失去 3708 个工作日。①

---

① 菲利普·阿姆斯特朗、安德鲁·格林和约输·哈里森：《1945 年以来的资本主义》（牛津，1991），第 267 页。

　　过去的罢工浪潮属于以下两种类型之一：一种"机会主义性"的罢工，它发生在经济增长时期，工人们试图通过这类罢工来改善他们的条件，还有一种是"防御性"的罢工，它发生在经济衰退时期，工人试图通过这类罢工来保护他们自己。后一类罢工在 20 世纪 80 年代早期盛行，它比前一类的规模更大，持续的时间更长，而且更加激烈。这类罢工通常以失败告终的事实一点不足为怪。因为，这类罢工终究是煤炭和钢铁业早被宣告没落的工业的绝望征兆。

　　总的说来，即使在欧洲经济复苏阶段机会主义性质的罢工也一去不复返了。这并不一定反映劳工的软弱。在某些方面，欧洲最现代化的企业的性质使得它们更加经受不起工人的动乱，因为"非常按时"的经营方式假定各种部件必须准时到位，这意味着即使短暂的停工，都会造成巨大的损失。1984～1985 年，英国煤矿公司之所以能够击败罢工的矿工们，其部分原因为是因为它有大量库存（这是只有国有化工业才能办到的事情）。相比之下，化工五金工会所组织的罢工却使德国的汽车制造商们遭到了沉重的打击，正是因为作为私营公司，它们不得不为了降低价格而只保留很少的库存。罢工的减少也许反映了雇主方面愿意尽量多做出一些先发制人的让步以削弱工人运动。有些公司——尤其是日本的公司——热衷于做一些"不罢工"的交易。

　　评价雇主与工人间力量均衡的转变，要比评价其原先出现的情况困难得多。许多分析家混淆了管理方与工人之间的关系和劳资之间的关系，这又导致了强调将显而易见的冲突作为行使权力的唯一途径。在现实中，工会并不总是代表其成员的利益，更不见得代表整个工人阶级的利益。同样，经理们也并不总是代表股东们的利益：那些最热衷于驯服工会的人更关心的往往是他们自己的名声，而不是其公司的利润，管理层与工会之间某些最臭名昭著的对抗都发生在国有化产业中。甚至有关工资和利润水平的数字也没有说服力。许多工人的申诉所涉及的除了工资外，还涉及诸如"尊严"、自主权和过得去的工作条件等。工会的"经济主义"往往使得人们忽略了对这些方面的关注。对于股东们来说算不了什么的让步，事实上并不见得就意味着工人们也无动于衷。

有时正是那些促使工会会员人数和罢工次数骤减的变革可能增加了工人们所享有的其他形式的权力。取代了生产线的"后福特主义"工作法，据说给予了工人们更多的自主权；而更加精密的技术要求来自工人们的更加复杂，因而也更加独立思考的行动。需求量更大的市场使雇主们不得不采纳"绝对保证质量的经营管理"，这反过来意味着他们需要从工人们那里取得对其义务的承诺而不仅仅是服从。

雇员们获得意想不到的权力的很好的范例是航空系统的机舱乘务员提供的，这个群体体现了似乎被削弱的劳力的群体。机舱乘务员以小组的形式工作，从事服务而不是搞工业，并且主要由女性组成。工会化的程度很低，而且许多航空公司根本不承认任何工会。然而，假定机舱乘务员的主要成本是固定的，所有的航空公司便紧紧依靠她们，使她们自己从竞争者那里分化出来，这样也就给予了她们一定的权力。航空公司知道它已轻易地击败一次全面的罢工，但是它们也知道，员工们在这样一场抗争中所持的态度及其产生的后果，会使他们失去最能让他们赚钱的商务舱顾客。

在 20 世纪 80 年代，开始将生产转移到欧洲的日本汽车和电器公司的经理们特别热衷于与它们的劳动大军建立合作的关系。日本的经营管理技巧——或者至少是日本人在其欧洲工厂里所实施的经营管理技巧还常常鼓励开展竞赛。1990 年，在西德的 100 家最大的公司中有 45 家建立了"质量研讨小组"，鼓励工人们提出促进生产的措施和建议。①

然而，人们不应该过高地估计后福特主义所带来的劳资关系中的这些转变。德国的工人可能将他们在工作场所所享有的相对自主权归功于职业教育的传统，同时也归功于新技术或新的经营技巧。在意大利，几家使后福特主义理论家如此激动的小工厂依靠将先进的机器与技工结合而兴旺起来，但是其他小厂却无视有关安全和工作的立法，剥削未成年的工人和非法移民。法定生产线技术往往在某一个地区成功地被运用，而就在此刻，其他地区却在背离后福特主义。许多工人仍然受到最严格

① 奥托·雅和比和沃尔特·米勒－延奇：《西德：连续性和结构性变化》，载于巴利奥尼和克劳奇合编的《欧洲的劳资关系》，第 127～153 页。

的纪律约束——在法国，1/3 以上的体力劳动者如果想停工，哪怕是最短暂的片刻，也必须得到允许后才行，有些人还被禁止在工作时间说话。[1]

新技术所要求的纪律的严格程度有时甚至超过了弗雷德里克·W. 泰勒最狂乱的梦想。这方面的范例是电话销售和咨询服务，这些行业在英国最终所雇用的工人比煤矿工、钢铁工和汽车制造工加起来的总数还要多。电话服务业靠的是新技术（尤其是话务员从那里取得信息的电脑控制台），但是却使工人们几乎得不到一点自主权。雇主们知道每个工人在工作日的每一时刻的确切位置，而且可以把处理每一个电话花费的时间记录下来。

国际化

20 世纪 70 年代中期以后，世界各国的经济更多地受到国际化因素的影响。围绕关税及贸易总协定所进行的先后几个回合的谈判，使得想孤立任何一个国家的经济变得更加困难。欧洲经济共同体扩大到了包括丹麦、英国和爱尔兰（1973），希腊（1981）、西班牙和葡萄牙（1986），奥地利、瑞典和芬兰也在 1995 年参加。西欧国家——尤其是诸如卢森堡和比利时等小国——十分依赖国际贸易：到 1992 年，世界最大的十个出口国中，六个是欧洲国家，而最大的十个进口国中，也有六个是欧洲国家。欧洲的一体化和西欧的日益繁荣意味着这种贸易越来越是在欧洲诸国之间进行。

欧洲的货币一体化对于各国的国民经济有着引人注目的影响。使各国货币能够相互协调的欧洲货币体系，赋予联邦银行以巨大的权力，这个银行控制了最坚挺的货币。20 世纪 80 年代，法国法郎进入了欧洲货币体系，英镑在 80 年代末期尾随德国马克之后进入。1990～1992 年英镑参加了欧洲货币体系一段时间便退出了，因为保持汇率需要非常高的利率。主要由法国人设计并准备成立的欧洲货币联盟（即创造一种新的跨

---

[1] 努瓦里埃尔：《法国社会的工人》，第 231 页。

欧洲货币），旨在夺取联邦德国的权力，并使之成为一家独立的欧洲银行，其经济影响比起独霸的联邦银行所产生的影响要大得多。货币联盟的前景迫使所有希望参加的西欧国家不得不达到"马斯特里赫特标准"——也就是，根据 1991 年签订的条约来覆盖其国有部门借贷。这就造成了意大利的政府开支锐减和法国的通货紧缩。

对国际形势将通货紧缩性经济强加给各国政府做出反应的方式——且不论政治色彩——在荷兰人 W. 杜依森堡的经历中有所反映。杜依森堡是 1973～1977 年荷兰左翼政府的财政部长。作为一位专职的经济学家，且不管他的政治主张和凯恩斯主义背景，他强调预算的稳定作为对付石油危机后果的办法。1982 年，他当上了荷兰国家银行的行长，从 1997 年起，他领导欧洲货币学会为成立货币联盟做准备。《金融时报》赞赏地写道："哪怕按德国中央银行的标准来判断"，杜依森堡也把中央银行的银行家们所期待的"一丝不苟和集中要点"[1] 与"在金融方面坚忍不拔的声誉"[2] 结合起来。

经济上的相互依赖性日益增加还有其他的原因。经济的不断繁荣导致向奢侈性的消费转移，这往往意味着转向进口的消费。技术也使贸易变得容易。20 世纪 70 年代以来，主导消费品市场的电子产品很容易运输。将晶体管从中国的台湾运往欧洲的费用少于同样距离运输粮食或钢铁的费用。

在这种情况下，使通货再度膨胀来刺激经济的政府便只好冒着风险，将利益转向对外出口业。这种困境可以通过两种办法来摆脱。首先，经济可以在关税壁垒背后为自己设置路障。有些英国经济学家，诸如剑桥的温·戈德利便鼓吹这种解决问题的办法，但是遭到西欧所有国家政府的反对。第二种解决办法是在国际水平上协调通货的再度膨胀。弗朗索瓦·密特朗曾试图说服七个工业化国家在出席 1982 年凡尔赛会议时提出这样一个动议，但是没有成功。某些有远见的人，例如密特朗和雅克·德洛尔，猜想欧洲共同体有朝一日也许会提供一种机制，来实施一项超

---

[1] 《金融时报》，1997 年 11 月 6 日。
[2] 同注①，1997 年 11 月 8～9 日。

越国界的经济政策，但这在短期内是不可能的。

对于通货再度膨胀的问题，国际机构不仅无法提供什么帮助，而且在某种情况下是与通货紧缩联系在一起的。对于国际货币基金组织来说，情况尤其如此。尽管国际货币基金组织是从各国政府那里得到现金，又将其贷给各国政府，但是它就像个私营银行家那样行事，向贷款国施加压力迫使它们平衡账簿上的收支。20 世纪 70 年代中期，英国所采纳的货币指标和削减开支是与国际货币基金组织的一笔贷款收据相符合的。意大利政府于 1977 年致国际货币基金组织一封信，同意削减其政府开支，这封信被视为如此重要，以至于达成了一项所有成员国（包括共产党国家）签字并必须遵守的协议。[1] 瑞典甚至将其工资政策与国际经济联系起来考虑：1970 年的一项协议将整个经济的工资增长与出口部门的工资结合在一起。[2]

经济的国际化对于所有欧洲国家的影响并不完全相同或者达到同样的程度。西德和英国都有高度国际化的经济，但它们的贸易性质却是不同的。英国的经济还是受帝国遗留下来的一些全球联系的影响，也受某些与美国有密切关系的公司的影响，而且英国的经济从这种国际背景中最受益的部门还是集中在以伦敦为基地的金融服务业。相比之下，制造业由于外国的竞争而遭受损失。80 年代日本在英国的投资对于英国国际化的多样性引起了许多很有意思的问题——跟日本人的密切关系似乎很符合英国全球联系的传统，但是日本人之所以到英国来，主要还是因为他们希望进入受到保护的欧洲共同体市场。此外，一些在英国的日本公司投资建立花钱多的工厂，并强调稳妥而灵活的就业。这种态度似乎比英国模式更符合欧洲大陆的模式。

西德的经济属于一种不同的类型。自 1945 年，尤其是 70 年代以来，它增加了同美国的经济关系，随着美国在德国的投资从 1973 年的 76500 亿美元增加到 1981 年的 160770 亿美元，德国在美国的投资由 96500 万

---

① 沙逊：《社会主义的 100 年》第 588、615 页。
② 同注①，第 481 页。

美元增加到了 70670 亿美元①然而，德国仍然保持一种主要是欧式的经济，与共产党统治的东欧国家的关系日益紧密。

其他国家的经济模式更能使自己孤立在国际化潮流之外。以奥地利为例，因为它在本土只有少数几家跨国公司，因而保持了很高程度的经济自主权。瑞士体现了一种特别奇怪的国际化和单一主义的混合体。它从大量出口、旅游业和银行业中受益，并向若干家跨国公司（诸如雀巢公司）提供了总部办事处。但是它一再向经济学家们所阐明的"国际化现实"提出挑战。它保存了一种严格的劳动力市场（至少是对瑞士公民而言），保护它的公司不致遭到恶意的收购，被无法承受的、复杂的规章制度所约束，并且拒绝参加欧洲共同体。

金融和公司结构

金融市场和公司结构方面的变化意味着所有的欧洲国家都发现其经济变得越来越难以控制了。1971 年 8 月美国终止了美元与黄金的兑换，此后，欧洲各国便面临着其自身货币与美元以及与欧洲国家相互之间在流通上越来越起伏不定。1976 年英镑对美元的兑换一天就得损失 8%。外汇管制被废除了，各国政府希望支持其货币，就必须实施货币市场所认可的政策。这种压力迫使法国政府于 1983 年放弃其通货再膨胀的政策。

某些市场的优先发展，也许导致了政府的自由化。在 20 世纪 60 年代，当欧洲银行用美元贷款给美国公司时，"欧洲货币"市场便产生了。这类贷款在很大程度上摆脱了美国或者欧洲行政当局的控制。据说 1983 年欧洲货币贷款总额达到了 30000 亿美元

银行与证券交易所受条例的干预逐渐减少，这一进程的加速是由于生怕资金会不折不扣地转入最能呈现良性趋势的商业中心。1986 年突然缩小国家对经济干预的范围，它对伦敦商业中心区产生的"大轰动"效

---

① V. R. 伯格哈恩：《现代德国：20 年世纪的社会、经济和政治》（剑桥，1987），第 241 页。

应，意义尤为深远。

国际资本市场的规模意味着各国政府如果愿意把自己置于私有债务人所必须接受的那类行为准则之下，就可能筹集巨额资金。这也消除了为"国家干涉主义"的正当性进行辩护的主要理由，即只有国家才能提供非常大规模的或长期的投资。的确，私有化的英国，正当性往往建立在认为私营公司能更好地承办大型投资计划的基础之上。而欧洲历史上最具有雄心的一项建设规划——英吉利海峡隧道——就是由一家私营公司经营的。

金融市场也影响对私营公司的运转方式。在英国，这类变革是最富有戏剧性的。这些变革源于20世纪60年代期间某些银行和实业家所从事的活动。一位来自汉堡的难民西格斯蒙德·沃伯格在伦敦创办了一家商业银行，他说服了他的几个客户，争相购买证券交易所上市公司出价的股票。这就意味着任何公司的管理层都可能被一个局外人赶走，只要他能够使股东们深信，他会为他们的投资提供更高的收益，80年代，在伦敦，竞争性的收购变得尤为重要，并且开始向整个欧洲大陆扩展。一位80年代从美国回来的法国人贝尔纳·阿尔诺满怀救世主的激情，对欧洲奢侈商品工业实施了竞争性的收购。

从更广泛的意义上说，竞争性收购突出了"股东的价值"，激活了一种特殊性质的资本主义，即一心一意无情地"榨取资产"，以获得高额回报，而对大规模投资则持怀疑态度。英美合股的汉森信托公司就是该类企业的一个缩影。其兴旺发达就是建立在通过竞争性收购兼并了一些公司，而其涉及的企业大多数是技术水平低的行业，例如可以通过削减成本来增加利润的建筑公司。汉森公司的高层经理人员自夸说，他们从来没有拜访过打造他们这个帝国的公司，任何超过1000英镑的投资需要有总部的书面认可。建立在这样一种逻辑推理上的公司，其行事方式对于那些相信欧洲经济是由高科技、后福特主义的企业所左右的人们来说，简直不可思议！

这种类型的资本主义标志着它同某些人曾经相信或期望在前五十年里发展起来的那种资本主义模式的断然决裂。管理主义的权威性来自专门知识和技能而不是所有权，这曾被视为模糊了公有制和私有制的界限。凯恩斯以赞同的口气就英格兰银行（那时还是一家私人银行）的情况写道"英格兰银行总裁在决策时，考虑更多的是其股东的利益，而不是王国的哪一层的利益"。①

然而，20 世纪 80 年代的资本主义总是围绕着盘算业主（股东）的利益。1980 ~ 1987 年间，欧洲证券交易所开盘的股票总值增加了 3 倍，② 它更强调的是股东的利益，而非管理人员的利益，后者往往以懒散的寄生虫面目出现，他们更关心的是公司的汽车，而不是他们企业的效益。

20 世纪 80 年代的资本主义是建立在态度和文化以及公司结构的变革基础之上的。60 年代，安德鲁·肖恩费尔德等作家曾经认为，资本主义在欧洲已经被打上了私有制和公有制相结合的标记。大公司越来越像国家机关那样行事，而且不论在私人公司还是国有企业里，往往总是同一类人处于权力的顶层。这种情况在法国最为明显。在那里，公务员"弃政从商"的事司空见惯，国家行政学院的毕业生，特别是那些曾经在财政监察部门服务过的人，也在大公司中行使着庞大的权力。这种情况在 20 世纪 80 年代开始有所改变，尽管还是这些人在负责，但他们表现出不同的态度。国家机关依然很重要，但是他们越来越模仿私营企业的行事方式，而不是指望私营企业去模仿他们在国家机关里的举止。来自马克斯和斯潘塞公司的一位经理被委派去英国内务部当顾问。进入国家行政学院的那些人，其中绝大多数目前都声称，他们的远期目标是要到私营部门去工作。正像国家机关试图模仿私营企业那样，大公司也在试图模仿小企业。大型股份公司把自己的业务活动拆散，成为独立自主的"成本核算中心"。

在 20 世纪 80 年代期间，欧洲资本主义的变化使银行变得越加重要，这得益于急速发展起来的股票市场。银行及管理咨询机构也获得了对实业公司的更大权力。这种权力并非来自对其股份的所有权，而是来自于

---

① 约翰·梅纳德·凯恩斯：《自由放任政策的终结》，载于《论说服》（1952），第 312 ~ 322 页，第 315 页。

② 加卢 – 富尼埃：《欧洲的历史》，第 67 页。

他们所扮演的顾问角色，这比正常的管理结构更优越。例如，奥利维尔·鲁在吉尼斯公司企图接管联合酿酒厂时是该公司的财务总监，但他仍然是贝恩管理咨询公司的雇员。

有时整个职业模式都会改变。聪明的管理人员不再指望花许多岁月在独家公司里通过连续工作逐步得到提升，他们宁可花几年时间去干咨询工作，使他们能够接触各种各样公司，最终被一家通常是高层次的咨询客户聘用。麦金西就是这样一家公司，它证明了用这种方法安置其门徒特别成功。的确，在英国和意大利，正是麦金西的"毕业生"填补了以前对不发达管理教育制度所遗留下来的缺口。

某些银行和咨询服务公司的管理结构不同于传统的实业公司。业主与经理们之间的分歧因优先认股权的付款而变得模糊不清了。某些公司完全抵制通过股市筹资，保留其私人合伙关系——这对于绝大多数的管理咨询机构和1999年终于浮出水面的戈德曼·萨克斯投资银行来说，情况完全就是这样的：经理们被纳入了工薪阶层；投资银行的交易者和专家们比起其徒有虚名的上司来，往往还能够得到更多的尊重和更高的报酬。在一种急速变化的氛围中，年轻人可以获得种种了不起的机遇；在这种氛围中，出成果的能力远比工龄的长短重要得多。财务大臣奈杰尔·劳森就曾抱怨过"乳臭未干的蹩脚作家"（指研究金融的年轻经济学家）的影响。1995年瑞士银行股份公司伦敦交易所的头头，年近半百的意大利人鲁迪·博格尼利用两年的休假时间到帝国学院去进修，几乎无望地想了解那些本该听命于他的青年商人的经营之道。①

技　术

在西欧，新技术与经济成就之间并不总有直接的联系。爱尔兰的经济在20世纪80年代发展迅速，尽管事实上它用于研究和开发的费用不到国民生产总值的1%，② 欧洲的经济仍然依靠老工业。全球五家最大的

---

① 瑞士银行公司在他休假回来后立刻任命他为私人银行业务经理。
② 加鲁－富尼埃：《欧洲的历史》，第84页。

化工、钢铁、建材和矿业企业中有三家在欧洲。只有一家欧洲电子公司可以被认为属于该领域内全球五大公司之一。① 在欧洲，没有可以与加利福尼亚的"硅谷"相提并论的地方——有计算机方面才华的欧洲人往往都移居美国。

科研能力很少转化成利用技术的能力，这种情况司空见惯。英国在研究方面是最成功的国家，但它的经济成就却很少。反之，西德在抽象的科学研究方面虽然比较落后，但在利用新技术赚钱这一点上却十分在行。

20 世纪 80 年代期间，对技术和抽象研究的商业价值开始遭到质疑，其重点转移反映在工程师地位的改变。多年来，英国公司将工程师等同于会计师的倾向，一直被认为是一种弱点；英国钢铁公司的前董事长蒙蒂·芬尼斯顿爵士于 70 年代担任了一个委员会的主席，他指出，英国工业的业绩太差可以归因于其工程师的地位低于欧洲大陆的工程师。20 年后，英国和欧洲大陆对待工程师行业的态度显然已经向英国的模式靠拢，而不是向欧洲模式靠拢。即使在工程师行业已经享有赫赫名声的领域里，其地位却还是不得不屈居于金融行业之下。1976 年，瑞典国家电信公司的领导首次由一位经济学家担任，而不是一位工程师。② 1998 年，一家法国公司的总裁阿尔卡特尔对法国的名牌工程技术学院的价值持怀疑态度，他说："我在巴黎综合工艺大学里所受到的教育中，其'为了国家，为了荣誉，为了科学'的座右铭固然值得称赞，但对于现代经济来说却还是不够的——对所有的雇员来说，只有金钱才是打开成功之门的钥匙。"③

尽管有局限性，技术对于欧洲的经济还是有影响的。从某些方面来看，在 20 世纪的 80 年代和 90 年代，技术革新的重要特点在于它超越了传统的范畴。在 20 世纪早期，革新是很费钱的，而且往往只有经过很多年以后才能获利。因此，金融家们往往抵制这类投资；相反，到 20 世纪

① 同上页注②，第 87 页。
② 杰里米·理杰森：《瑞典的政策、政治和通信革命》，载于《西欧的政治》，第 9 卷，第 4 期（1986 年 10 月）第 80~97 页。
③ 《世界报》，1998 年 2 月 10 日。

后期，信息技术相对便宜，有时还可以很快地产生引人注目的效果。因此，把持财务的那些人并不排除对新技术的投资，他们有时的确还是这类交易最热衷的支持者。

技术上先进的工业的发展往往伴随着就业人员的减少——1975～1990 年间，欧洲电子工业部门的工人人数从 250000 下降到 119000，[①] 技术使整个专业（诸如打字员和制图员）变成多余的累赘，因而改组了劳动力市场。这种变化的影响在英国尤为明显，因为工会总是热衷于捍卫不同工种之间"划分"的传统。技术对于劳资关系的影响，在印刷业方面表现得最为清楚。印刷工人有早期有组织的工人领袖和印刷工会，例如法国的 Fédération du Livre（图书出版业联合会）或英国的 SOGAT（书画刻印及有关行业协会），它们都拥有过强大的权力。现在可以在电脑上办报纸，并在几个不同的地区（或者甚至在几个不同的国家）印报纸，这就使情况全变了。

技术也助长了私有化。国营企业往往把工业控制得似乎那是一个天然的垄断企业。人们看到能控制电话线路的仅此一家，电视台也是凤毛麟角。技术促进了竞争。光纤电缆、移动电话、电脑和传真的应用为电信公司提供了新的机会。英国电信公司被撒切尔夫人私有化，因为它符合任何情况下都会受到竞争挑战的技术革命的要求。1997 年，甚至法国共产党也承认法国电信公司需要私营化。

新技术伴随着企业文化的改变。管理人员变得年轻了，因为这一代人受过电脑培训，把老一辈挤到了一边，企业通过利用传真和电子邮件变得更加国际化。大公司的等级制度也随之改变了。20 世纪典型的大股份公司是与打字机和电话同时产生的，而且是建立在书面程序和仔细规定的结构上的。要完成某件事情，就得向有关人员发送一份书面申请，由他递交给当局。在国际层面上，公司派遣年轻人（他们通常是男性）出国，去世界各地的偏远地区从事业务活动，就像一些地区官员管理大英帝国那样。曾在巴西或尼日利亚服务过的人，最终也许会通过总部的评定、晋升而被调回国任职。计算机的应用向这种培训制度提出了挑战，

---

① 加鲁－富尼埃：《欧洲的历史》，第 101 页。

不再需要派人出国办子公司，经理人员之间的相互沟通变得容易多了，无需许许多多的中间人。据估计，1986 年所有电子通信的业务有一半以上是在公司中进行的。①

计算机工业本身也有戏剧性的变化。第一家大计算机公司 IBM 是 20 世纪 50 年代股份有限公司的一个缩影，具有一种等级森严和墨守成规的文化。早期的计算机庞大而昂贵，似乎是为加强集权和官僚政治而设计的，其利用也与军事目的紧密地联系在一起。甚至在计算机明显地改变民间企业的时候，各国政府还依然深信这种改变只会在国家的主持下产生。在法国，这种努力显得特别轰轰烈烈。在那里，电子计算机发展规划、布尔计算机公司和微型电传打字机（互联网的鼻祖）得到国家的补贴。甚至在信奉自由市场的英国，肯尼恩·贝克说服玛格丽特·撒切尔任命他当"信息技术部部长"，承诺为该部门创造一百万个就业机会。②

20 世纪 80 年代，计算机变得更小、更便宜、使用更简便，计算机使用得最好的公司显然能成为反应敏捷和容易管理的公司。法国的布尔公司被鼓励去找一家美国私营性质的合作伙伴（霍尼韦尔公司），而英国人在 1982 年停止向他们自己的英莫斯集成电路制造公司提供资金。③技术上的转变也影响了私营部门的力量对比。IBM 的霸主地位受到了一些较小的、更有革新精神的公司的挑战，尤其是制造计算机的苹果公司（APPLE）和生产软件的微软公司（MICROSOFT）。

与高新技术相关的公司，其经营方式和传统工业中的公司全然不同。它们的主要资源是熟练的职工队伍和信息。他们对厂址的选择并不是考虑离原材料或客户的距离远近，而在于渴求吸引其职工，并靠近其竞争者和合作者。这类公司云集在靠近名牌大学（剑桥，博洛尼亚）的具有吸引力的城镇。公司的人员培训往往由大学的科学院系承担。在某些情况下，这些培训班就是由从事第二职业的大学教师或者有创业精神的学

---

① 肯尼思·戴森：《西欧各国和通讯革命》，载于《西欧的政治》，第 9 卷（1986）第 4 期，第 10~55 页，第 13 页。

② 基思·米德尔马斯：《权力竞争和国家 3：战后时代的结束，1974 年以来的英国》（1981），第 355 页。

③ 同注②，第 358 页。

生创办的。1952 年有一名学生以 1 万美元的贷款在德国创办了尼克斯道夫计算机公司。30 年后，该公司雇用的员工达到 1.5 万多名。① 通过出让股权，公司赢得了高技术水平和有贡献员工们对它的忠诚，缩小了股东与管理人员之间的传统鸿沟；而这种鸿沟过去一直被视为 20 世纪股份有限公司的一个特征。股东、管理人员和工人之间的传统分裂现象被完全破除了。工人和股东是相同的人，而管理人员的概念也常常在"绝对的等级制度"中消失了。在那里，权威是从对于特定任务在技术上能否称职，而不是从形式上的地位中产生的。

假设所有不同性质的革命（包括技术、公司管理以及行业组织方面的革命）都必须一起进行，或者必须事先规划好以产生特定的效果，这是错误的。不同的国家在不同的时间用不同的方式使用技术，变革的浪潮有时使一些公司撤离，后来又使它们重新取得地位。IBM 和德国西门子公司的情况就是如此，后者最终收购了尼克斯道夫公司。在法国，管理方与印刷工会之间的对抗，在 20 世纪 80 年代通过双方领导人的妥协得到了调解；② 但是在 1997 年，法国的一份外省报纸《南方自由报》却经历了十五年前折磨默多克报业集团的那种变革。③

减少国家的职能？

20 世纪 80 年代，国家变成了一个过时的实体。自由主义经济学家及其政治上的同盟认为福利国家已经变得开支过大，税收太高，国家控制那些希望成功的公司，而支持那些失败的公司的做法使企业大伤了元气。此类空谈收效甚微。西欧各国政府的开支不断上升。在某些国家，政府断续享有很高的威信。法国的情况就是如此，雅各宾派的中央集权制仍然很有影响力，高级文职官员备受重视。在其他国家，如意大利或奥地利，国家的威信很低，但仍然被主要政党的支持者承认是有用的就

① 沃尔特·拉克：《今天的德国：一份个人的报告》（1985），第 182 页。
② 让－玛丽·夏隆：《1945 年至今的法国出版业》，第 77 页。
③ 《世界报》，1997 年 6 月 28 日。

业来源。

削减国家开支的种种尝试失败了，尽管这些尝试没有受阻于公共机关或政治上的利益。在英国，这场运动开展得轰轰烈烈，但结果却完全没有成功。住房是政府开支下降的唯一重要领域（因为政府以其实际价值的一小部分出卖公有的住房。[1] 福利开支由于高失业率而上升，医药费用也因科学发现了新的、更为昂贵的、使老年人能活下去的诊疗手段而增加（1950 年医药开支占西欧国内生总值的 2% 左右；1980 年占国内生产总值的 5%）。[2]

财政紧缩与结束计划经济是两码事。可以完全不花什么钱去约束实业家的决定，但是一般说来，在 20 世纪 80 年代的西欧，实行这种约束逐渐变得不常见了。在英国，撒切尔政府特别卖力地谴责国家干预经济。政府解散了曾经把工会和行业领导人捏在一起的咨询机构，并且放弃了在企业中"挑选优胜者"的尝试。尽管如此，言语与现实之间的关系并不总是很清楚。即使在英国，政府也没有停止其控制商业的尝试。例如迈克尔·赫塞尔廷和肯尼思·贝克，这些部长们继续干预某些公司的决策，坚持认为政府有必要对特定的企业制定政策，并尽力告诫实业家们，要他们相信，只有政府才了解什么是对付经济的最好办法。英国政府也试图实施某种十分重要的经济管理形式，即寻求通过减少"货币供应"来控制通货膨胀。这种做法包含了一连串既复杂又多变的宏观经济指标，似乎比教科书上所说的要复杂得多。

法国与英国形成一种很有意思的对照。在意识形态方面，没有什么"一百八十度的大转弯"。从理论上看，政府继续采纳计划经济。然而实际上，法国的计划变得比较灵活，英国政府则全神贯注地致力于限定货币供应，谨慎地取消了其数量上的指标。而 1979 年 4 月，政府的经济计划中没有包含数量指标，并以"新纪元的动荡不定和由此而产生的日益

---

[1] 艾伦·穆里：《住房和环境》，载于丹尼斯·卡瓦纳和安东尼·塞尔登合编的《撒切尔效应：变革的十年》（牛津，1989），第 213 ~ 225 页。

[2] 简·佩恩：《在停滞的经济中增加预算：20 世纪 70 年代的经验》，载于查尔斯·梅尔编辑的《改变政治上的界限：论欧洲的国家与社会、公众与私人之间的动点平衡》（剑桥，1987 年），第 323 ~ 362 页，第 335 页。

增长的不稳定性，使这种方法变得过时"的说法作为理由。① 也许这正说明了"国家社会主义"的法国和"自由市场"的英国在如何管理经济方面的混乱。两国的工业部长在不断地更迭。英国的工业部在十年内换了八个部长，十五年内有三个不同的名称。20 世纪 80 年代初，法国在两年内四次更换了工业部长。

通过私有化来约束国家职能，是最富有戏剧性的一种方法。这种说法可能是管理学大师彼德·德鲁克发明的，虽然未曾在 1979 年英国保守党的宣言中披露，但是到 20 世纪 80 年代中期，私有化已经成为政府政策的关键词。这种政策是以出售国营企业为基础的。它是撒切尔政府经济政策的一个要素，看来取得了全面的成功。1982～1989 年间，政府出售了其石油、电信、煤气、航空公司、飞机场和摩托车的部分乃至全部资产，约 230 多亿英镑资金。②

西欧大陆各国的私有化规模都比英国小，而且往往被用于不同的目的，只有 1986 年上台的法国希拉克政府发表过与撒切尔政府相类似的谈话。法国的右翼分子计划把拥有 755000 名员工、高达 3000 亿法郎总值的 65 家公司私有化，但是他们缺乏在政府内实施其全部政策的时机，因为在 20 世纪 80 年代初，其社会主义先辈们总是在执行与此背道而驰的国有化政策。在某些国家，特别是西德，公有制企业的绩效明显使得私有化显得并无必要。而在别的国家，私有化常常被看做是一种顺应潮流的做法，而不是用来削弱国家职能的手段。IPI 这家意大利的国有公司卖掉了几家看来并无战略价值的商行，而在法国，却往往通过私有化来赚钱，然后再投向留下的国营企业，以提高其生产能力。③

---

① 彼得·霍尔：《治理经济》，第 186 页。
② 艾伦·穆里：《住房和环境》，载于卡瓦纳和塞尔登编辑的《撒切尔效应》，第 213～225 页，第 219 页。
③ 约翰·维克斯和文森林·赖特：《西欧工业私有化的政治：一种概述》，载于《西欧的政治》，第 11 卷（1988），第 4 期。

"我们和滚石乐队"——资本主义、青少年和大众文化

20 世纪 80 年代中期，迈克尔·刘易斯在伦敦和巴黎为萨洛蒙兄弟公司推销债券，他讲了一个关于雄心勃勃的年轻人在伦敦一家美国投资银行接受面试的故事。当这位年轻人提到他希望得到的工资数时，考官们笑着回答道："在这个城里只有两家出这么多钱。一家是我们，一家是滚石乐队。"① 在 20 世纪 80 年代和 90 年代这种对比司空见惯。据说，比米克·贾格尔年轻 12 岁的微软老总出 800 万英镑取得了使用一首滚石歌曲——"使我起飞"——的权利来推出他的"视窗 95"软件。

有几种不同的方式来解释资本主义与摇滚乐的关系。第一种方式也许强调它被用于营销。为了生存，资本主义必须鼓励它最初曾鄙视过的行为——追求享乐、不遵从习惯和短期的满足。这一切并不新鲜——摇滚乐一直被资本家的公司利用，而且这种音乐的"叛逆性"往往提供了一个额外的卖点。20 世纪 60 年代，哥伦比亚唱片公司做过一个突出介绍吉姆·莫里森和鲍勃·迪伦的广告，广告词是"革命者在哥伦比亚"；20 世纪 70 年代后期，哥伦比亚广播公司（其前身就是哥伦比亚唱片公司）为唱片"抢银行的人"大做广告，醒目的广告语是"抢银行的人逃走了"，意思是这张唱片——歌手在唱片中赞美他的抢银行的父亲——如此有煽动性，以致唱片公司不敢发行这张唱片。当然，为这张唱片小题大做实际上是一种营销策略。哥伦比亚广播公司发行"抢银行的人"是因为指望这张唱片在某种程度上带来商业上的成功。唱"爸爸是一个抢银行的人"的乔·斯特鲁默，其实是一位英国资深外交家的儿子。

将摇滚乐作为一种营销工具，在 20 世纪 80 年代发展为被用来促销唱片以外的产品。有时候，这种利用达到了可笑的程度。一个青少年乐队由于在 1997 年的巡回演出时得到一家生产粉刺用品的公司的赞助而遭到羞辱。②

---

① 迈克尔·刘易斯：《金钱文化》（1991 年），第 122 页。
② 《金融时报》，1997 年 10 月 11～12 日。

20 世纪 80 年代商人和摇滚乐的关系暗示着一种更为复杂和亲密的关系。软件公司和公司财务部门不向青少年出售它们的产品，这使人联想到摇滚乐影响了商业如何看待自己和如何看待消费者。

摇滚乐的价值进入主流资本主义在一定程度上只是一个时间问题。20 世纪 60 年代成长起来的人到 20 世纪 80 年代已是人到中年——未来的投资银行家，迈克尔·刘易斯描绘了他们的经历，当摇滚乐首次登上达特福特的克劳达迪俱乐部的舞台时，他们可能还没有出生。乐队成员比许多欣赏他们的中年商人的年龄大。在某些方面，年轻已经变成一种可以购买和出售的商品，而不是人人都经历过的阶段；任何人都可以使自己年轻，只要穿某种衣服或听某种音乐。由于年轻是商品，所以有钱自然最容易得到。乔恩·萨维奇———一位年过 40 的新闻记者——相信，在撒切尔政府的治理下，年轻时失业和中年时富足的结合已经打破了"青年文化"和年轻之间的联系：

> 20 世纪 60 年代，年轻一直受到赞美，不仅作为一个市场，而且作为快乐的原则。随着其经济上存在的理由消失，年轻成了一个问题，直到处于不利的地位。到了 20 世纪中期，50 年代后期对青少年消费品的承诺被取消：这被看成与年龄无关，而与消费方式有关，这种消费方式现在被年龄较大的群体接受，这个群体学会了消费青少年的产品，而且仍然消费得起。①

资本主义快速迷恋的摇滚乐行业起源于这样的事实：音乐本身已经变成一桩更加赚钱的买卖，而且日益包含了其他的领域。债券保证了诸如戴维·鲍伊等演唱者的未来版税。20 世纪 80 年代后期，花旗银行公司的计划财务主管重新考虑了维尔京唱片公司和珍尼特·杰克逊之间的交易细节。维尔京唱片公司——由一家大学生杂志社老板理查德·布兰

---

① 乔恩·萨维奇：《英国的梦想：塞克斯·皮斯托尔斯和朋客摇滚乐》（1991 年），第 356 页。

森创建——本身是流行音乐渗入主流商业的最佳例子，它对传统英国价值观的抛弃融入了原撒切尔对商业和劳资关系的态度。1977 年的一次意义重大的——即使是不明显的——冲突涉及塞克斯·波斯托尔斯公司录制的唱片"上帝保佑女王"。在工厂里操纵唱片压印机的愤怒的工人，试图阻止一首被他们认为是叛逆歌曲的发行。布兰森赢得了第一次与有组织劳工的对抗，唱片取得了商业上的成功。①

20 世纪 90 年代，维尔京公司出售了它的许多摇滚乐授权，转向经营一家航空公司并出售个人普通股。理查德·布兰森是欧洲最杰出的商人之一，他是一名贵族学校的学生（他上过斯托学校），出生在富裕的家庭——但是一个成功的商人应该达到把自己认同于某种"反正统文化"地步的事实是发人深省的。在商业发生过程的变化可以通过比较布兰森与老一代商人洛德·金——布兰森的主要对手、英国航空公司董事长——来说明。与布兰森不同，金是工人阶级出身的少数成功的实业家之一，他从做汽车修理工开始谋生，但是他像布兰森那样打造他的形象，把他的根扎进爱好猎狐的贵族世界和保守党的上层。

资本主义和保守主义的分离

资本主义和保守主义之间的关系永远是不稳定的。在大陆欧洲的许多地方，中右的政治派别都以基督教民主党人等群体为主，他们对自由市场的无限制运转有保留意见。把自由市场经济和对文化、道德、种族等问题的保守态度结合在一起的党派往往是极右派。20 世纪 80 年代的法国国民阵线以及奥地利的自由党就是如此。奥地利自由党通过经济上的自由主义远离基督教民主党人，并且强调其现代的和精力充沛的形象，但是它没有认真考虑建立在家庭、等级制度和民族基础上的历史的再现——这种再现似乎可能在一个一度支持过纳粹主义的国家引起骚乱；奥地利自由党在希特勒的出生地召开了 1986 年竞选的最后一次会议。②

---

① 同上页注①，第 349 页。
② 梅拉尼·萨利：《奥地利当代史》（1990），第 16 页。

其他地方的自由党人开始厌恶地看待奥地利自由党，1986 年，荷兰自由党要求将它逐出自由党国际。① 在奥地利自由党自己的言语里，保守主义和资本主义的对立变得清晰起来。它的候选人之一用"维也纳不必变成芝加哥"的口号来竞选。② 奥地利自由党用芝加哥来使人联想到黑人聚居区和高犯罪率的景象，但是忘记了芝加哥——米尔顿·弗里德曼的家乡——代表了他们所赞美的资本主义。

有时候，资本主义明显地包含了文化保守主义者所厌恶的价值观。20 世纪 60 年代的大学生激进主义常常融入 20 世纪 80 年代的消费资本主义。1968 年左派创办的法国《解放报》在政治上倾向左翼，但在风格上却是资产阶级。

保守主义和资本主义的对立在英国能最强烈地感受到。英国保守党比欧洲的其他任何政党更明显地与商业联系在一起，也比欧洲大陆大多数政党在价值观方面明显保守：实际上，从理论上来说，保守党捍卫了在欧洲大陆的许多地方会被看成是旧政体组成部分的机构，例如君主国和得到社会承认的教会。撒切尔主义更加突出了两个组成部分的特色。保守党比过去更加赞扬商人的美德，但是撒切尔主义不仅仅涉及经济学。它肯定了家庭、爱国主义和勤奋的重要性，勤奋本身被看成是一件好事，而且被看成是创造财富的一种手段。③

撒切尔主义将经济上的自由主义和道德上的保守主义融为一体的尝试失败了。得益于其经济的资本家们不一定十分赞同其任何其他方面，而撒切尔政府则开始终止大规模商业与保守党之间的联系。这种终止是一个缓慢的过程，但值得注意的是，这种终止在那些撒切尔主义时期最成功的群体（在金融或高技术领域里工作的年轻人）中最明显。控制了《金融时报》的皮尔逊集团说明了商业文化的转变（它也是英国第一家任命一位妇女为总裁的大公司）。它决定不再习惯性地支持保守党，而且

① 同上页注②，第 64 页。

② 马克·马佐沃：《黑暗的大陆：欧洲的 20 世纪》（1998），第 354 页。

③ 关于撒切尔主义的企业文化的道德基础，见保罗·莫里斯：《解放企业精神：企业文化概念的产生和发展》，载于拉塞尔·基特和尼古拉斯·阿伯克龙比编辑的《企业文化》（1991），第 21~37 页。

向两个主要政党提供数量相等的资金。

从经济方面来说，撒切尔夫人的革命有利于年轻人，受过高等教育的人和有钱人。然而，保守党的普通党员都是老年人（平均年龄62岁）、没有受过多少教育的人（一半以上在16岁或16岁以前就离开了学校）和穷人（60%年收入不足2万英镑）。[①] 20世纪90年代，英国保守党的普通党员——他们自己的领导人发动的一场革命的愤懑而惊恐的受害者——与俄罗斯共产党党员惊人地相似。

小结：有人情味的资本主义

从某种意义上说，资本主义是一个神话。反对资本主义的人集结在一些国际组织中，用明确的意识形态语言来定义他们的斗争，而捍卫资本主义的人则在较小的范围内如政党、智囊团和商业协会中组织起来，并自命不凡地大发议论。但是，资本主义的实践者往往以一种完全本能的方式行事。资本家们并不一定把自己看成是一个联合起来的群体——普通的商人很可能把他们的利益定义为不同于他们的竞争者的利益，定义为不同于他们的政治对手或雇员的利益。西欧的资本主义种类繁多。一家工程公司、一家超市连锁店和一位服装设计师没有什么共同之处，除了都有资产负债表并试图盈利。20世纪80年代的经济发展以及国民经济的分裂和多样化，使不同种类公司之间的差别扩大到更大的程度。经济学家和社会学家的一切简明概括可以掩盖巨大的差别："服务部门"可以意味着汉堡包或者投资银行业；"壁龛市场"可以意味着合伙经营一个信贷部或者编织手提包；"生产率"可以意味着投资和培训或者打安全规则的擦边球。其实，在某种程度上，资本主义的成功正是来自使其很难控制或理解的特性——灵活性和多样性。

对于来自学术界的不偏不倚的或者有敌意的观察家来说，资本主义的胜利也可能比对于资本家本人来说更加明显。从政治上来说，几个大

[①] 1992年的调查，引自保罗·怀特利、帕特里克·赛德和杰里米·理查森：《忠实的保守党党员：保守党党员的政治》（牛津，1994），第43~44页。

国——法国、西班牙、瑞典——在整个 20 世纪 80 年代都受到社会党人的控制，而到 20 世纪 90 年代初，社会主义似乎取得了胜利——属于第二国际的社会党控制了 16 个西欧国家中的 11 个。20 世纪 80 年代，实行的各种社会主义当然完全不同于某些激进党员所希望的社会主义。社会党人已经不再谈论革命、阶级斗争和彻底废除资本主义的必要性，但是这些变化并不出人意料。掌权的社会党人无一例外地放弃了他们的许多激进的豪言壮语。

也不应该想当然地认为，社会主义是软弱的或者甘心于实施一种其反对者在其中获胜的体制。社会主义已经从试图消灭私有财产后退，而且声称已经承认政府不应该试图管理经济——尽管在实践中只有少数政府完全放弃了这种努力。然而，社会主义没有放弃施加社会和文化的影响，而只是放弃施加纯经济的影响。在大多数西欧国家，社会开支仍然很大（在英国，社会开支占国家生产总产值的比例会被 20 世纪 60 年代代表民意的政治家认为大得令人难以置信）。从对性、种族和家庭的态度来看，左派的目的已经达到，而且甚至在劳动立法方面，左派也没有放弃保证工作稳定、安全和最低工资的努力。欧洲联盟大多数成员因在 1991 年签署的《欧洲社会宪章》提出建议，这些标准可以由在国际上起作用的政府强制执行。

资本主义改变对某些问题的态度，不仅是社会党政府从外强制调整的结果。在某种程度上，资本家们自己信奉的价值观在 20 世纪 70 年代中期到 90 年代中期发生了变化。资本主义往往与社会和文化保守主义联系在一起，也与明显不同的管理等级制度、专制的劳资关系联系在一起。IBM（计算机公司）、拔佳（创建于捷克斯洛伐克并通过法国和加拿大遍布全世界的制鞋公司）或英荷壳牌（石油公司）都曾将某种世界观灌输给它们的员工。20 世纪 80 年代，比较灵活和快速发展的公司使公司价值观的传播更加困难，因为劳动力的流动和公司频繁改组而使完整的公司消失，意味着只有少数人可能把自己和雇主的命运联系在一起。

当然，我们不应该过分夸大这一切。资本主义的开放性和灵活性在少数成功的但不一定有代表性的公司最为明显，而它的影响则由于熟练的公关技巧而增加。此外，西欧资本主义的变化源于内外力量的相互作用。资本主义自身的技术进步和竞争必然导致重组企业，左翼政府和社会压力以及资本主义相互影响虽不是其组成部分，但限制了公司以特殊方式运作的自由。

当以生态学和男女平等主义为例证的"多维的"政治取代了以阶级和国家为中心的政治时，对"左派的危机"就有了许多解释。在许多方面，这种发展使资本家的生活和资本主义的传统敌手的生活同样变得复杂起来。商业较少地面对来自国有化或罢工的威胁，但更多地面对来自消费者抵制、环境立法和股东抗议的威胁。在成熟的、财产私有的西欧民主国家，资本主义并不面对使它与"国家"、"工人"或"左派"相对立的单一斗争。相反，它所面对的是需要围绕着股东、消费者、雇员、选民和公民的利益进行复杂的谈判来找到出路。这些群体交织在一起，每个群体在某种程度上都是资本主义的组成部分，不过每个群体也都有不能仅仅用经济计算来表示的利益。资本主义赢了，不过付出了继续不稳定地与那些怀疑它的优点的人共存的代价。

第五部分

世界新秩序
中的欧洲

1994 年的欧洲

大西洋

北
海

挪威
奥斯陆

瑞典
哥德摩
哥本哈根

芬兰
赫尔辛基

列宁格勒

斯
德
哥
尔
摩

丹麦

荷兰
海牙

英
国
伦敦

爱尔兰
都柏林

布鲁塞尔
比利时
巴黎

法国
波尔多

马赛

科西嘉岛(法)

撒丁岛(意)

西班牙

里斯本
葡萄牙
马德里

直布罗陀

摩洛哥

阿尔及利亚

突尼斯

俄
罗
斯
莫斯科

塔林
爱沙尼亚
里加
拉脱维亚
立陶宛
维尔纽斯

①格伯斯克
华沙
波兰
罗兹
克拉科夫

德国
柏林
波恩

布拉格
捷克

维也纳
奥地利
斯洛文尼亚
②

白俄罗斯
明斯克

乌
克
兰

基辅

斯洛伐克
布达佩斯
匈牙利

斯洛尼亚

贝尔格莱德
布加勒斯特
罗马尼亚

摩尔多瓦

保加利亚
索非亚
斯科普里
④
③
⑤
⑥
⑦
⑧
地拉那
乌日采

意
大
利
罗马

地
中
海

亚得里亚海

克
里
米
亚

黑
海

格鲁吉亚
车臣
第比利斯

阿塞拜疆
亚美尼亚
埃里温

伊朗

伊拉克

叙利亚

土
耳
其
安卡拉

伊斯坦布尔

里
海

雅典
希腊

埃
及

公里
0 100 200 300

①俄罗斯的加里宁格勒 ②卢布尔雅那 ③克罗地亚 ④萨格勒布 ⑤波斯尼亚 ⑥萨拉热窝 ⑦贝尔格莱德 ⑧阿尔巴尼亚

欧洲何以仅仅在 10 年内就完成了从僵化的欧洲到灵活的欧洲的转变。我相信，欧洲已经进入一个新的康德拉季耶夫周期——50 年的世代变化，在这个周期中，技术和政治革新胜过停滞并导致新的经济腾飞的上升阶段。

新的冲力始于欧洲列强决定在 1992 年整合成一个整体。实际上，整合是对从工业社会转向后工业社会的政治反应。已经被电视、传真机、高速公路和空中旅行联系在一起的欧洲的受过良好教育的消费者，所需要的不止是一个销售商品化生产的货物的庞大国内市场。他们需要一个经济和文化真正统一的空间……

东欧人，尤其是年轻的东欧人看到了一个他们所希望的繁荣模式。这就触发了大规模移民并引起了东欧的改革（由于米哈伊尔·戈尔巴乔夫的阻挠），最终导致了 1989 年的革命。

欧洲将在 20 世纪 90 年代经历本世纪最重要的经济腾飞。

姜尼·德·米凯利斯，意大利外交部长，1990 年①

写下上述鼓舞人心的文字不久，德·米凯利斯被指控腐败堕落，而且在家乡威尼斯的一条街上，被指责他是小偷的愤怒群众追逐。欧洲在 20 世纪 90 年代发生了引人注目的变化，但是并非总是行进在 90 年代初所期望的道路上。

————————

① 《欧洲：一次不能错过的绝佳机会》，原载于《洛杉矶时报》，转载于劳伦斯·弗里德曼编辑的《转化的欧洲：关于冷战结束的文献》（1990），第 514~516 页。

东欧政权的垮台最明显地影响了中欧各国的内部事务和东西方的关系，但是它的影响在西方也可以觉察到。欧洲的分裂和共产主义及其敌人之间的斗争曾经是整个政治秩序的基础，因与果的关系是复杂的，因为哪些政体最反共并非总是显而易见：在 1991 年，谁会预料到北约组织会在后共产主义的欧洲兴盛起来，或者意大利的基督民主最终不能存在下去？还应该强调的是，欧洲各地在 20 世纪 90 年代的变化不能仅仅用 1989 年以后所发生的事件来解释。政权的垮台本身是长期的社会、经济和技术变化的组成部分，这些变化也影响了非共产主义国家或后共产主义国家。后马克思主义、后共产主义、后唯物主义和后现代主义都意味着，20 世纪 90 年代可以通过与某个表面上看来较为简单的时期相比较来定义（尽管这些术语在 1989 年以前也被广泛使用）。

实际上，东欧政权在欧洲的垮台既不是开始也不是结束。确切地说，它是其他变化的结果，也是其他变化的推动力。一旦东西方之间的单一边界被打破，自雅尔塔会议以来一直被冻结的其他边界（尤其是在东欧和中欧）就成了问题。而且，国家之间纯粹是地图上的边界越来越被社会和文化边界所取代。

东欧政权的崩溃也引起了涉及性价值观和两性关系的问题，因为许多政治家都鼓吹"回归传统的家庭生活"（一种从来没有在东欧和中欧大多数国家存在过的生活）。20 世纪 90 年代的性价值观也不能简单地用 1989 年以后的时期来解释。1989 年以后的发展逐渐破坏了 20 世纪 60 年代在西欧似乎很清楚的"性革命"观念和"传统"与"解放"之间的二分法。

最后，有一些明显的政治变化与东欧政权的垮台有关。曾经简单地围绕着冷战对抗运动的政治变得更加复杂，因为东西方的人们都接受了东欧持不同政见者一度所说的"反传统政治"。

1　新边界

柏林墙的倒塌并没有使欧洲联合起来。相反，倒用几种更微妙的分界线取代了简单的东西方分界线。最明显的新分界线是多民族国家的分裂所形成的民族边界，但东欧剧变也使原来被区分富人和穷人、年轻人和老年人、农村和城市的不太正式的界线分开的每一个欧洲国家清晰起来。"民族主义"——其本身有许多方面——并不仅仅区分一个民族和另一个民族，它也区分主要按国家来确定自己身份的人和跨国精英：国际化是一个既形成新的区分同时又逐步使旧的区分消失的复杂过程。1989 年以后，甚至历史也在欧洲形成了新的区分。不同的国家以不同的方式来记住最近的经历，尤其是共产党统治的经历，而这种经历又影响了对不久前的第二次世界大战的回忆，更加令人不安的回忆取代了在"反法西斯"斗争中联合在一起的民族、同盟国和各种运动等令人欣慰的故事。

地图绘制员们描绘了东欧剧变最明显的后果。许多新的国家出现在中欧和东欧。捷克斯洛伐克在 1993 年一分为二。南斯拉夫经历了更加复杂和悲惨的转变，这种转变始于 1987 年 9 月，当时斯洛博丹·米洛舍维奇出任塞尔维亚共产党领导人。米洛舍维奇在科索沃利用了对阿尔巴尼亚人的仇恨。1989 年 3 月，他剥夺了科索沃和伏伊伏丁那种以前享有的自治权；1990 年 7 月，他在将塞尔维亚共产党重建为塞尔维亚社会党，这使他的政治主张明显地具有民族主义基础。斯洛文尼亚和克罗地亚对塞尔维亚的举措做出了反应。1990 年 4 月，斯洛文尼亚的米兰·库昌领导了多党政治并促使选举产生，库昌的 DEMOS 运动的民族主义政党赢得了选举。在克罗地亚，弗拉尼奥·图季曼的 HDZ 赢得了 1990 年 5 月的选举。这两个国家都在 1991 年宣告独立，随后是波斯尼亚，1992 年是马其顿，而塞尔维亚和黑山则仍是南斯拉夫联邦的组成部分。实际上，新成立的国家并不相当于种族区分：大约有 1/4 的塞尔维亚人生活在塞尔维亚之外的地方，野蛮的战争接连发生，因为民兵组织保卫特定种族群体的利益，而塞尔维亚人继承了南斯拉夫军队的许多军事装备。波斯尼亚的穆斯林受害最深，因为他们被暴力逐出家园。

苏联分裂成 15 个独立的国家，因为它的加盟共和国相继宣告独立，这个过程从 1991 年 2 月立陶宛宣告独立开始，到 1991 年 12 月哈萨克斯坦宣告独立结束。

结　盟

欧洲军事联盟在 1989 年以后的命运出人意料。起先，华沙条约看来可能会继续存在，有些东欧人，特别是担心德国人试图修改国界线的波兰人，仍然感到他们与俄罗斯人有着共同的军事利益，而有些东欧的非共产党政府则希望避免惹恼米哈伊尔·戈尔巴乔夫。可是，匈牙利在 1990 年 6 月退出了华沙条约，第二年华沙条约组织便解散了。

为了对抗不再存在的苏联威胁而建立的北约组织可能遭到类似的命运，东欧的许多持不同政见者曾声称，他们的目的是解散这两个联盟组织。瓦茨拉夫·哈韦尔在 1990 年告诉欧洲议会："现在的名称如此紧密地与冷战时期联系在一起，如果欧洲要在北约的旗帜下联合起来，这个名称会成为对当前的发展缺乏了解的标志。"[1] 尽管如此，北约组织还是继续存在并取得了成功，而且波兰、匈牙利和捷克共和国——哈韦尔已经成为加入北约的积极鼓吹者——都加入了北约组织。

在西欧，对北约组织的态度也有了改变。在 20 世纪 60 年代，退出联盟军事机构的法国开始与北约组织更密切地协调行动。在某种程度上，这是因为联盟的性质有所改变。它的领导人用保卫民主和人权来代替反共。北约组织的将军们领导了西方——甚至俄罗斯——在前南斯拉夫进行的调停，而且北约组织也得益于这样的事实：德国很快就接受了波兰的边界线，不像某些人所担心的那样威胁到它的东方邻国，而俄罗斯则

---

[1]　米莎·格伦尼：《历史的再生：民主时代的东欧》（1993），第 223 页。

由于政局不稳定而四分五裂，使它的西方邻国放心不下。

在某种程度上，北约组织的成员资格很有吸引力，正因为预期的冲突已经过去，没有参加北约组织的国家不再得益于"不结盟"地位的影响力。而且，在苏联解体后，保护没有参加北约组织的欧洲国家可能变得更加困难。

在此之前，甚至非北约成员国也知道它们是受到保护的——美国及其盟国绝不会容忍西欧的任何部分受到攻击。法国的"独立"政策或多或少是公开地建立在美国不可能不关心法国的命运的臆断上；法国的将军们也承认，法国的核武器在一定程度上是作为"导火索"来设计的：他们不可能依靠自己的力量来阻止入侵，但是他们威胁要挑起更大的冲突却可以做到。① 在华沙条约解散后，美国不大会有机会来帮助不是北约成员的欧洲国家，而这些国家现在所面对的军事挑战却更加复杂。1986年至1994年间，法国削减的国防开支少于它的北约伙伴，而中立的瑞典则增加了军事费用。②

北约组织适应了新的形势——实际上，联盟的转变说明了欧洲政治更广泛的转变。北约组织为了保护科索沃的阿尔巴尼亚人，在1999年对塞尔维亚开战就说明了这一点。这场战争是和一个前共产主义国家的对抗，但并不是冷战的重新开始。南斯拉夫从来不是华沙条约的成员国，它在20世纪50年代初的存在可能完全归功于苏联对北约的畏惧。当共产主义在欧洲强大时，西方盟国不愿意削弱南斯拉夫，而且欧洲的左派往往赞赏南斯拉夫的自治模式。南斯拉夫的作家们——包括恶毒地反对穆斯林的米洛万·吉拉斯——被认为是苏联极权主义的批判者。20世纪80年代初对阿尔巴尼亚人的支持，由于阿尔巴尼亚是斯夫林主义在欧洲

---

① 关于共产主义垮台以前法国外交和国防政策的基础，见菲利普·塞尔尼：《强国的政治：戴高乐的外交政策的意识形态方面》（剑桥，1980）。关于在共产主义垮台以后调整这种政策的尝试，见菲利普·H. 戈登：《法国的某种观念：法国的安全政策和戴高乐的遗产》（新泽西州普林斯顿，1993）。

② 菲利普·格梅特：《外交、国防和安全政策》，载于马丁·罗兹、保罗·海伍德和文森特·赖特编辑的《西欧政治的发展》（1997），第207～225页，第217页。法国的军费开支从429.18亿美元（按1993年价格计算）降到427.24亿美元，而英国的军费开支则从418.91亿英镑降到338.61亿英镑。瑞典的军费开支从41.94亿美元增加到48.18亿美元。

的最后一个前哨基地而受到限制，但是到 20 世纪 90 年代后期，一切都改变了。北约的行动得到了左翼分子的支持，他们曾一度敌视这个组织：北约组织的秘书长是一位西班牙的社会党人，他曾受到弗朗哥的政治流放。自 1945 年以来，第一次派兵参加行动的德国外交部长是绿党的成员，他的政治观点受到 20 世纪 60 年代的反美激进主义的影响。

联合的欧洲

柏林墙被摧毁后，许多人都谈到欧洲的"重新联合"，但这是一句骗人的话，事实是，分裂不再由铁丝网来标志并不意味着分裂已不再存在。共产党统治时期的各国从社会和经济上来说始终是不同的，它们的区别现在可以用政治术语来表示：东欧的剧变往往意味着边界的重新划分。许多东欧或中欧的知识分子一直焦急地强调的是他们国家的"西方"身份，而不是建立一个联合的欧洲。昆德拉把他的祖国描述成"被劫持的西方"：被劫持的牺牲者的解放意味着劫持者越来越孤立。

1991 年 12 月的马斯特里赫特首脑会议以后，1992 年 2 月的条约把欧洲共同体变成了欧洲联盟，使联盟界线内的人员和商品流动更加自由，为 1999 年的货币统一做好了准备。东欧的新地位给欧洲联盟的领导人带来了一些令人关注的问题。这种联盟始终是纯粹的西欧联盟，在初期主要是为了遏制共产主义而设计的，而某些怀疑欧洲联合的政治家则表明，欧洲现在需要比较广泛但松散的联盟。

前共产主义国家受到它们是否符合西方各国政府和银行家制定的一系列标准的裁决，这个过程把波兰、匈牙利和捷克共和国同它们不太幸运的邻国分开。斯洛文尼亚是西方承认的候补成员，在某种程度上，前南联盟的其他部分都不能提出候补的要求，而捷克共和国和斯洛伐克的分裂对捷克人和斯洛伐克人来说没有什么意义，但符合西方投资者的期望：甚至在分裂以前，这些投资者就把他们 92% 的资金投在这个国家的捷克部分。[①] 西方分析家用数字来表示他们的裁决——100 分为满分。一项德国的研究根据融入欧洲市场的能力给苏联各共和国打分——乌克兰

---

① 米莎·格伦尼：《历史的再生》，第 244 页。

最强，得 82 分；塔吉克斯坦最差，得 18 分。[①]

前共产主义国家的最主要区别之一是城乡之间的区别。布拉格、布达佩斯和华沙比较繁荣，因为西方公司把它们的营业基地设在这些城市——1991 年，布拉格的失业率是 0.23%，当时全国的失业率是 6.61%。[②] 不同类型城镇之间的区别反映在政治上。一般说来，与经济变化关系最密切的政党在大城市里表现得最好。例如在保加利亚，改革的民主力量联盟从 2 万以上居民的城市里得了 2/3 以上居民的支持。[③]

在共产党的统治下，城市化一直引人注目，但是从土里刨食的人数还是大大超过西方。在后共产主义的波兰，1200 万户人家中有 250 万户靠务农生活。[④] 农业有时变得更加重要，而在比较贫困的国家——阿尔巴尼亚、保加利亚和罗马尼亚，让全国人民都吃饱饭的能力变得比任何其他经济指标更重要。在保加利亚，人们从城市迁往农村部分原因是为了取代已经移居外国的土耳其人。

农场主很少欢迎自由市场经济，而且按西方的标准来衡量效率不高。1992 年的一项调查表明，不到 1/3 的波兰农民欣然接受市场经济，而一半以上的波兰农民依靠自给自足的农业。[⑤] 1989 年，普通波兰农民家庭的收入高于普通工人；到了 1992 年，这种情况便颠倒过来。[⑥]

改良的共产党有时从农村获得选票，同时农民政党也重新出现。这些党在 1989 年以前往往作为共产党的外围组织而存在。在保加利亚，农民党分离出来，并试图重新获得 20 世纪 20 年代在两次大战之间最重要的农民政治家——斯塔姆博利伊斯基——领导下所拥有的听众。在 1993

---

① 博赫丹·克拉夫钦科：《乌克兰：独立的政策》，载于伊恩·布雷默和雷·塔拉斯：《接替苏联的各国的民族和政治》（剑桥，1993），第 75 ~ 98 页，第 88 页。

② 简·凯勒和西尔万·特林：《捷克共和国的市场和社会》，载于《国际社会学手册》，第 96 期（1994），第 113 ~ 116 页，第 117 页。

③ 雅克·卡普德维尔、亨利·雷伊和安东尼·托多罗夫：《保加利亚：多元论拥护者制度的艰难建立》，载于《国际社会学手册》，第 96 期（1994），第 191 ~ 211 页，第 201 页。

④ 马森·弗里贝和帕特里克·米歇尔：《共产主义以后：当代波兰的神话和传奇》（1996），第 162 页。

⑤ 玛丽·喻拉姆斯卡：《转变过程中的波兰农民》，载于《国际社会学手册》第 96 期（1994），第 33 ~ 56 页，第 43 ~ 45 页。在 20 世纪 80 年代晚期，大多数农民认为国家的现状"令人满意"；到 1992 年，占全体波兰人 72% 的农民有 90% 认为国家的现状很糟糕。

⑥ 弗里贝和米歇尔：《共产主义以后》，第 162 页。

年的波兰，农民党试图远离共产主义，与试图远离"政治化的"团结工会的农村团结工会签订了盟约。① 农民领袖瓦尔德马·帕夫拉克在 1992 年夏出任总理。关于现代化和非现代化的争论隐含在城乡的对立中，当一位年轻的知识分子提出，对他的国家来说，最好的事情是"枪毙农民"时，组织核心群体讨论的社会学家们感到下不了台。②

后共产主义世界最显著的分界线是代与代之间的分界线。年轻的一代通常最赞成变化。正是他们最有机会通过学习外语或创办私营企业来适应新的形势。俄罗斯人对经济改革的看法取决于年龄，而不是取决于职业或文化水平，而且非经济的机会可能也很重要。年轻人重视旅游和看美国电影。年过五十的人则相反，他们学会了容忍旧政权的定局，而且在某些情况下决心这么做——任何东德人都会发现，1961 年以前离开这个国家是相当容易的。许多年龄较大的人感到，尽管有这样或那样的缺点，旧政权毕竟是他们建立的。20 世纪 90 年代，所有的定局都遭到了挑战。老人统治集团所确保的地位受到漠视，通货膨胀吞噬了他们的养老金。那些感到自己属于一个联合的欧洲的人，和那些感到自己仍然属于东方的人之间的隔阂甚至在一个家中也可能出现。

表 11　俄罗斯关于经济变革的意见　　　　　　　　（赞成的百分比）

	市场经济	私有化
20 ~ 24 岁	74	64
25 ~ 40 岁	54	52
40 岁以上	36	33
学生	81	—
退休人员	32	—
受过高等教育的人	57	59
受过中等教育的人	52	48
受过初等教育的人	40	31

① 马森·弗里贝：《中欧的工联主义在寻找新的社会和政治合法性》，载于《国际社会学手册》第 95 期（1993），第 275 ~ 287 页，第 286 页。

② 弗里贝和米歇尔：《共产主义以后》，第 133 页。

续表

	市场经济	私有化
管理人员	62	59
雇员	48	45
熟练工人	54	45
非熟练工人	33	41

资料来源：俄罗斯联邦公共舆论研究中心的调查，引自莱奥尼德·戈登：《后苏联俄罗斯工人运动的特点》，载于《国际社会学手册》第 95 期（1993 年 7～12 月），第 266 页。

私有财产引起了更明显的社会分裂，尽管不如在旧政权下出现的分裂大。在前共产主义国家，简单地确定谁拥有什么并不容易。财产的补偿问题十分复杂。甚至在有过高效率的司法和行政管理系统的东德，在 1989 年以后的头几年里也只有 1/10 的补偿要求得到满足。① 政治上的关系能帮上忙。旧的名录往往很起作用，享受过特权的人比在共产主义制度下更加直言不讳，而且公开炫耀。

简单地发还个人或家庭在共产党接管以前所拥有的财产是行不通的。其他财产转移先于共产主义的集体化和国有化。犹太人、德国人和贵族在 20 世纪 40 年代就已被剥夺财产，而且往往被杀害或流放，所以很难决定要恢复哪种秩序。共产主义制度下的工业化和城市化的变化引起了更多的问题。1945 年在布尔诺附近拥有一个小农场的家庭可能会发现，他们现在在一个住宅区中拥有一小块水泥地。②

财产的价值是不可预测的。许多工厂在不得不面对西方时几乎一文不值。一套豪华公寓可能是个累赘，如果它已经有了房客而又不能将房客赶走或要求他按市场价值付房租的话。但是只要具备想象力、金钱和

---

① 弗朗索瓦·巴宣瓦：《从计划到市场：一场大动荡》，载于吉尔·卡扎絮、西尔维·勒马松和索菲·洛兰编辑的《另一个德国，1990～1995 年：日常的统一》（1995），第 179～193 页，第 181 页。

② 安娜·奥利维埃：《在布尔诺占有住房的策略：面对居民区的社会和空间区分》，载于法国社会科学研究中心的《CEFRES：旧业主和新业主：中欧和东欧的占有策略》第 11 期（1997 年 3 月），第 95～129 页。

与市政府有某种关系，布拉格市中心的一个废弃不用的阁楼就可以变成外国商人每月付 2500 马克的豪华公寓。补偿偶尔可以产生意外的幸运。一名在国家孤儿院长大的俄罗斯电工——他在父亲死于 20 世纪 30 年代的大清洗中——发现他自己是某托尼亚一个大庄园的业主——尽管他拒绝继承他的领地，因为他认为自己是一名"苏维埃爱国者。"①

各国政府以不同的方式归还财产。捷克共和国的业主重新获得土地，而匈牙利的前业主则获得债券。将土地和机器区别开来是起作用的。② 工厂是比较难处理的问题，因为工厂的许多设备在共产主义时期就已经开始使用。在东柏林，塔格赫尔照明用具厂前业主的遗孀在这个私有化的企业只得到很少股票（她立即将这些股票卖给了这个工厂的前共产党经理）。③

国家资产的私有化不像补偿那么容易。所有的政府都为自己规定了雄心勃勃的目标，但没有完成。④ 股票往往随意赠送给所有公民（罗马尼亚大概有 1/3 的国有资产就这样被分掉了），⑤ 但是在没有近代财产权经验、更不用说股票市场的国家，这种政策的结果实在不妙。许多国家经历了"假私有化"。在捷克共和国，据称被出售给公众的国有资产最终落入了大银行之手，而这些银行本身是国有的。

现金短缺。本地人没有钱购买国有资产，更重要的是没有能力投资于工商企业的现代化。外国投资为解决问题提供了一种可能性，但是这种投资很少。西方投资者用了 20 年时间关闭了他们自己的煤矿和钢铁厂，对中欧的许多工业不感兴趣。

---

① 达尼埃尔·贝尔托：《苏维埃俄罗斯的革命和社会流动》，载于《国际社会学手册》第 96 期（1994），第 77~79 页。

② 玛丽·克劳德·莫雷尔：《土地、资本和劳动，中欧面向新的社会关系》，载于《国际社会学手册》第 96 期（1994），第 7~31 页。

③ 比尔吉特·米勒尔：《权力和纪律，从计划世界到市场世界》，载于《国际社会学手册》第 95 期（1993），第 333~353 页，第 243 页。

④ 雅克琳·埃南：《波兰的失业和女劳动力的变化：转变的代价》（1995），第 683 页。在波兰，1996 年有 2909 家企业开始准备私有化，但是只售出了 1000 家。在雇用 500 人以上并被认为处于良好状态的 683 家企业中，到 1994 年底只售出 124 家。

⑤ 帕韦尔·顷佩亚努：《罗马尼亚：私有化的曲折》，载于《国际社会学手册》第 95 期（1993）第 355~368 页。

　　财产所有权缺少透明度助长了一种特殊的企业文化，西方资本主义依靠的是明确的规则和财务的透明，但是在东欧和苏联，公司法是不确定的。迅速的通货膨胀和从共产主义时期继承下来的将不真实的价值强加给资产的习惯，往往使公司的利润达到了天文数字。有时候，资本主义和共产主义的分界线似乎已经被两种资本主义的分界线所取代。乔治·索罗斯——一位重要的西方投资者——谈到过前苏联的"强盗资本主义"。

　　政治关系可以用于国有资产的出售，国有资产往往以大大低于其真正价值的价格出售。这种关系在苏联石油和天然气工业中特别重要。在这个行业里，政治精英们最容易按实际价值将资产弄到手。俄罗斯的国家天然气公司前董事长维克托·切尔诺梅尔金拥有一家公司5%的股份，这家公司价值2500～10000亿美元，而且经常忘记纳税。他进入了政界而且成为俄罗斯总理，这时他宣称自己的全部个人财产为47000美元，年收入为8000美元。① 鲍里斯·别列佐夫斯基拥有一家汽车经销店，而且好像与一家石油公司、一家航空公司、一家汽车制造厂、一家银行以及几家报社和电视台也有关系。1996年，他被任命为俄罗斯安全委员会副主席，受前共产党员伊凡·里勃金的领导。②

　　一种基于利用政治关系的资本主义产生了一种特殊类型的公司结构。大的控投集团联合了一些互不相干的公司，这些公司没有共同之处，除了它们的董事们的政治影响。在俄罗斯，这些企业积极地打着"金融实业集团"的招牌，1998年达到28家。金融实业集团往往收购报社和电视台，以便增加它们的政治影响。拥有这些集团的不明确性使这些集团很难控制。在某些情况下，国有银行收购了名义上私有化公司的股份，这就增加了那些与政府关系良好的公司的利益。在另一些情况下，由于国营公司的股份出让给公众，"证券私有化"就产生了一批股东，但是他们没有办法获得他们以为拥有的公司的信息，也没有办法对公司施加影响。

---

① 《世界报》，1997年7月30日。
② 《经济学家》，1997年11月8～14日。

对于西方公司的董事来说，股东就是上帝。股东的权力每天在股市价格的波动中得到肯定，股市价格的波动决定了一家公司是不是可能成为收购的对象，它的经营是不是会继续下去。在前共产主义国家，股东是一个遥远的和抽象的形象。有时候，私有化的性质意味着股份是在许多没有经验的股东中分配；有时候，股东是一个远方国家的外国投资者；有时候，公司的所有权是模糊不清的。对比之下，雇员、客户和供应商对东欧经理的要求可能十分强烈。实际上，一位离开国营公司去为西方跨国公司工作的经理，可能继续把过去在一起工作的人（他们现在可能分散在许多相互竞争的公司中）看成"同事"，而把他的西方上司看成外国利益的代表。这种想法往往产生腐败现象，因为经理们使自己和他们的朋友发财致富，但是实业家有时也以他们认为是"公正的"方式做出反应，使股东们受到损失。关闭一家工厂在西方是一种正常的做法，但是如果在俄罗斯的一个偏远城市，就会有比较引人注目的后果。

东欧商业的背后是幼稚和吹毛求疵。这个地区许多热心的资本家都是年轻人，有关自由企业的知识很有限。他们对资本主义的知识是从阅读《达拉斯》杂志和《哈佛商业评论》获得的。他们被花哨的外国商业生活——手机、时髦的服饰和公司的小轿车——所吸引。把自由市场经济交给这样一些人（他们通常是男人），就好比把苏联交给斯大林的盲目崇拜者（例如悉尼·韦布）。最引人注目的新贵是克里斯塔奇·卢尼库，他在 1994～1997 年担任阿尔巴尼亚中央银行行长，引起了一场毁了他的许多同胞的金融灾难，他有一张大额的瑞士银行存折，他的职业生涯大部分在阿尔巴尼亚的一个地区渡过，在这个地区银行业务不存在，工资用现金支付。他唯一的重要经验是在国家银行的一家省级分行受过短期培训，他当上中央银行行长时还不到 30 岁。[1]

东欧的资本主义受到共产主义经济思想的影响。计划经济曾鼓励经理们对数字采取一种漫不经心的态度，这些数字往往是为了"完成指标"而被捏造出来的，而且价格问题没有多大意义，因为原材料是以低于市场价值的价格购进的。这种制度的继承人并不十分关注资产负债表。

---

[1] 《世界报》，1997 年 5 月 7 日。

鉴于他们的前辈是重数量而不重利润的生产文化的组成部分，所以新的资本家是在重交易数量而不重利润的商业文化中运作的。迅速的通货膨胀并不能增加财务的透明度或对成本进行控制。

在前苏联，商人们不得不在一位西方分析家认为正常商业行为的限制之外运作，正像工厂的经理们一度不得不在国家计划规定的限制之外运作。许多商品完全不能换取货币，工厂依靠以货易货生存。而这种做法又往往取决于企业家们之间的高度信任，他们愿意提供商品，期待将来某个时候得到回报。雅克·萨波尔估计，有一半俄罗斯商人属于一个信任网络。① 像"老朋友资本主义"、"顾客至上主义"那样依靠局外人的交易，往往被俄罗斯人看成是尊重心照不宣的合同，没有这种合同，经济就会崩溃。

东方的"强盗资本主义"和西方的"透明资本主义"之间当然从来没有完全明确的分界线。在前共产主义国家，各国的商业实践大不相同。1998年，用一个0~9的等级来评定中欧各国的贿赂程度：塞尔维亚和黑山以7.4拔得头筹，而斯洛文尼亚则为0.7②。同样，西方各国和各行业的商业实践也各不相同。法国南部的房地产开发商和向沙特阿拉伯出售军火的英国军火商，没有从俄罗人那里学会贿赂。

新历史

冷战的结束改写了欧洲的历史，重画了欧洲的地图。就共产主义政权而言，这个过程最引人注目。1956年的匈牙利事件现在被归类为民众起义，苏联承认华沙条约国入侵捷克斯洛伐克是一个错误。

对于共产主义的过去有了一种新的看法，或者至少是一种新的坦率。就德意志民主共和国而言，讨论最为开放。制定有关共产主义时期的各种法律的国会议员主要来自德国的西部，他们可以面对过去而不必担心

---

① 雅克·萨皮尔：《俄罗斯的混乱：经济上的无序、政治上的冲突、军事上的分解》（1996），第65页。
② 《经济学家》，1998年1月24~30日。

使自己或他们的盟友感到尴尬。东德国家没有共产主义波兰和捷克斯洛伐克所主张的民族合法性——德意志民主共和国一直拒绝承认一个民族而不是拒绝其表现形式,而且不像波兰和匈牙利的领导人,它的领导人不能声称他们在 1989 年以前就已经开始逐步改革的进程。德国人对共产义主义往事的态度,也受到通过面对以前的专政所养成的心理习惯的影响。在前德意志民主共和国,每个人都有查阅他们的秘密档案的权利。许多官员——特别是对枪杀打算逃亡的人员负有责任的官员——受到了审判。

在别处,问题就不是那么简单。少数前共产主义国家可以不要那些在前政权统治下上台的人的专业知识或那些信仰这种政权的人的支持。反共运动的领导人——例如莱赫·瓦文萨和瓦茨拉夫·哈韦尔——呼吁他们的同胞不要揭共产主义时期的疮疤;哈韦尔拒绝检查他自己的秘密警察档案。有时候,那些掌权的人为了自己的利益掩饰了在共产党统治下所发生的事。在保加利亚,领导这个国家的"改头换面的共产党人",在实现民主的头几年里销毁了 28 万份秘密警察档案中的 13 万份。①

罗马尼亚特别不愿意正视它的历史,在理论上,与过去决裂是彻底的,但是在实践上,除了齐奥塞斯库本人,原来的共产统治者依然在位。并且,这些当权者没有兴趣将事实公开。全国农民党前领导人康斯坦丁·蒂库·杜米特雷斯库成了后共产主义罗马尼亚的参议员。参议院大楼原来是内务部的驻地,1947 年杜来特雷斯库曾被关押在这幢大楼的地下室里。但是当他申请参观这些地下室时,他被告知,这些地下室是"军方产业",因此国会议员不能涉足。② 他所提出的关于过去的问题不受欢迎。他被逐出前政治犯协会的领导机构,许多政治犯在被释放后不得不成为秘密警察的线人。③

后共产主义国家回顾过去的方式大不相同。在波兰,民族主义一直

---

① 《世界报》,1997 年 10 月 27 日。
② 《金融时报》,1998 年 1 月 2 日。
③ 同注①。

为共产党领袖及其敌人提供共同的理由。回想起来，雅鲁泽尔斯基将军的统治看上去像一个民族主义的军事政权，这就使波兰人在回忆他们的过去时显得比较平静。1997 年，一次圆桌会议把来自共产党和团结工会的代表聚在一起讨论这个时期的军事管制。在匈牙利，共产党统治在其最后阶段的相对自由主义意味着，有些人可以带着既怀念又庸俗的嘲讽心情回顾这个时期：布达佩斯有一家斯大林塑像博物馆和几家马克思主义"主题餐馆"，而一套"现实社会主义最大冲击"的录音磁带则可以使老年人回忆起他们在共产主义青年运动中所唱过的歌。这种怀念在罗马尼亚和东德是不可思议的。在捷克斯洛伐克，布拉格和布拉迪斯拉发的不同回忆使事情变得复杂起来：捷克人记得继布拉格之春的镇压（这主要是捷克人的经历）之后的"正常化"是一个最不能容忍的时期。斯洛伐克人则回顾一个日益繁荣的时期，在这个时期，他们这一部分国家得到了更大的自治权。捷克人被许多斯洛伐克显要人物在 1991 年参加古斯塔夫·胡萨克（前共产党领袖）的葬礼所震惊。①

俄罗斯人对他们最近的过去有过最奇特的态度——一位苏联历史学家评论说，"学术争论的开放使历史读起来更有趣，而不是生活得更有趣"。② 历史的重新评价需要重新思考几乎每一个家庭的历史：20 世纪 30 年代，平地建立起来的钢铁城市马格尼托哥尔斯克的公民们，不仅必须接受城市里个人遭到清洗的故事，而且必须承认他们的城市不是由理想主义的青年先锋队员所建，而是通过强迫劳动建成的。③ 然而，并非所有的俄罗斯人都谴责最近的过去。共产主义时期被回忆成一个稳定和民族骄傲的时期，有时与这个时期结束时令人痛苦的混乱形成鲜明的对比。20 世纪 90 年代末的调查问到在谁的统治下生活得好。调查结果如下：

---

① 彼得·普日霍达：《捷克——斯洛伐克关系中的共同感觉》载于伊日·穆西系编辑的《捷克斯洛伐克的终结》（布达佩斯，1995），第 128～138 页，第 137 页。

② 纳坦·艾德尔曼，引自埃莱娜·苏勃科瓦（休·拉格斯代尔翻译）：《战后的俄罗斯：希望、幻想和失望，1945～1957 年》译者引言（纽约，1988），第 vii～x 页，第 ix 页。

③ 斯蒂芬·科特金《钢铁城市，苏维埃社会主义共和国联盟：戈尔巴乔夫时代的苏联社会》（加州伯克利，1988 年），第 204～242 页。

列奥尼德·勃列日涅夫	41%
鲍里斯·叶利钦	14%
尤里·安德罗波夫	7%
沙皇尼古拉二世	6%
约瑟夫·斯大林	6%
尼基塔·赫鲁晓夫	4%
米哈伊尔·戈尔巴乔夫	3%
弗拉基米尔·列宁	1%
不知道	17%

这些统计揭示了不再迷信过去的官方史学著作。

对历史的重新评估延伸到第二次世界大战,第二次世界大战曾为共产党的统治打下了基础,而这场战争的某种观点继续为这种统治提供正当的理由。东欧的官方报告曾强调红军在解放这个地区时所起的作用,而西欧共产党的威信则主要依靠假设他们在反纳粹的抵抗运动中起过作用。

挑战过去的统治或苏维埃政权往往就是挑战历史的正统。罗马尼亚的史学家们通过强调本地游击队的行动而非红军的行动来支持他们国家的外交独立;同样,在布拉迪斯拉发,史学家们从 20 世纪 60 年代起开始探讨 1944 年斯洛伐克起义所起的作用,而且含蓄地质疑红军和捷克抵抗运动的重要性。1985 年在贝尔格莱德,韦塞林·久雷蒂茨出版了一本书,对铁托完全控制了抗德运动提出质疑。①

波兰——一个在战争期间受到伤害的国家——官方承认,波兰军官在卡廷遭到屠杀是苏联军队在 1939 年 3 月干的,而不是德国人干的。最重要的是非共产党抵抗运动在波兰的恢复。1939 年流亡到伦敦的波兰领导人把战后时期的大部分时间用来在肯辛顿的波兰空军东部吃猪蹄,同时讨论他们是国家的合法政府的要求,措辞似乎越来越荒唐,但是他们在 1990 年 12 月得到了新当选总统莱赫·瓦文萨的承认,他坚持要从他

---

① 雅克·鲁普尼克:《另一个欧洲:共产主义的危机和终结》(1993),第 114 页。

们那里而不是从即将下台的共产党领导人那里接过政权。①

苏联解体重新唤醒了第二次世界大战令人尴尬的回忆。后共产主义欧洲的两个国家——斯洛伐克和克罗地亚——以前只是在纳粹的支持下存在过，但这两个国家都有一些民族主义者怀念战时政权。为斯洛伐克战时总理约瑟夫·蒂索竖立的纪念碑在 1990 年 7 月揭幕。② 斯洛伐克的学校教科书在 20 世纪 90 年代后期强调了斯洛伐克集中营的"人道"性。③ 对第二次世界大战的记忆与南斯拉夫由暴力引起的解体联系在一起：塞尔维亚人要求克罗地亚为自己的暴行做出赔偿，并利用这些暴行证明进一步的种族攻击是合理的。④

对第二次世界大战的重新评价在南斯拉夫最极端，在那里，往往把纳粹主义的暴行与"红色大屠杀"期间所犯下的罪行相提并论。罗马尼亚政治机构的许多成员发现，给纳粹时期犯过罪的人恢复名誉比惩罚共产主义时期犯过罪的人更容易。1991 年，罗马尼亚国会为悼念曾和纳粹德国结盟的独裁者杨·安东内斯库默哀一分钟，而罗马尼亚总检察长则要求死后赦免安东内斯库的八名部长。⑤

东欧的剧变有时促成了对纳粹政权的同情，例如在斯洛伐克和罗马尼亚；或者促成了反犹主义重新出现，这在波兰引起了极大的关注 。在波兰，犹太人、非犹太人关系的历史与西方大不相同，犹太人社区在1939 年以前一直很大，到 1945 年便缩小了。而到 20 世纪 60 年代末，由于国家支持反犹主义，犹太人移居以色列，犹太人社区便进一步缩小了。波兰并不重新关注犹太人的苦难，这在 20 世纪 70 年代初影响了西欧各国。与法国相比特别明显，法国的犹太人口在阿尔及利亚战争结束后就

---

① 约瑟夫·罗思紫尔德：《回到多样性：第二次世界以来东中欧的政治史》（牛津，1993），第 234 页。

② 格伦尼：《历史的再生》第 43 页。反对纪念碑的斯洛伐克国会主席把对蒂索的赞赏归因于无知和误解。彼得·普日霍达：《捷克——斯洛伐克关系中的共同感觉》，载于穆尔编辑的《捷克斯洛伐克的终结》，第 137 页。

③ 《世界报》，1997 年 5 月 10 日。

④ 格伦尼：《历史的再生》第 138 页。

⑤ 《世界报》，1998 年 1 月 27 日。注意 1998 年 2 月 10 日《世界报》刊登的来自布达佩斯公民高等教育基金会的安娜·布兰迪亚纳关于这篇文章某些方面的抗议。

已增加。

在其他共产主义国家，反犹主义不太普遍，而且对共产主义的攻击有时候会牵涉纪念在纳粹统治时期被杀害的犹太人。承认中欧犹太人的过去，受到西方旅游者和西方对犹太人社区继续存在的财政支持的鼓励。在 20 世纪 80 年代后期，这个地区最不自由的捷克共产党政府特地雇用了犹太人作为导游，向西方旅游者介绍布拉格的犹太人遗址，而纳粹统治时期被杀害的犹太人纪念馆则成为这个城市里参观人数最多的地方。

第二次世界大战以后被中欧各国——特别是捷克斯洛伐克——驱逐的德国人的苦难也受到了新的关注。关于这个问题的考虑在 1986 年的布拉格之春就已开始，1981 年一批历史学家在一本流亡者杂志上讨论了这个问题。1990 年，瓦茨拉夫·哈韦尔对驱逐德国人表示了歉意，这种修正显然牵涉到对共产主义政权的批判，而且不止于此：驱逐是在任何一个中欧国家建立共产党政府之前进行的，而这种政策在捷克斯洛伐克曾得到贝奈斯的支持。对驱逐德国人表示道歉意味着对 1938 年以前存在的多元文化的捷克斯洛伐克的怀念，这就引起了令人关注的有关中欧固有的民族主义问题。调查表明，捷克人——特别是年轻的捷克人——对驱逐德国人的不人道行为感到遗憾，[①] 这种驱逐有时被认为主要是捷克人的罪行，因此特别引起斯洛伐克人的共鸣。

西方也回顾了第二次世界大战的历史。有些历史学家希望为大战最后阶段抗击苏军的德国士兵恢复名誉，认为纳粹主义是对布尔什维克主义的反抗，激起了关于德国纳粹主义的争论。法国抵抗运动也重新得到评价。多年来，两种政治传统——共产主义和戴高乐主义——都声称自己领导了抵抗运动，但是弗朗索瓦·密特朗——一位既不是戴高乐主义者也不是共产主义者的抵抗运动领导人——就任总统消除了承认这两种传统以外的其他抵抗运动成员的障碍。法国共产党内部在第二次世界大战的遗产问题上也产生了分歧。它的领导层一直强调，抵抗运动是党作

---

① 米兰·豪纳："捷克人和德国人：昨天和今天"，载于雅克·鲁普尼克：《另一个欧洲》(1993)，第 29～58 页；42% 的捷克人对驱逐的不人道感到遗憾，但只有 4% 的捷克人支持赔偿德国人的私有财产。

为一个机构的财产，而不是冒过生命危险的某些共产党员的财产（实际上，后者往往被怀疑有"铁托主义"的倾向）。事情在莫斯科政变失败后的1991年到了紧要关头，当时有一群来自布列塔尼的参加过抵抗运动的共产党员告诉乔治·马歇（战时大部分时间在一家德国工厂工作的共产党领袖），他们的纪念仪式不欢迎他。

重新思考第二次世界大战并不是重新评论共产主义的副产品。关于1986年当选为奥地利总统的库尔特·瓦尔德海姆曾在巴尔干半岛参与战时暴行的指控，增强了奥地利是纳粹罪行的实施者而不是受害者的看法。时间的推移也意味着政治家们开始以一种新的方式讨论这场战争，而这种方式有时产生了新的愿望来面对过去——出生在1932年雅克·希拉克坦诚地讨论了维希政府的罪行，包括戴高乐派前部长莫里斯·帕蓬的罪行。对于任何前戴高乐派领导人来说，这种坦诚是很难做到的。1930年出生的赫尔穆特·科尔谈到"幸亏出生得晚"，他的意思是说，他的同龄人是由希特勒青年团而不是纳粹国防军培养出来的。在意大利，国民联盟领导人姜弗朗科·菲尼强调他是1945年后出生的，并声称他的立场是"后法西斯主义"的立场。①

民族主义

有些评论家担心，一旦共产主义政权不再加以遏制，1945年以前在东欧很普遍的民族主义暴力行为会重新出现。民族主义往往被看成是落后的症状，当富裕的西方在发展国际机构时，这种症状却在缠绕着东方。

民族主义是进步的敌人，这种观念由于米哈伊尔·戈尔巴乔夫的成功而加深。至少在西方，戈尔巴乔夫被看成是改革的象征，但是他没有苏联民族问题的经验，而且似乎并没有意识到民族问题的潜在重要性。他的改革方案是从经济方面来构思的，后来则是从民主方面来构思，但是对民族感情很少做出承诺。他对苏联人口中的非俄罗斯人往往束手无

---

① "导论"载于斯蒂芬·冈德尔和西蒙·帕克编辑的《新的意大利共和国：从柏林墙的倒塌到贝卢斯科尼》（1996），第1～15页，第11页。

策。赞赏他的西方人士担心民族主义可能"使改革倒退"。

在东欧，民族主义暴力行为的严重性可能被夸大——许多国家完全没有受到这种思潮的影响。第二次世界大战留下的影响之一是在几个东欧国家形成了更加单一种族的国家，这是消灭犹太人和战后驱逐德国人的结果。在布拉格、华沙和布达佩斯看不到少数民族给熟悉克斯顿或贝勒维尔的西方游客留下了深刻的印象。民族主义的激情还是发现了反对少数民族（在罗马尼亚是匈牙利人，在保加利亚是土耳其人，在斯洛伐克是吉普赛人）的宣泄途径，但是少数国家经历了两次大战之间种族关系的极端紧张。40 年的共产党统治导致大多数东欧国家接受了目前的边界线。此外，反对共产党统治的人有时指望欧洲而不是指望民族波兰人、匈牙利人，尤其是捷克人把欧洲统一与文化、自由和民主联系在一起，而许多西欧的人则把欧洲统一与设在布鲁塞尔的由中年人组成的委员会联系在一起，捷克出生的雅克·鲁普尼写道："正是中欧的知识分子切斯夫·米沃升、米兰·昆德拉或乔治·孔拉德……质疑了舒适但空虚的欧洲被概括为共同市场、补偿报酬和农产品过剩。"①

民族的维护并非总是用暴力解决。斯洛伐克和捷克共和国完成分治时并没有明显的敌意，前苏联的大多数共和国与它们邻国的关系都还过得去。民族主义不一定意味着种族主义、暴力和不容忍——许多人都谈到一种尊重各民族人民并允许各种文化繁荣昌盛的"兼容并包"或"公民"的民族主义。

那些害怕民族主义的人有时顺从"民众的感情"，而且暗示只有不具代表性的精英才有国际主义的感情。实际上，全民公决和民意测验往往表明，普通欧洲人对民族主义的态度是复杂和微妙的。俄罗斯的潘亚特民族主义群落在苏联的最后几年里引起了西方社会十分惊恐的评论，从来没有得到 2% 以上人口的支持。②

大部分居住在捷克斯洛伐克的人并不支持国家的分裂，这种分裂是

---

① 鲁普尼克：《另一个欧洲》，第 12 页。
② 约翰·邓洛普：《俄罗斯：面对帝国的没落》，载于布雷默和塔拉斯编辑的《苏联继承国的民族和政治》，第 43～74 页，第 62 页。

布拉格和布拉迪斯拉发的精英们为了党派政治和经济利益而策划的；南斯拉夫的分裂始于全民公决，但随之而来的暴力被认为是少数人煽动的。

　　许多欧洲人认为自己不止有一种民族身份。远非源于"存在很久的冲突"，民族感情或人们在研究人员问到时所说的民族感情可以很快改变。北爱尔兰新教徒把自己说成是"不列颠人"的人数从 1968 年的39% 增加到 1994 年的 71%。① 起草有关民族的问题是有难度的。当苏联在乌克兰组织一次关于是否继续成为一个跨民族联邦成员国的民意测验时，地方当局只增加了一个问题，暗示继续成为成员国并不排除有独立主权的乌克兰政府的存在。②

　　民族主义并非总是"不合理"或"过时"的。甚至破坏了作为一个整体的国民经济的民族主义，也可能使一些特殊的群体得到好处——尽管民族主义的政治把相对的孤立强加给他们的国家，许多斯洛伐克人和塞尔维亚人还是发了财。有些民族主义在经济上完全是合理的。波罗的海诸国要求脱离苏联的愿望增强了，因为它们意识到国家的经济安排做得不好，对西方开放则可能会得到好处；而在苏联解体时，经济考虑重于纯粹的民族考虑，反映在乌克兰和立陶宛的俄罗斯族人往往支持脱离苏联。跨民族国家中的富国有时从与较穷的伙伴脱离关系中得到好处。捷克共和国从摆脱对斯洛伐克的责任而得益，奇怪的是捷克老百姓比斯洛伐克老百姓更担心分裂后的经济后果。③ 仅占南斯拉夫总人口的 8%，但国民生产总值却占 15% 的斯洛文尼亚对脱离南联盟感兴趣，④ 即 1997年，它的年人均国内生产总值是波斯尼亚的 10 倍。⑤ 在意大利，经济民族主义最引人注目的例子是贝托·博西的北方联盟，北方联盟所希望建

　　① 托马斯·亨尼西：《北爱尔兰的历史》（1996）。
　　② 博赫丹·克拉夫领科：《乌克兰：独立的政治》载于布雷默和塔拉斯编辑的《苏联继承国的民族和政治》，第 75～98 页，第 82 页。
　　③ 沙龙·L. 沃尔希克：《过渡时期的政治和捷克斯洛伐克的分裂》，载于穆希尔编辑的《捷克斯洛伐克的终结》，第 225～244 页，第 235 页。1992 年 4 月，75% 的捷克人和 61% 的斯洛伐克人相信，国家分裂后生活水平不会更高。
　　④ 格伦尼：《历史的再生》，第 139 页。
　　⑤ 在斯洛文尼亚是 9279 美元，在南斯拉夫（即塞尔维亚和黑山）是 1456 美元，在波斯尼亚是 815 美元。

立的国家没有语言、文化和历史的根源，几乎完全希望这个国家最富裕
的部分不再需要资助这个国家的其余部分。

国际化

民族主义的发展主要在东欧，随之而来的国际主义的发展则主要在
西欧。国际化往往被描述成尽管它在为了形成一个单一的同种族欧洲而
消灭所有的特性，但现实却是复杂而难以处理的。一位企业老总可以在
办公室里说英语，在家里却还是讲德语。此外，国际化不是一个过程，
而是几个相互关联的过程。首先是全球化，全球化主要是在一个经济过
程中，贸易和通讯可以跨越整个世界而不受政府的干预。其次是美国化，
这是一个文化和经济过程，这个过程并不新鲜，有些欧洲人在 20 世纪就
一直钦佩美国。20 世纪 80 年代初，美国经济和某些公司的成功使美国
有了新的吸引力。美国化和全球化有着复杂的关系，因为越来越多的美
国公司坚持认为它们是全球的和多文化的。第三是欧洲的整合，这是一
个在很大程度上归功于自觉的政治决策的过程，因为各国政府把它们的
统治权联合在一起，而且建立了各种泛欧机构。有时候这被说成是抵制
全球化的一种手段。欧洲的规章制度有时排除来自欧盟以外的进口商品，
而且在其内部确保某些标准，例如某些有关就业的标准。一种欧洲的工
业政策并不十分成功地被用来组建一些能与美国或亚洲对手竞争的属于
欧洲第一的公司。

迪斯尼公司体现了美国化的影响，这家公司用电影和玩具轰炸了这
个世界，并于 1991 年在巴黎近郊建立了一个主题公园。麦当劳餐厅其
实在欧洲的鬼怪论中扮演过更大的角色，被看成是一种强加欧洲的单调
而乏味的标志。在耶鲁大学执教多年的布拉格出生的作家彼得·德麦茨
指出，坐落在沃迪奇科瓦大街上的卡瓦纳学院曾经云集了一代捷克作家，
现在却成了一家麦当劳餐厅。[1] 据说迈克尔·波蒂洛在 1997 年的大选中

---

[1] 彼得·德麦茨：《处于黑暗时期和黄金时期的布拉格；一个城市的历史》（1997）第
335 页。

失去了他的席位，部分是由于他反对将地方保守党总部改成麦当劳汽车穿梭餐厅；而法国农民领袖若塞·博韦则因为在阿韦龙领导了一次对麦当劳餐厅的袭击而成了民族英雄。

这种袭击没有达到目的。美国的文化不止有一个方面，而欧洲人往往把这些不同的成分混合在一起来形成他们自己版本的美国。此外，美国并不单单输出它的世界观而不考虑它所指向的受众。麦当劳餐厅并不像经常所说的那样，在每一个国家都供应相同的食品，而是用了一些巧妙的调整来适合当地的口味，这就是为什么麦当劳在法国市场上生存下来，而它那不太灵活的对手汉堡王却不得不撤退的原因。有时候，某些对欧洲人来说特别美国化的大众文化是用来出口的，因为这种文化在美国本土不太成功。麦当劳餐厅就是如此，它在欧洲市场上追逐利润是因为它在美国深受来自（英国人拥有的）汉堡王的竞争之苦。①

有时候，美国为适应欧洲所做出的努力，看上去当然滑稽可笑或冒犯欧洲的受众。百事可乐公司为拥有的比萨饼做了一个广告，据说戈尔巴乔夫痛恨比萨饼，而大多数俄罗斯人则痛恨戈尔巴乔夫，所以这个广告没有在俄罗斯播出。迪斯尼公司受到维克托·雨果的子孙的起诉，他们因为影片《巴黎圣母院》的拍摄没有尊重雨果的原著而感到愤怒。②

欧洲的精英

当欧洲各国成了国际经济的组成部分时，一类新的欧洲人便出现了。衣着入时的年轻人手持欧盟护照在机场的商务舱候机厅里匆匆走过；在19世纪的贵族外交家以后，美国的联通信用卡在他们的文化中可能比在任何欧洲人群体中更加国际化。

欧洲精英受教育的水平很高——通常是研究生。享有盛名的大学都按照国际水平招收并培养学生。法国国家行政管理学院将它的某些课程从巴黎迁到斯特拉斯堡进行，以便确保攻读学位的学生了解欧盟的运转

① 《金融时报》，1998年1月5日。
② 《解放报》，1997年3月20日。

和法国国家的运转，而政治研究院则开始部分用英语教学。

INSED 欧洲商学院则在枫丹白露，当法国阻碍其扩大时，学院曾扬言要将某些课程迁往瑞士或德国。有时候，欧洲的学生要在三个不同的国家上大学。当特里斯坦·范·德·斯蒂根（母亲是加拿大人，父亲是瓦龙人，姓荷兰人的姓，由巴黎人抚养长大，接受英国和法国的教育）在伦敦经济学院攻读理科硕士时，他发现他班上的 40 名同学中只有 2 名持英国护照。

欧洲的精英也通过一种与美国的特殊关系联合起来。他们中的许多人至少有一段时间在美国的公司工作过，尤其是在投资银行或管理咨询公司。然而，欧洲的精英并不简单地接受美国的价值观念。他们蔑视美国大众文化的许多方面。巴黎迪斯尼乐园的影响对欧洲的平民和精英来说是很不相同的。对平民来说，迪斯尼乐园意味着唐老鸭和米老鼠；对精英来说则意味着 1997 年以前任公司总裁的菲利普·布吉尼翁的管理哲学，他认为他的执行官应该是哈佛商学院和麦金西商学院培养出来的，而不是法国的文职公务员。

精英的通用语言是英语。英语的霸权在很大程度上归功于美国的经济实力，但越来越成为大陆欧洲人彼此所说的语言。法语作为外交语言和早期欧洲经济共同体的语言，是这个过程的主要牺牲品。讲法语的联合国前秘书长布特罗斯·加利用英文写他的回忆录；到 1997 年，42% 的欧盟文体用英文写成，40% 用法文写成。[①] 当雅克·德洛尔主持一次重要的中央银行行长会议讨论单一货币的前景时，他开始时说法语，但是看到与会者感到不自在时便改用英语。英语成了跨国公司的语言，即使它们的总部设在非英语国家。瑞士——瑞典工程集团 ABB 的总裁悔恨地承认，他的公司的语言是"蹩脚英语"；瑞士滚珠轴承制造公司 SKF 的董事会里有 11 名瑞典人、1 名瑞士人、1 名德国人和 1 名意大利人，但他们 1998 年在瑞典哥德堡召开董事会却用英语交流。[②] 英语作为第二语言被广泛使用。东欧的居民认识到，融入欧洲要求他们掌握一门主要的欧

---

① 《金融时报》，1998 年 1 月 3 ~ 4 日。
② 同注①，1998 年 4 月 4 ~ 5 日。

洲语言。这门语言一度可能是法语或德语，但是到了 20 世纪 90 年代，英语已被确立为资本主义的语言。奇怪的是，当英语被确认为东欧的商业通用语时，法语却重新获得了作为东欧高文化语言的地位——获得诺贝尔奖的小说家伊斯梅尔·卡德雷从阿尔巴尼亚移居巴黎；米兰·昆德拉的第一部小说《身份》用法文写成，1998 年出版；俄罗斯出生的作家安德烈·马基涅于 1995 年赢得龚古尔奖。

欧洲的精英不属于任何一个特定的国家，实际上他们更可能与一个城市而不是与一个国家认同。特别重要的是伦敦。在 20 世纪末，伦敦市中心超过汉堡成为欧洲最富有的地方——人均收入超过欧洲人的两倍。伦敦为有抱负的年轻欧洲人提供了一个可以体验"盎格鲁－撒克逊资本主义"和高工资的地方，尽管离巴黎北火车站有三小时路程。作为一个金融中心，伦敦使所有其他欧洲城市相形见绌，在某些方面也使美国的城市相形见绌：伦敦的美国银行比纽约还要多。伦敦反映了民族国家被既小又大的单位所取代的方式。尽管伦敦以世界性和活力闻名，但是也处于一个以僵化闻名的国家。拥入这个城市的有抱负的年轻人更可能游历过加德满都而没有游历过伍尔弗汉普顿。

小 结

东欧剧变没有产生一个联合的欧洲，而是产生了许多彼此重叠的不同的欧洲。伦敦和布拉格之间的差距缩小了，但是伦敦和康沃尔郡或布拉格和俄斯特拉发之间的差距却扩大了。在小范围内，几代人、不同的阶级和种族群体过着极不相同的生活。一位没有方向感的欧洲银行家赶上了从巴黎开往伦敦的"欧洲之星号"快车，但在北火车站迷失了方向，可能在小教堂站就下了车。要不是周围都是衣冠楚楚的商界旅行者，他会以为到了"一滴金"——这是法国工人阶级神话中受到赞美的地方，但是现在可能被误认为是阿尔及尔的郊区。同样，如果他要找到滑铁卢车站的正确出入口，他就该跨过一座能够看到圣保罗大教堂和大本钟的桥，就会在几分钟内到达位于斯特兰德大街的花旗银行总部参加会议。如果他转向另一方向并走上几分钟，他就会发现自己到了象堡——
一个没有使人回想起东柏林建筑的地区。

对大多数有特权的欧洲人来说，东欧剧变产生了一个没有国界的欧
洲，与 1914 年以前特权阶层所了解的欧洲惊人地相似。对于没有特权的
人来说，国界比 20 世纪 40 年代以来的任何时期都更加重要，前捷克斯
洛伐克的吉普赛人穿梭往来于两个新建立的国家，这两个国家都拒绝承
认他们的公民身份——捷克共和国的乌斯蒂－纳德－拉本市政委员会筑
起一堵墙来把它的吉普赛人围住——而科索沃的阿尔巴尼亚人则在被赶
过边界，眼看着他们的身份证被塞尔维亚警察撕碎。种族、年龄和阶级
界线甚至在相对繁荣的西欧国家也把城市分割开来。当一个有钱的白种
欧洲人可以驾车从巴黎直驶布拉格而几乎不会受到边境警卫的干预时，
谢菲尔德的年轻黑人却不愿去逛梅多霍尔的购物中心，因为他们知道保
安会把他们赶出来。①

---

① 伊恩·泰勒、卡伦·埃文斯和彭尼·弗雷泽：《双城记：全球变化、英格兰北部的局部
感受和日常生活》（1996）第 214 页。

2 性革命

20 世纪 80 年代伊始，人们普遍期望，在"宽容"被看成是 20 世纪 60 年代和 70 年代初期的特征之后，会重新肯定是家庭的价值，许多保守党人明确表明这种肯定传统道德观的愿望。某些经济计划特别与家庭有关：未来的社会任务和经济措施将从国家转向家庭。有人认为，20 世纪 70 年代发展放慢的经济，会自动导致传统价值观的回归，正如 20 世纪 30 年代的经济危机彻底改变了 20 世纪 20 年代的性革命。

和所有的期待对比，保守的道德观的传统价值在 20 世纪 80 年代受到了挑战，保守分子对"彻底改变"20 世纪 60 年代价值观的承诺有点正话反说的味道：实际上，作为保守主义道德观的核心，婚姻在整个 20 世纪 60 年代已经变得更加寻常和更加受到关注。正是在 20 世纪 70 年代中期，结婚率开始下降。在天主教有重大影响的国家——爱尔兰、意大利和西班牙，20 世纪 80 年代发生过 20 世纪 60 年代和 70 年代初在英国、法国和西班牙发生过的立法变化。例如，西班牙在 1981 年使离婚合法化，在 1993 年使堕胎合法化。20 世纪 80 年代的立法变化也许更甚于 20 世纪 60 年代，与行为的变化联系在一起——西班牙和意大利的出生率下降到欧洲的最低点。公众态度的变化在爱尔兰也许最引人注目：关于同性恋和避孕的立法保持不变，但是公众舆论——尤其是在大城市——都变得更加宽容这些行为。爱尔兰旅游局甚至改写了民族史，以适应新的思想倾向。一位偶然来访的人完全可以想当然地认为，奥斯卡·王尔德和詹姆斯·乔伊斯——爱尔兰最著名的对性持不同意见的人——曾经在都柏林的小酒店里和他们宽宏大量的同胞一起痛饮。

妇女、独立和工作

正像有些妇女在"宽容的"20 世纪 60 年代曾被社会排斥那样，有些妇女在"压制的"20 世纪 80 年代曾被允许发挥更大的作用。她们变化着的地位与经济有很大的关系，因为劳动妇女的人数在每个欧洲国家都增加了，1960 ~ 1994 年，妇女在整个劳动大军中所占的比例在西班牙从 20% 多增加到近 40%，在瑞典和法国从 30% 多增加到近 50%；在荷兰从 20% 左右增加到 45% 左右。[①] 按惯例只雇用男人的重工业已衰退了，而妇女人数众多的家用电器等轻工业和服务业则扩大了。

不应该想当然地认为，妇女总是把工作看成解放，对于某些雇主来说，雇用妇女之所以有吸引力，正是因为她们接受有工会组织的男劳力会抵制的条件。在理论上，几乎每一个西欧国家的立法都禁止性别歧视；但是在实践中，妄求同工同酬的法律毫无意义，因为妇女所做的工作往往不同于男人所做的工作。妇女往往做非全日性工作，或只得到短期合同，所以她们很难得到社会保险或签订法定的合同。许多妇女的工作——例如法国的儿童保育——是黑市交易。在欧洲，普通妇女的收入要比普通男人少 1/3。[②]

有时候，妇女进入劳动大军仅仅是重复某些家庭身份和在不同背景下的工作。在瑞典，妇女从事照顾孩子或老人的工作并获得报酬，而她们原来在家里也能从事这种工作但得不到报酬。在意大利，孩子实际上只在上午去学校，所以大部分妇女都在教育系统找工作，以便可以和自己的孩子在一起。1981 年，91% 的意大利小学教师是妇女。[③]

在社会高层，妇女的命运似乎要好一点。在大多数国家，由于工程技术人员所占的名额不多，所以她们得益于从工业到金融的权力转移。在金融机构里，妇女们得益于机构的扩大。在伦敦市，曾经确保男人能在期票承兑公司和股票交易所找到工作的老朋友关系网很难在几千名雇

---

① 《经济学家》，1998 年 7 月 18 日。

② 英格里格、夏普和达格玛·弗林斯怕克：《妇女在从分裂到统一的德国》，载于德里克·列易斯和约翰。麦肯齐编辑的《新德国：统一的社会、政治和文化挑战》（埃克塞，1995），第 182 页。

③ 艾利莎·德·雷：《走向欧洲：意大利的社会政策、妇女和国家在生产和繁殖之间》，载于安内特·戈蒂埃和雅克琳·埃南编辑的《社会政策的性》（1993）第 37 ~ 57 页，第 47 页。

员中起作用。①

妇女在职业上的成功与更广泛的社会变动有关。社会上最有特权的人越来越多地同职业上和教育上和他们一样成功的人结婚和生孩子。1997 年后任职法国部长的塞戈莱娜·鲁瓦亚尔和法国社会党书记弗朗索瓦·奥朗德生了四个孩子，他们相遇时都是有名的国家行政管理学院的学生。

在社会上层逐渐缩小的性别差距，有时伴随着日益扩大的将社会上层和其他阶层分开的差距：有两个伙伴的家庭会比只有一个伙伴的家庭更富裕。实际上，到了 20 世纪 90 年代，最重要的社会差距不是将有一个成年人挣一份工资的家庭分开，而是将有两个成年人挣一份高工资的家庭和没有成年人就业的家庭分开。同样获得成功的夫妻俩能够彼此提供各种程度的支持，使各自的职业生涯得以稳定，寻求不同但相互支持的权力形式。在这种新阶级中成长起来的孩子，有特殊的有利条件接近两类不同的角色模型、交往和内部信息。

20 世纪 80 年以来的妇女和政治：与左派和解

英国保守党领袖哈罗德·麦克米伦说得好：有三个机构英国政治家决不应该干扰——基督教会、警卫旅和全国矿工工会。显而易见，在一个有一半以上选民是妇女——而且有一半以上选民支持保守党——的国家，政治家应该关心这三个完全是男性与"男性"美德——力量、勇气和权威——联系在一起的机构。军队、教会和产业工人阶级是许多政治文化的主要成分，每一种成分都与特殊类型的性别关系联系在一起。产业工人阶级的政治见解通常基于简单地排斥妇女，而军队和教会的立场则比较复杂。这两个机构有妇女的角色（尽管是次要的角色）。这一点部分地说明了这样的事实：保守党在第二次世界大战后比左翼对手更容易吸引妇女的选票。20 世纪 80 年代，尽管世俗化，但是军队的重要性

---

① 保罗·汤普森：《绅士或资本主义得不偿失的胜利：伦敦市的金融精英，1945～1990年》，载于《当代史》杂志第 32 卷第 3 期（1997），第 283～304 页。

逐渐下降和重工业的衰退却引起了对男权关系最密切的机构的质疑。

在某些方面，基督教会——通过基督教民主党——成为大陆欧洲战后政治最重要的成分，教会及其政治盟友从来不排斥妇女，做弥撒的大多数是妇女，投票支持基督教民主党的也大多数是妇女。然而，妇女的角色被看成是被动和服从的角色。她们被排除在教会的权力地位之外，而且很少被推举为基督教民主党的代表。教会的代理机构是"传统"家庭的热心支持者，妇女们在传统的家庭里专心干家务劳动和养育孩子。

渐渐地，社会和妇女之间的关系改变了。20 世纪 90 年代，西欧的妇女很少像她们的祖母那样说教会是她们生活中最重要的东西。更普遍的是，基督教会的某些部分在 20 世纪 60 年代的激进化中断了教会和政治上的右派之间的联系。基督教民主党依然强大，但不大可能被看成不同于世俗的保守党。在 20 世纪 80 年代，尽管一位十分保守的教皇做出种种努力，但是关于家庭和性问题的"传统"观念有时似乎与政治上的右派有关，而不是与教会有关；20 世纪 90 年代初，西班牙只有 1/4 虔诚的基督教徒反对避孕，而有 1/3 的右派选民反对。① 当人们谈论 20 世纪 80 年代基督教徒——特别是妇女——政治时，他们可能是关心和平、第三世界的债务或环境和保护家庭。

军队是支持某种关于两性关系的看法的第二个机构。尽管军人主要是男性，但是军队的庆典总是涉及妇女。军队的爱国主义往往与保卫一个居住着容易受到伤害的妇女和孩子的国家有关。它的政治吸引力利用了某些妇女，主要从女性选民中吸引选票。然而，将军队置于政治生活的中心最终取决于这样的观念：勇气和领导才能，尤其是男性的美德。

20 世纪 80 年代，军队地位变得不那么稳固，这在某种程度上与妇女政治角色的改变有关。有些妇女拒绝她们的角色定位为易受伤害、需要保护的人，在英国和德国，妇女们活跃在反对核武器的和平运动中。也许更重要的是，军队的角色由于纯粹的军事原因而改变。冷战结束后，规模庞大的军队——尤其是强制征兵的军队——过剩，这是一种关键性的变化。公民身份往往与服兵役联系在一起，西欧最后一个给予妇女选

---

① 安尼·布鲁克斯班克·琼斯：《当代西班牙的妇女》（1997）第 85 页。

举权的国家瑞士也是最普遍的服兵役的国家，这绝不是偶然的。强制服兵役的结束打断了公民——士兵——选民的链条。

重工业的衰退是最引人注目的发展，影响了妇女和政治的关系。重工业往往比军队或教会更有效地排斥妇女。尽管右派的政治文化给予妇女一种从属的地位，但是左派的政治文化却从根本否认妇女有任何地位，两性隔离当然在20世纪50年代就已经逐渐消失。汽车工厂的生产线上仍然是以男人为主，但是这些工厂对于妇女来说并不是一个不能想象的世界。

20世纪80年代，重工业严重衰退。一度曾代表60万名男人的英国全国矿工工会的成员减少到3万人。左派的豪言壮语发生了变化，强调以体力为特征的工人阶级中男子的地位变得不那么重要。在1984～1985年英国矿工罢工期间，大肆宣扬的是保卫"社区"（而不仅仅是保卫工作岗位）和矿工的妻子们在支持罢工时所能发挥的作用。这种强调部分地归因于需要左翼知识分子从男女平等方面重新支持工人阶级。

从20世纪70年代初起，新的左翼政党形成，在白领工人中寻求支持并往往旨在与老左派的性别歧视决裂。在法国，1971年成立的社会党就是这样一个群体；1988年，一位社会党候选人（弗朗索瓦·密特朗）成为法国历史上第一位在总统选举中获得大多数妇女选票的左翼人士。在西班牙，佛朗哥主义的终结为左翼政党提供了一个机会来恢复它们的吸引力，许多在左翼政党想用求助于妇女的办法来做到这一点。西班牙共产党在1975年宣称自己是"妇女的党"；更值得注意的是，西班牙社会党在其合法化后获得了大量新的支持者和党员。1982年，西班牙社会党打破了中右派对妇女选票的控制。它获得了1/3的妇女选票，而过去在妇女中最成功的民主中心联盟只获得7%。① 共产党有时将妇女的加入看成是在"后工业政治"的世界恢复其吸引力的一种方法。德国共产党在20世纪80年代接受了男女平等主义，而美国共产党则在1990年任命了一位妇女领导人——尼娜·坦普尔，作为全面"改弦更张"的组成部分。

---

① 安尼·布鲁克斯班克·琼斯：《当代西班牙的妇女》（1997）第15页。

以最富有革新精神的态度对待妇女的政治运动是绿党，绿党从 20 世纪 80 年代初起就在西德特别有影响。绿党摒弃了右翼政治的关键要素——军国主义——和左翼政治的关键要素——重工业。许多杰出的绿党分子——例如佩特拉·凯利和多米尼克·沃伊内特——都是妇女，而且绿党往往是唯一明确承诺在他们的领导人和国会议员中男女有平等代表权的政党。1987 年在德国，57% 的绿党国会议员都是妇女。相应的数字是，社会民主党是 16%，基督教民主党为 8%①，不像传统左翼政党，绿党在选举中主要得到妇女的支持。因为绿党通常是在男女平等主义正在影响左派的时候建立的，所以男女平等主义成为它们的基础，而不是事后嫁接的东西。最引人注目的是，绿党往往使用类似保守党对手所使用的豪言壮语。他们并不认为男女差别与阶级差别无关。实际上，他们往往承认妇女有一种养育和合作的特殊能力，但是她们是在公共领域而不是在家里展现这种品德。20 世纪 80 年代，妇女政治行为的改变至关重要。左翼政党第一次吸引了大量女性选民，而有些政党则是羞答答的男女平等主义者，不过，党派政治的重要性从更广泛的权力分配来说不应该被过高估计。德国在 1998 年有 1/4 的国会议员都是妇女，但是在最大的 7 万家公司中，女性高级管理人员还不到 3%。②

性行为、政治和经济

20 世纪 70 年代和 80 年代初，同性恋遭到右派的反对，而且往往被看成是腐化和堕落的象征，如果"家庭价值"可以消失，那么腐化和堕落便指日可待。意大利基督教民主党的一位领导人范范尼在 1974 年警告说："如果允许离婚，在意大利就可能会有同性恋者结婚，而你的妻子也许会和某个年轻漂亮的姑娘私奔。"③ 托特纳姆保守党联盟宣称，同性恋

---

① 夏普和弗林斯帕克：《妇女在从分裂到统一的德国》，第 182 页。
② 《经济学家》，1998 年 7 月 18 日。
③ 保罗·金斯伯格：《当代意大利的历史：社会和政治，1943～1988 年》(1990)，第 350 页。

"对家庭来说是甚至比阿道夫·希特勒、轰炸机和机枪炮有更大的威胁",① 而英国保守党政府对抗地方当局——尤其是大伦敦市政会——权力的运作伴随着打击这些机构所谓的提倡同性恋。最终,政府提议地方政府制定预防"提倡同性恋作为家庭生活的一种合法形式"的法律条款。

引人注目的是把关于同性恋的分歧说成是一般的分歧,在这种分歧中,"好斗的左派"是坚定地支持同性恋者的解放,而"激进的右派"则最坚定地支持"家庭价值",情况比较复杂。激进的右派思想的一个要素——自由意志论——倾向于宽容,而英国保守党对待性行为的态度在玛格丽特·撒切尔于1990年离任后发生了引人注目的变化;在1997年的大选中失败后,这种变化甚至更加引人注目。1998年,党的新领导人威廉·思格投票赞成将男同性恋者的合法年龄降至16岁。可以认为这并不新鲜。保守党国会议员曾在20世纪60年代投票赞成减少对男同性恋者的歧视,而20世纪90年代初的对法西斯主义的解释中,在战后时期,许多作家认为,通敌和法西斯主义是男性女人化和同性恋引起的。萨特——他自己的形象是围绕着拳击、酗酒和玩女人等攻击男子气概形成的——是一位以反对这种观点出名的人,但是到了20世纪80年代,他接受过《花花公子》的采访,并表示赞赏同性恋生活的许多方面。

在英国,很少用大陆共产党所采用的那些明显的政治术语来描述同性恋者,而是用比较一般的方式来描述,中产阶级的左翼分子使工人阶级具有"真正的"男子气概的形象。不过,20世纪80年代,激进的左派变得越来越关心性和性行为,而且这种关心有时取代了对阶级的关心,或者两种关心纠缠在一起。1984年英国的矿工大罢工反映了这个过程。在1984年的工作气氛可以看成仅仅是回到早期撒切尔主义独特的间歇之前流行过的价值观。然而,20世纪90年代的改革不像20世纪60年代的改革,前者是为了使同性恋者进入主流社会,而不是为了控制和孤立同性恋者。黑格给1997年在伦敦举行的同性恋者集会发去了一封祝愿信。

---

① 安娜·玛丽·史密斯:《关于种族和性行为的新右派陈述:大不列颠,1968~1990年》(剑桥,1994),第187页。

大陆的保守党人往往受到基督教民主党人的影响，在性行为问题上不像他们的英国同道那样宽容。1998 年，许多法国右派人士动员起来，反对建立既包括异性恋者家庭也包括同性恋者家庭的"公民联盟"计划。正像右派并非总是不宽容一样，左派也并非总是宽容。英国极左派最重要的组织——好斗分子——对性行为的看法十分保守。

20 世纪 80 年代，左派对同性恋的看法开始改变，这种改变表现在法国对抵抗运动、通敌党会议上，全国矿工工会提出了一项支持同性恋权利的动议。① 民主矿工联盟的行动反映了性行为方面的斗争和其他问题方面的斗争之间的联系。民主矿工联盟代表了诺丁汉郡的矿工，一度被 D. H. 劳伦斯理想化，在 1984 年的罢工中继续发挥作用，而且支持过"父母权利团"起诉哈林盖政会，因为后者支持同性恋。②

艾滋病很可能增加了保守党关于性问题的议事日程。英国政府提出通过劝阻一切婚外性行为来对付艾滋病的主意，但是这种政策遭到公务员和医生的阻挠。艾滋病越来越被看成是一种健康危机，而不是一种道德危机，专家们将艾滋病移到党派政治辩论的领域之外。禁止地方当局提倡同性恋的 1984 ～ 1988 年地方政府法第 28 条包括这样一款："上述第一分款不应被用来禁止为医治或防止疾病蔓延所做的任何事情。"

艾滋病以一种奇特的方式与医学科学相互影响。在 20 世纪 70 年代和 80 年代，受到米歇尔·富科影响的历史学家们，暗示将同性恋者视做一个另类群体的想法是最近才出现的，而且尤其是 19 世纪末期医学科学的产物。当然，在一定程度上，这种产物鼓励了对根据性取向来把人分类的方法采取一种质疑的态度，但是它也和医学科学的变化相互影响。科学家们往往把同性恋看做一种疾病；20 世纪 60 年代，英国的医生们还在试图"治愈"这种病。艾滋病的治疗通过把注意力转移到特定的性行为挑战了一般的性关系类别。

经济使同性恋更加容易地进入了主流文化。成年男子比其他人富裕，而不大会有来自这个特权群体以外的受扶养家庭的成年男子具有特殊的

---

① 斯科特·拉希和约翰·厄里：《有组织的资本主义的终结》（剑桥，1987），第 279 页。
② 史密斯：《关于种族和性行为的新右派陈述》，第 194 页。

经济实力。更普遍的是，男性同性恋者完全适应了与 20 世纪 80 年代的资本主义联系在一起的特殊的消费文化。当"青年"变得根据消费类型而不是根据年龄来定义时，同性恋男子开始活跃起来。广告运动的形成是为了吸引同性恋男子。有时候，同性恋者是十分年轻和富裕的消费者联盟最重要的组成部分。

同性恋的商业化及其异性恋社会的某些组成部分的紧密关系反映在城市的布局中。巴黎的同性恋者聚集地从圣安娜街——那里不显眼的夜总会在紧闭的大门内营业——迁到了马雷区——那里的时尚酒吧向着大街敞开大门，顾客包括有各种性取向的男男女女，① 而伦敦的同性恋活动场所在从伯爵大楼迁往索霍区时也经历了类似的变化。法国同性恋社区的商业利益变得如此重要，所以在 1990 年成立了全国同性企业。1997年，这个协会声称在 15 个不同部门共有 900 名会员，共有流动资金 10亿法郎。② 马雷区的一位成功的企业家达维德·吉拉尔写道："酒吧老板在夏季开放了一个露天平台，几十名同性恋者在那里——公开会面。这位老板至少和他们（争取同性恋权利的积极分子）一样激进，即使他是为了挣钱。由于创办了两家公共浴室、两份在法国每座城市发行的杂志、一家很多人提到的餐馆和一家人头攒动的夜总会，我想我为同性恋者所做的事要比他们做过的多。"③

男同性恋者改变着的地位就像成功的职业妇女改变着的地位一样与社会特权交织在一起。在西北欧的某些城市——伦敦、曼彻斯特、爱丁堡、巴黎、柏林、阿姆斯特丹，同性恋的结合在有钱的年轻白人中最为明显。④ 正因为这与在高等职业中取得成功的杰出代表有关，所以同性恋似乎更加远离农村人口或工业劳动阶级。对艾滋病的反应有时标示了正派人和非正派人之间的新区别。口才好的中产阶级代言人往往代表了进

---

① 迈克尔·赛布利斯：《巴黎》，载于戴维·希格斯编辑的《同性恋基地：1660 年以来的同性恋城市史》（1999），第 10～37 页。

② 《世界报》，1997 年 6 月 28 日。

③ 转引自赛布利斯：《巴黎》，第 34 页。

④ 关于有钱的同性恋男子在一个城市（曼彻斯特）里花钱的地方——"同性恋村"，见伊恩·泰勒、卡伦·埃文斯和彭尼·弗雷泽：《双城记：全球变化、英格兰北部的局部感受和日常生活》（1996），第 190～197 页。

行安全性行为的同性恋者，而静脉注射吸毒和东非某些地方的人——这
两个群体都不可能有特权——越来越被看成是一种威胁。①

东欧：妇女地位

在东欧剧变后，妇女地位和性关系的变化与在西欧的变化是一种有
趣的对比。在提到内奥米·沃尔夫关于曾经震撼西方的"性震"理论
时，玛丽·巴克利写道："性震的概念可能会使后苏联的许多妇女感到可
笑，而且不可能认为它即将降临在俄罗斯、亚美尼亚或乌兹别克斯
坦。"②

然而，东欧在 1989 年经历了一次性"反革命"的臆断是靠不住的。
共产主义国家的妇女解放与其说是真实的，不如说是表面上的，妇女们
在 1989 年以后失去的"种种自由"往往是国家的贫困强加给她们的各种
义务。这些义务后来被一个完全由男人控制的国家用男女平等的语言掩
饰起来。

直言不讳地说，妇女的地位在东欧剧变后以两种方式发生了变化。
第一种与就业有关，③ 在捷克共和国，20 世纪 90 年代失业率下降，布拉
格的失业率如此之低，以致可以忽略不计。在匈牙利，也可能在保加利
亚，④ 妇女的就业率似乎高于男子。⑤ 就整个前共产主义欧洲而言，失业
率在上升，因为不再受社会责任或完成政府计划要求约束的公司试图提
高生产率。妇女在提高生产率方面所承担的份额不成比例，在 20 世纪 90
年代的波兰，失业的人中有一半以上是妇女。⑥

---

① 史密斯的《关于种族和性行为的新右派陈述》一书强调了正派同性恋者的重要性。
② 玛丽·巴克利：《受害者和代理人：性别在后苏联各国》，载于玛丽·巴克利编辑的
《后苏联的妇女：从波罗的海到中亚细亚》（剑桥，1997），第 3~16 页，第 7 页。
③ 雅克琳·埃南：《波兰女劳动力的失业和变化过渡的代价》（1995）。
④ 比斯特拉·阿纳奇科娃："保加利亚的妇女"，载于巴巴拉·沃博津斯卡编辑的《中东
欧的家庭、妇女和就业》（1995），第 55~68 页，第 65 页。
⑤ 埃娃·福多尔：《过渡时期的性别：匈牙利、波兰和斯洛伐克的失业》，载于《东欧的
政治和社会》第 11 卷第 3 斯（1997），第 470~500 页。
⑥ 同注③，第 101 页。

继续就业的妇女往往会失去身份。在俄罗斯，男人比女人更可能自愿放弃工作岗位，这意味着男人希望逃离条件差或工资低的公司，而女人则坚守岗位，担心不能找到可供选择的职业。① 有资历的俄罗斯妇女一旦失去她们的工作，往往不得不接受不要求资历的新岗位。在波兰，共产主义崩溃后成立的私营公司里女性高级管理人员的比例甚至小于共产主义时期的国营公司。② 高水平的教育不能使妇女像男子那样避免失业。③

不容易用经济学理论来解释这种现象。自由市场必须使雇主有兴趣雇用最好的人员，而不论性别。再说，共产党在培训和就业方面的性别歧视必须使妇女就业的机会大于男人。以男人为主的部门——例如重工业和工程——在自由市场中做得最糟，但是妇女们倾向于接受在新经济中受到高度重视的外语和贸易方面的培训。在实践中，教育资历很少转变为接近最高职位的机会。在匈牙利，一半以上的老资格会计师和财务总监是妇女，但只有1/5的总裁是妇女。④

对于妇女来说，问题是招聘和职业生活取决于非正式的关系网和正式的资历或竞争。这种关系网存在于共产主义时期，但其影响一直被政府的政策和官方不公布的失业人数所掩饰。在一个新形成的私营部门，关系网变得非常重要。关系网的影响可以在斯洛伐克看到，在那里，有一半曾经是共产党员的男人像非共产党员的男人一样失业。对妇女来说，相比之下过去的共产党员失业的可能性更大。⑤ 匈牙利的妇女处于不利的地位，因为在共产主义时代，家务杂活的重担使她们不能在上班的时间去工作，这往往导致私营企业的创建。

---

① 萨拉·阿什温和伊莱恩·鲍尔斯：《俄罗斯妇女希望工作吗?》载于玛丽·巴克利编辑的《后苏联的妇女：从波罗的海到中亚细亚》第21页~37页，第25页。

② 同上页注③，第133页。1993年的一项调查发现，60%的私营公司（和7%的国营公司）的高级管理人员中没有妇女。

③ 同上页注③，第103页。在波兰，受过初等教育的男人的失业率是受过中等教育的男人的4倍；在妇女中，这两个群体的失业率相同。只有少数受过高等教育的妇女的失业率低于男人。

④ 埃娃·福多尔：《过渡时期的性别：匈牙利、波兰和斯洛伐克的失业》，载于《东欧的政治和社会》第11卷第3期（1997），第470~500页。

⑤ 同注④。

上班妇女地位的变化伴随着计划生育领域的变化。20 世纪 50 年代以来，大多数共产主义国家已经允许自由堕胎。在波兰，官方报告的堕胎人数为一年 12 万人，但是普遍认为实际的数字要大得多。① 东欧剧变结束了这种状况：堕胎在波兰完全是非法的，在东德堕胎变得更加困难，因为原先只在西德生效的立法现在适用于全国了。

对于西方的男女平等主义者来说，堕胎的权利是一种至关重要的要求，他们把东欧的变化解释成妇女失去自由的标志，但这种解释是有争议的。享有堕胎的权利总是归功于经济和国家，而不是归功于妇女的福利。所有共产主义国家都听命于莫斯科，在 1936 年宣布堕胎为非法，而且在 20 世纪 50 年代苏联承认堕胎是合法之前，没有哪一个共产主义国家承认堕胎是合法的。堕胎在简陋的条件下进行，往往威胁到妇女的健康，这种常见的情况主要是因为还没有其他形式的节育方法。②

罗马尼亚反映了对堕胎的态度的复杂性。1966 年以后，堕胎在罗马尼亚受到了很大的限制，而非法手术比东方其他国家的合法堕胎危险得多（1984 年有 471 名罗马尼亚妇女死于堕胎）。罗马尼亚的反共人士将堕胎合法化视为一个重要的标志。当罗马尼亚的蒂米什瓦拉市 1989 年一开始就宣告自由时，立刻宣布堕胎自由和合法；一周后，整个国家都宣布堕胎自由。据估计，1990 年有 100 万名罗马尼亚妇女堕胎。③

在 1989 年后限制堕胎的国家，这种限制的影响因社会地位的不同而不同。甚至在波兰，大城市里有钱的妇女境况较好，因为她们现在可以用西方的避孕药和避孕工具，而没有钱的妇女则受到限制。④ 因此最没有特权的妇女便失去了共产主义的自由，却没有得到资本主义的自由。

节育机会的变化伴随着妇女的观念更普遍的进化。西方的妇女组织是独立自主的，而且在 20 世纪 90 年代变得更加强大。对比之下，东方

---

① 雅克琳·埃南和安娜·马图赫尼亚克 – 克劳苏斯卡：《波兰的堕胎：很多麻烦》(1991)，第 73 页和第 80 页。

② 同注①，第 77 页。

③ 多伊娜·帕斯卡·哈萨尼：《罗马尼亚的妇女》，载于纳尼特·芬克和马格达·米勒编辑的《性别政治和后共产主义：来自东欧和前苏联的反思》(1993)，第 39 ~ 52 页，第 49 页。

④ 同注①，第 185 ~ 215 页。

的妇女运动是由国家资助并作为外国组织来活动的，在普通人的眼里缺乏可信性，把他们和旧政权联系在一起，而在妇女的眼里，这种组织没有什么实际好处。在前共产主义国家，许多妇女不愿使用"男女平等主义者"这个词。在某些情况下，这个过程始于 20 世纪 80 年代：1984 年的苏联教育改革强调妇女要为她们的家庭角色做好准备，[①] 戈尔巴乔夫谈到妇女要"回归"她们"纯粹的妇女使命"。[②]

在前共产主义国家，许多政治家谈到妇女"回归"家庭。这种言论使人想到一个核心的家庭和全职家庭主妇的形象，就像 20 世纪 50 年代的美国社会。妇女们回归家庭的现实状况千差万别。东欧的许多部分已经直接从农业社会——在这种社会里，家庭本身就是一个经济单位——走向了工业化的共产主义社会。在这种社会里，妇女们为了挣钱而外出工作，"传统的家庭主妇"与她们的传统毫无关系。大多数后共产主义国家的出生率下降，所以作为全职母亲的妇女减少了。有时候，妇女们回归的"家庭"和她们的祖母所离开的农庄一样，是经济单位。例如，科特尔巴夫人大部分时间待在布拉格克雷门佐瓦大街 17 号那幢归还给她家的大楼里，但是因为这幢大楼有十几层，包括两家餐馆、两家咖啡馆和一家商店，所以她的家务事更多的涉及复印机，而不是吸尘器。妇女们对"回归"家庭的感觉受到社会繁荣昌盛的影响。在布拉格和布达佩斯，家庭产妇维持用丈夫的工资买来的家的保守形象是可信的，但是在俄罗斯或罗马尼亚的某些地方，妇女们知道这一类形象都是幻觉。许多妇女似乎更喜欢危险和喧闹的工厂，在工厂里，她们可以像在她们所居住的邋遢公寓里那样行事。

更普遍的是，在前共产主义国家，尤其是在苏联的继承国，妇女的形象随着政权的变化而变化。有社会学博士学位的赖莎·戈尔巴乔夫让位给鲍里斯·叶利钦表面上恭恭敬敬的妻子；一位苏联女电影制片人评论说：以前以"女突击队员或英勇的敌后游击队员"为代表的正面形象

① 林恩·阿特伍德：《后苏联的妇女在走向市场：回归家庭生活和依赖?》载于罗莎琳·马什编辑的《俄罗斯和乌克兰的妇女》（剑桥，1996）第 255～266 页。
② 萨拉·阿什温和伊莱恩·鲍尔斯：《俄罗斯妇女希望工作吗?》载于玛丽·巴克利编辑的《后苏联的妇女：从波罗的海到中亚细亚》第 21～37 页，第 22 页。

已经被"硬通货应召女郎"所取代。①

东西方之间在性问题上的分歧表现在性和权力的关系上。每当建立在不平等的社会地位、金钱或权力上的关系在西欧被视为不可接受时,②这种关系在东欧便变得清晰可见。妓女们沿着从德国边界到捷克共和国的主要道路上排列成行。有时候,色情和卖淫的兴趣为保守的评论家提供了弹药,他们坚决主张需要严格的性道德。东欧的妇女往往面对这样一个社会,在这个社会里,唯一公开讨论的女性行为模式似乎就是家庭主妇和妓女的行为模式。

最强制的性关系——强奸——的发生很难评论。强奸最盛行的社会是那些最不可能将强奸记录在案的社会——20 世纪 90 年代末,捷克一位著名实业家的儿子两次强奸妇女被宣告无罪。在俄罗斯,1993 年报告有 14400 宗强奸案;有人估计,这个数字是实际数字的 10%。③

小　结

20 世纪 80 年代初,在性关系方面公开宣告的意图是西欧右派——尤其是英国的撒切尔政府——恢复"家庭价值观"的意图和东欧共产主义国家将妇女完全融入国民生活的意图。20 世纪末,正是在西欧,与妇女、性和家庭有关的传统价值观遇到了最大的挑战,而正是在东欧,"传统的"价值观最有影响。此外,"解放了的西方"和"保守的"东方都有许多不同的态度,而反映在电视、广告和杰出公众人物的声明中的价值观并不总是与全体人民的价值观类似。国家的政策和将自己看做道德仲裁者的人的声明当然对妇女的地位以及性道德有影响,但这种影响不是直接的或单一的。

---

① 埃琳娜·斯季绍娃:《完整的装饰物》:改革和性政策,载于马什编辑的《俄罗斯和乌克兰的妇女》,第 188～195 页。

② 乔治·维加雷洛:《强奸的历史:16～20 世纪》(1998)。

③ 林恩·阿特伍德:《她在挑逗男人:强奸和对妇女的家庭暴力》,载于巴克利编辑的《后苏联的妇女:从波罗的海到中亚细亚》第 99～118 页,第 99 页。

3 新的政治

"新的政治"一点也不新。欧洲的政治家们总是声称自己不同于他们的前辈，并且要求结束分裂、腐化、教条主义和要政治家负责的所有邪恶行为。"新工党"显然也是如此，它在 1997 年的英国大选中赢得了引人注目的胜利。新工党的领导人说他们已经超越了左右派的分裂和以老产业工人阶极为基础的政治，然而，工党是在唯一的欧洲大国活动的。在这个国家，过去 50 年就已经有一些占优势的政党和社会公共机构存在。在党"政弦更张"的后台人物彼得·曼德尔森是典型的"老工党"政治家赫伯特·莫里森的外孙，而且曼德尔森本人一直是工党的工作人员。领导"新工党"诞生的三位领导人——尼尔·金诺克、约翰·史密斯和托尼·布莱尔——分别在已确立的工党据点威尔士、苏格兰和北英格兰代表他们的选民。

法国的"新政治"处于复杂的情况中。法国的新组织之一公民运动似乎是"新政治"的例证——"公民"是 20 世纪 90 年代末的政治词汇中的一个关键词。然而，公民群体是让-皮埃尔·维书纳芒的政治工具，像一位可敬的雅各宾派中央集权主义者，维书纳芒在 20 世纪 80 年代用许多时间坚持需要一种"国家征服"。在国防方面，他是好斗的民族主义者；而在教育方面，他主张精英教育，他曾嘲弄"美国左派"的生活方式政治。①

后共产主义时期的主要政治组织在 1989 年以前就已经存在。基督教民主党在意大利垮了台，但在德国仍然是举足轻重的力量，而且在某些东欧国家取得新地盘。1999 年大选后，基督教民主党是欧洲最大的议会

---

① 苏珊·伯杰：《宗教改革和政治的未来》，载于查尔斯·梅尔编辑的《变化着的政治界限：关于国家和社会、公众和私人之间在欧洲逐渐形成的平衡之论文篇》（剑桥，1987），第107~150页，第120页。

党团。

苏联解体后,基督教民主党的成功是整个战后时期表现出来的两种特征的结果。首先,这种成功得益于对权威有一种独立而不完全敌对的态度。在西班牙、葡萄牙和希腊,基督教民主党往往与教会紧密联系在一起的独裁统治崩溃后并没有获得成功;相反,在共产主义欧洲的某些国家,教会被普遍地看做反对(或至少是约束)政权的发起者。基督民主党人在东欧保持了贫困群体对他们的信任,在西欧却往往失去这种信任。在东德,基督教民主联盟的成员有 1/3 是工人;在西德,这个数字不到 1/10。[①] 其次,基督教民主党不仅仅是宗教献身精神的产物。这个地区最虔诚的国家——波兰——并没有重要的基督教民主党,而且波兰统治集团对民主的有限兴趣并没有因为在雅鲁泽尔斯基统治的最后几年里基督教民主党与政府关系的融洽而增加。在波兰,教会通过与国家直接谈判而不是通过国会的干预保护了它的利益:签订教会和国家之间的协议并没有和国会商量。

相反,基督教民主党在非常世俗的捷克共和国却取得了巨大成功。甚至更引人注目的是,几乎有 3/4 的东德人投票支持科尔总理的基督教民主联盟,尽管其中只有不到 1/3 的人自称是教会的成员。[②] 在后共产主义的东德,与教会关系最密切的团体是社会民主党,它试图依靠某些新教徒领导人在共产党统治下就已经获得的道德权威来重新获得成功。[③]

社会民主党在后共产党主义国家不像所期望的那样成功。就某些方面而言,苏联的解体是第二国际对第三国际的胜利。戈尔巴乔夫本人已经开始谈到他的政治是"社会民主政治",但是东欧的社会民主受到列宁主义的影响。在短期内,"社会主义"这个词不可分割地与旧政权联

---

① 戴维·苏尔顿:《德国的基督教民主联盟和基督教社会主义联盟。有没有一种供替代的抉择?》载于戴维·汉利编辑的《基督教民主党在欧洲:一种相对的视角》(1994),第 101 ~ 118 页,第 106 页。

② 艾蒂安·弗朗索瓦:《多样性中的统一性》,载于吉尔贝·卡扎絮、西尔维·勒马松和索菲洛兰编辑的《另一个德国,1990 ~ 1995 年:日常的统一》(1995),第 33 ~ 40 页,第 34 页。

③ 吉尔贝·卡扎絮:《一种困难的继承》,同载于上书,第 41 ~ 51 页,第 46 页,曼弗雷德·斯托尔普担任了社会党常驻勃兰登堡的代表,1989 年以前一直主持东德的福音派教会议会。

系在一起：社会主义没有制度上的基础可以重建，因为第二次世界大战以前，社会民主党在 20 世纪 40 年代末期已经和共产党合为一体。从长期来看，改组后的共产党往往接受了社会民主党的语言和潜在选民。

相比之下，在西方，社会民主党在东欧剧变后兴旺起来。到 1999 年，几乎每一个西欧国家都在一直从属于第二国际的政党的统治下。在 20 世纪 90 年代就像在 20 世纪 60 年代一样，社会主义似乎是资本主义成功的主要受益者。

1989 年以后，共产党一度继续存在。在某些国家，例如塞尔维亚和罗马尼亚，由前共产党人领导的政党一直统治到 1996 年 11 月。共产党的上层人士和共产党的某些习惯做法的继续存在与坚持共产主义原则的任何借口没有什么联系，在前苏联共和国的总统中，至少有 8 位——包括俄罗斯的叶利钦——以前是苏联共产党的高级干部。

在东欧的其他国家，共产党在新领导人的领导下重建立起来，这些领导人承诺接受民主。他们于 1989 年 12 月在斯洛伐克、1990 年初在德国、保加利亚和波兰、1991 阿尔巴尼亚开始活动。在俄罗斯，共产党在宪法法院于 1993 年 3 月裁定这类组织为合法重新建立。几乎所有这些党都改变了名称，但是意识形态方面的改变程度各不相同。匈牙利和波兰的党实际上放弃了马克思主义而接受了经济改革，使许多支持者感到失望。大多数改革后的共产党把自己描绘成社会民主党：匈牙利、波兰和斯洛伐克的党加入了第二国际。前共产党人向不同的听众提供他们的信仰的不同版本。俄罗斯的格纳季·久加诺夫在 1996 年 3 月的达沃斯经济高峰会议上与西方银行家们厮混在一起，而且向来自法国的来访记者保证他支持一种"像斯堪的纳维亚的混合经济"。他用不同的口气向俄罗斯选民说话。

改革后的共产党在 1989 年的大选中取得了令大多数观察家感到惊讶的成功——德国共产党人在联邦大选时获得了 1/5 的东德选票（但只是西德选票的 1% 左右）。① 在保加利亚一个重新建立的共产党赢得了 1992

---

① 艾蒂安·弗朗索瓦：《多样性中的统一性》，载于吉尔贝·卡扎絮、西尔维·勒马松和索菲洛兰编辑的《另一个德国，1990～1995 年：日常的统一》（1995）第 33～40 页，第 35 页。

年的大选。在波兰，一个继承共产党的党在最后一批苏军离开这个国家的三天后回到了政府，而一位前共产党员从 1993 年 2 月到 1996 年 10 月担任立陶宛的总统。在俄罗斯，俄罗斯联邦共产党——最重要的改革后的共产党——在 20 世纪 90 年代的大部分时间里是杜马的第一大党。

有时候，在前共产主义国家，不止一个党声称代表共产主义的遗产。在俄罗斯至少有七个这样的组织。波兰的党一分为二，两者都声称是"社会民主主义者"，其中之一在 1991 年 7 月便不再存在。往往有一些组织跳出来自称代表"真正的"共产主义，反对改革——在匈牙利，卡罗伊·格罗斯领导的匈牙利社会党就起这样的作用。甚至在主流共产党领导层热心接受改革很少受到注意的国家，也存在反对改革的共产党。维克托·安皮洛夫领导的俄罗斯工人共产党和康斯坦丁·帕尔武列斯库领导的罗马尼亚社会主义工党就是这样的党。[①]

唯一被共产党统治破坏的西欧共产党是英国的共产党——它的领导人过分忙于在《今日马克思主义》的版面上显示他们的组织是依靠苏联津贴的。揭露列宁主义教条的性质在布达佩斯起义后并没有给聪明人增加多少知识，也没有在布拉格之春后给西欧共产党领导增加多少知识。在许多方面，西欧的共产党人——尤其是在意大利——已经预料到 1989 年后发生在东欧的共产主义的民主化。1999 年，西欧的共产党人在政府里掌握的权力比前 50 年任何时期都多。在法国，法国共产党——唯一保留原来名称的党——在利奥内尔·若斯潘的政府里有代表，而在意大利，两个不同的重建共产党在政府里有代表。西欧共产党以一种复仇的心情迎接了面向顾客的资本主义世界。意大利党报《团结报》3/4 的股份卖给了私人投资者。

尽管有这种连续性，但还是可以认为，欧洲的政治在 20 世纪 90 年代摆脱了既定的窠臼。从前，拒绝传统的政治往往是为了掩饰保守主义。专家治国论的实用主义、民族联盟或意见一致——这是以前看到过的"新"政治的几种形式——都是含蓄的保守主义，因为它们都提供维持现状的手段。在 20 世纪 80 年代和 90 年代期间，这种情况发生了变化，拒绝常见的左右派分裂的人也往往挑战现状。

---

① 关于继续存在的共产党的信息来自莉莉·马尔库《共产主义的衰落》（1997）。

　　20 世纪 90 年代晚期。"新"政治家最引人注目的榜样是丹尼尔·科恩 – 邦迪特。出生于 1945 年的科恩 – 邦迪特在 1968 年巴黎学生游行示威期间成了著名了的学生领袖。他的成功几乎挑战了每一个传统的政治领域。他一直被认为是左翼分子，尽管他从来没有表现出对马克思主义很感兴趣，而且最终成为德国绿党的成员———一位在一个并不相信名人的政党里并不相信政党的名人。由于是德国犹太人出身，他的时间分别用在法国和德国，但是他要么作为一个地区政治家在局部地区进行政治活动，要么作为欧洲议会议员在跨国范围内进行政治活动。1999 年，他在代表了德国选民之后，又代表法国绿党参加了欧洲议会的竞选。他得到的支持也是跨国的———他的盟友包括捷克总统瓦茨拉夫·哈韦尔和法裔摩洛哥小说家塔阿尔·本·热卢恩，后者本人是意大利选民在欧洲大选时的候选人。科恩 – 邦迪特在前 10 年里采取了会使激进分子感到震惊的立场———他大力支持北约在前南斯拉夫的军事行动，而且为马斯特里赫特条约辩护（这个条约保证欧洲的自由贸易）。

　　东欧剧变对政治语言有种种影响。法国记者安德烈·方丹为随着欧洲在政治上重新统一而来的语言的"重新统一"感到高兴，这种重新统一意味着西方不必再苦苦捉摸过于政权统治者模棱两可和自相矛盾的"新语"。欧洲的统一对政治语言也有比较复杂的影响———共产党统治的反对者和拥护者以一种特殊的方式使用语言，部分是因为需要避免与当权者直接对抗，这种对抗可能是过分明显的攻击引起的，而且部分是因为言词开始具有与官方语言截然不同的含义。

　　东欧剧变挑战了左派和右派的语言。许多作家曾指出，给掌权的共产党人贴上"左翼"的标签是荒唐的，前共产党人频频求助于民族主义、极权主义和军国主义就说明了这一点。捷克出生的雅克·鲁普尼写道："雅鲁泽尔斯基、齐奥塞斯库和昂纳克是右派还是左派？对于中欧的大多数居民来说，这个问题有点不合适。这说明为什么亚当·米奇尼克、瓦茨拉夫·哈韦尔或乔治·康拉德等持不同政见的知识分子拒绝西方的规矩来描绘他们国家的政治现实。①

---

　　①　雅克·鲁普尼克：《另一个欧洲：共产主义的危机和终结》（1993），第 185 页。

东欧剧变后继续存在的语言分歧被揭露，因为两位西方的男女平等主义者与来自东欧和前苏联的学者，合作编写了一本关于性别、政治的后共产主义的文集。他们发现："后共产主义的妇女不是规范地使用：'左派'、'政治'、'团结'、'社会主义'，甚至'妇女平等'等概念，而是把这些概念当做一种极权主义和强制性的社会主义所提供的描述性术语，适用于推销这种制度强加于人的现实。"①

在这本文集中，一位捷克妇女评论说：

> 因此，对于东方和西方的妇女来说，听起来相似的政治术语有着不同的含义，根源在于我们不同的历史经历。这对我们的相互理解来说将是一种长期的障碍。此外，西方还有一些我们完全不熟悉的思想潮流、哲学倾向和政治概念。40 年的孤立已经产生结果：我个人才刚刚开始理解我们之间有什么区别！鸿沟看上去并不深，但边界是封锁的，我不能去旅行。②

1985 年，波兰哲学家莱谢克·科瓦科夫斯基的一次谈话证明了由于反对共产党统治而形成的政治态度和复杂性，他曾是一名共产党员和一位马克思主义思想的专家。他把东方集团的社会主义看做"仅仅是苏维埃帝国"的工具而抛弃。他自己的观点是由于钦佩天主教的某些方面和团结工会运动而形成的，他着重强调后者的新特点。他赞许英国社会民主党，但不赞许克赖斯基和帕尔梅的社会民主党，他认为后者过分亲苏，而且他有点同情美国作家欧文·克里斯托尔的文化保守主义。③ 1989 年以后进入选举政治的东欧前持不同政见者们有这样一种观点：传统的政治派别不能适应。这些人对政治很生疏，因为他们并不需要保卫某个特定党派的遗产，而且在共产党的统治下，其中的许多人已经审慎地转向

---

① 纳内特·芬克：《导论：妇女和后共产主义》，载于纳内特·芬克和马格达·米勒编辑的《性别政治和后共产主义：来自东欧和前苏联的反思》（1993），第 1～14 页，第 4 页。

② 伊日娜·西克洛瓦：《中欧和东欧的妇女保守？》载于纳内特·芬克和马格达·米勒编辑的《性别政治和后共产主义：来自东欧和前苏联的反思》（1993），第 74～83 页，第 80 页。

③ 《另一个欧洲》第 5 期（1985），第 84～107 页，沃伊切赫·卡平斯基访谈录。

了新的政治问题，希望这些新的兴趣能给他们提供一个空间，在这个空间里，国家会宽容独立的行动。西方政治家对东欧后共产主义政治家何以适应政治派别感到困惑。自由国际的领导人承认："关于'自由主义'这个词对波兰政治家来说究竟意味着什么，我也失去了我的方向。"① 抛弃使西方观察家如此困惑的左右派之分有时正是由于东欧人渴望融入西方。波兰人弗拉迪斯拉夫·弗拉希纽克坚持认为，他的争取民主行动运动不是中间偏左而是"中间偏西"。②

信息政治

20 世纪 90 年代，技术变革引起了政治评论家们的极大关注。在很大程度上，战后的政治秩序一直以特定的交流手段为基础。尤其是电视支撑了一个舆论一致的社会，在这个社会里，人人都处于同一种文化的影响下，数字、卫星和有线广播意味着有更多的频道可以收听和收看。广播变成由私人企业家控制，而不是由国家控制。收看者和收听者有了越来越多的选择，而且可以利用录像机来收看节目，如果他们想要避开官方加强的所谓"对他们有好处"的会议节目的话，例如，1983 年有相当数量的英国人用他们的录像机来"删除"党派政治广播。③

接收信息越来越成为个人的事。接收信息的人越来越多，大多数欧洲家庭拥有的收音机比人数还要多。广播不大可能针对全家人，更不用说全国了。广播电台发展成为高度专业化的市场服务。巴黎的居民可以收听到欢乐频道、伯尔调频频道、沙朗电台、犹太电台、新教频道或多数女性电台的广播。有时候，专业化适于各种政治范畴，而且各电台明确地宣告其政治忠诚。在法国，谦恭电台宣称自己是"真正的国家电台"（涉及夏尔·莫拉斯的保皇主义），而在一位社会学家描述为民族主义的、完全是天主教的、爱国的和排犹的波兰，有两三百万名公民收听

---

① 勒齐·萨茨基：《共产主义后的自由主义》（布达佩斯，1995），第 8 页。
② 米沙·格伦尼：《历史的再生：民主时代的东欧》（1993），第 64~65 页。
③ 琼·西顿：《英国的政党和媒体》，载于《西欧的政治》第 8 卷第 2 期（1985 年 4 月），第 9~25 页。

玛丽娅的电台的广播。①

计算机提供了一种更加直接和有针对性的通讯工具。利用互联网比利用电波或印刷品更便宜，而且不受控制，除了过去曾利用法律来防止私生活被曝光而无能为力的公众人物。当一本关于弗朗索瓦·特朗身患绝症的书被禁止出版时，一位精力充沛的互联网用户却把这本书的全部内容刊登在一个网站上。

这种大变革的政治影响不应该被夸大，新的通讯手段往往对相对有特权和受过高等教育的这部分人影响最大，这可能是知识分子对它的各种可能性感到如此激动的原因（弗朗西斯·福山在《历史的终结》一本中感谢"英特尔 80386 微处理器的设计者"）。② 消息灵通人士利用合适的装备可以有效地利用新的信息来扩大他们的选择并找到特定的信息。然而，大多数人很可能变得更加被动——针对特定居民的电视频道造成了观众贫民区，这些观众所得到的信息局限于 20 个智力竞赛节目。20世纪 90 年代，在政治上利用广播的做法是粗俗的。匈牙利军队购买了一部电视肥皂剧里的一个角色，以便宣传它在北约组织中的成员资格。将电视和政治搅和在一起的最重要人物是西尔维奥·贝卢斯科尼，这位很有吸引力的主持人当上了意大利总理，他的频道通过简单的重复和政治与足球队引起的狂热融合起来宣传他的施政纲领。

国　　家

20 世纪 90 年代，政治评论员们充分利用了想象中的国家衰落的边缘化。这种转变有几个方面，最明显的是经济方面。各国决定退出某些活动，但在任何情况下都往往不能控制日益复杂的国际经济趋势，即使他们希望做到这一点。欧洲人不大愿意承认国家权力从本质上来说是一件好东西，而且成为战后政治基础的"福利国家"的说法看来已经过时。米歇尔·富科被人批评把学校、医院和精神病院当做行使权力的机

---

① 《世界报》，1997 年 9 月 20 日。
② 弗朗西斯·福山：《历史的终结和最后一个男人》（纽约，1992）第 xi 页。

构，这种批评影响了欧洲的激进分子。国家权力掌握在不怀好意的人手中可能造成破坏，这种不太抽象的观念影响了东欧前持不同政见者。

各国总是用超越纯粹的功利主义来为它们的存在辩护。国家是爱国精神的集中点，在极端的情况下有权要求它的公民为它去死。20 世纪 90 年代，国家的神秘性受到了挑战。欧洲人把他们的忠诚转向了其他实体，包括并不符合任何现存国家边界的民族。国家的主要神秘力量——它能让它的公民流血——似乎与大多数欧洲人无关，至少与大多数西欧人无关，因为一场重大的战争似乎不可想象。

德国可能是一个缺少神秘性的国家中最重要的例子。第二次世界大战后，德国的领导人曾有意识地淡化德意志民族的感情因素。在柏林墙被拆毁前刚出版的一本书中，哈罗德·詹姆斯担心德国强调了国家纯粹的经济功能而排除其他必要的考虑："克利俄竟然警告我们不要过分相信墨丘利（主管经济的神）。经济不可能像玫瑰花开那样欣欣向荣；当经济衰退时，有一个由忠诚、传统和旧习俗组成的严密网络可能有所帮助，可以保持一种比较有深度和令人满意的合法性。"①

德国的重新统一并不产生詹姆斯所主张的正统性。德国的领导人闭口不谈使用民族主义的语言，而大多数德国公民可能由于东德的少数右翼分子在攻击外来移民时采用民族主义的口号而更加警惕。东德人感激统一带来的物质利益，但是他们往往感觉不到他们属于这个新产生的国家。一个年轻的经济学家说过："我很难感到自己是德国人。当这个问题被提到时，我总说我是柏林人。德意志联邦共和国不是一个了不起的国家。"②

国家的非神秘化在东欧各国有着重要的影响，这些国家在 1989 年以后经常遇到经济困难。这种情况可以通过比较波兰和匈牙利的命运来说明。这两个国家都继承了共产党政府在 20 世纪 80 年代所积累的债务。西方分析人士估计匈牙利最容易解决问题——从经济方面来看，它是东欧最自由的国家，而且是私营企业方面最有经验的国家——但是匈牙利

---

① 哈罗德·詹姆斯：《一种德国身份，1770～1990 年》（1989），第 4 页。
② 《我是柏林人》，索菲·洛兰采访"拉尔夫"载于卡扎絮、勒马松和洛兰编辑的《另一个德国》，第 24 页～29 页。

统治者对经济的强调引起了种种问题。匈牙利人几乎没有什么别的可以相信。在两次大战之间，民族主义的重点是反对特里阿农条约，但是在1945 年到 1989 年期间，苏联曾迫使匈牙利政治家放弃这种反对。1989年以后，融入民主欧洲的愿望排除了对特里阿农条约规定的边界线的挑战，甚至共产主义在匈牙利也从来没有要求人民在 1956 年苏联入侵后在感情上保持忠诚。卡达尔政府把它的合法性仅仅建立在提高生活水平的能力上；在东欧剧变后继续把重点放在人们的生活水平上。判断政府是否民主仅仅用同样适用于卡达尔政府的标准——即根据其提高生活水平的能力。

相比之下，波兰的革命是政治性的而不是经济性的。反对政权的统治依靠几种并不一定协调的传统——天主教、民族主义和对民主的支持。奇怪的结果是，第一位后共产主义财政部长莱谢克·巴尔策罗维奇比他的匈牙利同行更能推行导致许多波兰人生活水平下降的经济政策。

国家的权力越来越从建立已久、在居民的想象和感情中享有某种地位的民族国家转移到欧洲联盟。欧盟没有国家首脑、没有英勇的军事史，总之，没有什么感动其他国家的人民的事物。缺少神秘气氛影响了那些来自前共产主义国家的人，对于他们来说，欧洲具有感情上和经济上的重要性，瓦茨拉夫·哈韦尔说，欧洲联盟是"一台完美的现代机器，但是缺少某种人性的东西"。① 欧洲国家在 20 世纪 90 年代的虚弱不应该被夸大。国家和社会都是多面的实体，在许多层次上相互重叠和相互影响，而且很难划分国家的边界。很容易混淆一个幅员辽阔或不负责任的国家和一个有效的国家。例如，在 20 世纪 70 年代，支持自由市场的人往往抱怨意大利或大不列颠的国家"太大"，他们的意思是说，国家把纳税人的钱用在无计划地扩大政府机构和国有化企业的帝国。有些热衷于自由市场的人也承认，这些大国家是"虚弱的"，因为它们已被私人利益团体（特别是工会）殖民化，而且不能实现它们的意愿（至少是名义上管辖国家的人的意愿）。20 世纪 90 年代，国家的权力越来越根据国家的

① 弗朗索瓦兹·德·拉塞尔、克里斯蒂昂·勒凯斯纳和雅克·鲁普尼克：《欧洲联盟：向东方开放?》（1994）。

办事能力来确定，而不是根据国家工资单上的人数来确定。避开使国家与私营部门对立的分析并仔细观察同时发生在国家和私营部门的变化，也许很有用。用公司改组的语言来说，国家退出某些活动是一种"外部采购"，国家由此将注意力放在它的核心职能上。

有时候，关于国家虚弱的看法与其说产生于国家退出了它过去行使权力的领域这个事实，不如说产生于观察家们越来越意识到过去一直没有被看成国家行为起因的新领域这个事实。环境政策就说明了这一点。越来越关心环境有时候使国家看似虚弱——环境保护主义者们往往绕过国家直接采取行动，而对环境造成的许多破坏发生在国际范围内，个别国家无法控制，然而，环境政策给国家提供了可以行使权力的新领域。环境管理条例向大公司（据称是全球经济的霸主）提出了他们在一代人以前不会想到的问题。有时被说成是限制国家采取行动的势力可能成为国家的盟友。国际化就是一个明显的例子。国际机构为各国提供了协调行动和在任何一个国家都不可能单独行动的手段。

腐败、人权和法治

国家的重新定义伴随着以牺牲政党和私人利益为代价的法治的恢复。20 世纪 90 年代，欧洲许多政治代表谴责腐败。在意大利，据说仅仅在 20 世纪 80 年代末的一年里就有 1.36 亿英镑的非法款项进入了各政党的保险箱，[①] 到 1992 年，意大利国会差不多有 100 名议员因受贿而受到调查。[②] 从 1984 年到 1994 年的 10 年间，因受贿和滥用职权而被定罪的人从 44 名增加到 104 名。[③] 1999 年，欧洲委员会在受到受贿的指责后集体辞职，而在 2000 年初，赫尔穆特·科尔遇到了有关他代表德国基督教民主联盟接受赠款的棘手问题。有时候，政治似乎是有组织犯罪的一部分。

① 伊夫·梅尼和马丁·罗兹：《违法的管理：腐败、丑闻和欺骗》，载于马丁·罗兹、保罗·海伍德和文森特·赖特编辑的《西欧政治的发展》（1997），第 95~113 页，第 109 页。

② 《导论》，载于史蒂芬·冈德尔和西蒙·帕克编辑的《新意大利共和国：从柏林墙的坍塌到贝卢斯科尼》（1996），第 1~15 页，第 5 页。

③ 《世界报》，1997 年 11 月 15 日。

最明显的案例在西西里和前苏联的某些共和国，但类似的倾向可以在法国南部看到，当地的专家将控制了赌坊的黑帮分子内部的暴力冲突与黑帮分子在法国民主联盟中的前保护人的权力被戴高乐主义者夺走联系起来。①

腐败的发现与欧洲政治更广泛的变动联系在一起。避开明确定义的意识形态和政党导致仔细考察杰出人物的个人品德。意识到腐败既是变革的原因，也是变革的结果。政治的变革暴露了腐败，因为所涉及的政客不再有权掩盖他们的违法行为——诸如东欧的共产党人或长期掌权的意大利基督教民主党人等群体尤其如此。腐败的发现还导致了政治制度的进一步监督，而这种监督又导致了更多的政治变革。

资本主义的变革引起了对腐败的更大关注。依靠国家优惠政策的公司——军火制造公司或需要开采许可证的石油公司——特别可能求助于行贿，但是这些企业在 20 世纪 90 年代已经变得不太重要了。高科技企业，特别是与计算机和电信有关的企业，并不同样依靠国家的优惠。它们的业务依靠与用户的直接联系和相对自由的信息流通。由于资本主义变得更加普遍地被认为是合法的，所以商人们更不愿意为他们认为不管怎么说都应该得到的待遇出钱。

法官们揭露了许多腐败行为。在西西里，焦万尼·法尔科内和保罗·博尔塞利诺利用了授予意大利法官的独立审判权。② 重要的是，法官们在传统的左右范畴之外执行任务。实际上，司法最重要的人物来自政治派别的两个极端（博尔塞利诺是新法西斯主义 MSI 的成员，而法尔科内则倾向于共产主义），他们联合起来反对主导地位的政治中心的做法。③ 他们的行动在其他地方得到赞赏并被模仿。法国政法学院的 1993 届以焦万尼·法尔科内的名字命名，而且法国的法官们开始质疑诸如法国前外交部长罗朗·迪马的财务问题。

司法部门的新角色与一种新的人权观点有关，1999 年瑞士检察官卡

---

① 《费加罗报》，1997 年 7 月 26 日和 27 日。

② 载于冈德尔和帕克编辑的《新意大利共和国》，195 ~ 205 页。

③ 亚历山大·斯蒂尔：《杰出的尸体：黑手党和第一个意大利共和国的死亡》（1996），第 24 ~ 25 页。

拉·德尔庞特被任命为海牙国际法庭首席检察官就说明了这个事实，他曾因调查腐败案而出名。冷战的结束意味着，虐待者和杀人者不大可能因为他们"站在我们这一边"而受到保护。国际法庭审判了那些在南斯拉夫犯下罪行的人，一位西班牙法官要求引渡智利前总统奥古斯托·皮诺切特将军。左派改变对法治的态度特别引人注目。阿尔贝·加谬和乔治·奥威尔曾把法官们看成是藐视一切权力的象征，尤其是在欧洲法官批准死刑判决的时候。现在，他们有时候被看成是对压迫最有效的限制。当英国的上议院高级法官决定允许引渡皮诺切特将军时，丹尼尔·科恩-邦迪特曾说："今晚我们都是英国的高级法官。"

暴　　力

20 世纪 90 年代，欧洲是一个暴力行为多发地。种族主义者在这个年代的头五年里在东德杀害了 40 名移民。在阿尔巴尼亚，大约有 1600 人在 1997 年政府垮台后被杀害，而至少有 1 万人死在 1991～1995 年的南斯拉夫战争中。科索沃在 1999 年的战斗中和俄罗斯在 1996 年、1999 年和 2000 年进攻车臣共和国时，有大量的人被杀害，但具体人数不详。1989 年后的暴力行为和前 30 年欧洲的相对平静对比鲜明。在第二次世界大战后的 40 年里，欧洲各国间很少发生战斗，也没有根据说这种内部的政治暴力是两次大战之间时期的标志。

然而，欧洲人苏联解体后变得更加残忍好斗的说法是错误的。在 1989 年以前，许多人曾认为暴力行为是合法的，从他们认为国家有权用暴力来对付敌人的意义上来说，大多数欧洲人持有这种观点。

这种态度在 20 世纪 90 年代发生了变化，尽管更多的欧洲人使用了暴力，但是认为暴力行为合法的人减少了。

对暴力的新的看法伴随着年轻人——特别是在大学生中——的革命神秘主义的衰落。在 20 世纪 60 年代和 70 年代，欧洲的许多大学生曾用钦佩的眼光看持第三世界的游击战士——在法国和意大利，这种钦佩有时与崇拜第二次世界大战中的抵抗战士联系起来。到了 20 世纪 90 年代，对自由战士的钦佩从切·格瓦拉转向了缅甸领导人昂山素季。非暴力抗议、忍耐和谈判比游击活动更加受到赞赏。欧洲的恐怖主义在科西嘉、爱尔兰和巴斯克地区的民族主义分子中继续存在，但是"红军派"、"直接行动"和"红色旅"的活动似乎属于一个不同的世界。从 1968 年到 1978 年，康斯坦茨大学几乎有 1/5 的学生认为，暴力是引起政治变革所必需的；到了 1983 年，这个数字下降到了不足 1/10。[①] 杰出的意大利知识分子们认为，有必要强调恐怖主义和反恐怖主义的"间歇期"哲学家托尼·内格里——他曾被指控鼓动恐怖主义——在 1997 年末从流亡回来面临监禁。1997 年在巴黎审判"豺狼卡洛斯"使人想起一个几乎被遗忘的时期；卡洛斯告诉法官，他被持枪的警卫押上法庭的戏剧性场面使他感到"怀旧"。

马克斯·韦伯曾把国家定义为一个"垄断合法暴力"的实体。20 世纪 90 年代，许多欧洲人质疑"合法暴力"这个词的含义。对两种国家暴力的态度以特别值得注意的方式逐步形成。最后一个废除死刑的西欧大国是法国（在 1982 年），而西欧委员会要求其成员国从 1983 年 4 月起放弃死刑。诸如俄罗斯和乌克兰等希望在 20 世纪 90 年代确定其欧洲身份的国家宣布了暂停死刑（尽管这种暂停在很大程度上被忽视）。[②] 这是一个区别欧洲与其他繁荣、民主和稳定的地区的问题。1998 年 2 月，美国有 3269 人等待被处决。

兵役制一度曾是欧洲国家关注的中心，在很大程度上逐渐演化为一个参战的过程。欧洲各国的爱国主义文化和官方纪念战争的仪式交织在一起。苏联解体后，对大多数欧洲国家的军事威胁就变样了。从 1991 年到 1998 年，俄罗斯的军费预算按 14% 的比例削减。[③] 欧洲的将军们很难证明他们国家的生存要依靠国家的武装部队。战斗的性质改变了，几乎没有哪个欧洲大国预计要把它的军队用于对抗一个军事上势均力敌的国家，士兵越来越多地参与在南斯拉夫、卢旺达和塞浦路斯等国家维和。

---

① 汉斯·约瑟夫·霍尔肯：《西德恐怖分子失败的革命》，载于《恐怖主义和政治暴力》第 1 卷第 3 期（1989 年 7 月），第 353~360 页。

② 《世界报》，1998 年 2 月 5 日。

③ 同注②，1998 年 1 月 15 日。

新的战争形式促使军队职业化，因为最重要的军事行动只需要少量受过严格训练的士兵。俄罗斯宣称打算到 2000 年使它的军队职业化。大多数欧洲国家保留了义务兵役制，但不再成为国民生活的重要组成部分。在西德国防军队服 1 年兵役完全不同于在德意志民主共和国军队服 3 年兵役。拒服兵役的权利——这是持不同政见者在共产主义的最后几年里的主要要求——普遍得到承认。

军队职业化的最重要举动发生在 1996 年，当时法国政府宣布了义务兵役制的结束，这是一个重要的宣言，因为自瓦尔米战役（1792 年）以来，"全民皆兵"的观念一直是法国民族神话的重要组成部分，而且自 1889 年以来，全民服兵役一直是法国男性阅历的重要组成部分。法国军队一度是民族融合的发动机；到了 20 世纪 90 年代，它成了民族分裂的发动机。享有特权的年轻人找到了逃避操练和穿军服的方法——政治研究院的一名毕业生通过在西印度群岛大学教法语服完了兵役，没有特权的年轻人在服兵役期间甚至没有学会最简单的技能。一个依靠社会保险孤身生活在农村的中年法国男子抱怨说，他的儿子学会了开坦克却不会开卡车。[①]

欧洲军队被忽视，反映为军官团和欧洲经济精英之间日益扩大的鸿沟。军队是重视忠诚、传统和等级制度的国家机构；商业精英则重视国际主义、迅速的变革和在"单调的"管理机构中公开讨论。商业中的权威越来越源于掌握专业技能，尤其是金融方面的专业技能，而非源于一般的行使"领导权"的能力。

环境保护主义

从 1945 年到 20 世纪 70 年代中期，东欧和西欧各国政府最重要的臆断之一：经济整体增长——特别是工业的发展——是一件好事。这种臆断最明显地受到在 20 世纪 80 年代开始得到支持的环保组织的质疑。1983 年 3 月，西德绿党赢得了 27 个国会议席。到了 20 世纪 90 年代中期，绿党在大陆西欧获得的选票数从 2.5%（意大利）到 8.4%（比利

①　《世界报》，1998 年 1 月 10 日。

时）不等。

环保主义最明显的起源是 1968 年的左派，实际上，法国和德国的主要绿党始终与左派结成联盟。然而，生态学也有政治上的右派的根子。夏尔·莫拉斯曾把他的最后几篇论文之一用来攻击在地中海沿岸的炼油厂。

绿党分子往往拒绝传统的政治策略——德国绿党拒绝常任领导人——而且提出了如何施加影响的问题。有些绿党分子争取在大选中获胜，甚至力争进入政府。这个过程在 20 世纪 80 年代初始于德国的黑森州，当时社会民主党任命绿党的约施卡·菲舍尔为环境部长。在法国，1997 年当选为国会议员的绿党分子支持了社会党人利奥内尔·若斯潘的政府；有一位绿党分子多米尼克·瓦内被任命为环境部长。其他绿党分子拒绝参加政府，或者甚至拒绝参加大选（在德国，这两个组织之间的分歧被描述成现实主义者和原教旨主义者之间的分歧）。

非国会议员的环保主义者试图通过动员公众舆论和直接行动来施加影响，有时无视法律，但是绿党不同形式的活动不一定代表"现实主义"和"原教旨主义"之间的分裂。绿党分子在几个并非相互排斥的层次上活动，而且绿党政治活动的特点是能够通过各种不同的机构谨慎行事，采取最适合那种情况的策略。因此，绿党的成功不能用平常的方式来衡量。绿党运动甚至在大选中没有得到支持或没有担任部长的国家也有很大的影响。绿党分子在 20 世纪 90 年代特别善于利用政治制度，理由有三：第一，他们不受已形成的习惯和老政党例行公事的束缚；第二，环保运动始终在国际范围内活动，因此抓住了国际化的机会（绿党在欧洲议会的选举中获得成功）；第三，绿党的政治活动所得到的支持大多来自受过教育的中产阶级，他们懂得他们所反对的国际公司的机制——领导创办自然基金会英国办事处的尼克·梅比毕业于麻省理工学院，曾在伦敦商学院工作。绿党积极分子可能施加的压力的复杂性在 1997 年被揭示：绿色和平运动在英国的领导人彼得·梅尔切特和英国石油公司总裁约翰·布朗共进午餐，不久以后，绿色和平运动的积极分子用铁链将自己拴在英国石油公司的钻井架上。[1]

---

① 《金融时报》，1997 年 12 月 30 日。

有时候，绿党积极分子有意识地利用他们敌人的策略。市场经济就是一个明显的例子。尽管许多传统的左派分子把市场看成是他们的天敌，但是绿党分子往往承认市场是一种分配稀有资源的有效方法。当被问到有什么简单的办法可以改善环境时，英国环保主义者的老前辈乔纳森·波里特建议，塞恩斯伯里餐馆应该出售灰松鼠肉。绿党分子利用过联合起来抵制的办法，就像德国开汽车的人在 1996 年反对壳牌石油公司时所采取的那种办法，而且大公司每年召开的股东大会就提供了机会。

绿党分子并非简单地捍卫过去。他们对大多数问题——例如公民自由和家庭——的态度几乎不符合传统。20 世纪 80 年代和 90 年代的绿党分子通常是城里人和年轻人，不一定反对经济进步。先进的工业流程造成的污染并不严重，所有最先进的经济（以计算机和服务业为基础）不像老式的竞争者（以重工业为基础）那样破坏环境。

阶　　级

战后时期经常宣传的阶级政治——或至少是以支持产业工人阶极为基础的政治——的消亡。这种消亡的证据在 20 世纪 90 年代比以前任何时期都更有说服力。首先，在西欧，有些国家总人口中受雇于制造业的比例在前 10 年里达到了顶峰，现在正在下降，妇女进入劳动大军，工人阶级的某些部分日益富裕，生产分散、工会软弱——还在继续。

以阶级为核心的政治日益受到以种族、性别、性行为和环保主义为核心的新政治的破坏，这种新政治排除了阶级，而且使某些左派分子以怀疑的心态来看待工人阶级。一个以重工业为基础的工人阶级与环保主义者的关系是很别扭的。一个表现出老一套男子气概的阶级给男女平等主义者提出了难题；一个来自欧洲以外的移民大批进入以前形成的阶级，看来好像是种族主义分子。

进步的中产阶级知识分子和以诸如莱昂·布鲁姆等西欧社会党人为代表的有组织的工人阶级之间的联系似乎很脆弱。法国和英国的社会党人主要是中产阶级。英国的"新"工党贬低它和工会的联系，甚至在工会支持工党的改革时也是如此。受马克思主义影响，将社会分成"工人阶级"的多数和资本主义的少数（尽管这种分析微妙地考虑到中产阶级的明显增长）。但是在 20 世纪 90 年代，左翼政治家越来越倾向于谈论将多数"公民"和少数"被排除在外的人"分隔开来的分界线，两者的区别不是根据收入或职业，而是根据受教育的程度、家庭结构、种族和犯罪行为的受害者或施行者的倾向。后者的苦难在一定程度上是自找的。社会地位低下的人通过暴力犯罪、种族歧视和不照管好孩子使彼此受到伤害。有时候，"下层阶级"似乎被置于和原本打算用来改善工人阶级条件的公共设施相对抗的地位。在曼彻斯特，被呼叫到该市某些地方去的救护车要求警察护送，以免受到掷石块的群众袭击；而在法国，运输工会——老工人阶级幸存下来的代表——越来越不愿意让它的会员为诸如里尔等城提供服务，因为公共汽车经常遭到袭击。

在东欧，工人阶级的消亡不太明显。共产主义国家已经建立起工业，在斯洛伐克这样的国家，工人阶级在 20 世纪 80 年代已经发展壮大，而这时大多数西欧国家的工人阶级已逐渐萎缩。东欧剧变意味着大规模重工业的扩大结束，但是人数众多的工人阶级依然存在。苏联有 8000 万工人，仅在俄罗斯就有 4500 万。①尽管工会化的程度在后期有所下降，但仍高于大多数西方国家。1992 年末，大多数匈牙利人、波兰人、捷克人和斯洛伐克人是工会会员，公众心目中的工会仍然有一种正统性，而这种正统性在西方往往已经消失；1992 年，几乎有一半波兰人说他们认为工会的影响应该更大（少于 1/5 的波兰人说工会的影响应该更小）。②

在西欧左派分子心目中已经取代了工人阶级的"下层阶级"在东欧某些国家很难找到。耸立在布拉格市郊的哈伊等地区的一排排"板楼"——用预制板建成的高层楼房——远看很像白垩农庄或巴黎郊区的经济适用房。走近看，区别很明显。在哈伊，很少有故意破坏的现象。从共产党政权继承来的教育制度（尤其是初等教育）刻板但有效，孩子

---

① 莱奥尼德·戈尔东：《后苏维埃俄罗斯工人运动的特殊性》，载于《国际社会学手册》，第 95 期（1993），第 255 ~ 273 页，第 256 页。

② 马森·弗里贝和帕特里克·米歇尔：《共产主义以后：当代波兰的神话和传奇》（1996），第 96 页。

们得到很好的照顾，这部分是因为在共产党统治下家庭是唯一的私人领域。犯罪率按西方的标准来衡量比较低，公共交通设施很完善。住在远郊区也能到市中心的娱乐场所就业。

进步的知识分子和工人在东欧的政治制度下严格地被分开。受过教育的持不同政见者往往把工人阶级和支持被推翻的共产党政权联系起来，而在有时候寻根寻到贵族那里——例如在波兰——或者寻到战前的资产阶级那里——例如在捷克共和国——的知识分子和不久前曾是城市化农民的工人阶级之间也有隔阂。声称代表他们国家超越民族偏见和自由的未来的知识分子谴责工人阶级政党的"保守主义"和"民族主义"。这种分歧甚至在波兰也存在。波兰是唯一的知识分子和工人阶级曾有效地联手的国家，但知识分子鄙视莱赫·瓦文萨充分利用天主教和涉及堕胎等问题的保守道德观来竞选总统。[1] 1990年6月，亚当·米希尼克把他以前的工人阶级同志叫做"猪猡"，而华沙大学校长则说，知识分子自第二次世界大战结束以来一直生活在一个最糟糕的时期，团结工会政府对待知识分子比"旧政权"更坏。[2]在罗马尼亚，这种分歧更加严重。

小　结

能概括一下20世纪90年代的政治发展吗？这是试图使人联想到政治在这个时期太零碎而且不稳定，不能用任何简单的解释来涵盖。在1989年以前，政治分歧围绕着左派和右派作用，与富人和穷人之间的社会分歧、西方和东方之间的国际分歧相一致。1989年以后，适应性别、种族、民族主义和环保主义等问题的多维政治产生了新的分歧。然而，变革的戏剧性场面可能被夸大。20世纪90年代引起激烈评论的某些方面，例如在西欧政治中成为问题的阶级衰落，可以追溯到20世纪50年代，而到了20世纪70年代，"新政治"的每一个方面在某种程度上几乎都是

---

① 约瑟夫·罗恩柴尔德：《回到多样性：第二次世界大战以来东欧和中欧的政治史》（牛津，1993），第232页。

② 弗里贝和米歇尔：《共产主义以后》，第51页和第101页。

显而易见的。东欧剧变并不表明与最近的过去完全决裂，更加明显的长期的社会、经济和技术的变革开始了。

20 世纪 90 年代，就国家来说，神秘气氛的消失是最戏剧性的，国家越来越被看成仅仅是"大规模服务的提供者"。神秘气氛的消失也可以在工人阶级身份的逐渐消失中看到，工人阶级的身份一直依靠达勒姆的矿工狂欢节以及"红旗"等仪式和象征。一个没有神秘气氛的世界的到来，体现了商业的重要性和工会、政党和国家等组织日益倾向于好像它们自身就是工商企业那样进行活动。然而，甚至商业本身失去了它的神秘气氛。在一种迅速变化的经济中，个别的公司很少持续存在 20 年以上，对公司忠诚被认为是必要的甚至是有好处的日子已经过去。大多数公司雇用比较短期的合同工，并且希望与雇员纯粹是商业上的关系。

有人对世纪末大多数欧洲人的生活安谧悠闲和缺乏戏剧性感到遗憾，而且觉得欧洲已经变得毫无特色，弗朗西斯·福山写道：

> 历史的终结将是一个十分令人伤心的时刻。争取得到承认、愿意为了一个纯粹抽象的目的冒生命危险，需要胆识、勇气、想象力和理想的意识形态斗争，将被经济上的计算、环境保护和满足老练顾客的需求所取代。①

那些一度"为了一个纯粹是抽象的目的冒生命危险"而不是为国务院和兰德公司工作的人持不同的观点。亚当·米希尼克——波兰团结工会的一位领导人——来自这样一个国家：在这个世纪的许多时候，戏剧事件和神秘主义理念司空见惯。1997 年，他被问到是否对前些时候的戏剧性事件感到遗憾。他回答道："没有丝毫犹豫，生活在一个民主、繁荣并因此而令人厌烦的国家再好不过了。"②

---

① 转引自拉尔夫·达伦道夫：《关于欧洲革命的反思》，第 34 页。
② 杨·克劳泽的采访录，载于《世界报》，1997 年 11 月 11 日。

某种结论

2000 年元月 1 日对于欧洲来说不是一个有重大历史意义的日子。在西方，布列塔尼海岸在一艘油轮失事后遭到污染；在东方，俄罗斯人被鲍里斯·叶利钦总统的突然辞职所震惊。在其他地方，大多数欧洲人把这一天用来睡觉解醉和收拾除夕宴会的残羹剩饭。千年庆祝活动本身在整个大陆惊人的一致。电视反映并规定了人们的反应，提供了一种即时与世界各地交流的感觉，让注意力集中在一个独特的时刻，而不是集中在上一个世纪。标志着千年的事件的一致性与欧洲人经历 20 世纪初的方式相比更加引人注目。1900 年，欧洲人并不全都使用相同的日历，许多欧洲人大概没有任何精确的报时手段，更不清楚其他欧洲人除夕夜在干什么。

在庆祝千年的活动中，很少有人谈论"欧洲"。对于大多数有抱负的年轻人来说，新的边界似乎不是在他们自己或别人的大陆内，而是在电脑化的空间中。关于欧洲的未来，1989 年和 1990 年令人高兴的预测已经过时，曾与美好的后共产主义新欧洲联系在一起的政治家到 2000 年纷纷落马：赫尔穆特·密特朗去世，有时候在国际事务上由一位寡妇代表，这位寡妇十分厌恶后共产主义欧洲；瓦茨拉夫·哈韦尔得了重病，在他自己的国家不如在国外那样受欢迎。

欧洲剧变的十周年纪念日往往是一个沮丧而不是欢庆的时刻。

历史学家们在世纪末反思了关于欧洲的相当令人沮丧的看法。早在1993 年，埃里克·霍布斯鲍姆就提出，"现在没有什么理由比在 20 世纪 80 年代更感到乐观"。庆祝"欧洲的整合"在历史学家中引起了异乎寻常的不安。"欧洲"并非在 1957 年随着罗马条约突然出现，也不是单独由西欧国家组成。现在被定义为"欧洲价值观"的东西在 20 世纪是否对欧洲人有过很大的影响，或者这种价值观是否体现在欧洲联盟的政治机构上，这还很成问题。也许在几年内，历史学家们会把欧洲的全部历史看成是偏向于赞同特定价值观的人为的结构，应该和"盎格鲁－撒克逊种族"或"西方文明"一起扔进学术的垃圾箱。

根据这些评论，读者们可能觉得本书最后几章相对温和的语气有点特别。在某些方面，本书的所有观点都一直强调，在 20 世纪，也许特别是在 20 世纪末，欧洲人的经历多种多样。一份强调欧洲历史的片断性的报告，归根结底是基于任意选择应该在哪一个特定的时候强调哪一个特定的片断。一位出生在斯雷布雷尼卡——据报道，在 1995 年塞尔维亚人的一次攻击后，那里有 6546 人失踪——的穆斯林会提出一份不同的世纪末报告。同样，一位斯大林主义者——有许多聪明的欧洲人一度曾是斯大林主义者——会对 20 世纪 90 年代的欧洲感到极端悲观；对他们来说，欧洲的平静可能是无条件投降的和平，而 20 世纪 40 年代的恐惧则是一个新社会诞生时的阵痛。

我的观点是由那些与我自己的生活有关的特定欧洲的历史片断形成的。本书的最后部分反映了 1963 年出生的中产阶级英国人的感知。本书的初稿是我住在一位移居布拉格的经理的舒适公寓里时完成的。如果国际资本主义的潮流在布加勒斯特把我淹没，最后几章就会有十分不同的语调。

我的乐观可能被看成是天真的。俄罗斯总统弗拉基米尔·普京是前克格勃上校，他在办公室里保留着一幅彼得大帝的肖像，而且最近扩大了俄罗斯可能使用核武器的条件。即使我们不相信欧洲发生常规战争的可能性，一位俄罗斯人回到极权主义政府或封闭的边界和冷战时期高军费开支也会使许多欧洲人的生活不愉快。也许更重要的是，好像欧洲可以和更广阔的世界分开似的来描述欧洲，这可能太天真了。有一些问题——例如与全球变暖或核武器扩散有关的问题——会影响欧洲的利益，但不可能在纯粹的欧洲框架内得到解决。

在道义方面，更广阔的世界也会给欧洲提出各种问题。像美国一样，欧洲——尤其是欧洲联盟——已经形成将普遍性的豪言壮语与有偏见的政策结合在一起的能力。1999 年 7 月，分别为 14 岁和 15 岁的亚基纳·

科伊塔和福代·图恩卡拉的尸体在布鲁塞尔机场被发现。这两个孩子是希望逃离他们的出生地几内亚，而藏在一架喷气式客机的起落架舱中被冻死的。和他们的尸体一起被发现的还有两封写给"尊敬的欧洲负责人先生"的信，他们在信中为他们的国家和大陆乞求帮助。

就所有的规定性条件而言，有一些一般性规则可能涉及世纪末的欧洲国家。首先，现在欧洲比历史上任何时期更民主。当然，民主在整个20世纪中曾经意味着许多不同的情况——1936年把自己描绘成"基督教民主党人"的右翼基督教徒与20世纪60年领导东欧"人民民主"的共产党人并没有许多共同之处，甚至到现在，民主也可能有不止一种含义——问到弗拉基米尔·普京是不是民主主义者时，一位俄罗斯评论者说"对于俄罗斯来说他是民主主义者"。然而，一般来说，欧洲人已经开始就民主的构成达成一致意见——大多数欧洲人会想当然地认为，民主意味着言论自由、多元文化和保护某些权利以利普选权——而且一致同意民主是一件好事。在2000年初，没有哪一个欧洲国家不是至少有形式上的民主结构，这种民主结构格外引人注目，因为每一个欧洲国家在1990年至少把一半成年人排除在选举之外。而且，在20世纪40年代初，几乎在大陆的每一个部分，民主似乎都明显地被扼杀。有些欧洲人曾强调，苏联的解体应该被看成是资本主义的胜利，而不是民主的胜利。就像任何智利学生在20世纪80年代所知道的那样，资本主义和自由民主没有必然的联系。然而，在20世纪80年代特定条件下，民主的传播通常是和自由市场的传播齐头并进的。极少数国家是理想的民主国家，正如极少数国家是"理想的"自由市场制度，但是所有的中欧和东欧国家现在都比1989年以前民主。甚至使民主主义者最有理由关心的国家——俄罗斯、罗马尼亚和塞尔维亚——也有反对党、大选和经常指责政府部长的报纸。20世纪80年代中期以来的变化如此巨大，以致我们可能忘记以前发生的事。我们应该听信安德烈·萨哈罗夫的遗孀埃琳娜·邦纳，她谴责俄罗斯入侵车臣是苏联政策的继续，但是我们也应该记住，当她不容置疑地这样做的时候，20年前的批评政府的俄罗斯人是什么遭遇。

其次，欧洲现在比历史上任何时候都富有。增加的财富来得如此突然，以致使人觉得理所当然。这是一种可以通过阅读约翰·梅纳德·凯恩斯的论文《为了我们孙辈的经济发展前途》来进一步证实的观点。这篇论文的语调有意识地带有挑衅性，因为这篇论文是在 1930 年发表的，那时的经济危机使凯恩斯的大部分个人财产化为乌有。凯恩斯的某些预言过于乐观——他的分析基于这样的臆断：欧洲不会有另一次战争——但是他关于经济变化的一般结论被证明是很有先见之明的。到 2030 年，"先进国家的生活水平将比今天（即 1930 年）高 7 ~ 8 倍"看来很有可能。凯恩斯关于将美国的技术应用于欧洲的工业会增加欧洲工业产量的预言是正确的，他关于工业产量的迅速增加最终会被类似的农业革命赶上的预言也是正确的。用纯粹的统计数字来衡量，20 世纪的大变化发生在第二次世界大战结束后的 30 年。然而，1975 年以来的事件没有使战后初期的经济发展倒退。发展在继续，发展的速度虽慢，但起点较高。

在某些方面，最近几年使人回想起 1914 年以前的稳定时期（凯恩斯以鄙视的心情回顾了这个时期）。我们再一次有了一个"全流通货币"的时代，在这个时代，资本主义按照不同程度地受到各国政府尊重的规则运转。1996 年，俄罗斯政府甚至赔偿了 1917 年以前的"俄罗斯公债"的持有人（对于许多资产阶级的法国人来说，这种公债的一文不值概括地说明了 20 世纪的动乱）。东欧剧变后的通货膨胀率很高，但是从来没有达到两次世界大战以后许多国家所经历过的程度（或者许多拉丁美洲国家所经历过的程度）。

然而，经济上的成功没有遍及整个欧洲。当凯恩斯谈到"先进的国家"时，他是指北美洲和英国，也许还有两三个西欧国家。在他的时代以后，经济特权的圈子有所扩大。战后时期最迅速的发展发生在西班牙、希腊和意大利，而某些中欧国家则在苏联解体后变得比较繁荣。然而仍然有巨大的差别——瑞士的人均国内生产总值是阿尔巴尼亚的 50 倍——而在每一个国家内部，富人和穷人之间的差别往往与年轻人和老年人之间的差别或城市和乡村之间差别重叠在一起，这是不是意味着欧洲在 20 世纪的最后 10 年里已经变得更加不平等？这是一个很难回答的问题。消费资本主义所造成的各种形式的排斥和贫困大不相同。看到莫斯科街头的乞丐而感到震惊的西方观察者应该记住,在20世纪80年代,仅仅生活在首都的权利还是一种需要小心保护的特权。

在大多数先进国家,甚至更难测定不平等的程度,因为技术在过去的几年里已经改变了人们的生活,很难用统计数字来衡量。这些变化向享有特权的人提出一些令人关注的问题——一个人如何比较一台便携式电脑的好处?也可能是,技术的变化产生了新的排斥穷人的形式。电视的普及绝对可以反映繁荣水平,也可以使那些很少接近消费社会的人日益强烈地感觉到他们的相对贫困。

繁荣在其存在的地方对欧洲人的生活有什么影响?凯恩斯的话在某种意义上明显地适用于当代欧洲。对于20世纪初的许多欧洲人来说,经济状况是生死攸关的事。他们的生活受到要为吃饱肚子而奋斗和要为达到这个目的而付出艰苦的体力劳动的影响。几百万欧洲人在1946年死于饥饿。对于现在的几乎所有欧洲人来说,简单的生存已经不成问题。变化的程度可以通过比较欧洲与非洲或大部分亚洲来说明:在非洲或大部分亚洲,大多数人仍然在醒来时问自己:"今天我能吃饱肚子吗?"

关于欧洲在20世纪末的第三种概括与暴力在公共生活中的地位有关。当然,在欧洲还有许多暴力冲突,1999年在科索沃和车臣发生过两次大的战争。然而,这并不意味着欧洲正在回到标志着20世纪早期的暴力冲突或战后秩序正在崩溃。如果人类的苦难可以根据纯粹的算术法则来评估,那么20世纪末的暴力冲突规模要比1953年以前发生的暴力冲突规模小。20世纪90年代南斯拉夫内战的伤亡人数只等于20世纪20年代南斯拉夫内战伤亡人数的一小部分。

欧洲在1989年以后似乎暴力冲突格外多,因为人们把暴力冲突与据说是第二次世界大战结束到苏联解体的这些年的特征做比较。这是一种容易使人上当的比较。首先,这个时期在欧洲有过许多暴力冲突。在1981年镇压暴乱期间,有许多科索沃人——官方的数字是7人,而当地的谣传说有上千人——被杀害。冷战的环境并没有停止对暴力冲突局限于某些地区或者不引起西欧人的注意。此外,暴力冲突往往是隐性的,甚至在没有暴力冲突的时候,东西方的冲突受到核武器威慑的制约。东欧居民及其政治主人之间的冲突受到红军威慑的制约，甚至在西欧的民主国家，边缘群体的不满也受到民主国家在对付爱尔兰共和军或巴德尔－迈恩霍夫集团时打破自己的规则的意愿的制约。

政治的性质有一种变化在某些方面类似经济的变化。两者都变得不大像生死攸关的事。此外，经济已经变得像围绕着消费那样围绕着生产。政治在 20 世纪中期强调斗争、牺牲和必要的痛苦。政治的目的如此长远以致变得抽象；政治的手段却是暴力的和即时的。例如，想一想奥登在 1937 年写下的几行诗句：

明天年轻的诗人们将大获成功，沿着湖边散步，连续几周的完美交流；明天的自行车比赛在夏天的傍晚穿过市郊，但今天仍需奋斗。今天有意识地增加死亡的机会，自觉承认在迫不得已的凶杀案中的罪责；今天扩大权力，靠的是短时起作用的小册子和乏味的聚会。

奥登的话现在看来已很久远。政治的目的不再如此不切实际地构想出来——没有人会根据"完美交流"来写政治。同样，很少有作家会使用"迫不得已的凶杀"这种说法或者庆祝政治激进主义的单调乏味。政治的目的比较复杂，而且在某种程度上比较有限，但也比较容易达到。政治的手段不太严厉，痛苦产生更好的社会，这种清教徒式的臆断在任何将当代罗马尼亚与瑞典相比的人看来都是成问题的。20 世纪末的政治活动完全不强调需要受痛苦，有时还有一种自觉的游戏性质。20 世纪 30 年代的政治游行仿效军队检阅；20 世纪 90 年代的游行则往往好像仿效格拉斯顿伯里联欢节。

有些作者似乎痛惜英勇牺牲时代的流逝，而且认为 20 世纪末的欧洲有点"平庸"。这种感觉引起了弗朗西斯·福山的评说，"历史的终结是一个令人难过的时刻"。然而，这种对暴力冲突的怀念在英国、法国和北美洲的知识分子（其中的大多数人比较轻松地避开了 20 世纪的意识形态大冲突）中比在东欧和中欧的居民（他们承受了这种冲突的苦难）中更为明显。

如果承认欧洲作为一个整体在 20 世纪末比较民主、和平和繁荣，那么这种情况如何与对整个 20 世纪比较全面的阐释联系起来？这往往使人联想到，20 世纪的欧洲是唯一的暴行中心。很难知道如何才能评价或检验这种联想。一位历史学家如何确定第一次世界大战是否比黑死病流行时期（在 20 世纪的大部分时间里，一个相当平静的地方——锡耶纳——的人口在 6 个月里减少了 2/3）"更令人痛苦"？同样，有一种执迷不悟的狭隘爱国主义想当然地认为欧洲注定是一切事物——甚至受苦受难——的中心。加布里埃尔·加尔西亚·马尔克斯写过一个关于哥伦比亚人的故事，他们身处激烈的内战中，阅读有关英法远征苏伊士的新闻报道。甚至在其历史上最糟糕的时期，欧洲也没有垄断苦难。在第二次世界大战期间，欧洲有意识地使人遭受痛苦的规模可能是独一无二的，但是值得记住的是，1943 ~ 1946 年间，在英国统治的孟加拉地区有 300 多万人死于饥饿。

在 20 世纪的欧洲内部进行比较更有意义。毫无疑问，公共生活中的暴力冲突在 20 世纪中叶大大增加，而对大多数欧洲人来说，暴力冲突导致死亡的机会在 1914 至 1953 年间，尤其是在 1941 年至 1945 年间增加。在某些方面，20 世纪最后 10 年的欧洲与 20 世纪头 10 年的欧洲相似。这种相似有几种不同的解释。一方面，可能是西欧的自由主义者们像他们的祖父辈那样陶醉在虚无缥缈的乐境中。强调当代欧洲的平静的描述——例如我的描述——有朝一日看上去可能像 1911 年版《不列颠百科全书》的词条所说的，欧洲的痛苦是一种"令人感兴趣的历史事件"那样荒唐。

一种供选择的观点使人认为，20 世纪的整个中期是一个"间歇"。有些历史学家乐于编造一些供选择的历史：爱德华·格雷爵士稍有不同的外交政策可以避免第一次世界大战的爆发，而避免第一次世界大战的爆发又可以避免俄国革命、斯大林、希特勒和奥斯维辛集中营的出现。在这个通过镜子来看的欧洲，奥匈帝国皇帝、德国皇帝，也许还有繁荣民主的俄罗斯的沙皇可以签订一个单一的欧洲条约，这个条约可以表明和平合作和经济发展年代的顶峰。

第二种更有说服力的解释使人认为，当代的繁荣和 20 世纪中期的痛苦都不能作为"间歇"从真实的历史过程中删除。20 世纪是一个整体，自由主义和民主在 20 世纪末的成功不能和 20 世纪中期的恐怖与独裁统治分开。没有第二次世界大战的破坏，就很难想象 1945 年以后西德的经济能取得引人注目的成功，这种成功也为其他许多成功铺平了道路。没有布达佩斯的起义被镇压，就很难想象匈牙利会经历亚诺什·卡达尔所发起的缓慢的自由化。令自由主义的欧洲人感到不自在的真相是，第三帝国和苏联在很大程度上决定了现代欧洲的样子。它们决定了欧洲当前的边界线，尤其是在欧洲的种族构成方面起过很大的作用。

在 20 世纪初期和欧洲的现状之间，有另一种更加微妙和也许更加重要的联系。最有影响的欧洲价值观的形成在很大程度上与对第三帝国的记忆相反。当奥地利自由党——其中的一些政客似乎赞赏纳粹主义的某些方面——被允许进入奥地利政府时，大多数欧洲领导人的惊恐反应泄露了这一点。整个战后欧洲政治思想史可以被看成是对纳粹主义的长期思考。这一点在战后的某些公共机构中十分明显——坎特伯雷大主教威廉·坦普尔套用"福利国家"的说法来明确地反对法西斯的"战争国家"。然而，一个反纳粹的欧洲的含义并非在 1945 年立刻形成。1945 年的胜利者往往把冲突想象成列强之间或意识形态之间的常规冲突。因此，谴责纳粹主义并非总是意味着过分考虑镇压或暴行的含义。苏联将 20 世纪 30 年代莫斯科审判时的公诉人安德烈·维辛斯基派往纽伦堡参与对纳粹领导人的审判；英国人则把他们自己的执行绞刑的刽子手派往德国，令人难以想象的理由竟是德国人执行绞刑的经验不足。只是随着时间的推移，不同的团体才强调纳粹主义的全部计划以及纳粹主义在不同的生活领域里推行这些计划的方式，因此，纳粹主义最终不是被看成另一种意识形态的对立面，而是被看成全人类价值观的对立面。近年来，已经在两个部分相互矛盾的范围内抛弃了纳粹主义。一方面，越来越强调纳粹主义的特殊性，纳粹主义不同于其他镇压性的和法西斯主义的政权；另一方面，越来越强调纳粹的某些计划——例如那些与人种改良、性行为和"反社会的"计划联系在一起的计划——与战后民主国家的政策相一致。因此，回想纳粹主义已经成为人们重新考虑社会性质的一种手段。

抛弃斯大林主义和苏联共产主义，更普遍地对战后的政治产生了重大的影响。然而，这种抛弃从来不像抛弃纳粹主义那样彻底：回想斯大林主义通常受制于这样的观念，正像昆德拉所指出的，斯大林主义是一种变形的人道主义，而纳粹主义则是人道主义的对立面。同样，回想1953年以后的苏联统治受制于这样的认识：这种统治不像纳粹主义那样镇压人民。尽管有些众所周知的激烈争论，抛弃纳粹主义和苏联共产主义很少互相排斥。在某些国家，例如罗马尼亚和斯洛伐克，有些人一直试图让战时与纳粹合作的统治者东山再起，但是这并不意味着完全恢复第三帝国。总的说来，抛弃纳粹主义和抛弃苏联共产主义混在一起，产生了对某些人权的重新评价。从某种意义说，希特勒和斯大林是20世纪后期欧洲最重要的政治思想家，正因为许多价值观来自反对他们。没有希特勒就不会有丹尼尔·科恩-邦迪特；没有斯大林就不会有瓦茨拉夫·哈韦尔。

所有这一切将历史学家置于何种情况下？在许多方面，我们将20世纪初期的事件与之编织在一起的叙述不再起作用。小说家多丽斯·莱辛在1998年出版的回忆录中曾表示对是否应该完全不理会政治感到困惑，因为政治可能使她的读者感到厌烦。她的结论是她不能这么做。对于像她这样一位20世纪40年代后期和50年代初期的共产主义斗士来说，政治与生活的所有其他方面的关系太密切了。她的第二任丈夫见不到他自己的儿子，因为作为东德的一名官员，他不能冒险和一个外国人交往。她的捷克爱人常常被噩梦惊醒，因为他的共产主义信念并没妨碍他知道，在清洗时被处死的朋友们是无辜的。然而，莱辛的评论意味着政治在20世纪90年代不再是大多数人的生活中心。

经济和社会史同样充满了各种问题。两者所依据的可计量的一般规律现在不大容易掌握。历史学家们试图评估20世纪早期的生活水平，可以简单地计算平均工资和食品价格（后者仍占大多数开支的较大部分）。现在，在一个消费者抉择的世界，样样都是制作粗劣的，物品的价值是由文化和肉体需要来决定的。

历史学家的任务在描写 20 世纪末的时候变得更加困难，这个事实与大多数欧洲人变得更加安逸的事实联系在一起。在一个暴力和贫困的时代，政治和经济是生死攸关的事。在一个和平和繁荣的年代，政治和经济就变得不那么要紧。认识到欧洲的好运并不意味着相信欧洲文化的天生优越性，或者甚至对未来有一种幼稚的信念。我们可以不费力地交好运，也可以不安地意识到我们的特权是建立在别人的痛苦上的，但是我们至少可以在好运没有消失时欣然享受这种好运。

A History in Fragments：Europe in the Twentieth Century

by Richard Vinen

Copyright © 2000 by Richard Vinen

中文简体字版权 © 2012 海南出版社

版权所有　不得翻印

版权合同登记号：图字：30 –2003 –073 号

图书在版编目（CIP）数据

20 世纪欧洲社会史/（英）韦南（Vinen，R.）著；张敏，冯韵文，臧韵译.

—海口：海南出版社，2012.6

书名原文：A History in Fragments：Europe in the Twentieth Century

ISBN 978 –7 –5443 –4292 –6

Ⅰ.①2… Ⅱ.①韦…②张…③冯…④臧… Ⅲ.①社会史 – 欧洲 – 20 世纪

Ⅳ.①K505

中国版本图书馆 CIP 数据核字（2012）第 068356 号

20 世纪欧洲社会史

作　　者：[英国] 理查德·韦南（Richard Vinen）

译　　者：张　敏　冯韵文　臧　韵

责任编辑：张　奇

特约编辑：黄宪萍

装帧设计：第三工作室·嵇倩女

责任印制：杨　程

印刷装订：北京冶金大业印刷有限公司

读者服务：杨秀美

海南出版社　出版发行

地址：海口市金盘开发区建设三横路 2 号

邮编：570216

电话：0898 –66812776

E –mail：hnbook@263.net

经销：全国新华书店经销

出版日期：2012 年 6 月第 1 版　2012 年 6 月第 1 次印刷

开　　本：787mm ×1092mm　1/16

印　　张：34.75

字　　数：520 千

书　　号：ISBN 978 –7 –5443 –4292 –6

定　　价：65.00 元